당신의 별자리

Linda Goodman's Sun Signs

전 세계 1억 독자의 마음을 사로잡은 작가 린다 굿맨
열두 별자리 지구인에 대한 가장 따뜻한 심리학

당신의 별자리

린다 굿맨 지음 | 이순영 옮김

북극곰

진정으로 지인들을 이해했던 쌍둥이자리 마이크 토드를 위하여

그리고 물고기자리 멜리사 앤과의 약속을 지키기 위해

이리하여 이상한 나라가 생겨났네.
이렇게 서서히 하나씩 하나씩
이상한 사건들이 일어나고
이제 하나의 이야기가 만들어졌네.

감사의 말

나의 벗이자 스승인 처녀자리 천문해석가 로이드 코프의 도움과 조언에 깊이 감사드립니다. 로이드의 격려와 신뢰가 없었다면 이 책은 그저 양자리의 여러 꿈 중 하나로만 남아 있었을 것입니다.

★ 열두 별자리 개요

별자리	상징	기간	지배행성	구성 원소	상태
양자리 *Aries*	♈	3.21 ~ 4.20	화성 *Mars*	불	활동
황소자리 *Taurus*	♉	4.21 ~ 5.21	금성 *Venus*	흙	유지
쌍둥이자리 *Gemini*	♊	5.22 ~ 6.21	수성 *Mercury*	공기	변화
게자리 *Cancer*	♋	6.22 ~ 7.23	달 *Moon*	물	활동
사자자리 *Leo*	♌	7.24 ~ 8.23	태양 *Sun*	불	유지
처녀자리 *Virgo*	♍	8.24 ~ 9.23	수성 *Mercury*	흙	변화
천칭자리 *Libra*	♎	9.24 ~ 10.23	금성 *Venus*	공기	활동
전갈자리 *Scorpio*	♏	10.24 ~ 11.22	명왕성 *Pluto*	물	유지
사수자리 *Sagittarius*	♐	11.23 ~ 12.21	목성 *Jupiter*	불	변화
염소자리 *Capricorn*	♑	12.22 ~ 1.20	토성 *Saturn*	흙	활동
물병자리 *Aquarius*	♒	1.21 ~ 2.19	천왕성 *Uranus*	공기	유지
물고기자리 *Pisces*	♓	2.20 ~ 3.20	해왕성 *Neptune*	물	변화

★ 용어 설명

- **천문해석학**astrology : 인간이 태양과 달을 포함한 행성들의 영향을 받는다는 전제 하에 태어나는 시간과 장소에 따른 행성들의 위치에 근거하여 사람의 성격과 삶에 대하여 풀이하는 학문으로, 일명 점성학이라고 알려져 있음.
- **출생차트**natal chart : 태어나는 시간과 장소에서 본 행성들의 위치.
- **충돌 각도**hard aspect : 출생차트의 행성들이 서로 90도나 180도를 이루고 있는 경우.
- **태양별자리**sun signs : 태어난 시간과 장소에서 볼 때 태양이 위치하고 있는 별자리.
- **달별자리**moon signs : 태어난 시간과 장소에서 볼 때 달이 위치하고 있는 별자리.
- **동쪽별자리**ascendant : 태어난 시간과 장소에서 볼 때 동쪽 지평선에 위치하고 있는 별자리.
- **영역**house : 태어난 시간에 태어난 위치에서 보이는 하늘을 12구역으로 나눈 것으로 인생의 다양한 경험 분야를 의미함.
- **경계선**cusps : 각 영역의 시작점.

★ 별자리(태양별자리)란?

'태양별자리'라는 말은 당신이 만약 쌍둥이자리라면 당신이 태어난 시간에 태양이 쌍둥이자리라 불리는 곳에 위치해 있었고, 그 시기는 대략 5월 22일에서 6월 21일 사이라는 것을 의미합니다. 그 기간은 천문해석학 책에 따라 약간씩 다를 수 있습니다. 실제로 태양별자리가 바뀌는 시점은 정해져 있지 않습니다. 자정에 바뀐다고 가정하면 매우 간단한 일이지만 실제로는 그 시간이 하루 중 언제가 될지 알 수 없답니다. 예를 들어, 지난 몇십 년 동안은 양자리가 황소자리로 바뀌는 날은 4월 20일이었습니다. 그러니 4월 20일은 때에 따라 양자리가 될 수도 있고 황소자리가 될 수도 있는 것입니다. 출생차트를 뽑아 보지 않으면 사실은 양자리인 당신이 평생 황소자리라고 잘못 알고 살 수도 있는 것입니다. 어떤 별자리가 시작하는 날이나 끝나는 날에 태어난 사람이라면 정확한 출생 시간과 출생 장소(위도 및 경도)를 알고 있어야만 어떤 별자리인지 정확하게 알 수 있습니다.

※ 이 책에 인용된 시들은 모두 루이스 캐럴의 작품에서 빌어 왔음을 밝혀 둡니다.
　　한국어판에서는 비룡소에서 출판한 『이상한 나라의 앨리스』와 『거울나라의 앨리스』를 참조하였습니다.
※ 개인의 출생차트는 윈스타winstar 프로그램이나 http://www.astro.com 등을 이용하여 볼 수 있습니다.
※ 이 책의 각주는 모두 역자가 단 것입니다.

목차

태양별자리를 어떻게 이해할 것인가

오래 전 이야기가 시작되었으니
여름의 태양이 그 빛을 발하고 있을 때
우리가 노 젓는 박자에 맞추어
울려 퍼지던 단아한 종소리

언젠가 당신은 출생차트의 상세한 내용을 알고 싶어질 때가 올 겁니다. 하지만 출생차트를 이해하려면 우선 무엇보다도 태양별자리를 이해해야 합니다. 우리는 잡지나 신문에서 단순히 열두 가지로 분류된 별자리 운세를 흔히 볼 수 있습니다. 그런데 별자리 운세를 읽는 것과 개개인의 태양별자리를 이해하는 것을 혼동하지 않았으면 합니다. 별자리 운세는 대체로 아주 그럴듯한 내용으로 당신의 관심을 끌지는 몰라도 오류가 전혀 없다고 할 수는 없습니다. 당신의 성격과 에너지를 전문적이고도 정확하게 분석하려면 당신이 태어난 정확한 날짜와 시간에 근거한 출생차트가 필요합니다.

하지만 이런 별자리 운세를 '누구에게나 해당하는 뻔하고 일반적인 내용을 모아놓은 잡동사니'로 치부해 버리는 경향도 경계해야 합니다.

이 또한 사실이 아니니까요. 그러한 예언(암시라는 말이 더 적합하겠지만)
은 황소자리나 물고기자리 또는 처녀자리에게 각각 적용되는 것이지 열
두 별자리 모두에게 마구잡이식으로 적용되는 이야기는 아닙니다. 별자
리 운세는 실력 있는 전문가들이 출생차트의 태양별자리를 비롯하여 그
시기에 하늘에서 움직이는 여러 행성들 사이의 각도를 수학적으로 계
산하여 작성하므로 어느 정도까지는 예측이 가능합니다. 그러나 중요한
것은 그러한 예측들이 개개인의 출생차트에 있는 태양별자리와 여덟 개
의 행성 및 달의 각도를 정확하게 반영하지 않기 때문에 개인별로 완벽
하게 맞아떨어지지는 않는다는 것입니다. 이러한 결함을 감안하고 본다
면 별자리 운세는 흥미롭고 도움이 될 만한 정보입니다.

　　태양은 모든 별 중에서도 가장 강력한 별입니다. 태양은 인간의 성
격에 지대한 영향력을 미치기 때문에 태양별자리에 대한 해석만으로도
그날 태어난 개인에 대해서 놀라울 정도로 정확하게 설명할 수 있습니
다. 태양의 전자기 파장(현재의 연구조사 수준에서는 이렇게밖에 표현할 수
없습니다.)은 우리가 인생을 살아가면서 태양별자리의 기질을 지속적으
로 발현해 나갈 수 있도록 해 줍니다. 태양별자리가 인간의 행동과 특징
을 분석하는 데 사용하는 유일한 요소는 아니지만, 상당히 중요한 의미
를 차지하고 있습니다.

　　어떤 천문해석가는 태양별자리를 다루는 책들이 민족별·직업별 특
징을 무시하고 인간의 특징을 일반화했다고 주장하기도 합니다. 그러한
생각에 대해 이해는 하지만 동의할 수는 없습니다. 물론 태양별자리를
잘못된 태도로 사용한다면 사람들을 호도하기 쉽다는 것은 사실입니다.
하지만 분명한 것은 출생차트 없이 태양별자리를 해석하는 것만으로 탁
월하게 인간을 분석하고 본성을 이해할 수 있다는 사실입니다.

개인의 태양별자리는 대략 80퍼센트 정도 정확하며 가끔은 90퍼센트까지도 정확한 경우가 있습니다. 이 정도라면 아무것도 모르는 것보다는 훨씬 낫지 않을까요? 물론 나머지 10~20퍼센트도 매우 중요하므로 무시할 수는 없습니다. 하지만 우리가 한 사람의 태양별자리를 안다면 이미 기본적인 정보들을 얻게 되는 것입니다. 태양별자리에 관한 지식을 신중하게 적용한다면 위험성은 전혀 없다고 할 수 있습니다. 우리가 나머지 10~20퍼센트로 인해 잘못된 정보를 얻을 수도 있다는 점을 유념한다면 자신 있게 태양별자리를 해석할 수 있습니다.

그렇다면 태양별자리란 무엇일까요? 태양별자리란 당신이 태어나서 첫 숨을 들이쉬던 그 순간 태양이 있던 특정한 위치, 즉 양자리·황소자리·쌍둥이자리 등을 말합니다. 이는 천문학자들이 계산해 놓은 천문력ephemeris에 따라 추출해 낸 정확한 위치를 의미합니다. 일러두기에서 밝힌 바와 같이 어떤 태양별자리가 시작하는 날이나 끝나는 날에 태어난 사람의 경우에는 정확한 출생 시간과 출생 장소의 위도 및 경도를 알아야만 어떤 태양별자리에 해당하는지 정확하게 알 수 있습니다. 다시 말해 이 책을 포함하여 모든 천문해석학 책에서 태양별자리가 시작하는 날과 끝나는 날은 대략적인 날짜라는 점을 반드시 기억해 주길 바랍니다. 이 시작하는 날과 끝나는 날을 경계선이라고 하는데, 이 경계선은 다소 혼란스러운 부분이 있습니다. 어떤 천문해석가는 이 기간을 조금 더 길게 보는 경우도 있지만, 어쨌거나 초보자는 헷갈릴 수밖에 없습니다. 그러나 당신이 태어난 날의 태양별자리가 쌍둥이자리라면 아무리 그 날짜가 경계선에 가깝다고 하더라도 쌍둥이자리라고 보아야 합니다. 쌍둥이자리 앞 별자리나 그 다음 별자리의 영향력을 무시할 수는 없지만, 그렇다고 해서 당신을 황소자리나 게자리로 바꿀 정도로 쌍둥이자리의 특성이 가려지지는 않습니다. 특정 별자리에 위치하고 있는 태양의 광채를 약화시킬 수 있는 것은 아무것도 없으며, 경계선 상에 태어난 경우 생기는 약간의 변수조차도 태양별자리의 특성을 완전히 바꿀 만큼 강력하지는 않습니다. 당신이 태어난 시간이 경계선에 해당하는지 정확하게 확인하고, 그런 경우라면 약간은 참작하되 그 다음에는 그 사실을 잊어버려도 괜찮습니다.

출생차트란 무엇일까요? 출생차트란 당신이 태어나던 순간에 하늘에 있던 모든 행성들의 위치를 마치 사진을 찍듯이 정확한 수학 계산에 따라 재구성한 지도라고 이해하면 좋습니다. 발광체인 태양과 달을 비롯하여 여덟 개의 행성이 있으며, 당신이 태어나던 순간에 위치한 12개의 별자리와 10개의 별들이 서로 맺고 있는 각도 및 위치가 당신의 삶에 영향을 미치게 됩니다.

예를 들어 당신이 6월 9일에 태어났다면, 태양이 쌍둥이자리에 위치하므로 쌍둥이자리이며 쌍둥이자리 특성 열 가지 중 대략 여덟 가지를 띠게 될 것입니다. 하지만 감정을 주관하는 달이 양자리에 위치한다면 당신의 감정적인 태도는 양자리의 특성이 나타납니다. 지성을 주관하는 수성이 전갈자리에 있다면 당신의 지적 처리 과정은 종종 전갈자리 특성을 나타내며, 언행을 관장하는 화성이 황소자리에 있다면 당신은 황소자리처럼 느리게 말하는 경향이 있을 것입니다. 또한 금성이 염소자리에 있다면 사랑을 비롯한 예술적이고 창조적인 일에서 염소자리와 같은 태도를 보일 것입니다. 그러나 이런 모든 행성들의 위치로 인한 특성도 태양별자리인 쌍둥이자리의 기본적인 특성을 완전히 없앨 수는 없습니다. 다른 행성들의 위치는 당신이 지닌 복잡한 성격에서 나오는 다양한 모습을 다듬어 주는 역할을 할 뿐이랍니다.

당신을 완벽하게 이해하기 위해서는 다른 요소들도 고려해 보아야 합니다. 먼저 당신이 태어난 시간에 여덟 개의 행성과 두 개의 발광체인 태양과 달이 어떤 각도를 맺고 있는지 살펴보아야 합니다. 그 각도에 따라서 해당 별자리의 영향력이 결정됩니다. 하지만 가장 중요한 것은 당신의 동쪽별자리와 동쪽별자리가 태양과 달 그리고 다른 행성들과 맺고 있는 각도입니다. 동쪽별자리는 상승점ascendant 또는 일출점rising이라고도 하는데 당신이 태어난 순간 동쪽 지평선에 있던 별자리를 의미합니다. 동쪽별자리는 신체적인 겉모습에 상당한 영향을 미치고,(물론 태양별자리도 겉모습에 많은 영향을 줍니다.) 태양별자리가 표현하는 지향성의 토대가 되며 당신의 진정한 내면을 구성합니다. 예를 들어 쌍둥이자리인 당신의 동쪽별자리가 물병자리라면 당신은 상당 부분 물병자리 성향을 띠기 때문에, 쌍둥이자리 특성 중에서 당신에게 있을 법한 특이한 성격이나 은밀한 욕망이 잘 드러나지 않는 이유가 궁금해질 것입니다. 모든 출생차트에서 태양별자리 다음으로 중요한 두 가지 요소는 바로 동쪽별자리와 달별자리입니다.

동쪽별자리를 알고 나서 태양별자리와 함께 차트를 해석하면 매우 흥미로운 사실을 깨닫게 됩니다. 바로 자신의 전체적인 성격에 대해 놀라울 정도로 정확하게 설명할 수 있다는 사실입니다. 여기에 세 번째 요소인 달별자리까지 고려해서 해석하면 당신의 성격에 대해 훨씬 더 정교한 그림을 얻게 됩니다.

다음으로 각 영역의 별자리도 고려해야 합니다. 영역은 출생차트에서 수학적으로 계산된 위치로, 당신의 다양한 삶의 분야에 영향을 미칩니다. 모두 열두 개가 있으며 각 영역마다 하나의 별자리가 할당됩니다. 첫 번째 영역은 항상 동쪽별자리의 지배를 받고, 나머지 열한 개는 시계 반대 방향으로 순서대로 위치하면서 열두 별자리를 완성합니다. 천문해석가는 당신이 태어난 정확한 시간과 장소에 근거하여 출생차 트를 뽑고, 열두 개 영역에 해당하는 각 별자리들의 의미를 해석하고, 또한 각 영역에 들어가 있는 행성들의 의미를 고려합니다. 앞서 설명한 모든 요소들을 섞어서 당신의 성격, 잠재력, 그리고 과거의 과오와 미래의 가능성을 분석하는 것이 바로 종합적인 천문해석 기술입니다. 이것이 바로 천문해석가들의 시간과 노력 그리고 지식이 필요한 부분입니다. 차트를 계산하는 것 자체는 특정 수학 공식만 적용하면 상대적으로 간단하게 끝나는 일입니다.(최근에는 태어난 날짜, 시간, 장소를 입력하면 간편하게 출생차트를 볼 수 있는 별자리 프로그램이 다양하게 개발되어 있습니다.-역자)

하지만 우리는 결국 이 책에서 주로 다루는 태양별자리 이야기로 돌아갈 수밖에 없습니다. 어떤 면에서는 당신이 쌍둥이자리라고 하는 것은 당신이 뉴욕 출신이라고 말하는 것과 같은 맥락이라고 할 수 있는데 이것이 지나친 일반화는 아니기 때문입니다. 당신의 별자리를 알아내는 일보다 뉴욕 어느 바에서 텍사스 출신을 찾거나 텍사스 어느 식당에서 뉴요커를 찾아내는 일이 더 쉽지 않을까요? 조지 왕조 시대*의 정치가와 시카고 산업 시대의 사업가 사이에는 상당한 차이가 있지 않을까요? 당연히 매우 분명한 차이가 있습니다.

당신이 텍사스 출신이며 업무상 회의에 곧 참석할 어떤 사람에 대해 얘기하는 중이라고 가정해 봅시다. 누군가 "그 사람 뉴요커야."라고

---

* 조지 왕조 시대(Georgian era, 1714~1830): 조지1세~조지4세가 재위했던 영국의 중기와 후기 르네상스 시대.

말하면 즉각적으로 어떤 이미지가 떠오를 것입니다. 텍사스 사람보다는 말이 빠르고 짧을 것이며, 인간 관계에서도 텍사스 사람보다는 덜 따뜻할 것이고, 인사치레 없이 곧바로 사업 이야기로 들어갈 것입니다. 또한 서둘러 계약서에 서명하고 바로 동부로 날아가는 비행기에 몸을 실을지도 모릅니다. 섬세한 구석이 있을 것이고, 정치적인 면에서는 텍사스 사람보다 더 자유분방할 것입니다. 그렇다면 왜 이러한 순간적인 인상이 상당히 맞아떨어지는 것일까요? 왜냐하면 뉴욕 사람들은 빠르게 돌아가는 도시에 살고 있기 때문에 느리게 행동했다가는 지하철에서 자리도 못 잡고 비 오는 날 택시도 못 잡기 때문이지요. 어쩌면 계속해서 어깨나 팔꿈치를 문질러 대는 통에 품위 없어 보일 수도 있으며, 최신 연극도 보고 최고의 박물관에도 가 봤을 테니 당연히 취향이 세련될 것입니다. 높은 범죄율과 복잡한 도시 생활로 인해 텍사스 사람만큼 가까운 이웃들에게 따뜻한 관심을 가질 리가 없으니 그의 성격이 다소 냉랭할 거라고 추측할 수 있습니다.

물론 뉴요커 중에 느리게 말하는 황소자리도 있고 천천히 움직이는 염소자리도 있겠지만, 텍사스에 사는 황소자리나 염소자리처럼 느리지는 않을 것입니다. 그렇지 않을까요? 또는 아무리 빨리 말하고 행동하는 쌍둥이자리라 할지라도 텍사스에 사는 쌍둥이자리가 뉴욕에 사는 쌍둥이자리만큼 빠르지는 않을 것입니다. 모든 것이 상대적이랍니다.

자, 그럼 그 사람이 뉴욕에 산다고 칩시다. 그리고 이제 이탈리아 출신이라는 사실도 알아냈다고 가정해 봅시다. 다른 이미지가 그려집니다. 여기에 그가 텔레비전 방송작가라고 한다면 또다른 이미지가 떠오릅니다. 게다가 결혼했고 자녀가 여섯 명이라고 하면 이젠 완전히 새로운 그림이 나타납니다. 그러므로 (비록 이것이 유추이고 모든 유추가 불완전하기는 하지만) 그가 뉴요커라고 말하는 것은 그가 쌍둥이자리라고 말하는 것과 유사하고, 다른 정보들은 그의 달별자리가 처녀자리이고 동쪽 별자리가 전갈자리라는 것과 상응합니다. 하지만 추가 정보 없이 그가 뉴욕에 산다는 사실 하나만으로도, 그가 어느 도시 출신인지 모를 때보다는 훨씬 나은 상황에 있는 것이지요. 같은 방식으로 출생차트 없이 어떤 사람이 쌍둥이자리인지 사자자리인지 아는 것만으로도 불같은 성격의 사수자리를 대하고 있는지 현실적인 황소자리를 대하고 있는지 전혀 모를 때보다는 그 사람에 대해 많은 정보를 갖고 있는 셈입니다.

상세한 출생차트는 사람의 성격에 대해 보다 자세한 내용을 명확하게 드러내 줍니다. 출생차트를 보면 그의 삶 속에 녹아 있는 약물 중독, 자유분방한 성행위, 불감증, 동성애, 일부다처제, 정서장애, 가족으로부터의 소외, 또는 가족에 대한 집착, 숨겨진 재능, 경력 또는 부자가 될 수 있는 잠재성 등에 대해 두드러진 경향을 알 수 있습니다. 또한 정직과 부정직, 잔인함, 폭력, 두려움, 공포와 정신적 능력에 대한 경향도 분명하게 보여 줍니다. 이와 더불어 인생의 시기에 따라 일시적으로 두드러지는 성향도 잘 보여 줍니다. 뿐만 아니라 사고나 질병에 대한 민감함이나 면역력도 나타나고, 알코올, 섹스, 일, 종교, 자녀, 로맨스 등에 대한 숨겨진 태도 또한 드러나는 등 그 리스트는 무궁무진합니다. 정확하게 계산된 출생차트에 비밀이란 있을 수 없습니다. 개인의 자유 의지가 경험하고자 하는 본인의 결정을 제외하고는 말이지요.

그러나 이렇게 완벽하게 분석하지 않더라도 누구나 태양별자리에 대한 이해만으로도 얻는 지식이 있으며, 태양별자리에 대한 지식은 우리가 서로에게 보다 더 관대할 수 있도록 해 줍니다. 상대방의 태도가 인간의 본성에 얼마나 깊이 뿌리 내리고 있는지 이해하고 나면, 당신은 그들의 행동에 대해 보다 더 동정심을 느끼게 됩니다. 태양별자리를 알고 나면, 냉정하고 균형 잡힌 전갈자리 부모가 보기에 불안하고 안절부절못하는 쌍둥이자리 아이가 실제로는 민첩하고 영리한 아이라는 사실을 깨닫고 인내심을 갖게 됩니다. 외향적인 학생은 내성적인 교사를 이해하게 되며 외향적인 교사는 내성적인 학생을 이해하게 됩니다. 처녀자리가 모든 머리카락을 한 올 한 올 가지런히 정리해야 하고 문제들을 철저히 조사하며 해결하기 위해 태어났다는 점을 이해하면 그들의 까다로움도 참을 수 있게 됩니다. 너무 바빠서 감사할 이유를 찾지 못하고 어디로 가고 있는지 알아채지 못하며 남의 발을 밟고 서 있어도 알아차리지 못하는 사수자리의 경솔함은 말할 것도 없습니다. 사수자리가 어떤 희생을 치르더라도 진실을 말할 수밖에 없는 사람이라는 사실을 알게 되면 그들의 솔직함에 상처를 덜 받게 됩니다.

염소자리 친구가 당신이 건넨 선물에 일언반구의 감탄사도 내뱉지 않아도 당신은 심하게 상처받지 않을 것입니다. 염소자리는 마음속으로 깊이 고마워해도 그 기쁨을 공개적으로 표현할 줄 모르는 사람들이라는 것을 알고 있으니까요. 염소자리가 타인에게뿐 아니라 스스로에게도 엄격한 원칙을 들이대는 사람들이라는 것을 알면, 의무를 강조하는 그들의 고집 때문에 덜 속상해하게 됩니다. 천칭자리의 끝없는 논쟁과 우유부단함도 단지 공정하고 공평한 결정을 내리기 위해 애쓰는 그들 태양별자리의 특징이라는 것을 알고 나면 보다 더 참을 만합니다. 물병자리가 당신의 사생활을 캐려고 할 때도 그들이 인간의 내적 동기를 조사해 보고 싶은 충동을 주체할 수 없는 사람이라는 점을 떠올려 보면 그다지 무례하다는 생각은 들지 않을 것입니다.

아주 간혹, 태양별자리는 사자자리인데 행성 대여섯 개가 물고기자리인 사람도 있습니다. 물고기자리의 영향으로 인해 사자자리 특성이 매우 억제되므로 도무지 그의 태양별자리를 추측하기 어려울 수도 있습니다. 하지만 이런 경우는 아주 드물며, 당신이 열두 개 별자리 특성을 모두 잘 알고 있다면 그 사람은 자신의 진정한 본성을 영원히 감출 수 없을 것입니다. 물고기가 아무리 사자를 숨기려고 해도 사자자리 태양별자리는 절대로 완전하게 가려질 수 없으며, 당신은 그 사람이 부지불식간에 드러내는 사자자리 특성을 잡아 낼 수 있을 것입니다.

태양별자리를 파악하려고 할 때 표면만을 대충 보고 판단하는 실수를 절대로 범해서는 안 됩니다. 염소자리라고 해서 모두 온순한 것은 아니고, 사자자리라고 해서 모두 외견상으로 타인을 지배하려고 하지도 않을 뿐더러 처녀자리라고 해서 모두 처녀는 아닙니다. 가끔 예금 통장을 여러 개 가지고 있는 양자리도 있고, 조용한 쌍둥이자리도 있으며, 심지어 실용적인 물고기자리도 있습니다. 당신의 눈을 사로잡는 한두 가지 특징 그 이상을 보아야 합니다. 화려하게 치장한 염소자리가 사교계 명사들의 인명록을 힐끔거리는 순간을 포착해야 하고, 수줍은 사자자리가 자신의 허영심이 무시당했을 때 입을 삐죽거리는 모습도 볼 수 있어야 합니다. 드물게는 경박한 처녀자리가 단지 싸다는 이유만으로 살충제를 한 상자나 사는 장면도 목격하게 될 것입니다. 조용한 쌍둥이자리여서 말은 빠르지 않을 수 있지만 머리는 제트기 같은 속도로 회전하고 있을 수도 있고, 예외적으로 검소한 양자리라도 은행에 갈 때는 선홍색 코트를 입고 불친절한 은행원에게 말대꾸를 할 수도 있습니다. 그리고 아무리 실용적인 물고기자리라도 시를 쓰거나 추수감사절 때마다 여섯 명의 고아를 초대하기도 할 것입니다. 눈을 크게 뜨고 잘 보면 어떤 별자리도 자신을 온전히 감출 수 없습니다. 심지어 애완동물도 태양별자리의 특징을 여과 없이 보여 준답니다. 처녀자리 고양이의 밥그릇을 낯선 곳에 옮겨 놓거나 사자자리 강아지를 무시하는 일이 없기를 바랍니다.

유명 인사나 정치인, 문학 작품 속의 주인공들을 대상으로 별자리를 맞혀 보는 것도 재미있습니다. 그들의 별자리가 무엇인지 추측해 보거나 그들이 어떤 별자리 특징을 대변하고 있는지 짐작해 보세요. 이런 작업을 통해 당신의 천문해석학적인 재치는 더욱 예리해질 것입니다. 만화책의 주인공들도 시도해 볼 만한 대상들입니다. 찰리 브라운은 분명히 천칭자리일 것이며, 루시의 경우에는 동쪽별자리는 양자리이고 달별자리는 처녀자리에 태양별자리가 사수자리일 확률이 높습니다. 스누피는 누가 봐도 물병자리 개입니다. 희한한 스카프를 두르는가 하면 제1차 세계대전 당시의 비행기 조종사 헬멧을 쓰고 개집 위에서 붉은 남작*에 대한 상상의 나래를 펼치고 있는 걸 보면 틀림없습니다.(또한 해왕성과 충돌 각도를 맺고 있을 것입니다.) 이런 식으로 직접 누군가의 별자리를 생각해 보면 그 재미가 제법 쏠쏠합니다. 하지만 이보다 더 중요한 것은 태양별자리 맞히기 게임을 할 때 매우 진지하고도 유용한 것을 배우게 된다는 점입니다. 사람들의 숨겨진 꿈과 비밀스러운 소망과 참된 성격을 어떻게 인식할 것이며, 그들을 좋아하는 법과 그들이 당신을 좋아하게 만드는 법 그리고 당신이 알고 있는 그들을 제대로 이해하는 법을 터득하게 될 것입니다. 당신이 그들 마음속에 숨어 있는 무지개를 찾아 나설 때, 세상이 더 행복해지고 사람들이 더 멋져 보이게 됩니다.

---

* 붉은 남작(Red Baron): 제1차 세계대전 당시 전투기 80여 대를 격추한 독일 공군의 에이스 리히트호펜(Richthofen, 1892~1918)의 닉네임이다.

인생에서 가장 중요한 부분은 타인을 제대로 이해하는 것 아닐까요? 링컨 대통령이 이런 점에 대해 아주 간단하고 명백하게 말한 적이 있습니다.

"문명의 가장 중요한 기능은 서로 익숙하지 않은 사람들 사이에서 의도하지 않은 적대 관계로 인해 발생하는 크고 작은 인간의 사악함을, 국가적으로 또는 개인적으로 바로잡는 것이다."

지금 당장 태양별자리 공부를 시작하고 터득한 내용을 신중하게 적용해 보세요. 당신이 사람들 본연의 모습을 하나씩 벗겨 낼 때마다 사람들은 당신에게 어떻게 그런 새로운 통찰력이 생겼는지 궁금해할 것입니다. 실제로 열두 개 태양별자리를 이해하는 것만으로도 당신의 삶을 바꿀 수 있습니다. 당신은 지금 단 한 번도 마주친 적이 없는 미지의 사람들을 이해하기 위한 여정을 시작하려고 합니다. 하지만 머지않아 당신은 친구들은 물론이고 낯선 이들도 더 가깝게 느끼게 될 것입니다. 정말로 멋진 일 아닌가요?

당신을 알게 되어 행복합니다.

린다 굿맨

양자리

Aries, the Ram

3월 21일부터 4월 20일까지

지배행성 – **화성**

"너는 연습을 많이 하지 않았구나."
여왕이 말했다.

"나는 가끔 아침을 먹기 전에 불가능한 일을
여섯 가지나 믿기도 했단다."

양자리를 알아보는 방법

♈

그것은 다 친구들이 가르쳐 준 간단한 규칙을 잊어버려서 일어난 사고였다.
그러니까 벌겋게 달아오른 부지깽이를 너무 오래 들고 있으면 손을 덴다든지
날카로운 칼을 너무 가까이하면 손가락을 벤다든지 하는 사실들 말이다.

최근 들어 유난히 박력 있는 사람을 만난 적이 있나요? 악수할 때 아플
정도로 손을 꽉 움켜쥐는 사람, 하지만 상냥하고 환하게 웃는 사람말이
에요. 지금 당장이라도 정글로 탐험을 떠날 것만 같은 사람, 이상하게도
대화의 주도권을 내주게 되는 사람을 만났다면 그 사람은 양자리일 확
률이 높습니다.

　　게다가 그 사람이 이상을 위해 몸 바칠 준비가 되어 있고, 약자들
을 변호하는 데에 늘 앞장선다면 두말할 것 없이 양자리입니다. 양자리
는 여성이건 남성이건 불의에 맞서고 자기 의견을 주장할 때는 한껏 목
청을 높입니다. 이들의 대담함은 교통경찰관이든 무장한 강도든 상대를
가리지 않고 대적하는 부분에서도 빛을 발합니다. '후회여, 올 테면 와
라! 이 순간 나는 한 점 두려움도 없다.' 바로 이런 심정입니다. 좀처럼

두려워하지 않는 이 화성인들은 자신이 원하는 바를 전혀 망설이지 않고 드러냅니다.

양자리는 열두 별자리 중에서 첫 번째 별자리입니다. 맨 마지막인 물고기자리가 죽음과 영혼의 별자리라면, 양자리는 탄생의 별자리입니다. 열두 별자리 중 유아기에 해당하는 양자리는 갓 태어난 신생아처럼 자기 자신에게 푹 빠져 있습니다. 그러니 본인의 욕구가 세상 무엇보다 중요한 것은 너무 당연한 일입니다. 양자리 아기는 부모나 이웃이 자든 말든 아랑곳하지 않습니다. 배고플 때나 오줌 쌌을 때나 일단 울어 제칩니다. 당장 우유병을 물려 줘야 하고, 기저귀도 보송보송한 새것으로 갈아 줘야 하니 당신은 잠시도 지체할 틈이 없습니다. 양자리는 불현듯 새로운 아이디어가 떠오르거나 무언가 털어놓고 싶은 일이 생기면, 새벽 4시에도 거리낌 없이 전화를 걸어 올 것입니다. 당신은 내 말을 들어 줘야 하니 당연히 깨어 있어야 한다는 식이지요. 이들에게 다른 이유는 필요하지 않습니다. '내가 깨어 있으니까.'라는 것 하나면 충분합니다. 원하는 바가 있으면 반드시 얻어 내는 사람들이랍니다. 어린 아기처럼 양자리는 자기 자신과 연관되어 있는 세상에만 관심이 있습니다. 하지만 누가 이 어린 아기를 이기적이라고 비난할 수 있을까요? 자기를 만족시켜 주는 사람에게는 언제나 살인미소로 보답하는 이들을 거부하기란 쉬운 일이 아니지요. 자기가 사람들을 불편하게 하고 있다는 사실을 어린 아기가 전혀 인식하지 못하듯이 양자리도 마찬가지랍니다. 이들이 뿜어내는 천진난만함은 때때로 보이는 공격적인 모습조차도 잊게 만듭니다. 마치 아기가 이기적이라는 생각을 하기 힘든 것처럼 말입니다.

양자리는 너무나도 순진무구해서 두려움을 잘 느끼지 못합니다. 아기는 불에 데기 전까지 뜨거운 맛을 모릅니다. 하지만 불에 덴 이후에도 그 고통을 금세 잊고 또다시 뜨거운 것에 다가가지요. 양자리는 어른이 되어도 교활한 술수를 부리지 않습니다. 언제나 진심을 다해 믿고, 넘어지더라도 오뚝이처럼 다시 일어나 꿋꿋이 살아갑니다. 혹여 세상에 대해 비관적인 생각을 품다가도, 누군가 친절을 베풀면 곧바로 그런 생각을 버립니다. 마치 아기가 바늘에 찔려 울다가도 누군가 분을 발라 주는 순간 아팠단 사실을 까맣게 잊어버리는 것과 같습니다.

　양자리는 미래에 대해 낙관적이며 황당무계한 꿈을 장황하게 늘어놓을 수 있지만 거짓말에는 몹시 서툽니다. 당신 눈앞에 보이는 모습이 전부지요. 숨겨진 것도 없고 복잡하게 분석해야 할 것도 없습니다. 하지만 어린 아기처럼 상처받기 쉬운 존재이고, 그런 의미에서 대책 없는 사람이기도 합니다. 별로 친하지 않은 낯선 사람이 그에게 무언가를 강요하거나 물건을 빼앗으려 한다면 어떻게 될까요? 아마 그는 자신이 아는 유일한 방법으로 대응할 것입니다. 소리 지르고 야단법석을 피워 상대방이 손발 들고 포기할 수밖에 없도록 만들지요. 복잡한 전략전술 따위는 없습니다. 하지만 그러는 것만으로도 원하는 것을 거의 다 얻을 수 있으니 이들에게 대책이 없다는 말은 틀린 표현인지도 모릅니다. 대책 없이 어릴 뿐 해결 방법이 아예 없는 것은 아니니까요.

　겉모습으로 양자리를 알아보는 일은 아주 간단합니다. 양자리들은 이목구비가 뚜렷해서 생김새가 밋밋한 경우가 매우 드뭅니다. 특히 또렷한 눈썹이 콧대와 만나 T자를 그리며 양자리 아이콘이기도 한 뿔의 형상(♈)을 한 이들이 많습니다. 이 뿔은 마치 자기를 방해하거나 정복하려는 우매한 자들에게 보내는 경고장 같다고나 할까요? 또한 대부분 머리나 얼굴에 눈에 띄는 점이나 흉터가 있고, 햇볕에 바랜 듯한 붉은 머리카락에 피부색이 짙은 것이 특징입니다. 양자리에게서는 사방팔방으로 뻗치는 생기가 느껴지기도 합니다. 이들의 몸놀림은 대체로 빠르고 과감하며, 정신적인 움직임도 마찬가지입니다. 남녀 모두 넓은 어깨를 자랑하고, 상체, 특히 머리를 앞으로 내밀고 걷는 경향이 있으며, 늘 서두르는 편입니다. 그렇게 머리를 내밀고 걷다가 벽에 종종 부딪히다 보니 뿔의 위쪽이 휘어 있는지도 모르지요. 사실 양자리가 우아해 보이는 경우는 매우 드물지만, 그런 순간이 있다면 이는 위기 상황을 능숙하게 모면할 때입니다. 양자리를 과소평가하는 이들에게는 상당히 의외의 모습이지요. 양자리는 골격이 매우 곧고 튼튼해서 구부정한 자세를 가진 사람을 거의 찾아볼 수 없습니다. 이 당당한 자세는 자기중심적인 사고와 자신감에서 비롯됩니다. 만약 당신이 어깨가 처진 양자리를 보았다면 그 사람은 숫양이 아니라 새끼양 타입으로, 어린 시절 자존심에 심각한 상처를 입었을 것입니다. 상처가 깊다면 회복하는 데 시간은 좀 걸리겠지만, 언젠가는 반드시 위풍당당한 자세로 돌아올 것입니다. 정말이에요. 양자리는 세상 어떤 실패에도 영원히 낙담하고만 있지는 않으니까요.

화성이 지배하는 양자리는 상대방의 눈을 똑바로 쳐다보는 경향이 있습니다. 그 눈에는 정직과 믿음이 넘쳐흐르고 있어 당신은 감동 일보 직전입니다. 당신은 혹시 그 양자리의 친구 아닌가요? 그리고 그를 좋아하죠? 그렇지 않다고요? 그렇다면 그 양자리는 마음속으로 눈물을 흘리고 있을 것입니다. 하지만 웬만해서는 겉으로 눈물을 보이지 않습니다. 양자리들은 타인에게 약한 모습을 보이느니 차라리 죽는 것이 낫다고 생각하니까요. 실제로 약한 모습을 보이기 싫어서 죽음을 선택하는 경우도 있습니다. 이런 양자리가 흐느껴 운다면 마음에 이루 말할 수 없는 깊은 상처를 받은 거랍니다.

숫양처럼 당당한 양자리가 초조하게 실내를 두리번거리는 경우는 거의 없습니다. 만약 그런 모습을 보인다면 당신과 얘기하는 것이 더 이상 흥미가 없다는 뜻입니다. 이미 뭔가 다른 것에 마음을 빼앗긴 상태여서 앞에 앉아 있는 당신은 안중에도 없지요. 그렇다고 기분 나빠할 필요는 없습니다. 대신 이 사실을 기억하시면 됩니다. '갓 태어난 아기는 자기 발가락과 손가락에만 관심이 있다.'

양자리는 분명히 직장에서 우두머리 위치에 있거나 아니면 자기 사업을 할 것입니다. 만약 그렇지 않고 조직 내에서 누군가의 지시를 받는 입장이라면 매번 어깃장을 놓는 경우가 많습니다. 이들은 대체로 자유분방하고 시간이나 물질적인 면에서 너그럽습니다. 행렬 맨 앞에서 요란스럽게 악기를 연주하려고 하는 사람도 양자리일 확률이 높습니다. 인내심이 부족한 이 사람들에게서 섬세함이나 기교 또는 겸손함 같은 것은 찾아보기 힘듭니다. 양자리들은 보통 그런 덕목들을 거들떠보지도 않습니다. 양자리가 뭔가 항의할 때는 정말 참신하기까지 합니다. 식당에서 먼저 나온 샌드위치는 신선한데 나중에 나온 샌드위치가 약간 상했다면 바로 종업원과 샌드위치에 대해 혹평을 하는 사람이니까요. 하지만 서비스가 만족스럽다고 느끼면 필요 이상으로 두둑한 팁을 두고 나오기도 한답니다.

양자리는 좋게 말하면 직설적입니다. 이 화성인은 남을 현혹시키거나 무언가 우회적으로 표현할 줄 모르는 사람들입니다. 투박한 솔직함과 유례를 찾기 힘든 정직함이 이들의 트레이드마크이지만, 그렇다고 언제나 최고의 신용도를 자랑하는 것은 아닙니다. 어떤 이들은 안정감이 극도로 부족해서 어린아이처럼 무책임하게 구는 경우가 있습니다. 성숙한 양자리도 새로운 관심사에 완전히 몰두하게 되면 빌린 돈 따위는 까맣게 잊어버린답니다. 언젠가는 흔쾌히 빌린 돈을 갚겠지만 문제는 그 전에 당신 숨이 넘어갈지도 모른다는 것이죠.

양자리는 굳센 기상과 진취적인 정신으로 열정적으로 길을 개척해 가는 혈기왕성한 활동가입니다. 하지만 이들의 용감함에는 기이한 측면이 있습니다. 프랑켄슈타인 같은 괴물에게는 한 치의 두려움도 없이 맞서면서, 별로 대수롭지 않은 육체적 고통은 잘 참지 못합니다. 정의와 관련해서는 결코 비겁해지지 않지만, 육신을 아프게 하는 것이라면 사소한 일에도 어린아이처럼 호들갑을 떤답니다. 그러니 이들이 치과 의사를 싫어하는 것은 너무나 당연한 일이겠지요?

양자리는 살면서 성급한 행동으로 머리나 얼굴에 영광의 상처를 입는 경우가 많습니다. 무언가에 베이거나 화상을 입을 수도 있고, 콩팥과 관련된 질병으로 인하여 심각한 두통을 겪을 수도 있습니다. 양자리라면 마음을 단단히 먹고 치과에 정기적으로 가야 합니다. 시력에도 신경 쓰고 체중 조절에도 힘써야 합니다. 가벼운 질환이라도 코감기는 소홀하게 여기지 말아야 하고, 특히 술과는 거리를 두는 편이 현명할 것입니다. 술은 콩팥에 좋지 않을 뿐 아니라 불같은 화성인 기질과 만나면 폭발할 위험이 있지요. 3월 21일에서 4월 20일 사이에 태어난 이 양자리들은 무릎 통증이나 위장 장애, 전염병으로 고생하는 경우가 종종 있습니다. 양자리는 강한 체질을 타고났지만 스스로 몸을 혹사시켜서 고생하는 경우가 있습니다. 만약 양자리가 별 얘기도 없이 자리에 눕는다면 정말이지 심각하게 아픈 상태라고 생각해도 좋습니다. 하지만 이 양자리를 계속 누워 있게 하려면 수갑이 필요할지도 모릅니다. 보통 사람이라면 생사를 오갈 만한 고열에도 양자리는 살아남을 수 있습니다. 오히려 엉뚱한 장소에서 엉뚱한 사람들에게 양자리 특유의 고집을 부리다가 걸리는 화병이 문제입니다. 같은 열이라도 어떤 종류의 고열을 경계해야 하는지 아시겠지요? 불같이 급한 성격과 좌절감이 건강에 문제를 일으킨답니다. 양자리는 일이 지연되는 것을 못 견디기 때문에 급하게 서두르다가 병이 납니다. 하지만 병이 나면 그의 의식 속에는 전혀 다른 이야기가 진행됩니다. 병에 대해서만은 인내하고 신중해지려고 하기 때문에 성급하게 병원을 찾아가지는 않습니다. 그렇다고 전문가의 조언을 전혀 받아들이지 않는 것은 아닙니다. 한동안 의사를 멀리 하다가도 완전히 기력이 소진되거나 나이 들어 생각이 좀 바뀌면 병원에 찾아가기도 합니다. 이들이 약물에 중독될 가능성은 얼마나 될까요? 별로 없습니다. 양자리는 수면제 복용조차 꺼립니다. 온전하게 깨어 있기를 바라기 때문입니다. 잠든 사이에 뭔가 재미있는 일을 놓칠까 봐 전전긍긍하는지도 모르죠.

양자리는 사자자리, 사수자리와 함께 불의 별자리입니다. 뜨거운 불이 지닌 강렬한 낙관주의 덕분에 우울이나 절망으로 인한 질환에는 잘 걸리지 않는 편입니다. 천문해석학에서 늘 주장하던 이 사실이 오늘날은 의학계에서도 새롭게 인식되고 있지요. 불의 별자리들은 고열, 감염, 뇌졸중, 고혈압 그리고 격렬한 통증이 수반되는 질병에 민감합니다. 양자리의 충동적인 행동에 대해 당신이 어떤 비판을 하더라도 이들은 좀처럼 의기소침해하지 않는답니다. 양자리 토양에서는 우울의 씨앗이 싹을 틔우지 못합니다. 하지만 양자리에게도 재앙이 찾아올 때가 있습니다. 자기보다 효율적으로 일할 수 있는 사람은 없다고 굳게 믿는 자신감에 금이 가기 시작하면 심각하게 우울한 상태가 되는 것이죠. 양자리는 자신감이 넘쳐 급하게 일을 진행하지만, 이것 때문에 궤양이 생기거나 신경쇠약에 이를 수도 있다는 사실은 잘 모릅니다. 그러니 게으르다는 이유로 양자리를 비난할 경우는 거의 없답니다.

본성 자체가 악의 없고 순진무구한 양자리는 간교한 속임수나 전략을 쓸 줄 모릅니다. 제가 아는 양자리 친구 이야기를 해 드릴게요. 물론 불같은 열정을 지닌 친구지요. 어느 날 이 친구가 독창적인 사업 아이템을 구체화시키기 위해 투자 자문가를 고용했습니다. 이런저런 계약도 순조로이 마무리되어 가고, 이제 꿈을 실현할 일만 남아 있었어요. 그런데 투자 자문가가 사업체 관리는 전문가 손에 맡겨야 한다고 논리적으로 제안했습니다. 하지만 그 양자리 친구가 보기에 자기의 회사를 잘 운영할 수 있는 사람은 자기 말고는 없는데 다른 전문가라니요? 자기에게 지시를 내릴 다른 사람이 있다는 것은 생각만 해도 끔찍합니다. 양자리 친구는 이 두려움을 은밀히 감춘 채 시가 연기를 내뿜으며 이렇게 말했어요. 물론 특유의 양자리식 교양을 갖추기는 했지요. "어떻게 거절해 드릴까요? 빨리? 아니면 천천히?" 이후의 일은 물어보나마나입니다. 투자 자문가는 즉시 투자 계획을 철회했고, 이 불쌍한 양자리 친구는 곧 비즈니스의 총체적 몰락이라는 혹독한 대가를 치러야 했습니다. 그 절망스러운 몇 달 동안 친구는 이전 투자 자문가들에게 전화를 할 때마다 듣지도 보지도 못한 누군가와의 점심 약속으로 자리를 비웠다든가 유럽에 출장 중이라든가 하는 소리를 들어야 했습니다.

외교술이 조금만 더 매끄러웠어도 양자리의 꿈이 그토록 산산조각 나지는 않았을 것입니다. 전형적인 양자리가 외교술을 터득하기까지는 오랜 시간이 걸립니다. 인내에 인내를 거듭하고 노력에 노력을 더해서 정상에 힘겹게 도달한 사람들이, 경험도 미천하면서 자기들보다 더 많이 안다고 생각하는 양자리를 보면 당연히 화가 나겠죠. 양자리는 비참할 정도로 실패를 여러 번 겪은 뒤에야 비로소 겸손함을 터득합니다. 하지만 일단 겸손함을 배우고 나면 활화산이 되어 창조적인 아이디어를 쏟아 내고 프로젝트를 본능적으로 올바르게 이끌어 갈 수 있습니다. 양자리라고 낙하산으로 리더 자리를 거머쥘 수는 없습니다. 먼저 조직 내에서 상관을 존중하고 따르는 법을 터득한 다음에 능력을 발휘해 조직의 신뢰를 얻으며 리더 자리에 오르겠지요. 이것이야말로 양자리도 피해 갈 수 없는 세상사지만, 일단 그 궤도에 올라서면 양자리가 얻게 될 성공은 상상을 초월합니다. 특이하게도 양자리는 자기 자신을 위해 부를 축적하기보다는 남들에게 부를 축적해 주는 경우가 더 많습니다. 양자리는 대대수가 집을 소유하기보다는 월세로 살아갑니다. 금전적으로 넉넉하지 않아도 화성의 정신은 꺾이지 않나 봅니다. 아마도 양자리가 추구하는 바가 단지 돈 자체는 아니기 때문이겠죠.

비록 양자리가 늘 자신 있게 일을 밀어붙이고 다른 사람들이 어떻게 느끼는지에 대해서 거의 신경 쓰지 않으며 특히 젊을 때는 '누구보다 내가 우선'이라는 생각으로 살아가기는 하지만, 어쩌면 열두 가지 별자리 중 가장 따뜻하고 관대한 별자리가 될 수도 있습니다. 양자리는 무자비하지 않습니다. 단지 뭐든지 자신이 어느 누구보다도 잘할 수 있다고 믿을 뿐이며, 남들이 실수하는 것을 심리적으로 견디지 못할 뿐입니다. 양자리에게 돈과 명예 중에 하나를 선택하라면 언제라도 명예를 택할 것입니다. 양자리도 보통 사람들처럼 돈을 좋아하지만, 칭찬과 명성을 아주 조금 더 좋아합니다. 양자리는 상관의 승인을 받지 않고 독단적으로 결정을 내리는 경향이 있습니다. 연설을 할 때는 풍자와 독설이 넘칩니다. 느닷없이 맹렬하게 화를 냈다가도 상대방이 그 이유를 미처 파악하기도 전에 다시 어린아이 같은 순진무구한 표정으로 돌아오곤 합니다. 이쯤 되면 충동적인 행동으로 유명했던 니키타 흐루시초프*가 떠오

---

* 니키타 흐루시초프(Nikita Khrushchev, 1894~1971): 전 소비에트 연방 국가원수 겸 공산당 서기장.

릅니다. 그는 전세계 시청자들이 지켜보고 있는 유엔 공식석상에서 유치하게도 신발로 책상을 내려친 적이 있습니다. 그가 무시당했기 때문이었는데, 양자리가 무시당할 때는 기교든 뭐든 다 필요 없지요. 이 양자리 인사는 후일 디즈니랜드 매직쇼를 볼 기회를 놓치는 바람에 가슴을 치며 속상해했다고 합니다.

화성의 지배를 받는 양자리는 종종 불같은 성미 때문에 비난을 받습니다. 하지만 동시에 그 화를 유지하는 소질이 너무나 부족해서 화내고 돌아서는 순간에 그 이유조차 잊어버리곤 한답니다. 양자리가 아무 뜻 없이 경솔하게 내뱉은 말을 당신이 아직도 기억하고 있다는 사실을 알게 되면 양자리는 화들짝 놀랄 것이며 심지어 상처받을지도 모릅니다. 기회가 주어진다면 양자리는 자기가 감정에 휩쓸려 죽일 듯이 덤벼들었던 적에게도 사과할 것입니다. 그들이야 늘 '인정할 것은 인정한다'라는 생각에서 선하게 행동하지만, 아쉽게도 의도와 달리 거부 반응을 일으키기도 합니다. 양자리가 개인에게 화를 내는 경우는 매우 드뭅니다. 당신에게 불똥이 튈 수도 있지만, 실제로 그 불길은 당신이 아니라 견디기 힘든 생각이나 상황을 겨냥한 경우가 많습니다.

양자리는 본인을 내세우기 위해서 혹은 이상적 대의를 위해서 선의의 거짓말을 할 때도 있습니다. 하지만 대개는 거짓말을 할 필요가 없습니다. 참으로 다행이지요. 어차피 매번 들통 나 버리거든요. 보다 신속하게 일을 처리하고 빨리 결론에 도달하는 것에 온통 관심이 쏠려 있는 양자리에게 거짓말을 궁리할 시간이 어디 있겠습니까? 투박하고 솔직한 이들은 진실을 더 좋아할 수밖에 없습니다. 양자리는 잡담하면서 시간을 보내지 않습니다. 특히 남들에 대해 이러쿵저러쿵 얘기하지 않는 편입니다. 남들의 숨겨진 비밀이나 내면의 동기를 추측하느라 시간을 낭비하는 일은 참으로 이해할 수 없는 행동이지요. 게다가 양자리에게 사람들은 흑 아니면 백입니다. 중간의 어정쩡한 회색은 눈에 들어오지 않는답니다. 하지만 편견이 많다는 뜻은 아니니 오해하지 말기 바랍니다. 어떤 양자리가 출생차트 상 다른 행성들과 어려운 관계를 맺고 있다면, 그 양자리는 잔인함이나 편견의 형태로 다른 사람들을 무시하는 경향을 보일 것입니다. 하지만 이런 경우는 극히 드뭅니다. 전형적인 양자리는 상대방이 노숙자든 대통령이든 상관하지 않습니다. 모두를 똑같이 편하게 대하고 진심으로 한 밥상에서 함께 밥을 먹는 그런 사람입니다. 그런데도 양자리는 사람을 편애한다는 오해를 받습니다. 늘 사람들을 친구 아니면 적, 두 부류로만 나누려고 하기 때문입니다. 그리고 자기 친구들도 자기와 같은 기준으로 사람들을 분류하기를 바랄 것입니다.

지나치게 솔직해서 종종 사람들을 당황시키지만, 때로 양자리는 우아한 사교 모임의 주인공이 될 수도 있습니다. 양자리는 전혀 모르는 분야에 대해서도 몇 시간이고 즐겁게 사람들과 대화를 나눌 수 있습니다. 화성의 공격적인 성향을 은폐하기 위해 표면적으로 위장을 하는 것이죠. 양자리는 세부 사항을 거론하는 데에는 취약합니다. 그래서 통계 수치를 언급해야 할 때만은 남에게 미루는 편입니다. 실제로도 양자리 말고 다른 사람들이 훨씬 더 효율적으로 그런 일들을 해낼 수 있기 때문에, 매우 현명한 처사입니다. 양자리는 한 가지 주제에만 집중해서 이야기하는 것을 몹시 지루해하고, 어제의 교훈이나 내일의 걱정 따위는 신경 쓰지 않습니다. 양자리는 늘 오늘을 살아가지요. 지금 바로 이 순간이 중요하기 때문에, 현재를 뜨겁게 불태우고 싶어 합니다.

현실적이면서도 이상주의 색채가 강한 양자리의 정서는 한 마디로 묘사하기 어렵습니다. 누구보다도 거칠고 단호한 태도를 지녔지만, 또 양자리만큼 감상적이고 순수를 동경하며 기적을 믿는 사람은 드뭅니다. 화성인들은 패배를 인정하는 것이 말 그대로 불가능한 사람들입니다. 패배가 코앞에 다가와도 인식하지 못하는 경우가 많습니다. 연애든 야구 경기든 부정적인 결과를 생각하지 못하는 고질병이 있답니다. 하지만 이는 전사의 기질에 잘 부합하지요. 접근전에 능한 양자리 전사들은 주로 머리, 즉 지력을 쓰는 싸움에 두각을 나타냅니다. 도전을 즐기듯이 대립 또한 즐기며, 장애물을 찾으러 길을 나서고, 저 멀리 장애물이 보이면 한달음에 달려가 제거해 버립니다. 이들은 가만히 앉아서 성공이 제 발로 굴러들어오기를 기다리지 않지요. 그래서일까요? 언제나 성공을 향해 맹렬하게 질주하기 때문인지 이들이 생활 보호 대상자가 되는 경우는 좀처럼 없답니다.

대부분의 사람들은 양자리의 넘치는 에너지를 떠올리기만 해도 지칩니다. 하지만 양자리도 마음만 먹으면 침착하고 현명하고 진지해질 수 있답니다. 단, 젊은 시절이 가고 성숙의 계절에 이르러, 무분별한 이상주의와 성급함이 한풀 꺾인 뒤에야 비로소 마음을 먹게 된다는 아쉬움이 있기는 합니다. 양자리는 쉽게 대중의 연민을 불러일으키기는 하지만 그렇다고 해서 훌륭한 정치가가 될 수 있다는 의미는 아닙니다. 토머스 제퍼슨*과 유진 매카시**는 아주 드문 예에 속합니다. 지금까지 정치판에 뛰어들었던 양자리들은 대부분 정치 인생을 비교적 짧게 마

---

* 토머스 제퍼슨(Thomas Jefferson, 1743~1826) : 미국의 정치가 · 교육자 · 철학자. 독립선언문의 기초위원이었으며, 제3대 대통령을 지냈다.
** 유진 매카시(Eugene McCarthy, 1916~2005) : 미국의 정치인. 1960년대 말 베트남전쟁에 대한 미국민의 반대 여론을 모으는 데 큰 역할을 했다.

감하거나 고초를 겪는 경우가 많았습니다. 미국에서는 1840년 존 타일러* 대통령 이후로 한 번도 양자리 대통령이 배출되지 않았습니다. 일반적으로 정치는 양자리에게 너무나 어려운 분야입니다. 무엇보다 양자리는 훌륭한 경제 전문가가 아니고, 또한 충동적으로 말하면서 변명의 여지를 남기지 않습니다. 이 두 가지 모두 정치인에게는 치명적인 약점이지요. 대부분의 정치인들은 자신의 입장을 표명하기 전에 대중의 요구를 정확히 포착할 때까지 기다립니다. 하지만 일반적인 양자리는 사람들에게 무엇이 필요한지 본인이 먼저 판단하고, 사람들이 실제로 무엇을 원하는지는 신경 쓰지 않습니다. 정치적인 합의를 이끌어 내기보다는 본인의 생각을 밀어붙이는 것이 더 빠른 길이라고 생각합니다. 그렇지만 이상주의 성향 덕분에 대중에게 꿈을 불어넣어 주고 그들 스스로 믿게 만드는 능력도 있답니다. 화성인들의 이런 신선한 솔직함은 케케묵은 밀실정치 분위기를 산들바람처럼 시원하게 날려 버릴 수 있겠죠.

하지만 양자리는 주로 사업이나 창조적인 예술 분야를 선호하고, 바로 이런 영역에서 양자리들을 절실히 필요로 합니다. 전략기획 분야에서도 양자리는 빛을 발합니다. 효율성을 중요시하는 조직에는 침착하고 실용적인 지성을 지닌 사람이 더 어울리겠지만, 양자리의 대담한 행동과 열정 그리고 창의성이 없다면 아무리 훌륭한 프로젝트라 하더라도 속도를 내지 못하고 추락해 버릴 것입니다.

수줍음을 타는 양자리도 있을까요? 그럼요. 드물게 있습니다. 하지만 자기 입장이 불분명한 양자리는 찾아볼 수 없답니다. 양자리와 함

---

* 존 타일러(John Tyler, 1790~1862): 미국의 제10대 대통령.

께 있으면 당신은 개성을 표현하기가 어렵습니다. 양자리는 그 어떤 이야기보다도 본인과 본인 계획에 대한 이야기를 할 때 훨씬 더 행복해합니다.(남몰래 사랑에 빠진 대상에 대한 이야기는 예외입니다.) 일단 운이 좋아서 양자리의 관심을 얻고 나면 그는 당신의 말을 귀 기울여 들어 줄 것이며, 특히 이야기가 흥미진진하고 혁신적이라면 더더욱 그럴 것입니다. 당신을 최고 지위까지 승진시키고 자신의 시간과 돈, 지지와 충성을 모두 바칠 것입니다. 당신이 병원에 입원하게 되면 안부전화는 잊어버릴지언정 당신에게 자기가 잘 아는 의사를 소개해 주는 일은 결코 잊지 않습니다. 물론 파스퇴르 박사보다도 훌륭한 의사겠지요. 일단 당신을 돕는 일에 발을 들이고 나면 양자리는 한 치의 망설임도 없이 더 도울 일이 없는지 찾아 헤맵니다. 하지만 이때 잊지 말아야 할 것이 있습니다. 반드시 그에게 고마움을 표시해야 합니다. 양자리는 상대방이 필요로 하는 것 이상으로 친절을 베풀었을 때 상대가 고맙다는 반응이 없으면, 차마 노골적으로 화를 내지는 못하지만 마음 깊이 상처를 받습니다. 양자리는 남에게 호의를 베푸는 것을 좋아합니다. 선행의 규모가 크면 클수록 좋습니다. 하지만 자기의 호의에 감사를 표하지 않는 사람에게는 두 번 다시 선행을 베풀지 않을 것입니다. 양자리의 이타성은 타인에 대한 무한한 신뢰가 전제되었을 때 빛을 발합니다. 문제는 이 무한한 신뢰가 너무도 순진무구해서 환상이 깨지듯 신뢰를 거두는 경우가 종종 있다는 것입니다. 그래서 매번 사람들에게 환멸을 느끼며 또 누군가가 자기를 실망시켰다고 불평하게 되는 것이죠. 물론 실망한 상태가 오래가지는 않습니다. 잠깐 우울해하고는 곧 툭툭 털어 내고 다시 앞으로 나아갈 테니까요.

양자리가 자신이 무언가 잘못 알고 있었다고 아무렇지도 않게 말할 때 사람들은 깜짝 놀라게 됩니다. 그 뻔뻔함과 순진함은 아무도 흉내 낼 수 없을 듯합니다. 당신이 그런 양자리를 정직하지 못하다고 비난하면, 그는 감히 어떻게 자기를 의심할 수 있느냐는 눈빛으로 당신을 쳐다볼 것입니다. 양자리는 자신이 믿고 싶지 않은 것은 듣지도 보지도 않습니다. 심지어 자신이 위험에 처하더라도 열렬한 신념을 가지고 한없이 진지하게 대의명분을 위해 맞설 것입니다. 하지만 양자리는 확고부동하던 생각도 순식간에 바꿀 수 있습니다. 그리고 일단 생각을 바꾸고 나면 그 이전으로 돌아가기란 불가능합니다. 아니, 이전의 생각은 아예 기억조차 못할지도 모릅니다. 과거는 쓰레기통에 던져 버리고 앞을 향해 전속력으로 돌진하려는 강렬한 충동을 지니고 있는 양자리에게 조목조목 근거를 묻고 따지는 사람들은 앞길을 방해하는 훼방꾼으로 보일 뿐입니다. 일단 장애물로 인식하면 양자리는 물불을 가리지 않습니다. 모든 말과 결정에 앞서 깊이 생각하는 신중론자들은 양자리를 정말 미치게 만듭니다. 이런 경우에 양자리는 짜증과 절망을 아주 명확하고도 강력하게 표현합니다. 그러니 양자리가 연륜 있는 사람들에게 공공의 적으로 찍히는 것은 당연한지도 모릅니다.

양자리는 무언가를 순수하게 동경하는 본성을 지니고 있습니다. 여기에 타고난 반골 기질이 더해져서 활기 넘치고 순도 높은 신념을 가지게 되지요. 양자리의 뿔은 다이아몬드처럼 단단해서 부러뜨리기 어렵습니다.

양자리는 종종 급진적인 생각에 매료되지만 그렇지 않을 때는 데이지 꽃처럼 유순하고 친절한 사람으로 살아갑니다. 양자리를 상징하는 금속인 강철은 잘 휘지 않는 성질을 가지고 있습니다. 그래서인지 양자리의 목숨은 남들보다 아홉 배나 질깁니다. 전쟁에서 이길 수 있는 기회가 남들보다 아홉 배 많다는 의미지요. 양자리의 영혼을 불태우는 열정은 종종 횃불이 되어, 그의 위대한 이상주의를 알아보고 따르는 사람들을 북돋워 주고 이끌어 줍니다.

양자리는 사람들을 이끌고 불가능한 목표를 향해 나아가는 개척자입니다. 양자리의 강철 같은 신념은 위선이나 탐욕에 물들지 않은 순수 그 자체라고 할 수 있지요. 양자리가 부를 축적하는 경우는 드물지만, 혹시 그렇다 해도 번 돈을 세어 볼 여유조차 없을 정도로 바쁘답니다. 그러니 다른 사람들은 양자리의 돈, 물건, 시간을 마음껏 가져다 쓸수 있습니다. 양자리는 항상 어느 정도의 여유가 있습니다. 아무리 일시적으로 스트레스를 받거나 가난할지라도 이 여유는 사라지지 않습니다. 양자리는 남에게 베푸는 일이 자아를 만족시켜 주고, 더 큰 보답을 줄뿐만 아니라, 사람들을 행복하게 한다는 것을 알고 있습니다. 바로 양자리가 인생을 가장 즐기는 대목이지요. 그래서인지 양자리 주위에 기적은 흔하고도 흔한 것입니다. 당신에게 아무것도 남지 않았을 때 양자리는 용감하고 희망찬 꿈으로 당신을 채워 줄 것입니다.

양자리로 알려진 유명인

딘 애치슨Dean Acheson

베티 데이비스Bette Davis

일카 체이스Ilka Chase

줄리 크리스티Julie Christie

토머스 듀이Thomas Dewey

*로버트 다우니 주니어Robert Downey Jr.

말런 브랜도Marlon Brando

오토 비스마르크Otto Bismarck

조앤 크로퍼드Joan Crawford

찰리 채플린Charles Chaplin

엘턴 존Elton John

*엠마 왓슨Emma Watson   *한스 안데르센Hans Andersen

*공효진   *김태희

*엄태웅   *이준기

*조영남   *황영조

※원서의 내용을 보충하기 위해 역자가 추가로 찾아 넣은 인물들은 이름 앞에 *를
   붙였습니다.

양자리 남성

♈

당신과 다정하게 전화 통화를 하고 있는 저 생명체의 정체는 도대체 뭘까요? 인간 발전기? 타오르는 횃불? 새? 폭탄? 그것도 아니라면 혹시 슈퍼맨? 이 모든 것이 실제로 양자리 남성의 이미지랍니다. 당신이 어떤 사랑을 원하는지 스스로 잘 알고 선택했기를 바랍니다. 당신이 자극적인 사랑을 추구하는 여인이라면 큐피드가 사람을 제대로 찾았네요. 양자리 남성이야말로 짜릿함 그 자체를 얼마든지 제공해 줄 테니까요. 하지만 당신이 찾고 있는 것이 서로 위로를 주고받는 안정적인 사랑이라면 상대를 잘못 골랐는지도 모릅니다.

　　양자리 남성은 순식간에 불같은 열정을 바치다가도 바로 다음 순간 얼음장처럼 차가워질 수도 있는 사람이랍니다. 그를 모욕하거나 그의 관심을 더 이상 끌지 못한다면, 양자리 남성의 열렬하고 충동적인 화성인 기질은 바로 얼어붙어 버리고 말지요. 이 얼어붙은 정열을 다시 불타게 하려면 1막 1장부터 다시 시작해야 한답니다.

양자리 남성은 독창적인 아이디어와 창조적인 에너지로 넘쳐납니다. 그에게 보조를 맞추기란 피곤하기 짝이 없는 일이지만, 마음만이라도 그렇게 하는 편이 낫습니다. 이들은 달팽이처럼 느린 친구는 뒤에 남겨 놓고 절대로 돌아보지 않는답니다. 이팔청춘보다 더 젊어 보이는 이들은 언제나 팔팔하게 행동할 것입니다. 정말 유쾌한 일이기는 하지만 정신적·정서적 태도에도 영향을 미치는 이 생기는 나이 들어 다른 사람들보다 늦게 철들 때까지 계속된답니다. 양자리 남성은 빈둥거리는 것을 싫어하고 대담한데다 자신감이 넘쳐서 언제나 남들보다 앞서 있습니다. 가끔은 자기의 현실보다도 앞서 있어서 문제이기도 하지요. 이들은 아량이 넓은 사람들인지라 낯선 이들에게도 기꺼이 자기 물건은 물론 시간과 돈, 마음까지 준답니다. 하지만 자기가 원하는 바대로 잘 이루어지지 않거나 부정적인 사람들에게 둘러싸여 뭔가를 강요받는 상황이라면 이야기는 달라집니다. 사람들을 분통 터지게 할 만큼 참을성이 없어지고 생각도 따라서 없어져 버립니다. 남아 있는 것이라고는 이기심과 끝없는 불평뿐이지요.

사랑할 때 양자리 남성은 놀라울 정도로 과감합니다. 사랑에 온몸을 내던지며 로미오와 줄리엣에 버금가는 유일무이하고도 완벽한 사랑을 하고 있다고 확신합니다. 그래서 사랑이 깨지면 그 조각들을 주워 모아 어떻게 해서든 복원하려고 고군분투합니다. 그래도 회복이 불가능한 사랑이라면 새로운 줄리엣을 찾아내서 다시 연애를 시작합니다. 마치 이번 사랑도 첫사랑인 양 또다시 모든 정열을 쏟아 부을 것입니다. 양자리는 아무리 여러 번 사랑에 실패하더라도 진정한 사랑이나 영혼의 짝을 찾을 수 있다는 꿈은 절대로 포기하지 않습니다. 양자리 남성은 (전 갈자리 여성을 제외한) 모든 여성의 기대를 채워 줄 만한 정열을 보유하고 있습니다. 더 이상 바랄 것이 없지요. 양자리 남성은 몹시 이상적이고 감정에 민감해서 두 사람 사이에 생기는 모든 설렘과 탄식, 황홀 그리고 아름다움을 포착해 낼 것입니다. 양자리 남성에게 적당히 하는 것은 불가능하답니다. 사랑이 불타오르는 순간 모든 것을 내던지는 스타일이니까요.

때로는 좀 조용하다 싶은 양자리 남성을 만날 수도 있습니다. 하지만 속지 마세요. 그 사람 역시 화성의 지배를 받는답니다. 그 사람은 별로 열정적이지도 않고 밀어붙이지도 않는다고요? 제가 아는 양자리 남성 중에도 그런 사람이 있습니다. 하지만 일단 제 말을 믿고 그 사람의 머릿속을 들여다본다면, 뇌가 얼마나 빠른 속도로 회전하고 있는지 알게 될 것입니다. 얼핏 봐서 특유의 추진력이 느껴지지 않는 양자리 남성을 만나면 요즘 하는 일의 진행 상황이 어떤지 물어보시기 바랍니다. 아마 양자리 남성이 틀림없다는 확신이 들 것입니다. 그 사람의 옛 여자친구에게 물어보아도 좋습니다. 아마 그 여인은 깔깔거리며 이렇게 말할 것입니다. "그 사람이 수줍음을 많이 탄다고요? 딴 사람 얘기하는 거 아니에요?" 시간이 좀 지나면 알게 될 것입니다. 그 사람의 차분한 태도는 불타는 열정과 터프한 사업적 기질을 숨기기 위한 가면이라는 것을요. 물론 이런 가면을 쓴 양자리보다는, 초콜릿 파이에서부터 오토바이 여행에 이르기까지 자기가 세상 모든 것에 대해 얼마나 열정적인지 여과 없이 밝히는 솔직하고 단순한 양자리와 사랑을 하는 쪽이 훨씬 편하겠지요.

양자리가 진정으로 사랑을 지키고자 할 때는 어떨까요? 이들은 어떤 별자리보다도 고지식하리만큼 신뢰를 지킨답니다. 다른 사람들의 충고에도 귀 한 번 기울이는 일 없이 온 마음을 바쳐 사랑합니다. 당신을 만나면서 다른 사람에게 눈길을 주거나 추파를 던지는 행동 따위는 하지 않는답니다. 양자리 남성은 동화 같은 사랑을 꿈꿉니다. 동화에서는 절대로 사랑과 섹스에 대해 가볍게 얘기하지 않지요. 당신을 만나기 전 여자친구들은 그저 과거일 뿐입니다. 실제로 제가 알던 어떤 양자리 남성은 지난 일을 얘기할 때 늘 "그건 우리가 만나기 전 일이고……."라고 말하곤 했습니다.

물론 양자리 남성이 나중에 변할 수 있다는 가능성에 대해서는 경계를 늦추지 않아야 합니다. 양자리 남성은 지금의 헌신과 사랑의 맹세에 대해 한 치의 거짓도 없이 성실한 만큼 사랑 자체에 대한 열망이 너무나 강하답니다. 그래서 양자리 남성의 환상을 지속적으로 만족시켜 주지 않으면 이내 딴 곳을 바라볼 수도 있습니다. 당신이 동화 같은 사랑의 환상을 없애 버리는 그 순간, 양자리 남성은 새로운 공주님을 찾아나설 것입니다. 말하자면 콧물 닦을 티슈를 들고 다니는 여인과 놀이공원에 함께 가는 것은 양자리 남성의 동화 같은 사랑에 어울리지 않습니다. 그러니 매니큐어를 칠하거나 치아 미백을 하는 장면, 알루미늄 포일을 주렁주렁 매달고 머리카락을 염색하거나 햇볕에 탄 피부 껍질을 벗겨 내는 장면, 또는 엄마와 전화 통화를 하면서 몇 시간이고 싸우는 장면은 절대로 보여 주어서는 안 됩니다. 양자리 남성이 느끼기에 이런 것들은 동화 속 공주님이 하는 행동이 아니기 때문이지요. 줄리엣이 발을 탁자 위에 올려놓고 앉아 있다거나 풍선껌을 짝짝 씹으면서 텔레비전 보는 모습이 그려지나요? 양자리 남성 앞에 있을 때는 향수를 뿌리고, 그가 없을 때에나 친구들과 수다를 떨기 바랍니다. 양자리 남성이 백마

탄 왕자가 되어 잠들어 있는 당신에게 키스하려 합니다. 그런데 당신이 코를 드르렁거리면서 자고 있거나 그만 잠 좀 자자면서 귀찮아한다면 어떨까요? 잠자는 숲 속의 공주라면 그렇게 하지 않을 것입니다. 매일 아침 꿈에서 깨어나 이슬 맺힌 초롱초롱한 눈으로, 꿈에 그리던 왕자님을 코앞에서 보고 있다는 사실이 너무 행복하다는 듯이 아침 인사를 할 수 있어야 합니다.

여자친구가 낭만적인 사랑을 무시하면 양자리 남성은 일단 마음에 상처를 받습니다. 그 다음에는 화가 나지요. 그 다음에는 코를 골지 않는 동화 속 공주님을 찾아 나섭니다. 양자리 남성의 입장에서 이것은 부도덕한 행동이 아닙니다. 자신이 약속을 깬 것이 아니라 당신이 약속을 깼다고 생각합니다. 당신을 달빛 속에서 노래하는 사랑스러운 종달새라고 생각하게 만든 장본인이 바로 당신이니까요. 그런데 알고 봤더니 당신은 사랑스러운 작은 새가 아니라 미치광이 수다쟁이에다가 잔소리꾼으로 밝혀졌지요. 당신의 손을 잡을 때마다 천사들의 합창이 들려오고 아름다운 종소리가 들려오던 환상이 깨지기 시작한 것입니다. 이틀 연속으로 자정 넘어 귀가했다고 소리를 고래고래 질러 대는 당신을 보고 있으면 어떻게 천사들의 합창소리가 들리겠습니까? 그리고 어떻게 당신이 그의 행동에 대해 이래라저래라할 수 있단 말입니까? 결혼은 감옥이 아니며 당신은 간수가 아니라는 것이 양자리 남성의 생각입니다.

양자리 남성을 행복하게 해 주는 일은 어렵지 않아요. 매일 아침, 잠에서 깨어나면 그윽한 눈빛으로 양자리 남성을 쳐다보기만 하면 된답니다. 그러면 양자리 남성은 평생토록 지구상에 있는 그 어떤 여성에게도 눈길 한 번 주지 않고 당신 곁에서 행복하게 살 수 있습니다. 양자리 남성이 두 명 이상의 여성과 동시에 사랑에 빠질 확률은 거의 없습니다.(출생차트 상 동쪽 지평선에 쌍둥이자리가 있거나 금성의 기능이 저하된 경우에는 예외일 수 있습니다.) 그런 행동은 양자리 남성이 지니고 있는 세상에 유일한 사랑, 순도 높은 진정한 사랑의 이미지에 부합되지 않지요. 새로운 사람을 만나 관계가 깊어지기 전에 과거의 사랑과는 결별할 것입니다. 양자리의 사랑이 식어 갈 때 그 조짐을 알아챌 기회가 여러 번 옵니다. 양자리 남성은 있지도 않은 열정을 가식적으로 표현하지 못합니다. 그러니 심각한 배신은 할 수 없는 사람이지요. 게다가 이제 당신은 양자리 남성이 꿈꾸는 동화 같은 사랑을 지켜 낼 묘안을 알게 되었으니 안심하셔도 됩니다.

그럼, 양자리 남성을 사로잡으려면 어떻게 해야 할까요? 너무 따분해 보여도 안 되고, 너무 소극적이거나 소심해 보여도 안 됩니다. 양자리 남성을 사로잡기 위해서는 그레이스 켈리*처럼 우아하고, 우르술라 안드레스**처럼 섹시해야 하며, 마리 드레슬러***처럼 재미있고, 퀴리 부인처럼 총명해야 하고, 빅토리아 여왕처럼 근엄해야 합니다. 여기다가 클레어 부스 루스****처럼 글도 잘 쓴다면 더할 나위 없겠지요. 어떤 한 가지 타입의 이미지만으로는 양자리 남성의 이상형을 만족시킬 수 없답니다. 양자리 남성에게 당신이 세상의 어떤 여성보다도 매력적이라는 것을 설득하기는 매우 어려운 일이지만, 그렇게 할 수만 있다면 양자리 남성은 평생 당신만 쳐다보면서 살 것입니다. 한번 시도해 볼 만한 일입니

---

* 그레이스 켈리(Grace Kelly, 1929~1982): 모나코 왕비가 된 미국의 영화배우. 할리우드 역사상 가장 우아한 여배우로 꼽힌다.

** 우르술라 안드레스(Ursula Andress, 1936~): 스위스 출신의 영화배우로 첩보영화 007시리즈에서 최초의 본드걸로 등장했다. 「플레이보이」지가 선정한 100대 섹시 무비 스타에도 뽑힌 바 있다.

*** 마리 드레슬러(Marie Dressler, 1868~1934): 캐나다 출신 영화배우. 코믹한 캐릭터로 유명하다.

**** 클레어 부스 루스(Clare Boothe Luce, 1903~1987): 미국의 극작가이자 미국의회 의원.

다. 일단 사랑에 빠지면 물불을 가리지 않는 양자리 남성은 사랑을 끝내는 것도 잘 하지 못하기 때문입니다. 이상주의자인 양자리 남성은 자존심이 너무나 강해서 자기가 틀렸다거나 자신이 선택한 사랑이 잘못되었다고 인정하는 것을 죽기보다 싫어합니다. 게다가 양자리 남성은 대수롭지 않은 일에도 크게 반응하는 경향이 있다는 것을 꼭 기억하시기 바랍니다. 이미 양자리 남성과 결별했더라도 다시 사랑의 불씨를 살려낼 기회가 있습니다. 그가 기분이 좋은 어느 날 전혀 친하지 않았던 사람처럼 굴면서 다가가 보세요. 도도한 모습을 보여 줘야 합니다. 양자리 남성은 새로운 도전을 좋아하니까요. 혹시라도 다른 사람에게 한눈파는 그를 용서해 주려면 이렇게 생각해 보세요. '그가 길을 잃고 방황하는 것은 달빛 아래 아름답게 울려 퍼지던 종달새의 노래가 멈춰 버리자 갑자기 충동적인 마음이 들었기 때문이다. 일부러 새로운 사랑을 찾아 눈길을 돌리는 것이 아니다.' 한눈파는 것은 양자리 남성의 정직한 성품과 맞지 않습니다. 미래에 대해 너무 불안해하지 마세요. 당신은 그의 마음을 여닫는 마법의 열쇠를 가지고 있습니다. 단단히 잠가 두세요.

혹시 양자리 남성을 만나면서 다른 남성과도 데이트를 하고 있나요? 양자리 남성을 장난삼아 만나 볼 생각이라면 당장 그만두는 것이 좋습니다. 당신의 그런 경솔한 행동은 처음이자 마지막이 될 것입니다. 양다리를 제대로 걸쳐 보기도 전에 양자리 남자친구를 잃을 것입니다. 다른 이성에게 귓속말을 하거나 다정한 눈길로 쳐다보는 것만으로도 충분하답니다. 양자리 남성은 자신이 모든 것에서 첫 번째이기를 고집합니다. 당연히 당신의 마음속에서도 첫 번째가 되어야 합니다. 양자리는 소유욕이 강하고 질투가 심한 편입니다. 사랑하는 사람이 부정을 저지르고 있다는 상상만으로도 화를 내는 사람은 사자자리 남성뿐이지만,

양자리는 한 술 더 떠서 늘 자신을 향한 일편단심을 확인하려 들지요. 정작 자기는 좀처럼 확인시켜 주지 않으면서요. 양자리 남성이 다른 여성과 즐겁게 담소를 나눈다 해도 그저 사심 없는 순수한 의도라고 이해해야 합니다. 양자리 남성은 당신에게는 허용하지 않는 사교적인 자유를 스스로는 누리려고 하기 때문입니다. 양자리 남성은 당신을 기둥에 단단히 매어 놓고 싶어 한답니다. 그러고는 당신이 발가락 하나도 까딱하지 않은 채, 심지어 그럴 마음조차 품지 않고 가만히 있어 주기를 바랍니다.

양자리 남성은 타고난 반항아랍니다. 권위에 도전하기를 좋아하고 자기가 태생적으로 다른 이들보다 똑똑하다고 생각합니다. 실제로 그렇다 해도 그런 얘기를 듣고 좋아할 사람은 아무도 없지요. 양자리 남성은 자기의 우월성을 무분별하게 주장하기 때문에 한 번쯤은 사람들 앞에서 큰 망신을 당할 수도 있답니다. 남을 따르기보다는 본인이 이끌어 나가야 하는 천성 때문에 윗사람들은 양자리 남성에게 자주 겸손의 미덕을 가르치려 듭니다. 그럴 때마다 양자리 남성은 상처받은 자존심을 회복하고 위안을 얻으러 당신에게 달려올 것입니다. 늘 자신감에 넘치고 공격적인 그의 모습 뒤에는 죽어도 인정하기 싫은 열등감이 자리 잡고 있음을 알게 되지요. 양자리 남성의 무너진 자존심을 보듬고 부드럽게 어루만져 줄 수 있는 여성이야말로 그의 마음을 영원토록 붙잡아 둘 수 있는 사람이랍니다. 행여나 매번 바뀌는 양자리 남성의 경쟁자들에게 동조한다거나, 그들의 입장을 헤아리는 실수를 범해서는 안 됩니다. 당신은 그가 사랑하는 대상을 사랑해야 하고, 그가 미워하는 대상은 미워해야 합니다. 연인에게나 친구에게나 동일한 수준의 열정과 절대적 충성을 요구합니다. 그게 바로 양자리 남성의 스타일입니다. 이런 모습에 열광할 수 없다면 다른 남성을 찾아보는 것이 좋지 않을까요?

양자리의 성격에 복잡한 속임수는 없습니다. 양자리 남성이 여자 친구와 관계를 정리할 때는 누가 봐도 확실히 알 수 있지요. 목소리와 태도에서 느껴지는 냉담함과 무관심은 아무리 무딘 사람이라도 알아챌 수 있으며, 보통은 솔직하게 이별을 고함으로써 태도를 분명히 합니다. 오히려 불같이 화를 내고 있다면 상황이 덜 심각합니다. 일시적인 기분에 의한 것일지도 모르니 사랑을 지킬 수도 있습니다. 불같이 화를 낼 때보다 오히려 냉담해졌을 때를 더 경계해야 합니다.

양자리 남성은 밀고 당기는 줄다리기보다는 직설적인 태도를 훨씬 좋아합니다. 일에서도 사랑에서도 마찬가지입니다. 자기의 사랑을 발견했다고 생각하면 단 1초도 낭비하지 않습니다. 하지만 이들이 자기 감정을 확신할 때까지 기다릴 줄 알아야 합니다. 그 사람을 쫓아다닌다거나 시도 때도 없이 전화를 건다거나 사랑에 빠진 사람 특유의 황홀한 눈빛으로 바라보는 일은 삼가세요. 마음을 고백하고 싶다고요? 절대로 안 될 일이지요. 그 사람을 밀어내고 싶다면 그렇게 하셔도 좋습니다. 다른 모든 면에서 그러하듯이 양자리 남성은 연애도 자기가 주도해야 한답니다. 그렇지 않으면 순식간에 흥미를 잃어버립니다. 당신에게는 깊은 상처만 남겠지요. 하지만 일단 두 사람이 서로의 마음을 확인하고 연애를 시작하면 그 사람에게 냉담하게 굴어서도 무심하게 대해서도 안 됩니다. 양자리 남성은 이내 다른 곳에서 관심을 얻으려고 할 것입니다. 양자리 남성과의 사랑은 따뜻한 관심과 초연한 무관심 사이의 줄타기와도 같습니다. 당신은 곡예사가 되어야 합니다. 그 사람을 쫓아다녀서도 도망만 다녀서도 안 됩니다. 어려운가요? 행운의 네 잎 클로버를 부적 삼아 들고 다니면서 별에게 비는 방법 말고는 특별한 비법이 없을까요? 당신은 양자리 남성의 연인이 되고 난 뒤에도 항상 그 사람을 궁금하게 만들어야 한답니다. 당신의 사랑이 변함없는지 계속 확인하려는 양자리 남성에게 맞춰서 살 수 있는 방법을 배우세요. 그게 아니라면 양자리 남성 없이 사는 방법을 배우셔야 할 것입니다.

당신에게 좀 더 용기를 주기 위해 긍정적인 면도 얘기해 볼까요? 양자리 남자친구는 관계에서 늘 첫째가 되고 싶어 하기 때문에 싸우고 난 뒤에는 먼저 사과할 것이며, 당신이 필요로 할 때는 누구보다 먼저 달려와 줄 것입니다. 당신이 아플 때나 우울할 때면 바로 곁에서 지켜 줄 것이고, 당신을 위해서라면 돈을 펑펑 쓰는 일도 마다하지 않습니다. 전형적인 화성인의 경우라면 더욱 그럴 것입니다. 당신의 외모를 칭찬하고 재능을 높이 평가하면서 언제나 격려해 주는 정신적인 후원자가 되어 줄 것입니다. 비록 가끔은 독불장군처럼 굴거나 사소한 일로 버럭 화를 내기도 하겠지만, 양자리 남성이 그 화를 풀지 않고 다음날을 맞는 경우는 무척 드뭅니다. 새로운 발상으로 신이 나 있을 때 양자리 남성은 자기 인생에서 가장 소중한 사람인 당신에게 격려와 관심을 받고 싶어 합니다. 양자리 남성은 당신을 자기와 동등하다고 여기기 때문에 자기의 세계를 당신과 공유하고 싶어 한답니다. 여느 남성과는 사뭇 다르지요?

양자리 남성은 자기의 여인이 요조숙녀이기를 바라는 동시에 말괄량이 아가씨이기를 기대합니다. 당신이 진정 독립적인 존재이기를 바라면서도, 자기보다 몇 발짝 뒤처져 오기를 바랍니다. 당신이 자기를 칭찬해 주고 헌신적이기를 바라지만, 그렇다고 순종적인 하녀를 바라지는 않습니다. 당황스럽죠? 용기를 내서 좀 더 들어 보세요. 양자리 남자친구는 자존심을 다치면 잔인하고 냉소적인 말도 내뱉을 수 있습니다. 악의는 없지만, 당신이 그를 이해하지 못한다면 상처를 받겠죠. 심한 말을 내뱉은 뒤 양자리 남자친구는 늘 자기가 그러하듯이 당신이 자기를 용서해 주고 하루라도 빨리 잊어버리기를 간절히 바란답니다. 그뿐만이 아닙니다. 당신은 그의 친구들을 모두 좋아해야 하지만 정작 그는 당신의 친구들이 지루하다고 여길 때도 있습니다. 불공평하다고요? 어쩌겠습니까, 당신의 선택인걸요. 주변을 살펴보세요. 가까운 곳에 당신을 위한 양자리 남성이 있을 것입니다. 당신이 양자리 남성을 잘 이해하는 여성이라면 로미오와 줄리엣처럼 주변의 부러움을 사는 사랑을 하게 될 것입니다. 물론 그들의 비극적인 결말은 제외하고 말이죠.

양자리 남성은 결혼하고 나면 어떨까요? 가정을 완전히 지배하거나 아니면 아예 방치해 둘 확률이 높습니다. 양자리 남성은 집 밖에서든 안에서든 잔소리 듣는 것을 참지 못합니다. 특히 씀씀이에 대해서는 더더욱 그렇습니다. 그 사람이 번 돈은 그의 것이니까요. 때로는 당신이 벌어 오는 돈마저도 그의 것이지요. 사실 양자리 남성은 좋게 표현하자면 수입과 지출을 균형 있게 잘 관리하는 사람이 아니랍니다. 하지만 당신이 아무리 셈을 잘하더라도 경제권을 가져오려 들지 않기를 바랍니다. 금전적인 면에서는 아예 의문을 가지지 않는 것이 좋습니다. 특히 전형적인 양자리라면 돈 쓰는 문제에 한없이 관대하지요. 당신이 필요로 하는 것은 무엇이든지 사 줄 것입니다. 게다가 가만히 앉아 있어도 들어오는 것이 꽤 있답니다. 자기 악어가죽 가방을 사고 나면 당신에게 뱀가죽 핸드백 정도는 사다 줄 것입니다. 돈이 남아 있다면요. 양자리 남성은 이기적일지는 모르지만 결코 인색하지는 않습니다.

양자리 남성은 높은 자리에 오르기까지 직업을 자주 바꿀 수도 있지만 당신을 굶기지는 않습니다. 그리고 머지않아 안정적인 수입원을 찾을 것입니다. 그러나 그 돈이 금세 빠져나갈 수도 있으니, 당신이 몰래 조금씩 모아 두었다가 그가 필요로 할 때 깜짝 선물로 내놓는 지혜를 발휘하면 어떨까요? 양자리 남성은 절대로 돈을 따로 모아 두는 성격이 못 됩니다.(달별자리가 염소자리나 게자리인 경우, 또는 경제관념이 뛰어난 동쪽별자리를 가지고 있다면 조금 다릅니다.)

양자리 아버지는 헌신적입니다. 당신은 꿈에 그리던 아버지 상을 보게 될 것입니다. 하지만 자식들이 성장하면서 양자리 아버지와 부딪히기도 합니다. 간섭은 점점 더 늘어나고 심지어 자식의 직업까지 정해 주려고 합니다. 양자리 남성은 따뜻하고 재미있는 아버지입니다. 하지만 젊은 시절 자기 자신도 그랬듯이 자식들에게도 자유가 필요하다는 사실을 염두에 두어야 합니다. 양자리 남성은 분명히 아버지라는 역할을 즐길 것입니다. 야구면 야구, 축구면 축구, 또는 부녀지간의 저녁 식사도 즐겁게 해낼 것입니다. 아내인 당신이 남편보다 아이들을 더 소중하게 여긴다는 느낌을 주지 않도록 조심하세요. 그러면 양자리 아버지의 즐거움은 완전히 사라져 버릴 것입니다.

당신이 원한다면 결혼 후에도 직장 생활을 계속 하는 것이 좋습니다. 양자리 남편도 반대하지 않을 것입니다. 하지만 당신이 남편보다 능력이 더 뛰어나다면 문제가 달라집니다. 양자리 남편은 인스턴트 식품으로 저녁을 때우는 것은 참을 수 있어도, 아내가 자기를 미덥지 않은 남편으로 생각하는 것은 용납하기 힘들 것입니다. 이 점을 꼭 명심하시기 바랍니다.

당근과 채찍을 구사해야 할 때는 언제일까요? 양자리 남성의 자립 정신은 격려하되 충동적인 경향은 잘 요리해야 합니다. 양자리 남성은 언제 어디서든 주도권을 잃으면 삶에 의미가 없어지는 사람입니다. 당신이 남편의 열의에 찬물을 끼얹거나 그 사람의 긍정적인 에너지를 부정적인 마음으로 억누르려 한다면, 따뜻하고 생기 있는 그의 열정은 순식간에 싸늘히 식어 버릴 수 있습니다.

회사에서나 가정에서나 양자리 남성은 권위를 잃어버리는 순간 완전히 다른 사람이 됩니다. 재기 넘치는 낙천주의자에서 변덕스러운 불평분자가 되었다가 마침내는 무심한 냉소주의자가 될 수도 있답니다. 양자리 남성은 천성적으로 누구에게 복종할 만한 사람이 아닙니다. 남자 중의 남자라고 할 수 있지요. 그 남성다움을 억누르지도 말고 당신의 주체성을 잃지도 않기를 바랍니다. 양자리 남성을 몰아세우는 것은 어떤 경우에도 현명한 처사가 아니랍니다. 양자리 남편은 아내가 매일 밤 사교 모임에 나가는 것을 좀처럼 이해해 주지 않습니다. 그렇다고 해서 아내가 하루 종일 집에 틀어박혀 침대 시트나 식탁보를 만들고 있는 것도 참지 못하죠. 당신은 그 중간 어디쯤에 있어야 합니다. 그렇게 할 수만 있다면 당신은 백발이 되어서도 줄리엣처럼 양자리 남편의 낭만적인 사랑을 받을 수 있습니다. 당신은 분명히 그런 사랑을 원하는 여성일 것입니다. 그렇지 않다면 처음부터 양자리 남성과 연애를 시작하지도 않았을 테니까요!

양자리 여성

♈

"여왕을 도우러 달려가지 않으실 건가요?"
앨리스가 물었다.
"소용없어! 여왕은 무섭도록 빨리 달리니까.
차라리 밴더스버치*를 따라잡는 편이 더 쉬울 게다."
왕이 말했다.

양자리 여성과 사랑에 빠졌다고요? 축하해야 할지 위로해야 할지 모르 겠군요.

"남자에게 사랑과 삶은 별개의 것이다. 하지만 여자에게 사랑은 삶 그 자체이다."라고 말한 시인 바이런은 아마 양자리 여성의 존재를 잊고 있었던 게 분명합니다. 어쩌면 양자리 여성도 사랑이 전부라고 생각할 지 모릅니다. 하지만 그녀에게 사랑은 인생의 시작도 끝도 아니랍니다. 양자리 여성은 자기 자신은 말할 것도 없고 자기를 둘러싼 세계에 늘 열중하고 있습니다. 당신이 만나는 어떤 여성보다도 양자리 여성은 남 성 없이 혼자서 잘 살아갈 수 있는 사람이랍니다.

* 밴더스내치(Bandersnatch) : 루이스 캐럴의 작품에 등장하는 광포한 성질을 가진 가공의 동물.

물론 남자 없이 지낸다고 해서 사랑 없이 지낸다는 말은 아닙니다. 양자리 여성은 마음을 다해 동경할 꿈속의 남자, 영웅을 항상 필요로 하니까요. 그 영웅이 아주 오래 전에 만나 지금은 먼 곳에 있는, 어쩌면 숨어 있어서 볼 수도 만질 수도 없지만 언젠가 안개 속에서 홀연히 나타날 것 같은 사람일지라도, 양자리 여성은 4월의 비를 맞으며 그 사람을 생각할 것입니다. 첫눈이 내리는 날이나, 길을 걷다 어떤 노래를 들을 때, 혹은 깜박이는 불빛을 볼 때, 그 남성을 떠올릴 것입니다. 양자리 여성이 이렇게 남성을 동경하면서도 현실에는 남자친구 하나 없다면 친구들은 안타까워하겠지만, 막상 본인은 그다지 아쉬워하지 않습니다. 남성이 할 수 있는 일이라면 자기가 더 잘할 수 있다고 생각하기 때문이지요.

양자리 여성은 남성이 문을 열어 줄 때까지 기다리지 않습니다. 전쟁터에서는 직접 총을 들며, 레스토랑에서는 남성의 도움 없이 의자를 손수 끌어당겨 앉고 코트도 혼자 입을 뿐더러, 늦은 밤 택시도 직접 잡아탑니다. 본인이 직접 하는 것이 가장 효율적이라고 생각하기 때문입니다. 물론 상처받기 쉬운 남성들의 자존심을 살려 주는 방법은 아니겠지요? 화성의 지배를 받는 양자리 여성들은 항상 리드하기를 원하며 누구보다 앞서 행동하는 사람이 되고자 합니다. 남녀 관계에서 먼저 다가가는 일도 포함되지요. 양자리 여성은 모든 별자리 중에서 먼저 프러포즈할 가능성이 가장 높습니다. 상대 남성이 데이트 날짜를 정하지 못하고 우물쭈물하는 사람이라면 특히 더 그렇습니다. 연인 관계에서도 리더가 되고 싶어 하기 때문에 양자리 여성과의 연애는 매우 조심스럽게 시작해야 합니다. 데이트 후 집 앞에서 작별 키스를 시도하기 전에 그녀의 마음을 온전하게 얻었는지 잘 생각해 보는 것이 좋습니다. 서두르다가는 그녀가 당신 뺨을 호되게 갈기고는 놀란 사슴처럼 도망갈지도 모르니까요.

하지만 오해하지는 마세요. 양자리 여성이 도망가는 것은 수줍음 때문이 아니랍니다. 당신의 정열적인 마음이 두려워서도 아니랍니다. 그 정도라면 그녀도 거뜬히 감당할 수 있어요. 이유는 다른 데 있습니다. 자기를 마냥 숭배하는 열광적인 팬이나 자기만 졸졸 따라다니는 풋내기와 엮이는 것이 두려워서랍니다. 두 경우 모두 양자리 여성을 끔찍하리만큼 지겹게 만들 테니까요. 약간 무심한 듯 행동해 보세요. 양자리 여성이 당신에 대해 궁금해하도록 만든다면 성공입니다. 머지않아 그녀가 당신을 쫓아다닐 것입니다. 양자리 여성의 영향력을 거부하는 남성은 늘 그녀의 관심을 불러일으킵니다. 그토록 매력적인 자신을 어떻게 거부할 수 있는지 이해할 수 없거든요. 이렇게 되면 양자리 여성은 불같은 자존심을 내세우며, 비록 그에게 더 이상 관심이 없다고 하더라도 자기가 매력적인 사람이라는 것을 증명하기 위해 모든 수단을 동원할 것입니다.

『바람과 함께 사라지다』의 주인공 스칼릿 오하라를 기억하시죠? 화성이 지배하는 여성의 전형을 보여 주는 캐릭터입니다. 스칼릿처럼 양자리 여성은 주변의 모든 남성들을 자기 발밑에 두고 싶어 합니다. 하지만 정작 그녀 자신은 어째서인지 결코 가까이할 수 없는 남성을 동경하는 경우가 많습니다. 스칼릿처럼 양자리 여성은 고난이 다가오면 징징거리지 않고 재빨리 살아남을 방법을 찾아냅니다. 스칼릿과 양자리 여성은 둘 다 정말 강한 캐릭터들입니다. 전통을 무시하고, 전진하는 군대에 맞서는 일도 서슴지 않고, 심지어 자신이 사랑하는 사람이 위험에 처하면 눈 하나 깜짝하지 않고 총을 쏠 수도 있답니다.

스칼릿은 먹을 것도 없고 친구 하나 없이 외로울 때에도 자신을 구원해 줄 사람을 기다리는 일 따위는 하지 않지요. 대신 하늘을 향해 주먹을 불끈 쥐고는 이렇게 외칩니다. "난 이겨 낼 수 있어. 그리고 두 번 다시 굶주리지 않을 거야. 필요하다면 거짓말하고, 사기치고, 사람을 죽일 수도 있어. 하느님께 맹세하겠어. 절대로, 두 번 다시 굶주리는 일은 없을 거야!" 양자리 여성을 이보다 더 잘 표현할 수 있는 장면은 없을 것입니다. 세월이 흘러 그녀의 마음이 지쳐 갑니다. 사랑하는 아이도 세상을 떠나 버리고, 유일하게 사랑하던 남자마저 자기 곁을 떠나려 합니다. 하지만 전형적인 양자리 여성은 여전히 이렇게 말합니다. "언젠가는 그 사람이 다시 돌아오게 만들 거야. 내가 한번 마음먹으면 잡을 수 없는 남자는 없으니까. 내일은 내일의 태양이 뜰 테니."

네. 스칼릿 오하라는 열두 별자리 중 첫 번째인 양자리의 이미지를 아주 생생하게 그려 내고 있습니다. 비극을 딛고 이겨 내는 화성의 힘과 정신없이 몰아치다가도 적절한 타이밍에 흘리는 눈물, 그리고 남자들이 없을 때는 그들의 몫까지 해낼 수 있는 양자리 여성의 캐릭터를 완벽하게 보여 줍니다. 스칼릿 오하라의 캐릭터를 잘 분석해 보세요. 당신이 만나고 있는 양자리 여성에 대한 궁금증들이 풀릴 것입니다. 그 동안 당신이 얼마나 멋모르고 행동해 왔는지 깨닫게 될 것입니다. 때로 양자리 여성의 공격적인 추진력은 감당하기 어렵겠지만, 반짝거리는 낙관주의와 미래에 대한 신념은 삶에 활력을 더해 줄 것입니다.

양자리 여성은 아첨에 잘 넘어가는 편입니다. 그 아첨이 어느 정도 정직함에 근거한다면요. 당신이 그녀를 존경한다는 사실을 알게 하되, 너무 과장하는 것은 좋지 않습니다. 양자리 여성은 사랑에 대한 충성심이 대단하지만 자기가 매우 감성적인 만큼 당신의 감성도 살아 있어야 그 충성심이 유지됩니다. 그녀는 양자리의 전형적인 모순을 지니고 있습니다. 누군가 자기를 대놓고 쫓아다니는 것도 싫어하지만 시야에서 멀어지면 그 사람에 대한 관심을 금방 잃어버립니다. 너무 지배하려 드는 남성을 싫어하지만 그렇다고 발밑에서 황홀한 눈빛으로 쳐다보고 있는 남성에게도 끌리지 않지요. 양자리 여성이 행복해지려면, 사랑하는 사람을 통제하려는 강한 욕망과 상대방에게 지배당하고 싶은 은밀한 욕망이 서로 조화를 이루어야 합니다. 양자리 여성은 눈부신 갑옷을 입은 용감한 기사가 자기를 번쩍 들어 말에 태우고 세상을 정복하여 고스란히 자기에게 바치면서도 남자다움을 잃지 않는 그런 꿈을 꿉니다. 하지만 그런 기사는 오직 동화 속이나 아더 왕의 궁전에나 존재할 뿐이므로, 양자리 여성은 자기를 인도해 주는 별 없이 혼자서 인생을 항해하는 경우가 자주 있답니다. 양자리 여성의 하루는 밝고 재미있는 일들로 가득 차 있지만 때때로 밤이면 의기소침해져서 무언가를 그리워하며 시간을 보내곤 합니다. 하지만 양자리 여성은 꿈이 짓밟혀 한 줌의 재로 사라지더라도 다시금 새로운 불을 지피기 위해 떨쳐 일어섭니다.

양자리 여성은 연인을 자랑스러워합니다. 그렇다고 해서 그녀의 재능과 능력이 당신보다 부족하다는 뜻이 아니므로 너무 우쭐댈 필요는 없습니다. 비록 양자리 여성이 원하는 것은 많지만 당신에게 줄 수 있는 것은 그 두 배가 넘는답니다. 양자리 여성은 동정심이 많아서 자기의 시간, 소유물, 돈을 기꺼이 나누려 하지만 사랑에 있어서는 그다지 너그럽지 않습니다. 양자리 여성은 '내 것은 내 것'이라는 원칙에 충실합니다. 그래서 쉽게 질투의 화신이 되기도 하지요. 양자리 여성 앞에서 당신이 좋아하는 여배우 이야기를 꺼내거나 그녀의 여자친구들에 대한 지나친 칭찬은 삼가는 게 좋습니다. 그러니 양자리 아내를 둔 남성이라면 남자

비서를 두는 것이 안전하답니다. 늘 그녀를 먼저 고려하세요. 그렇지 않으면 그 강렬한 열정과 가슴 떨리는 감정들이 순식간에 증발해 버리는 것을 목격하게 될 것입니다. 상처받은 마음은 불에서 얼음으로 변합니다. 불은 빨리 타오르는 만큼 빨리 꺼져 버리지만, 얼음은 북극에서처럼 영원히 지속될 수 있답니다. 진심으로 양자리 여성을 사랑한다면 늘 먼저 배려해 주세요. 그러지 않으면 그녀가 용납하지 않을 것입니다.

양자리 여성은 사랑하는 이를 높은 신전에 모셔 놓고 그 사람이 완벽한 신처럼 살아 주기를 기대합니다. 그녀는 연인의 발이 더러워도 차마 눈 뜨고 볼 수 없을 정도가 아니라면 못 본 척합니다. 양자리 여성의 남자친구나 남편, 자녀를 비판할 때는 단단히 각오해야 합니다. 그녀의 희망찬 계획에 호응해 주지 않으면 그녀는 불평하거나 당신을 날카로운 말로 공격할지도 모릅니다. 반면에 당신이 호응을 잘해 준다면 부드럽고 헌신적이며 아주 협조적인 사람이 됩니다.

양자리 여성은 남성이 많은 회사를 선호하며 노소를 막론하고 주변의 모든 남성들로부터 인정받고 싶어 하기 때문에, 당신은 주체할 수 없는 질투심을 자주 느끼게 될 것입니다. 하지만 초연해지세요. 양자리 여성은 당신을 온전히 소유하려 들면서도, 당신이 그녀를 소유하려 드는 것은 견디지 못합니다. 양자리 여성은 결혼한 뒤에도 완전한 자유를 고집합니다. 당신은 그녀가 어디에서 무엇을 하든 그녀를 믿는 게 좋습니다. 비록 양자리 여성이 당신을 똑같이 신뢰해 주지는 않겠지만요.(감정을 다스릴 줄 아는 현명한 양자리 여성이라면 다른 문제입니다.) 하지만 너무 낙담하지는 마세요. 양자리 여성은 누군가와 확실한 관계를 맺고 나면 신의를 지키니까요. 양자리 여성은 동시에 두 사람을 사귀지 못합니다. 그러기에는 너무 정직합니다. 아주 특별한 경우를 제외한다면 다른 남자와 연애를 시작하기 전에 미리 당신과의 사랑이 끝났다고 명확하게 얘기해 줄 것입니다.

양자리 여성에게는 심오한 열정과 신비스러운 이상주의가 절묘하게 결합되어 있습니다. 모든 관계에 진지하게 임하고 그 관계가 영원할 것이라고 여깁니다. 무언가를 감추거나 교활한 술책을 부리는 게임 따위는 하지 않습니다. 양자리 여성의 사랑은 자기의 말과 행동처럼 직설적입니다. 그녀의 감정은 그야말로 단순해서 신선하고 명쾌합니다. 양자리 여성은 약간 길들일 필요가 있는데, 당신을 정말로 사랑한다면 온순한 양처럼 받아들일 것입니다.

화성의 지배를 받는 양자리 여성은 일에서도 탁월한 경력을 쌓아 가는 경우가 많습니다. 주식 거래에서부터 부동산 중개에 이르기까지 남자들이 하는 일 대부분을 잘할 수 있습니다. 또한 모델이나 연기 같은 지극히 여성적인 분야에서 두각을 나타내기도 합니다. 만약 전문직 양자리 여성이라면 당신 때문에 일을 그만두기는 어려울 것입니다. 황홀한 사랑에 취해 둘만을 위한 동화 같은 바닷가 오두막집을 마음속에 지어 놓고 한동안 일을 내팽개칠 수는 있습니다. 지루한 부분은 건너뛰고 행복한 이야기에만 집중하는 전형적인 양자리식 상상력이죠. 하지만 그 오두막집에 페인트칠을 새로 할 때가 되고 지붕에 물이 새기 시작하면서 처음의 황홀함이 점점 사라져 가면, 양자리 여성은 다시 직장을 구하고 싶어 안달이 날 것입니다. 내버려 두세요. 양자리 여성은 자기가 흥미를 느끼는 일을 할 때 훨씬 행복하고 사랑스럽고 또한 부드러워집니다. 화성인은 정서가 충족되지 않으면 아주 사소한 일도 큰 문제로 만들어 버릴 가능성이 있답니다.

양자리 여성은 어떤 일에도 맞서 싸울 수 있습니다. 그것이 도전적인 일이거나 삶에 활기를 불어넣어 줄 만한 일이라면 실용적인 것이든 아니든 일단 시도해 봅니다. 제가 아는 어떤 양자리 여성은 형편이 어려워져 몇 년 동안 방 두 칸짜리 집에서 기운 넘치는 아이들 다섯 명과 남편을 데리고 지내야만 했습니다. 평범한 여성이라면 비루한 환경에서 살게 된 현실에 울화통을 터트리며 신세 한탄을 했겠지요. 하지만 양자리 여성은 다릅니다. 이 사람은 가끔 울컥하고 화가 날 때도 있었지만 그 상황을 잘 견뎌 냈습니다. 그 무렵 어떤 천문해석가가 그녀의 출생차트를 보고 지금 매우 힘든 상황에 처해 있다고 말했습니다. 그 양자리 여성은 의아해하며 이렇게 물었습니다. "언제쯤 그 안 좋은 일이 생기나요?"

이 양자리 여성은 어느 날, 방이 두 개밖에 없는 그 좁은 집에서 개를 한 마리 더 키우고 싶은 마음이 생겼습니다. 원래 있던 개가 수컷이었는데 암컷 친구를 하나 구해 줘야겠다고 생각했지요. 외로워 보였거든요. 게다가 아이들도 몹시 좋아했습니다. 새로 온 개가 배변훈련을 받지 않았다는 사실을 알고 나서도 별로 당황하지 않았습니다. 마치 해병대 훈련교관처럼 온 가족에게 돌아가면서 카펫을 세탁하도록 순서를 정해 주었습니다. 그래도 예전처럼 깨끗해지지는 않았어요. 뭔가 결정을 내려야 했습니다. 개를 팔았을까요? 당연히 아니죠. 그녀는 예쁜 새끼 강아지들이 태어나기를 기대하고 있었습니다. 카펫을 새로 살 돈은 어떻게든 생길 거라고 믿었지요. 신기하게도, 그렇게 되었습니다. 또한 강아지들이 태어나기 전에 기적처럼 새로운 아파트로 이사 가게 될 거라고 믿었습니다. 정말 신기하게도, 그렇게 되었습니다. 기적은 믿는 사람들에게 일어나는 법입니다. 양자리 여성은 당연하다는 듯이 믿습니다. 때로는 미련해 보일 정도입니다. 그 무분별함 때문에 가끔 난관에 부딪히기도 합니다. 흰머리가 나기 시작할 때쯤에나 같은 실수를 두 번 하지 않는 요령을 익히죠. 양자리는 경험으로 배우는 사람들이 아닙니다. 매사에 적극적이지만 타고난 기질은 고집불통입니다. 전형적인 양자리 여성에게는 성경 말씀도 통하지 않습니다. '위기 앞에서는 자존심도 사라진다.' 양자리 여성들은 이 문구를 아득한 옛날 주일 성경학교에서 처음 들었을 때부터 이렇게 이해하고 있습니다. '자존심이 사라지면 위기가 온다.'

양자리 여자친구가 늑대의 유혹에 넘어갈까 봐 걱정할 필요는 없습니다. 그녀는 늑대나 바람둥이에 대한 면역성이 있습니다. 정작 위험한 것은 대의명분을 내세우는 이상주의자들입니다. 하지만 그들의 유혹에 넘어가더라도 양자리 여성은 지치지 않고 자신의 주체성을 내세울 것입니다. 제대로 된 임자를 만난다면 조금 얌전해지기는 하겠지만 절대로 정복당하지는 않습니다. 당신에게 선물을 사 주고 돈도 빌려 줄 겁니다. 당신이 아프면 간호도 해 주고 실직했다면 함께 직장을 알아봐 줄 것입니다. 그리고 자기에게도 똑같이 해 줄 것을 기대한답니다.

아마도 양자리 여성은 완강하게 부인하겠지만(양자리답게 아주 거세게 부인하겠죠.) 그녀는 자기가 우울할 때 당신도 우울해야 하며, 자기가 행복할 때 당신도 행복해야 한다고 생각합니다. 양자리에게 있어 사랑이란 공유하는 것이죠. 당신의 면도기나 신용카드는 물론, 심지어 당신의 우정이나 꿈까지도 공유하고 싶어 합니다. 반대로 당신도 그녀의 것을 공유할 수 있습니다. 하지만 그녀의 면도기는 이미 고장이 났고, 신용카드는 한도가 넘었으며, 친구들과도 서먹서먹해져 버린 지 오래입니다. 게다가 그녀의 꿈은 당신이 쫓아가기에 너무 원대하지요. 하지만 그녀는 절대로 폐쇄적이지는 않습니다. 당신에게 혼자만의 비밀이 있다면 양자리 여성은 미쳐 버릴 것입니다. 양자리 여성을 화나게 만드는 것은 별로 현명한 처사가 아닙니다. 사람들 앞에서 말실수를 하거나 복장이나 태도 따위로 그녀를 무안하게 만들지 마세요. 양자리 여성은 적어도 그런 부분에 있어서는 당신을 당황스럽게 하지 않으니까요.

양자리 여성이 마음에 크게 상처를 입을 때는 언제일까요? 누군가 자존심을 건드리거나 열정에 찬물을 끼얹을 때랍니다. 주위 사람들이 종종 그러곤 하지요. 세상 사람들은 꼬박꼬박 말대답하고 스스로 똑똑하다고 여기는 여성을 못마땅하게 생각합니다. 양자리 여성은 세상이 자기를 중심으로 돌고 있지 않다는 것을 깨닫는 날 당신 품으로 달려가 자기의 세계는 어둡고 암울하다며 눈물을 흘릴 거예요. 비로소 당신은 양자리 여성이 자신감에 넘치는 겉모습과는 달리 사실은 얼마나 무방비 상태이며 또 얼마나 상처받기 쉬운 존재인지 알게 될 것입니다. 그녀는 괴로워도 슬퍼도 울지 않는 캔디가 아닙니다. 단지 그렇게 되고 싶어 할 뿐이죠. 이상주의와 인간에 대한 낙천적인 신뢰 때문에 양자리 여성은 종종 현실과 부딪힙니다. 그럴 때는 다정하게 위로해 주세요. 그런 당신이라면 그녀가 절대로 떠나지 않을 것입니다. 그리고 항상 양자리 여성의 적들에 맞서 그녀를 두둔해 주세요. 그 사람 편에 서 주지 않으면 당신은 영원히 용서받지 못할지도 모릅니다.(하지만 그녀가 적과 화해할지도 모르니 당신도 화해할 여지를 남겨 두어야 합니다.) 양자리 여성은 이 부분에 있어서는 공정합니다. 그녀 역시 당신을 열렬히 옹호해 주기 때문이죠. 양자리 여성은 자기 친구에게 상처 주는 사람이 있다면 명예와 재산을 내던져 가면서 맞설 것입니다. 친구가 아니라 연인이라면 그 분노는 걷잡을 수 없이 커집니다. 양자리 여성은 의리를 빼면 시체랍니다.

양자리 여성에게 아내라는 역할은 조금 버거울 수도 있습니다. 가정이라는 울타리는 양자리 여성의 창조적인 에너지를 담아 두기에 너무 작기 때문에 그녀는 바깥으로 관심을 돌리게 됩니다. 양자리 아내가 가정주부로서의 삶에 만족할 거라 기대해서는 안 됩니다. 폴짝폴짝 뛰어오르는 개구리처럼 집 안에서도 명랑하게 지낼 거라고 기대하지 마세요. 물론 양자리 여성은 요리 실력도 대단하고 집 안을 (적어도 눈에 띄는 부분은) 반짝반짝하게 닦아 놓을 것입니다. 때로는 옷에 단추도 달고 셔츠도 다리겠지만, 이런 일들을 별로 좋아하지는 않는답니다. 그래도 필요하다면 언제든지 할 것입니다.(양자리 여성은 필요하다면 못하는 일이 없습니다.) 하지만 양자리 여성이 지닌 내면의 불은 벽난로에서 전해 오는 따뜻하고 편안한 온기가 아니라 눈부신 다이아몬드의 광채와 같다는 것을 기억하세요. 당신이 양자리 아내에게 위로받고 싶어 할 때, 그녀는 까칠한 성격 때문에 오히려 속을 뒤집어 놓는 경우가 더 많습니다. 하지만 늘 신나고 재미있는 사람입니다. 한편으로는 그런 강력한 추진력이 도대체 어디로 갔을까 싶을 정도로 부드러운 모습도 있습니다. 인내심을 가지고 기다릴 줄 아는 남자에게만 보여 주는 모습이지요. 양자리 여성은 누구보다도 마음이 여리지만, 정말로 가까운 사람들만 알 수 있습니다. 양자리 아내는 매우 지적이고 수다스럽습니다. 아침 식사를 하면서 신문으로 얼굴을 가리지 마세요. 양자리 아내는 대화할 친구가 필요하답니다. 그녀의 화를 돋우면 숟가락이 날아올지도 모르니 조심하세요.

양자리 아내가 아프거나 피곤하다고 투정 부리는 모습은 거의 볼 수 없을 것입니다. 하지만 아플 때는 극진한 위로를 받고 싶어 합니다. 열이 높으면 잔소리를 해서라도 침대에 눕히고, 몸이 아플 땐 그녀의 손과 발이 되어 주세요.

양자리 아내에게 전화해서 그냥 야근한다고만 말하는 것은 좋지 않습니다. 아주 구체적으로 무슨 일 때문에 늦어지는지 알려 주어야 합니다. 저녁 밥상을 두 번 차리기 싫어서가 아닙니다. 양자리 아내는 당신이 어디에서 무엇을 하는지 당장 전화해서라도 알아내야 직성이 풀리는 사람입니다. 양자리 아내는 당신 직장 상사에게 좋은 인상을 줄 것입니다. 그녀가 회사 운영에 참견하는 일만 잘 막는다면요. 양자리 아내는 당신이 잠시 실직하여 자신이 돈벌이를 책임져야 하는 일에는 개의치 않지만, 자기보다 연봉이 적은 남편을 존중하는 일은 힘겨워할 것입니다.(이런 이유로 남자를 떠나지는 않습니다. 오히려 입장을 변호해 주는 편이죠.) 양자리 아내는 당신이 간혹 뭔가를 못하게 하면 곧장 거울 앞으로 달려가 화장을 하고 향수를 뿌려 댈 것입니다.(이런 면에서는 천생 여자입니다.) 당신 여비서의 헤어스타일을 칭찬하는 말도 같은 결과를 초래할 것입니다. 어쩌면 더 위험할 수도 있습니다. 양자리 여성의 허영심은 사람들이 무심코 던진 말에도 의외의 반응을 보입니다. 그저 나이를 물었거나 조금 피곤해 보인다고 했을 뿐인데 그녀는 자기가 나이 들어 보인다고 생각한답니다.

결혼 생활에서 열정과 낭만이 유지되지 않으면 양자리 여성은 비참할 정도로 불행해 할 것입니다. 불행의 원인이 되는 상황을 바꾸는 일이라면 잠시도 지체하지 않기 때문에 갑자기 별거나 이혼을 선언할 수도 있습니다. 양자리 여성에게 통장을 맡기는 것은 별로 현명한 일이 아닙니다. 소꿉장난 정도로 생각한다면 시도는 해 볼 수 있을 거예요.

양자리 어머니는 아기가 행복한지, 배고픈지, 기저귀는 깨끗한지 자주 확인할 것입니다. 아기가 울 때마다 안아 주거나 과잉보호하는 타입은 아니지만, 따뜻하게 안아 주고 뽀뽀도 자주 해 줄 것입니다. 양자리 엄마는 아이들에게 동심을 불어넣어 줍니다. 산책을 하다가 아침이슬을 보고는 '달빛 아래 요정들이 춤추다 잔디밭에 떨어뜨린 반짝이는 목걸이 구슬'이라고 말해 줄 것입니다. 양자리 여성은 아이들을 위해서 환상의 마법 세계를 만들어 낸답니다. 바로 자기가 살고 있는 그곳이지요. 그녀는 관대한 부모는 아니어서 엄격한 교육을 고집하기 때문에 자녀들을 독립심이 강한 사람으로 키워 낼 가능성이 높습니다. 양자리 엄마는 나무로 장난감 만들어 주기, 잠자기 전 동화책 읽어 주기, 그리고 잠자리 키스 같은 방식으로 아이들과 교감한답니다.

양자리 여성이 화내는 모습은 인상적이지요. 때로 터무니없이 난폭한 장면을 연출하기도 하지만, 소나기처럼 한 차례 쏟아 붓고 나면 어느새 잠잠해집니다. 원한을 품고 복수를 시도하거나 자기연민이나 비통함에 빠지는 일은 절대로 없지요. 감정의 거센 폭풍이 몰아치고 나면 비온 뒤의 무지개처럼 낙천적인 4월의 여인으로 돌아올 것입니다. 양자리 여성이 상당히 남성적이라고들 하지만 그런 말은 믿지 않으셔도 됩니다. 씩씩한 겉모습 뒤에는 너무나 여성적인 부드러움이 있습니다. 보통의 남자들에게는 오히려 과할 정도입니다. 하긴 빛나는 갑옷을 입은 백마의 기사도 보편적인 남성은 아니죠. 어디 용감하고 외로운 기사 없나요? 세상 모든 괴물을 물리쳐서 얻을 만한, 꿈속의 여인이 여기 있습니다.

양자리 여성은 항상 밝고 당당하게 미소 짓고 있지만 쉽게 상처받는 사람이라는 것을 명심하기 바랍니다. 그 미소는 상처를 숨기기 위한 가면일 뿐입니다. 당신이 이 거친 양을 온순한 양으로 바꿀 수만 있다면, 정직하고 열정적이고 재미있기까지 한 동반자를 얻을 수 있습니다. 때로는 충동적이고, 대장 노릇도 하고, 지나치게 독립적이겠지만, 모든 걸 다 가질 수는 없는 법이죠. 양자리 여성은 당신이 잃어버린 환상을 찾도록 도와주고 당신의 꿈을 맹목적으로 신뢰할 것입니다. 꿈이 없다

고요? 그녀에게 빌리세요. 그녀는 다른 사람에게 나누어 줄 만큼 꿈이
많거든요. 그녀가 당신을 믿는 반만큼만 그녀를 믿어 준다면 머지않아
함께 기적을 만들어 낼 것입니다.

양자리 어린이

♈

"그러니까, 인형이 튀어나오는 장난감 같이
뭐가 쑥 나한테 나오더니
내가 로켓탄처럼 튕겨 나간 거에요!"

볼이 발간 양자리 갓난아기는 아빠가 잠깐 자리를 비운 사이 큰 소리로 울어 댈 것입니다. 어서 달려와 자기를 좀 봐 달라는 것이죠. 어떻게 감히 자기를 내버려 두고 간호사와 얘기하고 있냐고 항의하는 것입니다. 도대체 누가 대장일까요?

퇴원하고 집으로 가는 길에 그 대답은 명확해집니다. 바로 당신의 양자리 아기가 대장입니다. 잘 모르겠다고요? 그럼 아기가 조금 더 자랐을 때 높다란 어린이용 의자에 앉혀 보세요. 숟가락으로 유아용 식판을 쾅쾅 내려치고 있지요? 집 안에 자기보다 높은 사람은 없답니다. 이 녀석은 자기가 좋아하는 음식에 대해서도 태도가 아주 분명합니다. 이 튼튼하고 활동적이며 어깨가 넓은 꼬마에게 물렁한 뼈는 없습니다. 싫어하는 채소가 입에 들어오면 총알처럼 뱉어 내고, 맛없는 시리얼을 주면 아직 머리카락도 제대로 나지 않은 조그만 머리 위에 그릇을 뒤집어 엎고 문질러 댑니다. 여자 아기도 남자 아기와 마찬가지로 자기주장이 확실합니다. 작고 여린 꼬마 아가씨가 그렇게 단호할 거라고 상상하기 힘들겠지만 남자 아기보다 더할 수도 있습니다. 어머, 제가 여리다고 했나요? 4월의 금속은 강철이고 4월의 보석은 다이아몬드입니다. 우리가 알고 있는 가장 단단한 물질들이지요.

양자리 아기는 빠릅니다. 다른 아기들보다 일찍 걸음을 떼고 일찍 말을 배웁니다. 제어하기 쉽지 않을 것입니다. 아장아장 걷는 양자리 아기에게 "안 돼, 안 돼!"라고 말하면 짧고 통통한 손가락을 흔들어 보이며 싫다고 합니다. 아주 어릴 때부터 단속이 필요한 꼬마들이죠. 넘어져서 머리나 얼굴에 상처가 생길지도 모릅니다. 양자리는 사고가 날 확률이 높습니다. 날카로운 칼은 손에 닿지 않는 곳에 치워 두고 화상을 입지 않도록 조심해야 합니다. 주변에 뜨거운 것이나 위험한 물건이 있으면 양자리 아기는 궁금해서 일단 손을 뻗고 봅니다. 한 번 당하면 다시는 안 그럴 것 같지요? 이 녀석들은 그렇지 않습니다. 매번 신기록을 세웁니다. 이가 나기 시작하면 뭐든지 입으로 가져가서 정말 정신을 못 차리게 합니다. 아기 입장에서야 그런 시련들이 별일 아니겠지만 과연 당신에게도 그럴까요?

조금 더 크면 그 녀석이 한번 안아 주기만 해도 당신은 숨 쉬기가 힘들 것입니다. 양자리 아기는 어린 시절에 정서적으로 억압된 드문 경우를 제외하고는 애정을 많이 표현하는 편입니다. 억압된 양자리 아기는 애처롭고 기운 없는 양입니다. 그래도 그 뿔이 위험하기는 마찬가지입니다.

친척에게 아기를 맡길 때는 반드시 아기의 특징을 알려 줘야 합니다. 당신이 잠깐 여행을 가는 동안에 이모가 덥석 아기를 맡았다가는 문제가 생길 수도 있습니다. 이모가 사탕 통에 손을 집어넣으려는 양자리 아기의 팔을 잡고 경고의 의미로 발이라도 쿵 굴렀다고 생각해 보세요. 놀란 양자리 아기는 화가 치밀어 올라 자기도 발을 콩콩거리며 생애 최초로 완벽한 문장을 뱉어 낼 것입니다. "이모! 나한테 뭐라고 하지 마!" 그리고 신기하게도 이모는 당분간 이 녀석에게 이래라저래라하지 못하게 될 것입니다. 당신은 예정보다 일찍 돌아와야 할 겁니다. 그 녀석이 발을 구르다가 엄지발가락을 다쳤거든요.

　양자리 아이는 홍역과 볼거리, 수두, 성홍열 같은 병들을 거뜬히 이겨 내면서 더 튼튼해집니다. 양자리는 회복 속도가 빨라서 질병과 싸우는 것이 대수롭지 않습니다. 그리고 이때부터 기질적 특성이 본격적으로 드러납니다. 남녀 아이 모두 자기의 요구가 받아들여지지 않으면 떼를 쓰겠지만, 화가 오래가지는 않습니다. 양자리 아이는 주기적으로 한 번씩 폭발하는데 그러고 나면 햇살처럼 밝고 커다란 웃음을 보여 줄 것입니다.

　양자리 아이는 매우 관대해서 당신은 물론 함께 노는 친구들, 우체부, 옆집 강아지, 심지어 도둑고양이와도 장난감을 나눠 가지려고 합니다. 하지만 누군가 마음에 상처를 주거나 자기가 하려는 것을 막으면 그런 관대함은 싹 사라지고 맙니다.

　양자리 아이는 숙제를 잘 하지 않는 버릇이 있습니다. 염소자리, 게자리, 처녀자리, 물고기자리처럼 보다 순종적인 아이들과 비교해서 압력을 가해 보려는 당신의 전략도 잘 먹히지 않습니다.(양자리 자녀가 한 명이라는 전제하에 말하는 겁니다. 이상하게도 양자리 자녀가 둘 이상 되는 가정은 별로 없답니다.) 윽박지르기보다는 도전하게 만드세요. 고양이가 크림을 맛있게 핥아먹듯이 양자리 아이는 도전을 즐길 것입니다. 그저 아이에게 너는 속도가 조금 느릴 뿐이고, 다른 아이들만큼 똑똑하지는 않고, 약간 부족한 면이 있기는 하지만, 당신은 걱정하지 않는다고 얘기해 주세요. 그래도 당신에게는 사랑스러운 아이라고 해 주세요. 그러면 아이는 갑자기 먼지 쌓인 책을 펼쳐 들고는 자기의 능력을 증명해 보이려 들 것입니다. 누가 감히 자기를 능가하겠어요? 그때부터 모든 것은 달라집니다.

가정에서 그런 전략을 시험해 보고 나면 학교 선생님에게도 조언을 해 주세요. 선생님은 아마 고마워서 큰절이라도 하려 할 겁니다. 만약 그 반에 양자리 아이가 두 명 이상 있다면 당신에게 감사의 표시로 과일 몇 상자라도 보낼 것입니다. 실제로 양자리 아이는 무엇이든 눈 깜짝할 사이에 배우고 절대로 잊어버리지 않습니다. 몰두하기만 한다면 학교 공부는 식은 죽 먹기지요. 하지만 이 비법을 아는 부모는 많지 않습니다. 실제로 많은 부모들이 자기의 양자리 아이가 머리는 아주 좋은데 왜 공부가 뒤처지는지 의문스러워하며 몇 년을 보내지만, 너무 걱정할 필요는 없습니다. 그 아이는 세상에 자기보다 더 똑똑한 사람들이 많다는 것을 깨닫는 순간 빠른 속도로 뒤처진 공부를 따라잡을 테니까요. 화성의 자존심에 한두 번 금이 가면 벼락치기를 해서라도 성적을 올릴 것입니다.

양자리 아이는 상상력이 매우 풍부합니다. 동화책에나 나올 법한 몽상가인데다 낭만적이기까지 합니다. 하지만 동시에 이른 나이에도 기계 다루는 법을 스스로 터득한답니다. 이상하게 들리겠지만, 양자리 아이는 고집 세고 손재주 많은 몽상가입니다. 순진하지만 강인하고, 부드럽지만 진취적입니다. 불같은 성격의 양자리 아이에게는 이처럼 어울리지 않을 것 같은 특징들이 잘 섞여 있습니다. 정말 신기하고 놀라운 일입니다. 당신의 친구도, 나중에 만날 그 아이의 직장 상사, 경쟁자, 배우자도 모두 똑같이 느낄 것입니다.

양자리 아이는 또래들과 어떻게 지낼까요? 새로운 놀이를 고안하거나 새로운 악당을 등장시키며 놀이를 주도할 것입니다. 어떤 상황에서도 자기만의 방법을 고집하면서 권위에 정면으로 맞설 테니 아예 처음부터 엄격한 규칙을 정해 놓는 것이 좋습니다. 양자리 아이가 어려서 규칙을 지키는 방법을 배우지 않으면 어른이 되어 혹독한 대가를 치르고 나서야 교훈을 얻습니다. 양자리 아이는 용감해 보이는 겉모습과는 달리 마음이 여리답니다. 그리고 마음 깊숙이 타인에게 사랑받지 못할지도 모른다는 두려움이 자리 잡고 있습니다. 누군가 아이의 천진난만한 꿈을 무시하거나, 들떠 있는 열정에 찬물을 끼얹으면 곧장 집으로 달려와 눈물을 뚝뚝 흘리며 당신 품에 안길 것입니다. 그럴 때는 아이를 꼭 안아 주세요. 마음에 큰 상처를 받았거든요. 성급하게 세상을 정복하려 하지만 양자리의 이상주의는 예민해서 작은 충돌에도 상처받습니다. 늘 희망에 차 있는 이 순진한 낙관주의자는 앞으로 살면서 많은 상처를 입을 것입니다. 그럴 때는 생각보다 많이 보듬어 주어야 한답니다.

양자리 아이는 동화 속 세상에 살고 있습니다. 동화 속에 나오는 요술지팡이를 든 할머니를 믿고, 거대한 주먹으로 한방에 성을 날려 버리는 거인도 믿습니다. 그런데 안타깝게도 자기가 이런 동화 속 캐릭터처럼 전지전능하다고 생각합니다. 세월이 흘러 이 잔인한 세상에는 거인을 죽이려는 사람도 있고, 할머니의 요술지팡이는 언제든지 냉정한 현실 앞에서 힘을 잃을 수 있다는 사실을 깨달으면서 수차례 좌절할 것입니다. 하지만 곧 툭툭 털고 일어나 다시 앞으로 나아갈 것입니다. 양자리 아이야말로 둔하고 상상력 부족한 낡은 세상에 뭔가 보여 주는 사람인 거죠! 그 길을 가는 동안 상처가 좀 생기고 수도 없이 쓰러질지 모르지만 아이를 싸움터에서 빼내 오지는 마세요. 먼저 도와 달라고 외칠 때까지 기다리세요. 다만 좀 오래 기다려야 할 것입니다.

생일 선물은 잘 숨겨 두는 것이 좋습니다. 양자리 아이는 성격이 너무나도 급해서 깜짝 선물을 기다리는 일이 불가능하답니다. 산타클로스나 달토끼에 대한 환상을 너무 일찍 깨지 마세요. 일단은 맹목적으로 믿다가도 나중에 환상을 깨는 방법을 배우면서 마음이 강해지는 법입니다. 아이에게 필요한 교훈이지요. 용돈은 받자마자 주머니에서 바로 새어 나가 버리지만, 기꺼이 불쌍한 사람에게 마지막 남은 동전을 줄 수 있는 아이입니다. 양자리 딸이라면 옆집 개구쟁이들에게 개미를 밟지 않으면 매일 얼마씩 주겠다고 제안할지도 모릅니다. 어린 시절에 가혹할 정도로 엄격한 교육을 받고 자란 아이들은 방어적으로 잔인함을 보일 수도 있습니다. 하지만 부드럽게 잘 이끌어 주기만 한다면 자기의 권리를 좀 더 유순하게 주장할 줄 알게 되고, 친구들에게도 너그러울 뿐더러 연민을 느낄 줄도 알게 됩니다. 아이에게 명령하지 말고 항상 밝게 웃으며 일을 부탁하세요. 그러면 당신을 만족시키기 위해 몸이 부서지도록 애쓸 것입니다. 절대로 아이의 자신감을 꺾지 마세요. 양자리 아이에게 자신감은 숨 쉬는 공기와도 같습니다. 간혹 화성의 독립성이 일찍 발현되면 가출할 확률도 있지만, 더 현명해져서 돌아올 것입니다. 온순한 친구들을 지배하려 드는 것은 상냥하지 못한 행동이라고 일깨워 주세요. 양자리 아이는 불친절한 것을 매우 싫어하니까요.

양자리 아이는 냉정하고 부정적인 사람들 때문에 깊은 상처를 받기도 하지만, 그 어떤 것도 아이의 의지를 꺾지는 못합니다.(다이아몬드 기억하시지요?) 책을 무척 좋아해서 탁월한 독서가가 되기도 하지만, 몇 년이나 매여 있어야 하는 대학 생활에는 별로 관심이 없을지도 모릅니다. 양자리 아이는 자신을 얽매는 것들을 과감히 떨쳐 버리려고 합니다. 하지만 너무 일찍 포기하지는 마세요. 제도 교육의 틀을 벗어나 자유롭게 이런저런 일을 하면 할수록 아이는 학업을 열망하게 될 테니까요. 만학도가 되어 감성적인 열정과 날카로운 직관을 충족시켜 갈 것입니다.

책임감을 가르칠 때에는 따뜻한 애정에 직설적인 논리를 더해 주세요. 둘 다 양자리 아이에게 호소력이 있습니다. 양자리 아이는 칭찬을 먹고 자라기 때문에 칭찬을 들으면 갖은 노력을 다합니다. 반면 공격이나 지탄을 받으면 폭죽처럼 터져 버려서 다시 시도할 의욕을 완전히 상실해 버립니다. 부모님이나 학교 선생님은 이 사실을 절대로 잊지 마시기 바랍니다. 아이가 잘하고 있는 부분을 자주 얘기해 주면 당신이 좋아하지 않는 행동을 삼갈 것입니다. 양자리 아이는 주변의 기대에 부응합니다. 불타는 열정을 숨기고 침착하고 조용해 보이는 양자리 아이도 그렇습니다. 양자리 아이는 늘 바쁘게 만들어 주지 않으면 방황하다가 말썽을 일으키기도 합니다. 한가로움은 곧 위험이 되지요. 시행착오를 겪으면서 소진한 에너지를 보충하려면 잠도 무척 많이 자야 합니다.

양자리 아이는 새로운 세상을 여는, 용감하고 멋진 영웅 이야기를 좋아합니다. 하지만 동시에 요정도 믿고 소원을 이루어 주는 우물도 믿습니다. 결혼하고 자식을 낳고 손자를 볼 때까지도 믿습니다. 지속적인 사랑으로 이끌어 준다면, 양자리 아이는 불가능해 보이는 꿈을 실현할 수 있는 멋진 어른으로 성장할 것입니다.

양자리 사장

ψ

유니콘이 말했다.
"그럼 이제 우리는 서로를 보았으니까,
네가 나를 믿으면 나도 널 믿을게. 그러면 됐지?"

양자리 사장은 게으른 직원들 사이에서는 인기가 없습니다. 잠시 일할 임시직을 원하거나 용돈이나 벌기 위해 소일거리를 찾고 있다면, 양자리 사장 밑에서는 일하지 않는 것이 좋습니다. 양자리 사장은 직원들이 성의도 없고 열정도 없이 일하는 것을 견디지 못합니다. 자기가 하는 것처럼 직원들이 헌신적으로 일하고 회사의 미래에 대해서도 고민하기를 바랍니다. 양자리 사장은 당신을 재빨리 채용하고 승진도 빨리 시켜 주겠지만 당신의 단점에 대해서도 그만큼 빨리 지적해 줄 것입니다.

당신이 일을 설렁설렁 하고 있다는 의심이 들면, 양자리 사장은 사심 없이 직설적으로 호되게 꾸짖겠지만, 당신이 잘못을 인정하고 더 열심히 하겠다고 약속하면 두 번이고 세 번이고 기회를 줄 것입니다. 양자리 사장과 일할 때는 잦은 야근도 각오해야 합니다. 사장이 기대하기 때문이지요. 반면에 전형적인 양자리 사장이라면 당신이 아침에 지각을 하거나 점심 시간을 30분쯤 더 써도 시계를 보며 눈살을 찌푸리지 않을 것입니다. 자기도 시간을 엄수하는 타입이 아니거든요. 직원들 머리에 스위치라도 달려 있어서 모두 아침 9시에 켜졌다가 오후 6시에 꺼지는 게 아니라는 점도 이해합니다. 토요일에 종종 추가근무를 요구하겠지만 야구 경기를 보러 가고 싶을 때 장례식장에 간다고 둘러대는 것도 눈감아 주는 사람입니다. 사실, 솔직하게 말해도 쉽게 허락을 받을 수 있을 거예요. 양자리 사장은 나른한 봄날 갑자기 회사를 땡땡이치고 야구장에 가고 싶은 충동을 이해하니까요.

양자리 사장은 직원들의 휴가, 급여, 보너스 같은 문제에 있어서도 관대한 편입니다. 하지만 회사에 중요한 사안이 발생했을 때는 직원들이 내키지 않더라도 모든 개인 일정을 포기하고, 장거리 출장도 감수하고, 때로는 개인 물품도 내어놓기를 바란답니다. 제가 아는 양자리 사장이 어느 날 긴급 상황에 처했던 이야기를 해 드릴게요. 핵심 직원 한 명이 24시간 대기해야 하는 상황이 발생했는데, 그날은 공교롭게도 그 직원의 결혼식 날이었습니다. 그녀는 이미 신부 들러리 여섯 명을 초대했고, 부케와 반지는 물론, 300명을 위한 피로연도 준비해 놓은 상태였답니다. 양자리 사장은 백만 달러짜리 계약이 오가고 회사를 상장할 수도 있는 절호의 기회에, 그 직원이 신혼여행을 포함한 결혼식 일정을 미룰 수 없다는 것을 이해할 수 없었습니다. 본인은 이런 상황에서 자기 결혼식을 기꺼이 미룰 수 있는데, 직원들은 왜 못하는 걸까요? 도대체 뭐가 문제죠? 그렇게 성의가 없어서 어떻게 직원이라고 할 수 있을까요? 좀 극단적인 예이기는 하지만 양자리 사장에 대해서 감이 좀 잡히실 겁니다.

    양자리 사장은 명절에 누구보다도 후하게 인심을 쓰는 편입니다. 양자리 기질이 얼마나 많은지에 따라 다르겠지만 다른 회사에 다니는 친구들보다 훨씬 더 많은 보너스를 받게 될 것입니다. 오래 전부터 갖고 싶었던 값비싼 선물을 기대해도 좋습니다. 양자리 사장 중에는 구두쇠가 거의 없습니다.(달별자리나 동쪽별자리가 충돌하는 경우에는 예외입니다.)

    양자리 사장은 다른 별자리 사장들에 비해 아부가 잘 통하는 편은 아니지만 가끔 진심 어린 존경을 표해서 손해 볼 건 없습니다. 진심으로 감사하고 있으며, 회사를 효율적으로 경영하는 사장님을 리더 중의 리더로 여기고 있다고 알려 주세요. 그러면 직장을 잃을 염려는 없을 것입니다. 하지만 진심으로 그렇게 생각할 때만 말하세요. 속으로는 못미더워하면서 겉으로만 번지르르하게 칭찬을 늘어놓으면 양자리 사장의 멸시를 받을 것입니다. 양자리는 일반적으로 사람 보는 눈이 정확한 편은 아니지만 타인의 반응에 매우 민감하기 때문에 매일매일 함께 지내는 사람들이 자기를 좋아하는지 싫어하는지 정도는 제대로 파악합니다. 양자리 사장은 사람들에게 사랑받고 싶어 한답니다. 겉모습만 보면 절대로 눈치 채지 못하겠지만, 용감하고 자신만만한 모습 뒤에는 주변 사람들에게 인정을 받고 싶은 간절한 마음이 있습니다. 당신을 포함해서 자기 아내와 애완견, 심지어 엘리베이터에서 마주치는 낯선 사람에게도 인정받고 싶어 합니다. 겉으로 드러나는 독립적인 성격에도 불구하고 자기가 주위로부터 존경받고 또 능력 있는 사람으로 인정받을 때 큰 행복을 느낍니다. 반면에 자기를 위해 일하는 사람들이 자기의 방식을 인정하지 않거나 자기의 가치와 잠재력을 알아보지 못하고 있다는 생각이 들면, 양자리 사장은 우울해지고 변덕스러워지고 때로는 옹졸해집니다.

    회사가 부도날 가능성이 있다는 소문이 들리더라도 서둘러 이력서를 다듬지 않아도 됩니다. 새로운 일자리가 필요하지 않을 테니까요. 회사를 곤경에서 구해 낼 사람, 최악의 상황에서 마지막 순간에 재정 위기를 해결할 사람, 모세처럼 기적을 행할 사람은 바로 양자리 사장입니다. 양자리 사장은 자립심이 강하고 대담한 사람입니다. 정서적으로 약간 어두운 면이 있는 전갈자리와는 달리, 양자리의 추진력은 활력이 넘치고 늘 이상적입니다.(전갈자리와 의지력을 겨룬다면 질 수도 있지만, 늘 그렇듯이 패배를 딛고 일어나 다른 분야에서 만회할 것입니다.)

양자리는 새로운 일을 좋아합니다. 당신이 실현 가능한 창의적 아이디어를 계속 제안한다면, 양자리 사장 밑에서는 가장 높은 직책까지도 승진할 수 있습니다. 양자리 사장은 회사에 대한 애정을 갖고 주체적인 의견을 제시하되 자신의 공을 내세우지 않는 직원을 높이 평가합니다.

양자리 사장의 가장 큰 특징으로 강력한 의지력을 꼽을 수 있습니다. 가벼운 질병 정도는 거뜬히 이겨 내며, 중병에 걸려도 쉽게 굴복하지 않습니다. 때로는 긍정적인 생각만으로도 병이 오는 것을 늦추거나 완전히 예방할 수도 있습니다. 고열을 동반한 독감에 걸려도 급한 업무가 있으면 출근을 하는 편인데, 회사에 도착할 무렵이면 열도 가라앉아서 의사들이 신기해하고 직원들은 사장이 꾀병이었을 거라고 의심할 정도입니다.

화성의 의지력은 정말 강력해서 양자리 사장은 도박에서도 운이 따르는 편이고, 경마장에 가면 사장이 돈을 건 말이 1등을 독차지하곤 합니다. 당신도 그런 강력한 마력의 영향권 안에 있을 테니 사무실에서 불꽃놀이처럼 신나고 화려한 일들이 벌어지기를 기대해도 좋습니다. 하루도 조용하게 지나가는 날이 없습니다. 늘 무슨 일인가 일어나지요.

양자리 사장에게 무기력함이란 찾아볼 수 없습니다. 당신도 무기력한 모습을 보이지 않는 게 좋습니다. 양자리 사장은 당신이 이전 회사에서 왜 실적이 안 좋았는지, 왜 해고당했는지에 대해서는 별로 관심이 없습니다. 그는 현재의 당신에게 투자하고 있습니다. 양자리 사장은 미래를 자기가 원하는 대로 만들 수 있다고 확신하며 과거에 연연해하지 않습니다. 당신의 과거든 자기의 과거든 마찬가지입니다.

양자리 사장은 자존심이 몹시 강해서 남들에게 상처받아도 태연한 척합니다. 순식간에 폭발하는 성격에도 불구하고 (오래 가지도 않고 앙심을 품지도 않고 곧 잊어버리기는 하지만) 상처받은 사실만큼은 드러내지 않습니다. 자기도 타인에게 의지할 때가 있다는 것을 인정하지 않으려 합니다. 양자리도 역시 타인을 필요로 하지만, 혼자서 해결해야 할 때에는 내면에 간직한 힘으로 방법을 찾아낼 것입니다.

당신이 양자리 사장의 활력과 용기를 높이 산다면, 사장이 서두르다 놓친 세부 사항을 꼼꼼하게 챙길 줄 안다면, 사장의 충동적이고 주먹구구식 일처리를 보완할 수 있다면, 또한 이런 일들을 생색내지 않고 조용히 처리할 줄 안다면, 사장은 당신에게 어느 회사보다도 높은 급여를 주고 평생 함께 일할 것입니다. 사장이 나중에 후회할 만한 행동이나 말을 하려고 하면 요령껏 막아 주세요. 사장이 지금 화를 퍼부으려는 대상이 매우 중요한 고객들이어서 사업에 막대한 타격을 입을 수 있다고 부드러운 목소리로 상기시켜 주세요.

양자리 사장에 대해서는 앞에서 열거한 것들을 기억해 두기 바랍니다. 양자리 사장이 탁월한 해결사이긴 하지만 그 열정으로도 해결할 수 없는 난관에 부딪히면 당신의 도움과 신뢰를 절실히 필요로 할 것입니다. 성심껏 도와주세요. 그러면 절대로 해고당할 일이 없을 것입니다. 비오는 날에 택시를 놓쳐서 지각해도, 수술 때문에 휴가를 1주일 더 써도 걱정할 필요가 없고, 젊고 유능한 직원이 당신 자리를 치고 올라올까 봐 전전긍긍할 필요도 없습니다. 양자리 사장은 의리에 의리로 보답합니다. 잦은 비상 사태에 대비하여 서랍에 두통약을 충분히 넣어 두고 얼굴에 미소를 잃지 마세요. 사장이 버럭 화를 내도 심각하게 받아들이거나 몰래 구인광고란을 살펴볼 필요가 없습니다. 이 활기찬 회사에 계속 남고 싶어질 테니까요.

양자리 직원

♈

"나는 아주 크고 분명하게 말했어.
가서 귀에 대고 소리쳤지.
그리곤 문이 잠겨 있는 걸 알고는
밀고 당기고 발로 차 문을 두드려 댔지."

"하지만 과거로 돌아가는 건 의미가 없어.
그때는 내가 다른 사람이었거든."

장래가 촉망되는 양자리 청년이 면접시험을 보러 왔습니다. 전형적인 양자리라면 면접은 이런 식으로 진행될 것입니다.

고용주 : 이력서를 보니 지난 2년 간 직장을 여섯 번이나 옮기셨네요, 부치카리스 씨?

양자리 : 그냥 찰리라고 불러 주십시오, 플래스먼 씨. 네, 저는 항상 자기 발전을 위해서 노력해야 한다고 믿습니다. 일을 다 익히고 나면 더 이상 배울 것이 없고, 더 이상 배울 것이 없으니 회사에 기여할 것도 없습니다. 그렇다면 그 회사에 남아 있어야 할 이유가 없다고 생각합니다.

고용주 : 그래서 우려하는 것입니다, 차…… 아니 부치카리스 씨. 우리 회사에서도 곧 업무 파악이 되지 않겠습니까? 그리고 그때는 이미 우리

가 당신에게 많은 돈을 투자한 상태겠죠.

양자리 : 그 점을 우려하실 거라고 생각했습니다만 걱정하지 않으셔도 됩니다. 귀사에 대해 조사를 해 봤는데, 제가 이 회사에서 이직을 고민하게 될 것 같지는 않습니다. 이 회사는 진정으로 노력하는 직원에게 다양한 기회를 제공할 회사라고 생각하기 때문입니다. 저는 늘 능력 있고 창조적이며 진보적인 경영진 밑에서 일해 보고 싶었습니다. 그런데 사실 그런 경영진은 매우 드물기 때문에 다른 회사로 가느니 이곳에서 기회를 보며 기다리는 것이 더 현명할 거라 생각됩니다.

말할 필요도 없이 고용주는 보기 드문 면접 장면에 충격을 받겠지만, 양자리 청년은 그 자리에서 바로 채용될 것입니다. 요즘처럼 직원들이 안정 지향적이고 직원 복지에만 민감한 시대에 회사에 대해 이렇게 진지한 열정을 가진 직원은 만나기 힘들기 때문입니다. 물론 그 당시에는 양자리 청년이 보여 준 엉뚱함이나 극도의 개인주의적 성향은 눈에 들어오지 않았지요.

양자리 직원을 채용하는 일은 파괴력 있는 미사일을 사들이는 것과 같습니다. 어디로 날아갈지 모르는 이 미사일을 어떻게 배치하는가에 따라 희비는 엇갈립니다. 최고의 선택이 될 수도 있고 최악의 골칫거리가 될 수도 있답니다. 그 양자리 직원을 9시부터 6시까지 일하는 틀에 박힌 업무에 배정하는 일은 없기를 바랍니다. 처음에는 좋은 인상을 주려고 열심히 하겠지만 머지않아 엉덩이가 들썩이고 불만이 쌓여 갈 것입니다. 매일 조금씩 출근 시간이 늦어지거나, 점심 시간을 길게 쓴다거나, 책상에 앉아 개인적인 전화통화를 하면서 자신의 불만을 명백하게 드러낼 것입니다. 이 모두가 위험한 징후들이지요. 양자리 직원은 회사에 꼭 필요한 인재이지만, 본인은 한없이 지루해합니다. 양자리가 지루해하면 순식간에 결점들이 튀어나와 장점들을 무색하게 만들어 버립니다.

가능하다면 양자리 직원에게 의사결정 권한을 주고 당신에게 직접 보고할 수 있도록 해 주세요. 그리고 사무실 분위기를 크게 해치지 않는다면 출근 시간도 마음대로 할 수 있게 해 주세요. 머지않아 그 직원은 오전 10시 넘어서 출근하기도 하고 점심 시간을 두 시간이나 쓰기도 하겠지만, 가장 늦게까지 일하는 모습을 보일 것입니다. 특히 처리해야 할 일들이 많을 때는 두말할 나위가 없습니다. 추가 업무를 부과해도 다른 직원들과는 달리 불평 한 마디 없이 의욕적으로 받아들일 것입니다.

양자리 직원은 필요한 경우라면, 혹은 흥미진진한 프로젝트가 진행 중일 때는 자정이 넘도록 일을 하는 탓에 아침에 출근하는 경비 아저씨보다는 밤에 일하는 청소부 아주머니와 더 친해질 것입니다. 그 직원은 퇴근 시간을 기다리며 시계를 쳐다보고 있지는 않습니다. 그런데 아침 10시 넘어 출근했다고 당신이 트집을 잡으면 적어도 그 직원 입장에서는 논리가 맞지 않겠죠.

양자리는 체질상 아무리 회사의 규정이라 할지라도, 빡빡하고 획일적인 일정에 맞출 수가 없습니다. 양자리의 넘쳐나는 창조적 에너지는 시간을 불문하고 분출되기 때문에 다른 사람이 정해 놓은 업무 시간에는 적응하지 못합니다. 때로는 개인적인 이유로 조퇴했다가 그날 밤 다시 사무실로 돌아오거나, 다음날 새벽 일찍 출근해서 못다 한 일을 마무리할 것입니다. 양자리가 정말로 참을 수 없는 것은 자기가 할 수 있는 것보다 완성도가 떨어지는 결과를 제출하는 일입니다. 꼼꼼하지도 않고 정해진 출퇴근 시간도 지키지 않지만 업무 성과가 너무나도 훌륭해서 그 직원을 버릴 수가 없습니다. 성공하겠다는 결연한 의지를 지닌 양자리 직원을 잘 활용하려면 화성인의 개인주의적 성향은 눈감아 주세요. 그럴 만한 가치가 있답니다. 당신이 그런 직원을 활용할 능력이 있고 인내심만 있다면 양자리 직원은 회사에 큰 도움이 될 것입니다.

　양자리 직원은 결코 돈 때문에 일하지는 않습니다. 자존심과 자신의 가치에 걸맞은 급여를 요구하겠지만, 돈 자체가 중요하지는 않습니다. 양자리 직원은 성공을 위해 일하지, 돈을 위해 일하지 않습니다. 양자리 직원은 수입보다 지출이 많은 편이라서 자주 돈을 빌릴 수도 있습니다. 하지만 양자리 직원은 특별수당보다는 특별한 격려를 받을 때 더 많은 결과물을 만들어 냅니다. 물론 다른 부서의 일에 참견하려는 성향은 약간 조절해 주어야 할 것입니다. 양자리 직원의 머릿속은 회사의 모든 직원들이 보다 빨리 목표에 도달할 수 있는 아이디어로 가득 차 있습니다. 그 직원이 시도 때도 없이 그런 주제넘은 제안을 내놓을 때 당신이 얼굴을 붉히지 않고 잘 들어 준다면 회사 발전에 기여할 만한 근사한 아이디어를 얻게 될 것입니다.

　양자리 직원에게는 활동적인 업무를 맡겨야 합니다. 밖에 나가서 회사를 홍보하고 사람들과 교류하는 업무가 좋습니다. 책상에 앉아 다른 직원이 지켜보는 환경에서 매일 똑같은 일을 반복해야 하는 업무는 전혀 맞지 않습니다. 양자리는 자기보다 능력이 뛰어난 사람은 거의 없다고 믿기 때문에, 그가 기꺼이 지시를 따를 수 있는 사람은 아주 소수입니다. 양자리 직원은 사장인 당신이 바로 그런 사람이라고 생각할 것입니다. 아니면 아예 처음부터 당신 밑에서 일할 생각을 안 했을 테니까요. 일단 당신이 자기를 이해하고 자기의 노고에 대해 고마워한다는 확신이 들면, 가장 충성심 높고 성실한 직원이 될 것입니다. 반대로 양자리 직원을 소홀하게 대우하면, 그는 마지못해 일하면서 별다른 성과를 내지 않을 것입니다.

양자리 직원은 높은 자리에 오르고 싶어 하지만 물론 처음부터 그럴 수는 없겠죠. 밑바닥에서부터 새로운 업무를 익히며 시작해야 한다면, 뭔가 중요해 보이고 책임 있는 일을 하나 맡기세요. 그러면 적어도 스스로는 가장 중요한 사람이라고 생각할 것입니다. 양자리 직원의 체면을 살려 주는 방법이죠. 양자리 직원이 최선을 다하게 하려면, 자기 없이는 회사가 굴러가지 않는다고 느끼게 해 줄 필요가 있습니다. 양자리는 타고난 세일즈맨입니다. 그 직원은 자기 아내와 친구들, 택시 운전사, 웨이터뿐만 아니라 수영장이나 영화관에서까지 자신의 이야기를 들어 주는 사람만 있다면 업무 시간이 아니더라도 열과 성을 다해 회사를 홍보할 것입니다. 자기의 부동산 중개인에서부터 보험설계사까지 모두 당신 회사에 대해 열광적인 지지자로 만들 것입니다. 양자리 직원은 새로운 거래처를 트거나, 가망 없어 보이는 고객을 붙잡거나, 당신의 야심찬 대형 프로젝트를 궤도에 올리는 일도 (사자자리를 제외한) 누구보다 잘해 낼 것입니다. 특히 당신이 자기에게 의지하고 있다는 생각이 들면 더욱 그럴 것입니다.

설령 회사에 재정적인 문제가 있다고 해도 양자리 직원은 쓰러져 가는 회사를 그냥 버릴 사람이 아닙니다. 끝까지 당신 곁에 남아 위기를 함께 넘기고 어떻게 해결해 나갈지 의견을 제시할 것입니다. 양자리 직원은 본인을 포함해서 자기가 믿고 있는 사람이든 일이든 실패할 수 있다는 생각을 하지 않습니다. 이러한 특징은 회사가 어려운 시기에 큰 도움이 될 것입니다.

양자리 직원은 휴일에 일을 시키거나, 비상 상황에 급여를 일시적으로 삭감하거나, 휴가를 낸 직원의 업무를 대신 맡겨도 불평하지 않을 것입니다. 그저 진심으로 고마워하고 있다는 것만 알게 해 주면 됩니다. 당신이 그렇게 열렬하게 지지하는데 무슨 일인들 못하겠습니까? 양자리 직원의 공을 절대로 다른 사람에게 돌리지 말고, 아침에 지각해도 눈치를 주지 마세요. 양자리 직원 앞에서 다른 직원들을 너무 칭찬하지도 말고, 그의 실수에 대해서는 너무 나무라지 마세요. 특히 다른 직원들 앞에서는요. 그리고 절대로 양자리 직원이 현재 상태에 그대로 머물러 있기를 바란다는 인상을 주면 안 됩니다. 그러면 초조해하고 좌절하기도 하며 게을러질 것입니다. 무기력해진 양자리 직원을 당신이 해고할 필요는 없습니다. 그 직원이 먼저 그만둘 것입니다. 양자리를 야단칠 필요는 거의 없습니다. 자기의 타고난 성급함과 충동적인 성향 때문에 저지른 실수를 스스로 깨닫는다면 먼저 사과할 것입니다. 그리고 그 실수를 반복하지 않으려고 진심으로 노력할 것입니다. 그런 시도가 늘 성공적이지는 않지만 어쨌든 시도하는 것 자체는 높이 평가할 만합니다. 너무 서두르지 말고 너무 자만하지도 말라고 개인적으로 조심스럽게 타이르고 싶겠지만 양자리 직원의 사기를 꺾어서는 안 됩니다. 잘 통하지도 않을 뿐더러, 참신하고 소중한 낙관주의자를 영원히 잃게 될지도 모른답니다.

당신이 양자리 직원의 재능을 알아봐 주면 그는 자기를 더 발전시키기 위해 말 그대로 죽도록 노력합니다. 그리고 양자리 직원을 비판하면 절대로 좋은 결과를 얻을 수 없습니다. 그 분야에 오랫동안 종사한 전문가들의 의견이 어떻든 간에 양자리의 직감은 틀리는 경우보다 맞는 경우가 더 많습니다. 양자리는 과거에 집착하는 사람들이나 미래에 모든 희망을 걸고 있는 사람들에게 휘둘리지 않습니다. 이들은 현재에 대하여 명확하게 이해할 수 있는 신기한 능력을 가지고 있답니다. 자신이 옳다는 신념 때문에 가끔 거만한 태도를 보이기는 하지만, 그래도 양자리 직원의 이야기를 경청하는 것은 가치 있는 일입니다.

최대한 빨리 양자리 직원의 급여를 올려 주고 승진시켜서 그가 업무를 잘해 내고 있으며 사장인 당신 또한 만족하고 있다는 것을 알려 주어야 합니다. 무슨 수를 써서라도 혼자 일하게 하거나 다른 직원들을 이끄는 자리에 앉혀야 합니다. 그리고 당신의 동료라고 느끼게 해 주세요. 어떤 식으로는 자신이 중요한 사람이라는 느낌을 받을 때, 일의 종류를 불문하고 막대한 공헌을 할 수 있는 사람입니다. 그 열정과 이상에 누군가 제동을 걸면, 양자리 직원은 순식간에 흥미를 잃고 낙담하여 다른 사람에게 자리를 내주고 물러납니다. 유능한 직원을 하나 잃게 되는 셈이죠. 양자리 직원이 스스로 일을 기획하고 추진할 수 없는 여건에서 일한다면 그 자신과 주위 사람들에게 아무런 보탬도 되지 않습니다. 조리 있는 말과 친절한 태도가 양자리 직원의 마음을 움직이는 열쇠입니다.

타고난 혁신가이자 리더인 양자리는 어떤 분야나 직업에도 잘 적응합니다. 특별히 잘하는 종목이 정해져 있지 않습니다. 농장, 경찰서, 소방서, 병원, 어디에 있든 간에 자신이 대장이어야 한다는 점이 중요합니다. 영업을 할 수 있는 기회가 많다는 점에서 광고나 홍보 분야도 매력적입니다. 양자리 직원은 물 만난 고기처럼 그 일에 빠져들 것입니다. 어떤 분야에 배치하든 양자리 직원의 넘치는 에너지와 자부심을 수용할 수 있을 만큼 융통성 있는 환경이라면 쉽게 자리 잡을 것입니다.

자기의 욕구를 차분하게 잘 통제하는 양자리도 있습니다만, 그렇다고 그 직원을 휘어잡을 수 있다는 착각은 하지 않기를 바랍니다. 그건 꼬마들에게나 가능한 일이지 양자리 직원에게는 그렇지 않습니다. 양자리 직원의 자리는 언제나 최전방입니다. 그의 능력을 잘 활용하기만 하면 당신에게 엄청난 돈을 벌어다 줄 것이고, 특히 회사가 어려울 때에는 흔들리지 않는 충성심을 보여 줄 것입니다. 주변을 둘러보면서 비교해 보세요. 당신이 부담하는 비용에 비해서 이만한 가치를 돌려주는 직원은 별로 없을 것입니다.

황소자리

Taurus, the Bull

4월 21일부터 5월 21일까지

지배행성 – 금성

"난 일이 있는 날이건 없는 날이건
며칠이고 여기에 앉아 있을 거야."

황소자리를 알아보는 방법

♉

"감각을 잘 관리하렴.
그러면 소리들은 알아서 잘 지낼 테니."

세계 일주를 두 번이나 한 여행광 친구는 저에게 재미있는 이야기를 들려주곤 했습니다. 한 번은 증기선을 타고 스페인 남부에 처음 갔던 이야기를 해 주었지요. 친구는 갑판 위에서 경치를 감상하고 있었는데, 투명하고 새파란 지중해 물결 저 너머로 거대한 바위가 나타났습니다. "저기 좀 봐요! 지브롤터 바위예요!" 그 친구는 감격스러워하면서, 고향 친구들에게 보여 줄 사진을 찍고는 옆에 있던 십대 소녀에게로 고개를 돌렸습니다. 소녀는 지루한 표정을 하고 있었고 제 친구는 한없이 들떠 있었지요. "정말 멋지지 않니? 수천 년 동안 거센 파도와 폭풍우가 몰아치고 사람들이 숱하게 드나들었지만, 저 바위는 변함없이 그대로 있잖아. 마치 세상 그 어떤 것도 자기를 바꿔 놓거나 움직일 수 없다는 듯이 말이야." 그랬더니 소녀가 이렇게 대꾸하더랍니다. "네, 저희 집 노친네가 생각나네요."

　그 소녀의 아버지는 5월에 태어난 분이었습니다. 제 친구가 지브롤터 바위에 바친 감동의 대사는 바로 황소자리의 특징을 그대로 표현해 주었던 것입니다. 황소자리에게 가장 어울리는 장소는 농장, 은행, 부동산 중개소 같은 곳이지만 이 외에도 엔지니어, 영화배우, 점원, 정원사, 정육점 주인, 제빵사 등등 다른 직업을 가지는 경우도 많이 있습니다. 황소자리는 강하면서도 조용한 사람입니다. 친해지기 전에는 "네.", "아니오.", "고맙습니다.", "그럼 이만." 같은 말밖에 하지 않을 테고, 종종 아니라는 말 대신에 "으음……."이라고 할 것입니다. 쌍둥이자리나 양자리 또는 사수자리 기운이 강한 경우라면 발랄하고 경쾌하게 걸어다닐 수도 있지만, 전형적인 황소자리는 느리게 움직이고 말을 아끼는 편입니다.

　황소자리는 지브롤터 바위처럼 단단하고 한결같으며, 어느 누구도 그들의 고요함을 방해할 수 없을 것처럼 보입니다. 물을 끼얹거나 발가락 사이에 성냥을 끼우고 불을 붙여 보세요. 주먹으로 가슴을 때려 보고 성난 눈으로 째려보고 또 소리도 질러 보세요. 황소자리는 꿈쩍도 하지 않는답니다. 한번 마음을 먹으면 황소자리는 조용히 팔짱을 끼고 두 다리로 버티고 서서는 자기의 입장을 고수합니다. 그리고 약간 튀어나온 턱을 들고는 코를 벌름거리며 귀를 뒤로 젖히면 남들이 더 이상 어떻게 할 수 없죠.

　황소자리는 여기저기 휘젓고 다니는 일이 별로 없습니다. 그저 자기를 가만히 내버려 두기를 바랄 뿐이에요. 누가 건드리지만 않으면 대체로 평온한 표정을 짓고 있습니다. 하지만 떠밀려고 하면 완고하게 버팁니다. 혹 황소자리를 지나치게 밀어붙이거나 괴롭히면 그들의 무시무시한 분노를 각오해야 합니다. 황소자리는 완벽하게 균형을 잡고 스스로를 잘 제어합니다. 주변의 소음을 무시하고 꽃향기만 맡으면서 몇 년이든 지낼 수 있습니다. 그러다가 예기치 못한 어느 날 훼방꾼이 와서 그의 넓은 등 위에, 이미 넘칠 듯이 쌓여 있던 짚더미 위에 지푸라기 하나를 더 올려놓습니다. 그러면 갑자기 코에서 뜨거운 김을 내뿜고 발을 구르고 미간을 찌푸리면서 돌진합니다. 그럴 때 목숨을 부지하려면 재빨리 줄행랑치는 것이 좋습니다. 황소자리는 충동적으로 화를 내는 일이 거의 없지만, 한번 화가 나면 눈앞에 있는 모든 것을, 심지어 전갈자리라도 무찌를 수 있답니다. '무찌르다'라는 말보다는 '초토화하다'가 더 어울리는 표현이겠네요. 이후 먼지가 가라앉고 다시 평화가 찾아오려면 시간이 좀 걸립니다. 개중에는 자제력이 특히 뛰어나서 평생 동안 심하게 화내는 일이 한두 번밖에 없는 황소자리도 있습니다. 성격이 급한 편이어서 '자주' 화내는 황소자리더라도 1년에 한두 번 정도입니다. 아무튼 황소자리가 한번 화를 내면 약간 짜증내는 정도가 아니라는 점만 기억하시면 됩니다. 황소자리의 차분한 감정이 흔들릴 정도로 심각한 상황이라면, 소위 물불을 가리지 않는 분노가 터져 나올 것입니다.

황소자리 남편을 둔 어떤 여성은 결혼 생활 내내 남편이 화내는 것을 한 번도 본 적이 없었습니다. 하루는 그 부부가 사람들로 붐비는 고급 나이트클럽에 갔답니다. 그런데 어떤 취한 남자가 비틀거리더니 부부가 앉아 있는 테이블 쪽으로 쓰러졌어요. 그만 남편의 옷에 잘 지워지지 않는 와인이 튀어 버렸지요. 아내는 남편이 예의 그 침착한 태도로 대처하리라 예상했건만, 주변에 있던 다른 사람들과 더불어 충격적인 장면을 보고야 말았습니다. 남편이 벌떡 일어나서는 테이블 두 개를 밀어제치고 그 만취한 남자를 번쩍 들어올려 내동댕이쳐서는 클럽 무대를 거의 박살냈기 때문입니다. 한 마디 말도 없었습니다. 어때요? 이 정도면 황소자리에 대해 충분한 경고가 되었으리라 생각합니다. 낯선 여인에게 윙크하기 전에 그녀와 함께 있는 남자의 생일이 언제인지 미리 확인하는 것이 좋겠죠?

황소자리 사람들은 황소처럼 생겼습니다. 여성에게도, 뭐라고 설명하기 어려운 황소의 특징이 있습니다. 황소자리 여성의 눈을 보면 고요하면서도 맑고 침착합니다. 우아하고 느리게 행동하지만 뭔가 숨겨진 힘이 느껴집니다. 남성의 경우에는 주로 목이 짧고 굵은 편이며, 어깨나 가슴 또는 등이 넓고 튼튼해 보입니다. 키가 크건 작건 전체적으로 몸의 균형이 잘 잡혀 있습니다. 귀는 작은 편이고 머리 쪽에 가깝게 붙어 있습니다. 음식을 먹을 때는 천천히 씹어 넘기고 대부분 소화력이 대단합니다. 머리숱이 적거나 (소의 앞 머리 털을 닮아서) 곱슬머리가 이마 한가운데로 늘어뜨려져 있는 경우도 볼 수 있습니다. 전부가 그렇지는 않지만 황소자리는 곱슬머리가 많습니다. 머리카락 색은 어두운 편이며 눈동자도 피부색도 마찬가지입니다. 가끔 눈동자 색이 밝고 피부가 흰 황소자리도 있습니다만, 그렇다고 그들의 생김새처럼 정신이나 성격이 유약하다는 의미는 전혀 아닙니다.

물론 모든 황소자리가 우유 광고에 나오는 소처럼 생겼을 거라 생각하면 안 되지요. 하지만 근육질에서부터 통통한 몸매까지, 풍채가 크고 넉넉한 사람들이 많습니다. 그런데 이와는 달리 마른 몸매를 가진 황소자리를 구분하는 방법도 알아 둘 필요가 있어요. 텔레비전 쇼에 나왔던 황소자리 프레드 애스테어*, 빙 크로즈비**, 또는 게리 쿠퍼***는 어떨

---

* 프레드 애스테어(Fred Astaire, 1899~1977): 미국의 댄서이자 영화배우로서 탭댄싱으로 유명함.
** 빙 크로즈비(Bing Crosby, 1903~1977): 미국의 가수이자 영화배우.
*** 게리 쿠퍼(Gary Cooper, 1901~1961): 미국 영화배우로 조용하면서도 강한 캐릭터로 유명함.

까요? 깜박 속을지 모르지만, 프레드 애스테어는 물고기자리처럼 가벼운 걸음걸이와 쌍둥이자리처럼 쾌활한 모습에도 불구하고 황소자리입니다. 아무리 다른 행성들의 영향을 받고 있더라도 황소자리라는 사실은 바꿀 수가 없습니다. 프레드 애스테어의 친구들에게 한번 물어본다면 알게 될 거예요. 춤을 출 때는 그토록 가벼운 발놀림을 보여 주는 프레드지만, 본인이 싫어하는 장소에 데리고 가거나 내키지 않는 일을 하게 만드는 것이 얼마나 어려운지 말이에요. 빙 크로즈비도 냉정하고 차분하면서도 느긋한 태도로 유명합니다. 키가 크고 흐느적거리며 걷는 카우보이의 대명사 게리 쿠퍼는 또 어떻습니까? 게리 쿠퍼의 묵직한 발은 마치 땅에 뿌리를 내리고 자라는 것처럼 보입니다. 텔레비전 속에서는 느릿느릿 신중하게 움직이고, 영화에서 그가 완벽한 문장을 구사하는 대사는 열 마디도 채 되지 않습니다. 스타에게 맞춰서 시나리오를 짜는 할리우드 시스템 덕분에 게리 쿠퍼는 항상 완벽한 게리 쿠퍼를 연기했습니다. 이것도 연기라고 할 수 있을지는 모르겠네요. 게리 쿠퍼의 영화에서 여배우가 눈물을 흘리며 로맨틱하게 "당신을 미치도록 사랑해요. 당신 없이는 살 수 없어요. 당신은 나의 전부예요. 나를 좋아한다고 말해 주세요. 당신도 똑같이 느끼고 있다고. 나를 사랑하나요? 네?"라고 이야기합니다. 사랑에 목마른 그 가엾은 여배우에게 돌아오는 말은 딱 한 마디입니다. "그렇소." 이상하게도 그 짧은 한 마디가 위안을 주지요.

황소자리가 이성에게 관심이 많기는 하지만 대놓고 쫓아다니지는 않습니다. 사람들이 자기에게 다가오는 것을 더 좋아합니다. 한가로운 초원에서 사람들을 쫓아다니느라 힘을 낭비할 이유는 없지요. 시골 농장에 가서 소를 잘 관찰해 보면 황소자리가 어떤 마음으로 사랑과 우정에 임하는지 명확하게 알 수 있을 것입니다. 가장 큰 특징은 수동적인 태도입니다. 황소자리는 번거롭게 다른 사람의 집을 방문하기보다는 자기 집에 사람들을 초대하여 즐기는 것을 좋아합니다. 사람들의 사랑을 받기 위해 특별히 애쓰지도 않습니다. 당신이 황소자리를 만나고 싶다면 먼저 전화를 걸면 됩니다. 황소자리는 늘 거기에 있으니까요. 우정이든 사랑이든 표현하세요. 관심이 있으면 받아들일 것입니다. 황소자리는 이럴 때 어떻게 반응해야 하는지 잘 알고 있답니다. 사교성이 좋은 어떤 다른 별자리들보다도요.

황소자리는 손톱을 물어뜯으며 조바심 내는 경우가 거의 없습니다. 일이 뜻대로 진행되지 않으면 입을 삐쭉 내밀고 생각에 잠기기는 하지만, 발을 동동거리며 초조해하는 타입은 아니랍니다. 절제하고 수용하는 것이 황소자리의 기질이며, 이런 기본적인 성향은 좀처럼 바뀌지 않습니다.

황소자리 중에 직업이 변호사이자 공인회계사여서 특히 납세철이 오면 수입이 꽤 짭짤해지는 친구가 있습니다. 그 친구는 황소자리답지 않게 손톱을 좀 심하게 물어뜯는 편입니다. 또 말을 제법 빨리 하는 저보다도 말이 빠르고, 이마에 걱정 주름도 두 개쯤 있습니다. 그의 출생 차트를 보면, 현란한 스피드를 자랑하는 쌍둥이자리의 영향이 크게 나타납니다. 하지만 이면을 잘 살펴보면 여전히 황소자리의 특징을 발견할 수 있습니다. 머리 회전은 번개처럼 빠르지만 결정은 신중하게 내립니다. 행동은 예측 가능하며 고집이 셉니다. 어느 저녁, 집에 있고 싶어하는 그를 설득해서 옷을 차려입고 대문을 나서게 하려면 얼마나 힘이 드는지 그 친구의 아내에게 물어보아도 좋습니다. 서둘러 계약을 마무리지으려고 하는 그의 고객에게 물어볼 수도 있겠네요. 책 한 권 분량의 긴 설명은 참을성 있게 기꺼이 들어 주지만, 스스로 판단을 내리기 전까지는 계약서에 서명하지 않습니다. 네. 쌍둥이자리의 재치와 날렵함도 무색하게 만드는 바로 그 황소자리랍니다. 황소자리에게서 변덕은 찾아볼 수 없습니다. '천천히 서두르는' 사람들이지요. 이건 결코 논리적으로 틀린 말이 아니랍니다.

황소자리는 집에 있는 것을 좋아합니다. 익숙하고 편안한 공간에서 다리 뻗고 시간 보내는 것을 싫어하는 황소자리는 거의 없습니다. 변화는 황소자리를 혼란스럽게 만듭니다.(달별자리나 동쪽별자리가 쌍둥이자리, 사수자리, 또는 물병자리인 경우에는 다릅니다.) 황소자리는 두 부류가 있습니다. 집을 소유한 자, 그리고 집을 꿈꾸는 자. 땅과 친한 황소자리는 어떤 식으로든 땅에 대한 애착을 드러냅니다. 어쩔 수 없이 북적거리는 아파트에 살더라도 흙내음 나는 화분을 잔뜩 들여놓을 것입니다. 도시의 소음이 너무 심하면 낚싯대를 챙겨서 조용한 시골로 떠납니다. 세상이 너무 빠른 속도로 돌아가면 황소자리는 잠시 세상 밖으로 나와서 속도가 늦춰질 때까지 기다립니다. 낚싯대나 화분이 없다면 부동산에 투자하고 있을지도 모릅니다. 부동산 중개를 하면 가끔 교외로 나갈 기회를 얻을 수도 있겠죠. 황소자리는 직·간접적으로 땅과 관련을 맺게 됩니다. 경마공원 근처를 배회한다거나, 일요일에는 공원으로 산책을 나간다거나, 좋은 경치를 보면서 자연을 안주 삼아 술을 한 잔 할 수도 있겠죠.

황소자리는 대개 매우 건강한 체질입니다. 몸져눕는 일이 드물지만 한번 병이 나면 의사 말을 듣지 않고 고집을 부리기 때문에 회복이 더딘 편입니다. 사고나 병에 민감한 신체 부위는 기관지, 목, 다리, 발목, 생식기관, 등, 척추입니다. 감기에 걸리면 주로 목감기로 옮겨 가고, 음식에 대한 유별난 사랑 때문에 비만이 될 확률도 높습니다. 비만은 심장에 부담을 주고 혈액순환에 문제를 일으키며, 발목이 약해지고 정맥 질환이나 다른 만성 질환을 야기하기도 합니다. 통풍이 올 수도 있습니다. 하지만 비만, 무기력증, 신장염만 피할 수 있다면 다른 사람들보다 훨씬 더 건강하게 살 수 있답니다. 다시 말해, 황소자리가 지나치게 많이 먹고 마시고 게으름 피우면 타고난 체력과 건강을 잃게 될 거라는 얘기예요. 황소자리가 병이 나는 주된 원인은 뭐니 뭐니 해도 신선한 공기와 운동이 부족하기 때문입니다. 고집이 세서 이 사실을 부정할지 모르겠지만 황소자리의 몸은 이런 것들을 필요로 합니다.

고집 얘기가 나와서 말인데, 황소자리에게 고집 세다고 뭐라 하는 것은 의미가 없습니다. 본인이 생각하기에는 전혀 고집스럽지 않으니까요. 이들은 그것을 인내심이라고 부릅니다. 어디까지나 해석의 차이죠. 스스로는 융통성이 없다기보다는 합리적이고 단호하다고 생각합니다. 그러니 황소자리 입장에서는 사람들이 자기를 그렇게 평가하는 것이 부당하게 느껴지겠죠.

실제로 황소자리는 바위가 아닌가 싶을 정도로 고집이 센 사람들입니다. 황소자리는 남녀 모두 자기의 입장과 견해에만 매달리는 사람으로 보일 때도 있습니다. 황소자리 남편은 아내의 친구 집에 편안한 의자가 없으면 가지 않습니다. 아내가 아무리 졸라도 꿈쩍도 하지 않지요. 남편만 그럴까요? 황소자리 아내는 남편 친구가 자기 마음에 들지 않으면 말도 걸지 않습니다. 자기가 인내심의 제왕이라는 황소자리의 주장에는 딴죽을 걸 수가 없죠. 황소자리는 대부분 감정적·육체적 짐을 불평 한 마디 하지 않고 몇 년이고 참아 냅니다. 문제가 쌓이면 쌓일수록 황소자리의 힘은 더 커져 갑니다. 가정이나 친구에 대한 황소자리의 충성심과 헌신은 모든 이해를 초월합니다. 다른 별자리라면 벌써 쓰러지고 말았을 가혹한 운명 속에서도 꺾이지 않는 황소자리의 의지는 정말이지 올림픽 금메달감입니다. 네, 황소자리의 불굴의 의지에 대해서는 상을 드릴게요. 하지만 여전히 고집쟁이임에는 변함이 없습니다. 괜히 '황소고집'이라는 말이 나왔을까요?

황소자리의 식욕은 정말 대단합니다. 초콜릿 크림 케이크에 고추 튀김과 피클을 곁들여 먹어도 소화에는 전혀 지장이 없습니다. 소고기 스테이크도 좋아하고, 보통 음식을 남기지 않고 싹싹 닦아 먹습니다. 여기에 한 잔의 술을 곁들인다면, 늘 행복하게 왕실 만찬을 즐기던 헨리 8세도 부럽지 않습니다.(동쪽별자리가 처녀자리인 경우에는 몸에 좋은 생 당근이나 양배추를 토마토 주스와 함께 먹기도 합니다.)

황소자리의 유머 감각은 몸 개그 쪽으로 발달했습니다. 섬세한 풍자극에는 잘 감화되지 않지만 바나나 껍질을 밟고 미끄러지는 장면이나 얼굴에 케이크 크림을 뒤집어쓰는 장면을 보면 배꼽을 잡고 웃습니다. 황소자리의 유머 감각은 따뜻하고 소박하며 장난기가 많아서 셰익스피어 희곡에 등장하는 뚱뚱보 팔스타프를 연상시킵니다. 무자비하고 복수심 많은 황소자리는 거의 없지요. 특이하게도 그런 사람은 출생차트에 양자리 행성이 많이 있습니다. 황소자리와 양자리가 한 출생차트에 있으면 조화를 잘 이루지 못하나 봐요. 대표적인 예가 히틀러입니다.

자, 그럼 이제 돈 얘기로 넘어가 볼까요? 황소자리와 돈은 따로 떼어 생각할 수 없습니다. 모든 황소자리가 다 백만장자는 아니지만 무료 급식소에서 줄을 서고 있는 황소자리가 있다면 해외 토픽 감입니다. 황소자리는 느리고 확실하게 자기의 왕국을 쌓아 가고 싶어 합니다. 탄탄한 기반 위에서 일을 시작하며 한 번에 한 가지씩 사업을 확장해서 결국 안정적인 회사와 넉넉한 재산을 일구어 냅니다. 황소자리가 재력을 추구하는 이유는 특이하게도 돈을 소유하는 데서 오는 감각적인 즐거움 때문입니다. 황소자리에게 돈이란 것은 알고 보면 부차적인 경우가 많습니다. 돈과 함께 권력을 소유하고 있다는 사실이 황소자리가 필요로 하는 안정에 대한 욕구를 만족시켜 주는 듯합니다.

황소자리는 모든 일들을 직접 처리할 필요도 없습니다. 그런 건 염소자리나 게자리가 할 일이지요. 황소자리는 그저 잠이나 자고 꽃향기나 맡으며 예쁜 아가씨들을 구경하고 있으면 됩니다. 그 목장을 누가 소유하고 있는지 사람들이 알고 있기만 하면 되지요. 조만간 황소자리에게 돈이 굴러들어올 것이고 한번 들어온 돈은 딱 달라붙어서 좀처럼 새나가지 않습니다. 돈과 소유물을 마치 가족처럼 소중히 여기기는 하지만 그렇다고 인색하지는 않습니다. 황소자리의 너그러운 마음과 관대한 지갑은 어려움에 처한 친한 친구들을 향해 활짝 열려 있답니다.

황소자리는 뭐든지 큰 것을 좋아합니다. 빌딩이 크면 클수록 더 근사해 보이고, 동물원에 가도 덩치 크고 힘센 코끼리를 보기 위해 작은 원숭이 우리는 그냥 지나치기 일쑤입니다. 황소자리는 덩치 큰 동물들에게는 용감하게 다가가지만, 의외로 쥐처럼 조그마한 동물들을 무서워합니다. 우리를 뛰쳐나온 호랑이를 보아도 눈 하나 깜짝하지 않지만 작은 말벌을 보면 기겁해서는 근처에 있는 나무 위로 후다닥 올라간답니다.

훌륭한 미술 작품과 웅장한 교향곡은 황소자리에게 깊은 감동을 줍니다. 황소자리의 미술과 음악에 대한 사랑은 여러 면에서 나타납니다. 오래된 오페라 음반을 소장하고 있거나, 고흐의 작품이 프린트 된 셔츠를 입고 조깅을 하는 식이죠. 황소자리는 목소리가 아름다운 경우가 많습니다. 그 중에는 직업적으로 노래를 하는 사람도 있고, 단지 욕실에서 향긋한 입욕제 냄새에 취해 미래에 대한 달콤한 꿈을 꾸면서 노래를 흥얼거리는 사람도 있습니다. 어떤 방식으로든 이들의 삶에는 음악이 관련되어 있으며 직업이나 취미 생활로 그림을 그리는 경우도 많습니다.

이 감각적인 사람들은 파란 하늘을 보면 마음이 진정됩니다. 푸른 빛은 황소자리를 편안하게 해 주며, 장밋빛이나 분홍색도 어느 정도 진정 효과가 있습니다. 하지만 붉은색은 투우장에서나 쓰는 것이 좋습니다. 자연을 닮은 녹색이나 갈색 계열도 황소자리를 차분하게 달래 주는 색깔입니다. 황소자리에게는 녹색 지폐와 갈색 벽돌집만 있으면 더 이상 바랄 것이 없습니다.

황소자리의 생각은 늘 실용적입니다. 신의 자비로운 가호 아래 재산을 증식시켜 가고 또 여러 행운이 더해지면서 황소자리의 실용적인 생각은 보다 더 명확하게 검증됩니다. 황소자리는 사랑을 지속하는 능력도 부를 축적하는 능력도 모두 훌륭합니다. 황소자리의 금속인 구리는 전기와 열을 잘 전달하는 전도체로서, 세월이 흐를수록 더 아름다운 광택을 냅니다. 일등을 차지하려고 다투는 일은 나서기 좋아하는 사람들의 몫으로 남겨 두세요. 유지하는 성질을 지닌 황소자리는 안정을 찾으려고 굳이 불타는 횃불을 들고 길을 나설 필요가 없습니다. 인내심을 가지고 기다리면 결국 성공의 기회가 찾아오고, 황소자리는 그 기회를 잡을 준비가 되어 있을 것입니다. 황소자리는 지배행성인 금성의 영향을 받아서 고급스러운 물건을 매우 좋아하기 때문에, 평생 동안 간직할 만한 좋은 물건이나 보석에 과감하게 돈을 씁니다. 하지만 낭비나 사치와는 거리가 먼 사람들입니다. 황소자리의 집은 성채와 같아서 아무도 그의 평화를 방해할 수 없답니다. 황소자리는 바위 같은 인내심과, 골짜기처럼 깊은 내면과, 거대한 산도 움직일 수 있는 믿음직한 힘을 지니고 있습니다.

황소자리로 알려진 유명인

듀크 엘링턴Duke Ellington

버트런드 러셀Bertrand Russell

아돌프 히틀러Adolf Hitler

엘리자베스 2세Queen Elizabeth II

오선 웰스Orson Welles

윌리엄 셰익스피어William Shakespeare

프레드 애스테어Fred Astaire

＊다니엘 데이 루이스Daniel Day Lewis

＊러네이 젤위거Renee Zellweger

＊알 파치노Al Pacino

＊잭 니컬슨Jack Nicholson

＊토니 블레어Tony Blair

＊김희애

＊설경구

＊임권택

＊최경주

바브라 스트라이샌드Barbra Streisand

살바도르 달리Salvador Dali

엘라 피츠제럴드Ella Fitzgerald

오드리 헵번Audrey Hepburn

요하네스 브람스Johannes Brahms

지그문트 프로이트Sigmund Freud

헨리 폰다Henry Fonda

＊데이비드 베컴David Beckham

＊블라디미르 레닌Vladimir Lenin

＊우마 서먼Uma Thurman

＊조지 클루니George Clooney

＊피어스 브로스넌Pierce Brosnan

＊문근영

＊이효리

＊최강희

＊최민식

황소자리 남성

♉

"아이, 난 지붕 꼭대기에서 떨어져도 아무 말도 하지 않을 거야!"

"하지만 너무 가까이 오지 않는 게 좋을 거야.
난 흥분하면 눈에 보이는 걸 모두 후려치거든."

전형적인 황소자리 남성이라고 하면 과묵하고, 현실적이며, 분별력 있고, 마치 오래된 신발처럼 견실한 이미지가 떠오릅니다. 실제로 그렇습니다. 또 좀 더 관찰해 보면 그가 느리고 신중하게 움직인다는 것도 알 수 있습니다. 그것도 사실입니다. 이 이미지들을 종합해 보면 황소자리 남성은 별로 낭만적이지 않은 사람일 것 같습니다. 이것도 사실일까요?

　황소자리 남성의 성격을 논리적인 추론으로 분석할 수 있다는 생각은 어디에서 나온 건가요? 혹시 당신의 관심을 끌고 싶어 하는 천칭자리 친구가 그러던가요? 아쉽게도 그 친구가 틀렸습니다. 황소처럼 강인한 이 남성에 대한 수수께끼를 푸는 데에, 논리는 별로 도움이 안 됩니다. 그는 사랑과 평화의 행성인 금성의 지배를 받고 있지요. 똑똑한 천칭자리 친구는 도서관에나 가라고 하세요.

황소자리 남성은 자기가 당신을 진정 원하는지 스스로의 마음을 확인하기까지 시간이 좀 걸립니다. 사랑이라는 호수에 서둘러 뛰어들었는데 알고 보니 바싹 말라 있어서 호수 바닥에 곤두박질치는 일을 벌이지 않습니다. 그러나 일단 당신이 운명의 여인이라는 결론에 도달하여 행동을 개시하기로 마음먹고 나면, 천칭자리 남성 정도는 아주 우습게 만들어 버릴 수 있습니다. 당신에게 흠뻑 빠진 사자자리나 정열의 사나이 전갈자리까지도 두 손 들게 만듭니다. 느릿느릿하면서 의지가 강한 황소자리 남성은 당신에게 날마다 분홍색 장미 한 송이를 보내면서 끝내 그 마음을 받아들이게 만듭니다. 또는 낭만적인 시와 노래를 적어서 매일 아침 당신에게 보낼 수도 있습니다. 다만 수줍음 때문에 이름을 밝히지 않아서 당신을 궁금하게 만들지요. 그는 당신을 자상하게 보호해주는 연인이 될 것입니다. 감각이 발달한 황소자리 남성은 당신의 매혹적인 향기에 취하고 당신의 부드러운 피부와 윤기 있는 머릿결에 반할 것입니다. 그렇다고 당신 앞에서 미사여구를 읊기보다는 선물 같은 물질적인 방법으로 당신에 대한 마음을 표현할 것입니다.

황소자리는 음(-)의 별자리이고, 유지하는 성향의 흙 별자리에 해당합니다. 그래서 매우 현실적이고 합리적이지만, 사랑에 있어서는 모순으로 가득 차 있습니다. 황소자리 남성은 당신이 화려한 모피 코트와 다채로운 색깔의 옷을 입는 것을 좋아할 것입니다. 그런가 하면 가게에서 당신에게 줄 산뜻한 제비꽃 향수를 사고는 그 가게 주인 할머니가 자기 어머니와 닮았다는 이유로 두둑한 팁을 건네기도 합니다.(하지만 당신을 보면서 자기 누이나 어머니를 떠올리는 경우는 거의 없을 것입니다.) 음악은 황소자리의 마음에 사랑의 감정을 불러일으켜 줍니다. 그가 좋아하는 노래 중에, 들을 때마다 당신이 생각나는 노래도 한 곡쯤은 반드시 있을 것입니다. 그가 술집에서 자주 신청하는 노래가 바로 그 노래일 거예요.

당신이 황소자리 남성의 진실한 마음을 확인할 방법은 또 있습니다. 그는 당신의 생일이면 고급스러운 도자기나 은그릇을 선물할 것입니다. 크리스마스에 현관문을 열어 보면 황소자리 남성은 당신만의 산타클로스가 되어 신비한 선물 상자를 들고 서 있을 것입니다. 당신의 소원 목록을 모두 지우는 날이 멀지 않았답니다. 그는 당신과 함께 하고 싶어 하는 일도 많을 것입니다. 오늘은 달빛 아래에서 수영을 하고, 내일은 시원한 바람이 부는 곳으로 소풍을 가고, 그 다음에는 고요한 숲속에 한가롭게 앉아 있고, 또 밤에는 별을 보면서 시골길을 걷자고 할 것입니다. 밸런타인데이에는 당신에게 가장 의미 있고 매력적인 남자, 애정을 잘 표현하는 남자가 되고 싶어 합니다. 황소자리 남성이 당신의 마음을 얻으려고 결심하면 그렇게 하고 맙니다. 사랑의 숨바꼭질은 하지 않는답니다. 당신을 은은한 조명과 바이올린 선율이 흐르는 멋진 레스토랑으로 초대하여 함께 식사를 하고, 두 사람이 처음 만났던 날을 비롯하여 다른 기념일들도 절대로 잊지 않을 것입니다. 이 정도의 성의를 보여 주는데 사랑에 빠지지 않을 여인이 있을까요?

황소자리는 절대로 물병자리 같은 몽상가가 아닙니다. 또한 사자자리처럼 당신이 정신없이 푹 빠져들게 만들지도 않으며, 양자리처럼 분홍빛 구름 위에 성을 짓고 천년만년 살게 해 주겠다는 동화 같은 약속을 하지도 않습니다. 황소자리는 어느 날 당신 집에 들러 설계도를 펼쳐 보이며 어떤 식으로 두 사람만을 위한 집을 지을지 설명할 것입니다. 어떤 자재를 사용하고, 어느 정도의 비용을 쓸지도 상세히 알려 줄 것입니다. 그뿐 아니라 약혼식 전에 이미 주택 계약금을 지불했을 것이고,

아니면 적어도 전세금이라도 지불했을 것입니다. 황소자리 남성은 언제나 구체적으로 실행에 옮깁니다. 그가 당신의 손을 꽉 잡고 동화 속 궁전과는 거리가 먼 현실의 집에 당신을 모셔 놓을 때에는, 그 공간이 영원히 두 사람의 재산이라고 확신해도 좋습니다. 또한 황소자리의 따뜻하고 푹신푹신한 침대에 한번 누워 보면, 분홍빛 구름 위에 눕고 싶어 했던 지난날은 까맣게 잊어버릴 것입니다. 윤이 나는 새 가구와 날로 쌓여만 가는 통장 잔고를 보면서 즐거워하느라, 이루지도 못했을 뜬구름 같은 꿈은 모두 잊어버릴 것입니다. 만약 당신이 눈에 보이는 가치를 선호하는 타입이라면 더욱 그러하죠. 모든 여성이 그렇지는 않지만, 현실적인 여성이라면 열여덟 살이건 여든 살이건 간에 황소자리식의 삶을 높이 평가할 것입니다. 평화롭고 느긋하게 살아가는 황소자리, 어떤 경우에도 차분하게 안정을 잃지 않는 황소자리를 말입니다. 황소자리의 감성적인 몸짓과 현실적이고 유쾌한 구애는, 세레나데를 불러 주는 로맨틱한 남성이나 정열적인 돈 주앙과는 다른 만족을 줍니다. 든든한 황소자리 남성에게 사랑을 받고 있는 여성들에게 물어보세요. 많은 이들이 매우 만족스럽고 행복한 삶을 살고 있을 것입니다.

황소자리 남성은 미래를 위해 신중하게 계획을 세웁니다. 마치 다람쥐가 춥고 메마른 겨울을 대비하여 풍족한 여름에 도토리를 비축해 두듯이, 지금은 여유롭고 즐겁더라도 앞으로 어려워질지도 모르는 때를 대비하는 일에도 소홀하지 않습니다. 추운 겨울에 아내와 함께 따뜻한 플로리다에서 한 달 정도 보낼 수 있는 경제적 능력을 보유한 남성들 중에는 황소자리가 제법 많이 있습니다.

황소자리 남성과의 연애에도 단점은 있습니다. 모든 것이 완벽할 수는 없지요. 당신은 자신의 여성성을 계속 유지하고 발전시켜 나가야 합니다. 채찍을 휘두르는 조련사처럼 괄괄한 여성은 어떤 황소자리 남성도 견뎌 내지 못한답니다. 아무리 확실한 의견이 있더라도 그 사람 앞에서는 펼쳐 놓지 말아야 합니다. 사람들 앞에서 당신이 똑똑하다고 자랑해서도 안 됩니다. 황소자리 남성이 똑똑한 여성, 특히 상식이 많은 사람을 존중하기는 하지만 얼굴을 맞대고 블루스를 추거나 식당에서 무릎을 맞대고 앉아 있는 상황이라면, 이 황소자리 남성을 더 똑똑한 사람으로 치켜세워야 합니다. 그의 친구들 앞에서 관습에 얽매이지 않는 자유로운 여성처럼 행동해 보세요. 아마 두 가지 반응을 보게 될 것입니다. 그가 고지식한 편이라면(황소자리 중에 의외로 이런 사람이 많습니다.) 집에 돌아와서 당신을 밀치거나 잡고 흔들거나 아니면 기어이 주먹을 한 대 날릴지도 모릅니다. 더 심한 경우라면 집에 도착하기도 전에 이미 사단이 날 것입니다. 그가 조금 더 교양 있는 사람이라면 사람들 앞에서 당신의 팔을 꽉 움켜잡고는 차가운 돌덩어리처럼 앉아 저녁 모임 내내 한 마디도 하지 않을 것입니다. 당신은 쥐구멍에라도 숨고 싶을 테고, 친구들도 무척 당황스러워할 것입니다. 체면은 구겨질 대로 구겨졌고 저녁은 먹는 둥 마는 둥 다들 자리를 피할 궁리만 할 것입니다.

당신은 어떻게든 상황을 만회하려고 시도해 보겠지만 딱딱하게 굳은 황소자리를 다시 녹일 수 있는 방법은 없습니다. 차라리 지브롤터 해협의 바위를 옮기는 것이 낫죠. 황소자리 남성을 평상시의 사교적인 모습으로 되돌리려고 몇 번 시도해 보면, 차라리 뾰루퉁한 채로 내버려 두는 편이 나았다는 것을 깨닫게 될 것입니다. 당신의 노력에도 불구하고 아무런 반응을 보이지 않는 황소자리 남성보다는 차가운 돌덩어리가 백 배는 더 봐줄 만하죠. 황소자리 남성을 너무 몰아세우면, 그는 조용한 스핑크스에서 성난 황소로 돌변하여 심한 욕설을 내뱉고, 당신은 더 당황하여 얼굴이 빨개지겠지요. 또는 그가 조용히 사람들에게 이렇게 말할 것입니다. "파티를 중단해서 죄송합니다만, 저는 이 방정맞은 여인을 집으로 데려가서 훈계를 좀 해야겠습니다." 그 뒤로 몇 주 동안은 창피해서 사람들을 만날 수가 없겠죠. 정치를 논하는 그의 이야기에 사람들이 넋을 놓고 듣고 있을 때 당신이 "당신도 참 순진하시네요. 이번 총리 내정자가 뇌물을 받았다는 건 사람들도 다 알아요. 그런 경력이라면 총리는커녕 동네 반장도 못할 걸요. 뭘 제대로 알기나 하고 그런 말을 하세요."라고 말한다면 황소자리 남편은 뒷발로 땅을 파헤치며 우람한 가슴 위로 팔짱을 끼고는 험악한 표정을 지을 것입니다.(어쩌면 당신을 때릴지도 모릅니다.) 남편이 코트를 챙겨들려고 하면 당신도 따라하는 것이 좋습니다. 황소자리 남성은 아무리 아내가 자기를 화나게 하더라도 늘 대들 사이에 홀로 남겨 두지는 않습니다. 머리채를 잡고서라도 데리고 갑니다. 그러니 뒤에 남아서 사람들에게 하소연이나 늘어놓을 생각은 하지 마세요. 그 사람이 가면 당신도 가야 합니다. 그리고 집에 도착하기 전에 반드시 사과하는 것이 좋습니다. 남편은 사과하지 않을 거예요. 친정에 달려가 숨는 것도 도움이 되지 않습니다. 남편이 경제권을 쥐고 있는 동안은 그 사람의 집에서 함께 살아야만 합니다. 전형적인 황소자리는 장모가 개입하는 것을 대단히 싫어합니다. 한 번쯤은 시도해 볼 수 있겠죠. 그러나 일단 황소자리의 격노를 겪고 나면 친정 부모님들은 문을 걸어 잠그고 당신 문제는 당신이 직접 해결하기를 바랄 것입니다.

공격적인 성향의 아내를 둔 황소자리 남편이 있었습니다. 남편은 고심 끝에 자신만의 해결책을 찾아냈습니다. 사람들이 있는 곳에는 절대로 아내와 함께 외출하지 않는다는 원칙을 세운 것이지요. 아내가 아무리 졸라도 남편은 요지부동이었습니다. 아내로서는 어쩔 도리가 없었지요. 아내는 밖에서 다른 남자들의 체면 정도는 가볍게 짓밟을 수 있었지만 황소자리에게만은 그렇게 하지 못했습니다. 그 황소자리 남편은 밝고 쾌활한 아내를 진정 사랑했으며, 둘은 여러 면에서 아주 잘 맞는 부부였고, 또 서로를 몹시 존중했습니다. 하지만 아내는 사람들과 함께 있을 때 가능하다면 입을 다물고, 늘 남편을 치켜세워야 한다는 것을 알게 되었지요. 아내는 어쩔 수 없이 파티에도 혼자 가야 했고, 좋아하는 영화도 혼자 봐야 했습니다. 황소자리 남편은 어느 날 근사한 식당에서 다른 커플들과 함께 식사를 한 번 한 이후에는 두 번 다시 아내와 함께 외출을 하지 않으려고 했거든요. 그날 아내는 남편이 들고 있던 메뉴판을 가로채서는 직접 모든 사람들의 메뉴를 주문했다고 합니다. 아내는 전채 요리를 먹는 동안 남편의 머리 모양과 넥타이가 어울리지 않는다는 말을 했고, 주 요리를 먹는 동안에는 남편이 꺼낸 재미난 이야기의 결정적 대목을 세 번이나 미리 얘기하고 말았습니다. 지금은 그 황소자리 남편이 혼자만의 성채에서 나오기를 거부하고 있기 때문에 아내 혼자 사교 모임에 나가야 하는 처지가 되었습니다. 황소자리 남편을 탓할 수는 없습니다. 자신의 태양별자리에 충실한 것입니다. 결혼 생활 자체는 위기에 처하지 않았지만 행복하다고도 할 수 없지요. 그러니 황소자리 남편을 너무 밀어붙여서 화를 자초하지 않는 것이 좋습니다.

황소자리 남성은 인내심이 매우 강하지만 그렇다고 해서 자기 코에 코뚜레를 꿰지는 않을 것입니다. 자기에게 너무 매달리는 사람도 원치 않습니다. 황소자리 남성은 현실적이고 자기의 자유를 무척 사랑하기 때문에, 거머리처럼 착 달라붙어 손수건으로 눈물을 닦아 내며 징징거리는 여성을 좋아하지 않습니다. 어느 정도 열정과 용기를 지닌 여성은 괜찮습니다. 그런 여성은 황소자리 남성의 호기심을 자아내고, 그에게 부족한 부분을 보완해서 균형을 맞춰 줍니다. 황소자리 남성은 마치 사랑스러운 아기 고양이가 색색의 실 뭉치를 가지고 노는 모습을 지켜보듯이, 그녀가 귀여운 옷을 입고 발랄하게 뛰어다니는 모습을 흐뭇하게 지켜볼 것입니다. 그리고 황소가 그 실 뭉치를 채 가면, 이제 놀이를 멈추고 주인의 목소리에 귀 기울여야 할 때입니다. 자기의 남성성이 위협받지만 않는다면 황소자리 남성만큼 자상하고 인내심 강한 사람은 없습니다. 자기가 사랑하는 여인을 위해서라면 세상에 못해 줄 것이 없습니다. 황소자리는 때때로 서커스장의 서툰 곰처럼 행동합니다. 거칠고 우스꽝스러운 유머 감각을 자랑할 때가 많지요. 하지만 파티가 끝나고 나면 바보 역할도 막을 내린답니다.

황소자리 남성은 여성들을 두루 사귀어 보고 연애는 신중하게 시작합니다. 토요일마다 황소자리 남성과 영화관에 다닌 지 벌써 1년이 되어 가는 여성은 그가 자기에게 마음이 있기나 한지 궁금해합니다. 황소자리는 엔진을 완전하게 가동하기 위해서 한참 동안 워밍업을 해야 하지만, 일단 한 여성으로 마음을 정하면 다른 생각은 할 수 없답니다. 분별력과 신중함도 잊어버릴지 모릅니다. 전형적인 황소자리 남성은 큐피드 화살에 맞는 순간, 두 사람이 잘 어울리는지 아닌지를 꼼꼼하게 따져 볼 여유가 없습니다. 친구들이 냉정하게 지적을 해 주면 해 줄수록 그는 점점 더 고집을 부릴 것입니다. 황소자리가 고집을 부리면 어떻게 되는지 잘 아시죠? 그 결과 황소자리 남성은 자기와 잘 맞는 흙이나 물의 별자리는 놔두고 불이나 공기 별자리의 여성과 얽히는 실수를 자주 저지릅니다. 물론 좋을 때도 있습니다. 극과 극은 끌리기 마련이니까요. 하지만 일이 잘 안 되어서 헤어지고 나면, 그 상처를 극복하고 자기의 성향과 인생관에 보다 잘 맞는 여인을 만나 안정을 찾기까지는 무척 오랜 시간이 걸릴 것입니다.

경제적인 면에서 황소자리 남성은 상당히 뛰어난 편입니다. 전망이 매우 밝지요. 황소자리 남성은 아주 부자는 아니더라도 최소한 안정적인 경제 구조를 확보합니다. 현금을 가지고 블루마블 게임을 하면 대부분 이길 정도로 돈복이 있습니다. 황소자리는 부동산이나 현금을 잘 관리하는 것으로도 유명합니다.

황소자리 남성은 전원 생활을 좋아하고 축구, 낚시, 캠핑도 좋아할 것입니다. 이 중에 해당하는 것이 없다면 원예나 산책이라도 좋아할 것입니다. 그리고 지적인 소설이나 심오한 철학책보다는 늠름한 고대 영웅 이야기나 제국을 건설한 위인의 전기를 더 좋아합니다. 황소자리 남성들 중에는 남성 잡지를 서너 개 정기 구독하는 이들이 많습니다. 대부분 실용적인 잡지이겠지만, 여성의 화려한 육체미를 담은 잡지도 몇 권 끼어 있을 것입니다.

황소자리 남성은 뼛속 깊이 남자입니다. 그러니 앙증맞은 찻잔에 색색의 이쑤시개로 장식한 샌드위치를 대접하는 실수를 해서는 안 됩니다. 어머니가 늘 만들어 주던 것 같은 가정식이라면 뭐든지 좋습니다. 괜찮은 요리책을 몇 권 구비해 두세요. 물론 외식도 자주 할 것입니다. 전형적인 황소자리는 자기 아내가 가정부처럼 일하는 것은 원하지 않아요.(주말에 가끔 자기가 직접 요리를 하다가 주방을 난장판으로 만들어 놓고는 당신에게 뒤처리를 맡길 수도 있습니다.)

황소자리 남성은 부모 역할을 매우 즐거워합니다. 자기의 대를 이을 아들을 중요하게 생각하지만, 딸도 무척 사랑할 것입니다. 황소자리 남성은 사랑이 넘치고 따뜻하면서도 이해심이 많은 아버지입니다. 아이들에 대한 기대가 높으며 아이들이 재산이나 물건을 항상 소중히 여기기를 바랍니다. 인내심도 많아서 아이들이 배우는 속도가 느리더라도 제대로 배우기만 하면 괜찮다고 생각합니다. 지속적인 교육을 통해 성숙한 어른으로 키워야 한다는 입장이지요. 하지만 물질적인 것을 지나치게 강조하거나, 아이들에게 비싼 선물을 사 주면서 버릇을 망칠 수도 있습니다. 자기의 시간을 아끼지 않고 아이들에게 늘 헌신적이지만, 필요하다면 엄하게 훈육할 것입니다. 아주 가끔 머리 꼭대기까지 화가 난 아버지를 피해 다락방에 숨었던 기억을 제외한다면, 5월에 태어난 아버지와 함께 한 시간은 대체로 따뜻하고 사랑 넘치는 기억으로 가득할 것입니다.

전형적인 황소자리 남편은 아내의 잘못에도 관대합니다. 아내가 좋은 옷이나 향수, 보석을 사도, 우아한 가구나 큰 장식장을 사도 뭐라고 타박하지 않습니다. 가구나 옷 또는 음식에 대해 인색하게 구는 경우는 거의 없습니다. 출생차트 상에 충동적인 소비를 부추기는 요소가 있지 않는 한 황소자리 주머니에서 쓸데없이 큰돈이 새 나가는 경우는 없답니다. 황소자리가 고급스러운 물건을 좋아하는 것은 그 가치를 알아보기 때문입니다. 그래서 영업사원의 허풍에 넘어가 불필요한 물건을 비싸게 구입하는 일은 없습니다.

열심히 일하는 황소자리 남성에게 충분한 휴식은 필수입니다. 몸이 피곤하면 신경이 날카로워지기 때문에 잘 쉬도록 해 주어야 합니다. 게으르다고 남편에게 잔소리를 하면 절대로 안 됩니다. 황소자리 남편의 눈 앞에 빨간 천을 흔들어 대는 꼴이지요. 황소자리는 자기만의 느릿한 속도로 살아가기 때문에 재촉하거나 밀어붙여서는 안 됩니다. 황소자리의 속도계 바늘은 '느림'에 고정되어 있습니다. 사람들과 약속을 줄줄이 잡아 놓고 그를 데리고 다니기는 힘들 거예요. 황소자리 남성은 자기 집에 사람들을 초대하는 것을 좋아합니다. 사람들로 붐비는 장소에 가기보다는, 관심사가 비슷한 몇몇 사람들과 어울리는 것을 선호합니다. 황소자리 남성은 오래 된 친구들이나 진지한 목표와 야망을 가진 사람들과 함께 있으면, 언제나 유쾌하고 따뜻하게 사람들을 대할 것입니다. 하지만 당신이 황소자리 남편의 성채에 시끄러운 사람들을 초대해서 어수선하게 만들면, 남편은 조용히 사라져서 어쩌면 영원히 돌아오지 않을 수도 있답니다.

집 안에 등받이를 뒤로 젖힐 수 있는 안락의자를 구비해 주세요. 시끄러운 텔레비전 소리나 사방에 흩어져 있는 장난감은 사절입니다. 집 안은 늘 잔잔한 음악소리와 아름다운 물건 그리고 평화로움으로 가득 차 있어야 합니다. 남편에게 여성스러운 면을 많이 보여 주세요. 그러면 그는 더 이상 바랄 게 없는 남편이 되어 줄 것입니다. 당신을 그렇게까지 자상하게 배려해 주는 사람은 이 세상에 없지요. 이런 면에서 황소자리 남성은 정말로 존경받아야 합니다.

황소자리의 사랑은 소박하고 정직합니다. 당신의 사소한 결점이나 실수는 눈감아 주고, 당신의 비위도 잘 맞추어 주는 배려심과 다정다감한 성품을 지니고 있지요. 당신은 사랑받고 있다는 것을 확실하게 느낄 것입니다. 황소자리는 신실한 마음으로 당신에게 지속적인 충성과 헌신을 바치기 때문에 당신은 정서적으로 안정된 느낌을 받을 것입니다. 여기에 경제적 안정이 함께 한다면 더 바랄 것이 없습니다. 황소자리 남편이 고집이 세긴 하지만, 그것은 바꿔 말하면 인내심이고, 인내심은 사람들이 흔히 가지고 있지 못한 미덕이라고 생각하면 좀 봐줄 만하죠?

포근한 모직 담요(황소자리는 촉감이 부드러운 물건을 좋아합니다)를 하나 사서 그가 안락의자에 앉아 주식시장 현황을 읽고 있을 때 덮어 주세요. 향이 좋은 오일과 비누로 따뜻한 목욕을 할 수 있게 해 주세요. 영양이 풍부한 죽을 만들어 주세요. 그러면 어떤 폭풍이 몰아쳐도 당신을 보호해 줄 강인하면서도 부드러운 남자를 평생 곁에 둘 수 있습니다. 황소자리 남성에게 만족감은 중요한 단어입니다. 정말 포근하게 들리는 말이지요.

황소자리 여성

♉

바깥엔 서리와 몰아치는 눈과
폭풍의 광기가 있고
안에는 장작불의 따뜻한 빛과
즐거운 어린 시절의 둥지가 있지.

5월에 태어난 어머니를 둔 어떤 작가와 나누었던 대화가 생각납니다. 부모의 습관이나 성격에 대해 이야기를 나누던 중에 그 작가가 "우리 엄마는 정말 커다란 사람이었어요."라고 했고, 저는 "그럼, 당신은 아빠를 닮았군요."라고 응수했습니다. 그 작가는 키가 별로 크지 않았거든요. 그 작가는 그냥 웃었습니다. 다음에 그녀가 했던 말은 정말 잊히지 않습니다. "키가 크다는 말이 아니에요. 저희 엄마는 저보다 작아요. 마음이 크다는 얘기예요." 그 작가는 물고기자리였는데 사람의 깊은 내면을 볼 줄 아는 별자리다웠습니다.

그 말이 맞습니다. 황소자리 여성은 '큰' 사람들입니다. 설령 키가 150센티미터도 되지 않아도 인생이 던져 주는 어떤 역경도 물리칠 만큼 대범한 사람들입니다. 여러 면에서 황소자리 여성은, 세상 모든 남자들이 찾고 싶지만 실제로는 잘 찾을 수 없는, 그런 훌륭한 자질들만 모아 놓은 존재이기도 합니다. 지구의 소금과 같은 존재라고 할까요. 때로는 황소자리 여성의 지독한 분노 앞에서 어떤 대담한 남성이라도 줄행랑을 치고 싶을 때가 있겠지만, 그녀가 아무런 이유 없이 그렇게 화를 낼 리는 없습니다. 누가 그녀의 인내심을 시험하겠다는 심사로 괴롭히지만 않는다면, 또 운명이 그녀에게 혹독한 시련을 주지만 않는다면, 황소자리 여성은 공정하고 침착하게 살아갈 것입니다. 황소자리 여성의 본바탕은 솔직하고 정직합니다. 거짓 눈물을 흘리지도 않습니다. 황소자리 여성은 어떤 강인한 남성보다도 더 도덕적이고 용감합니다. 또한 당신이 원한다면 얼마든지 당신에게 주도권을 내줄 만큼 자신감도 충만합니다. 당신이 하지 않는다면 황소자리 여성은 기꺼이 나서서 가정을 이끌겠지만, 사실은 당신이 번듯한 가장 역할을 해 주기를 더 바란답니다. 자기의 강한 모습을 자랑스러워하기 때문에 남편도 강한 남성이기를 바라는 것이죠. 황소자리 여성에게 있어서 여성으로 산다는 것은, 원하는 것을 얻기 위해 남성에게 꼬리 치거나 약한 척하는 것이 아닙니다. 황소자리 여성은 자기만의 정신세계를 가지고 있습니다. 눈물을 무기로 사용하는 상투적인 여성성과는 관계가 없답니다. 황소자리 여성이 꽤 강하다는 것을 여러분도 곧 알게 될 것입니다.

일반적으로 황소자리 여성은 마음만 먹으면 열 마리 말을 충분히 부릴 만큼 자제력이 강합니다. 동쪽별자리가 양자리나 사자자리일 경우에는 성품이 잔인해지거나 감정 기복이 심할 수도 있고, 물고기자리나 쌍둥이자리의 영향이 있을 때는 산만하게 행동하기도 합니다. 하지만 전형적인 황소자리 여성은 거의 모든 면에서 자제력을 발휘하는 사람들입니다. 황소자리의 차분한 겉모습 뒤에는 조절이 필요한 감각적인 성향이 숨어 있기 때문에 이런 자제력은 매우 유용한 덕목입니다.

남성들은 사람들을 재단하지 않고 있는 그대로 받아들이는 황소자리 여성의 태도에 감동합니다. 황소자리 여성은 콩고에서 체체파리를 연구하는 과학자도, 서커스에서 칼 삼키는 묘기를 부리는 사람도 모두 편하게 대합니다. 황소자리 여성은 내면에서 우러나오는 대로 자연스럽게 행동합니다. 무엇보다 진정성이 중요하니까요. 황소자리 여성 주위에는 만화 속에서 튀어나온 듯한 괴짜 친구가 많을 것입니다. 그림이나 조각이 아닌 진짜 사람들입니다. 황소자리 여성은 싫어하는 사람이 있어도 굳이 공격하거나 도전하지 않습니다. 그냥 피하고 맙니다. 황소자리 여성은 적에게는 냉랭한 무관심으로 일관하지만, 당신을 친구라고 생각하면 좋을 때나 나쁠 때나 의리를 지킬 것입니다. 황소자리 여성이 당신과 친구가 된다면 다몬과 피티아스*가 부럽지 않을 것입니다.

당신이 폭주족이어도, 전봇대에 기어 올라가도, 감옥에 가도, 심지어 머리에 꽃을 꽂아도 여전히 그녀의 친구입니다. 황소자리 여성은 어떻게든 당신의 행동을 이해할 것입니다. 그런데 여기에는 문제가 하나 있습니다. 당신도 그녀에게 맹목적인 충성과 변함없는 의리로 답해야 합니다. 그렇지 않으면 황소자리 여성의 분노를 살 거예요. 질투와는 다른 문제입니다. 보통 황소자리 여성은 길거리에서 예쁜 여성을 쳐다보는 남성의 심리를 이해해 줍니다. 양자리나 사자자리 여성과는 달리 당신이 예쁜 여자를 대놓고 칭찬해도 질투하지 않는답니다. 당신이 다른 여성에게 약간 집적거리거나 작별 키스를 하는 정도로는 황소자

---

* 다몬과 피티아스(Damon and Pythias): 고대 시라쿠사의 철학자들. 목숨을 걸고 맹세를 지킨 두 사람의 굳은 우정으로 유명하다.

리 여성을 화나게 하기 어렵습니다. 그녀가 생각하는 도를 넘어가면 무시무시한 사람으로 변하겠지만 그 기준 자체는 매우 관대합니다. 전형적인 황소자리는 격분하기까지 상당한 예열 시간이 필요합니다. 매력적인 가게 아가씨에게 계속 윙크를 해도 괜찮습니다. 하지만 황소자리 여성의 인내심을 너무 시험하지는 말기 바랍니다. 아무리 관대해 보이더라도 인내심에는 한계가 있습니다. 아직 황소자리 여성이 정말로 화내는 것을 보지 못했다면 다행입니다. 앞으로도 계속 그럴 일이 없기를 바랍니다.

황소자리 여성은 지적인 목표를 추구하지는 않습니다. 그들이 똑똑하지 않다는 의미가 아닙니다. 다만 상대성이론이나 변증법 따위를 파헤치는 일에는 별로 관심이 없습니다. 학위를 여러 개 따는 것도 그녀에게 별로 의미가 없습니다. 하나면 충분합니다. 황소자리 여성에게는 실용적인 상식이나 사물을 움직이는 기본 원리를 이해할 수 있는 능력이 중요합니다. 전형적인 황소자리 여성은 철학책을 별로 즐기지 않습니다. 복잡한 이론에도 강하지 않습니다. 현실적이고 실용적인 사고 방식을 가지고 있어서 남들에게 보이기 위한 지적 허영심도 없습니다. 대지에 발을 딛고 서 있는 황소자리 여성의 단단한 뒤꿈치에는 어쩌면 뿌리가 나 있을지도 모르지요. 황소자리 여성이 들떠서 부산스럽게 구는 경우는 거의 없습니다. 늘 냉정한 태도로 균형을 잡습니다. 이들은 무엇을 비꼬거나 왜곡하지 않고 자기 관점을 진솔하게 유지합니다.(달별자리가 쌍둥이자리라면 약간 삐딱할 수도 있습니다.)

황소자리 여성은 화병에 조화를 꽂아 두지 않습니다. 언제나 자연의 느낌과 향기를 고스란히 간직한 진짜 꽃이어야 합니다. 봄에는 갯버들을 따다가 탁자 위에 올려놓고, 여름에는 달리아 꽃으로 집 안을 채울 것입니다. 이국적이면서도 은은한 향이 남는 향수를 좋아하는 사람도 있고, 향수보다는 청결한 머리카락과 피부 냄새를 좋아하는 사람도 있습니다. 햇살의 냄새를 간직하고 있는 깨끗한 셔츠를 보면 감동하고, 오븐에서 구워지고 있는 맛있는 빵 냄새에도 행복해합니다. 아침에 도착한 신문에서 나는 잉크 냄새도 그녀를 자극할 만합니다. 봄비가 내리고 난 뒤 잔디를 깎을 때 풍기는 풀 냄새에도 도취되고, 양초 타는 냄새나 가을날 낙엽 태우는 냄새에도 취합니다. 그러므로 황소자리 여성에게 굿나잇 키스를 하기 전에 향이 좋은 로션을 바르는 것은 기본입니다. 귀 뒤에 젖은 신문을 문질러도 좋고, 타다 남은 나뭇잎을 셔츠 주머니에 슬쩍 끼워 두는 것도 좋겠지요. 정원 잔디밭에 스프링클러를 켜는 것도 잊지 말아야겠습니다. 특히 봄날이라면 더욱 그렇지요. 불쾌한 냄새는 황소자리 여성에게 심한 부작용을 불러 옵니다. 아무리 냄새 제거 시술을 했다 하더라도 스컹크를 애완동물로 키워서는 안 됩니다. 향수 한 통을 다 뒤집어쓸 생각이 아니라면 생선구이 집에 데리고 가서도 안 되지요. 생선을 구울 때 나는 냄새가 문제랍니다. 바다에서 갓 잡은 싱싱한 생선 냄새는 다르지요. 그건 자연의 냄새니까요. 이렇게 예민한 황소자리 여성이지만 마구간 냄새 같은 건 그리 불쾌해하지 않습니다. 그 역시 자연의 냄새이니까요. 향기로 그녀를 유혹할 작정이라면 목록을 신중하게 작성해야 할 것입니다.

색깔도 황소자리 여성을 고양시키는 요소인데 다채로울수록 좋습니다. 연한 하늘색에서부터 쪽빛에 이르기까지 파란색 계열은 그녀의 긴장을 풀어 줍니다. 장미색과 같은 핑크 계열도 마찬가지입니다. 황소자리 여성의 집을 방문할 때 파란색 넥타이를 매거나 밝은 핑크색 셔츠를 입어 보세요. 하지만 두 가지를 동시에 시도하는 건 위험합니다. 남다른 조화 감각을 가진 황소자리 여성에게 유치원생처럼 보이면 곤란하겠지요?

음식을 할 때에는 맛을 잘 내기 위해 양념을 푸짐하게 쓰는 편입니다.(동쪽별자리가 처녀자리나 염소자리인 경우는 예외입니다.) 외식을 할 때는 고급 식당에 가는 것이 좋습니다. 평범한 햄버거나 볼품없는 콩죽 같은 걸 먹으면 그녀의 마음도 냉담해진답니다. 때로는 그녀의 집에 초대받아서 직접 요리한 음식을 대접받는 행운이 올 수도 있겠죠. 당신은 식사가 끝나기도 전에 프러포즈하고 싶을지도 모릅니다. 황소자리 여성이 앞치마를 두르면 기대하셔도 좋습니다. 샌드위치나 만들려고 앞치마를 두르지는 않으니까요. 그녀의 집에 갈 때는 위장을 비워 두세요. 당신의 마음까지 요리하는 황소자리 여성의 주방은 남자들이 도저히 빠져나갈 수 없는 덫이 되곤 한답니다.

황소자리 여성은 듣기 좋은 소리나 아름다운 광경에 자석처럼 이끌립니다. 대부분의 황소자리 여성은 음악이나 미술 작품에 대해 놀라운 안목과 재능을 가지고 있습니다. 전화기 옆 메모장에 뭔가를 끄적거려 놓아도 작품이 됩니다. 데이트할 때 공연이나 미술 전시회를 꼭 빼놓지 마시고, 신혼여행은 나이아가라 폭포나 그랜드캐니언이 좋겠네요. 황소자리 여성은 장엄한 자연 앞에서 황홀경에 빠질 것입니다.

나이아가라 폭포에 갈 수 없다면 놀이공원에라도 데리고 가세요. 회전식 대관람차를 특히 좋아할 것입니다. 뺨을 스치는 바람과 화려한 조명을 즐기며 증기 오르간 음악을 감상할 수 있죠.(롤러코스터는 양자리나 쌍둥이자리에게 더 어울린답니다.) 황소자리 여성이라면 시골 농장에 가 보거나 전원에서 하이킹을 해 보았을 것입니다. 승마와 낚시를 싫어하는 황소자리 여성이 있을까요? 이 감각적인 황소자리 여성은 알고 보면 말괄량이랍니다. 그녀는 자기를 유혹하는 대자연의 품에 마음껏 안기며 황홀해합니다. 황소자리 여성이 당신 품에서 황홀해하기를 원한다면, 시끄러운 음악은 틀지 말고, 마늘을 먹고 나면 반드시 양치질을 하고, 또 색깔을 잘 맞추어 옷을 입기 바랍니다.

　　마지막으로 촉감에 대해 얘기해 볼까요? 황소자리 여성은 당신의 셔츠가 거칠다고, 느낌이 좋지 않다고 불평하는 사람들입니다. 눈 감고 천을 만져서 색깔을 알아맞힐지도 모릅니다. 황소자리 여성은 부드럽고 고급스러운 소재로 된 옷을 선호하고, 디자인도 단순한 스타일을 즐겨 입습니다. 황소자리의 미적 감각으로는 요란한 란제리나 화려한 옷은 별로입니다.(동쪽별자리나 달별자리가 물고기자리나 사자자리라면 조금 다릅니다.) 지나친 장식이 없는 단순하면서도 고급스러운 옷을 선호하지만, 착용감이 좋은 스포츠웨어도 즐겨 입습니다. 황소자리 여성의 실용적인 성격이 옷에 대한 취향에도 영향을 미치는 것이지요. 만약 물병자리 영향을 많이 받은 황소자리라면 옷 가게에 가서는 완전히 넋이 나가서 아주 독특한 옷을 고르기도 하겠지만 그래도 역시 황소자리 특유의 실용성을 벗어나지는 않습니다.

　　황소자리 여성은 알면 알수록 정말 의지할 수 있는 사람입니다. 다른 사람들에게 신의를 기대하는 것 외에는 요구하는 것이 거의 없으며, 성격은 대체로 한결같고 유쾌합니다. 사람들은 그녀의 솔직하고 느긋한 태도를 좋아하지요. 마치 목욕을 한 것처럼 편안해집니다. 황소자리 여성 자신도 따뜻한 목욕을 매우 좋아해서 향이 좋은 로션, 오일, 거품 목욕 같은 것을 즐깁니다. 황소자리의 욕실은 마치 클레오파트라의 개인 욕실처럼 꾸며져 있는 경우가 종종 있습니다. 어느 구석에선가 노예가 나타나 야자나무 잎으로 부채질을 해 줄 것만 같습니다.

주위 사람들이 잘 눈치 채지 못하지만, 황소자리 여성은 사람들 앞에서 누군가에게 지적당하는 것을 싫어합니다. 하지만 별자리를 이해하면 쉽게 알 수 있죠. 황소자리 여성은 일을 천천히 하는 것을 좋아한다는 사실을 명심하세요. 만약 서두르게 하거나 다그치면 황소자리 여성은 화가 날 것입니다. 황소자리 여성을 화나게 하는 건 결코 현명한 처사가 아니랍니다. 황소자리 여성이 사는 법은 '천천히, 신중하게 그리고 꾸준하게'입니다. 황소자리 여성이 충동적인 상태로 돌변하는 경우는 매우 드물지만 심한 자극을 받으면 난폭해질 수도 있습니다.

황소자리 여성은 좋은 어머니가 될 것입니다. 침착하고 느긋한 천성이 아이를 키울 때 빛을 발합니다. 아이가 걸음마를 배울 때까지는 사랑으로 감싸 주지만, 아이가 커 갈수록 점점 엄격하게 키웁니다. 황소자리 여성은 완고한 성격 때문에, 자녀가 사춘기에 겪는 복잡하고 혼란스러운 변화를 잘 받아들이지 못합니다. 황소자리 어머니는 자기의 훈육이 통하지 않으면 화를 낸답니다. 아이들이 반항하는 것을 견디지 못합니다. 또한 게으름을 피우거나 대충 하는 것을 참지 못하는 경향도 있습니다. 그러니 황소자리 어머니를 둔 자녀들은 방 정리를 깔끔하게 해 두는 것이 좋겠지요?

황소자리는 아름다움과 조화로움을 매우 사랑합니다. 그래서 어수선한 취미 생활을 잘 받아들이지 못합니다. 방을 지저분하게 하거나 대충 치우는 아이들을 보면 얼굴이 벌써 벌게집니다. 하지만 이런 사소한 단점을 제외하고는 대체로 좋은 어머니입니다. 시간이 지날수록 어머니라기보다는 친구 같은 존재가 될 것입니다. 아이들은 어머니를 어린 시절에는 따뜻하고 모성이 넘치는 사람으로 기억하고, 좀 더 나이가 들어서는 유머 감각이 있는 친구로 기억합니다.

참을성 없는 사춘기 자녀와 황소자리 어머니의 단호한 의지가 부딪히는 시기에는 별로 유쾌하지 않은 기억들이 남을 수 있습니다. 하지만 황소자리 어머니는 언제나 아이들을 외부의 위협으로부터 보호해 줄 것이며 자기의 정직함과 용기를 닮도록 가르칠 것입니다.

황소자리 여성은 절대로 유약하지 않습니다. 징징거리거나 투정하는 법이 없습니다. 일시적으로 가정 형편이 어려워지면 남편을 돕기 위해 군말 없이 일터로 나설 것입니다. 황소자리 여성은 느리고 신중하게 움직이고 자주 쉬어 주어야 하는 사람임에도 불구하고, 실상 게으름 피우는 모습은 찾기 힘들지요. 황소자리 여성은 정말 열심히 일합니다. 남성 못지않은 힘으로 사다리 위에 올라가 페인트칠을 하거나 벽에 시멘트를 바르기도 합니다. 하지만 체력을 유지하기 위해서는 낮잠을 자야 하지요. 황소자리 여성은 항상 배우자 옆에서 당당하게 걷습니다. 앞서 가지도 않고 뒤처지지도 않으려고 합니다.

황소자리 여성은 남편이 학업을 연장하기 위해 대학원 과정에 들어가면, 남편의 연구나 회사 일을 돕기도 합니다. 이런 면에서 황소자리 여성은 뛰어난 조력자입니다. 황소자리 여성은 함께 살면서 반드시 자기 몫을 하려고 합니다. 반대로 남편이 자기 몫을 하지 않으면 그녀는 매우 괴로워합니다. 황소자리 여성은 어떤 형태로든 약한 것을 싫어한답니다.

황소자리 여성은 신체적 고통이나 정신적 스트레스에 초연합니다. 때로는 전갈자리 여성을 능가할 정도이지요. 예전에 병원에서 보았던 장면이 떠오르네요. 어떤 황소자리 여성이 수술을 받기 위해 위층 수술실로 이동하고 있었습니다. 이미 너무 심각한 상태여서 수술이 성공할 가능성이 희박하다는 것을 스스로가 잘 알고 있었지만 위험을 감수하기로 한 것입니다. 그녀가 누운 침대가 수술실로 가는 길에 남편이 따라가면서 아내를 내려다보았습니다. 그녀는 남편의 눈에 고인 눈물을 보았지만 어떤 말도 하지 않았답니다. 대신 간호사들과 심지어 의사까지도 웃지 않고서는 배길 수 없는 재미난 이야기를 했습니다. 수술실로 올라가는 엘리베이터에 침대를 넣느라 간호사들이 밀고 당기며 애를 쓸 때 가족들은 그녀의 마지막 말을 들었습니다. 전형적인 황소자리의 모습이었지요. 사랑하는 가족들을 돌아보며 눈물의 작별 인사를 나누는 대신 그녀는 한쪽 팔꿈치를 베고 젊은 간호사에게 능청스럽게 말했답니다. "수술 끝나고 나를 다시 이 침대에 옮기기 전에 제발 이 망할 놈의 바퀴에 기름칠 좀 하세요." 황소자리 여성은 절대로 감상에 젖어 실용성을 잊는 일이 없답니다.

황소자리 여성은 절대로 결혼으로 한몫 잡으려 하거나 남편에게 무언가 해 달라고 징징거리지 않습니다. 황소자리 여성은 남편이 가정 경제를 현명하게 잘 관리해 줄 것이라 기대합니다. 음식과 가구에 대해서는 언제나 최고의 품질을 원할 것입니다. 하지만 그녀는 너무나 사고 싶은 비싼 물건도 세일 기간까지 기꺼이 기다립니다.

복권에 당첨되어 큰돈을 벌어도 황소자리 여성에게는 그다지 감명을 주지 못합니다. 오히려 당신이 미래를 생각하며 신중하게 차곡차곡 돈을 벌어 가는 모습을 보고 싶어 합니다. 타인에게 좋은 인상을 주는 것도 그녀에게는 중요한 일입니다. 많은 황소자리 아내들은 남편으로 하여금 영향력 있는 사람들을 집으로 초대하게 하고 근사한 식사를 대접하지요. 남편의 안정적인 미래에 도움이 될 수 있도록 말입니다. 황소자리 아내는 사람들을 대접하는 데에 일가견이 있습니다.

황소자리 여성은 아이가 아플 때 몇 날 며칠 아이 옆에서 밤을 지새우며 곧 회복할 거라는 강한 믿음으로 아이의 건강을 빌 것입니다. 또한 남편이 세상으로부터 버림받았을 때에도 부드럽게 어루만지며 용기를 불어넣어 줄 것입니다. 그뿐 아니라 스위스 시계처럼 믿을 만하고 예측 가능하며, 막힌 하수구나 두꺼비집을 손보는 일도 마치 쿠키를 굽거나 떨어진 단추를 다는 일만큼 잘합니다. 사람들에 대한 여유와 사랑이 넘쳐나기 때문에, 낯선 사람이나 까칠한 친척들도 잘 대할 수 있습니다. 당신이 험난한 세상사에 휘말렸다가 돌아올 때에도 황소자리 여성의 집은 항상 당신을 따뜻하게 맞을 것입니다. 황소자리 여성은 제 친구가 말한 것처럼 '커다란 사람'입니다.

황소자리 어린이

☊

"내려다보면서 올라오라고 해 봤자 소용이 없어.
내가 그 사람이 되고 싶다면 올라갈 거고
아니라면 그냥 여기에 있을 테니까…."

갓 태어난 아기가 황소자리라는 증거는 병원에서 아기를 집으로 데려가
려고 옷을 입히려는 순간 드러납니다. "할머니가 짜 준 예쁜 스웨터를
입어 볼까?" 아기에게 애정이 가득한 목소리로 부드럽게 이야기해 봅니
다. "왜 작은 주먹을 꼭 쥐고 팔에 힘을 주고 있니? 펴 보렴, 옳지, 옳지,
우리 아가. 팔 좀 펴 보렴."

"내가 한 번 해 볼게." 남편이 나섭니다. "옳지, 자자, 소매에 팔을
넣어 보자. 아주 쉽단다. 얘야, 내 말 안 들리니? 펴 보라니까, 팔 좀 움
직여 보렴!"

이제 간호사가 들어옵니다. "화내지 마세요, 신생아 때는 옷 입히
는 것도 쉽지 않은 법이죠. 아가야, 착하지. 세상에, 눈은 동그랗게 뜨고
있는데 전혀 소리를 안 내네요."

"네, 아무 소리도 안 내요……." 남편이 말합니다. "그런데 팔을 가슴 위로 모으고는 도대체 펴지를 않아요. 힘이 너무 세서 제가 어떻게 할 수가 없어요."

"옷을 입기 싫은가 봐요." 당신이 불안한 듯 얘기합니다. 엄마의 직감이 시작된 거지요.

간호사는 보다 전문적인 손놀림으로 황소자리 신생아에게 접근해 봅니다. "제가 해 볼게요. 옳지! 소매에 넣어 보자, 일단 주먹부터 펴고……, 그렇지!"

간호사는 아기의 작은 팔을 강제로 옷에 끼워 보려고 합니다. 갑자기 조그만 황소자리 아기의 얼굴이 빨갛다 못해 새파랗게 변하더니 울음을 터뜨리고 맙니다. 복도에 있던 간호사들이 모두 병실 안으로 뛰어들어옵니다. 울음이라기보다는 고함소리 같아서 어떤 의사는 지하실 보일러가 터졌나 하고 생각할 정도였으니까요. 그 황소자리 아기는 하기 싫은 걸 강요하지 말라고 방금 선언한 것입니다. 일종의 경고인 셈이지요. 이런 일은 앞으로도 계속 반복될 것입니다.

아기가 하기 싫어하는 것을 강제로 시도할 때마다 당신의 이웃들도 똑같은 소리를 듣게 될 것입니다. 굳게 닫힌 입을 벌리고 이유식을 먹이려 하거나, 힘을 꽉 주고 있는 다리를 벌려 기저귀를 채우려고 하거나, 또 통통한 분홍빛 몸을 목욕통에 넣으려고 하면 갑자기 딱딱한 시멘트처럼 몸이 굳어 버리는 등 작은 문제들이 많이 생길 것입니다. 당신은 아마 살이 많이 빠지고 몸은 근육질로 변해 가겠죠. 황소자리 아기를 둔 엄마의 팔뚝은 점점 뽀빠이처럼 우람해지고 눈은 올리브처럼 퀭해질 것입니다.

단순하고 고집이 세다는 것만 제외하면, 황소자리 아이를 키우는 일은 즐거움 그 자체입니다. 황소자리 아이는 어릴 적에 안아 주지 않고서는 배길 수 없는 사랑스러운 짓을 끊임없이 합니다. 녀석들은 꼭 껴안고 톡톡 다독여 주는 것을 좋아합니다. 빳빳하게 일어선 머리카락이나 곱슬곱슬한 앞머리를 가진 어린 황소는 당신 무릎 위로 뛰어 올라와서 뽀뽀를 해 달라고 하고 당신을 숨 막힐 정도로 꼭 안아 줄 것입니다. 당신 친구들 중에서도 아이가 따르는 사람이라면 똑같이 애정을 표현할 것입니다. 자그마한 황소자리 여자 아이는 디저트를 더 달라고 높다란 의자에 앉아서 애교를 부릴 것입니다. 그리고 아빠를 제일 잘 따르는 딸이 될 것입니다. 엄마가 황소자리 아들의 조용하고 상냥한 모습을 거부할 수 없는 것처럼 아빠는 황소자리 딸의 해맑은 매력을 거부할 수 없을 것입니다. 여자 아이건 남자 아이건 모두 체질이 튼튼하고 몸을 많이 움직이려고 할 것입니다. 남자 아이는 가끔 좀 놀라게 하겠지만 장난기 많고 강인할 것입니다. 여자 아이는 여성스러운 편이어서 소꿉놀이를 하며 마치 어린 엄마처럼 자기의 인형을 돌봐 주고 정리정돈을 잘할 것입니다. 나무 위에 올라가거나 남자 아이들과 새총놀이를 하는 말괄량이도 있습니다. 하지만 이 말괄량이도 황소자리이기 때문에 마음만 먹으면 언제든지 여성적인 매력을 발산할 수 있답니다.

황소자리 아이는 일반적으로 다른 아이들보다 사회적 학습 능력이 뛰어난 편입니다. 심지어 아장아장 걸을 때부터 이미 좀 남다릅니다. 다른 아이들보다 정서적으로 안정되어 있어 우울해하거나 조급해하거나 잘난 척하는 경향이 없다는 것이 한 가지 이유입니다. 가끔은 부정적인 태도를 보이며 완고해질 수 있고, 더러는 부끄러움도 타고 소심해질 수는 있지만 눈에 띄는 콤플렉스나 성장통은 거의 없는 편입니다. 황소자리 기질은 대체로 차분하면서도 유쾌합니다. 쉽게 산만해하거나 불안해하지 않지요. 너무 몰아세울 때 좀 멈칫거리는 것을 제외하고는, 성격이 온유하고 쾌활하며 무엇보다 예측이 가능한 아이들입니다. 또한 염소자리나 전갈자리를 제외하고는 다른 별자리 아이들보다 어른스러운 면이 있습니다. 아무리 어린 황소자리 아이라도 남들 앞에서는 예의바르게 행동하지만 자기에게 관심이 집중되면 입을 다물고 조용해지기도 합니다. 그냥 혼자 구석에서 놀게 내버려 두세요. 아마도 사람들은 아이가 교육을 무척 잘 받았다고 감탄할 것입니다.

황소자리 아이는 군소리 없이 조용하게 자기 일을 해 나가는 아이들입니다. 오만불손하거나 잘난 척해서 당신을 당황스럽게 하지는 않아요. 하지만 아이를 계속 괴롭히면서 성질을 돋우거나,(아이가 제일 싫어하는 것입니다.) 몰아세우거나, 하기 싫어하는 일을 끈질기게 강요하면 아이는 공격적인 모습으로 돌변할 것입니다. 그런 일이 생기지 않도록 하는 유일한 방법은 사랑입니다. 절대로 강요하지 마세요. 어른들에게 너무 강요를 받고 자란 황소자리 아이는 말수가 적고 감정 기복이 심하고 차가운 어른으로 성장하게 됩니다. 사랑을 적극적으로 표현해 주는 사람 앞에서는 계속 고집을 부리지 못하는 아이라는 것을 기억해 두세요. 다정하게 꼭 안아 주거나 뽀뽀를 해 주고, 밝게 웃으면서 달래 주면 황소자리 아이는 고집을 버릴 것입니다. 그리고 항상 부드럽고 조리 있게 얘기하세요. 고함을 지르거나 무턱대고 명령하면 아이는 눈과 귀를 모두 닫아 버릴 것입니다. 그뿐만이 아닙니다. 아이는 죽을 때까지 모든 규율과 명령에 저항할 것입니다. 하지만 따뜻하게 애정을 표현해 주는 사람에게는 단 1초도 저항하지 않는답니다.

황소자리 아이는 어릴 적부터 일반적인 상식에 눈을 뜹니다. 합리적인 이야기라면 실행에 옮기고 구체적인 설명을 더 듣고 싶어 할 것입니다. 복잡할 것은 없습니다. 황소자리 아이는 단순하고 정직한 있는 그대로의 진실을 원하니까요. "당장 침대로 들어가. 내가 하라면 하는 거야."라는 식의 명령으로는 아이를 움직일 수 없습니다. 아이에게는 이치에 맞지도 않고 합리적이지도 않지요. 부드럽게 "이제 불을 끌 거니까 침대로 들어가렴. 그렇지 않으면 내일 너무 피곤해서 놀지 못하게 될 거야."라고 말해 주세요. 아이는 바로 침대로 들어가서 꿈나라로 갈 준비를 할 것입니다. 또는 이렇게 말해도 통합니다. "따뜻한 침대로 올라가서 깨끗한 침대보 사이로 쏙 들어가렴. 그럼 엄마가 부드러운 곰 이불을 덮어 주고 재미있는 책을 읽어 줄게." 아무리 고집 센 아이라 할지라도 이렇게 말해 주면 백발백중 온순한 천사가 될 것입니다. 황소자리 아이는 매우 감각적이어서 사물의 느낌을 잘 묘사해 주면 공감을 얻어 내기가 훨씬 쉽습니다. 하지만 무조건 복종하라고 다그치면 아이는 절대로 당신 말을 듣지 않을 것입니다. 아이의 성격 형성에도 매우 위험한 일이지요.

색깔과 소리도 아이의 성격과 감정에 많은 영향을 줍니다. 밝고 튀는 오렌지색이나 빨간색은 아이를 들썩이게 만들고 고집을 부리게 합니다. 반면 파스텔 계열의 색깔, 특히 분홍색이나 모든 종류의 파란색은 거의 기적에 가까운 결과를 만들어 줄 것입니다. 아이는 색깔에 예민하게 반응한답니다. 황소자리의 파장에 어울리는 색깔이면 차분해질 것입니다. 거슬리는 색상이면 불안정해진다는 뜻이기도 하지요. 시끄러운 소음도 같은 결과를 초래할 것입니다.

황소자리 아이는 되도록 빨리 음악을 접하고 노래 수업을 받게 하는 것이 좋습니다. 대부분의 아이들이 부드러운 저음에 듣기 좋은 목소리를 가지고 있고 노래나 음악적 재능이 뛰어나므로, 어릴 때부터 재능을 키워 주면 자라서 음악을 전공하여 전문가가 될 수도 있습니다. 음악과 관련된 직업을 가지지 않더라도 아이는 방 안에서 음악을 듣는 것을 매우 좋아할 것입니다. 현대적인 음악이나 동요보다는 클래식 음악을 더 좋아합니다. 그림을 그리거나 색칠하기도 좋아하고 실제로 미술에 뛰어난 재능을 보이는 경우도 많습니다. 종이와 색연필을 많이 준비해 주세요. 자기를 표현하는 일이니 신이 날 것입니다.

선생님들은 황소자리 아이를 매우 신뢰합니다. 출생차트 상 다른 행성과 충돌하는 요소만 없다면, 황소자리 아이는 학교에서 매우 성실하게 생활하며 꼼꼼하게 공부하고 매사에 뛰어난 집중력을 보일 것입니다. 쌍둥이자리나 물병자리, 또는 양자리처럼 빨리 배우지는 않겠지만 걱정스러울 정도로 느리지는 않고, 교실 바닥에 침을 뱉는 일도 하지 않습니다. 비록 선생님 손가락이 연필 깎기에 끼면 웃음을 터뜨리기는 하겠지만요. 황소자리 아이들은 일반적으로 조용하고 순종적입니다. 천천히 배우는 편이지만 일단 머릿속에 들어오면 절대로 잊어버리지 않습니다. 시험 준비도 열심히 하므로 성적이 좋은 편입니다. 공정한 게임을 좋아하고 풍부한 상식과 훌륭한 판단력 덕분에 단체 활동에서 리더로 뽑히는 경우가 많습니다.

황소자리 아이는 그 고집 때문에 자기보다 윗사람에게 좋지 않은 추억을 선사하기도 합니다. 하지만 아주 가끔 있는 일입니다. 어린 황소자리 아들을 둔 어떤 엄마가 하루는 아이의 학교에 방문했다가 몹시 후회한 적이 있었습니다. 어린 황소자리 아들이 선생님 얘기가 틀렸다고 주장하면서 선생님을 난처하게 만든 것이지요. 교과서를 쓴 사람도 틀렸다고 주장했답니다. 그 다음날 엄마는 아이를 선생님 자리로 데리고 가 단호하게 명령했습니다. "선생님께 사과드려라." 이때가 아침 9시경이었죠. 시간은 흘러 정오가 되었답니다. 엄마는 교장실에서 아이에게 여전히 같은 말을 반복해야 했습니다. 엄마 목소리도 꽤 지쳐 있었지요. "선생님께 죄송하다고 말씀드려." 아이들이 모두 집으로 돌아간 늦은 오후, 학교 관리인은 교실마다 쓰레기통을 비우고 있었습니다. 교장실 옆을 지날 때 멀리서 거의 귀신 소리처럼 떨리는 목소리가 들려왔어요. "애야, 제발 선생님께 사과를 드려라." 이윽고 닫힌 문 사이로 회초리 소리가 새어 나왔습니다. 그러고는 조용해졌지요. 아이는 그 다음날이 되어서야 교실로 돌아왔습니다. 결국 사과는 하지 않았습니다. 선생님과 엄마 그리고 교장 선생님보다 오래 버틴 것이지요. 하지만 그 녀석은 우등생으로 졸업했답니다.

황소자리 아이가 그 육중한 발로 땅을 구르며 고집을 부리면 아무도 말릴 방법이 없다는 사실을 한번 인정하고 나면, 당신은 아이가 성장하는 모습을 즐겁게 지켜볼 수 있을 것입니다. 황소자리 아이는 놀이터에서 장난감 트럭을 가지고 놀다 흙투성이가 되어 돌아오고, 아무리 자주 씻겨도 머리카락에서 새똥 냄새가 날 것입니다. 하지만 절대로 구슬이나 카드를 잃어버리지 않습니다. 커서도 아빠 차를 몰고 나가서 공중전화 부스에 들이박는 짓은 하지 않습니다. 냉장고를 급습해서 저녁에 먹으려고 남겨 둔 치킨을 다 먹어 치우거나, 집 안에 새로 들여놓은 가구에 시큰둥해할지도 모릅니다. 하지만 어른이 되면 당신과 매우 잘 지낼 것입니다. 절대로 엄마의 생일을 잊지 않는답니다. 황소자리 딸은 나무에 기어오르다가 새로 산 원피스를 찢어 오기도 하고, 누군가 자기 물건을 망가뜨렸다고 울분을 참지 못하기도 할 것입니다. 하지만 당신이 빵을 구울 때 도와주고, 나중에 결혼하고 나서도 자주 찾아오거나 집으로 초대할 것입니다. 그리고 손자 손녀들도 예의바르게 행동할 것입니다.

당신의 어린 황소자리 아이를 아늑하고 사랑이 가득한 환경에서 키우기 바랍니다. 보이지 않는 울타리에 가두기보다는 눈에 보이는 애정으로 키우기 바랍니다. 소의 뿔을 너무 세게 잡아당기지 말고 자기만의 느긋한 속도로 풀을 뜯어먹게 하세요. 음악으로 귀를 채워 주고 아름다운 것으로 눈을 즐겁게 해 주세요. 그러면 아이는 언젠가 당신의 마음을 평화로움으로 채워 줄 것입니다. 끝내 사과를 받지 못한 선생님도 결국에는 아이를 용서해 줄 수밖에 없을 것입니다.

황소자리 사장

ど

도대체 저건 무엇이길래 이리 저리 명령을 해 대고
교훈을 복습하게 만드는 걸까?

나는 다시 그들에게 가서 복종하는 것이 나을 거라고 말했다.

당신의 사장이 잔소리도 하지 않고 호들갑을 떨지도 않는, 사랑스럽기 그지없는 황소자리여서 한시름 놓이던가요? 사근사근하고, 귀엽고, 순하기까지 해서 남들처럼 직장 상사에 대해 고민을 할 기회조차 없다고요? 사장이 당신 손바닥 위에 있다고 생각하시나요? 그렇다면 별자리 공부를 시작한 덕분에, 조만간 닥쳐 올 재앙을 피할 수 있게 되었으니 참으로 다행입니다. 황소자리 사장을 대하는 원칙 제1번을 지금이라도 꼭 외워 두세요. '인내심을 너무 시험하지 말 것.'

이것은 생각보다 실천하기 어려운 원칙입니다. 당신의 사장이 전형적인 황소자리라면 인내심의 제왕일 테니, 당신을 자주 시험에 들게 할 것입니다. 사장의 태도가 평화롭고 차분해서 '호호 할아버지' 정도로 여기고, 귀여운 곰 인형처럼 대하며 속으로 이렇게 생각하겠죠. '저 사

람은 고집이 좀 세긴 하지만 누굴 해칠 수 있는 사람은 절대로 아니야.'
당신은 『골디락스와 곰 세 마리』 이야기의 해피엔딩을 상상하면서 마음
을 놓겠지만, 바로 그것이 당신이 절대로 해서는 안 되는 일입니다. 어
쩌면 비극은 이미 시작되었을지도 모릅니다.

네. 저도 골디락스가 아빠 곰의 죽을 먹어 치우고, 안락의자에도
앉아 보고, 그의 침대에서 낮잠까지 잤는데도 무사했다는 이야기는 알
고 있습니다. 하지만 곰은 황소가 아닙니다. 혼동하지 마세요. 주식 시
장에서 골디락스라는 용어를 사용한다고 해서 당신이 황소와 곰을 헷갈
려서는 안 되지요. 곰은 숲 속에 살면서 가끔 꿀을 찾아다니지만, 황소
는 농장에 살면서 가끔 자기를 들볶는 사람들을 쫓아다닙니다. 곰은 재
미로 낯선 이들을 물 수도 있지만 해치려는 것은 아닙니다. 장난치는 것
이죠. 황소는 격노하면 분명한 의도를 가지고 농장을 쑥대밭으로 만들
수 있습니다. 매우 위험하죠. 동물학 공부는 여기까지입니다.

오늘은 무사히 보냈다고 해도, 내일은 무슨 일이 닥칠지 아무도 모
릅니다. 내일이 오면 황소자리 사장의 인내심을 지나치게 시험한 지난
세월을 후회할지도 모릅니다. 사장의 좋은 마음씨를 너무 믿은 나머지
방심해서 저질렀던 불손함이라니, 주제넘게 나서지 말았어야 했는데 하
고 후회할 것입니다. 왜 그렇게 행동했는지 이해는 합니다. 황소자리 사
장 밑에 있는 직원들이 항상 저지르는 일이지요. 사장이 너무 온순하고
이해심이 많아서 보고서의 오타를 수정하지도 않고 그냥 제출하고, 반
기 보고서에 숫자를 잘못 기입해도 너무나도 배려가 깊은 사장이 그냥
넘어가 주는 바람에 당신은 또다른 보고서에도 계산 실수를 남길 것입
니다. 점심 시간에 30분을 더 쓰고 들어와도 사장이 소리를 치거나 째
려보지 않기 때문에 다음에는 한 시간이나 늦게 들어올 것이며 나중에

는 두 시간이나 늦을 것입니다. 덧없는 행복에 빠져들기란 참 쉬운 일입니다. 황소자리 사장의 느긋한 성격과 조용한 태도에 도취되어 그만 버릇이 잘못 든 거지요. 사무실 책상 위에 마치 '개조심'처럼 '성난 황소를 조심하자'라는 문구를 걸어 두는 것이 좋습니다. 머지않아 당신의 목숨이나, 아니면 적어도 당신의 일자리를 보전해 줄지도 모릅니다. 때로는 두 가지가 거의 같은 의미가 되지요. 당신 집 주인에게 이렇게 말할 수는 없을 테니까요. "죄송해요. 월세가 세 달이나 밀렸는데 아직 새 직장을 못 구했답니다. 지난 번 직장에서 아무런 예고도 없이 해고당했어요. 사장이 5월에 태어난 사람인데 지배행성이 금성이라는 사실에만 주목한 나머지 황소자리의 성미를 미처 알아채지 못했지 뭐예요. 그 끝내 주는 금성이 저를 완전히 바보로 만들었답니다." 이런 설명을 듣고 집 주인이 당신에게 당장 짐을 빼라고 하지 않는다면, 그건 『오즈의 마법사』에나 나올 법한 이야기이지요.

처음부터 별자리 지식을 활용하는 편이 나을 것입니다. 황소자리 사장이 오타투성이 보고서를 받고도, 점심 시간을 훨씬 넘겨서 들어와도 화를 내지 않았던 이유는, 다정한 곰 인형처럼 호락호락한 사람이어서가 아닙니다. 그렇다고 수줍음이 많고 소심해서 자기가 원하는 것을 표현하기 힘들었거나 자기의 권위를 행사하지 못해서는 더더욱 아닙니다. 몇 가지 실수를 가지고 야단법석을 피우면서 당신을 무안하게 만드는 것이 별로 의미가 없다고 생각했기 때문입니다. 당신이 같은 실수를 반복하는 일 따위는 하지 않을 정도의 상식(이 단어를 기억해 두세요.)은 있다고 생각했기 때문입니다. 지나간 실수를 스스로 만회할 수 있을 만큼 당신이 능력 있는 직원인지, 인내심을 가지고 지켜보기로 했기 때문입니다. 아, 그런데 쉽지가 않습니다. 황소자리의 인내심은 확실한 의도를 가지고 신중하게 계산되어 있습니다. 당신을 시험해 보면서 당신의 근성을 보여 줄 기회를 제공하려는 생각이었죠. 황소자리 사장은 스스로 규율을 지킬 줄 아는 사람을 높이 평가합니다. 본인도 자수성가한 사람이거든요. 당신에게 기꺼이 기회를 주려고 했는데, 당신은 어떻게 행동했지요?

황소자리 사장은 모든 직원에게 공정한 기회를 주고 싶어 합니다. 성급하게 직원들을 판단하려고 하지 않습니다. 하룻밤 사이에 기적이 일어날 거라 믿지도 않고, 직원이 자기의 방식과 엄한 규정들을 더디게 따라와도 별로 신경 쓰지 않습니다. 일단은 직원들이 각자의 방식으로 일할 수 있는 기회를 줄 것이며, 만일 당신이 어둠 속에서 헤매면 다른 대안을 찾아볼 것입니다. 하지만 사장의 궁극적인 목표를 순진하고 안일하게 받아들여서는 안 됩니다. 사장은 자기의 방식대로 일을 처리하고 싶어 합니다. 황소자리 사장의 방식은 이미 검증된 방법이어야 합니다. 그 방법으로 계속 돈을 벌 수 있다면 앞으로도 고수해 나갈 것입니다. 자기가 정해 놓은 틀에 맞는 직원을 찾기 위해 엄청난 인내심을 발휘할 각오도 되어 있답니다. 하지만 당신이 사장의 인내심을 지나치게 시험하면 그는 말이 없어지고 화가 나서 씩씩거리며 마침내 뱃속에서 우러나오는 큰 목소리로 "당신 해고야!"라고 소리칠 것입니다.(어조가 너무 강해서 크다고 느껴질 것입니다.) 사전 경고라고는 그 전날 당신이 명랑하게 아침 인사를 했을 때 사장이 응답하지 않았다는 정도일 것입니다. 당신을 해고하기로 결정한 이후에 마음이 바뀔 가능성은 전혀 없습니다. 황소자리가 한번 마음을 먹으면 그 어떤 것도 바꿀 수 없습니다. 어쩌면 퇴직금은 후하게 줄 수도 있습니다. 당신의 냉정한 집 주인이 당신을 쫓아내서 병든 어머니와 다섯 명의 자녀들이 눈 속에 거리로 나앉게 되는 것은 원치 않으니까요. 하지만 사장이 자기 아내만큼 소중하게 여기는 회사에서 당신의 역할이 제로라는 것을 확신하게 되면 당신에게 더는 기회를 주지 않을 것입니다. 사장이 매정하다고 할 수는 없습니다. 새 직장을 알아보기 위해 구인광고를 살펴보면서, 지난 몇 달간 당신이 사장의 믿음을 얼마나 많이 이용했는지 잘 생각해 보세요.

황소자리 사장은 철저하게 실용적인 사람입니다. 사업을 통해서 자기의 기질을 창조적으로 발현하는 것도 중요하지만 물질적인 성공을 이루려면 이것만으로는 충분하지 않습니다. 황소자리는 작은 회사에 절대로 만족하지 못합니다. 가능하다면 제국을 건설하고 싶어 하지요. 황소자리 사장은 조금씩이라도 사업을 키우지 못하면 만족할 수 없습니다. 짧은 시간에 극적인 성장을 이루기보다는 한 걸음씩 나아갈 것입니다. 한 방을 노리지 않고 차곡차곡 쌓아 올려서 마침내 자기의 제국을 건설해 냅니다. 황소자리 사장은 당신도 자기처럼 한번 시작한 일은 반드시 끝내기를 바랄 것입니다.

너무 지름길로만 가려고 하지 마세요. 황소자리 사장은 그럴듯한 계획보다는 현실적인 계획을 좋아합니다. 황소자리 사장은 염소자리 사장보다도 부풀려 말하는 것을 참지 못합니다. 가장 좋아하는 문장 하나가 "그래서 요점이 뭔가요?"입니다. 하지만 악의를 가지고 비꼬는 말이 아니랍니다. 뭔가를 설명할 때 사전 설명을 장황하게 하면 황소자리는 초조해합니다. 물론 겉으로는 잘 드러나지 않을 거예요.

황소자리 사장이 당신의 기발한 제안을 듣고 아무런 반응을 보이지 않거나, 「포춘」지에 소개된 새로운 시스템을 도입하자는 제안을 반대하면, 당신은 정말 절망스러울 것입니다. 이해합니다. 진보적 아이디어를 제대로 듣지도 않고 덮어 버리는 것은 잘못이죠. 다른 회사가 먼저 그 아이디어를 채택해서 성공했다는 소식을 들으면, 당신이 사장을 쳐다보면서 우쭐해할지도 모르겠네요. 하지만 오랜 시간에 걸쳐 통계를 내 보면 결국에는 황소자리 사장의 점수가 높을 것입니다. 사장이 '미치광이의 몽상 같은 경솔한 도구'라면서 완고하게 거부했던 낙태용 시술 도구를 다른 회사에서 채택했는데, 문제가 생겨서 그 회사가 갑자기 부도나는 경우가 있지요. 그러면 당신의 잠시 우쭐했던 기분은 창피함으로 바뀌었다가, 성깔 있고 고집 세지만 친절하고 현실적인 황소자리 사장에 대한 존경심으로 마무리됩니다.

황소자리 사장은 보통 야구보다는 축구를 좋아하고, 시끄러운 논쟁보다는 평온함을 좋아합니다. 감정 싸움을 피하고자 언제나 차분하고 상식적인 토론을 시도합니다. 그렇다고 해서 황소자리 사장이 상상력이나 삶의 소소한 기쁨을 무시하지는 않습니다. 당신이 좋은 향수를 뿌리고 손톱을 분홍색으로 칠하면 사장도 매우 좋아할 것입니다. 가끔 어머니가 만들어 주신 밑반찬을 한 통 가져다 줘도 매우 행복해할 것입니다. 거창한 이름이나 명목을 내세우는 것은 황소자리 사장을 불편하게 할 뿐이지, 좋은 인상을 주지 못합니다. 황소자리 사장 밑에서 일하는 남성이라면 차분한 옷을 입고, 푸른 넥타이에 깔끔한 정장 구두를 신는 것이 좋습니다. 또한 다리를 책상 위에 올려놓지 말고 책상 밑에 가지런히 두는 것이 좋답니다.

적어도 1주일에 한 번쯤은 사장의 고집 때문에 짜증이 날 것입니다. 하지만 황소자리 사장은 자기의 기대에 부응하는 사람들에게 의리를 지키는 데에도 고집스럽다는 것을 기억해 두세요. 당신이 그런 사람이라면 그 위험한 황소를 더 이상 두려워하지 않아도 됩니다. 사장 앞에서 붉은 천을 흔들어 대며 반항하지만 않는다면, 사장은 당신을 매우 친절하게 대해 줄 것입니다. 벽돌을 한 짐 짊어지고 사장의 제국 건설에 동참하세요. 그러면 승진 걱정은 필요 없습니다. 하지만 지나친 요구는 받아 주지 않을 거예요. '호호 할아버지'는 당신 짐은 스스로 나르라고 하겠지만 짐이 너무 무거워지면 언제든지 도와줄 것입니다. 황소자리 사장은 강인하고 믿음직한 사람입니다.

황소자리 사장은 마음에 없는 말을 하지 않습니다. 사장에게 무슨 꿍꿍이가 있는지 고민할 필요가 없지요. 사장이 당신에게 '멍청하다'고 하면, 말대꾸하지 말고 빨리 떠나야 합니다. 반면에 사장이 "더 잘해 낼 거라고 믿네."라고 한다면 해고될 걱정은 하지 않아도 됩니다. 그 말은 당신이 충성심, 정직성 및 잠재성 테스트를 통과했다는 뜻입니다. 당신이 우등생 명단에 오른 것이죠. 축하합니다! 너무 자만하지만 않는다면 당신 앞에 밝은 미래가 펼쳐질 것입니다.

황소자리 직원

ℽ

글쎄, 한 번도 들어 본 적은 없지만
정말 말도 안 되는 소리 같구나.

무엇보다도, 황소자리 직원에게 영업을 맡기지 않았기를 바랍니다. 만약 그랬다면 가능한 빨리 출생차트를 확인해 보기 바랍니다. 쌍둥이자리, 양자리, 사자자리 또는 물고기자리 행성이 있다면 하던 일을 계속 맡겨도 됩니다. 만일 그렇지 않다면 그 직원을 다른 부서로 슬그머니 전환시키는 것이 좋습니다.(절대로 강요해서는 안 됩니다.) 황소자리 직원은 영업사원으로서 고객들에게 그리 좋은 인상을 주지는 못한답니다. 고객을 대하는 태도가 보통 "필요하면 사시고요, 아니면 그냥 가세요." 같은 식이랍니다. 대부분의 황소자리 직원은 고객이 관심을 보여도 순발력 있게 대처하지 못합니다. 설득력 있게 표현하거나 기술적인 용어를 구사하는 재능이 별로 없습니다. "음……."이나 "흐음…….", "네?" 같은 말을 설득력 있고 기술적인 표현이라고 부르지 않는다면요. 그렇다고 능력이 떨어지는 것은 아닙니다만, 살까 말까 고민하는 사람들을 은근한 유혹과 압력으로 설득해서 계약하게 만드는 일을 하지 못할 뿐입니다. 오히려 계약하면 안 되는 이유를 잘 설명하는 사람들이지요.

황소자리 직원이 영업에 어울리지 않는 이유는 무엇보다도 안정감을 원하는 황소자리의 기본 욕구와 관련이 있습니다. 이들은 안정감이 위협받는 상황에 놓이면 그 어마어마한 잠재력을 차츰차츰 잃어 갑니다. 황소자리는 보상이 크지만 위험이 높은 쪽보다는, 매달 안전하게 고정 급여를 받는 쪽을 선호합니다. 실적에 따라 급여를 받는 황소자리 직원은 세상에서 가장 불행한 존재일 것입니다. 고정 급여와는 별도로 실적에 따른 보너스가 있다면 황소자리의 성취욕을 자극할 수는 있지만, 그래도 영업직은 어울리지 않습니다.

물론 여기에는 앞서 언급했던 행성들의 영향과 더불어 고려해야 할 몇 가지 예외가 더 있습니다. 판매하는 제품이 견고하고 안정적이며 품질 보증이 잘 되어 있으면, 황소자리도 영업 활동에서 뛰어난 성과를 거둘 수 있습니다. 농업 장비, 트랙터, 비료 살포기, 트럭, 잔디 깎기와 같은 제품은 황소자리의 전문 분야입니다. 이런 장비를 사는 사람들은 황소자리와 관심사가 비슷하기 때문입니다. 황소자리 직원은 현금 또한 잘 다룹니다. 만약 당신이 은행업에 종사한다면 황소자리 직원에게 대출 업무를 맡겨 보세요. 탁월한 능력을 보여 줄 것입니다. 물론 대출을 받으러 은행에 온 사람에게 대출을 권하는 일은 그리 어렵지 않겠지만요.

황소자리가 영업직에서 빛을 발할 수 있는 분야가 몇 개 더 있습니다. 부동산 중개가 그 중 하나입니다. 황소자리는 사람들에게 집을 보여 주거나 땅의 가치를 설명할 때 매우 편안해합니다. 황소자리 직원은 집의 전망을 보여 주며 "음." 하고 말할 것이며, 조경을 어떻게 할 수 있는지 설명하면서 찬사의 의미로 그저 "흐음."이라 한 마디 할 것입니다. 그리고 배관이나 벽장 내부는 "으흠."으로 설명하고, 마지막으로 자금 마련 문제에 대해서는 "흠."으로 대신할 것입니다. 그러면 믿기 어려운 일이 일어납니다. 그 집에 관심을 보이던 고객이 "이 집으로 할게요."라고 말합니다. 황소자리 영업사원은 "네, 알겠습니다."라고 답하며 상황이 종료됩니다. 더 이상 다른 말이 필요 없습니다. 황소자리의 정직하고 믿음직스러운 모습이 집을 사려는 사람들에게 좋은 인상을 주기 때문입니다. 부동산 외에 교육에 관련된 영업직도 황소자리에게 적합합니다. 황소자리 직원은 탄탄한 기초와 사실에 근거한 지식을 열정적으로 신뢰합니다. 또한 미래를 대비해서 지식을 쌓는 일을 중요하게 여기기 때문에, 여학생에게도 공대 진학을 권유할 수 있습니다. 여학생이 공학을 전공하는 것에 대해 전혀 이상하다고 생각하지 않습니다. 황소자리의 실용성은 남녀를 차별하지 않는답니다.

동쪽별자리나 화성별자리가 쌍둥이자리라면 유능한 아나운서가 되기도 합니다. 황소자리의 듣기 좋은 목소리에 쌍둥이자리의 말재주와 매력이 합쳐지면, 미디어 분야에서 탁월한 능력을 발휘하게 된답니다. 그리고 적절한 행성이 양자리에 있을 때는 황소자리 태양과 환상적인 궁합을 이루어, 예외적으로 프로모션이나 홍보 분야에서 능력을 발휘하기도 합니다. 황소자리가 영업과 관련하여 능력을 발휘할 수 있는 분야는 이 정도입니다. 주목할 만한 다른 행성의 영향이 없다면, 황소자리는 대부분 영업보다는 차분한 성향의 업무에서 능력을 더 잘 발휘합니다.

그런 분야 중에 하나가 바로 정치입니다. 핵심을 정확하게 짚고 있기 때문이지요. 이 능력은 비즈니스 분야에서도 매우 유용합니다. 황소자리는 어떤 임무를 맡든 간에 성공하겠다는 단호한 의지로 업무를 장악하고, 결국은 성공할 것입니다. 천천히 일하면서 완벽을 추구하는 타입이며, 너무 방치하거나 다그치지만 않는다면 일을 완벽하게 해낼 것입니다. 책임이 막중한 직책일수록 황소자리에게 맡기는 것이 현명합니다. 황소자리보다 더 믿음직스럽고 확실하며 정직한 직원은 별로 없습니다. 자기만을 위해서 일하는 것이 아니라 회사가 성장하는 데에 기여하려고 노력할 것입니다. 게다가 황소자리는 성공한 이후에도 변함없는 태도로 일한답니다.

일반적으로 황소자리가 변화를 싫어하기는 하지만, 당신이 그를 회사에 영원히 붙잡아 둘 수 없는 예외적인 경우도 있습니다. 진득하지 못해서가 아니라 황소자리의 기본 성향 때문에 그만두는 것입니다. 그는 회사를 성장시키고 난 뒤에도 계속 남아서 당신을 위해 일하는 타입이 아니랍니다. 그보다는 자기의 힘을 기르고 부를 축적하는 것에 더 관심이 있지요. 복잡한 사업을 이끌어 가기 위해 계속 조직을 운영해 주거나 퇴직할 때까지 숨은 조력자 역할을 수행하기에는 황소자리가 자유를 너무 사랑합니다. 믿음직한 황소자리 직원이 회사에 기꺼이 남으려 할 수도 있지만, 복잡하고 세세한 일에 얽매여 있기보다는 뭔가를 계속 만들어 나가고 싶어 하는 기질을 누르기 어렵습니다. 본인이 계속 성장할 수 있는 동력을 회사에서 찾지 못하면, 언젠가는 황소자리의 강렬한 욕망을 좇아 스스로 기반을 닦아서 크건 작건 자기의 제국을 건설하려고 할 것입니다.

황소자리 직원은 모두 뛰어난 일꾼들입니다. 황소자리의 가장 훌륭한 자질은 어떤 지시라도 불평 없이 기꺼이 받아들인다는 것입니다. 그렇게 행동하는 이유는 간단합니다. 명령을 내리는 보스가 되려면, 먼저 명령에 즐겁게 복종하는 사람이 되어야 한다는 신념이 있기 때문입니다. 황소자리가 타인의 권위를 존중하는 태도는, 자기가 윗사람이 되었을 때 부하 직원들이 자기의 지시에 복종해 주리라는 기대에서 비롯됩니다. 황소자리는 사장이 되면 명확하고 엄격한 아이디어와 방법론을 추구합니다. 그러므로 그가 당신 밑에서 일할 때는 당신이 한 가지 방식을 고수하려고 해도 이상하게 여기거나 불쾌해하지 않습니다. 그의 입장에서는 당신이 대장이니까요.

그런 태도는 분명히 긍정적이지만, 황소자리가 윗사람을 공경하고 묵묵하게 따르는 태도를 보고는 그를 맘대로 부려먹을 수 있다고 생각해서는 안 됩니다. 황소자리 직원은 자기를 조종하려 든다고 여겨지는 사람들을 교묘하게 회피하는 능력이 있습니다. 그의 얼굴을 자세히 들여다보세요. 공격적인 사람들이 자기를 몰아세울 때, 겉으로는 비위를 맞추고 있지만 속내가 얼굴에 드러날 것입니다. 황소자리는 결국 자기 방식대로 일을 합니다. 물불 가리지 않고 밀어붙이는 성향을 지닌 사람들을 이길 때까지, 느긋하게 기다릴 줄 알지요. 이런 인내심 덕분에 황소자리 직원이 성공할 가능성이 보다 높아집니다. 하지만 굴욕을 당하거나 그의 강한 자존심에 상처를 받으면, 냉정한 인내심은 사라지고 어린애처럼 고집을 부릴지도 모릅니다.

황소자리 직원이 한번 화를 내기 시작하면 점점 타올라서 마침내는 폭발하고 맙니다. 다행히 분노가 오래 가지는 않지만 그렇게 분출하고 나면 불길한 느낌이 들 정도로 과묵해집니다. 그리고 그 원인이 당장 해결되지 않으면 그는 뒤돌아보지도 않고 떠날 것입니다. 황소자리가 문을 열고 나가면 그것으로 끝입니다. 다시 돌아와서 잘해 보려고 드는 일은 없습니다. 이럴 때 그를 설득할 수 있는 사람은 아무도 없답니다. 황소자리는 무엇이든 천천히 결정하지만, 일단 마음을 먹으면 다시 돌아보지 않습니다. 황소자리가 가는 길에 때늦은 후회란 없습니다. 황소자리가 매우 다감하고 사랑스러운 사람들이다 보니, 누군가와 사귀다가 헤어지면 절대로 돌아보지 않는 그들의 모습에 상처받는 사람들이 많습니다. 황소자리가 인내심을 잃어버리기까지 상당한 시간이 걸리다 보니, 사람들은 이들의 인내심이 사랑과 일 모든 면에서 영원하다고 믿는 어리석은 실수를 자주 범합니다.

특히 황소자리 여직원은 회사에서 정말 보물 같은 존재입니다. 전형적인 황소자리는 조용하면서도 위로하는 듯한 낮은 음성을 지니고 있습니다. 이들은 대체로 훌륭한 비서실장이 됩니다. 어떤 비상 사태에도 균형감을 잃지 않으며, 위기 속에서 진면목을 드러낸답니다. 다른 사람의 말을 받아 적는 속도는 좀 느릴 수 있습니다. 황소자리 여직원은 일사천리로 신속하게 일을 처리하는 스타일은 아니지만, '한다면 제대로 한다'라는 좌우명을 마음에 새기고 살아갑니다. 황소자리 여직원은 당신이 자신의 지론을 장황하게 설명하고 있어도 그 앞에서 하품을 하지는 않을 것입니다. 만약 그 아이디어가 실용적이라면 열렬하게 지지하면서 의견을 나눌 것입니다. 황소자리 여직원의 상식적이고 논리적인 관점은 참고할 가치가 있으니 귀 기울여 듣기 바랍니다.

주의할 것이 있습니다. 황소자리 여성은 일반적으로 사내에서 남성들이 던지는 가벼운 유혹에 말려들지 않는답니다. 맞장구를 쳐 주고 깔깔대며 웃어 주기는 하겠지만 그녀의 따뜻하고 느린 듯한 유머 감각 뒤에는 남녀 관계를 진지하게 대하는 태도가 있습니다. 황소자리 여직원이 당신의 저녁 식사 초대를 두 번 이상 받아들였다면 주목할 만한 일입니다. 그녀는 이미 당신을 어느 비 오는 날 저녁에 드라이브나 할 연애 상대가 아니라 인생의 반려자로 고려하고 있다는 뜻이지요. 황소자리 여성은 배우자를 선택할 때 손익을 분명하게 따집니다. 당신이 황소자리 여성에게 남편감으로서 시험을 통과했다는 것은 당신이 이미 평범한 사람이 아니라는 뜻입니다. 회사에서 황소자리 여성의 관심을 받는 남성은 지켜볼 필요가 있습니다. 그 사람은 뭔가 다릅니다. 만약 사장인 당신이 바로 그 사람이라면, 아마도 곧 훌륭한 비서를 한 명 잃겠지만 아주 특별한 아내를 얻어서 앞으로 승승장구하게 될 것입니다.

황소자리 여성과 함께 일하는 것은 늘 즐겁습니다. 그녀는 좋은 향기가 나고, 차림이 좋고, 자애롭고, 무엇보다도 담배를 피우지 않습니다.(달별자리나 동쪽별자리가 양자리인 경우에는 담배를 피울 확률이 높고 목소리가 좀 큰 경향이 있습니다.)

황소자리는 남녀 모두 밖에서 자는 것을 싫어하고, 본인들도 늘 그렇다고 얘기합니다. 그래서 대부분 휴가를 집에서 보낼 때가 많습니다. 달별자리가 쌍둥이자리이거나 동쪽별자리가 사수자리인 경우를 제외하면, 황소자리 집 마당의 잔디는 언제나 옆집보다 더 푸르고 무성합니다. 황소자리 직원은 휴가 기간에 꽃그늘 아래 해먹에 누워 레모네이드를 마시다가도, 회사에 긴급 상황이 발생했다는 연락을 받으면 아무렇지도 않게 웃으며 출근해서 기꺼이 일을 도와줄 것입니다. 하지만 너무 자주 이용하지는 마세요. 무리한 요구를 반복하면 황소자리 직원의 인내심은 한계에 다다르고, 결코 맞이하고 싶지 않은 결과를 보게 될 것입니다. 적당한 선에서 그만 하는 것이 좋습니다.

황소자리는 원예사나 목축업, 슈퍼마켓, 식품 도매업 같은 직종에서도 즐겁게 일할 수 있습니다. 좋은 의사나 엔지니어가 되기도 합니다. 예술 분야에 종사하는 것도 매우 만족스러워합니다. 음악 소리나 미술 작품의 아름다움에 자석처럼 끌려 들어갑니다. 경제적 보상과 안정적인 기반이 보장된다면, 감각을 사용하는 창조적인 일을 매우 만족스러워할 것입니다. 황소자리 작곡가는 대부분 첫 번째 히트곡이 나오기 전까지는 몹시 비참합니다. 하지만 음반 제작이나 편곡과 같이 비교적 안정적인 업무에 자신의 창조적인 재능을 결합시킨다면 놀라운 결과를 만들어 낼 수 있습니다. 그래서 황소자리 가수나 작곡자가 제작 쪽으로 방향을 트는 경우를 많이 볼 수 있습니다.

황소자리는 기회가 무궁무진하게 널려 있는 비옥한 초원을 발견하면 좀처럼 다른 곳으로 눈을 돌리려고 하지 않습니다. 대신에 수 년 간 그 분야에 헌신하면서 관련 지식을 검토하고 습득합니다. 황소자리는 그 직업이 미래가 있다는 확신이 들거나, 자기에게 편안하고 잘 맞으면 많은 것을 참아 낼 수 있습니다. 황소자리는 수확이 있을 때까지 불굴의 인내심을 발휘하지만, 그러기 위해서는 자기가 그 일의 중심에 있어야 한다는 전제조건이 만족되어야 합니다. 절대로 변두리에서 불안하게 풀을 뜯으며 틈을 보고 있지는 않습니다. 황소자리가 자기 내면에 숨어 있던 성공과 안정을 향한 욕구를 감지하고, 또 도약할 수 있는 지점에 자리 잡고 나면, 자신감을 가지고 앞으로 돌진합니다. 그러면 아지랑이처럼 변덕스럽고 손에 잘 잡히지 않는 성공의 여신이 그를 절대로 지나치지 않습니다. 황소자리는 성공한 뒤에도 결코 자만에 빠지지 않습니다. 여신을 자기 옆에 꽉 붙들어 놓고 평생 사랑을 나눌 것입니다.

쌍둥이자리

Gemini, the Twins

5월 22일부터 6월 21일까지

지배행성 – 수성

"같은 장소에 머물러 있으려면 계속 달려야 해.
어딘가 다른 곳을 가고 싶다면
이것보다 적어도 두 배는 빨리 달려야 하지!"

쌍둥이자리를 알아보는 방법

♊

"그렇게 불쑥 나타났다 사라졌다 하지 않았으면 좋겠어. 정신없어 죽겠다니까."

하지만 이번에는 꼬리 끝에서 시작해서 씩 웃는 모습이 맨 마지막으로 사라졌는데,
씩 웃는 모습은 고양이의 나머지 부분이 다 사라진 후에도 한참 동안 남아 있었다.

쌍둥이자리 친구가 가끔 두 명으로 보인다고 해서 안경을 바꿀 필요는
없습니다. 쌍둥이자리는 말 그대로 쌍둥이라서 서로 다른 두 개의 인격
을 가지고 있습니다. 교대로 나왔다가 들어갔다가 하죠. 방금 그 쌍둥이
자리가 언뜻 보여 준 것은 무엇이었을까요? 애정? 아니면 미움? 황홀
함? 총명함? 이상? 슬픔? 즐거움? 수성의 영향을 받는 쌍둥이자리의 변
화무쌍한 모습은 디스코텍의 현란한 조명처럼 사람을 현혹시킵니다. 현
실과 환상의 경계가 모호해집니다. 서로 뒤섞여 있다가도 곧 분리되어
나옵니다.

이 변화무쌍한 사람이 지금 어디에 있는지 알아내려면 우선 생각
을 좀 해야 합니다. 동에 번쩍 서에 번쩍하기 때문입니다. 쌍둥이자리는
마음먹는 순간 옷차림이든 직업이든 사랑이든 거주지이든 간에 순식간

에 바꿀 수 있습니다. 당신이 별자리를 공부하면서 쌍둥이자리 표본을 좀 찾아보려면 이리저리 뛰어다녀야 합니다. 일단 서점에 가 보세요. 쌍둥이자리는 책을 다양하게 보는 편인데, 쓱 훑어보기만 해도 요점을 파악해 냅니다. 쌍둥이자리 케네디 대통령이 속독의 대가였다는 것은 우연의 일치가 아닙니다. 수성의 지배를 받는 이 사람들은 책의 맨 마지막 페이지를 먼저 읽는 고약한 버릇이 있습니다. 혹시 중간에 지루해하는 일 없이 책을 첫 장부터 마지막 장까지 차분하게 읽는 쌍둥이자리를 알고 있다면 국립박물관에 보내세요. 희귀종 코너에 모셔 둬야 합니다.(아니면 그 사람의 출생차트에 황소자리나 염소자리처럼 인내심 많은 별자리가 있는지 확인해 보세요.) 쌍둥이자리가 책을 보면서 중간에 건너뛰고 앞뒤로 왔다갔다하는 성향은, 다른 일을 할 때에도 동일하게 나타납니다.

방송국이나 홍보 기획사, 출판사, 콜센터, 자동차 전시장 또는 광고 회사에 가 보면 건물 복도를 누비고 다니는 쌍둥이자리를 발견할 수 있습니다. 쌍둥이자리의 빡빡한 스케줄 사이에 잠시라도 그 사람을 만날 수 있다면 주의 깊게 연구해 보세요. 그를 따라다니는 것만으로도 지쳐서 나가떨어질지도 모르니 정신 똑바로 차려야 합니다. 무엇보다도 쌍둥이자리 주위에는 터져 버릴 듯한 긴장감이 감돌고 있습니다. 달별자리가 전갈자리나 천칭자리, 게자리, 염소자리인 경우라면 그렇게 심하지는 않겠지만, 그래도 숨어 있는 긴장감을 감지할 수 있을 것입니다. 쌍둥이자리는 아주 드문 경우를 제외하고는 대부분 말이 빠르고 듣는 것도 빠릅니다.

쌍둥이자리는 남녀를 막론하고 보수적인 사람들이나 우유부단한 사람들을 못 견딥니다. 쌍둥이자리는 적어도 지금 이 순간 자기 입장이 무엇인지 명확히 알고 있습니다.

동쪽별자리에 상반되는 요소가 있지 않는 한, 쌍둥이자리는 날씬하고 민첩하며 신장은 평균 이상입니다. 대부분 이목구비가 작고 날카로워서 조각처럼 생긴 경우가 많습니다. 쌍둥이자리는 늘 눈을 반짝거리며 이곳저곳을 살핍니다. 한 사물에 3, 4초 이상 시선을 두는 법이 없습니다. 초롱초롱한 눈으로 이리저리 살피는 모습은 쌍둥이자리를 가장 쉽게 알아보는 단서입니다. 얼굴빛이 다소 창백하고 햇볕에 쉽게 타는 편이어서, 여름에는 이것으로 쌍둥이자리를 알아볼 수도 있습니다. 겨울에는 스키장의 건조하고 차가운 바람 때문에 피부가 상하기도 합니다.

　　쌍둥이자리는 정이 많고 사교적이며, 몹시 기민하지만 우아하게 움직입니다. 머리카락 색은 밝거나 어둡거나 줄무늬처럼 둘 다 섞여 있는 경우도 있습니다. 인격이 두 개라고 했던 것 기억하시죠? 코는 길게 쭉 뻗어 있거나 앙증맞은 편이고, 한 쪽으로 치우치지 않게 반듯합니다. 남성의 경우 머리카락이 많이 빠지는 경우가 있는데 아마도 뇌 활동이 왕성하기 때문일 것입니다. 그리고 남녀 모두 이마가 넓은 편입니다.

　　쌍둥이자리를 한 장소나 한 생각에 묶어 두려고 한다면, 그것은 실수입니다. 쌍둥이자리의 재치를 당해 낼 사람은 없습니다. 이들은 어떤 상황에서도 아주 쉽게 빠져나올 수 있고, 원한다면 다시 들어갈 수도 있습니다. 또한 판단이 빠르고, 날카로운 풍자를 구사하며, 누구보다도 영리한 편입니다. 어떤 쌍둥이자리는 자기보다 머리 회전이 느린 사람들을 골탕 먹이는 악취미를 가지고 있기도 합니다. 쌍둥이자리 밥 호프*와 논쟁을 한다면 어떨지 상상해 보세요.

　　6월에 태어난 쌍둥이자리는 가끔 호기심 많은 새처럼 당신 옆에

---

* 밥 호프(Bob Hope, 1903~2003): 미국의 희극배우로 '코미디의 황제'라는 별칭이 있음.

휘리릭 나타나서는, 그 주위를 흥미진진하게 살펴보다가 미처 인사를 할 틈도 없이 다른 곳으로 날아가 버립니다. 저는 한 쌍둥이자리 친구와 자주 만나서 치즈 케이크를 먹으며 담소를 나눕니다. 그 친구는 삼십 대 후반인데 꼭 대학생처럼 보입니다. 전형적인 쌍둥이자리는 나이를 가늠할 수가 없지요. 우리는 한동안 서로 말을 끊어 가며 이런 주제 저런 주제에 관해 정신없이 이야기합니다. 그러고 나서 제가 볼펜 따위를 찾으려고 가방을 뒤지다가 고개를 들어 보면 그 친구는 이미 계산을 하고 마술처럼 감쪽같이 사라지고 없습니다.(덜 성숙한 쌍둥이자리는 당신에게 계산을 떠넘기려고 재빠르게 사라지는 경우도 있습니다.) 그 친구를 찾으려고 주위를 둘러보면, 그는 어디서 전화를 하고 있거나 이미 문을 열고 나가 어딘가를 향해 가고 있지요.

이 쌍둥이자리 친구는 최근에 멋진 물병자리 아가씨와 약혼을 했습니다.(바람 같은 쌍둥이자리를 상대할 만한 사람은 물병자리밖에 없답니다.) 결혼식 1주일 전, 브로드웨이에서는 이 친구가 결혼이라는 덫에서 빠져나갈 거라는 쪽에 다섯 명이나 돈을 걸었고, 어떤 사람들은 그가 결혼식에 늦을 거라고 했습니다. 하지만 그 친구는 결혼식장에 제때 나타났습니다. 쌍둥이자리는 당신을 놀라게 할 수 있습니다. 특히 사랑에 빠졌을 때에는 더 그렇죠.

제가 좋아하는 친구 중에 뉴욕 전화응답 서비스 회사인 '벨'을 운영하는 전형적인 쌍둥이자리 여성이 있습니다. 연극 〈전화벨은 울리고〉가 그녀의 삶을 바탕으로 만들어졌지요. 하루에 스무 시간씩 전화기에 매달려 살기 때문에 자리를 거의 비울 수 없었어요. 그럼에도 불구하고 그녀는 여기저기 날아다니는 듯한 인상을 주었습니다. 대부분의 쌍둥이자리 여성들처럼 그녀는 매우 예쁘고, 어느 모로 보나 지적이었으며, 재빠른 손은 마치 명랑한 새처럼 허공에서 춤을 췄습니다. 그녀는 넘치는 매력과 재치를 발휘하여, 맑은 푸른색 눈동자를 한 번 깜박일 때마다 사람들의 문제를 하나씩 유쾌하게 해결해 주었습니다. 어느 날 그녀가 처리한 일을 살펴보면 이렇습니다.

- 고객에게 보모와 햄스터 두 마리를 찾아 줌
- 시장 볼 목록 작성
- 수표 서른두 장 작성(가장 좋아하는 일 중에 하나임)
- 카리브 해에서 요트를 타고 있는 브로드웨이 프로듀서에게 전화
- 전보 아홉 개 보냄
- 세탁물 정리
- 직원들의 주간 업무 체크
- 남편에게 푸른색 넥타이를 찾아 줌
- 아들에게 줄 열대어를 살 수 있는 가게 위치를 적어서 남편에게 줌
- 폴라로이드 사진기로 개 사진 네 장 찍음
- 공과금 우편물 뜯어서 확인(그리고는 무심코 모두 쓰레기통에 넣어 버림)
- 기획사에 6개국어를 하는 여배우 찾아 줌
- 열두 명의 고객에게 모닝콜 해 줌

이 모든 게 그녀가 회전의자에 앉은 채 한 시간 동안 처리한 일들입니다.

비결은 쌍둥이자리의 이중성에 있습니다. 이들은 우리 같은 보통 사람들이 한 가지 일을 하는 동안, 더 적은 에너지를 쓰면서도 두 가지 일을 할 수 있습니다. 수성에서 온 여인들은 다림질을 하면서 아기에게

밥을 먹이고 동시에 전화로 수다도 떱니다. 쌍둥이자리는 전화기를 들고 태어난다고 하는 사람도 있습니다.

어떤 종류든 판에 박힌 일을 시키면, 전형적인 쌍둥이자리는 자신이 새장 속에 축 늘어진 날개 꺾인 새나 다름없다고 느낄 것입니다. 이 사람들은 고되고 단조로운 일을 끔찍하게 싫어합니다. 쌍둥이자리는 별로 시간을 잘 지키는 사람들이 아닙니다.(동쪽별자리가 처녀자리인 경우에는 인간 알람시계가 되기도 합니다만.) 전형적인 쌍둥이자리는 항상 늦게 옵니다. 약속 시간을 잘못 알고 있어서가 아니라, 오는 길에 뭔가 재미있는 것을 발견해서 그만 샛길로 빠져 버렸기 때문입니다. 잠시도 가만히 있지 못하는 수성의 특성상, 이들의 삶에는 끊임없는 자극과 변화가 필요합니다. 이것이 충족되지 않으면 이내 기력을 잃고 시무룩해질 것입니다.

당신에게 쌍둥이자리 친구가 있다면, 그 사람 때문에 위궤양이라도 걸릴 정도로 스트레스를 받아 본 경험이 있을 것입니다. 어느 날 쌍둥이자리 친구가 이런 제안을 합니다. 잠깐 자기 월세방 근처에 들러서 험프리 보가트가 나오는 옛날 영화(당연히 동시상영일 것입니다.)를 보고, 골프 연습장에 가서 퍼팅 연습을 좀 하거나 바에 들러 칵테일을 마시자고 합니다. 당신은 피곤해서 집으로 가는 길이었는지라 제안은 고맙지만 다음에 보자고 합니다. 하지만 쌍둥이자리는 아주 그럴듯하게 당신을 설득합니다. 온갖 아양을 부리며 당신을 꼼짝 못하게 얽어맵니다. 당신은 빠르게 쏟아 내는 말과 거부할 수 없는 미소를 당하지 못하고 결국 그렇게 하자고 합니다. 친구는 몇 가지 처리할 일이 있으니 한 시간 뒤에 동네 모퉁이에서 만나자고 합니다. 당신은 한 시간 뒤라는 변수를 미처 예상하지 못한 터라 약속을 물러 보려고 하지만, 쌍둥이자리 친구는 다시 온갖 기술을 동원해서 답을 받아 냅니다. 한 시간이나 기다리고 있자니 피곤하고 발도 아프지만 어쨌거나 약속 시간에 만나기로 한 모퉁이로 나갑니다. 그런데 웬일입니까. 이 친구는 30분이나 늦게 숨을 헐떡이며 나타납니다. 이유가 뭔지 아세요? 그새 마음이 바뀌었답니다. 너무 피곤하다네요. 그래서 다 취소하고 오늘은 집에 가서 잠이나 자고 다음날 저녁에 다시 만나자고 합니다. 상관없죠? 그렇죠? 이런 상황에서 한 대 맞지 않고 넘어갈 사람은 쌍둥이자리밖에 없습니다. 당신도 그를 용서해 버립니다. 하지만 정말 웃긴 것은, 당신이 정말로 다음날 그 친구를 만나러 갈 생각이라는 것입니다. 다음날에도 바람 맞는다면 어쩔 수 없습니다. 쌍둥이자리의 달콤한 말을 믿은 당신 잘못이죠.

쌍둥이자리에게는 자기의 속내를 감추려는 강한 욕구가 있습니다. 마치 물고기자리처럼 자기가 실제로 원하는 것과 정확히 반대로 행동하고 싶은 충동을 느낍니다. 하지만 그들의 다재다능함과 유창한 화술 덕분에 탁월한 정치인이 되기도 합니다. 또한 홍보 분야는 말할 것도 없지요. 쌍둥이자리는 당신이 굳게 믿고 있는 신념을 흔들어 놓는 방법을 잘 알고 있습니다. 고도의 심리전을 펼쳐서 당신의 생각을 돌려놓고는, 심지어 그렇게 하는 자신을 좋아하게 만듭니다. 만일 그 과정에서 문제가 생기면 그는 본능적으로 당신의 약점을 파악해서 빠른 두뇌 회전과 교묘한 말솜씨로 그것을 파헤칠 것입니다.

쌍둥이자리와 글쓰기 사이에는 이상한 관계가 있습니다. 쌍둥이자리 자체가 글쓰기를 관장하지요. 그러므로 실제로 수성인은 유려한 문장력으로 언어를 짜임새 있게 조합하는 능력이 있습니다. 많은 쌍둥이자리가 연설문이나 광고, 다큐멘터리, 연극 또는 책 쓰는 일을 합니다. 그런데 여기서 책은 소설이나, 교과서, 논픽션 또는 전기문 같은 것입니다. 쌍둥이자리가 자기 삶을 책으로 쓰는 경우는 거의 볼 수 없습니다. 또한 사적으로 편지 쓰는 일을 몹시 싫어해서 답장을 몇 주씩 미루기도 합니다.

얼핏 보면 모순된 행동처럼 보이지만, 쌍둥이자리가 특정한 견해에 얽매이기 싫어한다는 것을 알고 나면 쉽게 이해할 수 있습니다. 오늘 믿고 있는 것을 내일은 부정할지도 모른다는 사실을 본능적으로 알고 있기 때문에 자기 생각을 활자화하는 것을 주저합니다. 쌍둥이자리는 변호사로부터 "적지 말고 말로 하세요."라는 충고를 받을 필요가 없습니다. 자기방어기제를 타고난 사람들이죠. 익명으로 저작 활동을 하는 쌍둥이자리가 놀랄 만큼 많으며, 저작 활동을 하지 않더라도 가명 하나쯤 만들거나 이름의 철자를 완전히 바꾸는 사람도 많습니다. 아니면 최소한 별명이라도 갖고 싶어 합니다. 이것은 모든 쌍둥이자리에게 해당하므로, 당신이 알고 있는 쌍둥이자리를 두고 친구들과 내기를 걸어도 좋습니다.

쌍둥이자리는 적어도 한 개 이상의 외국어를 읽고 쓰거나 이해할 줄 알며, 그 중에서도 불어를 좋아하는 경향이 있습니다. 국어대사전을 어릴 때부터 손에 끼고 사는 쌍둥이자리를 말로는 당해 낼 사람이 없습니다. 에스키모에게 에어컨을 팔 수도 있고, 비관론자에게 희망을 팔 수도 있습니다. 쌍둥이자리가 궁지에 몰리면 순식간에 주제를 바꾸고 대화를 교묘하게 이끌어서 결국 그가 아니라 당신이 도마 위에 오르는 상황을 만들어 낼 것입니다. 사람들을 우롱하는 수성의 기질이 가끔 사기나 범죄 행위로 이어지기도 하지만, 그런 경우가 그리 많지는 않습니다. 쌍둥이자리는 자기의 재능으로 인해 끝없는 거짓말과 기만 속에서 살 수도 있지만, 범죄를 저지르기에는 너무 이상적입니다. 그래도 마음만 먹으면 그런 분야에서 한몫 잡을 수 있는 능력을 수성에게 부여받았다는 사실만은 인정해야겠지요. 원한다면 아주 예술적인 사기꾼이 될 수 있습니다. 쌍둥이자리의 손재주로 소매치기를 하거나 위조지폐를 만든다면 일처리가 너무 깔끔해서 잡히기 어려울 것입니다.

말을 아주 잘하는 중고차 영업사원을 만났는데 그가 6월생이라면 조심할 필요가 있습니다. 그가 파란색 중고차를 가리키며 이전 소유주는 한 명밖에 없었는데 일요일 아침 교회에 갈 때나 차를 썼던 나이 많은 할머니라고 말한다면, 교회 이름을 물어봐서 그 할머니에게 직접 확인해 보는 것이 현명합니다.(그 할머니도 쌍둥이자리가 아니라면요.) 하지만 쌍둥이자리는 출생차트 상에 특별한 문제가 없다면 대부분 정직하고, 때로는 자기 잘못에 대해서 지나치게 민감한 사람도 있습니다. 극과 극을 달리는 것처럼 보이지요. 쌍둥이자리는 좀도둑이든 사기꾼이든 정직한 시민이든 간에 모두들 가끔씩 이야기를 듣기 좋게 포장하는 경향이 있습니다. 그건 거짓말이 아니라 상상력이라고 해야겠지요.

쌍둥이자리는 판촉 업무에 완벽할 정도의 재능을 가지고 있습니다. 심지어 양자리도 따라올 수 없습니다. 쌍둥이자리는 영업 전략이 매우 솔직한 편이지만, 그들의 매력과 날카로운 지성이 어우러지면 넘어가지 않을 사람이 별로 없습니다. 쌍둥이자리가 가치 있고 보람 있는 기획, 이를테면 사람들이 간절히 원하고 필요로 하는 것을 파는 그런 기획에 달려든다면, 행운의 여신은 이미 그의 편입니다. 덕분에 지대한 발전이 오래 지속되어 모두에게 이익이 돌아가기 때문에 우리는 쌍둥이자리에게 감사하게 될 것입니다. 모든 쌍둥이자리는 기본적으로 세일즈맨 기질을 가지고 있습니다. 직업이 무엇이든 다르지 않습니다. 쌍둥이자리 케네디 대통령은 자기의 영롱한 이상을 전 세계에 팔았습니다. 그리고 또다른 쌍둥이자리 마이클 토드*는 브로드웨이에 꿈을 팔았습니다. 서로 분야는 다르지만, 둘 다 수성의 아들인 셈이죠.

쌍둥이자리는 머리를 많이 쓰기 때문에 남들보다 두 배 이상 오래 자면서 뇌를 쉬게 해 줘야 합니다. 하지만 이들은 불행하게도 불면증 때문에 잠을 충분히 못 잘 때가 많습니다. 그래도 틈날 때마다 쉬어서 예민한 신경과 과부하 걸린 뇌세포를 회복시키도록 노력해야 합니다. 신경이 탈진 상태에 있으면 끊임없는 위협이 됩니다. 병원 신세를 면하려면 신선하고 맑은 공기를 충분히 마시고 햇볕을 자주 쬐어야 합니다. 이 중 하나라도 결핍된 상태에서 활동의 제약까지 받으면 어깨나 팔, 손, 손가락과 관련한 사고가 나거나 병에 걸리기 쉽습니다. 폐와 장도 약해질 수 있습니다. 건강에 무신경한 쌍둥이자리는 발이나 등, 배설기관에 문제가 생기거나 관절염, 류머티즘 및 편두통 등으로 고생할 가능성이 있습니다. 한 가지 재미있는 사실은, 이들이 과도하게 활동할 때보다는 어딘가에 갇혀서 지루해할 때 정신적으로 더 쇠약해질 수 있다는 것입니다.

쌍둥이자리는 마음 깊은 곳에 자리 잡고 있는 무언가를 계속 찾아 헤매면서 성급하게 이상을 추구하는 경향이 있습니다. 그런데 가장 큰 문제는 그 무언가를 정확하게 인지하고 있지 않다는 것입니다. 쌍둥이자리의 상상력에는 한계가 없기 때문에 그들의 이상은 무엇이든 될 수 있습니다. 돈, 명예, 재력, 사랑, 경력 이런 것만으로는 뭔가 부족합니다. 쌍둥이자리가 높은 곳에 닿으면 그보다 더 나은 것이 있다고 수성이

---

* 마이클 토드(Michael Todd, 1909~1958): 미국의 연극·영화 제작자로 〈80일간의 세계 일주〉를 제작하였으며, 엘리자베스 테일러의 세 번째 남편이었음.

계속 유혹하는 것 같습니다. 이들에게는 길 건너편에 있는 잔디가 더 푸르러 보이고, 먼 바다 위에 있는 하늘이 더 파랗습니다. 그뿐인가요? 보이지 않는 저 하늘에 더 밝은 별이 있을 거라고 생각합니다. 무엇을 찾고 있는 걸까요? 어쩌면 자기 안에서 미지의 대륙을 찾고 있는지도 모릅니다. 쌍둥이자리는 정신세계에서 신대륙을 찾아 헤매는 탐험가이니까요.

쌍둥이자리는 관찰력이 예리하고 재주가 많습니다. 뛰어난 유머 감각에 눈치와 외교술, 그리고 노련함을 갖추고 있지만 인내심과 끈기는 부족합니다. 오래되고 낡은 것들을 성급하게 내다 버리고는 나중에 후회하기도 합니다. 주위에 친한 사람들이 많이 있지만 그는 깊은 감정을 자기의 하나뿐인 오랜 친구, 바로 자기의 쌍둥이 자아하고만 공유합니다. 공기는 쌍둥이자리의 구성 원소이자 진정한 집입니다. 땅 위에서는 오히려 이방인인 셈이지요.

쌍둥이자리는 심지어 새를 꼬드겨서 나무에서 내려오게 한 다음 노래를 가르쳐 줄 수도 있습니다. 하지만 쉴 새 없이 들썩이는 수성의 마음 때문에 정작 뒷마당에서 몇 년씩 기다리고 있는 행복의 파랑새를 보지 못하는 경우가 있습니다. 밝은 노랑, 초록, 파랑, 은색 또는 회색 계열의 옷을 즐겨 입고, 정서에 도움을 주는 보석은 옥입니다. 쌍둥이자리는 산에 핀 은방울꽃의 은은한 향기 같은 가벼운 느낌과 숲 속 깊은 곳에 있는 짙푸른 풀의 숨결을 지니고 있습니다. 하지만 차가운 수은의 영향을 받아 이중적인 욕망을 지니고 있기 때문에, 느긋하게 멈춰 서서 자기의 심장 소리에 귀 기울이는 방법을 깨달을 때까지는 여전히 두 개의 인격을 지니고 살아갈 것입니다.

쌍둥이자리로 알려진 유명인

메릴린 먼로Marilyn Monroe

밥 딜런Bob Dylan

아서 코넌 도일Arthur Conan Doyle

존 에프 케네디John F. Kennedy

토머스 하디Thomas Hardy

폴 고갱Paul Gauguin

*나탈리 포트먼Natalie Portman

*니콜 키드먼Nicole Kidman

*앤젤리나 졸리Angelina Jolie

*이사도라 덩컨Isadora Duncan

*조니 뎁Johnny Depp

*체 게바라Che Guevara

*클린트 이스트우드Clint Eastwood

*폴 매카트니Paul McCartney

*강호동

*김원희

*김희선

*반기문

*손석희

*송윤아

*양동근

*윤여정

쌍둥이자리 남성

♊

"네가 이렇게 헤매고 다니기 시작한 게 오늘 아침이었던 것 같기는 해."

"오늘 아침에 일어났을 때는 제가 누구인지 알았거든요.
하지만 그때부터 지금까지 아무래도 여러 번 바뀐 것 같아요."

사랑하는 사람이 있으면 푸근한 안정감이 생기지요. 당신이 필요할 때 늘 함께 해 주는 누군가가 있다는 것만으로도 굉장한 위안이 됩니다. 혼자일 때 가지고 있던 세상에 대한 두려움이 다 녹아 버립니다. 맞는 이야기입니다. 하지만 그 상대가 수성에서 온 남성이라면 얘기는 달라집니다. '푸근한 안정감'은 상당히 줄어들 것입니다. 월요일에 빵을 사러 보낸 쌍둥이자리 남성이 목요일이나 되어야 돌아올 거라고 예상하고 있다면 당신은 쌍둥이자리에게 잘 적응한 것입니다. 쌍둥이자리는 실제로 와야 오는 것이지요. 그리고 그가 떠나고 싶어 할 때 옷자락을 붙들고 늘어지면 안 됩니다.

잠시도 가만히 있지 못하고 예측할 수 없게 만들지만, 일단 쌍둥이자리의 정신세계를 이해하는 방법을 배우고 나면 좋은 관계를 만들 수 있습니다. 다만 당신이 필요할 때 늘 곁에 있어 줄 사람을 원한다면 일이 좀 어려워집니다. 당신은 쌍둥이자리 남성이 언제 어디에 있을지 절대로 알 수 없을 테고, 때문에 사랑으로 극복하려 했던 두려움이 되살아날 것입니다. 쌍둥이자리와 사랑에 빠지면 당신이 절대로 혼자가 아니라는 것만은 사실입니다. 적어도 두 사람과 함께 하게 될 거예요. 이 두 사람 모두 당신이 사랑에 빠진 바로 그 남성이랍니다. 쌍둥이자리잖아요? 게다가 그 쌍둥이는 일란성이 아닙니다. 서로 완전히 다른 두 개의 인격체입니다. 심지어 세쌍둥이나 네쌍둥이도 있습니다. 이렇게 되면 그와 단둘이 있어도 여러 명의 남자와 함께 있는 셈이죠.

전형적인 쌍둥이자리는 파티를 주관하는 사람들이 가장 좋아하는 별자리입니다. 사람을 좋아하는 천성 때문에 사람이 많으면 많을수록 더 즐거워합니다. 쌍둥이자리는 대부분 유쾌한 대화의 달인입니다. 세련된 취향과 넘치는 재치, 그리고 상대방에게 진심으로 호응하는 실력이 수준급입니다. 쌍둥이자리는 흠잡을 데 없는 매너와 노련한 사교성으로 파티를 다채롭고 생기 넘치는 공간으로 만듭니다.

'물건 찾기 게임'을 아시나요? 사람들이 짝을 지어 유명 영화배우의 머리카락이나 경찰청장 책상에 있는 수첩 같이 황당하고 재미있는 물건들을 가장 많이 수집한 팀이 이기는 게임입니다. 쌍둥이자리가 가장 좋아하는 파티용 게임이지요. 이곳저곳 다니면서 여러 부류의 사람들을 만날 수 있기 때문입니다. 다양한 장소와 다양한 사람, 쌍둥이자리는 이 두 가지를 추구하며 사는 사람들입니다.

당신이 사교 모임에서 쌍둥이자리 남성을 만난다면 매력적인 팔색조의 모습에 반할 것입니다. 아마도 당신이 지금껏 만났던 사람 중에 가장 재미있고 지적인 남성이라고 생각할 것입니다. 아무도 그 사실을 반박할 수 없습니다. 실제로도 그러니까요. 하지만 결혼은 신중하게 생각해 보아야 합니다. 갈대처럼 변덕스러워서 신혼여행이 끝나기도 전에 앞으로의 계획들을 완전히 바꿔 버릴지도 모르는 남자와 함께 해야 할 불확실한 미래를 감당할 수 있을지 잘 생각해 보세요. 쌍둥이자리 시인 휘트먼이 이런 글을 쓴 적이 있습니다. "나는 내 자신을 부정하는 것일까? 내 안에는 여러 개의 자아가 있다." 그가 알고 있었는지 모르겠지만 이 말은 쌍둥이자리의 핵심을 그대로 요약한 것입니다.

어느 날 쌍둥이자리 남자친구가 수다쟁이 원숭이를 어깨에 얹고는 당신을 찾아와 서커스를 보러 가자고 합니다. 또한 꽃과 향수, 음반이나 책을 선물합니다. 어쩌면 자기가 직접 쓴 책일 수도 있습니다. 그의 밝은 성격에 당신도 덩달아 쾌활해지고, 재치 있는 농담에 웃으면서 매너 있고 매력적인 그에게 빠져들어서는 시간 가는 줄 모를 것입니다.

다음날 그는 전화를 걸어 와서 별 이유 없이 데이트를 취소합니다. 당신은 별의별 생각을 다 하게 됩니다. 무슨 문제가 생겼나? 다른 사람을 만나나? 사랑한다는 말은 그냥 장난이었을까? 당신의 두려움은 현실일 수도 있고 아닐 수도 있습니다. 1주일 정도 지나면 그는 당신 앞에 다시 나타나서는 차가운 말을 쏟아 내며 변덕스럽고 초조한 모습을 보여 줄 것입니다. 참을성은 손톱만큼도 없고 사소한 것에도 비판적이며 갖가지 심술을 부려 댈 것입니다. 당신의 신발이나 립스틱 색깔, 또는 문학적 취향에 대해서도 트집을 잡고, 우리는 서로 어울리지 않는 것 같다는 가슴 아픈 말도 해 댑니다. 정말로 그렇게 생각하는지 아니면 단순히 우울해져서 걱정이 많아진 탓인지 모르지만, 아무튼 그는 마음이 이미 멀리 떠난 것처럼 냉담하기만 합니다. 이유를 물어도 납득할 만한 대답을 듣기는 어려울 것입니다.

당신이 이 모든 일들을 견뎌 낸다면 며칠 뒤에는 그와 함께 미술관에도 가고 연극도 보고 박물관이나 도서관에도 가고 또 오페라도 보러 다니면서 그의 해박한 지식과 폭넓은 관심사에 다시 넋을 잃게 될 것입니다. 그는 평소와 다르게 부드럽게 행동하고, 덧없는 꿈과 영화 같은 희망으로 가득 찬 미래를 이야기합니다. 그러고는 갑자기 당신에게 청혼합니다. 아주 순식간에요. 당신은 얼마 전에 겪었던 폭풍우와 비바람은 모두 잊어버리고 그가 또 마음을 바꾸기 전에 냉큼 청혼을 받아들일 것입니다. 이렇게 해서 수수께끼 같은 사람과 약혼하게 되지요.

네, 정말 수수께끼입니다. 만약 당신이 평생 변함없는 사랑을 주는 남편을 만나 베니스 운하에서 곤돌라가 미끄러지듯이 부드럽고 편안한 결혼 생활을 유지할 수 있을 거라고 기대한다면, 글쎄요. 회전목마를 탄 것처럼 제자리에서 빙빙 맴돌지 않을까요? 최대한 빨리 회전목마에서 내리세요. 어렵게 잡은 기회라고 연연해하지 말기 바랍니다. 화사하고 기분 좋은 음악에 취해서 시시각각 색깔이 바뀌는 그림 속으로 끌려 들어가지 마세요. 잘 살펴보면 태양빛처럼 화사한 노란색이나 더없이 행복한 파란색 뒤에 우울한 잿빛을 숨겨 놓았답니다. 당신이 구제불능 낭만주의자와 완벽한 조화를 이뤄 보겠다는 꿈을 꾸고 있다면, 지금 상당히 위험한 상황에 처해 있습니다.

출생차트 상 다른 요소가 어떻든 간에, 태양별자리가 쌍둥이자리인 사람은 내일이 되면 오늘의 모습이 남아 있지 않고 어제의 기억은 이미 사라지고 없을 것입니다. 어떤 식으로든 그는 끊임없이 변화합니다. 그 변화는 항상 지금보다 더 나아지기 위함이며, 그는 계속 더 높은 곳을 향해 나아갑니다. 이런 점에서는 기회를 노려 볼 만합니다. 당신이 도박사라면 쌍둥이자리와 함께 잭팟을 터뜨릴 수도 있습니다. 여기에 정신적·정서적으로도 조화를 이룬다면 결혼 50주년 파티를 열 수도 있 겠죠. 하지만 뛰어난 도박사는 베팅하기 전에 그 확률을 잘 계산해 봅니 다. 당신도 그래야 합니다. 쌍둥이자리는 언제라도 생각이 변할 수 있으 니까요. 이 불안정한 결단력과 관련하여 드문 예외가 있는데, 바로 케네 디 대통령과 영국의 빅토리아 여왕입니다. 하지만 케네디 대통령도 관 심 분야가 다양했다는 점과 빅토리아 여왕은 황소자리 성향이 강했는데 도 불구하고 당대의 관습을 많은 부분에서 크게 바꿔 놓았다는 점을 기 억하시기 바랍니다. 어쨌든 쌍둥이자리가 왕이나 대통령처럼 거부할 수 없는 환경 속에서 정형화된 사람으로 성장하는 경우는 매우 드물겠죠.

쌍둥이자리 남성과 연애를 했던 한 여성의 증언을 들어 볼까요? 쌍 둥이자리의 이중성이 어떻게 표출되는지 잘 알 수 있을 것입니다. 수성 의 지배를 받는 그 남자는 프로듀서였고, 여성은 매우 유명한 배우로 짙 은 갈색 머리를 지닌 물고기자리였습니다. 이 쌍둥이자리 남성의 보트 위에서 주말 파티가 열렸는데, 그가 친구들 앞에서 이 여성을 모욕하고, 무례하고 냉담하게 굴었습니다. 그녀는 경악을 금치 못하고 너무나 당 황스러워했죠. 후일에 그녀는 이렇게 말했습니다. "도대체 뭐가 문제인 지 모르겠어요. 그 사람은 나를 정말 미워하나 봐요. 나는 아무 짓도 하 지 않았는데, 주말 내내 저에게 거의 한 마디도 하지 않더라고요." 하지 만 그녀가 뭔가를 하기는 했습니다. 그 프로듀서가 자기에게 반하게 만 든 것이죠. 그는 이 사건 후 얼마 지나지 않아 그녀에게 청혼할 정도로 푹 빠져 있었습니다. 하지만 그녀를 향한 감정이 사랑이라는 것을 처음 깨달았을 때 그가 보인 반응은, 마치 천박한 여인을 대하는 듯한 모습이 었죠.

이 여성의 경험담을 들었다고 해서 당신이 쌍둥이자리 남성과 사랑에 빠지는 것을 피할 수는 없을 것입니다. 하지만 당신에게 푹 빠져 있는 게 분명한데도 도무지 이해할 수 없는 이유로 그 감정을 혼자 간 직하면서 오히려 당신에게 냉담하게 구는 쌍둥이자리 남성, 이 남자 때 문에 마음 고생했을 여성들의 상처는 달래 줄 수 있을 것입니다. 그 여 성의 수는 제법 많을 것입니다. 쌍둥이자리는 자기의 실제 의도를 위장 하려는 무의식적인 욕망을 가지고 있습니다. 그래서 다른 사람들의 말 을 교묘히 받아 넘기면서 자기의 의도는 이중적인 행동으로 감춥니다. 쌍둥이자리 남성은 당신을 헷갈리게 만들려고 할 것입니다. 그런 다음 에는 일관성 없는 쌍둥이자리답게 갑자기 태도를 바꿉니다. 솔직하고 무뚝뚝하게, 매우 직설적인 태도로 당신의 마음을 완전히 사로잡아 버 릴 것입니다.

당신이 쌍둥이자리 남성과 너무 가까워지려고 하지만 않는다면, 그 사람과의 사랑은 편하고 재미있습니다. 그 사람은 내면에 자기만의 세계를 간직하고 있는데, 절대로 다른 사람과 공유하지 않는답니다. 당 신도 예외는 아닙니다. 쿨하고 가볍게 처신하는 것이 좋고, 너무 열정적 이거나 호들갑스러운 행동은 삼가 주세요. 그를 절대로 지루하게 만들 면 안 됩니다. 늘 신나게 해 주면 두 사람의 관계는 매우 특별해질 것입 니다. 그의 변화를 막지 말고, 그와 함께 변하세요. 그 사람만큼 당신도 삶에 많은 관심을 쏟아 보세요. 그러지 않으면 두 사람의 연애는 그저 그런 연애가 될 것입니다. 그는 무엇보다도 마음이 통하는 친구가 필요 합니다. 자기와 재치를 겨룰 수 있는 사람, 가끔은 자기를 능가할 수 있 는 사람을 찾고 있지요. 그는 현실주의자이지만 지적인 도전을 즐깁니 다. 아무 반응이 없는 현관 앞 매트나 둔하디 둔한 쥐는 생각만 해도 혐 오스럽습니다. 이런 존재가 되는 것을 가장 끔찍하게 여기지요. 당신의 여성스러운 모습과 더불어 지적인 모습을 보여 주세요. 똑똑한 여성을 피하는 남성도 있지만, 쌍둥이자리 남성은 그렇지 않습니다. 그의 시선이 곧바로 당신을 향할 것입니다.

쌍둥이자리는 새 친구를 사귀느라 옛 친구를 버리는 경향이 있지만, 무정해서 그러는 것은 아닙니다. 성격 자체가 매우 변화무쌍하고 늘 맹렬하게 앞으로 나아가기 때문에, 그가 그때그때 관심을 두는 일과 관련 있는 사람들에게 끌리는 것은 어찌 보면 자연스러운 일이지요. 어디든 모자를 걸어 두면 그곳이 바로 쌍둥이자리의 집이 됩니다. 묵은 기억이나 장소, 사람이나 물건에 집착하는 경우는 아주 드뭅니다. 어쩌다가 혼자서 오래 지내다 보면 감상적인 눈물을 흘릴 수도 있겠지만, 이 눈물의 근원은 과거에 대한 향수가 아니라 외로움 자체입니다. 사람들과 어울리기 좋아하는 쌍둥이자리에게, 장시간 혼자서 보내야 하는 상황은 생각만 해도 끔찍하고 무섭기까지 합니다. 그에게 이런 제안을 해 보세요. 당신이 반려자로서 항상 곁에 있겠지만 그에게 기대지도 않고 그가 당신에게 기대 올 것을 바라지도 않겠다고 하면, 그는 장기 계약서에 서명을 할까 고려해 볼 것입니다. 하지만 당신은 또다른 가능성도 생각해 봐야 합니다. 쌍둥이자리 중에는 결혼을 두 번 이상 하는 이들이 많습니다. 너무 어린 나이에 결혼할 경우에 그럴 확률이 높습니다. 그렇다고 모든 쌍둥이자리 남성이 아내를 두 번 맞이하는 것은 아니지만, 그 밖의 다른 것들은 거의 두 개씩 가지고 있을 것입니다. 자동차가 두 대이거나 아파트가 두 채이거나, 학위도 두 개, 직업도 두 개, 꿈도 두 개, 애완동물도 두 마리, 면도기도 두 개, 취미도 두 개, 야망도 두 개일 것입니다.

제가 좋아하는 쌍둥이자리 친구 프랭크 블레어는 〈투데이 쇼〉에 출연하는 NBC 기자인데, 심지어 휴가도 두 번으로 나누어 씁니다. 취미가 뭐냐고요? 자기 비행기를 조종하고, 자기 배를 모는가 하면, 골프도 기가 막히게 잘 칩니다.(프랭크는 아마도 세쌍둥이자리일 것 같네요.) 악기를 두 가지나 다룰 줄 알고, 아이들이 여러 명이고, NBC에 있는 자기 사무실에는 상장과 트로피가 여러 개 있으며, 친구도 많고, 방송국에서 맡은 일도 두 가지입니다. 책상 위에는 전기 면도기가 두 개 있고, 적어도 열 개가 넘는 꿈과 계획을 가지고 있는데, 6개월마다 바뀝니다. 하지만 아내는 한 명입니다.(분명히 동쪽별자리가 게자리나 황소자리일 것입니다.) 그리고 혹시 이미 눈치를 채셨나요? 전형적인 쌍둥이자리에게 어울리는 방송 분야에서 일하고 있죠. 쌍둥이자리의 지배행성인 수성은 의사소통과 뉴스를 관장합니다. 제 친구도 확실히 쌍둥이자리다운 매력과 손재주를 가지고 있답니다. 토마토 주스를 따르며 비서에게 타이핑할 내용을 불러 주고, 아내에게 전화를 하면서 동시에 면도도 하고 가방도 쌉니다. 쌍둥이자리는 재주가 많습니다. 특히나 손으로 하는 일에는 전문가입니다.

금전적인 문제에 있어서도 역시 이중성을 발휘합니다. 처음에는 엄청나게 관대하다가도 어느 순간 갑자기 구두쇠로 돌변합니다. 제 생각에는 그래도 평균을 내 보면 관대한 쪽으로 기울 것 같습니다. 쌍둥이자리에게는 돈이나 지식을 축적하려는 욕망이 거의 없습니다. 돈이든 지식이든 흡수하고 잘 정리한 뒤에 개선해서 다시 돌려주는 것을 더 좋아합니다. 그는 일찍이 없었던 새로운 생각을 창조해 내고, 민첩하고 뛰어난 지성을 다재다능하게 사용하여 사람들에게 기여하는 지식 전달자입니다.

쌍둥이자리는 신의를 지키는 사람일까요? 네. 자기 방식대로 지킬 것입니다. 수성하고 관련된 이런 질문에서는 수만 가지 답이 나올 수 있습니다. 쌍둥이자리는 사람들과 교제하는 것을 좋아합니다. 또한 묘하게도 여성에게 인기가 많아서, 그를 둘러싼 소문과 의혹이 무성할 것입니다. 하지만 한 가지 면에서는 신뢰할 수 있답니다. 쌍둥이자리는 공정성에 대한 의식이 몸에 배어 있어서, 당신이 그를 진정으로 믿어 준다면 부정직한 행동을 하지 않습니다. 온전한 신뢰와 믿음이라면 가능합니다. 당신이 속으로는 미심쩍어한다면 쌍둥이자리 남성은 그것을 감지할 수 있습니다. 그는 종종 당신이 방송이라도 하는 양 당신의 생각을 읽어 내고는 합니다. 쌍둥이자리 남편이 결혼반지를 끼고 있으니 다른 여성에게 무관심할 것이라고 기대하는 것은 그리 좋은 생각이 아닙니다. 여성들이 그를 내버려 두지 않을 테고, 쌍둥이자리 남성도 거기에 반응합니다. 그런 여성들이 주변에 있다면 쌍둥이자리 남성은 그들에게 다가가 말을 걸고, 함께 웃고 술을 마시기도 할 것입니다. 하지만 그는 쌍둥이자리답게 대화를 즐기는 것뿐이고, 상대방의 성별은 별로 상관하지 않습니다. 말하자면 그 여성을 유혹하려는 의도가 꼭 있는 것은 아니랍니다.

쌍둥이자리 중에 노골적으로 성관계가 복잡한 사람들이 많이 있기는 하지만, 당신이 어떤 이야기를 들었던 간에 그 사람에게는 그럴 만한 이유가 있습니다. 쌍둥이자리 남성은 어떤 면에서든 불신을 당하거나 오해를 받으면 매우 고통스러워합니다. 상심하고 우울한 기분에 여기저기 돌아다니면서 복잡한 마음을 달래 줄 대상을 찾아다닙니다. 하지만 정신적 교감을 나눌 사람이 있고, 굳이 사람들에게 자기를 입증해 보일 필요가 없으면, 현실을 도피하려는 충동이 사라집니다. 즉, 쌍둥이자리 남성과 정신적 조화를 완벽하게 이루고 있는 여성이라면 그의 심리적·육체적 외도를 전혀 걱정할 필요가 없습니다. 쌍둥이자리 남성은 이런 점에서 매우 확실합니다. 거의 변하지 않는 원칙이죠. 그는 누군가와 아무런 이유도 없이 엮이지는 않을 것입니다. 쌍둥이자리 남성이 남녀 노소를 불문하고 자기에게 미소를 보내는 사람에게 마주 웃어 주지 않기를 바라는 것은 태양이 빛나지 않기를 기대하는 것과 같습니다. 그는 쾌활하고 다정한 기질로 끊임없이 친구를 사귀려고 합니다. 출퇴근길에 만나는 버스 기사일 수도 있고 회사 근처 커피숍에서 일하는 아가씨일 수도 있습니다. 그를 억압하려고 하지 마세요. 쌍둥이자리의 영혼을 가두려고 하면 그는 종잡을 수 없이 바람 같은 사람이 되어 버린답니다.

쌍둥이자리 아버지는 아이들과 친구처럼 지냅니다. 규율을 강조하지는 않지만 유치원에 들어가기도 전에 많은 것을 가르쳐 줄 것입니다. 그는 어떤 얘기를 들어도 좀처럼 놀라지 않고 엄하게 판단하려 들지도 않기 때문에, 아이들은 그에게 비밀을 털어놓고 싶어 합니다. 그는 아이들을 과잉보호로 숨 막히게 하지 않으면서 사랑하는 방법을 알고 있답니다. 쌍둥이자리 아버지와 아이들의 관계는, 모순처럼 들리겠지만 매우 가까우면서도 다소 느슨한 사이입니다. 다정하고 명랑한 모습으로 아이들을 대하지만, 정해진 틀에 따르도록 가르치는 일은 잘 못합니다. 자기도 그런 틀을 몹시 싫어하니까요. 또한 아이들이 똑같은 행동을 해도 어떤 날은 야단치고 어떤 날은 받아 주기도 하기 때문에 아이들을 혼란스럽게 하기도 합니다. 쌍둥이자리 아버지는 아이들에게 듣기 좋은 훈계는 잘하겠지만, 아이들의 엉덩이를 때리거나 엄격한 규율을 적용하는 일은 당신에게 넘길 것입니다. 쌍둥이자리 아버지는 아이들을 응석받이로 키우는 경향이 있습니다.

가끔은 생각이 앞서서 아이들에게 지킬 수 없는 말을 할 때도 있습니다. 당신이 쌍둥이자리 남성에게 약속을 지키는 것이 얼마나 중요한

지 알려 주어야 합니다. 아무리 좋은 취지였다고 해도 충동적으로 약속해 놓고 지키지 않으면 곤란하겠죠. 쌍둥이자리 아버지는 아이들이 그를 어떻게든 꽉 붙들어 놓지 않으면, 다 열거하기도 힘든 자기만의 취미 활동들에 푹 빠져 지낼 것입니다. 한 가지 경고해 드릴 게 있습니다. 쌍둥이자리 아버지는 신체적 체벌은 하지 않지만, 갑작스럽게 냉소적인 말을 신랄하게 쏟아내어 아이들의 작은 가슴에 깊은 상처를 남기기도 합니다. 이 상처는 평생 동안 잊히지 않는 아픔이 되기도 하지요. 쌍둥이자리가 타고난 냉정함을 극복하려고 의식적으로 노력하지 않는다면, 키스나 포옹 같은 애정 표현을 싫어할 수도 있습니다. 그렇지만 어른들에게는 보여 주지 못한 따뜻함을 자기 아이들에게는 풍부하게 표현하는 쌍둥이자리 부모도 여럿 있습니다. 아이들은 그를 구속하려 들지 않을 테니, 쌍둥이자리 남성은 자녀가 몇 명이든 간에 아버지로서의 역할을 흔쾌히 떠맡을 것입니다. 단, 그가 원하지 않을 때 아이들을 돌보라는 요구만 하지 않으면 됩니다.

쌍둥이자리 남편에게 있어 질투심은 전혀 걱정할 필요 없습니다. 소유욕은 쌍둥이자리의 전공이 아니기 때문입니다. 가끔 의심이 생길 수도 있겠지만(출생차트 상에 상반되는 요소가 있지 않는 한) 그는 곧 털어 버립니다. 물론 인간적인 질투심 정도는 자연스러운 것이지만, 쌍둥이자리는 그것을 확대 해석하지 않습니다. 쌍둥이자리 남성에게 사랑은 육체적인 사랑만을 의미하지 않습니다. 그는 자기의 예민한 감각을 통해 다른 사람들보다 더 많이 듣고, 많이 보고, 많이 느낍니다. 지배행성인 수성 덕분에 매우 섬세한 느낌도 생생하게 기록할 수 있습니다. 그의 사랑은 공기처럼 모습을 계속 바꾸기 때문에, 현실적인 열정이 결여되어 보일 수 있습니다. 하지만 당신의 머리채를 휘어잡고 숲 속으로 끌고 들어갈 원시인을 찾는 게 아니라면, 쌍둥이자리 남성은 단순한 만족 이상을 주는 연인이 될 것입니다. 그는 낭만적이고 상상력 넘치는 말로 감정을 표현하고, 당신의 비어 있는 마음을 신비롭고 아름다운 이상으로 채워 줄 것입니다.

전형적인 쌍둥이자리의 냉담한 마음은 두 사람이 같은 음악을 듣거나 같은 꿈을 꿀 때 아주 따뜻해지기도 합니다. 쌍둥이자리 남성은 육체적 욕망이 고조되려면 마음과 영혼이 완전히 하나가 되는 느낌이 필요합니다. 좀 에둘러 가는 듯하지만, 그의 마음에 다다르는 유일하고 진정한 길이랍니다.

'만약에'라는 단어에 익숙해져야 합니다. 그는 "내가 만약에 당신을 사랑한다면, 우리가……"라거나 "만약에 내가 당신을 사랑할 수 있다면, 아마도……"처럼 말을 채 끝맺지 않는 경우가 있습니다. 당신은 마음으로 그의 말을 듣고 대신 이야기를 마무리해 주어야 합니다. '만약에'라는 단어를 없애 주세요. 쌍둥이자리는 다만 그 단어를 연막이나 안전장치로 사용하는 것입니다. 혹독한 잔소리를 퍼붓거나 언성을 높이면 쌍둥이자리의 곱고 섬세한 사랑이 무디어집니다. 수은 덩어리를 손으로 힘껏 움켜쥐면 어떻게 될까요? 수백 개의 반짝이는 은색 구슬로 나뉘어져서 손가락 사이로 빠져나가 버립니다. 쌍둥이자리 남편을 잘 알고 있다고 자부하던 한 여성이 있었습니다. 그녀는 이혼하고 난 뒤에야 남편이 떠나기 직전에 썼던 글을 발견했습니다.

"당신이 꿈속으로 들어와
내 환상을 수놓은 부드러운 카펫 위로
징을 박은 부츠를 신고 지나갔지."

쌍둥이자리에게는 동시에 두 개의 사랑이 필요하다고 했습니다. 부도덕성을 암시하는 듯한 이런 말을 당신이 너무 자주 들어서 쓸데없이 불안해할지도 모르겠네요. 하지만 두 개의 '사랑'이라는 말은 두 명의 '여성'이 필요하다는 말은 아닙니다. 수수께끼 같지요? 하지만 당신이 정말 그를 이해한다면 그 해답을 알 수 있을 것입니다.

쌍둥이자리 여성

♊

배가 미끄러지듯이 나아갈 때마다 아름다운 골풀을 많이 꺾을 수 있었지만,
유달리 손이 닿지 않는 곳에 더 멋진 골풀이 많은 것 같았다.
"가장 예쁜 것은 늘 멀리 있다니까!"
앨리스는 그렇게 멀리 떨어진 곳에서 자라는 골풀의 완고함에 한숨을 지으며 말했다.

브리검 영*이 일부다처제를 주장할 때 속으로 환상적인 아이디어라고
생각했나요? 어떤 왕들이 여러 아내를 거느리며 사는 것이 내심 부럽
나요? 그렇다면 그 희망을 포기할 필요는 없습니다. 쌍둥이자리 여성과
결혼하면 됩니다. 그러면 적어도 두 명의 아내를 얻을 수 있고, 주말에
는 가끔 세 명이나 네 명이 되기도 한답니다.

당연히 애로사항이야 있겠지요. 쌍둥이자리 여성은 현실적인 일에
별로 애착이 없습니다. 또한 그런 애착이나 다른 무언가에 진지하게 몰
두할 마음이 생길 만큼 한 곳에 오래 머물러 있게 하기가 어렵습니다.
쌍둥이자리 여성의 마음은 언제나 여행 중이고, 동시에 자기의 여정을

---

* 브리검 영(Brigham Young, 1801~1877): 미국의 모르몬교 지도자.

끊임없이 생중계합니다. 그런데 조금 더 자세히 살펴보면 쌍둥이자리 여성 안에 존재하는 서너 명의 여성들 가운데 강렬한 열정을 지닌 낭만적인 여성이 있을 것입니다. 당신이 그녀와 정신적·육체적으로 완벽한 조화를 이룬다면 발견할 수 있을 거예요. 어떻게 하면 그 낭만적 여성의 자질을 개발하고, 동시에 그 속의 다른 여성들과도 만족스럽게 지낼 수 있을지가 관건이랄까요? 제가 알려 드릴 수 있는 것은 이 정도까지이고, 방정식을 잘 연구해서 이 문제를 해결하는 것은 당신에게 달려 있습니다. 개개인마다 해법이 다르기 때문입니다.

당신이 그나마 참조할 수 있는 것은 그녀의 나이입니다. 나이가 들어 성숙해지기 전까지 그녀에게 연애는 그저 게임에 불과해서, 엄청나게 변덕스럽고 예측 불가능한 모습을 보일 수 있습니다. 처음에는 당신의 미소와 목소리, 심지어 걸음걸이에도 반해서 당신에게 완전히 빠져 버리겠지만, 어느 날 완전히 돌변해서 당신의 머리끝에서부터 발끝까지 온갖 트집을 잡을 것입니다. 그럴 때 그녀의 메스는 날카롭고 냉소적이기 이를 데 없어서, 당신은 상처를 치료할 연고를 준비해 두어야 합니다. 그렇다고 해서 쌍둥이자리 여성을 연애 대상에서 아예 제외시키라는 말은 아닙니다. 최소한 두 명의 여인을 얻게 된다는 말을 기억하세요. 하나를 사면, 하나 더 주는 특별 세일이죠.

쌍둥이자리 여성은 그녀가 가끔 보이는 모습처럼 무정한 사람은 아닙니다. 왕성한 상상력으로 다양한 판타지를 창조해 내는 이들에게 연애는 자기를 표현할 수 있는 가장 유용한 방법이며, 다른 여성들보다 최소한 두 배 이상 잘 표현할 것입니다. 쌍둥이자리 남성의 경우 프로듀서, 가수, 항해사, 법조인, 영화배우, 영업사원, 이사회 회장 등의 역할을 모두 한 번에 수행할 수도 있고, 자기를 표현할 수 있는 영역이 매우 넓습니다. 하지만 여성의 경우에는 이 모든 것을 다 잘해 내지는 못하며, 약간 별난 사람으로 보일 수도 있습니다. 쌍둥이자리 여성이 경력을 추구하지 않아서가 아닙니다. 그들은 경력을 추구합니다. 거의 한 명도 예외가 없습니다. 하지만 현재의 사회적 여건에서 일은 연애만큼 그녀의 무수한 이론을 실험해 보고 정서적인 훈련을 해 볼 기회를 제공해주지 못하지요.

쌍둥이자리 여성은 당신의 연민을 필요로 합니다. 분노는 아니에요. 그녀에게는 한 번에 단 한 사람에게만 전념하는 일이 고통스러울 정도로 힘겹습니다. 그녀는 상대방의 정신적인 능력과 지적인 위트에 한껏 감명을 받다가도, 다른 한편으로는 그 사람의 예술에 대한 몰이해나 음악과 시에 대한 미진한 반응을 알아채고는 실망합니다. 그러다가 매우 창조적이고 발레나 문학에 조예가 깊은 남자를 만나면, 그녀의 이중성이 또 튀어나옵니다. 박물관을 거니는 도중에 그녀의 또다른 자아는 그 남성이 돈벌이는 괜찮은지, 본인이 가는 길에 대한 주관이 있는지 등등 이것저것 의문스러워하기 시작합니다. 자, 이런 고유의 모순을 지닌 쌍둥이자리 여성을 보면서 이제 좀 연민을 느끼시리라 생각합니다.

칭찬해 주세요. 그러면 쌍둥이자리 여성은 자기의 복잡한 인격으로 말미암아 생기는 그 당황스러움을 스스로 감당해 내면서 당신에게는 부담을 주지 않을 것입니다. 그녀는 생기발랄하고 명랑한 친구입니다. 기분이 좋을 때에는 쾌활한 모습을 보이며 재치 있는 말로 당신을 즐겁게 해 주고, 지구상에 존재하는 어떤 주제에 대해서도 당신과 지적인 대화를 나눌 것입니다. 그녀는 낭만적인 감정 표현을 마음껏 즐기며, 어렵지 않게 당신의 사랑을 얻을 것입니다. 당신이 그 동안 만난 어떤 여성보다도 풍부한 상상력으로 사랑을 표현하고 독특한 매력으로 당신을 기쁘게 해 줍니다. 그녀는 섬세한 여성스러움을 풍기며 당신에게 눈웃음 치기도 하지만, 스스로 생계를 꾸려 갈 능력이 없는 것도 아닙니다. 쌍둥이자리 여성은 아찔한 파티 걸로 완벽하게 변신해서 어리바리한 남성을 유혹하고 그의 통장을 손에 쥘 수도 있습니다. 또는 정숙하고 사랑스러운 가정주부가 되었다가, 위대한 철학자들의 세계를 공부하는 학구파가 되었다가, 정치나 문학에 대해서 명석한 대화를 나누는 진지한 지성인으로도 변신합니다. 아카데믹한 지식인의 모습을 보이는가 하면 또 갑자기 정제되지 않은 감정을 발산하고, 신경이 곤두서고 슬픔과 공포에 사로잡히기도 합니다. 그녀는 확실히 단조롭거나 지루할 틈은 없습니다.

　이것이 과장된 표현이라고 생각한다면 메릴린 먼로를 한번 떠올려 보세요. 칼 샌드버그*부터 전담 미용사에 이르기까지, 주위의 모든 남성들이 그녀를 알고 있다고 생각했지만, 공통분모라고는 찾기 힘든 전혀 다른 그녀의 모습을 저마다 보았을 뿐이었지요. 관능적인 미의 여신으로 나온 사진 옆에는 뿔테 안경에 바부시카**를 두른 채 화장기 하나 없는 얼굴로 러시아 문학 강의에 집중하고 있는 사진도 있습니다. 다른 사진에서는 그녀가 탁월한 운동신경과 따뜻하고 인간적인 매력을 이유로 흠모했던 남편을 위해 체크무늬 앞치마를 두르고 치즈 수플레를 만드는 법을 배우고 있습니다. 그뿐인가요. 고매한 지성과 문학적 재능에 감탄하여 늘 찬미하고 존경했던 또다른 남편 옆에서 진지한 표정으로 걷고 있는 사진도 있지요. 두어 장만 더 볼까요? 세 번째 아기를 잃고 나

* 칼 샌드버그(Carl Sandburg, 1878~1967): 미국의 시인. 퓰리처상을 수상했다.
** 바부시카(babushka): 전통적으로 러시아 여성들이 머리에 쓰는 스카프.

서 눈물 자국이 채 마르지 않은 얼굴로 찍은 사진과 프랑스 어느 휴양지 해변에서 비키니 수영복을 입고 잘생긴 프랑스 배우와 함께 활짝 웃는 모습으로 찍은 사진도 있습니다. 언론 매체에 게재할 목적으로 촬영한 사진이 아니라 찍히는 줄도 모른 채 포착된 장면들이었지요. 대중에게 보여 주기 위해 선택한 이미지 뒤에 숨어 있는 다양한 모습을, 그것도 한 명의 쌍둥이자리 여성 안에 공존하는 여러 여성의 모습을 카메라의 눈으로 본 좋은 예입니다.

쌍둥이자리 여성은 '정말로, 진짜로 사랑에 빠지기를' 염원하고 있지만 사랑은 그녀를 교묘히 피해 갑니다. 어머니가 되고 싶지만 그것도 또한 잘 이룰 수 없는 경우가 있습니다. 그녀는 만나는 남성들 개개인에게서 서로 다른 완벽함을 찾아내지만, 그녀가 행복하기 위해 필요한 자질을 모두 다 갖추고 있는 단 한 명의 남성을 찾아 끊임없이 헤맵니다.

쌍둥이자리 여성은 멋진 친구가 될 수 있습니다. 당신과 스쿠버 다이빙에서부터 스피드 레이싱이나 자전거, 배드민턴까지도 함께 할 수 있습니다. 이런저런 야외 스포츠에 관심이 많으면서도 여전히 연약하고 여성스러운 자태를 잃지 않고 판단력은 채찍처럼 빠릅니다. 새로운 주제를 만나 호기심이 증폭되는 순간에 그녀의 날카로운 지성이 돋보이곤 합니다. 창의적이지만 복잡다단한 당신의 아이디어를 구체적인 내용까지 이해하는 것은 물론, 그것을 진전시킬 계획까지도 덤으로 제공해 줄 것입니다. 당신이 그녀에게 일관성을 요구하지만 않는다면 그녀는 완벽한 매력을 지닌 여성이지요.

하지만 쌍둥이자리 여성은 자기가 사랑에 빠졌음을 분명하게 인식하는 상황에서도 여전히 다른 남자에게 눈을 돌릴 수 있으니 주의하셔야 합니다. 늘 당신과 함께 있는 게 아니라면, 그녀는 다른 어떤 별자리 여성보다도 당신을 빠르게 잊어버릴 수 있습니다. 변화를 받아들이고 더 나아가 변화를 추구하는 것이 그녀의 본질이니까요. 참을성과 안정감을 무시하면서까지 연애에 몰두하는 열정을 다스릴 줄 알게 되기 전에는, 자기 인생은 물론 당신의 인생에도 해를 끼칠 수 있습니다. 하지만 참으로 다행히도 대부분의 쌍둥이자리 여성들은 너무 늦기 전에 자기의 본질을 더 잘 이해하고 안정을 찾는답니다.

당신이 그녀에게 프러포즈를 성공하고 나면, 평생 일부일처제로 살아가는 다른 남성들이 모두 불쌍하게 보일 거예요. 당신은 쌍둥이자리 여성과 결혼하면서 서너 명의 아내를 얻게 되었으니까요.

1호 아내는 당신이 요구하는 대로 뭐든지 맞춰 주는 여인입니다. 당신이 그녀의 마음을 차지할 수 있을 만큼 재미있는 사람이라면, 그녀에게 성실함을 요구해도 문제없이 받아들여질 것입니다. 그녀는 정신적·육체적으로 잘 조화를 이루고 있습니다. 1호 아내는 설령 당신이 지방으로 전근을 가게 되더라도 시무룩해하지 않습니다. 그녀는 앙증맞고 야무진 손과 독창적인 미적 감각으로 새 집을 예쁘게 단장할 것입니다. 게다가 그녀는 모험을 좋아하기 때문에, 당신에게 미래가 걸린 도박을 하고 있다는 식의 비난 섞인 잔소리는 하지 않습니다. 그녀에게는 새로운 삶이 가져다 주는 스릴이 더 흥미롭습니다. 그녀는 놀라운 사업 감각으로 당신의 여러 아이디어를 보완해 주기도 합니다. 가정에 수입이 더 필요하면 나가서 일을 할 수도 있고, 지출도 매우 실용적으로 관리합니다. 겉으로 보이는 것만큼 변덕쟁이는 아니랍니다. 명랑하게 재잘거리는 모습 뒤에는 생각이 깊고 총명한 모습이 있지요.

2호 아내는 감정 기복이 심한 여인입니다. 이미 예상하셨을 거예요. 냉소적인 면과 경박한 면을 교대로 내비치면서 당신에게 빈정거리곤 합니다. 또한 당신의 지성에 도전장을 내밀기도 합니다. 하지만 당신도 가끔 자극을 받아서 나쁠 건 없지요. 피하지 말고 지적인 논쟁으로 그녀를 눌러 주세요.(그녀도 내심 그러기를 바랍니다.) 2호 아내는 어지간한 일에 충격을 받지 않으며 편견도 없어서 시위 행렬에 참가하기도 하고 연좌농성을 하느라 자정이 되도록 집에 돌아올 생각을 하지 않기도 합니다. 그녀가 밖에서 연설을 하거나 학위를 더 따기 위해 야간대학을 다녀서 당신은 비슷한 신세의 친구들하고나 어울려야 한다면 어떻게 하시겠습니까? 쌍둥이자리 아내는 적어도 당신이 어디에서 누구와 무엇을 하고 다녔는지 캐묻지는 않을 것입니다. 당신도 마찬가지로 그녀에게 묻지 마세요. 당신은 자율적인 존재이고 그녀 또한 그렇습니다. 2호 아내는 매우 독립적인 개인주의자입니다.

3호 아내는 반복되는 집안일 때문에 지루해하고 우울해하는 여인입니다. 그녀가 공상에 빠지거나 희곡을 읽고 줄거리를 쓰는 동안, 침대는 정리되지 않은 채 어질러져 있고 설거지도 한가득 쌓여 있을 것입니다. 아마도 당신에게 저녁 식사로 통조림을 뚜껑도 따지 않은 채 줄지도 모릅니다. 하지만 당신은 3호 아내와 늦은 시간까지 영혼을 채워 주는 대화를 나눌 수 있습니다. 그녀는 당신이 살아오면서 받은 상처를 어루만져 줄 것입니다. 또한 불교에 대한 당신의 생각을 진지하게 들어 주고 노랫말을 써 보려는 당신의 시도에 열광하는 식으로, 당신의 정서적·지적 갈망을 모두 만족시켜 주기도 합니다. 한 마디로 그녀는 정말로 좋은 친구입니다. 집안일이나 그녀가 읊어 대는 허튼소리에 대해 당신이 잔소리하지 않으면, 그녀도 또한 매우 다정다감하게 대해 줍니다. 물론 가끔씩 가계부를 엉망으로 만들기는 하겠지요. 하지만 당신이 문득 캠핑을 떠나자고 하거나 며칠 라스베이거스로 여행가자고 해도, 비용은 어떻게 할지 누가 고양이에게 밥을 줄지 욕실에 물이 새면 어떻게 할지 등과 같은 어리석은 대꾸는 하지 않을 것입니다. 대신 신이 나서 당장 여행 가방을 싸겠지요.

4호 아내는 명랑하고 잘 웃는 어머니입니다. 그녀가 아이들을 과잉 보호해서 숨 막히게 할 일은 없습니다. 그녀 자신이 일을 너무 많이 벌이기 때문에 오히려 아이들이 어머니를 방해할 기회가 별로 없습니다. 아이들도 어머니의 자립정신을 자연스럽게 배울 것입니다. 누군가 아이들과 얼마나 많은 시간을 함께 보내는지 묻는다면 그녀는 이렇게 대답할 것입니다. "우리 가족에게는 많은 시간이 아니라 많은 사랑을 나누는 게 중요합니다." 그 말이 맞습니다. 그녀의 아이들은 그다지 어머니에게 복종하지 않을 수도 있습니다. 그녀가 하루는 아이들을 엄하게 대하다가도 다음날이면 어느새 물러져서 아이들에게 끌려다니기 때문입니다. 하지만 아이들은 어머니와의 긴긴 대화를 좋아할 것입니다. 엄마의 상상력과 아이들의 상상력이 한데 어우러져 그야말로 즐거운 대화를 나누곤 합니다. 그녀는 관대한 편이지만 아이들의 학업만큼은 신경을 쓰면서 좋은 점수를 받아야 한다고 주장할 것입니다. 자기가 도와서라도 아이들이 숙제를 꼭 해결하게 만들지만, 방 정리를 하지 않았다는 이유로 야단치는 일은 없습니다.

5호 아내는 아름다운 안주인입니다. 촛불과 꽃으로 집을 장식하고 은 접시를 닦는 일에는 이미 전문가입니다. 직장 상사부터 국회의원에 이르기까지, 당신은 그 누구라도 걱정 없이 저녁 식사에 초대할 수 있습니다. 손님들은 그녀가 너무도 우아하고 매력적이어서 집에 돌아가고 싶어 하지 않을지도 모릅니다. 그녀는 유달리 애쓰지 않으면서도 일상을 효율적으로 잘 관리하고, 패션모델처럼 옷도 잘 입고, 연극 보러 가는 것도 좋아합니다. 미술관이나 공연장에 함께 가 보면, 어떤 부류의 사람들과도 편안하게 잘 어울리는 당신의 아내를 목격하게 될 것입니다. 모든 사람들이, 당신과 사랑스럽게 팔짱을 끼고 있는 저 매력적인 여인이 누구인지 궁금해하면서 당신을 부러운 눈길로 쳐다보겠죠. 그녀는 낭만적이고 너무나도 여성스러운 면을 발휘해서 당신의 생일날 시를 써 주기도 합니다. 당신은 그녀의 우아한 스타일 때문에 마치 귀족이라도 된 기분이 들어서 그녀에게 벨벳 드레스 가운이나 값비싼 향수를 선물하고 싶어질 것입니다. 그녀에게 유럽 여행을 가자고 하면 눈을 반짝거리며 좋아할 거예요. 그녀는 아주 세련된 사람입니다.

자, 이 정도입니다. 어쩌면 당신의 쌍둥이자리 아내들 중에서 몇 명 빠뜨렸는지도 모릅니다. 한 동네에 사는 기혼 남성들은 매일 다른 여성과 다니는 당신을 보면서 질투에 눈이 멀겠네요. 어떻게 이런 일이 가능하냐고 물어 오면 그냥 한 번 씨익 웃어 주세요. 일부다처제는 어쨌거나 불법이니까요.

쌍둥이자리 여성은 비행기를 탈 수 있다면 기차를 타지 않습니다. 말할 수 있다면 절대로 침묵하지 않습니다. 도와줄 수 있다면 외면하지 않지요. 달릴 수 있다면 결코 걷지 않습니다. 그녀의 마음속에는 생각도 너무 많고 소망도 많아서 정리하려면 컴퓨터가 필요할 정도입니다. 또는 그저 옆에서 함께 달리며 오늘의 꿈을 내일의 현실로 같이 만들어 갈 누군가가 필요한지도 모릅니다. 하지만 당신이 바로 그 사람일지라도, 그녀는 고개를 돌려서 당신이 가까이에 있는지 감히 살피지 못한답니다. 내면에 깊게 자리 잡은 설명할 수 없는 두려움 때문에 뒤돌아보고 싶어도 뒤돌아보지 않습니다. 그러니 당신이 그녀와 속도를 맞출 수 있다면, 그녀를 잡아당겨 당신의 페이스에 맞추기 바랍니다. 손을 꼭 잡고 절대로 놓아 주지 않는다면 가능합니다. 비록 수성의 거센 바람이 그녀를 부채질하겠지만, 그녀는 당신이 생각하는 것보다 더 간절하게 멈춰 쉬고 싶어 하는지도 모릅니다. 서둘러 그녀를 따라잡으세요. 그녀에게는 당신이 필요합니다.

쌍둥이자리 어린이

Ⅱ

광어가 달팽이에게 말하기를
"좀 더 빨리 걸을래?
대구가 바로 뒤에서 네 꼬리를 밟으려고 하잖아."

쌍둥이자리 아기가 막 태어났다면, 당신은 롤러스케이트 타는 법을 배우고 뇌를 워밍업 시켜 두는 것이 좋습니다. 앞으로 15년에서 20년 동안은 몸도 마음도 긴장하고 있어야 하기 때문에 아기가 걸음마를 하기 전에 당장 시작하는 것이 좋습니다. 머지않아 곧 걸어다니고 말도 하게 될 텐데, 아이 옆에서 날아다닐 준비가 되어 있지 않으면 아이는 마치 비눗방울처럼 당신 손가락을 빠져나가 버릴지도 모릅니다. 비눗방울 잡아 보신 적 있나요?

미국 통계청에 따르면 실제로 쌍둥이는 1년 중 어느 때보다도 쌍둥이자리 계절에 많이 태어난다고 합니다. 당신의 쌍둥이자리 아이도 쌍둥이일 거예요. 아니면 세쌍둥이일지도 모르죠. 아니라고요? 아직 단정하기에는 이릅니다. 손가락 발가락이 열 개씩 있다고 해서 그냥 한 사람으로 여기면 곤란합니다. 쌍둥이자리 아기라면 얘기가 다르죠. 아기가 기어다니기 시작하면 무슨 뜻인지 알게 될 거예요. 분명히 불과 1초 전에 다용도실에서 아기가 전기 믹서 안에 손을 집어넣으려는 것을 보았습니다. 그런데 이게 어찌 된 일인지 어느새 현관 앞에서 해맑은 얼굴로 화초를 씹어 먹고 있네요. 어떻게 두 장소에 동시에 있을 수 있는 걸까요? 당신의 아이가 수성의 지배를 받고 있다는 것을 기억해 두세요. 이 아기는 신화에 등장하는, 발에 날개를 달고 머리에 빛나는 은 투구를 쓴 그리스 신이랍니다. 자, 아기의 머리에 투구 대신 냄비를 뒤집어씌우고, 작고 통통한 아기 발에서 날개가 자라난다고 상상해 보세요. 이제 좀 비슷해 보이죠?

저는 개인적으로 엄마들이 쇼핑을 갈 때 아이를 끈으로 묶어서 데리고 다니는 것을 찬성하지 않습니다. 마치 개를 끌고 다니는 것 같잖아요? 하지만 쌍둥이자리 아기와 다닌다면 만약의 경우를 대비해서 그 끈을 두세 개쯤 사 두라고 권하고 싶습니다.

당신은 아기가 그렇게 활동적이라면, 튼튼한 난간이 달린 유아용 침대를 꼭 장만해야겠다고 생각할 것입니다. 일리도 있고 이해도 가지만, 과연 쌍둥이자리 아이에게 그런 울타리가 적절할지는 모르겠네요. 작은 공간 안에 가두어 두다니요! 여기저기 돌아다니면서, 탐험하고 스스로 배워 나가는 기질을 타고난 어린 쌍둥이자리 아기에게는 상당히 잔인할 수 있습니다. 하지만 물리적으로 가두는 것보다 더 잔인한 것이 있습니다. 보고 즐길 것들이 바깥 세상에 널려 있는데, 작은 울타리 안에 갇혀 지내며 맛보게 될 정신적인 지루함이야말로 한층 더 위험합니다. 유아용 침대에 가두어 두는 시간이 너무 길면 안 됩니다. 쌍둥이자리 아기는 자유를 지나치게 제한하거나 방해하면 우울증이 생겨서 쉽게 헤어나지 못하기도 합니다. 쌍둥이자리는 공기 별자리라는 것을 기억하세요. 공기는 움직여야 합니다. 정 울타리 안에 가두어야만 하는 상황이라면, 잊지 말고 다양한 장난감과 책을 잔뜩 넣어 주세요.

쌍둥이자리 아기를 울타리 안에 넣어 두었다고 해도 그 안에 오래 있지는 않을 것입니다. 수성은 성대를 관장하는 행성입니다. 어린 쌍둥이자리 아기가 그 분야에서 자기의 재능을 발견하고 나면, 도대체 그 작은 입에서 어쩌면 그렇게 엄청난 소리가 나오는지 놀라게 될 것입니다. 최대한 빨리 울타리 밖으로 꺼내 줄 수밖에 없지요. 이웃들이 이해심이 많거나 귀가 잘 안 들린다면 좀 여유가 있기는 할 거예요. 쌍둥이자리 아이는 새처럼 빨리 움직이기 때문에 어른들, 특히 차분한 어른들을 초조하게 만듭니다. 어른들은 항상 어린 쌍둥이자리 아이에게 이런 훈계를 할 것입니다. 가만히 좀 있어라. 인내심을 가져라. 일은 한 번에 한 가지씩만 해라. 하지만 쌍둥이자리 아이는 두 가지 이상의 일을 동시에 하는 것이 무척이나 자연스럽습니다. 따분하고 차분한 사람들이 "한시도 가만히 못 있는군."이라고 말하겠지만 쌍둥이자리 아이에게는 지극히 정상적인 행동이지요. 아이에게 차분한 사람들을 보고 배우면 더 칭찬 받을 거라는 생각을 주입해서는 안 됩니다. 아이 자신을 위해서 조금 천천히 행동하는 법을 배울 필요는 있지만, 타고난 성향을 바꾸는 일은 불가능합니다. 내성적이고 차분한 어른들을 짜증나게 하는 재빠른 쌍둥이자리 아이나, 활동적인 어른들을 짜증나게 하는 조용하고 조심스러운 염소자리 아이나, 모두 자기답게 행동하고 있다는 사실을 잊지 말아야 합니다. 모두가 자기답게 살아야 하는데, 그 성격을 고쳐 놓겠다고 덤비는 사람들이 꼭 있어서 그게 참 힘들죠.

쌍둥이자리 아이를 있는 그대로 사랑해 주세요. 싹싹하고 총명하며 호기심 많고 조숙한 어린 인간으로 대해 주세요. 개똥벌레를 달팽이로 바꿀 수 없고, 반대로 달팽이를 개똥벌레로 바꿀 수도 없는 법입니다. 표범의 얼룩무늬를 깨끗하게 지울 수도 없습니다. 만약 누군가 얼룩을 벗겨 내려 한다면 몹시 불행하고 신경질적인 표범이 되겠지요?

물론 당신이 표범을 기르는 것은 아닙니다. 밝고 재미있고 열정이 많은 아이를 키우고 있죠. 하지만 이 비유에는 일리가 있습니다. 쌍둥이자리 아이의 이중성이라는 얼룩무늬를 그대로 남겨 두세요. 언젠가 자신이 설계해서 지은 건물을 보여 주거나 권위 있는 문학상을 수상해서 당신을 자랑스럽게 만들어 줄 것입니다. 아이가 여러 방면으로 재능을 드러내기 시작하면, 당신은 아이를 가두려고 했던 행동을 후회하게 될지도 모릅니다. 아이가 펄쩍펄쩍 뛰어다니는 것은 타고난 빠른 반사신경을 훈련하는 것입니다. 쌍둥이자리 아이의 다채로운 마음 때문에 당신이 혼란스럽기는 하겠지만, 아이는 수천 가지 꿈을 쫓아가면서 정리하는 중이고, 또 어떤 것을 버리고 어떤 것을 간직할지 결정하는 중이랍니다.

학교 선생님들은 쌍둥이자리 아이가 읽기 공부를 매우 잘한다는 것을 바로 알아차립니다. 쌍둥이자리는 언어 능력이 뛰어나서 새로운 낱말을 곧잘 만들어 내곤 합니다. 일어나서 책을 읽어 보라고 하면 망설이지 않고, 숙제를 내 주면 다른 아이들은 한숨을 쉬는 반면에 쌍둥이자리 아이는 미소를 짓습니다. 쌍둥이자리 아이는 남들과 소통하는 것을 좋아하고, 자기의 지식을 말이나 글로 표현해서 공유하는 것도 좋아합니다. 대부분 기계를 잘 다루고 양손잡이인 경우도 많습니다. 왼손으로 글을 쓰고 오른손으로 그림을 그리는 쌍둥이자리 아이도 많이 있습니다. 손톱을 물어뜯는 경향이 있을 수도 있는데, 손가락이 가늘고 유연성이 있어서 마술을 배우거나 악기를 다루는 데에 유리합니다. 훌륭한 외과 의사나 치과 의사 또는 시계를 만드는 사람이 될 수도 있습니다. 쌍둥이자리의 손은 예민하고 표현력이 있으며 무엇이든 잘 다룹니다.

남을 흉내 내는 능력도 탁월합니다. 이미 어릴 때부터 날카로운 위트와 풍자 감각을 드러냅니다. 집에서나 학교에서나 쌍둥이자리 아이는 환상과 현실이 서로 넘나들며 뒤섞이는 세계에 살고 있습니다. 사실은 환상으로 묘사되고 환상은 사실로 위장됩니다. 과장을 하거나 심지어 거짓말을 하는 것처럼 보이기도 합니다. 하지만 어떤 일에 대해 자기도 모르게 약간 색깔을 덧입히는 것뿐입니다. 때로는 자기가 말한 상황이 정말로 일어났다고 믿기도 합니다. 그럴 때 심하게 나무라서는 안 됩니다. 상상의 나래를 펼치는 중이니까요. 상상력을 가지고 있다는 이유로 죄책감을 느끼게 하기보다는, 항상 진실만을 이야기하도록 유도하고 그 이야기를 종이에 적어 보도록 하는 것이 좋습니다. 그런 방법을 배우면 꿈과 현실 사이에서 길을 잃는 대신에 그 차이점을 알게 될 것입니다. 타고난 기질대로 표현하고 의사소통할 수 있게 해 주지 않으면 아이는 방어적으로 자기의 환상 속에 은둔하고 말 것입니다. 어릴 때 일찌감치 외국어를 가르치는 것도 좋습니다. 아이는 아주 쉽게 익힐 것입니다. 사수자리 아이처럼 쌍둥이자리 아이는 두 개의 언어를 구사하는 것이 매우 유용하다는 사실을 깨달을 것입니다. 덕분에 말도 많이 하고 여행도 많이 할 수 있으니까요.

라디오를 들으면서 동시에 숙제도 할 수 있다고 고집을 부리는 쌍둥이자리 아이의 말은 아마 사실일 것입니다. 학교 성적이 증명해 준다면 굳이 반대할 이유가 없지요. 한 번에 한 가지 일? 쌍둥이자리는 절대로 만족하지 않습니다. 한 생애에 두 개의 삶을 살면서 가능한 많은 것을 최대한 빨리 흡수해야 합니다. 하지만 한 가지 일을 끝까지 배울 끈기와 인내심이 부족하다면 크나큰 위험을 안고 있는 셈이죠. 쌍둥이자리 아이들이 대상을 완전히 이해하지 않고 재빠른 두뇌로 대충 파악하는 습관을 들이지 않도록 신경 써서 가르쳐야 합니다.

쌍둥이자리 아이는 시간을 잘 못 지킵니다. 어디론가 가는 중간에 늘 새로운 것을 발견하기 때문입니다. 남의 말을 중간에 끊지 않고 끝까지 듣는 일도 쉽지 않습니다. 순간적으로 상대방의 생각을 읽어 내기 때문에 나머지 자세한 내용에는 관심이 없습니다. 자기는 말을 반복하는 경향이 있으면서 남들이 반복하는 것은 못 참는 경향이 있어서 사람들을 화나게 하기도 합니다. 수업 시간에는 날파리에도 정신을 뺏기고, 색종이나 창밖의 구름만 보아도 주의가 분산됩니다. 아이가 집중하도록 유도하는 것이 쉽지는 않겠지만 일단 몰두하기 시작하면 아이는 강한 호기심과 적극적인 관심으로 수업 분위기를 즐겁게 만들어 줄 것입니다.

쌍둥이자리 아들이 십대가 되면 전화기를 끼고 살고, 여자친구는 매주 바뀌고, 장래희망은 수백 번도 더 바뀔 것입니다. 차를 좀 빨리 몰고 다닐 테고, 자동차 엔진을 부르릉거려 보고, 세탁기를 수리해 줄 것입니다. 딸이라면 인기가 많을 것입니다. 샤워기를 틀어 놓고 펑펑 울다가도 순식간에 해맑은 미소를 짓곤 합니다. 당신은 아이들 때문에 늘 종종걸음을 쳐야 하겠지만 덩달아 젊음을 유지할 수 있습니다.

당신의 쌍둥이자리 자녀가 마침내 어른이 되면 많은 사람들이 못마땅하다는 듯이, "그 집 아들은 호기심이 너무 많은 것 같아요."라고 말할 것입니다. 당신은 그냥 웃기만 할 테고 사람들은 당황스러워하겠지요. 아마도 당신은 아이가 일곱 살이 되던 어느 봄날을 회상하고 있을 것입니다. 아이가 초콜릿 파이에 손가락을 찔러 넣어 보고, 면도 크림도 만져 보고, 어항과 쓰레기통과 뜨거운 찌개와 전기 소켓에도 손을 넣어 보았습니다. 당신은 크게 화를 냈지요. 해가 질 무렵에는 잔디밭에서 반딧불이를 쫓아다니는 아이를 보았습니다. 당신은 한숨을 쉬며 혼잣말을 했지요. "왜 저렇게 뛰어다녀야 하는 거야! 왜 온갖 물건에 다 관심을 갖느냐고! 도대체 뭘 찾고 있는 건지 원." 아이는 당신이 하는 이야기를 얼핏 듣고는 마음이 불편해졌습니다. 아이가 당신에게 다가와 이렇게 말했습니다. 당신은 그때 아이의 밝고 투명하게 빛나던 눈을 절대로 잊지 못합니다. "글쎄요, 엄마……. 저도 모르겠어요. 하지만 걱정하지 마세요. 언젠가는 찾을 거예요."

쌍둥이자리 사장

Ⅱ

할아버지가 말했어.
"나는 밀 숲 사이에서 잠자고 있는 나비를 찾고 있어.
그것을 양고기 파이에 넣어 길거리에서 팔지.
폭풍이 이는 바다에서 항해하는 사람들에게도 팔아.
그것이 내가 양식을 얻는 방법이지.
괜찮다면 아주 조금만 사 줘."

쌍둥이자리 사장은 어떤 날에는 걸어다니는 알람시계처럼 정확한 눈으로 당신이 휴식 시간을 1초씩 초과할 때마다 기록하다가, 어떤 날에는 점심 시간을 세 시간 넘게 써도 알아채지 못하기도 합니다. 매일 바뀌는 사장의 상태를 알아맞히려면 동전이라도 던져 봐야 합니다. 사장의 태도를 그날그날 예상할 수만 있다면 직장 생활에 많은 도움이 될 것입니다.

하지만 쌍둥이자리 사장은 매일 아침 침대에서 어느 쪽으로 나올지 자기도 모르는 사람이라서, 제가 뭐라고 귀띔을 해 드릴 수가 없네요. 그나마 확실한 방법은 오늘은 어제와 다른 모습일 거라고 예상하는 것이며, 내일에 대해서는 행운을 빌 수밖에 없다고나 할까요?

쌍둥이자리 사장이 좀 가만히 있지 못하는 성격이기는 하지만 어짰거나 뛰어난 리더가 될 수 있습니다. 처녀자리나 물고기자리 또는 사수자리처럼, 변화하는 성질을 지닌 별자리들 중에서는 그나마 가장 리더 역할에 어울립니다. 하지만 평생을 가도 누구를 지휘하거나 사람들을 이끄는 기술은 별로 나아지지 않습니다. 자기가 큰 기업을 운영하는 체질을 타고났다고 자신하는 쌍둥이자리가 있다면 스스로 농담을 하는 것이지요. 물론 예외가 있기는 합니다. 예를 들어 태양별자리가 쌍둥이자리이고 동쪽별자리가 사자자리이며 달별자리가 천칭자리인 경우라면 다를 것입니다. 쌍둥이자리 사장은 책상에 한 시간 이상 가만히 앉아 있지를 못합니다. 그러나 보기 드문 리더십을 보여 주었던 쌍둥이자리 케네디 대통령은 이 문제를 깔끔하게 해결했습니다. 흔들의자를 빠르게 움직이면서 자기의 불안한 에너지를 해소했답니다.

쌍둥이자리 사장은 여기저기 돌아다녀야 합니다. 쌍둥이자리는 공기 별자리입니다. 공기가 가만히 정지해 있는 것을 보신 적이 있나요? 덥고 습도가 높은 날에는 가끔 그래 보일 수도 있지만 그것도 착각일 뿐입니다. 전형적인 쌍둥이자리 사장이 사무실에 너무 오래 갇혀 있다 보면, 하도 서성거려서 카펫이 여기저기 얼룩집니다. 그는 근사한 사장 직함을 달고 9시부터 6시까지 정해진 시간에 근무하도록 강요당하는 것보다는, 경영 자문이나 생산성 전문가 또는 문제 해결 부서를 책임지는 부사장 같은 직책을 더 좋아할 것입니다. 그는 아이디어와 원칙 그리고 추상적 개념들을 다룹니다. 임원이라면 누구나 져야 하는 따분하고도 물리적인 책임감은 그의 용솟음치는 기상을 우울하게 만듭니다. 그러므로 임원 자리에 오르게 되면 그는 재빨리 자기의 예리한 안목을 활용하여 주변에 있는 사람들에게 권한을 위임할 것입니다. 이런 내막으로 신중하게 선발된 전문가들이 실제로 사업을 운영하게 되고, 본인은 회사의 이윤을 늘리고 간접비를 줄여 줄, 급진적이고도 독창적인 계획을 수립하는 데 전력을 다할 것입니다. 지루하게 반복되는 시시콜콜한 업무에 쏟을 인내심은 처음부터 없었지요.

만약에 회사에서 당신의 상관으로 쌍둥이자리가 부임해 왔다면 조만간 불어닥칠 변화의 바람에 대비해야 합니다. 가장 느린 커뮤니케이션 수단은 아마도 해외 특급우편일 것이며, 전임자보다도 전화기에 단축키를 더 많이 설정해 놓을 것입니다. 새로 온 쌍둥이자리 상사는 1주일 정도는 일을 시작하지 않고 모든 분야에 대해 질문을 하며 들쑤시고 다닐 것입니다. 어떤 업무가 어떻게 돌아가고 있는지 파악을 하고 나면 바로 그렇게 하는 이유를 알고 싶어 할 것입니다. "항상 이렇게 해 왔는데요."라고 대답하면 그의 밝게 빛나던 눈동자가 얼음처럼 굳어지면서 당신을 30초 동안 꼼짝 못하게 만들 것입니다. 쌍둥이자리는 전통이라는 것에 전혀 관심도 없고 감동을 느끼지도 않습니다. 오히려 오랜 전통이라는 얘기를 듣는 순간 변화시켜야 할 명분을 찾은 셈입니다. 전형적인 쌍둥이자리 임원은 사무실 가구 배치를 수시로 바꿉니다. 1주일에 한 번은 더 효율적인 문서 보관 시스템을 위해 새로운 아이디어를 제출하라고 비서를 들볶고, 마음에 들 때까지 업무 일정도 이리저리 바꿉니다.

그래도 쌍둥이자리 사장이 일관적인 부분이 하나 있습니다. 절대로 단조로울 일은 없다는 것입니다. 또한 독단적이지도 않을 것입니다. 그는 매우 유연하게 사고합니다. 게다가 당신이 그를 잘못 인도하거나 사안에 대해 혼란을 줄 일도 없습니다. 날카로운 수성의 지성은 순식간에 불필요한 말들을 제거하고 장막을 걷어 내서 사안의 모든 측면들을 명료하게 드러내기 때문입니다. 즉, 회사에서 다른 사람들이 음모를 꾸미고 있다면, 이 또한 모두 밝혀지고 만다는 의미입니다. 가끔은 쌍둥이자리 임원의 머리 뒤에 눈이 달려 있다고 믿거나, 귀도 몇 개 더 있을 거라고 생각하게 될 것입니다. 신체 구조에 대해 말이 나왔으니 말인데, 어쩌면 다리도 몇 개 더 있을지 모릅니다. 동시에 두 장소에 모습을 드러내는 경우가 상당히 많이 있기 때문입니다.

쌍둥이자리 사장이 당신을 미워하거나 적이 될지 모른다고 두려워할 필요는 없습니다. 쌍둥이자리는 누군가를 미워할 정도로 한 사람에게 오래 관심을 가지지 않습니다. 누구도 쌍둥이자리의 머릿속에 한 시간 이상 머물지 않는답니다. 폭력적인 생각을 키우기에는 충분하지 않은 시간이지요. 게다가 그는 남들이 어떻게 느끼고 있는지에 대해 상당히 객관적으로 이해합니다.

쌍둥이자리 사장은 비록 여러 가지 면에서 개인주의적이기는 하지만, 당신을 개인주의자로 여기지는 않는다는 사실을 알고 나면 당황스러울지도 모르겠네요. 일관성이 없어 보이지만 쌍둥이자리 자체가 이중성의 별자리이므로 그리 놀랄 일은 아닙니다. 당신의 개인적인 의견을 존중하지 않는다는 의미는 아닙니다. 그는 당신을 존중합니다. 다만 당신을 한 명의 개인으로 보지는 않을 때가 많다는 뜻입니다. 쌍둥이자리의 생각은 매우 관념적이기 때문에, 사물이건 사람이건 기본적인 설계 구조만을 보는 경향이 있습니다. 모든 종류의 사람들이 그에게 매력적이기는 하지만, 그는 사람들을 능력과 아이디어 그리고 잠재력에 따라 분류하는 경향이 있습니다.

하지만 이런 기이한 관점 때문에 쌍둥이자리 사장이 인간적인 매력이 없는 사람으로 보이지는 않을 것입니다. 사실은 그 정반대이지요. 그의 접근 방법이 감정적이기보다는 매우 이성적이기는 하지만, 그는 사람들을 무척 좋아하고 사람들도 그를 좋아하지 않을 수 없습니다. 사람들과 지속적으로 접촉하지 않으면 그는 말라 버리고 공중에 붕 뜨고 말 것입니다. 수성은 쌍둥이자리가 남들과 어울리면서 간접 경험을 자양분으로 삼지 않으면 우울해지도록 만들었답니다. 혼자 있는 모습도 거의 볼 수 없을 것입니다. 그가 비록 사람들을 유형별로 구분 짓고 감정적으로 연루되지는 않지만 주변에 늘 사람들을 필요로 한답니다.

쌍둥이자리 사장은 대단한 설득력을 지니고 있습니다. 거부할 수 없는 매력과 재치 있는 말솜씨로 당신을 구슬리기 때문에 당신은 결국 그가 듣고 싶어 하는 말을 하게 되지요. 이는 태어날 때부터 행성들이 부여해 주는 일종의 보완 능력인데, 그의 냉정한 본성을 숨겨 주는 역할을 합니다. 쌍둥이자리는 일반인들이 닿을 수 없는, 옅은 공기로 만들어진 구름 위의 성에 살고 있습니다. 쌍둥이자리는 겉으로는 따뜻해 보이지만 실제로는 냉정하고 냉담하며 외롭습니다. 많은 친구들을 찾아 다녀도, 결국 최종적인 분석과 결론은 다른 사람들이 아닌 자기 안에서 찾아내는 냉정한 사람들이니까요. 하지만 동정심이 없는 사람들은 아닙니다. 그는 너그럽고 동정심도 많지만, 남에게 사랑과 우정을 전할 때 거리를 두듯이, 동정심과 이해심도 거리를 두고 표현합니다.

쌍둥이자리 사장은 뛰어난 유머 감각을 가진 사람들이니, 당신이 그를 설득할 때 눈물보다는 재치 있는 농담을 동원하는 것이 빠릅니다. 그는 감수성이 풍부하지는 않지만, 사물의 익살스러운 측면을 잘 볼 것입니다. 진정한 지성의 전제조건이 유머 감각이라고 한다면, 수성인의 돋보이는 유머 감각이 놀라운 일은 아닙니다. 비록 가끔은 날카로운 냉소주의 경향을 띠기는 하지만요. 쌍둥이자리가 관여하는 회사와 활동에는 늘 어느 정도의 혼란이 따라다닙니다. 물론 당사자는 혼란스러워하지 않습니다. 쌍둥이자리는 모든 것을 정리하고 지저분한 흙탕물을 씻어 내니까요. 재빠르게 파악해 내는 안목과 두뇌 회전이 완벽한 조화를 이루며 작용합니다. 그의 눈은 항상 반짝반짝 빛납니다. 회사 내에서 가장 훌륭한 세일즈맨으로서 연설도 잘하고 사람들을 즐겁게 해 줍니다. 출장이 잦은 사장이 눈 깜짝할 사이에 여행 가방을 싸는 묘기는 그야말로 주목할 만한 퍼포먼스입니다. 새로 온 예쁜 비서에게 사장이 추파를 던지면, 그 비서에게 얘기해 주어야 합니다. 그는 단지 자기의 매력을 과시하는 것이므로 전혀 심각하게 받아들이지 말라고 말입니다.

쌍둥이자리 사장과 함께 있는 동안은 즐겁게 일하세요. 사장은 경제적으로나 사업적으로 일단 성공을 거두고 나면 갑자기 지루해져서, 정년퇴직을 기다리지 않고 또다른 도전을 찾아 떠납니다. 그가 떠나기 전에 그가 구사하는 전략들을 배워 두도록 하세요. 쌍둥이자리 사장의 전략전술은 정말 환상적이지요. 말을 애매모호하게 하는 것을 보세요. 실로 이 방면의 전문가입니다. 논점을 계속 뺑뺑 돌려서 당신을 헷갈리게 하다가 마침내 생각을 바꾸도록 합니다. 당신이 상황을 채 파악하기도 전에 자기 쪽으로 넘어오게 만들어 버리지요. 경쟁구도 하에서는 매우 똑똑하겠지만, 그는 여전히 어찌할 수 없는 몽상가이며 탁월한 이야기꾼입니다. 어느 나라 출신인지는 중요하지 않습니다. 이스라엘 출신이건, 호주나 아프가니스탄 출신이건 간에 이 세상의 모든 쌍둥이자리들은 마음속 깊이 아일랜드의 정서가 있습니다. 그렇지 않다면 듣기 좋은 말로 꾀는 재주를 어떻게 타고 날 수 있겠어요? 그들이 매고 있는 녹색 넥타이를 보세요. 제가 뭐라고 했습니까? 정말이지 완벽한 코크* 출신이라니까요.

* 코크(Cork): 아일랜드 남부에 있는 주.

쌍둥이자리 직원

Ⅱ

바다코끼리가 말했어.
"많은 것을 이야기할 때가 됐군.
신발과 배와 봉랍과 양배추와 왕들과
그리고 왜 바다가 뜨겁게 끓어오르는지,
돼지에게 날개가 있는지 없는지를."

그러나 가엾은 목소리 하나가 어찌 세 혀를 이기리오.

회사에 유난히 말을 빨리 하고 빨리 움직이고 생각도 빠른 직원이 있는
지요? 얼굴이 어려 보이고 행동도 나이를 잊은 듯이 어려 보이나요? 예
측불허의 그 직원은 도대체 가만히 있는 법이 없지만 독창적인가요? 하
지만 인내심이 부족하다고요? 그렇다면 당신은 정말 똑똑한 사장이군
요. 쌍둥이자리 직원을 채용했으니 말이에요.

왜 그랬는지 쉽게 이해가 갑니다. 반짝이는 지성과 창조적인 상상
력은 말할 필요도 없고 그가 가진 매력과 간교한 속임수에 당신도 어쩔
수 없었을 것입니다. 이제 그가 일하는 모습을 보니, 다른 어떤 직원보
다도 추상적인 이론을 능숙하게 도출해 내는가 하면, 그것을 공식화하
는 것도 퍽 잘해 냅니다. 물병자리 직원도 추상적인 용어를 마음껏 생각
해 낼 수 있고, 양자리 직원은 최신 정보를 열정적으로 제시해 주며, 처

녀자리 직원은 세부 사항을 꼼꼼하게 정리할 수 있습니다. 하지만 쌍둥이자리 직원은 이 세 가지를 모두 할 수 있답니다.

그렇다고 다른 직원들이 불필요하다는 뜻은 아닙니다. 쌍둥이자리 직원에게는 양자리의 추진력이나 기꺼이 야근도 불사할 충성심 따위는 없다는 것을 기억하세요. 물병자리의 굳건하고 안정적인 목적의식도 없을 것이고, 처녀자리의 끝없이 헌신적인 태도도 없습니다. 나머지 별자리들을 모두 논하지는 않겠습니다. 이해가 되었을 테니까요. 쌍둥이자리 직원은 이중인격자인지라 여러 역할을 동시에 수행하는 잠재력을 보유하고는 있지만, 혼자 모든 것을 해낼 수는 없습니다. 다른 직원들보다 더 잘해 낼 수는 있지만 그만큼 다른 직원들도 필요할 것입니다.

쌍둥이자리는 처녀자리, 양자리, 사자자리, 전갈자리처럼 비상 사태에 대처할 수 있는 능력을 가지고 태어났습니다. 이들은 위기 상황에 신속하게 대처할 수 있답니다. 전형적인 쌍둥이자리는 다른 직원들이 다들 신발 끈이나 매고 있는 동안에 신속하게 결정을 내리고 행동에 들어갑니다. 반복되는 일상 업무에는 쉽게 싫증을 내고 자유로운 상태에 있을 때 가장 행복해하므로 그를 책상 앞에 묶어 둘 생각은 하지 않는 것이 좋습니다. 정해진 시간에 맞춰서 일하느니 차라리 감옥에서 시간을 보내고 싶어 할 것입니다. 적어도 감옥에서는 동료 죄수들의 행동을 연구하면서 호기심을 충족시킬 수 있으니까요. 쌍둥이자리는 지나치게 조직화되어 있거나 체제 순응적인 집단에서는 자기의 다양한 재능을 발휘할 수 있는 적절한 분야를 찾지 못해서 의기소침해할 수 있습니다. 쌍둥이자리 사기꾼이나 좀도둑은 대부분 정직하기로는 자기에게 형을 선고하는 판사들만큼 정직하며, 그들보다 두 배쯤은 더 이상적입니다. 어린 시절에 넘치는 상상력과 지칠 줄 모르는 에너지에 대해 죄책감을 느끼게 만들거나 성장해서는 너무 급진적이라는 이유로 혹은 진부한 시스템에 적응하기를 거부한다는 이유로 계속 비난받게 되면, 쌍둥이자리의 고결한 도덕과 윤리 의식이 왜곡될 수 있습니다.

쌍둥이자리의 언변이 워낙 좋다 보니, 사람들은 정작 자기가 쓰지도 않을 물건을 사게 됩니다. 영업이나 프로모션 업무 쪽에 쌍둥이자리의 재능을 활용하면 절대로 실패하지 않습니다. 쌍둥이자리가 달변으로 회사를 칭찬하기 시작하면, 임원인 당신도 생각해 내지 못한 내용들을 쏟아 낼 것입니다. 일반인을 대상으로 판매 활동을 하게 하거나, 식당이나 골프장에서 고객을 모집하는 일을 시키세요. 아니면 사업을 홍보하거나 주문을 수주하는 일을 주세요. 부득이하게 회사 내에서 일을 시켜야 한다면 주의해서 배치해야 합니다. 사자자리나 양자리만큼 지시 받는 일을 싫어하지는 않지만, 한 곳에 갇혀 있으면 신경이 예민해지고 재능이 둔해져서 자기표현 능력마저 잃어버리니까요. 이렇게 되면 쌍둥이자리 직원은 족쇄를 끊고 조금의 망설임도 없이 자유로운 곳으로 날아가 버릴 것입니다. 그렇다고 냉큼 달려가 그가 아직 자리에 있는지 성급하게 살펴볼 필요는 없습니다. 당신에게 직접 이유를 설명하고 자기의 관점을 납득시키고 설득할 기회를 잡아 보기도 전에 그냥 사라져 버리는 일은 없을 테니까요. 쌍둥이자리 직원이 당신과 같은 생각을 가지고 있다고 확신하면, 그는 마치 신이 보낸 날개 달린 전령처럼 만족스러워하며 당신의 지시를 따를 것입니다.

당신은 사자자리나 양자리 또는 사수자리 직원들이 자기를 과시하려는 목적으로 판돈을 크게 베팅하는 모습을 보았을 것입니다. 하지만 당신이 고용한 쌍둥이자리 직원이 선택한 내기라면 당신도 안심하고 베팅해도 좋습니다. 쌍둥이자리는 사자자리처럼 복잡하고 헛된 계획에 어마어마한 자금을 쏟아 붓지는 않습니다. 그가 모험을 강행하는 상황은, 자기의 위트에 도전을 받았을 때와 신속하게 실행하면 곧바로 보상을 얻을 수 있을 때입니다. 쌍둥이자리와의 대화에는 "뭐, 한 번 해 보죠." 라든가 "해 볼 만해요." 그리고 "한 번은 해 보겠습니다."라는 말이 자주 등장합니다. 그리고 실제로 그렇게 합니다. 한 번은 시도하지만 두 번은 하지 않습니다. 너무 지겹거든요.

당신의 쌍둥이자리 직원은 야구 시즌이나 골프 플레이오프 기간에는 눈에 띄게 자주 자리를 비울 것입니다. 대부분의 수성인들은 야구나 골프 같은 스포츠를 좋아하며, 쌍둥이자리의 놀라운 손재주 덕분에 이런 스포츠를 직접 즐기는 경우도 많습니다. 그의 지능과 손재주를 합치면 못해 낼 일이 거의 없지요. 어떻게 야구공을 밀어 쳐서 담장 너머로 보낼지, 그린에서 어떻게 홀컵으로 공을 넣을지 등도 포함해서 말입니다. 쌍둥이자리는 예민한 에너지를 발산시켜 주는 스포츠를 좋아합니다. 하지만 쌍둥이자리는 자기의 수완을 단련하고 지성을 실험하는 것을 더 좋아하기 때문에, 장기적으로 보았을 때 회사 업무에서 홈런을 더 많이 치게 될 것입니다. 그래도 여전히 쌍둥이자리는 스포츠 활동을 좀 하는 편이 좋습니다. 쌍둥이자리는 대부분 불면증에 시달리는데, 운동을 하면 몸이 지쳐서 잠이 잘 오거든요. 아침 일찍 출근하는 직업을 가진 쌍둥이자리 중에는 눈 아래 다크서클을 달고 다니는 사람이 많습니다.

쌍둥이자리 직원은 분주한 활동과 즐거운 수다로 사무실 분위기를 밝게 만들어 줍니다. 그러면서도 자기 할 일은 다 하죠. 쌍둥이자리 비서는 직원들 중에서 타이핑을 가장 빨리 할 것이고 당신의 지시 사항도 가장 빨리 받아 적을 것입니다. 일반적으로 전형적인 쌍둥이자리 비서라면 어떤 주제에 대해 당신이 간단한 힌트만 던져 줘도 지적이고 명료한 문서를 작성해 낼 것입니다. 비서로서의 재능이 탁월하지만 전형적인 비서 역할만 맡기기에는 재능이 아깝습니다. 그 직원을 사무실 입구 쪽에 배치하세요. 출입문을 열고 들어오는 모든 사람들을 웃게 하는 동시에, 당신에게 걸려 온 전화를 연결하는 일도 문제없이 해냅니다.(동시에 두 가지 일을 능숙하게 처리하는 것은 쌍둥이자리 직원에게는 '누워서 식은 죽 먹기'입니다.) 언짢은 기분으로 당신에게 전화하는 사람이 눈에 띄게 줄어들 것입니다. 낯선 방문객을 부드럽고 재치 있게 반겨 줄 뿐만 아니라, 당신이 중요한 국제전화를 하고 있을 때 엉뚱한 전화를 연결하는 실수는 범하지 않을 것입니다.

쌍둥이자리와 급여나 상여금에 대해서는 당신이 직접 논의하지 말라고 경고하고 싶습니다. 차라리 근엄한 염소자리나 독선적인 황소자리, 또는 실없는 소리를 하지 않는 처녀자리를 대신 내세우는 것이 좋습니다. 그렇지 않으면 쌍둥이자리 직원이 당신을 설득할 것입니다. 당신 처남을 해고해야 줄 수 있는 직책을 달라고 하거나, 당신보다 두 배나 많은 급여를 달라고, 그것도 아주 논리적으로 설득합니다. 설득력이 강한 쌍둥이자리와는 연봉협상을 하지 않는 것이 안전합니다. 게임을 즐긴다면 한번 시도해 보세요. 하지만 결국에는 처녀자리나 염소자리 직원 두 명분의 연봉을 쌍둥이자리 직원에게 주겠다고 약속하게 될 것입니다.

쌍둥이자리 직원이 있는 사무실에서는 상처받은 영혼을 자주 보게 됩니다. 성숙하지 않은 쌍둥이자리라면, 사내에서 다른 직원을 유혹하다가 변덕스럽게 마음을 바꾸는 일을 한 달에도 한두 번씩 반복합니다. 많은 쌍둥이자리에게는 출생차트에 보다 안정적인 행성이 있지 않는 한 어린아이처럼 무책임한 면이 있습니다. 정신은 수백만 년 된 사람이나 감정은 십대입니다. 실제로 외모가 십대처럼 보이기도 합니다.

쌍둥이자리는 피터 팬처럼 나이 먹는 것을 싫어합니다. 그리고 봄마다 자기 집을 대신 청소해 주는 웬디를 필요로 합니다. 또한 웬디는 본인 집에 마음대로 들락날락하게 해 주는 너그럽고 활기찬 사람이죠. 당신이 회사에서 큐피드 역할을 좋아하는 사장이라면, 쌍둥이자리 직원에게 웬디가 아닌 다른 부류의 여성은 소개하지 않는 것이 좋습니다. 섣불리 소개했다가는 머지않아 그 직원에게 이혼 비용을 빌려 주어야 할지도 모릅니다.

회사를 정말 활기 넘치는 곳으로 만들고 싶나요? 새로운 프로젝트를 구상할 일이 있으면 양자리와 쌍둥이자리 직원을 한 방에 배치하세요. 계산기 100개와 프린터 200대쯤에서 나오는 듯한 소음 때문에 귀마개가 필요할지도 모릅니다. 크고 튼튼한 그물을 들고 쌍둥이자리 직원 옆에 서서 그가 만들어 내는 분홍색 풍선들이 하늘로 날아가기 전에 붙잡으세요. 풍선들을 모아 사무실로 가져가서는 바늘로 찌르기 전에 잘 살펴보세요. 그 중 한 개는 백만 달러짜리 아이디어가 들어 있는 풍선이랍니다.

게자리

Cancer, the Crab

6월 22일부터 7월 23일까지

지배행성 - 달

그는 램프 주변에 알바트로스새가
퍼덕이고 있다고 생각했다.
하지만 다시 쳐다보았더니 그건 새가 아니라 우표였다.

"집에 가는 게 좋아. 밤에는 공기가 아주 눅눅하거든."

게자리를 알아보는 방법

♋

"알아듣게 설명할 수가 없어요.
아시다시피 저는 지금 제가 아니거든요."

"오, 내 털과 수염아!"
"바로 이것 때문이야!
이것들이 내 영혼을 억압하고 있는 거야!"

게자리를 만나기에 가장 좋은 순간은 달빛 찬란한 밤입니다. 밤이 되면 그들을 더 쉽게 알아볼 수 있습니다. 상상의 날개로 아름답게 치장하고 꿈속을 거닐지요. 달빛이 제 몸을 흩트려 게자리로 변신합니다. 달은 게자리의 다양한 기분과 함께 하며, 시시각각 변하는 감정과 잘 어울립니다.

어느 달 밝은 밤에 한적한 시골에서 달을 쳐다보는 것만으로도 게자리의 성향을 이해할 수 있는 단서를 많이 얻을 수 있습니다. 도시에서야 매연 때문에 달을 제대로 보기 힘들지만, 음력을 보면 언제든지 달의 상태를 알 수 있지요. 무엇보다도 달이 늘 모습을 바꾼다는 사실에 주목하시기 바랍니다. 달은 점점 동그랗게 차오르면서 그 빛을 더해 가고 마침내 보름달이 되지요. 그러고는 점점 가늘어지다가 나중에는 희미한

은빛만을 남긴 채 거의 아무것도 보이지 않게 됩니다.

게자리의 기분은, 밀물과 썰물이 달의 영향을 받듯이, 달의 움직임에 화답하며 함께 변합니다. 하지만 달이 실제로 모습을 바꾸는 것이 아니라 우리 눈에 그렇게 보일 뿐이지요. 이와 마찬가지로 비록 게자리의 기분이 수시로 바뀔지라도 여전히 같은 사람입니다. 이러한 주기성(변화 속의 항상성)을 이해하고 그 사람이 지금 어느 시기에 있는지 파악한다면, 게자리를 좀 더 쉽게 알아볼 수 있을 것입니다.

그 사람을 처음 만났을 때 특유의 '광기 어린 웃음'을 보게 될지도 모릅니다. 그 웃음은 피할 수 없는 전염성이 있답니다. 깊고 쉰 목소리로 낮게 웃어 대는데, 처음에는 피식거리며 웃음을 흘리다가 또 깔깔거리기도 하고, 나중에는 암탉 200마리가 한꺼번에 알을 낳는 소리처럼 크게 낄낄거리기도 합니다. 게자리가 '인생은 파티의 연속이구나.'라는 기분일 때에는 그 사람을 알아보기가 매우 쉽습니다. 게자리는 그 자리에 있는 사람들 중에서 가장 재미있는 사람이어서 1분에 한 번씩 웃음을 터트립니다. 자기가 직접 웃고 있지 않으면 다른 사람의 재미있는 행동을 보면서 웃고 있을 것입니다. 게자리만큼 농담을 좋아하는 사람도 없습니다. 평상시의 조용하고 부드러운 성격과는 전혀 딴판으로 농담을 해대면, 사람들은 게자리에게 그런 면이 있다는 사실에 그저 놀라워할 따름이지요. 게자리의 유머에는 깊이가 있습니다. 인간 행동에 대한 예민한 관찰에서 나온 게자리의 유머는 절대로 가볍거나 피상적이지 않습니다. 게자리가 '광기 어린 웃음'을 매일 터트리지는 않지만, 언제라도 오랫동안 묵혀 둔 농익은 농담 중에서 하나를 꺼내 사람들을 즐겁게 해 줄 수 있답니다.

게자리는 외향적인 사자자리나 광대 같은 사수자리처럼 주목받고 싶어 하지는 않습니다. 하지만 게자리는 언론의 주목을 끄는 데에 놀라운 감각을 지니고 있으며, 일단 주목을 끌게 되면 스스로 매우 즐거워합니다. 드러나게 잘난 체하지 않는다고 해서 오해하면 안 됩니다. 게자리는 내심 사람들의 관심을 즐기고, 언론에 노출되는 것을 매우 즐거워합니다. 명성을 얻으려고 노력하는 게자리는 볼 수 없지만(게자리는 그 어떤 것에도 진정한 열정을 바치지 않습니다.) 명성을 외면하는 게자리도 보기 힘듭니다. 명성을 피해 도망가기보다는 갈채와 환호를 즐기는 편이지요. 게자리는 무언가를 피해 숨어 버릴 때가 많지만, 찬사를 피해서 숨지는 않습니다.

감기에 쉽게 걸리는 사람이라면 게자리를 만날 때 유의해야 합니다. 우울한 기분에 빠져 있는 게자리의 그 축축함을 마주할 때에는 반드시 비옷을 입어야 합니다. 그러지 않으면 젖은 담요를 두른 것처럼 추위에 떨게 될 것입니다. 게자리는 당신을 바다의 심연보다도 깊은 우울함에 빠지게 할 수 있습니다. 게자리는 기상천외한 유머 감각으로 잘 위장하고 있지만 그 안에는 잠재된 두려움이 똬리를 틀고 있습니다. 낮이든 밤이든 막연한 불안감이 늘 어둠 속에 도사리고 있습니다. 비관주의도 늘 곁에 두고 삽니다. 환상적인 밤을 즐기다가도 언제든지 분위기를 망칠 수 있는 조건이 구비되어 있는 셈이죠. 게자리는 자기를 불안하게 만드는 마음의 소리를 무시하는 법을 배워야 합니다. 우주에서 길을 잃고 영원히 헤매게 될 거라는 불안을 떨쳐버릴 수만 있다면, 섬세한 상상력을 엔진 삼아 환상적인 우주 여행을 할 수도 있습니다. 하지만 두려움은 높이 날고자 하는 게자리에게 늘 '아킬레스건' 같은 존재입니다.

게자리는 절대로 악어의 눈물을 흘리지 않습니다. 게자리의 눈물은 연약하고 상처받기 쉬운 마음속 깊은 곳에서 흘러나오는 강물과도 같습니다. 매서운 눈빛이나 거친 말투만으로도 게자리의 예민한 감정에 상처를 줄 수 있습니다. 게자리는 상대방이 차갑게 행동하면 눈물을 짓거나 한 발 물러나기도 합니다.(게자리는 특이하게 열병보다는 추위 때문에 더 고생하는 경향이 있습니다). 하지만 이런 상태에 있는 게자리를 만나기는 쉽지 않은데, 그때는 이미 게자리가 원망에 차 침묵 속으로 몸을 숨겼기 때문입니다. 가끔은 보복을 할 수도 있지만, 복수의 화신인 전갈자리처럼 공개적으로 하는 경우는 거의 없고 주로 은밀하게 진행합니다. 그리고 대부분은 앙갚음을 하지 않고 돌아서서, 단단한 껍질 속으로 몸을 숨기지요. 게자리가 상처를 받으면, 몇 날 며칠을 날카로운 막대기로 찔러도 결코 모습을 드러내지 않습니다. 전화를 해도, 초인종을 눌러도, 이메일을 보내도 답이 없습니다. 불안과 좌절, 슬픔에 빠져 있을 때 게자리는 도피해서 혼자 있으려고 합니다. 진짜 게처럼 행동하죠.

게자리가 가지고 있는 또다른 성향은 괴팍함입니다. 몇 시인지 물어보는데 짜증을 낸다거나, 소금 통을 좀 건네 달라고 하는데 마구 화를 내는 사람이 있다면, 아마도 세상을 미워하는 괴팍한 마법에 걸린 게자리일 것입니다. 그 사람은 당신에게 화가 난 것이 아닙니다. 자기 삶에 실망한 것이죠. 달이 모습을 바꾸면 그 사람도 원래의 사랑스럽고 부드러우며 이해심 많은 모습으로 돌아올 것입니다. 당신은 신문에서 게자리 운세를 살펴보거나 아니면 다시 밀물이 들어올 때까지 기다려야 합니다.

외모로 볼 때 게자리는 두 가지 유형으로 구분됩니다. 첫 번째 타입은 잘생기고 둥근 얼굴에, 부드러운 피부와, 크게 웃는 입과, 보름달처럼 동그란 눈과, 앳된 얼굴을 하고 있습니다. 보름달을 떠올리면 완벽합니다. 두 번째는 보다 일반적인 타입입니다. 얼굴이 게의 모습과 닮아서 바로 알아차릴 수 있습니다. 두상이 상당히 크고 이마가 튀어나와 있으며 광대뼈도 돌출되어 있습니다. 이마에는 늘 주름이 잡혀 있는데, 이상하게도 공격적인 느낌은 없고 오히려 재미있어 보입니다. 아래턱이 두드러지고 치아가 돌출되거나 고르지 못한 편입니다. 눈은 작고 주로 미간이 넓습니다. 가끔은 달의 얼굴과 게의 얼굴을 함께 가지고 있는 게자리를 볼 수 있는데, 각각의 모습이 워낙 독특해서 게자리라는 것을 쉽게 알아차릴 수 있습니다. 확실히 통통한 사람도 있지만, 대부분은 골격이 뚜렷한 체형을 하고 있습니다. 몸의 전체적인 비율로 따졌을 때 팔다리가 유난히 긴 편입니다. 어깨는 평균보다 넓은 편이고, 손발이 너무 작거나 반대로 상당히 큰 경우가 있습니다. 대부분의 게자리는 상체가 좀 뚱뚱한 편이며, 걸을 때 약간 뒤뚱거리는 경향이 있습니다. 통통하든 아니든 간에 여성의 경우에는 하의보다는 상의 사이즈가 더 클 것입니다. 아니면 반대로 가슴이 빈약한 경우도 있습니다. 어쨌거나 이런 특징들이 매우 뚜렷하게 나타납니다. 게자리 여성의 경우에는 그 중간이 거의 없답니다.

게자리는 표현력이 매우 뛰어납니다. 대화를 나누는 동안 얼굴에 천 가지 표정이 재빨리 스쳐 지나갑니다. 미친 듯이 깔깔거리다가도 갑자기 슬퍼져서 울다가, 가끔은 짜증스럽게 딱딱거리다가도 상처를 주면 숨어 버리는 사람이 주변에 있나요? 하지만 평상시에는 섬세하게 당신을 배려하면서 부드럽게 대해 주나요? 좀 거칠기는 하지만 친절하고 창조적인 사람, 깊은 상상력의 샘에서 재미난 대화를 퍼 올리는 사람이라면 바로 게자리일 것입니다.

게자리는 생각과 감정을 마음의 스크린에 잘 투사합니다. 게자리의 감성과 기분은 전도율이 높아서 당신에게도 잘 전달됩니다. 그들의 상상력은 즐거움과 절망, 공포와 연민, 슬픔과 환희를 모두 잡아내고, 이 모든 감정에 순식간에 사로잡히고는 그 경험을 잘 잊지 않는 편입니다. 거울과 사진기처럼 게자리는 이미지를 흡수하고 그대로 반영합니다.

게자리는 이런 저런 경험을 사진처럼 마음속에 오롯이 새깁니다. 삶이 가르쳐 주는 교훈을 절대로 잊지 않으며, 역사가 인류에게 남긴 교훈도 절대 잊지 않습니다. 게자리는 일반적으로 과거를 되새기며 진심에서 우러나는 애국심을 지니고 있습니다. 역사적인 인물에 대해서는 자기의 조상처럼 관심을 가집니다. 종종 골동품이나 오래된 보물, 조상의 유물을 모으며 과거에 대한 끝없는 호기심을 가지고 있습니다. 게자리는 정신적 고고학자라서 항상 흥미로운 역사적 사실을 찾아 파헤칩니다.

게자리는 또한 비밀을 잘 지켜 줍니다. 사람들은 게자리에게 자기도 모르게 비밀을 털어놓게 되는데, 털어놓기도 전에 감각이 예민한 게자리는 사람들이 무슨 생각을 하는지 알고 있을 때가 많습니다. 게자리의 연민은 깊고도 매우 직관적입니다. 마음만 먹으면 밝혀내지 못할 비밀이 없습니다. 하지만 일방통행이라서 당신은 절대로 게자리의 개인적인 생각을 엿볼 수 없답니다. 게자리는 자기의 내적인 감정을 신중하게 보호합니다. 전형적인 게자리는 자기 사생활에 대해 이야기하기를 싫어하지만, 당신의 사생활은 즐겁게 들어 줄 것입니다. 그리고는 게자리 특유의 상상력으로 당신이 얘기하지 않은 부분까지도 쉽게 유추해 냅니다. 하지만 게자리는 좀처럼 판단을 내리지 않습니다. 그저 정보를 모으고, 흡수하고 반사할 뿐입니다.

게자리는 마치 거울에 비친 형상을 반사하듯이 감정을 되돌려 주지만, 손에 들어온 물건은 순순히 포기하지 않습니다. 바닷가를 걸으면서 게의 습성을 관찰해 보세요. 뭔가를 잡으면(당신 발가락이 아니길 바랍니다.) 목숨 걸고 매달립니다. 집게발을 잃는 한이 있더라도 절대 놔주지 않지요. 혹여 집게발을 잃어도 새로운 집게발이 다시 자라나서 변하지 않는 끈기로 방금 놓친 대상을 다시 잡을 수 있습니다. 게자리가 진정 원하는 것을 포기하게 만들어야 하는 상황이 오면 참고하시기 바랍니다. 게자리는 절대로 소중히 여기는 것을 포기하지 않습니다. 그 대상은 사랑하는 친구나 가족일 수도 있고, 어떤 직함이나 지위일 수도 있습니다. 뿐만 아니라 오래된 사진이나 바닥이 반쯤 닳아 없어진 너덜너덜한 슬리퍼가 될 수도 있습니다.

해변에 갈 일이 있으면, 게가 걸어다니는 모습을 포함하여 다양한 습성을 관찰해 보시기 바랍니다. 게가 당신의 발가락을 발견하면 절대로 머리를 앞으로 향한 채 똑바로 걸어오지 않습니다. 먼저 몇 걸음 뒤로 움직인 다음에, 옆으로 움직입니다. 그러다가 갑자기, 예고도 없이 반대쪽으로 기어갑니다. 게는 항상 반대쪽으로 움직이는 경향이 있습니다만, 매순간 대상을 관찰하고 있습니다. 맛있어 보이는 당신의 발가락이 자기에게서 멀어지려고 하면 게는 갑자기 앞으로 돌진합니다. 집게발에 물리지 않으려면 빨리 도망가는 것이 좋습니다. 탐내던 먹거리를 잃게 될 상황이 벌어지면 문제는 심각해집니다. 게자리도 이러한 전략을 그대로 따라 합니다. 자기가 원하는 것을 직접적으로 추구하지 않지요. 그들은 정면으로 다가가지 않고 여러 방향에서 움직이는 전략을 구사합니다. 누군가 자기의 목표물을 낚아채어 갈 기미가 보이기 전까지는 계속 이런 전략을 구사합니다. 그러다가 재빠르게 보란 듯이 자기의 패를 열어 보입니다. 갑자기 돌진해서 꽉 움켜쥐고는 놔주지 않는답니다.

관용을 베풀 때에도 비슷한 양태를 보여 줍니다. 게자리는 도움이 필요한 사람을 그냥 지나치지 못하는 부드러운 마음을 가지고 있습니다. 진심으로 걱정하면서 도와주고 싶어합니다. 하지만 일단은 뒤로 물러나서 누군가 다른 사람이 먼저 다가오는지를 살피며 기다립니다. 꼭 필요한 경우가 아니라면 무엇 때문에 시간과 돈을 어리석게 낭비하겠습니까? 아무도 도와줄 기미가 보이지 않으면, 그제야 곤경에 처한 사람을 구출해 줍니다. 두 번 정도는 물속에 가라앉도록 내버려 두었다가 세 번째로 가라앉기 직전에 당신을 구해 줄 것입니다. 당신이 물에 빠져 죽도록 내버려 둘 수 없는 착한 사람이지만, 주변에 안전요원이 있거나 당신이 혼자 헤엄쳐서 물가로 나올 수 있을 것 같으면 본인은 물에 들어가지 않을 것입니다. 이기적이거나 불친절해서가 아니라 자기보호 본능 때문입니다. 게는 딱딱하고 보수적인 껍질 속에 부드러운 마음을 간직하고 있습니다. 하지만 사람들에게 베풀다 보면 자기의 시간과 돈과 감정을 너무 많이 나누어 주게 되므로 단지 현명하게 배분하려는 것뿐이지요. 결국에는 인심을 후하게 쓰는 경우가 많지만, 일단 몸을 던지기 전에 지켜보고 기다리는 것이 합리적이라고 생각합니다. 그래서 게자리는 충동적인 선택을 하는 경우가 없습니다.

어디론가 움직일 때에는 자기 자신이나 당신의 발자취를 기록하려고 합니다. 게자리는 본인이나 남들의 경험에 근거해서 신중하게 자기의 행동을 계산합니다. 기본적으로 이미 입증된 사례를 활용하거나 재정적인 안정을 보장받는 식으로 기초를 튼튼히 합니다. 게자리는 보호 수단 없이 일에 뛰어드는 것을 두려워합니다. 그래서 결정적인 순간에 아주 주효한 선택을 하며 수완도 좋습니다. 게자리가 운영하는 회사가 대부분 성공을 거두는 비결은 여기에 있습니다. 게자리가 어두운 밤에 깊은 구렁텅이로 빠질 일은 절대로 없답니다. 달별자리나 동쪽별자리가 불의 별자리(양자리, 사자자리, 사수자리)라면 가끔 도박에 손을 댈 수도 있습니다. 그러다가 실패하게 되면 상황이 참혹해집니다. 올바른 내면의 판단을 따르지 않은 것에 대해 스스로 몹시 비참해할 테니까요. 사자자리나 사수자리의 영향 때문에 행동을 하기는 했으나, 실패한 뒤에 자기의 태양별자리인 게자리에 다시 의지하게 되면 고통스러움을 느끼기 시작합니다. 그저 운이 나빴다고 대수롭지 않게 여기면서 다시 시도하기보다는 실수를 곱씹으면서 다른 기회를 잡을 때까지 한동안 그런 상태로 지내는 편입니다.

게자리는 여성이든 남성이든 자기의 집을 성역화합니다. 자기가 오랫동안 사용한 모자를 걸어 두는 자기 집을 어떻게 대하는지 한번 보세요. 게자리가 제 집을 대하는 태도는 독실한 성직자가 성물을 대할 때의 성스러움을 능가한답니다. 게자리의 집에는 이런 글귀가 적힌 액자가 있을 법합니다. '집만 한 곳은 없다. 아무리 보잘것없더라도.' (네. 앞뒤 문장 순서가 바뀌었다는 것은 저도 압니다. 게자리의 어린 딸이 학교에서 만들어 온 것이라서 그에게는 값을 매길 수 없는 보석과도 같은 걸작입니다. 존중해 주어야죠.) 집은 게자리가 먹고, 자고, 사랑하고, 꿈을 꾸며 안전함을 느끼는 곳입니다. 일 때문에 지구를 반 바퀴나 여행해도 자기 집이라고 부를 만한 곳이 없다면 게자리는 절대로 행복해질 수 없습니다. 긴 여행을 마치고 집으로 막 돌아온 게자리의 얼굴 표정을 보면 알 수 있습니다. 완벽한 환희로 가득 차 있죠.

게자리는 아무리 많은 돈을 모아도 절대로 안심하지 않습니다. 아무리 많은 사랑을 받아도 항상 더 많은 사랑을 원합니다. 게자리는 감정의 긴장을 풀고 느긋해질 수가 없습니다. 미래에 닥쳐 올 가상의 재앙에 대비해서 늘 재화를 축적해야 합니다. 실제로 어떤 게자리는 침대 밑에 온갖 종류의 음식을 넣은 상자를 보관하기도 합니다. 과장한다고 생각할지 모르지만, 게자리의 침대 밑을 살펴본 적이 있는지요? 어쩌면 25년 전 세일할 때 사 둔 통조림 열 개와 초콜릿 파이 스물여덟 상자가 나올지도 모릅니다. 왜 이런 걸 쟁여 두냐고요? 그런 어리석은 질문은 하지 마세요. 언젠가 기근이 닥칠지도 모르잖아요? 게자리는 그것에 대비할 뿐이랍니다.(노아는 분명히 게자리일 것입니다. 홍수가 끝날 때까지 배의 키를 놓지 않은 것을 보면 말이에요.) 그 통조림과 파이를 왜 진작 먹지 않은 걸까요? 이 질문은 다른 질문으로 이어집니다. 한 번도 입지 않은 새 파자마 열네 벌과 선물로 받은 수십 개의 캐시미어 스카프는 왜 쓰지 않는 걸까요? 아직 포장도 안 뜯었네요. 누가 알겠습니까? 다음에 큰 홍수가 나면 동물들을 따뜻하게 감싸 주려고 하는 건지도 모르지요. 게자리는 항상 먼 미래까지 생각합니다. 그리고 자기가 태어나기도 전의 먼 과거의 재앙마저 또렷이 기억합니다.

게자리가 물속에 있는 모습을 자주 볼 수 있을 겁니다. 수영을 하거나 수상스키를 타거나, 아니면 적어도 물가에서 첨벙거리고 있겠죠. 출생차트 상 두드러진 충돌 요소가 있어서 파도를 무서워한다면 모르지만, 대부분의 게자리는 해상 스포츠를 즐깁니다. 게자리가 배를 소유하는 경우가 많은 것도 이 때문입니다. 게자리라면 고화질 텔레비전 12대나 리무진 50대보다는 잘 손질된 작은 배 한 척을 갖고 싶어 할 것입니다. 멋진 요트를 가진 사람도 있지만 그보다 작은 배나 카누라도 즐겁게 노를 저어 행복의 길로 나아갈 것입니다. 게자리는 저마다 저 멀리 깊은 바다 어디선가 길을 잃고 헤매는 꿈을 가지고 있고, 그 꿈을 계속 찾아다닙니다. 당신이 만나는 게자리 중에 반 이상은 주말에 배를 타는 사람들일 것입니다. 어쩌면 달과 조류가 게자리를 부르는 것인지도 모르죠. 이유가 무엇이든 간에 게자리는 대학교를 졸업할 때 산 운동화를 신고 자기의 배 갑판 위를 감상에 젖어 거닐 것입니다. 이보다 더 감정이 풍부해지는 순간은 없지요.(새 운동화를 사라고 충고하지 마세요. 게자리에 대해 당신이 알아 둘 것이 있습니다. 그들에게 오래된 것은 가치 있는 것이고 새것은 의심스러운 것입니다.)

게자리는 육체보다는 감정의 영향 아래 살아갑니다. 걱정과 우려는 게자리를 아프게 할 수 있고, 반대로 유쾌함은 게자리를 치료할 수 있습니다. 게자리는 경제적으로 파산할까 봐 걱정하기도 하고, 감정적인 유대가 있는 사람을 잃을까 봐 몹시 두려워하기도 합니다. 경제적으로든 심리적으로든 안정을 위협받으면 우울함에 빠져 의도하지 않은 질병이나 사고를 자초할 수 있습니다. 게자리는 상상력이 병적으로 풍부해서 가벼운 질환을 심각한 질병으로 키우거나 만성 질환으로 만들기도 합니다. 우울해지면 긍정적인 말에도 대꾸 한 마디 하지 않지요. 그러면서 자기를 걱정해 주지 않는다고 당신을 타박할 것입니다. 하지만 게자리가 아플 때 걱정해 주는 건 절대로 도움이 되지 않습니다. 무언가 두려운 일이 또 생길지도 모른다는 걱정 때문에 더 우울해진다면 정말로 큰 문제가 생깁니다. 다시 원기를 회복하는 데에 시간이 두 배는 더 오래 걸리게 되지요.

신체적으로 가장 약한 부분은 가슴과 무릎, 신장, 방광 및 피부입니다. 머리와 얼굴도 예민하고 위장을 비롯한 소화기관도 민감합니다. 게자리는 실질적으로 궤양을 만들어 낸 사람들이지요. 하지만 뛰어난 유머 감각으로 자기의 기분을 바로 볼 줄 아는 게자리라면 마음의 평정을 잘 유지하여 나이 들도록 건강을 누릴 수 있답니다. 게자리는 행복을 꽉 잡고 놓지 않는다면, 오래된 신문이나 냄비 받침에 집착하는 만큼의 끈기로 자기 삶을 붙들어 놓을 수 있습니다. 게자리가 몸과 마음이 건강해질 수 있는 비법은 쾌활함과 낙천주의 그리고 웃음에 있습니다. 게자리가 어떤 느낌을 상상하면 그 느낌은 현실이 된답니다. 게자리만큼 부정적인 생각이 바로 질병으로 이어지는 별자리는 없습니다. 하지만 또 게자리만큼 스스로 치유의 기적을 만들어 내는 별자리도 없답니다. 모순처럼 들리겠지만 모든 게자리들이 이 말을 잘 새겨 두면 좋겠습니다.

게자리는 대부분 식물을 잘 기릅니다. 늘 사랑과 관심을 쏟기 때문에 정원이 풍성한 아름다움으로 넘칩니다. 또한 식물을 돌보듯이 은행 잔고를 돌보기 때문에 재정 상태도 대부분 매우 양호한 편입니다. 게자리는 돈이 주는 느낌을 좋아해서, 돈이 잘 따라 붙는 편입니다. 좋게 말하면 돈을 절약하지요. 아무리 출생차트에 충동적 성향을 주는 요소가 있어도 게자리는 항상 만약의 경우를 대비해서 빳빳한 지폐를 남겨 둡니다. 게자리가 빈털터리가 되었다고 하는 말은 은행 잔고가 몇만 달러밖에 남지 않았다는 것을 의미한답니다. 어쨌거나 게자리에게는 매우 위험한 상태인 것이죠. 게자리보다 더 훌륭한 펀드매니저는 없습니다.(제 아무리 경제관념이 뛰어난 황소자리, 염소자리, 처녀자리도 2위밖에 못할 것입니다.) 마치 나무나 꽃을 기르는 것처럼, 현금을 모으거나 불리는 일에도 전문가입니다. 게자리의 빈틈없는 손이나 기민한 손가락들 사이로 돈이 빠져나가는 일은 거의 없습니다. 그저 재미삼아 돈을 탕진해 보고 싶다는 생각으로 창밖으로 돈을 던지는 일은 절대로 일어날 수 없습니다. 게자리의 관대함도 신중함을 누르지는 못합니다. 게자리인 록펠러 경*은 어린아이들에게 10센트씩 나눠 주면서 자기가 사치스럽다고 생각했습니다. 그렇게 돈을 낭비하면서 경제학을 계속 가르친다는 건 불

---

* 존 록펠러(John Davison Rockefeller, 1839~1937) : 미국의 석유 재벌가이자 자선 사업가.

편한 일이라며 괴로워했다고 합니다. 그래도 게자리는 자신이 좋아하거나 사랑하는 사람이 절실하게 필요할 때에는 가지고 있는 모든 것을 기꺼이 나누려고 합니다. 어린아이에게는 기꺼이 돈을 주지만 통조림을 2센트 더 받으려고 하는 상점 주인에게는 단호하게 행동합니다.

어떤 이유에서인지 게자리는 음식으로부터 안도감을 느낍니다. 허버드 부인*이 7월에 태어났더라면 찬장이 비어 있었다는 사실에 절망해서 낙담하고 말았을 것입니다. 자기가 먹지 않더라도 냉장고에 음식이 가득 차 있어야 안심합니다. 게자리는 음식에 대한 얘기만 꺼내도 얼굴에 화색이 돌고, 굶어 죽는 이야기를 하는 것만으로도 공포에 떱니다. 이들은 굶주린 사람들에게 마음을 많이 쓰고 전 세계 기아에 대해 책임감을 느낍니다. 저명한 수학자이자 천문해석가였던 칼 페인 토비는, 게자리였던 넬슨 록펠러가 슈퍼마켓에서 '록펠러는 진심으로 여러분을 배려합니다.'라는 정치적인 슬로건으로 캠페인을 벌였던 것을 지목했습니다. 음식을 낭비하는 것은 게자리에게는 범죄 행위입니다. 게자리에게 밥을 한 그릇 더 얻어먹을 수는 있지만 반드시 다 먹어야 한답니다.

게자리는 남녀 모두에게 강한 모성 본능이 있습니다. 이들은 항상 따뜻한 음식으로 사람들의 배를 채워 주려고 하고, 차갑고 눅눅한 밤공기를 피하도록 사람들에게 머플러를 둘러 줍니다. 게자리는 자기의 친구와 사랑하는 사람들을 아기처럼 다루고, 주위를 맴돌며 보호해 줍니다. 아이들과 음식과 돈 중에 어떤 것이 게자리의 감정을 가장 깊이 흔들까 하고 물어본다면, 답하기가 참으로 어렵습니다.

게자리의 예민한 기질은 단단한 껍질로 보호되어 있으며 폭풍을

---

* 허버드 부인(Old Mother Hubbard): 1805년부터 출판된 유아교육용 시의 주인공.

피할 만큼 현명하기도 합니다. 그들은 생의 절반을 땅 위에서 살고 나머지 절반은 깊은 물속에서 삽니다. 게자리는 어둠 속에서 빛나는 옅은 황금색 달빛을 몸에 두르고, 연녹색과 연보랏빛이 감도는 겸손함 뒤에 강렬한 감정을 숨겨 두고 있답니다. 게자리는 모두 달의 광기를 지니고 있습니다. 그들은 붓꽃 사이에 피어난 백합꽃 두 송이와 백장미 일곱 송이가 자라는 비밀의 화원을 알고 있습니다. 가끔 이런 정원에 대한 먼 기억 때문에 미칠 듯이 웃음을 터트리기도 하고 가끔은 슬퍼서 흐느끼기도 합니다. 게자리는 남들이 백사장에 무심코 흘린 에메랄드나 진주, 월장석을 끈질기게 모으며 자기의 은빛 꿈을 연마해 줄 파도를 기다립니다.

게자리로 알려진 유명인

링고 스타Ringo Starr	마르셀 프루스트Marcel Proust
마르크 샤갈Marc Chagall	어니스트 헤밍웨이Ernest Hemingway
장 콕토Jean Cocteau	존 록펠러John D. Rockefeller
헨리 8세Henry VIII	헨리 소로Henry D. Thoreau
*넬슨 만델라Nelson Mandela	*리오넬 메시Lionel Messi
*메릴 스트립Meryl Streep	*생텍쥐페리Saint-Exupéry
*톰 크루즈Tom Cruise	*톰 행크스Tom Hanks
*펄 벅Pearl Buck	*프리다 칼로Frida Kahlo
*헤르만 헤세Hermann Hesse	*헬렌 켈러Helen Keller
*이병헌	*이청용
*추신수	*하지원

게자리 남성

♋

"난 가끔 버터 바른 롤빵을 찾아 땅을 파거나
게를 잡기 위해 새를 잡는 끈끈이를 놓지.
난 가끔 이륜마차의 바퀴를 찾아
풀로 덮인 작은 둔덕을 뒤져.
나는 그렇게 돈을 번다네.
(할아버지가 윙크하고 말했어.)
내가 기꺼이 자네의 건강을 위해 건배하지."

게자리 남성은 에둘러 말하기의 전문가입니다. 덜렁대거나 수다스러운 면은 없습니다. 처음 만났을 때부터 게자리 남성이 자기 속을 꺼내 보여 줄 거라 기대하지 마세요. 게자리가 낯선 사람에게 비밀을 털어놓는 일은 절대로 없습니다. 심지어 가장 친한 친구들마저도 모르는 부분이 있답니다. 게자리 남성을 알기까지는 시간이 제법 걸리지요. 그리고 인내심도 상당히 필요합니다. 심기가 불편한 게자리 남성을 한번 만나보면 아마 더 이상 별로 관심을 갖고 싶지 않을 것입니다. 이해합니다. 하지만 다시 시도해 보세요. 너무 쉽게 포기하지 마시고요.

　게자리 남성은 여성들에게 치근거리고 변덕스럽다가도, 또 예민하고 더할 나위 없이 성실한 모습을 보이기도 합니다. 얼굴을 잔뜩 찌푸리고 있다가 갑자기 부드러운 미소를 띠기도 하지요. 한동안 심술궂게 불평하고 무뚝뚝하게 행동하다가도, 어느 순간 킥킥거리거나 미친 듯이 박장대소를 합니다. 당신은 슬픈 얼굴로 생각에 잠겨 있는 그를 감싸 안아 주고 싶고, 그럴 수만 있다면 우울함을 달래 주고 싶을 것입니다. 게자리 남성이 날카롭고 직관적인 지성을 자랑할 때는 진정 경외심을 갖고 바라 보게 됩니다. 그의 신중함이 존경심을 불러일으키지요. 그렇지만 게자리 남성의 비관주의는 당신을 우울하게 만들 것입니다. 게자리 남성은 품격 있고 예의바르며 연민이 많아서, 벤치에 앉아 있는 당신에게 마치 춤을 신청할 것처럼 보입니다. 틀림없이 낭만적인 몽상가이지만, 매우 지각 있고 실용적인 사람이어서 그를 싫어하는 사람들조차도 뒤에서는 대단 한 사람이라고 칭찬합니다. 자, 이런 남성이라면 어떻게 하시겠습니까?

일단은 게자리 남성을 이해해 보려고 애쓰겠지요. 그가 이런 모습들 을 보이더라도 성격 자체가 변하는 것은 아닙니다. 그저 달의 기운이 변 하는 것처럼 오늘의 생각과 느낌이 내일이면 바뀌는 것이죠. 하지만 매 순간 형태와 농도가 달라지는 생각과 감정 이면에서 그 사람의 진짜 모 습을 찾아보려고 애쓰지 마세요. 이 모두가 게자리 남성의 진짜 모습이 니까요. 표현 양태가 바뀌었을 뿐이지 그 사람의 천성이 바뀌는 것은 아 닙니다. 게자리 남성의 태도가 때때로 거칠고 냉담할 수는 있지만, 마음 은 언제나 부드럽고 애정이 넘치며, 스스로 상처를 쉽게 받는다고 느낄 정도로 감성이 풍부합니다. 그는 상처를 받을 때면, 껍질 속으로 기어들 어갑니다.(껍질을 항상 등에 짊어지고 다니지요.) 그 안에 있으면 자기 자신 의 감정으로부터 잠시나마 안전할 수 있습니다. 게자리 남성이 마음에 상처를 입고 껍질 안으로 들어가 침묵할 때, 당신은 진짜 게를 대하는 듯 한 기분이 들면서 포기하고 싶어질 것입니다. 하지만 그가 이내 햇살을 보려고 단단한 껍질 밖으로 조심스레 얼굴을 내밀면, 당신은 자기도 모르게 그에게 다시 다가가고 싶은 마음이 생길 것입니다. 안타깝게도 게자리 남성은 가끔 심술궂게 행동합니다. 눈에 보이는 모든 것과 주변 사람들을 비난하고 당신의 자존심에 큰 상처를 주기도 합니다. 그런가 하면 어떤 때에는 마치 약간 나사 풀린 오랑우탄처럼 재미있는 사람이기도 하지요. 그를 내버려 둬야 할지 따뜻하게 안아 주어야 할지 헷갈리는 것이 당연합니다. 게자리의 기분 변화는 어떤 사람이라도 어리둥절하게 만드니까요. 처음에는 그의 차가운 눈길에 떨게 되고, 그 다음에는 지나친 헌신 때문에 숨이 막히죠. 게자리 남성이 제일 심술궂은 사람으로 돌변할 때는 무언가를 잃어버릴지도 모른다는 두려움이 있을 때랍니다. 그 무언가가 당신일 수도 있습니다. 당신은 영원히 그의 사람이라고 안심시켜 주어야 합니다. 게자리 남성에게는 애정 어린 말이 음악과도 같답니다.

물론 보름달이 뜨는 어느 날 밤에 부드러운 분위기를 연출하다가도 갑자기 미친 사람처럼 돌변할 수도 있습니다. 당신이 달콤한 꿈으로부터 멀어져 갈 무렵에 그는 자기가 가장 좋아하는 시를 읊어 주겠다고 말합니다. 당신은 안도의 한숨을 쉬고 그의 어깨에 기대어 눈을 감습니다. 그는 이런 시를 읊조립니다. "이브의 동산에서 사슴은 잔뜩 취했다네. 달빛은 실개천 위에서 춤을 춘다네. 사슴은 코를 한 번 풀고 신발을 닦고는 독주를 벌컥벌컥 마셨다네." 당신은 아마도 황홀한 기분에서 확 깨어나겠죠. 보름달은 사람을 이렇게 이상하게 만들 수 있답니다. 그가 아무리 백만장자가 될 만큼 똑똑한 사람이라고 하더라도 가끔은 이렇게 어이없는 행동을 할 수 있습니다.

돈 얘기가 나와서 다행이군요. 당신도 좋아할 얘기입니다. 만약에 당신이 집세를 꼬박꼬박 내야 하는 사람이라면 제대로 사랑에 빠진 것입니다. 그는 당신을 좋아하는 만큼 안정을 좋아합니다. 당신이 약간 우위를 점하겠지만, 어쨌든 그 사람과의 관계에 있어서 최악의 경쟁 상대는 바로 돈입니다. 게자리 남성은 대부분의 낮 시간을 일종의 종교적인 열정과 헌신을 가지고 돈을 추구하는 데에 할애할 것입니다.(밤에는 다른 것들을 추구하지요.) 당신에게 그다지 나쁜 조건은 아닙니다. 게자리 남성은 어릴 적부터 재무에 맛을 들여 왔고, 돈을 쓰는 일보다는 저축하는 일에 훨씬 매력을 느낀답니다. 인색하다고 말할 수는 없지만 그렇다고 해서 지폐로 담뱃불을 붙이는 사람은 아니라는 뜻입니다. 게자리의 유머 감각에도 돈에 관한 주제는 포함되지 않습니다. 게자리에게 돈은 농담의 대상이 될 수 없습니다. 그는 아마도 알파벳을 배우기 전에 숫자부터 깨우쳤을 것이고, 열한 살 때부터 이미 신문 배달 아르바이트를 시작했을 것입니다. 빨간 돼지저금통을 아직도 뜯지 않고 가지고 있다고 해도 놀랄 일이 아니지요. 게자리 남성은 동전의 광택과 지폐의 바스락거리는 소리에 신경이 안정될 정도이지만, 그렇다고 해서 자기의 신용등급을 드러내 놓고 자랑하지는 않을 것입니다. 게자리는 사회적 지위를 위해 돈을 모으는 경우가 드뭅니다. 그저 돈이 좋아서 모으는 것입니다. 실제로 돈의 힘에 대해서는 하찮게 생각할 것입니다. 게자리 남성은 그저 생계를 위해 돈을 버는 가난한 소년처럼 최선을 다해 살아가는 것입니다. 당신은 그가 너무 딱해서 은행 대출이라도 받아 보라고 제안하고 싶을지 모릅니다. 하지만 그럴 필요는 없습니다. 이미 대출을 받아서 그 자금을 활용하고 있을 겁니다.

동쪽별자리가 불의 별자리인 경우에는 드물게 낭비 욕구가 있겠지만, 게자리 남성이라면 그런 낭비 욕구를 잘 억누릅니다. 가끔은 우울한 기분을 떨쳐 버리기 위해 흥청망청 쓰는 경우도 있는데, 결코 그것이 습관이 되지는 않습니다. 언뜻 '구두쇠'라는 말이 떠오르겠지만 게자리 남성이 경제에 대해 흥미로운 생각을 가지고 있다는 것을 알아야 합니다.

그는 싸구려 식당에 가서 너무 익힌 양고기와 불친절한 서비스로 자기의 예민한 감각을 망치느니, 차라리 최고급 식당에 가서 비싼 돈을 내는 만큼 좋은 대접을 받으려고 한답니다. 또한 밍크 코트 한 벌이면 몇 년이고 입을 수 있는데 매년 싸구려 외투를 사느라 돈을 쓰는 것이 어리석은 짓이라고 생각합니다. 게자리 남성의 입장에서는 구입하자마자 가치가 떨어지는 값싼 자동차보다는 훌륭하고 보존 가치가 있는 캐딜락이나 벤틀리가 더 안전한 투자입니다. 게자리에게는 품질과 절약이 동의어랍니다. 이제 당신의 눈이 다시 반짝이기 시작했으리라 생각해요.

아무리 평생 음악과 미술에 심취해 있는 시적이고 낭만적인 게자리라도 돈의 가치에 대한 판단력은 매우 기민합니다. 그러므로 게자리 화가가 차가운 다락방에서 그림을 그린다고 해서 그에게 불우이웃 돕기 성금을 보낼 필요는 없습니다. 아마도 어느 구석엔가 수표를 넉넉히 보관하고 있을 것입니다. 자신의 그림을 기증하는 일도 없습니다. 그가 직업화가라면 그림을 상당히 고가에 판매할 것입니다. 하지만 그만한 가치가 있습니다. 게자리는 경력을 쌓기 시작하면 반드시 정상에 올라야 하는 사람입니다. 예술적인 재능도 많습니다. 당신의 게자리 짝꿍에게 크리스마스 카드를 디자인해 보라고 시켜도 됩니다. 아무리 아마추어라도 정말 멋진 카드를 만들어 줄 것입니다.

전형적인 게자리라면 스포츠웨어에는 별로 관심이 없습니다. 그는 옷차림에도 격식을 차리는 사람입니다. 억만장자이든 쥐꼬리만 한 봉급쟁이든 간에 전통적인 스타일로 재단이 잘된 옷을 선호합니다. 칼라 단추나(아직도 게자리들에게 그런 걸 팝니다.) 커프스 버튼을 끼울 수 있게 만든 값비싼 셔츠를 좋아하지요. 소매에 이니셜을 새기지는 않습니다. 너무 드러내는 것을 싫어하고 남의 이목을 끌고 싶어 하지도 않거든요. 그는 경제적으로 좀 빠듯할 수 있는 사업 초창기에도 늘 반짝이는 구두를 신고 다닙니다. 경제적 위기를 겪는 동안에도(비록 잠시 동안이겠지만) 그는 뭔가 상류층 냄새를 풍기거나, 한때 잘나갔던 사람 같은 느낌을 풍깁니다. 과거에 혹은 지금 그렇지 않더라도 곧 부자가 될 것입니다. 언젠가 상당한 재산을 갖거나 그럴 기회를 맞을 것입니다. 늘 부유하지는 않더라도 게자리가 실업자가 되는 일은 시베리아 벌판에서 파인애플 나무를 보는 것처럼 드문 일이지요. 게자리의 비밀스러운 좌우명은 '놀기만 하고 일을 하지 않으면 월급봉투가 얇아진다.'랍니다. 게자리는 지갑이 늘 두둑해야 행복해합니다.

당신이 게자리 남성의 어머니와 성격이 잘 맞기를 바랍니다. 아니, 그러기를 간절히 기도해야 합니다. 게자리 남성의 말 중에는 자주 엄마가 등장합니다. "우리 엄마는 별로 화장을 하지 않는데도 진짜 예쁜데, 당신 눈 화장이 너무 진한 거 아니에요?"라거나, "냉동 파이랑 즉석 감자를 써요? 우리 엄마는 내가 어릴 때 늘 빵을 직접 구워 주셨는데."라고 말합니다. 이 완벽한 여인은 마치 한 집에 같이 사는 것처럼 자주 대화에 등장합니다. 그것도 당신이 정말로 기대하지 않았던 순간에 튀어나오죠. "자기야, 오늘 우리 영화 보기로 한 거 취소해야 할 것 같아. 지금 시골 어머니 댁에 며칠 쉬러 가는 길이야." 좋게 말하자면, 게자리 남성은 어머니를 여왕의 권좌에서 끌어 내리고 당신을 새로운 여왕으로 모시는 일이 좋지만은 않은가 봅니다. 게자리 남성은 심할 정도로 가정적인 사람이어서 아주 가끔 방랑벽이 도지더라도 어머니가 집을 안락하게 해 준다면 서둘러 그 집을 떠나지 않습니다. 게자리는 어머니와 너무 가깝게 지내거나 아니면 어릴 때부터 철저하게 소외당했거나 둘 중의 하나입니다. 게자리와 어머니의 관계는 '흑 아니면 백'이지요. 게자리가 부모를 숭배하지 않는다면, 입양된 경우이거나 어머니의 사랑을 독차지한 아버지에 대한 질투심으로 감정적인 벽이 생긴 경우입니다. 이런 경우라면 부자연스러울 정도로 냉담하고 외롭게 살아갈 것입니다.

하지만 전형적인 게자리는 대체로 어머니와 너무 가깝게 지냅니다. 같이 살면서 이런 문제를 애써 감출 필요는 없습니다. 당신이 일반적인 게자리 남성과 사랑에 빠졌다면 그의 어머니와의 관계를 잘 구축해야 합니다. 그의 어머니에 대해 찬사를 아끼지 않으면서 동시에 라이벌로서 그녀에게 밀리지 않도록 처신하는 것이 쉽지 않을 것입니다. 요리와 가사에서 시어머니를 주변인으로 만들면 안 됩니다. 시어머니가 당신에게 레몬 시폰 파이 만드는 법을 가르쳐 주려고 한다면, 그렇게 하도록 놔두세요. 게자리 남편은 두 여인이 사이좋게 지내는 것을 보고 좋아할 것입니다. 그런 다음 돌아서서 혼자 멋진 고기 요리를 하세요. 최소한 그의 어머니가 해 왔던 만큼 당신도 그를 행복하게 해 주어야 합니다. '어머니가 해 왔던 만큼'이라는 기준이 좀 대단하긴 합니다. 그는 아마도 눈에 넣어도 아프지 않을 아이로 줄곧 자라 왔을 것입니다. 어머니가 유난스럽게 돌보면서 꼬박꼬박 먹여 주고 맛난 요리도 해 주고 그가 아플 때에는 늘 곁에 있어 주고 밤에는 포근하게 감싸 주어서 그를 강하고 사랑스러운 게로 키웠을 것입니다. 게자리 남성은 절대로 인정하지 않겠지만, 여성들이 다독여 주고 아기처럼 다루어 주는 것을 좋아한답니다.

마음이 좀 착잡해지나요? 그래도 게자리 남성에게는 이런 것을 만회할 수 있는 매력과 장점이 있습니다. 먼저 게자리는 상당히 훌륭한 요리사입니다. 멋진 요리 솜씨로 당신을 놀라게 할 것입니다. 게자리 남성이 저녁 식사에 초대할 때에는 대체로 매우 진지합니다. 직접 만든 동판화를 보여 줄 때에도 다른 의도는 숨어 있지 않습니다. 전형적인 게자리 남성은 삶의 섬세한 부분에 매우 열성입니다. 일상적이고 평범한 대화 중에도 문화와 예술을 거론합니다. 여러분 모두 알고 있겠지만 게자리 남성이라면 희귀한 동판화를 소유하고 있거나, 적어도 멋진 음반 컬렉션을 소장하고 있을 것입니다. 게자리 남성의 집을 방문할 때에는 보호자가 없어도 상당히 안전합니다. 전형적인 게자리 남성은 여성에게 매우 정중합니다. 당신이 정숙한 여인으로 행동하는 한 그도 신사로 남을 것입니다. 그는 마치 자기 할머니 시대의 사람처럼 행동합니다. 그때가 좋은 시절이었다고 생각하기도 하고요.(어쩌면 할머니 사진도 어딘가 걸려 있을 것입니다.) 그의 집안 내력에 대해 물어보세요. 즐겁게 이야기해 줄 것입니다. 대부분의 게자리는 자라 온 배경과 혈족에 관심이 많습니다. 그들은 할머니 얘기부터 자기가 처음으로 유럽에 갔을 때 사 온 18세기 장식 테이블까지, 옛날과 관련된 것을 좋아합니다.

그가 당신의 사진을 찍겠다고 하면 놀라서 도망가지 마세요. 사진은 게자리의 일반적인 취미 생활이랍니다. 사진기 한 대 없이 지내는 게자리는 매우 드뭅니다. 물론 금성이 전갈자리에 있거나 달이 사자자리에 있을지도 모르니 결혼 승낙을 하기 전에 그의 출생차트를 확인해 보는 것이 좋겠지요. 이렇게 말해 보세요. "저도 당신과 결혼하고 싶어요. 그런데 그 전에 먼저 천문해석가에게 전화를 해 봐도 되죠? 생일이 언제예요?" 만약에 그가 농담으로 받아들이면 정색을 하고 얘기해 주세요. 제이피 모건이라는 세계적인 투자 회사도 천문해석가 에반젤린 애덤스*와 상의하지 않고는 주식 시장에서 전혀 움직이지 않았습니다. 에반젤린 애덤

---

* 에반젤린 애덤스(Evangeline Adams, 1868~1933): 미국의 유명한 천문해석가로서 비즈니스 관련 컨설팅을 많이 함.

스는 존 퀸시 애덤스*의 손녀이자 존 애덤스**의 증손녀입니다. 역사와 돈 얘기를 조합했으니 게자리 남성은 눈이 번쩍 뜨일 것입니다.

게자리 남성이 한동안 자기 동판화나 오래된 테이블을 보러 오라고 초대하지 않을 수도 있습니다. 가벼운 연애 감정은 있을지라도 진지하게 한 여성을 좋아하게 되기까지는 몇 년이 걸릴 수도 있답니다. 자기가 관심을 쏟아도 좋을 만큼 가치 있는 여성을 찾는 것이 그에게는 쉬운 일이 아니기 때문입니다. 그런 여성을 찾게 되면 그는 아름다운 감상주의자가 되어 그녀에게 선물과 존경을 바칠 것입니다. 하지만 그의 기준은 드높은 곳에 있습니다. 모든 여성들이 그 기준을 충족하지는 않지요. 대부분의 게자리 남성은 마음을 다칠까 봐 두려워합니다. 그럴 수밖에요. 일반적인 남성들이 짝을 잘못 만나 실패하는 경우 몇 주면 회복이 가능하지만, 게자리 남성에게는 하늘이 무너지는 재앙과도 같기 때문입니다. 그가 스스로에게 가까이해도 좋다고 허락한 짝과 결별해야 할 때, 그 고통은 몇 년씩이나 지속됩니다.

당연히 게자리 남성은 사랑에 빠지는 것을 부끄러워합니다. 하지만 한번 마음을 먹고 나면 어지간해서는 퇴짜 맞을 일이 없습니다. 게자리는 낭만적인 연인 역할을 예술적으로 수행해 냅니다. 당신의 마음을 얻겠다고 스스로에게 선포하고 나면, 그의 수줍음은 하룻밤 사이에 집요함으로 바뀝니다. 마음먹고 하는 일이라면 그것이 어떤 것이든 거부당하는 것을 용납하지 않는, 이 성실하고 단호한 남성을 뿌리칠 수 없을 것입니다. 당신의 우편함은 날이면 날마다 날아오는 그의 편지로 채워

* 존 퀸시 애덤스(John Quincy Adams, 1767~1848): 미국의 제6대 대통령.
** 존 애덤스(John Adams, 1735~1826): 미국의 제2대 대통령.

지고, 그는 당신 집 앞에 진을 치고 하루에 수십 번씩 전화를 할 것입니다. 게자리는 한번 잡으면 좀처럼 놓아주지 않습니다. 물론 당신도 빠져나오고 싶지 않을 것입니다. 대부분의 여성은 자기를 단단하게 붙잡아 줄 누군가가 있는, 문 앞에 서성거리는 나쁜 늑대로부터 자기를 보호해 줄 누군가가 있는, 그런 달빛 같은 세상을 꿈꾸잖아요?

자, 이제 그가 옷을 대충 입는 사람도 아니고 구두쇠도 아니며 환상적인 요리사에 취향도 고매한 사람이라는 것을 알게 되었습니다. 그런 그가 마치 자기 할아버지와 결혼했던 할머니처럼 고전적인 아가씨를 만나 잉꼬부부처럼 살고 싶어 합니다. 이 밖에 또 무슨 정보가 필요하세요? 아버지로서는 어떠냐고요? 아마 가장 좋은 정보가 될 것 같은데요. 게자리는 모두 어머니의 마음을 지니고 있습니다. 게자리 남성도 마찬가지예요.

당신이 사랑하게 된 다정하고 부드러우며 동정심 많고 이해심 많은 그 사람의 성격 때문에 게자리 남성이 훌륭한 아빠가 될 것이라는 이야기입니다. 아이가 발가락을 다치거나 장난감을 부수거나 이가 아프다고 할 때에도 무한한 인내심으로 정성껏 돌보아 줄 것입니다. 아이의 생일 파티에서는 동네 꼬마들을 위해 고깔모자를 쓴 삐에로가 되어 주고 꼬마들을 즐겁게 해 주기 위해 많은 시간을 투자할 것입니다. 게자리 아버지는 아들을 자랑스러워하고 딸은 지독하게 보호합니다. 아이들이 어릴 적에는 가장 멋진 아빠가 될 것입니다. 하지만 좀 더 크면 약간 힘들어질 수 있습니다. 게자리 아버지는 사랑스러운 아이들이 자기에게 영원히 의지하기를 바라기 때문에, 아이들이 독립 의사를 비치면 바깥 세상을 경험하고 싶어 하는 아이들의 욕망에 분개하면서 한동안 짜증을 낼 것입니다.

게자리 아버지는 자정 넘어 차를 몰고 나간 어린 아들과 귀가 시간이 넘도록 댄스파티에서 돌아오지 않는 예쁜 딸 때문에 안절부절못하며 카펫에 구멍이 날 정도로 왔다갔다할 것입니다. 게자리에게는 숫자가 중요하다고 했던 것을 기억하지요? 그가 잘못하고 있다는 것을 간단한 숫자로 설명해 주세요. "여보, 이런 거예요. 지금은 우리에게 애가 둘이지요. 아이들이 결혼을 하면 손자 손녀가 여섯 명이나 여덟 명이 될지도 몰라요. 마치 은행에서 이자를 주는 것처럼요. 아이가 둘 있을 때보다 여섯이나 여덟이 되면 더 많은 행복이 찾아올 거예요. 그렇죠?" 이렇게 하면 넘어갑니다. "동의해 줘서 기뻐요, 여보. 이제 딸아이의 웨딩드레스를 어디에 감춰 뒀는지 얘기해 줄래요? 그리고 아들 녀석이 결혼할 수 있게 그 수갑 좀 풀어 주세요." 단, 보름달이 뜬 날에는 시도하지 마세요. 오해할지도 모릅니다. 게다가 달의 기운이 강한 날에는 어떤 게자리도 생각을 제대로 할 수가 없습니다. 통제를 포기하는 것은 어려운 일이지만, 그래도 여전히 당신이 곁에 있다는 사실을 상기시켜 주면 그는 아이들을 놓아줄 것입니다.

게자리 남성과의 미래에 대해서는 여기까지입니다. 당신이 당장 직면하고 있는 문제로 돌아와 보죠. 그 사람이 옆으로만 움직이면서 지능적으로 주제를 회피하는 일을 멈추게 해야 합니다. 앞으로 움직이게 유도해서 당신에게 청혼하도록 해야 합니다. 더 대범하고 남자다운 남자를 만나기 위해 그를 떠날 것처럼 연기를 해 보세요. 대부분의 게자리는 자기의 목표물(여기서는 당신입니다.)이 떠날 기미가 보이면 더 이상 뒤로만 움직이지 않습니다. 하지만 게자리 남성이 제대로 깨닫게 만들려면 정말로 다른 남자를 찾아내야 할지도 모릅니다. 물론 그 일 자체도 쉽지는 않습니다. 당신의 일거수일투족을 매우 가까이에서 지켜보고 있기 때문이지요.

　게자리 남성이 당신을 꽉 붙들게 만들고, 밤마다 보드 게임이나 하는 것을 멈추게 하려면, 그의 계산기 같은 겉모습 바로 뒤에 숨어 있는 감성에 호소해야 합니다. 음악, 시, 꽃, 아름다운 옷, 은은한 향수, 부드러운 말 그리고 다정한 스킨십 같은 것들이 로맨스에 약한 게자리 남성을 쓰러뜨릴 수 있는 무기입니다. 그의 심장과 위가 바로 연결되어 있다는 점도 간과하지 마세요. 잡지에서 아기 사진을 오려 두고 재봉틀을 잘 보이는 곳에 두세요. 치마를 평소보다 몇 센티미터 더 짧게 입고 그를 약간 아기처럼 다루세요. 그리고 외국 동전으로 만든 팔찌를 착용해 보세요. 마지막 비법은 게자리의 예민한 코드 두 가지를 건드리는 것입니다. 멀리 외국의 해변으로 여행을 가는 것과 돈이지요. 그러면 어느 날 밤 그는 충동적으로 자기 어머니에게 인사하러 가지 않겠느냐고 물어볼 것입니다. 그 다음날 바로 청첩장을 주문하고 혼수를 장만해도 됩니다. 감정 기복이 있기는 하지만, 수만 개의 꿈을 가진 게자리 남성의 마음을 사로잡아 드디어 그가 숭배할 여인으로 낙점되었으니까요. 이제 '365일 동안 항해를 떠나고', '달빛 아래 춤을 추며', '멋진 스푼으로 치즈 케이크를 먹게' 될 것입니다. 즐거운 여행이 되기를 바랍니다. 하지만 절대로 그의 낡은 모자와 닳아빠진 운동화, 우표 수집책, 옛날 성적표 등을 내다 버리면 안 된다는 것을 기억하세요. 게자리 남성에게는 보물들이니까요. 우산을 가지고 다니는 것도 잊지 마세요. 눅눅한 밤이 찾아올 수도 있으니까요. 모피 코트를 입은 당신이 아름다워 보인다고 얘기했던 가요? 여인은 사랑을 받을 때 정말로 아름다워지는 법이니까요. 당신도 그렇습니다.

게자리 여성

메아리는 사라지고 기억은 사그라져
가을 서리는 7월을 없애 버렸네.
하늘 아래 움직이는 앨리스는
깨어 있는 눈으로는 볼 수가 없는데
여전히 앨리스는 허깨비 같이 날 떠도네.

당신은 틀림없이 혼란스러워하고 있을 거예요. 처음에는 게자리 여성이 부드러운 달의 여신인지 아니면 이상한 괴짜인지 판단하기 어려울 것입니다. 어쩌면 끝까지 모를 수도 있습니다.

비가 오면 게자리 여성은 자기의 슬픔에 당신마저 잠기게 합니다. 태양이 구름 속에서 나와 얼굴을 비추면 그녀는 환한 웃음으로 당신을 두 배는 더 즐겁게 해 주고 따사롭게 당신을 어루만져 줄 것입니다. 게자리 여성의 기분 변화를 지켜보는 것은 마치 옛날 무성 공포 영화가 상영되기 전에 웃기는 슬랩스틱 코미디 한 편을 보는 것과 같습니다. 그 쇼가 펼쳐지는 무대에는 작은 피아노 한 대밖에 없습니다. 피아노 선율은 활기 넘치고 명랑하다가도 이내 우울하고 쓸쓸해집니다. 음악은 각 장면에 맞게 다양하게 짜여 있어서 전혀 단조롭지 않습니다. 게자리 여성도 이와 마찬가지입니다. 약간은 터무니없고 조금 슬프지만 상상력이 아주 풍부합니다. 게다가 돈을 저축하는 방법도 잘 알고 있습니다.

　게자리 여성과 결혼하기 전까지는 당연히 그녀의 침대 밑을 살펴볼 수 없겠지요. 그녀는 무척 정숙한 여인이니까요. 하지만 침대 밑에 지폐와 동전으로 가득 찬 오래된 양말 한 짝이 있다는 것에 내기를 걸어도 좋습니다. 동쪽별자리나 달별자리가 소비 성향을 내비치는 별자리에 있더라도, 게자리 여성은 10년 전에 선물 받았지만 한 번도 사용하지 않은 탁자보 아래나 철쭉 화분 아래에 몇십 달러 정도는 챙겨 두었을 것입니다. 그녀의 시집을 들춰 보면 구겨진 지폐 한두 장쯤 팔랑거리며 떨어질 것입니다. 게자리 여성은 마음을 다쳐 위로가 필요해지면 갑작스럽게 소비 성향을 드러낼 수도 있지만, 대부분의 경우 수입에 비해 지출을 훨씬 적게 하는 편입니다. 그녀는 당신의 통장에도 유난히 관심이 많고, 돈을 주제로 하는 대화를 가장 좋아할 것입니다. 설사 당신에게 저축 통장이 없더라도 당신이 절약하려고 애쓰는 사람이라면 무시하지 않을 것입니다. 당신이 통장을 만들어서 저금하도록 도와주겠지만, 그 돈을 쓰는 일은 당신 몫이지요. 너무 많이 쓰지 마세요. 그녀는 안정감이 줄어들고 있다고 느낄 것입니다. 게자리 여성에게 몹시 비싼 선물을 하면 그녀는 "이렇게 비싼 걸 사면 안 되죠……."라고 말합니다. 예의상 하는 말이 아니라 진짜로 안 된다는 뜻입니다.

　보험, 담보 대출, 집세, 세금, 크리스마스 선물 목록 등으로부터 게자리 여성을 벗어나게 하려면 달빛 비치는 한밤에 함께 바닷가로 산책을 나가세요. 게자리 여성의 기분을 풀어 주기에 가장 좋은 순간입니다. 게자리 여성은 달의 기운을 받아 비밀스러운 꿈을 끄집어내고, 파도 소리를 들으며 자기를 억압하던 수많은 일을 떨쳐 버립니다. 당신은 한 시간 안에 그 자리에서 그녀의 팔색조 같은 감정 변화를 볼 수 있을 것입니다. 그러면 당신은 그 다양한 감정 중에서 가장 마음에 드는 것을 골라 격려할 수 있겠죠. 전형적인 게자리 여성을 보름달이 뜬 밤에 해변에 혼자 내버려 두는 것은 위험할 수 있습니다. 기이하게 변신할 수 있답니다. 낮에 보았던 쿨하고 침착한 여성, 혹은 저녁에 식당에서 키득거리며 대범하게 당신에게 치근거리던 그 여성이, 카프카의 소설 『변신』의 주인공이 됩니다. 게자리 여성은 거부할 수 없는 달빛에 온몸을 맡깁니다. 달빛이 눈동자를 비추고 찰랑거리는 파도 소리가 귀를 채우면, 게자리 여성은 갑자기 전혀 다른 세상에서 온 생명체로 변신합니다. 그녀는 바다의 요정이 되어 상상할 수 없을 만큼 먼 곳으로 당신을 데리고 날아오릅니다. 이런 날이 열에 아홉은 보름달이 뜬 밤일 테고, 나머지 하루는 아마도 그믐달 밤일 것입니다. 달이 기울면 게자리 여성은 수줍고 다정해집니다. 하지만 당신이 정말로 원하는 것은 게자리 여성의 잠재 능력을 모두 깨워 줄 수 있는 꽉 찬 보름달일 것입니다. 보름달이 떠 있는 동안 게자리 여성의 감성은 썰물과 밀물의 조화를 이룹니다. 보름달 아래에서 그녀는 시도 쓰고 작곡도 하고 철학자들이 수 세기 동안 고심해 왔던 미스터리를 풀기도 합니다. 당연히 이 시기에 게자리 여성은 당신과 흥미로운 대화를 나눌 수 있는 사람이 됩니다.

　게자리 여성이 당신과 사랑에 빠지면 두 가지 특유의 방식으로 당신에게 접근해 옵니다. 우선은 부드럽고 여성스럽게, 수줍어 어쩔 줄 몰라 하며 겸손하기 짝이 없는 모습과 싱그러운 떨림으로 당신의 마음을 흔들어 놓습니다. 또는 약간 끈적끈적한 전술을 구사합니다. 이 경우에는 좁은 칸막이 테이블에서도 가능한 당신 가까이 앉으려고 갖은 술책을 사용합니다. 물론 당신이 그녀를 좋아한다면 몹시 흥분되는 일이겠지요. 하지만 당신이 그저 다른 여성에게 하듯 별 의미 없는 친절을 베풀고 있다는 것을 그녀가 감지하면 태도가 달라집니다. 일부러 당신의 손을 꼭 잡고 마치 무지개 끝에서 걸어 나온 소녀처럼 당신 뺨에 키스할 것입니다. 비록 당신이 그녀에 대해 약간 흥미를 잃었던 상태라도 이런 모습을 보면, 내색하지 않고 그녀의 행동을 다 받아 주려고 할지도 모릅니다. 실제로 그렇게 계속 가볍게 받아 주었던 남성과, 진심으로 그 남성을 좋아했던 게자리 여성을 알고 있습니다. 결국 발작적으로 킬킬거리던 게자리 여성은 그 남성을 잡고는 놓아주지 않았습니다. 이런 유형의 게자리 여성은 진정한 사랑과 행복한 가정 생활에는 위협이 될 수도 있습니다. 다행히 제가 알던 그녀는 이런 유형의 사람은 아니었습니다만, 문제가 될 수 있다는 것을 알아 두시기 바랍니다.

다른 별자리를 보아도 알겠지만 완벽한 사람은 거의 없습니다. 양자리 여성은 뛰어다니면서 큰 소리로 택시를 잡거나 벽에 여기저기 머리를 부딪치며 다니고, 사수자리 여성은 민망할 정도로 말을 솔직하게 하고, 전갈자리 여성은 당신을 겁먹게 만들 수 있으며, 쌍둥이자리 여성은 변덕이 심하고, 사자자리는 너무 거만합니다. 하지만 일반적으로 게자리 여성에게는 이런 단점들이 전혀 없습니다.

그럼에도 불구하고 게자리 여성에게 절대로 하지 말아야 할 것이 있습니다. 게자리 여성은 남이 자기를 비평하는 것을 몹시 싫어하고, 혹시나 조롱 대상이 되면 깊은 상처를 받습니다. 누군가에게 거부당하는 것도 견디지 못합니다. 이런 점은 반드시 알아 두어야 할 원칙입니다. 전형적인 게자리는 드러내 놓고 먼저 주도하는 경우가 거의 없고 늘 망설이는 편입니다. 그러니 당신이 먼저 나서야 합니다. 그녀는 기본적으로 수줍음을 많이 타는 성격인데다가 거부당할지 모른다는 두려움 때문에 게자리 남성과 똑같이 행동합니다. 제가 아는 어떤 게자리 커플은 어느 저녁에 아파트 거실에 같이 앉아 잡지를 보는 척하면서 무려 일곱 시간을 보냈다고 합니다. 둘 다 가슴은 소리 없이 쿵쿵거리는데 겉으로는 전혀 상관없는 얘기나 하고 조간신문, 석간신문을 다 보고 낱말 맞추기까지 했다고 합니다. 두 게자리 중 어느 한쪽도 먼저 나서지 못했던 것이지요.

게자리 여성의 어머니를 친절하게 대하세요. 그러지 않으면 그녀가 당신을 절대로 용서하지 않을 것입니다. 게자리 여성에게 어머니라는 존재는, 절대로 욕먹어서는 안 될 사람입니다. 게자리 여성은 어머니와 관련된 농담은 별로 달가워하지 않습니다. 그리고 5년째 쓰고 있는 일기장을 절대로 열어 봐서는 안 됩니다. 어차피 자물쇠가 채워져 있기는 할 거예요. 게자리는 비밀을 잘 간직합니다. 당신이 먼저 속마음을 그녀에게 보여 주지 않는 이상 그녀도 자기 속마음을 보여 주지 않는답니다.

게자리 여성이 연애를 할 때 지니는 두려움이 당신에게도 많은 영향을 미칠 수 있습니다. 그녀는 자기가 그다지 예쁘지도 않고, 똑똑하지도 않고, 젊지도 않고, 성숙하지도 않다고 걱정합니다. 아무리 밀로의 비너스 같은 몸매에, 스파르타 왕의 아내였던 헬렌처럼 아름다운 얼굴에, 아리스토텔레스와 같은 똑똑한 지성을 겸비하고 있다고 해도 걱정이 사라지지는 않습니다. 게자리 여성은 자기가 여전히 충분하지 않다고 생각합니다. 그녀가 젊고, 사랑스럽고, 당신에게 사랑받고 있다는 점을 늘 확인시켜 주어야 합니다. 하루에 스무 번씩 해 주면 조금씩 효과가 생기기 시작할 것입니다. 게자리 여성은 달의 변화에 따라 한 달에 평균 네 번씩 기분이 바뀌고, 하루에도 밀물 썰물에 따라 두어 차례 정도 경미한 변화를 보일 것입니다. 그녀에 대해서 예측할 수 있는 것은, 변화를 예측할 수 없을 거라는 점입니다. 한편으로는 매우 흥미롭고 신비로운 일이지만, 동시에 그녀를 한 대 쥐어박고 싶을 만큼 짜증나는 일이기도 하지요. 우울한 상태가 된 게자리 여성은 자기가 요리를 잘 못한다고 걱정하기도 합니다. 정말 터무니없는 생각이지요. 전형적인 게자리 여성의 요리 솜씨는 어지간한 프랑스 요리사의 요리에 대적할 만하니까요. 게자리 여성은 콩 껍질을 직접 벗기고 빵도 직접 굽습니다. 환상적인 찜 요리와 솜털처럼 부드러운 감자 요리를 만듭니다. 채소는 또 어떻고요? 아삭아삭한 채소 위에 천사들이나 먹을 듯한 딸기 잼을 듬뿍 얹어 주지요. 게자리 여성은 오븐과도 아주 친합니다. 주방은 게자리 여성이 가장 좋아하는 공간입니다.(그 옆에 아마도 아기 방이 있을 거예요.) 그녀는 마치 엄마 닭처럼 유난스럽게 당신을 챙겨 주고, 당신도 아마 그것을 좋아할 것입니다. 대부분 남성들이 그렇듯이요.

또한 게자리 여성은 당신이 자기를 충분히 사랑하지 않는다고 걱정하기도 합니다. 이런 문제는 피가 뜨거운 남성이라면 쉽게 해결할 수 있을 것입니다. 원하는 만큼 언제든지 직접 증명해 주세요. 그녀도 행복하게 받아들일 것입니다. 일단 당신이 녹색 신호등을 켜면 그녀도 그 신호를 감지하고 즐거워하며 자기가 부족하다는 느낌을 지워 갈 것입니다. 하지만 이것은 또 새로운 문제를 야기할 수도 있습니다. 당신이 게자리 여성의 진실한 사랑을 얻고 나면, 그녀가 약간 집요해질지도 모릅니다. 아니, 목숨 걸고 당신을 놓아주지 않을 것입니다. 뭐 그리 나쁜 일은 아니지요. 이런 일편단심에 굶주린 남성도 많이 있으니까요. 당신이 게자리 여성의 사랑을 얻을 만큼 운이 좋은 사람이라면 음식이나 애정 모두에 굶주릴 일이 절대로 없습니다. 더불어 그녀의 기묘한 웃음소리는 스릴을 줍니다. 냉소적이고 위선적인 웃음으로 무장하고 빈정대는 위험한 여성들과 비교해 보면, 게자리 여성의 풍부한 유머는 따뜻하고 사랑스럽지요.

이런 여성의 마음을 가지고 장난치는 것은 정말 잔인한 일입니다. 게자리 여성은 당신을 사랑하고 존경할 것이며, 기꺼이 순종하고 헌신하며 잔소리도 조금 곁들일 것입니다. 당신도 똑같은 열정으로 화답할 의사가 없다면 이처럼 흔치 않은 사랑에 뛰어들지 않는 게 좋겠죠. 게자리 여성의 집요함을 기억하세요. 당신은 그저 가볍게 치근거렸겠지만, 그 관계를 끝내려면 무척 힘든 시간을 보내야 합니다. 게자리 여성에게는 종료 휘슬 소리가 들리지 않을 테니까요. 게자리 여성의 감성은 얄팍하거나 표면적이지 않습니다. 남자든 찻잔이든 한번 소유하면 영원히 그녀의 것이지요.

게자리 여성은 쾌활하지도 않고 톡톡 튀는 말재간이 있는 것도 아니어서 당신 친구들에게 강한 인상을 남기지 못할 수도 있습니다. 하지만 분명히 당신에게는 자기만의 매력으로 감동을 줄 것입니다. 게자리 여성은 자기의 깊은 감정을 가장 가까운 사람들에게만 보여 줍니다. 다른 여성과 데이트를 해 보고 나면, 당신은 게자리 여성에게 바로 달려가서 다시 꽉 붙잡아 달라고 빌게 될지도 모릅니다.

게자리 여성을 대할 때 가장 어려운 부분은 그녀가 항상 가지고 다니는 단단한 껍질 속으로 숨어 들어가지 못하게 해야 한다는 것입니다. 게자리 여성은 감정이 매우 예민하고 연약해서 전혀 의도하지 않은 말에도 심한 상처를 받을 수 있습니다. 어떤 말에 그렇게 반응하는지 알아내기가 쉬운 일은 아니지요. 어느 날 밤 그녀와 왈츠를 추다가 "당신 머리가 정말 멋진데요."라고 말했을 뿐인데 갑자기 그녀의 눈에 눈물이 그렁그렁 맺힐 수도 있습니다. 왜일까요? 당신의 찬사를, 지난번에는 머리가 엉망이었다는 뜻으로 받아들였기 때문입니다. 게자리 여성은 과민한 편이라서 자주 울기도 합니다. 항상 깨끗한 손수건을 가지고 다니시기 바랍니다.

　게자리 여성은 인색하지는 않지만 아끼는 습관이 몸에 배어 있습니다. 거의 본능에 가깝지요. 끈이나 단추, 유리병, 깡통, 남편, 오래된 옷감까지도 좀처럼 버리지 않습니다. 찢어진 옛날 극장표나 색 바랜 연애편지, 그리고 한 번 사용한 티백을 도대체 어디에 쓰려는 걸까요? 예상치 못한 어느 날, 부서진 크리스마스트리 장식과 함께 서랍에 보관하던 못 쓰는 퓨즈가 필요해질 수도 있습니다. 짝이 없는 오래된 양말과 장갑 200개를 도대체 어디에 쓸 건지 물어보지 마세요. 언젠가 분명히 쓸모가 있을 것입니다. 그렇고말고요. 게자리 여성은 고모할머니가 직접 퀼트로 만들어 주신, 가보로 내려오는 침대보에 누군가가 불로 구멍을 내면, 결코 웃으며 괜찮다고 말할 수 있는 사람이 아닙니다. 그녀에게는 모든 것에 정서적인 가치가 있답니다. 20년 전에 발행한 못 쓰는 수표에서부터 어릴 적 걸스카우트 배지까지 모두 가치가 있지요. 게자리 여성은 자기가 가지고 있는 물건을 매우 소중하게 여기며 철저하게 지킨답니다. 물론, 여기에는 당신도 포함됩니다. 소유욕이 많다고 해서 질투심도 많은 것은 아닙니다. 둘은 약간 차이가 있죠.

　불의 별자리로 태어난 여성은 어떤 일이 지연되거나 좌초될 것 같으면 무리를 해서라도 격렬하게 저항하는 경향이 있습니다. 하지만 게자리 여성은 무리한다고 해서 상황이 바뀐다거나 극복하기 힘든 문제가 해결된다고 생각하지 않습니다. 일이 뜻대로 되지 않으면 혼자 조용히 눈물을 흘리며 두 손을 모으고 일이 제대로 돌아갈 때까지 침착하게 기다립니다. 인내심은 게자리 여성의 가장 사랑스러운 미덕 중 하나입니다. 하지만 게자리 여성이 우울해할 때에는 너무 자기 안에 빠져들지 않도록 방도를 찾아야 합니다. 우울함 속에 너무 깊이 파고들기 전에 그녀를 잡아야 하지요. 게자리 여성에게는 누군가가 자기를 아기처럼 돌봐 주기를 바라는 마음과, 사랑하는 사람에게 어리광을 부리고 싶은 마음이 깊이 자리 잡고 있답니다. 그녀는 당신이 그녀 없이 살 수 없다는 것을 꼭 확인해야 합니다. 그것만이 아니지요. 게자리 여성은 자신이 당신에게 정말 의미 있는 존재임을 확인하고 싶어서 당신의 동정심과 보호 본능을 자극하려고 할 것입니다. 당신에게 훨씬 더 많은 것을 해 줄 그녀가 이 정도 요구하는 것은 아무것도 아니지요. 하지만 게자리 여성의 연약함에 속지 말기를 바랍니다. 냉정하고 잔인한 세상으로부터 자기를 지켜 줄 튼튼하고 큼지막한 팔을 간절하게 원하는 이 연약한 여성은, 사실 어쩔 수 없는 상황에 처하면 혼자서도 험난한 세상을 완벽하게 헤쳐 나갈 수 있는 사람이랍니다. 두 사람이 다툴 때 겁먹은 눈으로 눈물을 뚝뚝 흘리던 그 아가씨는 당신이 집을 나서서 모퉁이를 돌자마자 눈물을 멈추고 음악을 틀고 차분하게 옷장 정리를 할 것이라는 점을 기억해 두세요. 물론 그녀의 굵은 눈물이 동정심을 유발하기 위한 제스처가 아니라 정말 가슴이 무너져 내리도록 슬픈 마음을 대변한다는 것도 사실입니다. 그런 날에는 곁에 남아서 음악을 들으며 부드럽게 손을 잡아 주는 것이 좋습니다.

　　게자리 여성은 자기가 사랑하는 사람들을 위해서라면 영웅적인 희생도 마다하지 않습니다. 자기만을 위해서라면 절대로 낼 수 없을 것 같은 용기를 발휘하지요. 그녀는 최악의 상황에서도 절대로 당신을 실망시키지 않습니다. 그럴 때에는 연약한 달빛보다는 웅장하고 다부진 바위 같은 사람이 됩니다. 자녀들도 게자리 어머니를 든든한 피난처 같은 사람이라고 생각하게 될 것입니다. 게자리 어머니는 섬세한 이해심으로 자녀들의 길을 밝혀 줍니다. 아이들은 그녀에게 의지하고, 그녀의 따뜻한 사랑이 부리는 마법을 누립니다. 아무리 허름한 집이라도 게자리 어머니의 사랑이 닿으면 밝고 풍요롭고 안락한 궁전이 된답니다. 아이가 태어나면 당신은 그녀의 관심을 독차지하지 못해서 속상해할 수 있습니다. 알다시피 게자리는 모성애를 관장하는 별자리잖아요? 여전히 당신의 자리는 있겠지만 약간 옆으로 비켜나야 합니다.(자녀가 없는 게자리 여성이라면 동물이나 친구들을 모성애로 감싸 안습니다.) 그녀는 마치 어린 새를 돌보는 어미 새처럼 아기들이 입을 벌릴 때마다 늘 따뜻하고 영양이 풍부한 먹이를 먹여 준답니다.

게자리 여성은 가정에서 무엇이든지 대충 하는 법이 없습니다. 아이가 재채기를 하면 바로 침대에 눕히고, 다시 건강해질 때까지 약을 주고, 따뜻한 차와 닭죽을 먹여 줍니다. 게자리 엄마의 자녀들은 추운 밤에는 두꺼운 스웨터를 입고 목도리를 둘러야 하며, 눈이 올 때에는 장갑을 끼어야 하고, 비가 오면 장화를 신어야만 합니다. 아이들이 게자리의 보살핌을 거부하려면 엄청난 의지력이 있어야만 할 거예요. 아이들이 바깥세상에 나가서 자기가 만인의 중심이 아니라는 것을 알게 되면 상당한 충격을 받을 것입니다. 게자리 어머니가 아이들에게 전념하고 헌신하는 태도는 그들이 살아가면서 현실적 문제에 부딪힐 때 든든한 버팀목이 되겠지만, 아이들을 어머니라는 보호 장치에 너무 의존하도록 길들이는 바람에 자기의 잘못을 객관적으로 보지 못하는 사람으로 키울 수 있습니다. 게자리 어머니가 아이들을 자기 치마폭에 너무 감싸는 것인지, 아니면 아이들이 자발적으로 묶여 있는 것인지 판단하기는 힘들 때가 많습니다. 게자리 어머니는 아이의 받아쓰기 시험지를 모두 모아 둡니다. 또한 아이가 크레용으로 그린 서툰 그림을 액자에 넣어서 벽을 가득 채우고, 아이가 갓난아이 때 신었던 신발을 잘 싸서 벽장에 넣어 둡니다. 게자리 부모에게는 그 신발의 작은 주름조차도 소중합니다. 게자리 부모는 아이들이 성장하는 과정을 사진처럼 생생하게 기억해 두었다가, 언젠가 아이들이 둥지를 떠나 훨훨 날아가고 나면 아이들이 세상에 태어났을 때를 추억할 것입니다. 그리고 자녀가 독립해서 나갈 때 이루 말할 수 없는 고통을 경험합니다. 게자리 여성은 자녀가 결혼해서 자기와의 고리가 끊어지는 것을 극도로 싫어합니다. 아이들을 너무 오래 붙들고 있는 경향이 있고, 자녀의 배우자가 되기에 충분한 자격을 갖춘 사람은 이 세상에 없다고 생각합니다. 게자리 부모의 자녀와 결혼하려는 사람은 가끔 까다로운 테스트를 거치기도 하지요.

하교 시간에 항상 아이를 마중 나가던 어떤 게자리 엄마가 있었습니다. 아들은 무슨 제트엔진을 단 로켓처럼 뛰어나와서는 학교 운동장을 몇 바퀴 열심히 돈 뒤에야 엄마에게 왔습니다. 하루는 함께 마중을 나간 이모가 운동장을 도는 아이를 쫓아가려고 했습니다. 엄마는 그런 이모를 말렸지요. "뛰어다니게 놔둬." 엄마는 조용하게 말했습니다. "자기 에너지를 발산하고 있는 거야. 다 뛰고 나면 올 거야." 마침내 아들이 엄마에게 와서 손을 잡고 이렇게 말했습니다. "이제 집에 가요, 엄마. 배고파요."

이 장면은 게자리 여성이 지닌 사랑에 대한 온갖 모습, 특히 결혼에 대한 태도를 잘 보여 줍니다. 흔들리지 않으면서 절대로 공격적이지 않은, 게자리의 이상한 소유욕이죠. 게자리 여성은 당신이 아무리 꿈을 좇아 멀리 가더라도 항상 다시 돌아올 것을 마음으로 알고 있습니다. 그래서 그녀는 언제나 차분하게 그 자리에서 기다린답니다. 세월이 흘러도 그녀는 달이 마법을 부린 것처럼 당신이 기억하고 있는 모습대로 아름다운 눈동자를 지니고 있을 것이고, 맛있는 냄새가 풍겨 나오는 부엌에서 오늘 일이 어땠는지, 기분은 어떤지 물어볼 것입니다. 일이 잘 안 풀려서 당신 기분이 안 좋으면 그녀는 농담을 하면서 기분을 풀어 줍니다. 그리고 당신의 허기진 배를 채워 주고, 당신이 좀 쉬고 나면 지혜로운 충고와 다양한 유머로 근심걱정을 잊게 해 줍니다. 잠시 후에 벽난로 앞에서 당신은 그녀의 고요한 얼굴을 쳐다보며 또다시 자문할 것입니다. "이 사람은 안개 자욱한 비밀의 화원에서 온 달의 여신일까, 아니면 이상한 괴짜일까?" 하지만 어느 쪽이든 그리 중요하지 않을 거예요.

게자리 어린이

♋

"이럴 수가, 이럴 수가!
오늘은 모든 일이 너무도 이상해!
어제까지만 해도 보통 때와 다름없었는데."

게자리 아기는 기저귀를 가는 횟수만큼 기분도 자주 변합니다. 매번 놀라치 않으려면 이 구절을 어딘가에 적어 두세요. 게자리 아기에게는 세상이 한없이 새롭고 신기합니다. 아기는 맛있는 음식을 먹으며 황홀해하고, 작고 날카로운 자기 눈앞에 펼쳐지는 색색의 이미지를 보면서 좋아 어쩔 줄 몰라 합니다. 이 모든 것은 게자리 아기에게 잊을 수 없는 기억으로 남을 것입니다. 게자리 아기는 경험한 것을 절대로 잊지 않습니다. 나이가 들어서도 어린 시절의 느낌과 감정을 생생히 기억하고 정확한 이미지로 다시 그려 낼 수 있을 것입니다.

제가 지금까지 만난 중에 가장 사랑스러운 게자리 여성은 유럽 출신이었는데, 그녀는 아플 때면 어릴 때 들었던 러시아 자장가를 토씨 하나 틀리지 않고 부르곤 했습니다. 미국으로 이주한 지 거의 50년이나 되었는데도 잊지 않은 거예요. 보통 사람들이라면 어릴 때 들었던 자장가의 음조나 가사를 잘해 봐야 한 구절 정도 기억하겠죠?

아침에 눈을 떠서 밤에 잠들 때까지, 게자리 아이의 마음은 보고 듣는 것을 모두 기억하느라 분주합니다. 논리적인 언어를 구사하는 어른이 이런 게자리 아이를 따라 꿈의 달 동산에 오르거나, 눈부신 상상의 시냇물에 발을 담그기란 어려운 일이지요. 게자리 아이의 감정은 상상할 수 없을 만큼 풍부하고 다채롭지만, 그만큼 외로움도 잘 느낍니다.

게자리 아기와 노는 일은 무척 재미있습니다. 게자리 아이는 정말 웃기는 녀석이라서 재미난 표현으로 듣는 사람을 웃게 하는가 하면, 무언가 혼잣말하는 듯한 표정으로 쳐다보기도 합니다. 그러고는 어느새 얼굴을 일그러트려 울고 인상을 쓰다가도, 이내 활짝 웃기도 합니다. 때로는 신비한 음악에 귀 기울이며 저 멀리 있는 세계와 교감하는 듯한 눈빛을 지을 때도 있지요. 이렇게 시시때때 변하는 표정을 지켜보는 것이 흥미롭기는 합니다만, 당신은 그 아이가 언제 어떤 표정을 지을지 알 수 있으면 좋겠다는 생각을 하게 될지도 모릅니다.

게자리 아이는 물고기자리보다도 감정적인 욕구가 강합니다. 또한 어린 시절의 가정환경은 게자리 아이에게 지대한 영향을 미칩니다. 모든 아이들이 그렇기는 하지만, 게자리 아이에게 그 영향력은 유달리 큽니다. 유아기부터 청소년기까지, 게자리 아이는 자기 부모와 형제자매들에게 민감하게 반응하고 많이 의존합니다. 그리고 부끄러움이 너무 많아서 내면의 욕구를 맘껏 드러내지 못할 것입니다. 하지만 내심 늘 자기에게 관심과 사랑을 쏟아 주고 안아 주기를 바라고 있지요. 가족이나 친척, 친구들로부터 관심과 인정을 받지 못하면 거부당했다는 사실만으로도 충분히 망가질 수 있답니다.

저에게도 7월에 태어난 가까운 친구가 있습니다. 어느 늦은 밤, 그 친구의 주방에서(게자리에게 가장 잘 어울리는 공간이지요.) 어린 시절 얘기를 하고 있었습니다. 그 친구가 말했지요.

"내가 초등학교 때 부모님이 용돈으로 1주일에 10센트나 15센트를 줬어. 하지만 나는 그걸 절대로 쓰지 않고 상을 주려고 모아 두었지."

"무슨 상?" 제가 물었습니다.

친구는 그 시절을 회상하는 듯한 눈빛으로 이렇게 말했습니다.

"매달 말에 나한테 제일 잘해 준 친구한테 50센트를 줬거든."

저는 처음에는 웃었습니다. 하지만 곧 친구들에게 친절한 대접을 받고 싶어서 군것질도 참았을 어린 소녀가 떠올랐지요. 그러고는 그 친구의 눈빛을 보고 더 이상 웃을 수 없었답니다.

게자리 아이는 사춘기 시절에야 이유 없는 반항을 할 수도 있지만, 대개는 다루기 쉬운 편입니다. 아이의 내면에는 생기발랄한 자아가 있어서 혼자서도 몇 시간이고 즐겁게 잘 놉니다. 상상 속의 친구에게 이름을 붙여 주고는 함께 진흙 파이도 만들고 상상의 꽃도 심고 카우보이나 인디언 놀이를 하기도 합니다. 이 가상의 친구들은 항상 말도 잘 듣고 예의도 바릅니다. 늘 게자리 아이에게 져 주고 불평 한 마디 없이 게자리 대장을 따릅니다. 가끔은 이 친구들이 몇 주 동안 사라질 때도 있습니다. 하지만 이웃에 사는 소꿉친구가 아이에게 상처를 주거나 지나치게 대장 노릇을 하려고 들면 언제든지 다시 나타나 줍니다. 게자리는 대체로 유순하고 조용하기는 하지만, 리더십을 추구하는 성향이 뚜렷한 별자리랍니다. 부드러운 감정과 친절한 태도에도 불구하고 게자리는 남을 따라가지 않습니다. 사고 방식도 매우 독립적이고 개인주의적인 경향이 있습니다.

당신의 자녀가 전형적인 게자리 아이라면, 자기 마음대로 하고 버릇이 약간 나쁜 아이로 자랄 수 있습니다. 우는 아이에게 떡 하나 더 주는 것이 부모 심정이니까요. 게자리 아이는 엄밀하게 말해서 칭얼대는 스타일은 아니지만 무시당하거나 부당한 대접을 받으면 많이 울 것입니다. 아, 눈물 얘기가 나왔네요. 사실 게자리 아이는 너무 많이 울어서 방을 수영장으로 만들 수도 있습니다. 마치 욕실의 수도꼭지를 잠그지 않은 것처럼요. 게자리 아이가 울 때는 따뜻한 연민으로 감싸 주어야 합니다. 아이의 정신건강을 위해서 꼭 필요하답니다. 그러지 않으면 마음이 메마른 어른으로 성장할 것입니다. 사랑을 쉽게 주지도 못하고 받지도 못하는 어른이 되지요. 늘 혼자 있고 싶어 하고, 친한 친구도 별로 없고, 나이가 더 들어서는 아예 은둔자가 될 수도 있습니다.

만약에 이렇게 예민한 게자리 아이가 있다면 함께 많이 웃고 울어줘야 합니다. 아이의 두려움을 진정시켜 주는 것이 가장 시급하지요. 게자리 아이는 두려움이 무척 많을 것입니다. 굳이 목록으로 만들어 보지 않아도 무서워하는 것이 꽤 많습니다. 불 꺼진 깜깜한 방에서 혼자 잠드는 것도 무서워하고, 빨리 달리는 자동차나 큰 소음도 무서워할 것입니다. 낯선 사람이나 큰 동물, 너무 밝은 빛, 한 번도 먹어 본 적 없는 음식, 불이나 성냥, 천둥과 번개도 무서워할 수 있습니다.

대부분의 게자리 아이는 비가 오면 우울해집니다. 봄·가을에 내리는 소나기가 아이의 마음속에서 이상한 화학 작용을 일으키기도 합니다. 갑자기 시를 쓰거나 그림을 그리거나 음악을 작곡하고 싶은 마음을 불러일으키기도 하고, 작은 머리를 이불로 감싸고 엉덩이를 든 채로 부들부들 떨게 만들기도 합니다.

이렇게 섬세한 아이에게는 공감을 많이 해 주어야 합니다. 그래야만 사랑스럽기 그지없는 예술적 재능을 제대로 계발할 수 있습니다. 어린 시절에 전폭적인 감정적 지지를 받았다면 아이는 인내심 있고 관대하며, 조용하지만 자신감 있고 열린 마음을 지닌 어른으로 성장할 것입니다. 그러나 반대로 관심과 이해를 받지 못하면, 아이의 내면에 자연스럽게 존재하는 연민과 부드러움이 뒤틀리고 꼬여서 끝내 자기연민에 빠지고 스산하고 음울한 어른으로 성장할 것입니다. 어린 시절에 게자리 아이가 가지고 있는 두려움에 적절하게 대처해 주지 못하면, 아이에게 비논리적인 편견과 증오심을 키워 줄 수도 있습니다. 게자리 아이가 어린 시절 정서적 성장에 제약을 받으면, 방어적으로 의심이 많거나 복수심에 가득 차거나 자기파괴적인 사람이 될 수 있습니다. 감정 변화가 심하고 스스로 불행하다고 느끼는 게자리 어른들에게 인생의 기쁨이란 그저 돈을 잘 버는 것 정도입니다. 우울한 게자리 어른은 자기의 잠재 능력을 계발해야겠다고 극적인 결심을 하지 않는 한, 어제도 오늘도 별다를 것 없는 심심하고 재미없는 인생을 살게 됩니다. 섬뜩한 일이죠? 하지만 어린 시절을 잘 보내면 게자리 아이가 가진 달의 심장을 사랑으로 넘치게 할 수 있답니다.

　　이렇게 예민한 아이들은 상처받거나 무시당하는 상황을 상상하는 것만으로도 자기가 거부당한다는 느낌을 받을 수 있습니다. 이 점을 꼭 기억하시기 바랍니다. 게자리 아이에게는 자기가 착하고 똑똑하며 예쁘고 잘생기고 사랑받고 있으며, 또한 사람들에게 꼭 필요한 존재라는 확신을 주어야 합니다. 대다수 부모가 이런 점을 눈치 채고 있기 때문에, 게자리 아이는 집에서 응석받이로 자라는 경우가 많습니다. 그래서 나중에 어른이 되어, 사실 이 세상은 자기의 개인적 욕망에 냉정하고 무심하다는 사실을 알게 되면 큰 충격을 받습니다. 대부분의 게자리는 어머니와 관련하여 좋은 추억을 많이 가지고 있습니다. 나이가 들어 가면서 어머니라는 존재를 성역화하는 경우도 많습니다. 놀랄 일은 아닙니다. 어머니만큼 자기를 잘 돌보아 줄 사람은 없을 테니까요. 게자리 아이를 키우다 보면 한 가지 큰 딜레마에 빠지게 됩니다. 엄하게 대해서 비뚤어지게 만들 것인가, 아니면 유하게 대해서 응석받이로 만들 것인가 하는 의문이죠. 그 중간 지점을 찾기란 결코 쉬운 일이 아닙니다. 이 때문에 며칠을 뜬눈으로 지새우며 고민하기도 할 것입니다. 해답은 마음을 느긋하게 먹는 데에 있습니다. 사랑으로 그 방법을 찾게 될 거예요. 필요하다면 과감하게 매를 들기도 하고, 또한 항상 많이 안아 주고 뽀뽀를 하는 등 신체 접촉을 통한 애정 표현을 많이 해 주어야 합니다.

선생님들은 게자리 아이가 역사 과목에 매우 뛰어나다는 것을 알게 될 것입니다. 게자리 아이는 날짜와 사건을 잊는 법이 없습니다. 그 이유는 마치 거울처럼 투명한 감각 때문인데, 게자리 아이는 오래 전에 있었던 사건을 책에서 접하기만 해도, 자기가 그 현장에 있었다고 거의 믿어 버립니다. 토머스 제퍼슨이나 에이브러햄 링컨이 살아 돌아와 그 시절 이야기를 들려 준다고 해도 전형적인 게자리 아이들만큼 생생하게 이야기하지는 못할 것입니다. 마치 자신이 직접 렉싱턴 전쟁과 독립 선언 현장에 있었고 실제로 요새에서 포탄을 본 것처럼 설명합니다. 상상력을 동원해서 세세한 내용도 복원해 냅니다. 이 예민한 아이들이 커서 연극을 하거나, 사진작가가 되거나, 음악이나 미술에서 명성을 날리는 것이 쉽게 이해되는 대목이지요. 이 아이들을 가르치는 입장에 있는 사람들이야 가끔 아이들이 고집을 부리거나 몽상에 빠진다고 불평하겠지만, 정말 심각한 문제로 비화되는 경우는 별로 없습니다. 조금 과장하는 아이들이 있기는 합니다. 예를 들어, 게자리 남자 아이는 자기 집 현관에서 넘어져 생긴 상처를 설명할 때 숲 속에서 위험한 곰에게 공격을 받았다고 할 수도 있습니다. 식구들과 사소한 말다툼을 한 여자 아이는 잔인한 부모 때문에 저녁도 못 먹고 감금당했다고 슬프게 얘기할 수도 있고요. 하지만 풍부한 상상력을 가진 게자리 아이들이 모험 이야기를 읽고 깊은 감명을 받았으리라는 점을 감안해 보면 이런 허풍쯤은 충분히 예상할 수 있는 일이지요. 가상의 비극이 아니라 실제로 마음에 상처를 받으면 전형적인 게자리 아이들은 일반적으로 말이 없어지고 그 일에 대한 언급을 회피합니다. '진짜로 상처를 받은 자는 말이 없다.'라는 오래된 중국 속담도 있지요.

행복한 게자리 아이는 천칭자리처럼 가족의 식비 중에 상당한 몫을 차지해서 별명이 '돼지'인 경우가 많습니다. 우울하고 불안한 게자리 아이는 반대로 '말라깽이'라는 별명을 가지게 됩니다. 하지만 게자리 아이는 놀림을 받으면 안 되는 아이들이기 때문에, 별명을 붙여 주지 않는 것이 좋습니다.

대부분의 게자리 청소년은 아르바이트를 무척 하고 싶어 해서 다양한 일거리를 찾아 동네를 샅샅이 뒤집니다. 어려서부터 잔디 깎기나 거리 청소 또는 아기 돌보는 일을 시작할 것입니다. 빈 병을 반납하고, 빨래 너는 일이나 청소를 도와주고, 동네 모퉁이에서 빙수를 파는 등 용돈을 벌 수 있는 일이라면 어떤 일이든 합니다. 1센트, 5센트, 10센트, 25센트짜리 동전이 모여서 마침내 1달러가 되면 그 돈을 대부분 저축합니다. 나중에는 부모가 용돈을 적게 줘도 될 만큼 다른 아이들보다 더 빨리 자기 용돈을 벌어서 쓰고 스스로도 이를 뿌듯하게 생각할 것입니다. 여러 면에서 집안 살림에 도움을 주는 아이들이지요. 게자리 아이는 대학에 가서도 일을 합니다. 남자 아이들은 비즈니스 세계에 왕성한 호기심을 가지게 될 것입니다. 여자 아이들도 돈과 관련해서 남다른 면모를 보이겠지만, 보다 많은 시간을 인형과 놀거나 빵을 굽는 데에 할애하면서 미래의 엄마 역할을 훈련할 것입니다.

게자리 아이는 재미있는 농담과 전염성 있는 웃음으로 당신을 즐겁게 해 줄 것입니다. 할로윈 가면 같은 재미있는 표정을 짓기도 하며 삶의 모든 면에서 유머를 찾아냅니다. 가능하다면 정원에 아이만의 작은 공간을 만들어 주세요. 아이는 여러 가지 식물을 심어 놓고 자라는 것을 지켜볼 것입니다. 게자리 아이는 친척 중 누가 아프거나 가족 누군가가 경제적으로 어려워지면 많이 걱정해 줄 것입니다. 친구나 이웃에게도 마찬가지예요. 청소년기에 접어든 게자리 아이는 고난을 헤치고 훌륭한 업적을 세우는 영웅 이야기를 담은 책을 좋아하고 동물을 아끼며 잘 보살필 것입니다. 하지만 자신이 학대받는다고 느끼면 그 잔인함을 주위에 되돌려주고 전파시키는 경향이 있으며, 고양이를 발로 걷어차는 것 같은 공격적인 행위로 자기보다 약한 존재에게 화풀이하기도 합니다. 조금 더 자라면 때로 게자리라는 이름에 걸맞게 다소 괴팍해지기도 하겠지만 몇 시간 지나지 않아 이내 사랑스러운 달의 미소를 지을 것입니다.

잠자리에 들도록 불을 끄려고 하면 쪼르르 달려와 물 한 잔만 더 달라고 조르는 꼬마가 언제쯤 당신 곁을 떠나게 될지 궁금해지겠죠. 재미있고 상상력이 풍부한 작은 게가 자기 가정을 꾸리기 위해 집을 떠나면, 집이야 그대로 남아 있겠지만 아이의 울음소리와 웃음소리는 온데간데없이 사라질 것입니다. 하지만 아이의 기억 속에서 집이 사라질까요? 게자리라면 그렇지 않습니다. 세월이 흐르면, 아이는 드넓은 바다를 항해하게 되겠지요. 하지만 아이의 옷장 안에, 아이가 어느 날 당신과 다투고 난 뒤 당신에게 주었던 콩주머니를 계속 보관해도 됩니다. 또 아이가 가지고 놀던 헝겊인형을 창턱에 올려 두어도 좋습니다. 게자리 아이는 오래된 기억과 재회하기 위해 자주 집에 올 것입니다. 게자리 아이는 과거로부터 아무리 멀리 떨어져 있어도 언제나 원하기만 하면 어렵지 않게 어머니의 집으로 돌아올 수 있는 곳에 정착해서 살 것입니다. 그러니 늘 쿠키를 구워 두는 게 좋겠죠.

게자리 사장

♋

하얀 기사는 잠시 쉬었다가 말을 다시 이었다.
"너도 알다시피 모든 것에 대비하는 것이 좋아.
말이 발 주위에 발목 장식을 하고 있는 것도 다 그런 이유지."
앨리스가 호기심 어린 말투로 물었다.
"무엇 때문에 하는 건데요?"
"상어에게 물리는 걸 막기 위해서지."
하얀 기사가 대답했다.

게자리가 유머 감각이 있다는 것을 알게 된 당신은 어쩌면 이런 생각을 할지도 모릅니다. 게자리 사장이 경영하는 회사는 날아다니는 색종이나 와인을 따라 줄 소믈리에만 없을 뿐이지, 정말 환상적인 곳일 거라고 말입니다. 직원들은 하나같이 모두 정직하고 사장은 재치있는 농담을 밥 먹듯이 하는 개그맨이어서, 출근길이 마치 나이트클럽으로 놀러가는 길 같을 거라고 생각할지 모릅니다. 하지만 글쎄요. 그렇게 상상하셨다면 큰 착각이랍니다.

텔레비전 방송국 직원이거나 코미디 프로그램에서 일한다면 위와 같은 상황이 벌어질 수도 있겠지요. 하지만 그게 아니라면 얼른 어깨에 붙어 있는 색종이 조각을 털어 내고 넥타이를 고쳐 매는 것이 좋습니다. 농담도 잊어버리세요. 게자리 사장은 늘 심각하고 누구보다 열심히 일할 뿐더러 직장에서는 전혀 웃기지 않는답니다. 게자리 사장의 직장 유머는 자신감 넘치는 경쟁자가 도전해 오는 것을 비웃을 때나, 아니면 당신이 능력을 입증하기도 전에 급여를 두 배로 올려 달라고 할 때 묘하게 짓는 미소 같은 것들입니다. 이런 상황은 정말 게자리 사장이 보기에 너무 웃기는 상황인지라 웃지 않을 수 없지요. 이 외에는 크게 웃을 일이 없습니다. 게자리 사장의 유머 감각은 그의 사무적인 얼굴과 새하얀 와이셔츠 뒤에 그대로 존재하지만, 직장에서는 그 감각을 거의 발휘하지 않습니다. 직장에서 웃는 경우는 누군가가 실수를 연발할 때나, 아니면 초조해하는 누군가를 편하게 해 주려고 할 때랍니다. 이럴 때는 매우 친절한 말투를 사용합니다. 하지만 하루 8시간 중에 7시간 59분 동안은 유머는커녕 심지어 엄숙하기까지 합니다.

　　게자리 사장이 마치 『톰 아저씨의 오두막』에 나오는 노예 매매 업자 사이먼 같은 이미지라고 겁을 주려는 것은 아닙니다.(물론 실제로 사이먼과 같은 게자리 사장도 제법 있습니다.) 게자리 사장 밑에서 일할 때에는, 열심히 아첨이나 하면서 2인자 역할에 만족하려 들기보다는, 차라리 바지에 주름을 한 번 더 잡고 머리를 단정하게 넘기고 두뇌에 기름칠을 하는 것이 더 안전하다는 뜻입니다. 당신이 잘 보이려고 하는 그 1인자는 사장실 마호가니 책상 뒤에 앉아 있을 때만은 유머 감각이 전혀 없습니다. 그리고 그 책상 한 편에는 모친의 사진이 있고 다른 한 편에는 가족사진이 놓여 있지요. 게자리였던 캘빈 쿨리지*가 주재하는 내각 회의에서 누군가가 그에게 "어제 같이 있던 그 여자는 누구야?"라고 말했다면 어떻게 되었을지 상상이 가시나요? 제가 아는 어떤 사람이 회

---

* 캘빈 쿨리지(Calvin Coolidge, 1872~1933) : 미국의 제30대 대통령.

사에서 중요한 고객에게 선적 일자를 잘못 전달하는 실수를 한 적이 있습니다. 그의 게자리 사장이 큰맘 먹고 친절하게도 그에게 해명할 기회를 주었는데, 그 직원은 아주 발랄하게 이렇게 말했습니다. "사장님, 진심으로 제 어리석음을 뉘우치고 있으니 며칠만 더 시간을 주시면 훌륭한 변명거리를 만들어 오겠습니다." 코미디 무대에서라면 통했을지도 모르지만, 하필이면 게자리 사장 앞이었네요. 얼굴에서 미소를 거둔 게자리 사장은 그 직원을 바로 해고했답니다.

당신이 그 직원의 전철을 밟지 않기를 바랍니다. 게자리 사장은 오직 한 가지 목적, 돈을 벌기 위해 사업을 합니다. 그게 전부예요. 지폐는 주로 녹색이고 한쪽 구석에 금액을 나타내는 숫자가 쓰여 있지요. 그 숫자는 힘과 특권 그리고 호화로움을 상징합니다. 당신은 열심히 일한 대가로 이런 것들을 얻을 것입니다. "열심히 일할수록 그 숫자는 커진다." 이 슬로건이야말로 게자리 사장의 껍질 속에 있는 철학입니다. 당신도 이 철학에 동의하는 것이 현명하겠지요.

게자리 사장이 고지식하다고 생각하시나요? 게자리 사장이 좀 더 느긋한 태도로, 빈둥거리는 직원들을 너무 엄하게 대하지 않고 보다 우호적인 분위기를 만든다면, 더 성공할 수 있고 또한 그 자신이 더 행복해질 수 있다고 생각하시나요? 재계 명사 인명록을 한번 살펴보시죠. 여름에 태어난 사람들이 제일 많고, 그 중에서도 7월생이 가장 많을 것입니다. 이제 '게자리를 알아보는 방법' 장의 맨 마지막에 있던 이름들을 다시 살펴보세요. 게자리 사장들이 뭔가 제대로 하고 있다는 것을 알게 될 것입니다. 게자리 사장은 교역에 타고난 재능이 있습니다. 말이든 주식이든, 사고파는 대상이 무엇인지는 상관없습니다. 이들은 사람들이 무엇을 원하는지 노련하게 파악하고 공급하면서 상당한 이윤을 남깁니다.

게자리 사장이 돈에 대한 열망 때문에 자기가 원하는 공부를 뒤로 하고 자수성가하는 경우도 많습니다. 그렇지 않다면 틀림없이 대학에 다니는 동안 아르바이트를 해서 돈을 저축했을 것입니다. 대학 시절뿐 아니라, 일고여덟 살 때부터 가게에서 우유나 빵을 사 오는 심부름을 하고는 엄마에게 용돈을 받았을 것입니다. 사장에게 처음으로 월급 받는 일을 시작한 때가 언제인지 물어보세요. 아마도 놀라게 될 것입니다. 사장은 그런 질문을 하는 당신을 좋게 볼 것입니다. 당신을 생각이 제대로 박힌 사람이라고 평가하고, 존중해 줄 것입니다. 게자리 사장은 기억력이 대단해서 어떤 일도 좀처럼 잊지 않습니다. 당신이 몇 시에 출근하는지, 몇 시에 퇴근하는지, 화장실에 몇 번 다녀오는지까지도 모조리 기억하고 있습니다. 하지만 반대의 경우도 기억한답니다. 당신이 야근을 몇 번 했는지, 중요한 계약 건으로 주말을 반납하고 내내 자기를 도와준 날이 며칠인지까지 모두 기억해 두었다가, 그에 상응하는 보상을 해 줄 것입니다.

　　게자리 사장은 부모로부터 부와 사회적 지위를 물려받더라도, 그 영광에 안주하는 경우는 거의 없습니다. 스스로 부를 축적할 수 있다는 것을 증명하려고 하지요. 하지만 탐욕스러운 사람은 아닙니다. 게자리 사장은 마음에서 우러나오는 동정심으로 자선을 베푸는 사람입니다만, 이런 일을 무턱대고 하지는 않을 뿐이지요. 그에게 있어 자선의 대상은 우선 가족입니다. 그 다음이 사업과 관련된 부분이고, 그 다음이 당신을 포함한 나머지 사람들이죠. 그럴 만한 자격이 있는데 아무에게도 도움을 받지 못하는 사람이 있을 때, 게자리만큼 후한 인심과 재정적인 관대함을 베풀 사람은 없답니다. 게자리가 뭔가 베풀 때에는 규모가 작지 않습니다. 단지 성급하게 판단하지 않는다는 것만 기억하세요. 게자리는 마음이 부드럽지만 머리까지 부드러운 사람은 아니랍니다.

실제로 게자리 사장은 매우 예민하고 부드러우며, 기본적으로 불안정한 사람입니다. 그가 집요하게 사회적 성공을 추구하는 이유는 내면에 있는 여러 가지 형태의 두려움을 진정시켜 주기 때문입니다. 그는 당신이 생각하는 것보다 훨씬 자주 마음에 상처를 받는 편이고, 한번 상처를 받으면 자기의 딱딱한 껍질 속으로 들어가 버립니다. 자기가 원하는 것을 얻지 못할 때에도 이런 식으로 방어를 하는 편인데, 이런 모습이 강점으로 작용할 때가 종종 있습니다. 사람들은 껍질 속으로 들어가 버린 게에게 동정심을 느끼잖아요? 그를 달래서 다시 밖으로 나오게 하려는 사람은 아마도 상당히 중요한 것을 그에게 약속하고 말 것입니다.

게자리 여성이 회사를 경영하는 경우도 많이 있습니다. 당신이 만나는 게자리 여성들은 대부분 직장 생활을 해 보았거나, 지금도 하고 있거나, 아니면 현재 당신을 고용하고 있는 사람일 것입니다. 게자리 여성의 삶에서 사랑은 일이라는 라이벌 때문에 우선순위에서 밀려나기 쉽습니다. 게자리 여성은 감정적인 안정감만으로는 행복해하지 않습니다. 가끔 스스로 그런 착각을 하는 경우가 있기는 합니다. 모든 게자리에게 있어 행복이란 돈과 사랑의 합작품입니다. 대부분의 게자리 여성은 가사노동을 몹시 싫어합니다. 부엌에서 시간 보내기를 좋아하는 성향은 부엌에 대한 애정 때문입니다. 실제로 게자리 여성은 집 안에서 지루하게 매일 쓸고 닦는 가사노동을 반복하기보다는, 그 예민한 감각을 발휘하여 남성들의 세계에서 경쟁하는 것을 더 좋아합니다. 당사자들은 아마 이 사실을 인정하기 싫어할 테고, 또한 게자리 여성이 관장하는 집안은 그런대로 살기에는 충분히 쾌적한 상태로 관리되고 있을 것입니다. 하지만 그것은 가정에 대한 애정과 보호 본능이 더할 나위 없이 크기 때문이고, 가사노동 자체를 즐기는 것은 아닙니다. 필요한 일은 하지만, 쓸데없이 가구에 광을 내지는 않죠. 대부분의 경우 게자리 여사장은 바지와 와이셔츠를 입지 않고 넥타이를 매지 않는다는 정도의 차이를 제외하고는, 남성 게자리 사장들과 기본적으로 다를 게 없습니다. 게자리 여사장은 자기의 부드러운 마음과 딱딱한 껍질을 감추기 위해 온화한 미소를 띠면서 주로 여성스럽고 우아한 옷을 입습니다.

게자리 사장은 모두 직원들의 감정에 대해서 놀라울 정도의 통찰력을 지니고 있습니다. 이들은 당신이 하는 모든 말을 정확하게 이해합니다. 여기서 그치지 않고 정말 신기하게도 당신이 입 밖에 꺼내지 않은 말까지 감지하기 때문에, 당신은 마음속으로 혼잣말을 할 때에도 조심하는 것이 좋습니다. 게자리는 실제로 외롭게 지내는 경우가 별로 없습니다. 가끔 변덕스럽거나 우울해져 있을 때에는 외로운 듯이 행동하지만, 사람들에 둘러싸여 지낼 때가 훨씬 많습니다. 외로움을 두려워하니까요. 단, 어린 시절에 받았던 심각한 마음의 상처 때문에 외톨이를 자처하며 지내는 사람들이 있습니다. 이들은 혼자 지내는 것이 비참하더라도 그것을 깨닫지 못할 수 있습니다.

게자리 사장 밑에서 일하면 좋은 점이 많습니다. 다른 곳에서라면 1년 걸려서 배울 덕목들을 한 달 만에 배울 수 있습니다. 그 덕목들 중에서 가장 중요한 것은 배려심이지요. 게자리 사장은 또한 흥정의 귀재입니다. 약삭빠르게 저울질하지만 그 와중에도 공정합니다. 잘 나가는 회사들과 경쟁하는 일과 순진한 사람들을 이용하는 일은 다른 문제입니다. 게자리 사장은 기본적으로 친절하고 인품이 훌륭해서, 잔인함과 불행에 대해서 깊은 동정을 느끼는 사람입니다. 호의와 연민은 게자리 사장에게 아주 친숙한 말들이지요. 이 두 단어는 게자리 사장이 지닌 덕목입니다. 일을 그르쳤어도 당신이 정직한 마음을 가졌고 당신의 동기가 불순하지 않다면, 게자리 사장은 당신을 아낌없이 지원해 줄 것입니다.

게자리는 눈을 크게 뜬 채로 오래 기다릴 줄 압니다. 그의 머리가 방심하지 않고 실용적인 태도를 유지하는 동안 그의 마음은 달빛 같은 마법의 꿈을 꿉니다. 그는 꿈속에서 흥미진진하고 매혹적인 세계 일주를 하기도 하고, 사업에 크게 성공해서 인류공영에 이바지할 과학 연구를 후원하기도 합니다. 하지만 게자리 사장의 꿈은 언제나 탄탄한 기반을 토대로 합니다. 게자리의 시는 아름다우면서도 실용적입니다.

농담을 하고 싶다면 업무 시간에 하지 말고 점심 시간에 하세요. 평범한 사람들에 대한 이야기이면서도 깊이가 있는 농담이라면 게자리 사장이 아주 재미있어 할 것입니다. 게자리 사장이 정말로 좋아하는 것이 무엇인지 알게 될 것입니다. 사장의 눈을 주의 깊게 살펴보세요. 게자리의 웃음소리가 어떤 의미를 담고 있는지 알게 될 것입니다. 따뜻한 마음을 딱딱한 껍질 안에 숨기고 있는 참을성 많은 게자리만이 사람들이 가지고 있는 내면의 두려움과 상처에 대해 밝고 용감한 해답을 줄 수 있답니다.

게자리 직원

♋

> "세 자매는 물 긷는 법을 배우면서 여러 가지를 길어 올렸지.
> '리'자로 끝나는 것은 전부 다…."

게자리 직원은 성실하게 당신을 위해 일하는 사람이기 때문에 부하 직원으로 두면 언제나 좋습니다. 그는 명예나 헛된 망상을 좇아 일하거나 리셉션 여직원에게 수작이나 걸려고 회사에 나오는 사람도 아닙니다. 절대로 직업을 자아실현의 수단만으로 여기지도 않고, 휴식 시간만 기다리며 업무 시간에 그저 농땡이 부릴 생각도 하지 않습니다. 게자리 직원은 세상에서 가장 단순한 이유, 바로 안정을 위해서 일합니다. 안정은 물론 급여를 의미합니다.

게자리 직원의 급여가 왜 계속 올라야 하는지 이제 이해했을 것입니다. 게자리 직원은 시간이 지나면서 경험을 쌓고, 충성심을 입증하고, 자기의 재능이나 능력을 보여 줄 것입니다. 그리고 그에 따라 급여도 더 오를 것으로 기대합니다. 게자리 직원은 항상 자기가 일한 만큼 받아야 하는 사람들이라서, 스스로 꾸준히 성과를 키워 나갑니다. 그에 따라 봉급도 상향 조정되어야 합니다. 그렇지 않으면 일을 그만두거나 다른 곳으로 이직을 하는 등 게자리 본성에 반하는 행동을 할 수밖에 없습니다. 게자리는 칫솔, 오래된 위문편지, 구두 끈, 양말, 여자친구, 못 쓰는 볼펜, 또는 직업까지도 절대로 쉽게 버리지 못합니다. 게자리는 한번 잡은 것을 꼭 잡고 절대로 놓지 않으려 하기 때문에 억지로 놓게 만들 수는 없습니다. 믿음직스럽고 끈기 있는 게자리의 천성은 조직 생활과 업무 수행에 중요한 기질일 뿐더러 성공을 추구하는 데에도 매우 도움이 됩니다. 중간에 예상치 못한 시련을 맞닥뜨리면 두려워하면서 깊은 상처를 받을 수도 있지만, 그런 감정의 흔들림은 딱딱한 껍질 속에 잘 숨겨 놓을 것입니다. 게자리는 분명히 부드러운 모습에도 불구하고 활동력이 강한 별자리입니다. 다시 말해 게자리는 누군가에게 지시를 받는 사람이 아니라 리더가 되어야 하는 사람이라는 뜻입니다. 이들은 필요하다면 사장의 지시를 고분고분하게 받아들입니다. 하지만 정중하고 자발적으로 지시를 따르는 모습 뒤에 무엇이 있는지 잊으면 안 됩니다. 게자리가 누군가에게 복종하는 이유는 자기만의 은밀한 목적을 이루기 위해서입니다. 현재 하고 있는 일은 자기가 구상하고 있는 거대한 건축물의 초석이 될 것입니다. 그 구조가 탄탄하게 완성되고 나면 그 직원은 회사를 장악하고 자기의 뜻을 펼칠 것입니다. 게자리 직원은 언제나 임원을 목표로 하고 있답니다. 한 순간도 이 목표를 잊지 않습니다. 사장의 입장에서도 게자리의 이런 야망을 염두에 두고 있는 것이 좋겠지요.

벽돌을 하나씩 쌓아서 높은 건물을 지으려는 게자리 직원의 강한 집념이 권력에 대한 열망에서 비롯되는 경우는 거의 없습니다. 명성이라는 것이 염소자리에게는 동기 유발이 되지만 게자리에게는 자극이 되지 않습니다. 양자리가 중요하게 여기는 자존심도 게자리에게는 별로 중요하지 않습니다. 게자리가 돈을 모으고 흔들리지 않는 높은 위치에 서고 싶어 하는 것은 다른 이유 때문입니다. 게자리에게는 미래가 안전하다는 확신이 필요합니다. 이런 안도감을 확보한 이후에야, 비로소 자기의 마음이 늘 닿아 있는 과거에 대한 향수 속에서 실컷 지낼 수 있겠지요. 그런데 그러려면 돈이 필요합니다. 비싼 골동품도 사고, 웅장한 고택에서 우아한 저녁 식사도 차려야 합니다. 작가의 친필 서명이 들어간 작품도 모아야 하고, 조상들의 초상화를 걸어 둘 고급스러운 액자도 사야 합니다. 클래식 음악을 들을 좋은 오디오도 돈이 적잖이 들어갑니다. 게다가 가세가 기운 친척이 자기 집에 얹혀살게 되면 그들을 부양해야 하고, 자녀들을 키우는 데에도 여러 가지로 돈이 많이 들어갑니다. 뿐만 아닙니다. 게자리는 이 밖에도 현실적이든 상상이든 간에 다양한 두려움을 가지고 있습니다. 이 두려움은 자신감을 저하시키고 능력이 부족하다는 느낌이 들게 하기 때문에, 손에 쥔 든든한 권한과 리더십을 마치 진통제처럼 복용하게 되는 것입니다.

　게자리 직원에게 필요한 것이 한 가지 더 있습니다. 바로 애정입니다. 물론 사장이 책임질 문제는 아닙니다만, 알고 있으면 도움이 될 것입니다. 언젠가 회사의 재정을 긴축하기 위해 봉급을 인상하는 대신 따뜻한 감사의 연설로 직원들이 회사에 좀 더 오래 남아 있도록 유도해야 할지도 모릅니다. 물론, 감사의 말로 게자리를 위로할 수는 있어도 그의 은행 잔고에 대한 정서적인 집착까지 달랠 수는 없겠죠?

　그러니 버릇처럼 "지금은 당신 급여를 줄 수 없지만 그래도 내가 당신을 많이 아끼고 있는 거 알고 있지?"라고 말하면 곤란합니다. 한 번 두 번 반복되면 게자리 직원은 당신의 동기를 오해하기 시작할 것이니다. 즉, 당신이 진실하지 못하다고 생각할 것입니다. 게자리 여성 직원에 대해서도 조심해야 하는 부분이 있습니다. 게자리 여성은 낯선 사람에게 수줍음을 타고 부끄러워하지만, 누군가가 자기에게 연애 감정을 가지고 있으면 아무리 숨기고 있어도 금세 알아차립니다. 게자리 여직원이 미혼이라면 고용주인 당신도 미혼이기를 바랍니다. 게자리 여직원은 부드러우면서도 끌어당기는 듯한 눈빛을 가지고 있어서 그 유혹에서 벗어나는 데 꽤나 시간이 걸릴 테니까요. 결혼한 직원이라면 당신에 대한 존경심이 생길 때까지 매우 쌀쌀맞은 태도로 톡톡 쏠 것입니다. 게자리 직원들에게는 사랑을 주되 사적인 관계로 가까워지지 않도록 거리를 잘 조절하세요. 구체적인 방법은 당신이 풀어야 할 숙제랍니다.

게자리였던 포스터가 쓴 〈켄터키 옛 집〉처럼, 집이라는 상징물은 어떤 식으로든 게자리 직원의 삶에 끼어듭니다. 게자리 비서의 어머니는 딸과 점심을 함께 하려고 자주 회사에 들를 것이고, 오랫동안 백화점에서 책임감 있게 일해 오던 직원은 아들이 아프다고 갑자기 회사를 그만둘지도 모릅니다. 게자리 영업사원은 총각 시절에는 출장을 꺼리지 않지만(물론 어머니를 돌봐 줄 사람은 있어야겠죠.) 기혼자라면 출장이나 급한 업무로 주말을 반납하는 것을 별로 달가워하지 않을 것입니다.

최근에 연인하고 결별했거나 이혼한 게자리 직원이 있다면 최소 몇 주 동안은 일에 집중하지 못할 것입니다. 그로 인해 회사 분위기가 침울해지기도 합니다. 만약 여직원이라면 화장실에 티슈를 두 배로 사 두어야 합니다. 회사에서도 가끔 눈물을 흘리고 어쩌면 법원에서 많은 시간을 보낼지도 모릅니다. 판사는 그녀가 상당한 위자료를 받도록 결정하고 싶겠죠. 아이들 양육비 문제가 걸려 있다면 한 달이라도 회사를 결근할 수 있습니다. 가족이 와해되는 것도 견디기 힘든 일이지만, 경제적인 안정을 위협받으면 그녀는 온 힘을 다해 필사적으로 균열을 막으려고 합니다. 게자리 여성과 남성 모두 결혼 생활이 깨지면 매우 힘들어합니다. 가정에 대한 게자리의 집착 때문에 사무실 책상 한쪽에 이런 글귀를 걸어 둘지도 모릅니다. '집은 내 마음이 있는 곳이다.' 그 글귀 아래에는 연보라색 벨벳 바탕에 희귀한 동전을 붙여 놓고 반짝이는 은색 테두리를 둘러놓을 것입니다. 그게 어떤 의미냐고요? 게자리라면 알 거예요.

게자리 직원과 상의하고 싶은 일이 있거나 그 직원을 설득할 일이 있을 때에는 그를 점심이나 저녁 식사에 초대하는 것이 좋습니다. 게자리는 식사에 초대해 주는 사람을 좋아합니다. 자기가 밥값을 계산하지 않아도 될 뿐더러 음식은 바로 안정감 그 자체이기 때문입니다. 눈빛이 반짝이는 것을 지켜보세요. 대식가는 아닐지라도 음식이 많이 있으면 그는 보다 유순하고 평온해질 것입니다. 시내에서 가장 좋은 식당으로 데리고 가세요. 자신이 계산하지 않을 때에는 고급스러운 식당을 좋아한답니다.

게자리 직원은 근면 성실합니다. 어떤 환경에서든 끈기 있고 믿음직한 사람들이지요. 단, 예외가 있습니다. 게자리는 물의 별자리라서 온갖 종류의 술을 좋아합니다. 출생차트 상에 충돌하는 행성이 있을지라도 이를 뒷받침하는 증거가 여럿 있습니다. 음주 습관에 문제가 있는 경우는 드물지만, 게자리 직원이 혹시 너무 자주 미친 듯이 웃어 댄다거나 끊임없이 눈물을 흘린다면 한 번쯤 의심해 봐도 좋습니다. 휴식 시간에 커피보다 좀 더 강력한 것을 마실지도 몰라요. 그렇다고 물의 별자리인 물고기자리, 전갈자리, 게자리 사람들에게 자제력이 부족하다는 고정관념을 가질 필요는 없습니다. 이런 시기에 태어난 사람들이 다른 사람들보다 더 자주 슬픔에 젖어 있는 것은 사실이지만, 통계적으로 그렇다는 것이지 반드시 그렇다는 것은 아닙니다. 당신이 만나는 게자리들은 대부분 냉철할 것입니다. 실제로 너무 냉철해서 칵테일이라도 한 잔 마시고 좀 느긋해졌으면 하고 바라게 될 것입니다.

게자리 직원은 업무에 매우 진지하게 임합니다. 특히나 책임감 있는 지위에 있다면 훨씬 더 진지해질 것입니다. 게자리의 유머 감각은 따뜻하고 경이롭고 인간의 본성에 대한 섬세한 통찰력이 있습니다. 하지만 누군가가 농담으로 약점을 건드리면 심하게 상처를 입습니다. 따뜻한 마음씨에 예리한 통찰력을 가진 게자리가 유머라는 가면을 쓰고 있는 한, 타인에게 상처를 입히는 일은 없습니다. 전형적인 게자리 직원은 업무 시간에 농담을 하지 않지만, 저녁 회식 자리에서는 전채요리가 나올 때부터 후식을 다 먹을 때까지 당신을 계속 웃게 만들 수 있습니다. 게자리는 비할 데 없이 매력적인 대화 상대이지만, 기분이 우울할 때에는 한 시간이 지나도록 기껏해야 몇 마디밖에 하지 않습니다. 밉상스럽지는 않게 입을 삐죽거리기도 할 것입니다. 하지만 이들의 말은 흡인력이 강해서 사람의 마음을 움직이는 능력이 있습니다. 당신의 감정도 쉽게 흔들어 놓을 수 있답니다.

게자리는 상대방의 감정을 잘 느낍니다. 친구가 필요할 때 게자리 친구만큼 부드럽고 연민을 갖는 사람은 없지요. 하지만 자기에게서 정서적인 것이든 물질적인 것이든 무언가를 빼앗으려 한다는 의심이 들면, 또 게자리만큼 괴팍해지는 사람도 없습니다. 은행 잔고가 충분하지 않을 때에는 몇 시간이고 시무룩하게 인상을 쓴 채 침묵하고 있을 것입니다. 주변의 누군가가 자기의 위치를 넘본다는 생각이 들면 매우 유치하게 행동하기도 합니다. 이것은 소유권을 위해 목숨을 건 싸움이 시작되었다는 나팔 소리 같은 것이지요. 게자리가 승리할 때까지 그 상대는 전쟁이 선포되었는지조차도 모를 것입니다. 게자리는 제임스 본드와 셜록 홈스를 합친 것보다 더 비밀이 많습니다. 결코 자기의 움직임을 사전에 예고하는 법이 없고, 자기에게 절대로 해가 되지 않을 아주 가까운 사람들을 제외하고는 내면의 생각을 거의 드러내지 않는답니다.

게자리는 자기의 타고난 능력을 발휘할 수만 있다면 어떤 일이든 잘해 냅니다. 상품 판매나 무역, 제조 또는 대규모 체인점 구매 쪽에서도 두각을 나타냅니다. 은행업, 통조림 제조업, 음식 포장 및 배급업도 많은 게자리들이 흥미로워하는 사업 분야입니다. 그림이나 조각 같은 미술 분야나 디자인과 인테리어 장식, 음악, 박물관, 저술, 회계, 부동산, 아동복, 사회복지, 배우 및 감독, 사진, 조경, 교수, 교사, 은행원, 정유업, 상업, 선적, 정치 등도 모두 전형적인 게자리에게 어울리는 직업입니다. 호텔 경영이나 식당, 극장 관리 및 대부 심사도 게자리의 본성에 어울리는 직업이지요.

여성 직원이라면 어린 아기, 어린이, 남자, 꽃, 따뜻한 사무실, 연애, 요리, 영화, 책, 그리고 돈을 좋아할 것입니다. 남성 직원이라면 어린 아기, 어린이, 여자, 존경, 따뜻한 사무실, 연애, 요리, 영화, 책, 그리고 돈을 좋아합니다. 둘 다 예민하고, 친절을 베풀면 감동하며, 책임감 있고 능력도 매우 뛰어납니다. 물론 둘 다 기분은 잘 변하지요.

해변에 있는 게의 성별을 구별할 수 있나요? 게자리는 남녀 모두 부드럽고 꿈꾸는 듯한 표정을 짓고 있지만 지각 있고 실용적인 사람들입니다. 일할 때 당신이 본의 아니게 사무실을 자주 비워야 하는 처지라면, 게자리 직원이 있어서 참 다행입니다. 게자리 직원은 가게나 사무실 지키는 것을 좋아한답니다.

사자자리

Leo, the Lion

7월 24일부터 8월 23일까지

지배행성 - **태양**

여왕은 화가 나서 얼굴이 빨개졌다.
그리고 잠시 사나운 짐승처럼 앨리스를 노려보다 소리쳤다.
"저 애의 목을 쳐라!"

이건 바닷가재의 목소리. 큰 목소리로 말하죠.
"날 갈색으로 너무 바싹 구웠어.
내 머리에 흰 설탕을 뿌려야겠어."

사자자리를 알아보는 방법

♌

마음씨가 좋게 생긴 것 같았다.
하지만 엄청나게 긴 발톱과 날카로운 이빨이 많이 보여서
앨리스는 고양이에게 정중하게 대해야겠다고 마음먹었다.

최근에 누군가가 당신에게 "당신의 호의 같은 건 필요 없어요."라고 말하면서 동시에 너무나도 매력적인 미소를 띠고 있어서 황홀했던 적이 있나요? 그렇다면 당신은 큰 고양이를 만난 겁니다. 걱정하지 마세요. 곧 황홀함에서 빠져나오게 될 테니까요. 그런데 여기저기 얼룩덜룩한 반점은 뭐냐고요? 사자자리가 도도한 자긍심을 드러내면서 동시에 유쾌하고 발랄한 장난기를 발동하는 것은 드문 일이 아니지요. 덕분에 그는 정적으로부터 암살당할 일이 별로 없답니다.

사자는 온갖 짐승들의 제왕입니다. 사자자리 역시 당신을 포함해서 주변의 모든 사람들을 지배합니다.(네네. 실제로는 그렇지 않다는 것을 알고 있습니다. 하지만 사자자리한테는 말하지 마세요. 대범하고 따뜻하지만 자부심이 강한 사자자리가 상처를 받을 수도 있으니까요.) 사자자리는 즐겁게

해 주는 것이 가장 좋습니다. 그러면 당신에게 으르렁거리며 겁주기보다는 가르랑거리며 만족스러워합니다. 사자자리는 사교활동에 열성을 보이거나 또는 늘어지게 하품을 하면서 게으름 피우거나, 이 두 가지 모습을 번갈아 보여 줍니다. 이 맹수를 연구해 보고 싶다면 시내에서 가장 환하고 신나는 장소를 찾아가 보세요. 당신 눈에 띄는, 인생을 신나게 살아가는 사람들 태반이 사자자리일 것입니다. 사자자리는 어둠과 지루함을 똑같이 싫어합니다.

수줍어서 얼굴을 쉽게 붉히는 사람을, 자존심이나 자부심으로 얼굴이 상기되어 있는 것으로 오인하는 일이 없도록 조심하세요. 얼굴을 붉히는 것과 얼굴이 상기되는 것은 생각보다 큰 차이가 있습니다. 사자자리는 춤을 너무 열심히 춰서 얼굴에 홍조를 띨지도 모릅니다. 또는 연모하는 사람과 방금 마주쳐서 뺨이 발그스레할 수도 있습니다. 하지만 사자자리의 환한 얼굴빛은 내성적이어서 부끄러움 타는 것이 아닙니다. 내성적인 사자자리는 없답니다. 내성적인 척하는 사자자리가 있을 뿐입니다. 꼭 기억하세요. 자기를 지배하는 태양의 조도를 낮춰 놓고, 강하고 위엄 있으며 결단력 있는 모습을 소리 없이 감추고 있는 사자자리가 꽤 있으니까요. 부드럽게 가르랑거리는 모습에 속지 말아야 합니다. 부드러운 사자자리도 친구나 가족을 지배하려는 열망이 다른 사자자리와 마찬가지로 강렬하기 때문에, 커튼 뒤에 숨어 무대로 등장할 기회를 늘 엿보고 있습니다. 제 말이 믿기지 않으면 내성적인 척하는 조용한 사자자리를 한 명 골라서 자존심을 건드려 보세요. 그가 당연히 자기 소유라고 믿는 것을 빼앗거나, 그에게 명령을 내리거나, 또는 완전히 무시해 보세요. 그 부드럽던 고양이가 으르렁거리는 소리가 멀리 동물원까지 들릴 것입니다. 사자자리가 왕으로서 자기 권리와 위엄을 지키려고 할 때, 어지간한 용기가 없다면 맞서기 힘들지요. 어떤 사자자리는 나이가 들면서 다소 유연해지기도 하지만, 자존심이 강해서 절대로 고개를 숙이지는 않습니다. 절대로요.

사자자리의 신체적인 특징이 궁금하다면 주변에서 사자를 닮은 사람들을 찾아보시기 바랍니다. 얼굴 뒤로는 머리카락이 풍성하게 흘러내리고, 믿을 수 없을 정도로 여유로운 표정을 짓고 있는 사람들입니다. 사자는 몸을 곧추 세우고 당당한 자세로 고양이처럼 미끄러지듯이 걷습니다. 여성의 경우에는 나긋나긋한 우아함 속에 무시무시한 강렬함을 숨기고 있습니다. 그런 강렬함을 대개는 부드럽고 차분한 모습으로 위장하고 있을 것입니다. 하지만 암사자도 위협을 느끼면 항상 공격할 준비가 되어 있다는 점을 기억하기 바랍니다.

사자는 자기 발아래에 있는 미물들을 내려다볼 때에 더할 나위 없이 위풍당당합니다. 사자자리는 일반적으로 천천히 움직이는 편입니다. 달별자리나 동쪽별자리가 양자리나 쌍둥이자리가 아니라면 말을 빠르게 하지도 않고, 달리지도 않고, 심지어 빠르게 걷지도 않습니다. 어떤 집단이든 사자자리를 오랫동안 무시할 수는 없을 것입니다. 사자자리는 아주 극적인 발언이나 행동으로 무대 한가운데를 차지하거나, 또는 화분 뒤에 시무룩하게 앉아 있어 누군가가 달려와 무슨 일이 있냐고 물어보게 만들 테니까요. 사자자리는 눈동자가 푸른색을 띠고 있는 경우가 많지만 다수의 사자자리, 특히 여성은 진한 갈색을 띠는 경우가 많습니다. 처음에는 부드러운 눈빛을 하고 있다가 갑자기 폭발해서는 이글이글 타오르지요. 동그란 눈이 많고, 눈초리가 약간 처진 경우도 있습니다. 머리카락은 어두운 색이나 약간 붉은 빛을 띠는 금발에 곱슬머리가 많습니다. 야생의 바람에 방치해 둔 듯한 무신경한 스타일로, 거칠어

보이는 머리카락이 위쪽과 옆쪽으로 솟구쳐 있는가 하면, 아래쪽으로는 윤이 나는 머리카락이 쭉쭉 뻗어 있어 극과 극을 달립니다. 피부는 눈에 띄게 붉은 편입니다.

사자자리가 사람들에게 이상한 영향을 미치는 모습을 보면 정말 재미있습니다. 사자자리 앞에서는 저절로 허리를 쭉 펴고 배를 집어넣고 가슴을 내밀고 서게 됩니다. 우리 같은 평민들이 사자의 근엄한 자세를 모방하기 위해 이런 자세를 취하는지, 아니면 고매한 사자의 말씀을 듣기 위해 격식을 차리는지 잘 이해할 수 없습니다. 사자자리는 사람들에게 무료로 충고해 주는 것을 무척 좋아하거든요. 인생을 어떻게 살아가야 하는지에 대해, 약간 거만하게 잘난 체하면서 설교하는 버릇이 있습니다.

사자자리는 남을 가르치는 것을 좋아하기 때문에, 교육자나 정치가 또는 정신과 의사가 되는 경우가 많습니다. 신기하게도 실제로 사자자리에게는 상황을 정확하게 파악하고 사람들의 인생 문제를 해결해 주는 재주가 있습니다. 사자자리가 자기의 문제만큼은 그렇게 능숙하게 처리하지 못한다는 것이 아쉽기는 합니다. 하지만 사자자리가 사람들에게 그렇게 사랑받는 것도 이런 이유 때문입니다. 우월 의식과 탁월한 능력을 솔직하게 드러내는 모습이, 투명한 유리처럼 상처받기 쉬운 자존심과 미묘하게 섞여 있습니다. 자존심 세고 근엄한 사자가 상처를 잘 받는다고요? 네. 실제로 그렇습니다. 자기의 지혜와 관대함을 사람들이 존중해 주지 않으면 깊이 상처를 받습니다. 사자자리를 누그러뜨리려면 아첨을 하면 됩니다. 백발백중 그는 으르렁거리는 야수에서 수줍어하는 온순한 고양이로 변해, 칭찬을 날개 삼아 날아다닐 것입니다. 이런 약점이 심각하게 두드러지는 사자자리 독재자가 있다면 큰 낭패를 볼 수도 있습니다. 사자자리의 허영심은 그의 아킬레스건입니다. 누군가가 아첨을 하면 금세 마음이 녹아 버리지만, 존중해 주지 않으면 분노로 눈이 멀어 버리죠. 이렇게 두 극단 사이를 오가다 보면 균형 잡힌 판단을 내릴 수가 없습니다. 심지어 이와 같은 극단적인 성향을 잘 통제하는 사자자리조차도 완전히 극복하지는 못합니다. 정도의 차이가 있을 뿐이지요.

가끔 이런 성향을 시험해 보세요. 사자자리 친구가 언제나처럼 일장 연설을 하고 있을 때, 조심스럽게 "그 스웨터를 입으니까 너무 근사해 보인다."라고 말해 보세요. 근엄하던 태도는 온데간데없이 사라지고 마치 어린 사자처럼 얼굴을 붉히면서, "정말? 진짜로 그래 보여?"라고 반응할 것입니다. 어렵지 않지요. 주로 지적인 능력에 대해 경의를 표하거나 외모를 칭찬해 주면 됩니다.

사자자리가 이따금 우월감에 젖어서 극적인 행동을 하는 것은 자기도 어쩔 수가 없습니다. 제 딸아이 선생님 중에 사자자리가 한 분 있었습니다. 어느 날 아이가 학교에서 돌아와서는, "엄마, 우리 선생님은 정말 웃겨. 아는 것도 많은 똑똑한 분인데, 가끔 교실을 뛰어다니고 팔을 막 흔들면서 '나는 멍청이들에게 포위당했다!'하고 소리를 지르시지 뭐야. 선생님이 그러실 때마다 우리는 키득키득 웃어. 그런 뜻이 아니라는 걸 아니까." 불쌍한 사자입니다. 심지어 아이들도 사자자리의 이빨이 실제로는 으르렁거리는 소리만큼 위협적이지 않다는 것을 알고 있습니다. 물론 예를 들어, 화성이나 수성에 충돌 요소가 있고, 동쪽별자리가 전갈자리인 사자자리에게 물리면 치명적이라는 사실 정도는 참고로 알아 두시는 것이 좋습니다. 하지만 지금은 전형적인 사자자리에 대한 이야기를 해 보죠.

사자자리는 여러 가지 면에서 매우 약삭빠릅니다. 양자리처럼 마른 우물에서 물을 얻겠다고 힘을 낭비하는 일이 좀처럼 없기 때문에, 사자자리는 뛰어난 조직력으로 사람들에게 업무를 현명하게 배정합니다. 과장된 말투만 조금 자제한다면, 놀랄 만큼 효과적인 지시를 내릴 수 있습니다. 그는 단순하고 직설적인 화법의 고수가 될 수 있답니다. 사자자리는 관대하고 열린 마음으로 찬성 의사를 표하고, 민망할 정도로 과장해서 칭찬합니다. 불쾌할 때에는 전혀 거리낌 없이 불평하기도 합니다. 사자자리의 말은 언제나 진심인 경우가 많습니다. 그것이 사람들에게 위안을 주든 상처를 주든, 어쨌거나 깊은 인상을 남기죠.

사자자리 남성이나 여성이 파티를 주관할 때에는 제왕다운 화려함을 자랑합니다. 마치 궁전에 초대받은 것 같습니다. 금방이라도 문 밖에 마차가 도착하고 마리 앙투아네트가 등장하거나, 아니면 최소한 넬 권*이나 마담 뒤 바리**라도 등장할 것만 같습니다. 사자자리는 훌륭한 음식과 고급스러운 와인, 아름다운 여인과 부드러운 음악으로 손님들을 즐겁게 해 줍니다. 제가 아는 지인 중에 처녀자리 성향이 강한 사자자리가 있는데, 파티를 열면 항상 허브를 뿌린 오이와 파슬리, 맥아도 내놓긴 했지만, 다른 음식들은 모두 고급스러운 사자자리 음식이었고, 늘 우아한 여성들이 손님으로 와 있었습니다. 정말 아름다운 파티였습니다. 루이 14세도 그렇게 멋진 파티는 열지 못했을 것입니다.

이제 로맨스 이야기를 시작해 볼까요? 사자자리를 언급할 때에는 연애 이야기가 빠질 수 없죠. 주위를 둘러보면 사자자리 중에는 싱글이 별로 없을 것입니다. 설령 아직 결혼하지 않은 사자자리를 만나더라도,

---

* 넬 권(Nell Gwyn, 1650~1687): 영국의 배우로서 찰스 2세의 정부.
** 마담 뒤 바리(Madame Du Barry, 1743~1793): 루이 15세의 정부.

몰래 그의 옷장을 살펴보기 전에는 싱글이라고 단정짓지 않는 것이 좋습니다. 사자자리는 자기의 영토에 연인을 숨겨 두는 경우가 많기 때문이지요. 처음 만났을 때에는 그 사자자리가 결혼하지 않은 상태였더라도, 곧 사랑에 빠질 것입니다. 아니면 최근에 이별을 겪어서 한없이 애처롭고 허탈한 상태일 수도 있죠. 불같은 자존심 때문에 연애나 결혼에 실패하기도 합니다. 사자자리는 사랑하는 사람이나 배우자가 그의 자존심을 짓밟으면 사납고 거칠어집니다. 하지만 필요하다면 어느 누구보다도 금욕적인 품위를 지키거나, 우울한 상황에서도 완벽한 신념과 낙천성으로 적응할 수 있는 사람이 바로 사자자리랍니다.

사자자리는 용서와 동정심이 마음 한 구석을 차지하고 있기 때문에, 일단 분노한 자존심이 폭죽처럼 터지고 나면 허탈해져서 감정적인 화해를 시도합니다. 그에게 화해는 불화만큼 빈번하게 일어납니다. 그의 격렬한 열정은 이성뿐 아니라 삶 자체를 향해서도 끊임없이 타오르고 있습니다. 사자에게나 고양이에게나, 사랑 없는 삶은 팥소 없는 찐빵과 같습니다. 사랑이 죽으면 사자자리를 비추던 태양도 그 빛을 거둔답니다.

사자자리는 남녀 모두 절대로 남에게 의지하는 법이 없습니다. 그보다는 사람들이 자기에게 기대어 오는 것을 좋아합니다. 이들은 약자를 보면 강한 책임감을 느낍니다. 사자자리는 때로 과장된 몸짓으로, 모든 사람들이 자기에게 의지하고 있어서 어쩔 수 없이 자기가 모든 짐을 떠맡게 되었다고 투덜거리지만, 그런 불평에는 귀 기울일 필요가 없습니다. 사실 사자자리 본인은 그 상황을 즐기고 있기 때문입니다. 그의 짐을 덜어 주거나 그를 도와주려고 해 보세요. 사자자리는 당장 거절할 것입니다. 특히 경제적인 지원은 절대로 받지 않으려고 합니다. 비록 자주 빈털터리 신세가 되기도 하지만, 그럴 때마다 사자자리는 항상 머지 않아 다시 돈 벌 방법을 찾을 거라고 확신하고 있답니다. 돈과 관련해서 조심스러운 사자자리는 거의 없습니다. 어린 시절에 채권 추심 업자를 보고 겁먹은 적이 있어서 빚을 지면 당장 감옥에 가야 하는 것처럼 행동하는 사자자리가 있을 수도 있지만, 전형적인 사자자리라면 뼛속 깊이 화려한 도박사의 피가 흐르고 있어서 아무 때나 미친 듯이 돈을 쓰기도 합니다. 동전 한 푼도 아껴 쓰는 사자자리가 아주 드물게 있기는 하지만, 그런 이들도 다른 사자자리처럼 값비싼 옷을 입고 항상 근사한 모습으로 나타날 것입니다. 사자자리는 비행기도 퍼스트 클래스만 타려고 하고, 온갖 호화로움을 추구하며 즐거움을 위해서라면 돈을 아낌없이 쓸 것입니다. 사자자리는 거의 누구에게나 돈을 줄 것입니다. 누군가가 자기에게 돈을 빌려 달라고 했는데 본인에게 여유가 없으면, 제왕인 자신이 남을 도와줄 능력이 없다는 사실을 인정하기 전에, 다른 사람에게 돈을 빌려서라도 줄 것입니다. 하지만 이런 방법은 최후의 수단입니다. 사자자리는 남에게 돈이나 조언, 격려 등을 구하는 입장에 내몰리면 굴욕을 느끼기 때문입니다. 사자자리는 스스로 자기를 격려할 만큼 자부심이 있고, 스스로 돈을 벌 수 있을 만큼 똑똑합니다. 또한 조언을 구한다면 윗사람한테나 가능할 텐데 누가 사자보다 위에 있을 수 있겠어요?

사자자리는 종종 고열에 시달리기 때문에 갑작스러운 사고를 당하거나 질병에 걸리기 쉽지만, 만성 질병에 대해서는 대체로 면역력이 강한 편입니다. 사자자리는 무엇이든 하다가 마는 경우가 드물기 때문에, 놀라운 생명력을 발산하거나 아니면 아예 세상을 살아갈 열의를 보이지 않습니다. 후자의 경우는 사람들이 자기에게 감사를 잘 표하지 않거나 그가 애정에 굶주렸을 때 보이는 전형적인 반응입니다. 사자자리는 심장이 매우 튼튼하면서도 심장 부위에 약점이 있습니다. 등이나 어깨 통증, 척추 질환, 다리나 발목 부상, 생식기관과 관련된 질병, 그리고 목의 통증으로 고생할 수 있습니다. 하지만 사자자리는 질병으로부터 회복이 빠른 편이고, 오히려 이들이 지닌 주된 위험 요소는 질병에 대한 부주의나 질병에 걸렸을 때 너무 빨리 병상에서 일어나는 경향입니다. 처음에는 침대에 누워 간호를 받는 것이 사자자리의 허영심을 만족시켜 주지만, 곧 자신이 강자가 아니라 약자의 역할을 하고 있음을 깨달으면 무기력한 기분에 빠질 것입니다.

태양이 지배하는 사자자리에게 중간이란 없습니다. 사자자리는 심하게 경솔하고 엉성하거나, 아니면 꼼꼼하고 질서정연합니다. 다른 사람들 일에 관심이 많은 편이라서, 주변에서 자기가 모르는 일이 일어나고 있으면 소외감을 느낍니다. 사자자리는 유지하는 성향을 가지고 있습니다. 누군가가 이들을 정해진 길에서 벗어나게 하기는 매우 어렵지만, 정작 이들은 설득력 있는 화술로 사람들을 움직입니다. 사자자리는 부드러운 깃털 쿠션이 놓인 번쩍거리는 왕좌에 일단 자리 잡고 나면, 다른 사람들에게 나누어 줄 재물을 축적합니다. 이들은 증기기관차처럼 열정적인 에너지를 보여 주다가도 고양이처럼 게을러져서 햇살 아래에서 기지개를 켜거나 낮잠을 자기도 합니다. 사자자리가 일을 할 때에는 정말로 열심히 합니다. 놀 때에도 정말 잘 놀고, 쉴 때에도 마찬가지입니다. 대부분의 사자자리는 골치 아프거나 재미없는 일을 남에게 위임하는 데에 놀라운 천재성을 발휘합니다. 그 동안 자기는 누가 대통령이 되어야 하고 어떻게 전쟁에서 이길 것인가 하는 등의 중요한 사안에 관심을 기울이지요.

하지만 정말로 위급한 상황이 사자자리의 튼튼한 어깨 위에 떨어지면, 그는 기꺼이 그 짐을 지고는 힘없는 사람들을 돕고, 두려워하는 사람들을 보호해 주며 (속으로는 두 배나 두렵더라도) 의지가 꺾인 사람들을 격려하고 용감하게 자기의 의무를 다하려고 노력합니다. 이러한 성품은 사자자리의 타고난 기질입니다. 화려한 넥타이를 매던 플레이보이 시절이 끝나고 나면 이 기질들이 빛을 발할 것입니다.

『오즈의 마법사』에 겁쟁이 사자가 나오지요. 그 사자는 품위를 잃은 채 꼬리를 축 늘어뜨리고는 진정한 용기라는 선물을 찾아 세상을 헤매고 다닙니다. 하지만 막상 위기가 닥쳤을 때, 자기가 그 무리에서 가장 용감한 존재라는 것을 깨닫게 되지요. 이것을 기억하시면 됩니다.

사자자리는 지독하게 의리가 강한 친구가 될 수도 있고, 공정하지만 막강한 적이 될 수도 있습니다. 조용하건 화려하건 간에 창의적이고 독창적이며, 무엇보다 강하고 활력이 넘칩니다. 그리고 자기의 다채로운 성격에 걸맞게 늘 화려한 옷을 입습니다. 사자자리의 오만함이나 가끔씩 보이는 밉살스러운 이기심, 우스꽝스러워 보이기까지 하는 허영심과 게으름은 눈감아 주기로 합시다. 사자자리는 자기를 상징하는 금속인 황금처럼 비단결 같은 마음씨를 가지고 있으니까요.

즐거움과 관대함이 흘러넘치는 명랑하고 다정한 사자자리는 지배 행성인 태양이 중천에 떠 있을 때에는 황금빛 들판을 활보하고 다닙니다. 그러다가 자신 있게 주사위를 던지면 1(태양의 숫자)과 4(목성의 숫자)가 나오죠. 사자자리는 행운을 위해 토파즈를 몸에 지니고 여기에 지나치게 의미를 부여하기도 하지만, 불운한 일도 용감하게 견딜 수 있는 진정한 내면의 위엄과 우아함을 가지고 있습니다. 태양을 보세요. 따뜻하고 희망찬 노란빛은 해질녘 노을 속에서 주황빛으로 깊어지고, 태양이 잠든 밤에는 수많은 별들로 밝게 빛납니다.

사자자리로 알려진 유명인

나폴레옹 보나파르트Napoléon Bonaparte   매 웨스트Mae West

베니토 무솔리니Benito Mussolini   앨프리드 히치콕Alfred Hitchcock

재클린 케네디 오나시스Jacqueline Kennedy Onassis   조지 버나드 쇼George Bernard Shaw

카를 융Carl Jung   피델 카스트로Fidel Castro

*등소평(덩샤오핑)鄧小平   *버락 오바마Barack Obama

*빌 클린턴Bill Clinton   *앤디 워홀Andy Warhol

*조앤 케이 롤링Joan K. Rowling   *탁신 시나왓Thaksin Shinawatra

*양희은   *유재석

*이경규   *이승엽

*이종범   *차두리

사자자리 남성

♌

"오 사랑이여,
세상을 돌아가게 하는 건 사랑이어라!"

어느 영국 시인이 꽃을 보면서, '숨어서 얼굴을 붉히기 위해 피어났으며 사막의 바람 속에 자신의 향기를 흘려보낸다.'라고 쓴 시는 분명히 사자자리를 설명하는 것은 아니었을 것입니다. 사자자리 남성은 밝은 햇살 아래서 일광욕을 하거나 화려한 연설을 즐기겠지만, 절대로 고독한 사막에 있을 사람은 아니니까요. 말할 필요도 없이 그는 무대 위에 있거나 좋아하는 친구와 친척 들 앞에 있을 확률이 훨씬 높지요. 사자자리 남성은 돈은 낭비하지만 매력적인 향기는 낭비할 사람이 아닙니다. 그 사람 주위에는 늘 청중이 있으니까요.

자, 이제 모든 것이 분명해졌습니다. 사자를 사로잡는 비결은 간단합니다. 그의 청중이 되세요. 당신이 제대로만 한다면, 처녀자리나 물병자리 남성과는 달리 사자자리 남성은 달콤한 연애에서 오는 고통도 기꺼이 받아들일 것입니다. 당신이 그를 좋아해 주고, 칭찬해 주고, 존경해 주기만 하면 됩니다.

그 남성이 불꽃처럼 화려한 스타일의 사자자리인가요? 그렇다면 짙은 선글라스를 끼고 그가 뿜어내는 찬란한 햇빛에 몸을 맡기세요. 그가 온화하고 조용한 스타일의 사자자리인가요? 그렇더라도 그의 잘 꾸며진 부드러움에 속지 마세요. 잘못 건드리면 불꽃이 튈 테니까요. 그저 온순한 역할을 하고 있을 뿐이라는 점을 명심하세요. 그가 비록 예의바르고 침착하고 차분해 보이더라도, 그 이면에는 당당한 위엄과 오만한 허영심이라는 불씨가 남아 있어서, 언제라도 불꽃을 피워 올려 자기를 무시하는 어리석고 성가신 여성을 태워 버릴 수 있답니다.

사자자리 남성은 구애할 때에도 신사적이고 정중하게 행동합니다. 또한 당신을 따뜻하게 보호해 주고, 다감하게 애정을 표현합니다. 그를 진지한 관계로 끌어들이기 위해 술수를 많이 쓸 필요는 없습니다. 사람들은 사자자리가 순간적인 열정을 지니고 있다고 말합니다. 그 순간을 잘 포착하면 됩니다. 촛불과 멋진 바이올린 선율이 함께 한다면 더할 나위 없겠지요. 그러면 사랑은 붉은 장미꽃처럼 피어날 것입니다. 준비하기 어렵다면 촛불과 음악은 생략하고, 순간 포착만 잘하면 됩니다. 결과는 같을 테니까요.

사랑을 받지 못하는 사자자리는 몹시 슬퍼하며 시들어 갈 것입니다. 그것도 아주 비참하게 시들어 갑니다. 사자자리는 사람들에게 숭배를 받지 못하느니 차라리 죽는 편이 낫습니다. 말 그대로 이해하시면 됩니다. 사자자리 남성은 연인에게 구애할 때 비용을 공동으로 부담하는 법이 없습니다. 당신을 최고의 레스토랑에 모시고, 향수와 꽃으로 선물 세례를 하며, 근사한 극장에 당신을 자랑스럽게 모셔 가고, 예쁜 러브레터에 리본도 묶을 것입니다. 솔직히 말해서 이런 사자자리 남성의 마음을 거절하려면 강철 심장이 필요하지요.

지금까지는 당신이 제대로 하고 있다고 생각할지 모릅니다. 하지만 다시 생각해 보세요. 사자자리와의 연애에 문제가 전혀 없지는 않을 것입니다. 모든 사람들의 사랑을 듬뿍 받고 있는 응석받이 왕족의 삶을 상상해 보세요. 사자자리는 자기의 우리로 당신을 초대하여 그 넓은 가슴으로 당신을 따뜻하게 해 주겠지만, 어느 날 그 우리는 안락하고 고급스러운 감옥으로 변할 수도 있습니다. 혹시 그 사람에게 질투심이 많으냐고요? 네! 그렇습니다. 당신의 몸과 마음까지 모두 그의 것이 되어야 합니다. 당신이 무엇을 입을지, 머리는 어떻게 빗을지, 어떤 책을 읽을지, 당신에게 어떤 친구가 좋은지, 어떻게 하면 당신이 하루를 더 잘 보낼 수 있을지에 대해 일일이 말해 줄지도 모릅니다. 왜 한 시간이면 돌아온다고 해 놓고서는 두 시간이나 쇼핑을 했는지, 오는 길에 누구를 만났는지, 그 사람이랑 무슨 이야기를 했는지 알고 싶어 합니다. 심지어 당신이 아침에 베이컨을 구우면서 주방 창문 밖을 내다볼 때 무슨 생각을 하고 있었는지 말해 주지 않으면 토라지기까지 합니다. 결국 당신은 다른 남자를 생각하게 될 수도 있습니다. 혹시 그렇더라도 사자자리가 얼마나 충동적인 사람인지 잊어서는 안 됩니다. 당신이 아직 매력적인 여성이라는 것을 증명하기 위해 가끔 다른 남성에게 수작을 거는 식으로 사자자리 남성을 놀리는 행동은 정말 어리석은 짓입니다. 그는 당신이 매력적인 사람이라는 것을 이미 알고 있습니다. 전혀 증명할 필요가 없습니다. 게다가 당신의 사자자리 남성은 당신이 너무 짓궂게 행동하면, 당신 옆에 있던 그 순진한 근육질 친구를 바닥에 때려 눕혀서 최소한 전치 4주의 사건으로 만들 수도 있답니다.

    사자자리와의 사랑이 늘 장미 향기처럼 달콤하지만은 않습니다. 조용한 사자자리건 요란스러운 사자자리건, 기본 성향에는 차이가 없습니다. 사자자리 남성과 사랑에 빠진 여성이라면 모두 〈왕과 나〉라는 영화를 잘 분석해 볼 필요가 있습니다. 이 영화의 왕은 전형적인 사자자리이거든요. 여주인공 안나가 어떻게 하는지 잘 보면, 돈을 주고도 배울 수 없는 소중한 힌트를 얻을 수 있습니다. 먼저 그의 관심을 사기 위해 자극적인 도전을 하고, 당신이 그에게 마음을 완전히 빼앗기지 않을 거라는 점을 주지시킨 뒤에, 마지막으로 여성스럽게 순종하는 것입니다. 〈왕과 나〉는 정말로 꼭 보아야 합니다. 잘 때에도 베개 밑에 비디오테이프를 넣어 두기를 바랍니다.

    당신은 사자자리가 열정이 넘쳐날 때에는 차분한 이성으로 균형을 맞추고, 그가 문제를 너무 심각하게 바라볼 때는 달래 주어야 합니다. 좀 더 차분한 사자자리라면 보다 수월하게 대처할 수 있겠지만, 별다른 차이는 없습니다. 그가 직원이 자기 말을 듣지 않는다고 으르렁거리고 분노할 때나, 이웃이 자신을 모욕했다면서 입을 내밀고 뾰루퉁할 때나 마찬가지입니다. 사자자리는 그의 비이성적인 자부심에 균형을 맞춰 줄 당신의 안정감을 필요로 합니다. 당신이 이런 안정감을 가진 여인이 아니라면 당신의 사랑은 끊임없는 전투로 점철될 것입니다. 헤어졌다가도 금세 다시 그와 만나는 당신을 보면서 친구들은 놀라워하며 "그 불같은 성미는 어쩌고?"라고 물을 것입니다. 어쩌긴요. 안락한 사자 우리 안에 잘 있지요.

    커리어 우먼이 되려고 하지 마세요. 사자자리 남성은 당신이 밖에 나가서 일하는 것을 결코 탐탁해하지 않을 것입니다. 그 사람 자체가 당신의 커리어입니다. 그는 은행 잔고가 바닥나는 상황이 되어서야 자기

배우자가 용돈 벌이를 위해 밖에 나가는 것을 허락할 테니, 당신에게 직장은 맨 마지막 순위라는 점을 분명히 아셔야 합니다. 남편이 첫째이고, 집이 그 다음이고, 직장은 맨 마지막입니다. 사자자리는 자신이 당신을 두고 다른 남성이나 외부의 다른 관심사들과 경쟁하는 것을 참지 못합니다. 당신이 이런 도전을 받아들일 만큼 용감하다면 나가서 정장용 바지를 사세요. 하지만 스타일이 있어야 합니다. 그는 부활절 퍼레이드를 포함해서 어떤 자리에서건 당신을 자랑하고 싶어 하기 때문입니다. 만약 당신이 여왕처럼 품위 있게 옷을 차려입지 않은 채 사람들 앞에 모습을 드러내면 그는 당황스러워할 것입니다. 교회에서라면 찬송가를 부르는 도중에 사라질지도 모릅니다.

당신이 사자자리 남성과 이미 결혼을 했거나 지금 깊이 사랑에 빠져 있다면, 어떤 장점이 있는지 생각해 봅시다. 당신이 사자자리 남편을 중심으로 가정이 돌아가게만 해 준다면 그는 아더 왕처럼 관대하고 선한 사람이 될 것입니다. 자기가 갈구하는 존경을 받을 수 있다면 그는 넓은 아량으로 당신에게 보상해 줄 것입니다. 당신이 얼마나 사랑스러운지 계속 얘기해 주고 생활비도 후하게 줄 것입니다. 그리고 정말 놀라운 것은 자신의 대단한 연애 기질에도 불구하고 한눈팔지 않고 당신에게만 헌신할 것입니다. 사자자리 남성은 결혼하기 전보다는 결혼 후에 당신에게 더 충실할 가능성이 높은데, 그 이유를 말씀드리죠. 사자자리는 일단 자기 왕국을 잘 통치해 줄 암사자를 찾아내면, 더 이상 다른 암사자들을 쫓아다니지 않습니다. 그러기에는 너무 게을러서, 해먹에 누워 여유롭게 낮잠을 즐깁니다. 사자자리 남성은 자녀들과 정답게 놀아 주고, 온갖 위험으로부터 배우자를 보호해 주며, 직장에서 승진을 향한 야망을 보여 주면서 배우자를 기쁘게 해 줄 것입니다.

당신은 사자자리 남편과 더불어 활발한 사교 활동을 주도하게 될 것입니다. 다만 사자의 눈꺼풀이 내려앉을 정도로 너무 늦게까지 있지만 않으면 됩니다. 하지만 남편은 가끔 따로 친구들과 어울리러 나가기도 하고, 갑작스런 도박 충동에 사로잡히거나 때로는 투자하기에 좋은 기회라고 생각해서 이리저리 돈을 굴리기도 할 것입니다. 제가 아는 어떤 사자자리 남성이 한 번은 어떤 유정의 주식을 열 주 샀습니다. 수천 명의 주주들 가운데 아주 적은 지분을 가진 사람임에도 불구하고, 그는 한 달에 두 번씩 땅을 파고 있는 유정 현장을 방문해서 꼼꼼히 살펴보았다고 합니다. 현장에서 일하던 직원이 무슨 일로 왔는지 물어보면 그 사자자리 친구는 "그저 내 유정에 일이 잘 진행되고 있는지 보러 왔다."라고 말했답니다. 현장에 있던 사람들은 당연히 그를 극진하게 모셨지요. 사람들은 그가 임원이라고 착각했었다고 합니다.

　　사자자리의 모든 행동을 침착하게 받아들이기를 바랍니다. 얻는 것도 있으니까요. 본인은 친구들하고 도박을 하다가 밍크 코트 한 벌 값을 날리거나 경매에서 트럭 두 대 분량이나 되는 갖가지 크기의 골판지 상자를 사느라고 당신이 저축한 돈을 날려 버리기도 하는데, 당신이 겨우 밍크 모자 하나 샀다고 나무랄 수는 없을 테니까요.(결국 그 골판지 상자는 전혀 쓰지 못했습니다. 막상 배달 받고 보니 모든 상자에 '쥐약'이라고 쓰여 있는데다 해골에 가위표까지 그려져 있었거든요.) 사자자리 남편이 경매장 근처에 얼씬도 하지 못하도록 잘 단속해야 합니다. 그는 시기와 대상을 불문하고 누구보다 더 높은 액수를 제시하고 싶은 충동을 가지고 있기 때문입니다. 게다가 사람들과 함께 있을 때면 늘 계산서를 먼저 집어 들고는 유쾌하게 "내가 낼게."라고 하는 사람입니다. 냉장고를 새로 사야 할 돈으로 말이지요. 사자자리는 라스베이거스처럼 돈 많이 쓰는 사람

을 알아봐 주는 곳을 집처럼 편안하게 느낍니다.(물론 달별자리나 동쪽별
자리가 경제관념이 있는 별자리에 있는 경우는 예외입니다.)

사자자리 남성이 정말로 쓸모 있는 경우가 한 가지 있습니다. 대부
분의 사자자리 남성은 거의 맥가이버 수준으로 물건을 잘 고칩니다. 부
서진 손잡이나 빡빡한 욕조 수도꼭지, 카세트, 복잡한 스피커 등등 뭐든
지 고칠 수 있습니다. 전형적인 사자자리는 고장 난 물건을 보면 가만히
있지 못합니다. 그러고는 고쳐 보려다가 실패하면 불호령을 내리듯이
분노를 담아 그 물건을 세게 내리치는데, 그러면 꿈쩍도 하지 않던 손잡
이가 제대로 돌아가고, 수도꼭지에서는 나이아가라 폭포처럼 물이 쏟아
집니다. 카세트는 다시 말을 하고, 스피커는 노래를 부르기 시작합니다.
대다수 사자자리 남성은 자동차 엔진도 분해했다가 다시 조립할 수 있
고 그 과정에서 옷에 얼룩을 묻히지도 않습니다. 그는 삐걱거리는 문의
경첩을 여러 달 동안 내버려 둔다거나, 고정되지 않아서 이리저리 밀려
다니는 카펫을 방치하지 않습니다. 놀랄 만큼 많은 사자자리가 전문가
의 도움 없이 가구를 직접 만들거나 집에 방을 하나 새로 만들기도 합
니다. 지하실에 별도로 작업실을 갖춘 경우도 많습니다. 바닥에 톱밥이
좀 떨어져 있다고 해도 불평하지 마세요. 본인이 즐거워하거니와 그 덕
분에 밤에 놀러 나가지 않고 집에 있으니까요. 일석이조입니다.

사자자리는 파티에서 우스꽝스러운 행동으로 분위기를 띄우기도
하지만, 그렇다고 바보는 아닙니다. 그가 시선을 끌기 위해 어릿광대 가
면을 쓰고 있어도, 보는 사람들은 사자가 잠시 '즐겁게 놀자' 모드에 있
을 때에 그를 존중하는 것이 좋다는 것을 대체로 알아차립니다. 어떤 모
습을 하고 있든 간에, 사자자리 남성의 내면은 마냥 태평하지는 않습니
다. 보기보다는 훨씬 단호하고 집요하지요. 그는 자기가 원하는 것을 정

확히 알고 있고 대체로 그것을 얻어 냅니다. 또한 얻은 것을 지켜 내는 일도 잘한답니다.

사자자리 남성과 연애하는 동안 그가 당신에게 충실하기를 기대한다면, 그에게 로맨틱한 사랑과 애정을 듬뿍 주세요. 그러지 않으면 사자자리 남성은 사랑과 찬사에 목이 말라서 정글 속을 헤매고 다닐지 모릅니다. 두 사람이 진정으로 사랑하는 깊은 관계라면 그는 당신에게 진실할 것입니다. 그럼에도 불구하고 가끔 한눈을 팔기는 합니다. 그의 눈을 아예 눈가리개로 가려 버리는 것 말고는 사실 당신이 할 수 있는 일이 별로 없습니다. 사자자리는 미인의 진가를 알아볼 줄 아는 사람들이니까요. 당신이 자기 남자가 다른 여성에게 눈길을 주며 감탄하는 것만으로도 질투심을 느끼는 타입이라면, 어서 빨리 적응하고 면역력을 기르는 편이 좋겠지요. 사자자리 남성은 자기의 가벼운 눈길 때문에 연인이 떠난다면 진심으로 충격과 상처를 받을 것입니다. 그러면 사자자리 남성은 심장마비든 눈물로 쓴 편지든, 갖은 방법을 동원해서 결국 당신의 마음을 약하게 만들어 그의 품으로 돌아오게 합니다. 이런 재주가 너무 좋아서 심지어 당신으로 하여금 너무 심했나 하는 느낌까지 갖게 합니다. 당신이 이런 감정적이고 극적인 장면을 즐기는 여인이 아니라면, 처음부터 아예 그를 이해해 주어서 문제를 일으키지 않는 편이 낫겠죠. 당신이 그를 제대로 대접해 주고 있다면, 그의 무분별한 행동은 사실 악의 없고 무해한 행동일 것입니다. 사자자리는 기본적으로 타인에게 친절하지만, 타인의 감정에 과민하게 반응하지는 않습니다. 사자자리 남성은 자기 자신에게 고도로 집중하기 때문에, 무례할 정도로 솔직하고 또한 기교를 부릴 줄 모릅니다. 하지만 그의 매혹적인 미소는 분위기를 순식간에 바꾸어 버리지요. 튼튼하고 우아한 체구를 지닌 따뜻한 사자는 나뻔 의도를 전혀 가지고 있지 않습니다. 무섭게 콧김을 내뿜을 수 있어도 악의나 적의를 품을 사람이 아니고, 정말 잔인한 행동에는 잘 대응하지 못합니다. 또한 사자자리는 스포츠를 즐깁니다. 하지만 나이가 들면 안락의자에 앉아 텔레비전으로 경기를 지켜보면서 당신의 시중을 받는 것을 더 좋아할 것입니다.

항상 그렇지는 않지만 사자자리 남성이 예상 밖의 선택을 하는 경우가 종종 있습니다. 결혼을 통한 신분 상승을 추구하는 염소자리와는 달리, 사자자리는 자기보다 지위가 낮은 사람과 결혼하려는 경향이 있습니다. 물론 사회적 지위에 대한 열망은 남들과 별반 다르지 않겠지만, 자기 사람만은 아랫사람 중에서 선택하려고 합니다. 그러다가 가끔은 선택을 잘못할 때가 있습니다. 늘 발밑에서 흠모하는 눈길로 수줍게 앉아 있던 여성이 어느 날 돌변해서 사자의 왕관을 빼앗아 버리기도 하니까요. 왕관을 빼앗긴 불쌍한 사자자리 남성은 추방당한 왕국에 대한 미련 때문에 비극적인 분위기를 풍긴답니다.

애석하게도 사자자리는 자녀를 많이 낳지 않는 경향이 있습니다. 자녀가 없거나, 자녀와 떨어져 살아야 하거나, 아니면 한 명만 낳아 기르는 경우가 대부분입니다. 사자자리 남성이 따뜻하고 훌륭한 아버지의 자질을 지니고 있고, 자녀의 잘못을 단호하게 지적할 때를 제외하고는 오히려 너무 받아 주는 것이 아닐까 싶을 정도로 열려 있는 아버지라는 점을 고려할 때, 자녀를 많이 두지 않는 것은 안타까운 일이지요. 자녀들은 사자자리 아버지의 요구에 짜증을 내기도 하고 때로는 그의 긴 연설을 지겨워하기도 합니다. 하지만 곧 아버지를 멈추게 할 수 있는 비장의 무기, 아첨을 터득하게 될 것입니다. 아이들은 아버지를 존경하도록 교육 받을 것이고 실제로도 존경하겠지만, 아이들은 "네, 아버지. 지당하신 말씀입니다." 같은 영리한 말로 아버지를 구슬릴 가능성이 높습니다. 따라서 실제로 훈육을 담당할 사람은 당신입니다. 아이들은 아버지의 거만한 태도에 분개할 수도 있지만, 나중에는 대부분 정이 많은 아버지로 기억하곤 합니다. 한 가지 조언을 드리자면 절대로 남편보다 아이들에게 더 많은 관심을 기울이면 안 됩니다. 그러면 사자자리 남편은 자존심에 심각한 상처를 입고는 회복 불가능한 상태가 될 수도 있습니다.

난해한 사자자리 남성에 대해 어떤 평가를 내리셨나요? 따뜻한 사람인가요, 아니면 위험한 사람인가요? 관대한가요, 아니면 이기적인가요? 진심으로 사람들을 좋아하는 사교적인 사람인가요, 아니면 좋아하는 척하면서 주목받고 싶어 하는 사람인가요, 아니면 진짜 사자처럼 왕으로 불리어도 손색이 없는 사람인가요? 사자자리는, 적어도 자기 기준에 따르자면, 사랑이나 일에 있어서는 달인이라고 불릴 만한 자격이 있습니다. 당신도 대체로 그 분야에 있어서 그가 상당히 성공적이라는 점을 인정하게 될 것입니다.

사자자리 남성이 실제로 왕의 자격이 있는지 아니면 그런 척만 하는지 사실 우리는 알 수 없습니다. 하지만 당신의 사자자리 남성에 대해서만은 몇 가지 알고 있지요. 그는 한없이 강렬한 욕구를 가지고 있고, 공작새처럼 도도합니다. 그는 지배하려는 욕구와 사람들로부터 사랑 받고 싶은 욕구가 무척 큽니다. 사자자리는 내심 자기가 실패해서 남의 웃음거리가 되지나 않을까 언제나 두려워한다는 사실을 기억해 두세요. 이러한 두려움이 마음속에서 사자를 계속 고문하기 때문에, 허영과 과장된 위엄으로 자신을 치장한답니다. 하지만 대의명분을 가지고 자기의 고결함을 주장해야 할 때가 오면, 사자에게는 더 이상 어떤 두려움도 존재하지 않습니다. 그럴 때 비로소 사자는 강하고 용감한 척했던 모습이 바로 자기의 실제 모습이었음을 알게 되지요.

사자자리 남성은 연애 시절에는 아주 별난 행동으로 당신을 황당하게 만들겠지만, 장기적으로 보았을 때 결코 나쁜 배우자는 아닙니다. 당신이 자존심을 깊은 바다 밑에 가라앉혀 두고 그 사람을 중심으로 삶을 구축할 수만 있다면, 당신은 그에게 열렬한 사랑을 받고 절대로 외로워지지 않을 것입니다. 게다가 그는 욕실 수도꼭지도 척척 고칠 수 있답니다.

사자자리 여성

♌

"날 보는 건 영광이고 내 말을 듣는 건 은총이죠.
식사와 차를 드는 건 크나큰 특권이에요.
붉은 여왕, 하얀 여왕, 그리고 나와 함께 말이에요!"

사자자리 여성이 가지고 있는 것 중에 당신이 좋아하지 않을 만한 것이 하나 있습니다. 바로 옛날 남자친구들과의 추억을 담은 사진과 기념품을 모아 놓은 스크랩북입니다. 그 스크랩북을 태워 버리라고 어르고 부탁해도 소용없을 것입니다. 사자자리 여성은 감상적이니까요. 사자자리 여성은 벽지에 그려진 꽃이 아니랍니다. 당당한 해바라기이지요. 그녀의 인기는 하늘을 찌릅니다. 그녀가 남은 인생을 당신의 아내로만 살아가게 하려면 당신은 만만치 않은 경쟁을 치러야 할 것입니다.

사자자리 여성은 그룹에서 리더가 되는 경우가 많아서 여왕의 자리를 차지하고 있겠지만, 상대방의 마음을 누그러뜨리는 따뜻함과 아름다운 미소 때문에 그녀를 싫어하는 사람은 거의 없습니다. 아마도 다른 여성들은 사자자리 여성이 그 집단의 행동 방식을 이끄는 재능을 타고났음을 감지할 것입니다. 그럼에도 그녀의 권한을 빼앗으려고 시도하는 사람이 있겠지만, 결과는 그다지 신통치 않을 것입니다.

사자자리 여성에게 발랄함과 총명함, 우아함, 아름다움을 모두 선사한 걸 보면, 자연은 편애가 좀 심한 것 같습니다. 게다가 그녀는 일반적인 여성 세 사람 몫의 섹시함까지 지니고 있습니다. 당신이 열등감에 사로잡힌 남성이라면 좀 더 평범한 여성에게 시선을 돌리는 것이 좋을 것입니다. 사자자리 여성을 타인의 명령이나 기다리는 온순한 사람으로 길들일 수 있을 거라는 착각은 처음부터 아예 버리는 것이 좋습니다. 사자자리 여성이 발밑에서 자기를 우러러보기를 기대하는 남성은 바보들의 낙원에 살고 있는 셈입니다. 그녀가 그 기대의 절반만큼이라도 부응해 줘서, 당신을 존경하고 기꺼이 당신의 짝이 되어 주고 자기의 마음을 소유할 수 있도록 허락해 준다면, 당신은 그야말로 운이 좋은 남성입니다. 자기를 사랑하도록 허락한다는 것은, 당신을 기사로 임명한 셈이죠. 이 정도 자격을 얻기도 쉽지 않답니다. 사자자리 여성은 군계일학입니다. 아주 고급스러운 상품이어서 할인마트에서는 구할 수가 없답니다.

사자자리 여성은 거친 풍랑처럼 제멋대로 굴다가도, 젤리처럼 달콤하고 부드럽게 행동할 것입니다. 속삭이는 듯한 목소리에 예의바른 태도는 다정하기 그지없을 것이며, 크고 부드러운 눈은 깜박일 때마다 반짝거립니다. 사자자리 여성이 잔잔한 호수처럼 유하고 침착하게 보일 수도 있습니다. 하지만 마음을 놓으면 안 됩니다. 사람들이 그 모습을 좋아하기 때문에 그런 태도를 취할 뿐이랍니다. 만에 하나라도 당신이 사랑이라는 연극 무대에서, 주연은 다른 사람에게 맡기고 그녀에게는 조연이나 임시 대역을 준다면, 그녀가 절대로 수줍고 순종적인 여인이 아니라는 것을 곧 알게 될 것입니다. 물론 사자자리 여성은 당신이 신하로서의 예를 다하는 동안에도 공공연히, 그리고 분명하게 밝혀 둘 것입니다. 자기는 자존심이 강하고 고귀한 사람이기 때문에 허튼 짓을 하면 안 된다는 것을 말입니다. 설령 자기의 존귀함을 주장하지 않는 사자자리 여성을 만나더라도, 절대로 방심하면 안 됩니다. 그녀의 발톱은 숨겨져 있지만, 여전히 날카롭답니다.

이런 여성에게 구애하려면 먼저 선물을 준비해야 합니다. 비싸고 품격 있는 것이라면 무엇이든지 상관없고, 당신이 의상을 제대로 갖춰 입고 있으면 됩니다. 그리고 찬사의 말을 몇 마디 준비해 두어야 합니다. 하지만 "당신은 나를 뿅 가게 만들었어요."라거나 "우리 애기 정말 멋져."라고 말한다면 바로 궁전에서 쫓겨날 것입니다. 속된 말이나 유행어는 사자자리 여성을 냉담하게 만듭니다. 당신은 여왕에게 구애하고 있다는 사실을 잊지 말아야 합니다. 그녀는 찬사와 존경 없이는 살 수 없는 사람이지만, 당신의 남자다움을 사모하고 당신을 여자에게 꽉 잡혀 사는 약한 남자로 만들 마음도 전혀 없다는 것을 기억해 두시기 바랍니다. 당신이 강한 사람이 아니라면 사자자리 여성에게 사랑받을 수도 없었겠지요. 다만 당신이 져 주는 척하면서 자기를 모욕하는 것은 용납하지 않을 것입니다. 그녀는 자기가 당신보다 약한 존재가 아니라고 확신하고 있답니다.

사자자리 여성은 대부분 운동을 잘하고 또한 즐기지만, 그녀와 함께 야구장에 가기보다는 극장에 가는 것이 현명합니다. 사자자리 여성은 무대 조명에 끌리고, 그 앞에서 더 아름다워 보이기 마련입니다.(발코니 석보다는 오케스트라 석을 사는 것이 좋습니다.) 극 중 여주인공이, 당신이 여자친구에게 기대하는 모습을 연기하는 연극을 고른다면, 여자친구는 무의식적으로 여주인공을 자신에게 투영시켜서 그 역할을 따라 할 확률이 매우 높습니다. 연극이 끝나고 크나큰 감동을 받은 그녀를 햄버거 가게에 데리고 가서 감자튀김이나 먹일 계획 따위는 꿈도 꾸지 마세요. 가끔은 아주 고급스러운 레스토랑으로 모시는 것이 좋습니다. 물론 사자자리 여성이 돈을 목적으로 결혼하는 것은 아닙니다. 사실 사자자리 여성은 관대한 편이라서, 데이트 비용은 반씩 부담하고 당신이 베푸는 만큼 많은 선물을 당신에게 선사할 것입니다. 단지 허름한 장소를 불편해할 뿐입니다. 세상에서 가장 가난한 사자자리 여성이라도 창문에 매달 고급스러운 커튼을 사거나 손가락에 낄 반지를 살 정도의 돈은 어떻게든 모아 둔답니다. 아주 가끔은 호기심으로 빈민촌을 찾을 수도 있겠지만 그야말로 구경꾼의 입장일 뿐이지요. 가난은 그녀를 우울하게 만들고 몸도 아프게 할 수 있습니다. 그러니 당신이 허름한 옷을 입고, 판잣집에서 같이 살자고 한다면, 그녀는 아예 그럴 기회조차 주지 않을 것입니다. 그런 식으로는 절대로 사자자리 여성의 마음을 얻지 못합니다.

프랑스의 어떤 귀족 여성이, 어느 날 베르사유 궁전 정원을 거닐다가 연인에게 이렇게 물었답니다. "서민들도 이렇게 강렬한 사랑의 감정을 알까요?" 그렇다는 답을 듣자, 그녀는 깜짝 놀라서 울음을 터트렸다고 합니다. "서민들에게는 과분하지 않나요?" 아마도 그 귀족 여성은 사자자리였을 것입니다.

가끔 오만하고 허영심이 많다고 해서 사자자리 여성을 비난하지 마세요. 자기가 일반인보다 더 우월하다고 느끼는 것은 어쩔 수 없이 타고난 본성이랍니다. 대부분의 사람들은 그런 그녀에게 그다지 분개하지 않습니다. 따뜻한 사랑과 존경을 받는 사자자리 여성은 세상에서 가장 친절하고 관대한 모습을 보여 줄 수도 있으니까요. 그녀는 아이들과 약자들을 여성스러운 연민으로 감싸안아 주는 사람입니다. 태어날 때부터 정해져 있는 여왕의 권좌에서 무조건 내려오라고 요구할 수는 없지요. 전형적인 사자자리 여성은 너무나도 우아하고 눈부셔서 대부분의 사람들은 그녀가 평범하지 않다는 것을 기꺼이 인정합니다. 실제로도 평범하지 않습니다. 그녀는 똑똑하고 재치 있으며, 강인한데다 능력도 있습니다. 게다가 아주 사랑스러울 정도로 여성적이지요. 상식적으로 누구라도 이런 자질들을 그저 평범하다고 하지는 않을 것입니다.

약간의 아부를 조미료처럼 첨가하면, 당신은 사자자리 여성과 함께 당신이 원하는 곳 어디라도 갈 수 있습니다. 당신은 아부가 그녀의 약점이라는 비밀을 이미 알고 있지요. 당신이 그녀와 결혼하고자 한다면, 자 이제 또다른 비밀을 알려 드리겠습니다. 어느 날 마침내 우리에 갇혀 있는 것이 지겨워지면, 그녀는 우리 밖에 사는 다른 고양이들의 삶이 궁금해져서 정글을 돌아다니기 시작할 것입니다. 지붕과 네 개의 벽 안에 그녀를 가둬 두면 하루하루 그녀의 열정이 사라져 간답니다. 그녀가 계속 파티를 열고 집 안을 호화스럽게 치장할 수 있을 만큼 충분하다면 모를까, 그녀를 가정주부로만 못 박아 둔다면 서서히 시들어 갈 것입니다.

사자자리 여성은 보석 같은 아내가 될 것입니다. 후줄근한 운동복을 입고 머리에는 롤러를 말고 얼굴에는 팩을 바른 너저분한 모습은 절대로 볼 수 없을 것입니다. 그녀가 자신을 가꾸지 않는다는 뜻이 아닙니다. 전형적인 사자자리 여성이라면 거울 앞에서 몇 시간이고 앉아서 화장을 하고 머리를 매만지겠지만, 당신에게는 그 과정이 아니라 결과만 보여 주고 싶어 하지요. 가끔은 '혹시 아내에게 딸린 미용사 가족까지 부양하고 있는 것은 아닐까?' 하는 의구심이 들 수도 있습니다. 사자자리 여성의 남편들은 자주 이런 호소를 합니다. "여보, 그렇게 많은 돈을 미용실에 갖다 바쳐야만 해요?" 하지만 사자자리 여성이 자기 머리를 직접 손질하는 경우는 별로 없습니다. 그녀는 누군가가 머리를 감겨 주고 만져 줄 때 왠지 대접받고 있다는 느낌을 받는답니다. 모든 사자자리에게 대접받는 기분이란 정말로 중요한 요소이지요.

게자리, 처녀자리, 또는 염소자리 성향이 전혀 없는 아내라면 카드사용을 잘 감시해야 합니다. 사자자리는 비싼 깃털 장식이나 가구 또는 친구들 선물 같은 것에 돈을 많이 쓰는 편입니다. 옷장 하나를 사도 비싼 물건을 사는 편이지요. 스팽글과 반짝이는 모조 다이아몬드가 주렁주렁 달린 잠옷 가운이나 목이 깊이 파인 멋진 드레스를 입으면 아주 섹시해 보입니다. 하지만 전형적인 사자자리 여성이라면 캐주얼이나 스포츠웨어를 더 좋아할 것입니다. 그녀는 몸에 딱 맞는 옷이나 호화로운 옷은 좋아하지만 장식이나 레이스는 별로 좋아하지 않습니다. 부드러운 캐시미어나 고급 이탈리아 산 니트야말로 그녀가 좋아하는 아이템들이지요. 좀 사치스럽기는 해도 취향이 매우 고급스러운 편입니다. 가끔 지나친 패션 감각으로, 색깔이 너무 야하거나 쇼킹한 옷을 입어서 스스로 스타일을 망치는 경우도 있지만, 전통적인 사자자리 여성의 감각에 비춰볼 때 이런 것은 지극히 예외적인 경우입니다.

당신이 직장 상사를 집에 초대해서 저녁 식사를 할 때 사자자리 아내는 안주인 역할을 훌륭하게 해낼 것입니다. 직장 상사는 당신을 높이 평가할 테고, 직장 상사의 부인도 당신 아내에게 좋은 인상을 받을 것입니다. 사자자리 여성은 일반적으로 남녀 모두에게 인기가 있습니다. 모두들 그녀의 친절한 미소와 활달한 성격에 반하기 때문입니다. 그녀의 밝은 햇살에 노출되어 있는 사람은 누구라도 그 따뜻함을 느낄 수 있습니다. 사자자리는 얼굴에 그늘을 드리우는 경우가 거의 없답니다.

사자자리 어머니는 아이들에게 관대한 사랑을 베풀고 애정을 듬뿍 줍니다. 그녀는 아이들의 잘못을 잘 보지 못하지만, 만약 보게 되면 엄한 태도를 취할 것입니다. 자기를 만만하게 보는 것을 허용하지 않기 때문에, 만약 아이들이 엄마를 존중하지 않는다면 그녀는 토라져서 침묵을 지킬 것입니다. 많은 사자자리 어머니들이 매를 아끼지 않으면서도 이상하게 아이들을 버릇없이 키우는 경향이 있는데, 이는 생각할수록 참으로 모순되는 일입니다. 그녀는 아이들과 즐겁게 뛰어 놀고 오랫동안 다정하게 이야기를 나누지만, 마치 군인처럼 자세를 바로 잡고 예절을 지키고 또한 어른들에게 순종할 것을 가르칩니다. 동시에 아이들에게 돈을 너무 많이 쓰는 경향이 있고, 사치품을 사 달라고 하면 쉽게 허락해 버리기 때문에 자녀 교육에 안 좋은 영향을 미치기도 합니다. 어쩌면 그녀는 아이들을 왕족의 자녀처럼, 모든 사람들의 총애를 받지만, 언제나 행동거지를 조심해야 한다고 가르치는 것일지도 모릅니다. 그녀는 자기의 자녀 교육 방식을 몹시 자랑스러워하며, 아이들을 상처 입히거나 부당하게 판단하려고 하는 외부인을 오히려 가엾게 여깁니다. 하지만 그녀는 아이들을 숨 막힐 정도로 지나치게 보호하지는 않습니다. 매우 독립적인 그녀는 아이들 주변만 맴돌고 있지는 않습니다. 사자자리 어머니들은 대부분 사회 활동을 하지만, 그녀의 자녀들은 절대로 애정에 굶주리지 않습니다. 사자자리 어머니는 일을 중요시하더라도, 일과 모성애 사이에 침착하게 균형을 잘 잡는답니다.

사자자리 여성은 가끔 자신의 근엄함을 내던지고, 신나고 장난기 많은 사자가 되어 슬랩스틱 코미디의 진수를 보여 주곤 합니다. 그야말로 건장한 짐승처럼 호탕하게 웃다가 그런 순간이 지나면 어느새 다시 근엄한 목소리를 가진 품위 있는 사자로 돌아오고는 하지요. 사자자리 여성만큼 참신한 발언이나 무례한 질문을 냉담하게 묵살해 버릴 수 있는 사람도 드물 것입니다. 그녀는 친하지 않은 사람이 허물없이 구는 것을 별로 달가워하지 않습니다. 비록 친한 사람들 앞에서는 익살스럽게 행동하고 놀라울 만큼 허물없이 굴지라도, 그 외의 사람들과는 거리를 유지합니다.

신의에 대해 이야기하자면, 사자자리 여성은 어느 오래된 건배사를 연상시킵니다. '나와 당신과 사랑과 웃음을 위해서, 당신이 하는 만큼 나도 매순간 진실해질 것이니.' 충분한 설명이 되리라 믿습니다.

방 안 가득한 남성들의 시선을 붙잡는 사자자리 여성의 능력을 질투하지 않기를 바랍니다. 사자자리 여성이 지나가면 모두들 고개를 돌려 그녀를 처다볼 수밖에 없습니다. 그녀는 남성들이 자기에게 예를 갖추는 것을 지극히 자연스럽게 여깁니다. 어쩌면 남성들이 자신에게 경의를 표하도록 유도하면서 그들이 던지는 추파를 즐기는지도 모르지요. 갈채와 찬사를 향한 뿌리 깊은 욕구 이면에는 자신의 매력이 충분하지 않을지도 모른다는 기이한 두려움이 숨겨져 있답니다. 그래서 자신이 여전히 매력적인 사람임을 꾸준히 스스로 재확인해야 하는 것인지도 모릅니다. 그녀가 당신의 가장 친한 친구에게 미소를 지으며 새 재킷이 근사하다고 칭찬하는 것은, 당신을 더 이상 사랑하지 않는다는 의미가 아닙니다. 하지만 당신이 그녀의 가장 친한 친구가 입은 새 스커트를 보고 멋지다고 얘기하면 곤란합니다. 이건 전혀 다른 문제랍니다. 당신이 비서에게 '○○ 양'이나 '미스 ○○' 이상으로 친근하게 부르는 것을 그녀가 본다면 고양이처럼 당신을 할퀼지도 모릅니다.

물론 공평하지 않지요. 그래도 아름다운 총천연색 깃털을 지닌 공작새의 자랑스러운 주인이 되기 위해서라면 몇 가지는 양보해야 합니다. 공작새를 갖는 것은 뻐꾸기나 비둘기를 갖는 것과는 전혀 다른 일이니까요. 그녀의 허영심은 그냥 웃어넘기세요. 그녀 입장에서는 중요한 문제입니다. 사자자리 여성은 남성에게 경쟁의식을 느끼기 때문에, 그녀가 당신보다 돈을 잘 버는 경우가 아니라면 다른 면에서라도 체면을 세우려고 합니다. 그러기 위해서라면 그녀는 배우에서부터 외과 의사까지 무슨 일이든 할 것입니다.

저의 가장 친한 벗이자 제가 가장 좋아하는 사자자리 친구는 뉴욕에서 일하는 유명한 정신과 의사입니다. 강의와 상담은 그녀의 일이기도 하지만, 사실 사자자리가 가장 좋아하는 취미 생활입니다. 그녀는 따뜻한 미소와 반짝이는 눈망울로, 또 마음속에는 깊은 연민을 품고 상담을 하기 때문에, 그녀의 환자들은 그녀와 같은 방 안에 있다는 사실만으로도 이내 기분이 좋아집니다. 그녀의 남편은 그녀에게 모든 존경과 연모를 바치지만, 또한 그녀에게 뒤지지 않는 직업을 가지고 있습니다. 그는 재능 있는 작가이자 시인으로서, 감상적인 사자자리에게 늘 감동을 줍니다. 두 사람은 대외적으로는 동등한 위치에서 사람들의 존경을 받고 있지만, 집에서는 남편이 주도권을 가지고 있습니다. 사자자리 여성을 성공적으로 길들인 모범 사례이지요.

이것이 바로 사자자리 여성과 원활한 관계를 유지하기 위한 열쇠입니다. 그녀가 당신의 숨통을 조르도록 내버려 두지도 말고, 그녀보다 위에 서려고 하지도 마세요. 그녀의 욕구를 채워 주면서 당신의 자존심도 세우기 바랍니다. 당신은 도도한 사자자리 여성을 손에 넣었으니 이미 그것만으로도 대단한 남자입니다. 그렇다는 걸 알고 계시죠? 그나저나 어떻게 성공했는지 얘기해 주지 않을래요?

사자자리 어린이

♌

"트위들덤과 트위들디는
싸우기로 했네.
트위들덤이 트위들디에게
자기 새 딸랑이를 망가뜨렸다고 해서."

어릴 때 하던 '왕자와 거지' 게임을 기억하시나요? 그 게임을 할 때 왕이 되지 못하면 항상 입을 삐죽거리던 어린 친구도 기억이 나는지요? 그 친구가 당신 용돈이 다 떨어졌을 때 학용품도 사고 군것질도 하게끔 돈을 빌려 주기도 했다면, 틀림없이 사자자리일 것입니다.

전형적인 사자자리 아이는 뭐든지 자기 마음대로 할 수 있어야 밝고, 행복하고, 장난기 넘치며 쾌활합니다. 그렇지 못할 때에는 갑자기 천둥을 동반한 비구름이라도 몰려온 것처럼 상처를 받아서 우울해집니다. 자신감이 좀 지나쳐 보인다고 해서 사자자리 아이를 자꾸 억압하면 안 됩니다. 천둥 같은 열정과 진취적인 기상이 억눌리면, 지배행성인 태양에 흑점이 생기듯이 지워지지 않는 상처를 입게 될 수도 있습니다. 사자자리 아이는 대장 행세를 하는 버릇이 있으므로 소극적인 아이를 둔 부모는 싫어할 수도 있습니다. 친구들 앞에서 심하게 꾸짖기보다는 부드럽게 타일러 자제시키는 것이 좋습니다. 사자자리는 자존심이 대단히 세기 때문에 특히나 사람들 앞에서 자존심을 상하면 당연히 거칠게 반응할 것입니다.

사자자리 아이의 타고난 리더십을 잘 격려해 주세요. 하지만 약한 친구들에게도 모두 한 번씩은 차례가 돌아가야 한다는 것을, 그래야만 공평하다는 것을 가르쳐 주세요.

타고난 정의감을 가지고 있는 사자자리 아이는 늘 주목받고 싶어 합니다. 그러나 적대적인 공격성은 없습니다. 단지 대열의 맨 앞에 서고 싶은 욕구가 있을 뿐이지요. 과시욕이 지나치게 강한 경우에는 자제시키기가 어려울 수도 있습니다. 어린 사자자리 남자 아이는 여자 아이들에게 잘 보이려고 학교 운동장에서 보란 듯이 물구나무서기를 하거나 담장 위를 아슬아슬 걸을 것입니다. 현명한 부모라면 그렇게 과시하는 것이 품위 없는 행동임을 아이가 어릴 때부터 일깨워 주겠죠. 이런 방식은 마법 같은 효과를 발휘하는데, 아마도 태양이 지배하는 아이들이 품위에 대한 타고난 감각을 지니고 있기 때문일 것입니다.

그 아이가 아주 어린 아기일 때부터 이런 점을 발견하게 될 것입니다. 사자자리 아기는 왠지 위풍당당해서 눈에 보이는 모든 대상 위에 군림하는 듯한 느낌을 줄 것입니다. '아기 폐하'라는 말은 사자자리 아기를 설명하기 위해 만들어진 말 같습니다. 사자자리 아기는 일찍부터 자기를 감싸 주는 엄마와 아빠, 그리고 자기를 수행하는 모든 친척들을 거의 손 하나 까딱하지 않고 지배하기 시작할 것입니다. 이상한 일이지만 자두 주스와 계란 노른자를 얼굴에 뒤집어쓰고 배설물로 흥건해진 기저귀를 차고 있는데도, '옥좌'(실제로는 아기용 높은 의자)에 앉아 있는 사자자리 아기는 위엄을 온전하게 유지하고 있을 것입니다. 사자자리 아기는 부모와 친구들로 하여금 예를 갖추게 하고서는, 사람들의 관심과 선물을 그저 우아하게 받아들입니다. 무척 자연스러워 보이지요. 아기는 사람들이 자기를 경배하는 모습을 당연하게 받아들입니다. 낯선 사람들이 다가와서 그를 보고 야단법석을 떨 때에 아기의 만족스럽고 우쭐해하는 표정을 확인해 보세요.

사자자리 아이는 보통 아이들에 비해 좀 더 무모한 편이라서, 모험을 즐기고 언제나 활동적입니다. 그리고 주기적으로 게으름에 빠지기도 합니다. 집 안에서 뒹굴거리며 당신에게 이것저것 시키는 것 말고는 손가락 하나 까딱하기 힘들어할 것입니다. 그럴 때에는 혼자 내버려 두고 누구도 아이의 하인이 아니라는 것을 알게 해 주어야 합니다. 필요한 것이 있으면 휴식을 취한 뒤에 본인이 스스로 해결하도록 해야 합니다. 그렇지 않으면 응석받이 사자자리 아이는 전형적인 폭군이 될 수 있습니다. 물론, 가끔 아이에게 책을 가져다준다거나 초콜릿 우유를 건네주는 정도의 다정한 호의는 괜찮습니다.

당신이 하녀 역할을 자처하는 것이 아닌데도 불구하고, 사자자리 아이의 기분에 맞춰 주는 경우가 제법 많다고 느낄 것입니다. 하지만 사자자리 아이가 자신이 존중받으려면 다른 사람들도 존중해야 한다는 것을 배운다면, 당신은 그 아이와 함께하는 생활이 무척 즐거워질 것입니다. 마치 동물원에서 보는 사랑스러운 새끼 사자처럼, 사자자리 아이는 장난기가 많고 정도 많습니다. 그만큼 엄격하고 애정 어린 훈육이 필요하다는 말이지요. 사자를 길들이는 부모는 따뜻한 포옹과 엄한 매를 둘다 자주 사용해야 합니다. 한 가지만 사용하면 효과도 별로 없고 위험할수도 있습니다.

사자자리 아이들에게는 두 가지 유형이 있습니다. 첫 번째 유형은 외향적이어서 명랑하고 쾌활하며 사교적이고, 게다가 따뜻하고 관대합니다. 가끔은 자기주장이 좀 강할 것입니다. 다른 유형의 아이는 보다 조용하고, 겉으로 봐서는 소심해 보이기까지 합니다. 후자는 아이를 너무 지배하려는 부모 때문에 자존심에 심각한 상처를 입었거나, 주위의 관심이 손위 형제에게만 쏠려 있는 경우에 형성되는 성격입니다. 하지만 소심해 보이는 사자도 여느 사자와 마찬가지로 마음속으로는 권세와 갈채를 간절히 원하고 있답니다. 이러한 환경에 오래 노출되면 나중에 어른이 되어 엉뚱한 순간에 엉뚱한 사람들한테 자기주장을 강요하면서 관심을 받으려고 할 것입니다. 아니면 고통 받는 겁쟁이가 되거나 자기 파괴적인 절망 속으로 빠져들 수도 있습니다. 사자자리의 자존심이 오랫동안 억눌리면 정신건강에 치명적인 영향을 미치지요.

어린 사자자리 남자 아이는 군인놀이 같은 도전적인 성향이 강한 놀이를 즐깁니다. 사자자리 여자 아이는 여성스러우면서도 의지가 강하고, 근사한 옷을 즐겨 입으며 예쁘다는 칭찬을 좋아합니다. 집안일과 관련해서는 뭔가 책임 있는 일을 맡고 싶어 할 것입니다. 사자자리 여자 아이는 털털한 편이지만 결국에는 사자의 허영심을 드러내며 성장한답니다. 사자자리 아이가 쓰레기를 치우거나 청소하는 일을 좋아하리라고는 기대하지 마세요. 이 아이들은 하찮은 임무에는 반항하는 경우가 많으니 뭔가 권한을 부여받은 듯한 느낌을 줄 수 있는, 보다 중요하고 품위 있는 임무를 주는 것이 좋습니다.

학교 선생님은 사자자리 학생에게 자기를 대신해서 다른 학생들을 가르치는 역할을 맡겨 보는 것도 좋습니다. 사자자리 아이는 남에게 뭔가 설명하는 것을 좋아하고, 선생님이 없을 때 그 역할을 대신 하는 것을 매우 즐거워합니다. 주목받을 수 있으니까요. 사자자리 아이에게 학급을 통솔하라고 맡기면 보통은 즐거워하며 잘해 내겠지만, 가끔은 사자자리의 장난기가 발동하기 때문에, 교실을 비웠다가 돌아온 선생님은 대 활극을 목격하게 될 수도 있습니다.

어린 사자자리 아이는 스스로 원한다면 무척 빨리 배울 수 있습니다. 똑똑하기 때문에 참을성 있게 지켜보는 교사에게 큰 보람을 선사하겠지만, 배움에 있어서 약간 게으른 면이 있습니다. 꾀를 부리며 밝은 성격과 매력으로 환심을 사려고 할 때가 종종 있을 것입니다. 교사들은 사자자리 아이의 밝은 미소와 아첨에 눈이 멀어서 본래 실력보다 높은 점수를 주는 경우가 많이 있습니다. 잘 생각해 보면, 사자자리 아이에게 공부하기를 강요하는 것은 시간 낭비입니다. 이 아이가 공부를 더 열심히 하도록 만들 수 있는 가장 쉬운 방법은 아이의 자존심을 자극해서 다른 아이들보다 더 우월해지고 싶게 만드는 것입니다. 이렇게 하면 대체로 목적을 이룰 수 있답니다. 아이가 잘했을 때에는 본인이 잘했다는 것을 실제로 느낄 수 있도록 등을 다독여 주세요. 가볍게 두드려 주는 것은 의미가 없습니다. 아이는 아무리 칭찬을 많이 받아도 더 받고 싶어 할 것입니다.

사자자리 아이는 다른 아이들에 비해 용돈이 더 많이 필요합니다. 남은 동전을 다 친구들에게 줘 버리기도 하지만 언제나 자신이 쓸 용돈은 충분해야 합니다. 록펠러가 아이들에게 가르쳤던 돈에 대한 원칙을 사자자리 아이에게 잘 알려 주세요. "기부도 하고 소비도 하고 저축도 하라." 특히 마지막에 있는 저축을 하라는 대목을 잘 가르쳐야 합니다.

사자자리 아이들이 좀 더 자라면, 다른 별자리 아이들보다 훨씬 일찍 이성에 눈을 뜰 것입니다. 하루에 백 번도 넘게 마음이 울렁거려서 그야말로 격변의 청소년기를 보내게 될 것입니다. 우정도 사랑도 아주 극적인 경우가 많고, 다채로운 만남과 이별을 경험할 것입니다. 사자자리 아이는 늘 파티에 가고 싶어 합니다. 아이에게 충분한 자유를 주세요. 그렇지 않으면 반항할 것입니다. 아이에게 혹독하게 명령하면 아이의 자존심과 존엄성이 파괴될 것입니다. 사자자리 아이에게 잘할 수 있다고 진지하게 격려한다면, 아이는 그만큼 더 강해질 것입니다.

사자자리 자녀를 키우는 일은 절대로 쉽지 않습니다. 때로는 이 아이가 절대로 길들여지지 않을 것 같은 느낌이 들기도 합니다. 하지만 아이에게 부드럽고 지속적인 훈육이 필요하다는 점만 잊지 않는다면 길들일 수 있습니다. 사랑과 애정은 사자의 멋진 마음을 여는 마법의 열쇠이기 때문입니다. 어릴 때 사랑을 듬뿍 받은 아이는 불행한 어른으로 성장하지 않습니다. 애정에 굶주리고 타인에게 무시당한 아이들이 자라서 불행한 어른이 되는 것입니다. 사자자리 아이는 아주 용감한 척하지만 속으로는 겁이 많다는 것을 걱정하고 있답니다. 매일 밤 아이를 꼭 안아주고, 진심을 다해 사랑해 주기를 바랍니다.

사자자리 사장

♌

"이제 네 잘못을 모두 말해 줄 테니 내 말을 잘 들어라."
앨리스는 처음에는 몹시 당황스러웠지만
잠깐 지켜본 후에는 웃음이 터져 나왔다.

사자자리 사장 밑에서 1년 넘게 일하고 있다고요? 정말인가요? 그렇다면 당신은 분명히 남의 이야기를 잘 들어 주는 사람인가 보네요.

사자자리 사장은 아마도 기업 세금과 정부 규제, 노동조합 규정들이 모두 자기를 음해할 목적으로 만들어진 개인적인 음모라고 여길 뿐더러, 그 모든 것들을 자기가 거뜬히 잘 처리하고 있다고 생각할 것입니다. 대부분의 사자자리는 조직력이 뛰어나고, 권한을 부여하는 일에 완벽할 정도의 재능을 발휘합니다. 곤란한 상황을 헤쳐 나가는 그 사람만의 방법은, 거들먹거리는 태도로 개요 정도만 당신에게 지시하고는, 아름다운 미소를 지으며 우아하게 손을 흔들면서 "그 다음은 당신이 알아서 하세요."라고 막연하게 말하는 것입니다. 그 다음에는 보고서를 완성해서 가능한 한 빨리 제출하라고 덧붙일 것입니다. "시간을 충분히 가지세요."라고 말하면서 "내일 오전까지만 내가 받아 볼 수 있게 하면 됩니다."라고 덧붙일 것입니다. 사자자리는 세부 사항을 별로 좋아하지 않지요. 대담하게 큰 그림을 한 번에 그리는 것을 좋아하지만, 나머지 귀찮은 수치나 통계 같은 자잘한 내용은 당신이 알아서 해 주기를 바란답니다.

제가 아는 전형적인 사자자리 사장이 하루는 비서를 불러서 아주 중요한 고객에게 보낼 답장을 받아 적으라고 했습니다. 순진한 비서가 노트를 펼치고 펜을 잡으면서 "무슨 말씀을 하실지 정하셨어요?"라고 물었지요. "네, 정했어요." 그 사자자리 사장이 웃으며 대답했습니다. "'어쩌면.'이라고 얘기해 주세요. 이해했죠? 어쩌면. 나머지는 비서가 알아서 채워 넣어요." 이 사자자리 사장은 그런 노련한 지시를 내리고는 고급 식당에 가서 사람들을 몇 명 접대하고, 골프도 치고 오후 다섯 시쯤 사무실에 돌아와서는 편지가 준비되었는지 물었습니다. 편지는 준비되어 있었습니다.(그 비서는 처녀자리였거든요.) 사장은 진지하게 머리를 끄덕이며 편지를 읽고는 전화기를 집어 들었지요. 그러고는 동업자에게 전화로 내용을 불러 주었습니다. 그의 목소리는 사무실 문 밖에 있는, 하루 종일 고생한 비서에게까지 들렸습니다. "어떻게 생각해?" 사자자리 사장은 상대방의 생각을 물었습니다. "내가 보기에는 전체적인 상황을 다 고려해서 우리 입장을 명확하게 잘 전달한다고 생각하는데, 그렇지 않아? 물론 나야 늘 나를 표현하는 나만의 방식이 있지. 우리 집사람은 항상 나보고 작가를 해야 한다고 말한다니깐." 잠시 후, 사자자리 사장은 겸손하게 전화를 끊었습니다.

물론 이것은 약간 극단적인 경우이기는 합니다만, 당신이 전형적인 사자자리 사장 밑에서 일한다면 이런 상황에 매우 익숙해질 것입니다. 사장에게 당신의 독창적인 아이디어를 모두 주세요. 사장은 당신을 매우 좋아할 것입니다. 8월에 태어난 사장들은 회사에 창의적인 아이디어를 제시하는 직원을 선호합니다. 하지만 바로 다음날 당신의 아이디어를 구체적으로 계획하는 과정에서 사장이 빙그레 웃으며 내뱉는 말에 너무 놀라지 않도록 대비해야 합니다. "내 머리에서 나오기는 했지만 정말 너무나 탁월한 생각인 것 같아." 사장은 실제로 본인이 먼저 생각해 냈다고 믿는답니다. 믿는 척이 아니라 진짜로 믿고 있습니다. 물론 당신이 사장의 상상력을 발동시켰고, 그렇기 때문에 당신은 사장에게 있어서 매우 소중한 직원입니다. 맞습니다. 하지만 그 아이디어는 어디까지나 당신 생각이 아니라 사장의 생각이랍니다. 기억해 두세요.

사자자리 사장은 아주 가끔, 감사할 줄 모르는 것처럼 보입니다. 어느 날, 읽기 귀찮거나 지겨운 편지들을 산더미 같이 모아서는 당신의 책상 위에 던져 줍니다. 그러고는 그 다음날 아침, 그 일들을 마무리하느라 늦게까지 야근을 한 당신이 게슴츠레한 눈이라도 하고 있으면, 사장은 안락한 자기 사무실로 들어가는 길에 못마땅하다는 듯이 사자의 갈기를 흔들며 당신 책상이 지저분하다고 중얼거릴 것입니다. 하긴 사자자리 사장의 사무실은 늘 호화롭지요. 부드러운 조명과 음악, 꽃, 푹신한 소파, 그리고 체리우드 책상이 놓여 있을 것입니다. 예산이 열악해도 과일 바구니는 항상 있을 테고, 커튼 없이 우중충한 창문만 달려 있는 사무실에 앉아 있는 경우란 거의 없습니다. 벽에는 훌륭한 그림의 사본이나 주요 인사와 함께 찍은 본인 사진이 걸려 있을 것입니다. 상패나 자격증도 단정한 틀에 끼워 잘 보이는 곳에 걸어 두고요.

제가 아는 또다른 사자자리 사장이 있습니다. 그 사람 회사에 한 부하 직원이 있었는데, 그녀는 집중 영업 기간이 되면 매일 야근을 하고 주말에도 계속 일을 했습니다. 서류 캐비닛도 옮기고, 상품을 포장하고 이틀에 한 번씩 정수기 물통도 바꾸었습니다. 그러면서 사장의 크리스마스 쇼핑도 대신 해 주고 1주일에 한 번은 세탁소에서 사장의 세탁물도 가져다주었습니다. 그러던 어느 날 화창한 아침에 그녀는 사장이 부사장에게 자기 칭찬을 늘어놓는 말을 듣게 되었습니다. "헤스터는 정말 보물이야. 그녀가 없으면 내가 어떻게 살지 모르겠어. 정말 환상적이라니깐. 물론 약간 게으르긴 한데, 어떻게 사람이 모든 걸 다 잘하기를 바라겠어?"

그 직원이 당장 그 자리에서 회사를 그만뒀냐고요? 아닙니다. 왜 그런 사소한 일에 신경을 쓰겠습니까? 그녀는 똑똑한 직원이어서 사장의 기막힌 활력을 따라갈 수 있는 사람이 없다는 것 정도는 알고 있었습니다.(물론 그 기막힌 활력 중간마다, 사무실에 놓인 긴 벨벳 의자에서 낮잠을 자기는 합니다만.) 그녀가 새 옷을 입고 갈 때마다 칭찬을 하는 그런 사장을 왜 떠나겠습니까? 생일 선물로 토파즈 팔찌를 사 주고 혼수품으로 워터포드 크리스털을 사 주며, 타자기 색깔이 마음에 안 든다는 말을 이해해 주는 그런 사장을 두고 어떻게 사직서를 제출할 수 있겠습니까? 심지어 사장은 그녀의 타자기를 밝은 노란색 페인트로 칠해 주었습니다. 비록 사장이 손재주가 없어서 몇 주 동안 계속 페인트가 손에 묻어나기는 했지만 그녀는 개의치 않았습니다. 매시간 화장실에 가서 사장이 사다 놓은 향기 나는 고급 비누로 손을 씻는 것도 나쁘지 않았거든요.

그 사자자리 사장은 그녀의 부친에게 새로운 직장을 구해 주었고, 모친이 아플 때에는 병원비도 부담해 주었으며, 그녀의 사촌을 우편실에 취직시켜 달라는 청탁도 들어 주었답니다. 게다가 그녀는 사장이 업계에서 명성이 높다는 것도 자랑스러웠습니다. 지난해에는 상을 두 개나 받았고, 에스콰이어 잡지에서 옷 잘 입는 CEO로 선정되기까지 했습니다. 사장이 자서전을 저술할 때에는 영광스럽게도 그녀가 직접 받아 적었답니다. 자기 아내와 아이들도 무척 사랑하고 아끼며, 비록 한두 번 무모한 선택을 한 적도 있지만, 회사의 이윤을 엄청나게 높여 놓았습니다. 비서가 점심 시간에 늦게 돌아와도 거의 신경 쓰지 않습니다. 지난 주에는 그녀에게 더 넓고 저렴한 아파트를 찾아 주었고, 그녀의 약혼자에게 그녀를 제대로 대접해 주지 않는다고 꾸짖기까지 하였답니다. 그런데 그만둔다고요? 뭘 그만두라는 말씀이신지요?

하지만 사자자리 사장 밑에서 일하는 남자 직원이라면 좀 특별한 문제가 있을 것입니다. 그 직원은 독창적이고 대담해야 하며 창의적이고 근면해야 합니다. 하지만 늘 사장이 당신보다도 더 독창적이고 더 대범하며 더 창의적이고 더 근면할 것입니다. 적어도 사장이 보기에는 그렇습니다. 브레인스토밍을 하자고 하면 언제나 "네."라고 해야 합니다. 사장은 1주일에도 몇 번씩 브레인스토밍을 진행합니다. 불가피하게 "안 된다."라고 대답해야 한다면, 그 말을 하기 전에 일단 사장에 대한 칭찬을 엄청나게 늘어놓고, "안 된다."라는 말을 짧게 끼워 넣은 다음에, 마지막에도 칭찬으로 마무리해야 합니다. 당신이 늘어놓는 칭찬들 사이에 그 말이 샌드위치가 되어 사장은 그 거절을 받아들일 것입니다. 하지만 교묘하고 신중하게 해야 합니다.

전형적인 사자자리보다는 좀 더 부드러우면서도 과시는 덜 하는 사자자리 사장이라도 상황이 크게 달라지지는 않습니다. 이 사장 역시 늘 주변을 활기 넘치는 곳으로 만들고 싶어 하고, 또 어딘가 남달리 유쾌한 매력도 많이 있을 것입니다. 사자자리 사장이 직원들의 신뢰와 존경을 한 몸에 충분히 받고 있어서 만족스러워한다면, 당신이 멋지게 해낸 일들을 칭찬하며 당신을 치켜세워 줄 것입니다. 그가 칭찬에 인색할리는 없으니까요. 하지만 동시에 못마땅한 부분도 감추지 않습니다. 사자자리는 이것저것 고려하지 않고 당신의 단점을 가차없이 지적하는 경향이 있습니다. 유난히 예민한 직원이라면 다른 사장 밑으로 옮기는 편이 더 행복하겠지요. 자존심이 센 직원도 마찬가지입니다. 사자자리 사장의 오만함은 도가 지나친 편이지만, 다행히 따뜻한 낙관주의 덕분에 오만함이 많이 완화된 모습을 보입니다. 사자자리 사장은 주변을 활기 넘치게 하고 상황이 순조롭게 흘러가도록 합니다. 사자자리는 명령을 내리기 위해 태어난 사람들로, 일을 적임자에게 위임해서 제때에 잘 마무리되도록 하는 참으로 부러운 재주를 가지고 있습니다.

사무실에 사자자리 사장이 모르는 비밀이 있으면 그는 화를 냅니다. 직원들이 자기에게 무언가를 비밀로 하고 있다는 사실 자체를 참지 못합니다. 사무실에서 벌어지는 일은 무엇이든 다 알아야 직성이 풀립니다. 사자자리 사장이 당신의 사적인 문제에 대해 참견하기 좋아하고 인생을 어떻게 살아야 하는지 설교를 늘어놓더라도 짜증내지는 마세요. 사장에게 인정받고 있다는 뜻이니까요. 당신을 너무 좋아해서 자기의 탁월한 지혜를 전수해서라도 당신을 보호하고 싶은 거랍니다.

사실 사자자리 사장에게는 귀여운 구석도 있습니다. 모욕을 받았다고 생각하면 벌컥 화를 내고는, 문을 닫고 들어가 몇 시간이고 토라져 있을지도 모릅니다. 하지만 아첨하는 말을 들으면 자기도 모르게 화가 풀립니다. 사자자리 사장은 옷을 잘 입고, 잘 먹고, 잠도 잘 잡니다. 따뜻하고 남의 잘못에 관대한 이 사람들이, 자신에게 꼭 필요한 영양소인 존경을 제대로 받고 있다면 그야말로 경이로운 일들을 해낸답니다. 이들은 놀라운 강인함으로 하룻밤 사이에 실패를 승리로 바꿀 수도 있는 사람들입니다. 사자는 명령을 내리는 행동 자체에서 막대한 내적 만족을 얻으며, 또한 청중들을 앞에 놓고 강의하는 것을 특히 좋아합니다.

어떤 사자자리 사장은 주목받고 싶은 욕구를 차분한 행동 뒤에 숨기고 있을지도 모릅니다. 하지만 위엄과 자존심 그리고 허영심이라는 면에서는, 차분한 사자도 다른 사자와 다를 바가 없습니다. 사자자리의 기본 성향이니까요. 아닌 것 같다고요? 그의 자존심을 살짝 건드려 보세요. 그리고 바로 멀리 도망가는 것을 잊지 마시고요.

제가 모셨던 사자자리 사장은 조용한 사자자리에 해당하는 사람이었는데, 매주 화요일 아침에 사장실에서 전 직원이 참여하는 회의를 소집했습니다. 표면적으로는 사내 업무 관계를 향상시킨다는 이유였지만, 실질적인 이유는 다른 데 있었습니다. 내성적인 사자자리 사장에게는 이 주간회의가 직원들을 꼼짝 못하게 붙잡아 놓고 자기 생각을 원 없이 피력할 수 있는 기회였던 것입니다. 자기가 무대에 설 수 있는 순간이었던 것이죠.

제대로 대접만 받는다면, 지구상에 사자자리만큼 사랑스러운 사람은 없을 것입니다. 하지만 채워지지 않는 자기의 허영심을 만족시키기 위해 터무니없는 존경을 구한다면 어떻게 하냐고요? 그런데 대부분의 경우 사자자리 사장은 진짜로 존경받을 만한 사람들입니다. 당신의 생각을 표절하거나 가끔 당신이 받아야 하는 칭찬을 가로채기는 합니다. 사장의 잘난 체하는 설교를 들어 주고, 매번 그의 능력을 추켜세워 주는 것도 피곤할 수 있습니다. 하지만 어떤 사장도 당신이 아기 돌봐 줄 사람을 찾지 못할 때 아기를 회사에 데려와서 책상 옆에 눕혀 두도록 편의를 봐주지는 않을 것입니다. 물론 하루 쉬면서 집에서 아기를 볼 수 있으면 더 좋겠지요. 하지만 사장은 당신이 사무실에 붙어 있기를 바랍니다. 그리고 어쨌거나 사장은 당신 아이의 대부일 테니까요.

사자자리 직원

♌

해가 바다를 비추고 있었어.
온 힘을 다해 비추고 있었지.
최선을 다해 물결을
부드럽게 만들었어.
하지만 그건 이상한 일이었지.
그때는 한밤중이었으니까.

전형적인 사자자리 직원을 무시하기란 거의 불가능할 것입니다. 조용한 유형의 사자자리라도 그를 무시하는 것은 현명한 행동이 아닙니다. 보다 공격적인 사자자리는 당신이 자기 재능에 감사하도록 만들 것이며, 당신에게 자기가 능력 있는 사람임을 입증해서 자기 가치를 알아주기를 바랄 것입니다. 내성적인 유형의 사자자리도 당신이 그렇게 대접해 줄 때까지는 시무룩하게 있을 것입니다. 결국 어떤 유형이든 같은 것을 원하고 있는 셈이죠. 사자자리 직원을 무시하는 일은 절대로 없어야 합니다.

무대 한가운데에서 으르렁거리든 아니면 구석에서 기회를 엿보든, 사자자리는 자존심이 강합니다. 위엄이 있지요. 그는 자신이 우월하다는 것을 알고 있으며, 어떤 누구에게도 과소평가 받고 싶어 하지 않습니다. 사자자리는 겸손한 사람이 아닙니다. 공격적인 타입이든 조용한 타입이든 자기 허영심에 걸맞은 칭찬을 받지 못하면 자기를 존중해 주는 다른 초원을 찾아 떠날 것입니다. 그들은 과소평가 받는 것은 절대로 참을 수 없지요.

모든 사자자리는 직함을 좋아합니다. 크고 거창할수록 좋습니다. 사자자리에게는 급여를 많이 올려 주고 다른 직원에게는 '사무조정 위원장'이라는 직함을 준다면, 사자자리 직원은 별로 고마워하지 않을 것입니다. 당연히 자기보다 자격이 떨어지는 다른 동료가 승진한 것에 대해 골똘히 생각하느라 기뻐할 겨를이 없답니다. 심술이 나서가 아닙니다. 그는 어디에서건 대장이 되어야 하는 사람입니다. 리더십은 사자자리의 타고난 재능이기 때문에 그것을 완전히 없애기란 불가능합니다. 사자자리는 책임을 맡을 준비가 완벽하게 되어 있는 사람들입니다. 어떤 식으로든 책임을 맡지 못하면 자신이 쓸모없고 무력한 존재라고 느낍니다. 자기가 중요한 사람이라는 느낌을 가질 수 있는 일이 아무것도 없으면, 사자자리는 대신 친구들과 가족들에게 무료 상담을 해 주면서 스스로 그런 느낌을 가지려고 할 것입니다. 낯선 사람도 상관없습니다. 사자자리는 자기의 보석 같은 지혜들을 공평하게 나누어 줍니다. 당신에게는 창고 위에 방을 하나 새로 만들려면 비용이 얼마나 들지 얘기해 주고, 당신의 비서에게는 이혼 수당 문제에 대해 조언을 해 주고, 청소하는 아줌마에게는 발가락 상처에 어떤 연고를 발라야 하는지, 택배원에게는 어떤 동선으로 움직여야 배달을 더 효율적으로 할 수 있을지 설명해 줄 것입니다.

제가 아는 어떤 조용한 타입의 사자자리 남성은 대기업에서 근무했습니다. 몇 년 동안 그의 가족들은 그가 지역 영업책임자라는 직책을 맡고 있다고 막연하게 알고 있었습니다. 실제로 그는 일반 영업사원이었고 배달 감독을 맡고 있었으며 회사에 없어서는 안 될 중요한 인재이 기는 했지만, 경력이 화려한 선임 영업책임자가 퇴사하기 전에는 그 자 리에 올라갈 수 없었습니다. 그래서 할 수 없이 그 사자자리 직원은 상 처받은 자존심을 애써 보듬으면서, 자기 가족들이 자기가 책임자 직함 을 가지고 있다고 여기도록 방기하면서 사자자리의 허영심을 만족시키 고 있어야만 했던 것이죠.

그는 오랫동안 꾸준히 애사심을 가지고 회사에 헌신하면서, 뛰어 난 책임감을 보여 주었습니다. 그는 거의 25년 동안이나 회사에 창조적 인 광고 아이디어를 제공함으로써 회사의 이윤 창출에도 한 몫을 했습 니다. 뿐만 아니라 그는 회사의 운송 노선을 항상 감독하고 있었습니다. 어떤 상황 속에서도 그는 자신이 인정받는 날을 기다렸지만, 아쉽게도 최고의 자리로 승진하는 일은 늘 이루어지지 않았습니다. 마침내 선임 영업책임자가 퇴직을 하게 되었는데, 웬일인지 뉴욕에서 날아온 젊은 신참이 그만 그 자리를 차지해 버렸습니다. 그 사자자리 직원은 그날 바 로 회사를 그만두었다고 합니다. 출생차트 상 염소자리 영향이 많이 있 었기 때문에, 전형적인 사자자리보다는 그 상황을 조금 더 잘 참았을 것 입니다. 하지만 그는 자존심에 깊은 상처를 입었고, 그 상처는 평생 낫 지 않았습니다. 고귀한 사자가 그렇게 필사적으로 바라고 마땅히 받아 야 하는 존중이라는 것을 받지 못했을 때처럼 애처로운 광경은 없을 것 입니다.

사자자리는 책임감이 아주 남다르지만 성숙해지기 전에는 잘 드러 나지 않을 수도 있다는 점을 유의하시기 바랍니다. 젊은 시절에 사자자 리는 전형적인 바람둥이로서 밤낮을 가리지 않고 여인들과 함께 음주가 무에 파묻혀 살며, 주위 사람들 중에 가장 화려한 옷을 입고, 광대처럼 익살스러운 행동으로 좌중을 웃게 만들다가, 누군가 자기의 멋진 꼬리를 밟으면 으르렁거립니다.

젊은 사자자리 직원은 판촉과 영업 업무에 활용하는 것이 현명합니다. 쇼맨십을 타고난 그 직원은 따뜻하고 밝은 태도로 고객들을 행복하게 해 줄 것입니다. 이들이 좀 더 성숙해지고 높은 자리로 조금씩 올라가면, 당신이 부여하는 책임을 완수하기 위해 모든 것을 바칠 것입니다. 똑똑한 사장이라면 언제 사자자리 직원이 바람둥이 왕자님에서 근엄한 왕으로 탈바꿈하는지 눈치 챌 수 있을 것입니다.

사자자리 직원은 남녀 모두 이상한 점이 있습니다. 용감한 겉모습과는 달리, 내심 실제로는 용기가 없다는 열등감을 가지고 있다는 점입니다. 이들은 정말 짜증스러울 정도로 자존심이 강하고 터무니없이 허세를 부리며 참을 수 없이 이기적인가 하면, 때로는 더 이상의 설명이 필요 없을 정도로 게으르기도 합니다. 그러다가 일이나 개인적인 삶에서 비상 사태가 발생하면 갑자기 놀랍게도 침착함을 보이기 시작합니다. 심각한 압박에 시달리며 삶의 무게를 온전하게 느낄 때, 사자자리의 타고난 내적 강인함이 빛을 발한답니다.

아주 평온하고 안락한 어린 시절을 보냈던 재클린 케네디는 형언할 수 없는 비극 앞에서 믿을 수 없는 용기를 보여 줌으로써 사람들을 깜짝 놀라게 만들었습니다. 바람둥이였던 사자자리 남성도 무신경하고 무책임한 젊은 시절을 보낸 후에, 아픈 아내를 보살피고 나이 든 이모님들을 두 분이나 부양하면서 친구들을 깜짝 놀라게 할 것입니다. 사자자리로 태어나서 태양의 지배를 받는 이 사람들은 문제가 발생하기 전까지는 본인이 어떤 놀라운 힘을 지니고 있는지 전혀 깨닫지 못합니다. 그 전에는 그냥 강인한 척할 뿐이라는 걸 기억하세요. 사자자리의 사나운

포효 소리에는 사실 전혀 필요도 없는 열등감이 숨어 있답니다.

사자자리는 만일 사장이 될 수 없다면, 자기의 재능과 능력을 어떤 식으로든 세상에 보여 줄 수 있는 업무를 맡아야 합니다. 전형적인 사자자리라면 적어도 부사장 급까지 승진을 꾀합니다. 그러다가 이루지 못할 것 같으면, 수도 없이 직업을 바꾼 후에 자신이 스스로 대장이 될 수 있는 그런 직업을 찾아 나섭니다. 임원이나 팀장으로 승진하지 못하면 교사나 영업직, 의사, 변호사, 매니저, 상담사, 연설가, 아나운서, 배우, 작가 또는 심지어 배관공이나 여행 가이드 등의 일을 할 때 더 행복할 것입니다. 사자자리는 자기의 우월한 지식을 어떤 방식으로든 남에게 전달하거나 대중의 관심을 한 몸에 받을 수 있는 직업을 찾을 것입니다. 또한 정치나 홍보 분야에서도 빛을 발할 수 있습니다.

사자자리 직원은 어느 정도 시간이 지나 당신과 비슷한 수준의 임원이 되지 못하면 회사를 떠날 것이라는 점을 명심하세요. 전면에 나서서 활약하지 못하는 상황은 절대로 받아들이지 않을 것입니다. 찬사를 듣고 싶어 하는 마음도 숨기지 않습니다. 함께 일하는 기간이 길든 짧든 간에 사자자리 직원을 두고 있다는 것만으로도 당신은 운이 좋은 사람입니다. 그는 자기가 얼마나 훌륭한 직원인지 보여 주기 위해서 어떤 직원보다도 열심히 일하고, 꾸준히 칭찬만 해 준다면 한껏 고무되어 보통 사람들의 한계를 훨씬 넘어서는 엄청난 활력을 보여 줄 것입니다. 사자자리 직원에게 칭찬을 아낀다면 당신은 그가 지닌 잠재력을 반 이상 갉아먹고 있는 셈입니다.

사자자리 여직원의 허영심도 주기적으로 만족시켜 주세요. 가끔 그녀에게 노란 장미꽃을 선물하고, 다른 직원들이 뭐라고 수군대건 신경 쓰지 마세요. 사자자리 직원을 잃는 것은 큰 손실입니다. 다른 직원들은 사자자리 직원의 미덕이나 능력을 알아보지 못합니다. 사자자리 여직원에게는 가능한 자주, 정말 멋지고 똑똑하다고 얘기해 주세요. 가끔은 콘서트 티켓도 건네주세요. 반드시 두 장을 주어야 합니다. 사자자리 여직원은 거의 예외 없이 이미 결혼을 했거나, 지금 사랑에 빠져 있거나, 또는 어쨌든 철마다 남자친구가 있을 테니까요.

남자 직원의 경우라면 점심 시간에 비싼 식당에 데리고 가서 다른 주요 인사들이 그가 사장과 함께 있는 모습을 볼 수 있도록 해 주세요. 할 수만 있다면 사자자리 직원에게 신입사원 교육을 맡기는 것도 좋습니다. 업무가 늘어나는 것은 개의치 않고, 맡겨진 책임 자체를 자랑스러워하면서, 남에게 무엇을 어떻게 해야 하는지 얘기해 주는 일을 무척이나 즐길 것입니다.

천문해석학을 잘 활용한다면 자존심 강하고 감성적인 사자자리들을 회사의 중요한 인재로 키울 수 있습니다. 그들은 자기의 우아함과 열정으로 회사를 빛낼 것입니다. 햇볕이 잘 드는 쪽에 선명한 노란색이나 오렌지색 커튼과 카펫을 마련하고, 비싼 책상과 컴퓨터를 제공해 주세요. 낡아빠진 장비를 가지고 일하는 것만큼 사자자리의 마음을 우울하게 만드는 요소는 없습니다. 비관적이고 상상력 없는 사람들에게야 상관없겠지만요.

사자자리 직원에게는 넉넉한 경비와 여유로운 점심 시간을 줄 필요가 있습니다. 사자자리에게 있어 식사 시간은 사람들을 만날 수 있는 기회이기 때문에, 이들은 식사 시간을 영업 기술을 실습하는 기회로 활용합니다. 실마리로 삼을 수 있는 기본적인 아이디어만 제공해 주면, 사자자리 직원은 그 씨앗을 아주 흥미진진한 캠페인으로 확장시켜서 새로운 고객을 많이 확보할 것입니다. 그런데 시간에 쫓기고 비용도 걱정해야 한다면 역량을 최대로 발휘하지 못하겠지요. 사자자리 직원은 숫자에 아주 강하지만, 어떤 이유에서인지 동전을 하나씩 세는 법은 모릅니다.

정해진 출퇴근 시간은 사자자리에게는 속박을 의미할 뿐입니다. 방법만 알면 사자자리는 길들이기 쉽습니다. 근무 규정을 좀 더 여유 있게 해 주는 것이 좋습니다. 사자자리 직원은 가두어 둘 수 없습니다. 그러면 부루퉁해져 있거나 반짝이는 의욕을 잃을 것입니다.

사자자리 직원을 채용하는 것은 현명한 결정입니다. 그 직원은 열정을 불러올 것이고 군말 없이 막중한 책임을 떠맡을 것입니다. 그 직원은 칭찬과 권한, 급여 인상, 지위 그리고 자유를 요구하겠지만, 그의 재능, 충성심, 신의, 아이디어 그리고 책임감 등을 고려해 본다면 그리 비싼 대가는 아닙니다. 사실 직원들 중에 진정한 애사심을 가지고 있는 직원이 몇이나 되겠습니까? 공격적인 사자이건 얌전한 고양이건, 모든 사자자리 직원에게는 채찍보다 당근을 많이 주세요. 그러면 그들은 당신의 막강한 후원자가 되어 마치 회사가 자기들의 것인 양 자랑스러워하면서 일할 것입니다. 사자자리의 마음은 그의 자존심만큼이나 넓답니다.

처녀자리

Virgo, the Virgin

8월 24일부터 9월 23일까지

지배행성 - 수성

"하녀 일곱 명이 빗자루 일곱 개로
반 년 동안 쓸어 내면
여기가 깨끗해질까?"
바다코끼리가 묻자
목수는 "글쎄, 잘 모르겠어." 하고는
쓰디쓴 눈물을 쏟아 냈지.

처녀자리를 알아보는 방법

♍

앨리스가 되꾸했다.
"하지만 겨자는 새가 아닌걸요."
"그래, 맞아. 넌 상황을 잘 파악하는구나!"
공작 부인이 말했다.

처녀자리가 처녀를 상징하는 별자리이기는 하지만 처녀라는 말을 곧이 곧대로 받아들여서는 안 됩니다. 9월에 태어난 사람들이라고 해서 처녀 총각으로 살아야 한다는 법은 없으니까요. 많은 처녀자리들이 처녀 총 각으로 남아 있기는 하지만 마침내 결혼을 통해 축복과 안정을 찾는 사람들도 많습니다. 결혼이라는 제도 자체가 처녀자리의 본성에 비추어 보면 자연스러운 상태는 아닙니다. 때문에 갑작스럽게 결혼을 선언하지는 않지만, 많은 처녀자리들은 놀라울 정도로 결혼이라는 협력 관계를 잘해 내며 언제나 가족에게 헌신적입니다.

결혼을 했든 안 했든, 많은 사람들 속에서 처녀자리를 찾아내는 일은 아주 간단합니다. 일단 그들은 시끄럽게 떠들지 않습니다. 말수가 적고 혼자 조용히 있는 사람이 처녀자리입니다. 한쪽 구석에서 사전을 들고 서 있는 점잖고 매력적인 남성이 있다면 그 남성은 처녀자리일 것입니다. 그는 시계처럼 정확한 머리로 시간을 엄수하고 세부 사항도 체계적으로 확인하는 사람입니다. 자세히 살펴보면 중요한 일에는 분 단위까지 체크하는 것을 볼 수 있습니다. 그런 사람이 바로 처녀자리입니다. 아름답고 부드러운 눈으로 버스를 기다리는 조용한 소녀를 발견한다면 그 소녀는 처녀자리일 것입니다. 소녀는 손에 정확한 버스 요금을 들고 있습니다. 버스 운전사에게 지폐를 내밀고 거스름돈을 달라고 하는 일은 꿈도 꾸지 않을 것입니다. 그녀가 바로 처녀자리입니다.

사교 모임 같은 곳에서는 이런 완벽주의자들을 만나기가 어렵습니다. 칵테일파티에 가서 사람들과 어울리는 처녀자리를 찾기보다는, 사무실에 가서 야근을 하는 처녀자리를 찾는 편이 훨씬 더 쉽습니다. 처녀자리에게는 긴장감을 벗어던지고 사교 모임에 가서 즐기는 일이 쉽지 않습니다. 많은 사람들 속에 섞여 있을 때 처녀자리는 그다지 편안하지 않기 때문입니다. 정말 괴로워하면서도 가끔은 파티를 쫓아다녀 보려고 하지만, 의무감이 강한 처녀자리로서는 쓸데없는 일에 시간만 낭비하는 것 같습니다. 가끔 처녀자리는 너무나 성실하게 일해서 부지런한 염소자리조차 태평스러운 사람으로 보이게 합니다. 그런데 실제로 처녀자리는 대단히 성실합니다. 처녀자리가 허공에 비눗방울을 날리거나 모래톱에서 모래성을 쌓고 있는 모습은 좀처럼 볼 수 없습니다. 처녀자리는 너무 바빠서 덧없는 꿈조차 꾸지 못하고, 너무나 피곤해서 밤하늘의 별을 쳐다보며 소원을 빌 수도 없는 사람입니다.

전형적인 처녀자리를 보면 제일 먼저 이런 느낌을 받습니다. 저 사람이 머릿속으로 뭔가 심각한 문제를 해결하려고 고군분투하고 있다거나 무언가 걱정을 하고 있다는 막연한 느낌입니다. 실제로 처녀자리는 걱정에 빠져 있을 것입니다. 그런데 처녀자리에게 걱정은 자연스러운 일입니다. 처녀자리가 걱정하는 습관 자체를 좋아한다고 말할 수도 있습니다. 눈에 보이지 않기에 딱히 뭐라고 규정할 수는 없지만, 처녀자리의 즐거운 미소는 언제나 무언가 심각한 문제를 숨기고 있는 것처럼 보입니다.

동쪽별자리나 다른 행성들의 위치에 따라서 차이는 있을 수 있습니다. 하지만 처녀자리는 주로 몸집이 다부지고 무척이나 사랑스럽고 조용한 눈을 가지고 있습니다. 처녀자리의 눈은 대개 매우 투명해서 마치 눈동자에 당신 모습이 비칠 것만 같습니다. 머리도 좋고 명확하게 사고하지요. 처녀자리는 순수하고 차분해 보이기 때문에 이들에게 숨은 걱정이 있다는 사실을 믿기 어렵습니다. 처녀자리는 대부분 아주 매력적이고, 눈·코·입의 윤곽이 매우 섬세합니다. 우아함과 매력에 있어서 부족함이란 없고, 가끔 엉뚱한 순간에 자만심을 약간 드러내기도 합니다. 처녀자리는 사진에 찍힌 자기 모습에 매우 비판적이고, 사진에서나 사람들 앞에서 어떻게 보이는지에 대해 유난히 신경을 많이 씁니다. 관찰력이 뛰어난 사람들이라면, 처녀자리들이 자기 주위에 아무도 없다고 생각할 때 거울 앞에서 옷매무새를 고치는 모습을 자주 포착할 수 있을 것입니다. 항상 말쑥하게 차려 입는 보수적인 처녀자리라면 매우 세심하게 복장을 갖춰 입을 것입니다. 처녀자리였던 모리스 슈발리에*는 노래 없이는 무대에 서도 양복에 꽂는 꽃과 넥타이핀이 없이는 무대에 서지 않았다고 합니다.

처녀자리는 대부분 체격이 아담해서 몸집이 큰 사람은 없지만, 남

---

* 모리스 슈발리에(Maurice Chevalier, 1888~1972): 프랑스의 배우 겸 가수.

성의 경우라면 겉보기와는 달리 근육질이어서 힘이 무척 셀 것입니다. 이들은 오래 집중해야 하는 일에서는 다른 건장한 별자리보다도 더 잘 견딜 수 있습니다. 중간에 신경쇠약에 걸리지만 않는다면 말이지요. 비록 겉으로는 아주 능력 있고 태연해 보이지만, 내면의 불안이 이들을 갉아먹어서 소화기관에 문제가 생기거나 정서적 균형이 깨질 수도 있습니다. 처녀자리는 자기가 충분히 감당할 수 있는 수준보다 더 많은 일을 떠안고 그 의무를 다하려고 애를 쓰다가 지쳐서 결국 신경이 쇠약해집니다. 그러나 복잡하고 섬세한 사고 체계가 지나친 피로로 인해 막히지 않고 원활하게 작동할 때에는 더없이 침착하고 남들을 진정시켜 주는 사람입니다.

처녀자리는 의심할 여지없이 신뢰할 만한 사람입니다. 하지만 가끔 내키지 않는 일이 있을 때에는 아픈 척하는 경향이 있습니다. 처녀자리의 잠재된 연기력이 드러나는 순간이지요. 가끔은 이런 상상 속의 질병을 실제로 믿기도 하지만, 수성이 지배하는 처녀자리의 냉정한 눈과 맑은 머리는 이러한 자기기만이 오래 가지 않을 것임을 알고 있습니다. 옷이나 음식, 일과 사랑에 있어서는 꼼꼼하고 치밀합니다. 막 샤워를 하고 나온 것처럼 말쑥해 보이는 당신의 처녀자리 친구는 실제로 막 샤워를 하고 나왔을 겁니다. 당신이 아는 사람들 네 명이 한 샤워 횟수를 합해도 처녀자리 한 사람이 한 샤워 횟수에는 못 미칠 겁니다. 그만큼 처녀자리는 샤워나 목욕을 자주 합니다. 또한 건강에 대해서 뚜렷한 주관을 갖고 있으며 게으른 사람에 대해서는 인내심이 없습니다. 처녀자리는 사랑에 빠졌을 때조차도 인생과 인간에 대한 환상이 거의 없습니다. 남자든 여자든 처녀자리는 아무리 사랑에 빠져도 상대방의 결함이나 단점을 못 볼 만큼 눈이 머는 경우는 없습니다. 속담을 인용하자면 처녀자리는 항상 '누울 자리를 보고 다리를 뻗는' 사람들이지만, 속된 표현을 싫어하는 처녀자리로서는 이 속담을 그다지 좋아하지는 않을 겁니다.

물론 8월 말에서 9월 사이에 태어났다고 해서 모두 까다롭고 얌전한 척하고 위선적인 사람이라고 생각해서는 안 됩니다. 밝고 똑똑한 수성의 지배를 받기에 많은 처녀자리들은 번득이는 재치로 (특히 대화중에 이들이 중간에 끼워 넣는 말을 잘 포착해 보세요.) 거부하기 어려운 매력을 발산합니다. 소피아 로렌이 처녀자리라는 점을 생각해 보면 이 부분이 쉽게 이해될 것입니다. 자기 마음속을 단정하고 질서정연하게 정돈하느라 옷이나 주변 환경에 대해서는 신경을 쓰지 못한 채 잠시 쉬고 있는 처녀자리를 만난다면, 당신은 그 사람이 처녀자리가 아니라고 생각할 수도 있습니다. 하지만 기다려 보세요. 곧 바닥에 떨어져 있는 핀들을 줍고 머리를 빗어 넘기고 어깨에 붙은 보푸라기를 떼어 내는 모습을 볼 수 있을 것입니다.

처녀자리는 불가능한 꿈을 꾸는 경우는 거의 없지만 사랑스러운 몽상가처럼 보이기도 하는, 일관성 없는 특징을 가지고 있는 경우가 많습니다. 이럴 때는 마치 무지갯빛 환상에 잠겨서 논리적인 생각은 믿지도 따르지도 않는 사람처럼 보입니다.

처녀자리는 저속함이나 어리석음 또는 부주의함 때문에 화가 나면, 갑자기 심기가 뒤틀리고 신경이 불안해져서 짜증을 내고 잔소리가 심해집니다. 하지만 이럴 때를 제외하고는 대개 부드러운 사람들이고 함께 있기에 즐거운 사람들입니다. 특히 병실 근처에 있으면 좋습니다. 훌륭한 간호사 중에 다수가 처녀자리이고, 그들은 효율적인 동정심과 똑 소리 나는 수완을 지닌 사람들입니다. 당신이 머리가 아플 때 약국에 달려가서 두통약을 사다 줄 사람은 바로 처녀자리 친구입니다. 당신이 만약 처녀자리 친구의 집에 있다면 약국까지 가지 않아도 됩니다. 집 안에 작은 약국을 두고 있거든요. 욕실 캐비닛 안에는 주로 위경련, 변비, 간장 질환, 또는 위산과다 등에 잘 듣는 약이 가득 있을 것입니다. 가끔 그 안을 들여다보세요. 처녀자리는 약의 성분이나 작용 원리를 잘 알지 못한 채로는 절대로 먹지 않는 사람이기 때문에, 당신의 두통을 초래한 원인이 무엇인지에 따라 어떤 약을 먹어야 하는지 전문가처럼 알려 줄 것입니다. 처녀자리는 여행할 때 휴대용 약통을 챙겨 갑니다. 알약과 물약만을 담기 위한 별도의 여행 가방을 하나 더 가지고 갈지도 모릅니다. 특정 브랜드의 비누나 로션에 익숙해져 있으면 그것도 가지고 갑니다. 처녀자리는 자기가 즐겨 쓰는 제품을 팔지 않는 마을에 갇히는 것을 재앙처럼 생각한답니다. 자기가 쓰는 비누와 잡화 등의 물건은 낱개로 사지 않고 박스채로 싸게 사거나 최소한 열 개씩 삽니다. 당연히 여행 중에 원하지 않는 브랜드 제품을 사기 싫어하지요. 비웃지 마세요. 외국을 여행할 때 물을 잘못 마시면 위장에 어떤 문제가 생기는지 알고 있나요? 처녀자리는 잘 알고 있답니다. 이런 사람들은 일단 습관이 생기면 여행을 가거나 출장을 갈 때에도 그런 습관을 고수합니다. 집에서 양말을 왼쪽 서랍 가운데 칸에 넣어 두는 사람이라면, 호텔 방에서도 똑같은 위치에 양말을 넣어 둡니다. 만약에 서랍이 오른쪽 왼쪽 구분이 없다면 처녀자리는 한동안 심각하게 고민을 합니다. 그러다가 결국은 양말을 여행 가방에 그대로 넣어 두기로 결론을 내릴 수도 있지만, 그날 밤 제대로 잠을 잘 수는 없을 것입니다. 다음날 아침 호텔 식당에서 일하는 웨이트리스는 처녀자리가 계란을 3분 동안 익혀 달라는 것이 2분 45초를 의미하는 것이 아니라는 것을 금방 알게 될 것입니다. 또는 계란을 한쪽만 익혀 달라고 말하면 절대로 계란을 뒤집지 말아야 한다는 것도 알게 될 것입니다. 그리고 웨이트리스가 그런 세세한 요청에 얼마나 주의를 기울이냐에 따라서 팁의 액수가 달라집니다.

처녀자리는 당신이 무심코 던진 말을 진지하게 비난함으로써 당신을 당혹스럽게 만들기도 하지만, 당신이 곤란에 처해 있을 때는 온전히 돕고자 하는 마음으로 일을 해결해 주려고 나설 것입니다. 당신이 처리하려는 문제가 자질구레하고 복잡한 일들로 얽혀서 꼼짝 못하게 되었거나 마감 시간에 임박해서 자포자기하고 있으면 처녀자리는 팔을 걷어붙이고 나서서 기꺼이 도와줄 것입니다. 일이 잘 진행되고 있지 않을 때 처녀자리가 나서고 싶어 하는 것은 잘난 척하려는 것이 아닙니다. 질서정연한 수성의 정신으로는 일을 지연시키거나, 세부 사항을 무시하거나, 또는 그 요점을 흐리는 것을 참을 수가 없기 때문입니다. 심지어 누가 도움을 요청하지 않았는데도 스스로 나서서 일을 해결하려 들 때도 있는데, 이때에도 상대방을 무시하려는 의도는 전혀 없습니다. 혼란 속에서 질서를 만들어 내는 것이 처녀자리의 본성이기 때문입니다. 파티 후에도 기꺼이 집주인을 도와 설거지를 마무리해 줄 사람입니다. 하지만 동시에 당신이 지지 않는 얼룩을 가리려고 커피 탁자 위에 잡지를 놓아두었다는 사실과 담뱃불로 생긴 구멍을 가리려고 소파에 쿠션을 놓아두었다는 사실을 가장 빨리 알아차릴 손님이기도 합니다.

처녀자리는 천칭자리처럼 자기의 습관이나 특징을 재빨리 부인하기도 합니다. 처녀자리는 다른 모든 것은 아주 명확하게 보면서, 본인의 잘못과 약점에 대해서는 완전히 눈이 멀어 있는 듯이 보입니다. 하지만 사실은 자기의 약점을 너무 자세하게 잘 보기 때문에 남들이 그것을 일반화하여 언급하는 것을 참지 못할 뿐입니다. 전형적인 처녀자리에게 그 사람이 비평을 잘하고 걱정을 잘하고 까다롭고 깔끔하고 식이요법이나 건강에 대해 관심이 많다고 얘기해 주면 본인은 아주 단호하게 부인할 것입니다. 처녀자리 자신은 전혀 그렇지 않다고 생각합니다. 저는 어떤 처녀자리 가정주부가 보내 온 열 장짜리 편지를 아직 가지고 있는데, 그 편지에는 아주 깨알 같고 또렷한 글씨체로 처녀자리에 대한 설명이 왜 자기와 맞지 않는지에 대한 모든 이유가 아주 조심스럽게 적혀 있었습니다. 아주 세세하게 항의하는 그 형식과 편지 분량이 자신의 정체를 드러내고 있다는 점은 깨닫지 못하고 있더군요.

"저는 전혀 깔끔하지 않아요. 우리 집은 정말 지저분하답니다."라고 하고는 그 다음에 이렇게 계속 써 내려갔습니다. "사실은 어린아이 두 명이 있는데 집 안을 계속 난장판으로 만들어서 제가 거의 미칠 지경이에요. 아이들 뒤를 졸졸 쫓아다니면서 하루 종일 정리를 해야 할 정도입니다."(그 다음에 그녀는 끝없는 집안일에 대해 하나하나 아주 신중하게 열거하기 시작했습니다.) "저는 물건들을 특정 장소에 보관하려고 하고, 이웃들처럼 책을 보거나 텔레비전을 보면서 시간을 낭비하지는 않습니다. 하지만 남편이 퇴근해서 돌아올 때면 여전히 집 안은 정리가 안 되어 있어요. 하지만 남편도 불평할 자격은 없어요. 왜냐면 저는 남편이 잠을 자는 동안에도 집안일을 하거든요. 남편이 일어났을 때 집 안이 말끔하게 정리되어 있도록 말이에요. 지저분한 주방에서 밥을 먹을 수는 없지요. 쓰레기를 방치하면 병균이 생기고, 질병은 가족에게 빨리 번지는 법이니까요. 하지만 남편이 출근하기도 전에 집 안은 다시 엉망진창이 되고 맙니다. 그러니 처녀자리가 깔끔하다는 말은 저를 정말 화나게 합니다. 저는 전혀 그렇지 않거든요. 그리고 저는 걱정을 사서 하는 사람도 아니고 병에 대한 걱정을 달고 살지도 않습니다. 남편이 수표장을 적을 때 실수를 해도 절대로 비난하지 않아요. 적어도 그렇게 자주 비난하지는 않지요. 어쨌든 주부가 관여할 일은 아니니까요……. 저는 정말 깔끔하게 살고 싶은데 아이들을 키우다 보면 쉽지가 않아요. 정말 당신이 저희 아이들이 어떻게 사는지 보시면……." 기타 등등입니다.(당연히 그녀는 제가 답장을 보낼 수 있도록 자기 주소가 적힌 봉투에 우표까지 붙여서 동봉했습니다.) 편지 마지막에 그녀는 이렇게 물었습니다. "왜 저의 별자리에 대한 설명이 저랑 전혀 맞지 않는지 설명을 좀 해 주시겠어요?" 언젠가 저는 그 편지를 액자에 넣어서 '처녀자리의 상징'이라는 이름으로 벽에 걸어 둘 예정입니다.

사람들로 가득 찬 공간에서 처녀자리를 구별해 내는 일은 아주 쉽습니다. 오랫동안 가만히 앉아 있지 못하는 사람이 그 사람입니다. 조금 있다가 그는 눈에 띄게 안절부절못하고 왔다갔다하거나 자리를 바꾸고, 마치 다른 곳에 약속이 있는데 늦은 것처럼 막연한 불안감을 풍깁니다. 동시에 얼굴 표정은 마치 가면처럼 침착함 그 자체입니다. 처녀자리가 극심한 신경과민 때문에 일으키는 악영향은 겉으로는 좀처럼 나타나지 않지만 소화기관 등에 분명히 문제를 일으킵니다. 이런 이유로 처녀자리들이 항상 소화제를 가지고 다니는 것입니다.

여기서 아직 발견되지 않은 행성이자 처녀자리의 진정한 지배행성인 벌컨*에 대한 중요한 내용을 언급해야겠네요. 벌컨을 발견할 날이 임박했기 때문입니다. 한 별자리의 진정한 지배행성이 발견되면 그 별자리에서 태어난 사람들의 특징도 바뀝니다. 예를 하나 들자면 물병자리와 염소자리의 지배행성이 모두 토성이라고 믿었던 시기에는 에이브러햄 링컨처럼 2월에 태어난 사람들은 토성의 우울한 특징을 분명히 보

---

* 벌컨(Vulcan): 수성보다 안쪽에 있을 것이라고 추정되는 가상 행성.

여 주었습니다. 하지만 우주의 계획에 따라 천왕성이 발견되자 물병자리들은 고유의 성격들, 끊임없이 무언가를 발견하고 보다 열광적이고 예측 불가능하고 혁신적인 성격을 나타내기 시작했습니다. 예를 들어, 천왕성이 지배하는 물병자리였던 프랭클린 루스벨트가 대표적인 인물입니다. 많은 천문해석가들은 수년 안에 망원경으로 천둥의 행성인 벌컨을 볼 수 있을 것으로 생각하고 있습니다. 벌컨이 지구에서 보일 정도로 충분히 가까워지는 시점이 되면, 처녀자리들이 불안과 긴장감을 초래하는 수성의 압박을 많이 덜어 낼 것입니다. 수성은 흙의 별자리인 처녀자리보다는 공기의 별자리인 쌍둥이자리와 더 잘 맞습니다. 천둥 같은 벌컨 행성은 처녀자리들에게 용기와 자신감이라는 천문학적인 유산을 줄 것이고, 전형적인 처녀자리의 습성을 많이 해소할 것입니다. 벌컨이 발견된 다음 마지막으로 발견될 행성은 아폴로Apollo로서, 고대 예언에 따르면 황소자리의 진정한 지배행성이라고 믿어지는 별입니다. 그러고 나면 열두 개의 별자리는 각각 열두 개 지배행성의 진동에 부응하게 될 것입니다. 그리스 신화에서 벌컨이 뛰어난 지성을 지닌 불완전한 신으로 나온다는 사실은 매우 흥미롭습니다. 많은 처녀자리들이 약간 절뚝거리며 걷거나 걸음걸이와 자세가 특이합니다.

처녀자리는 애정이나 돈을 낭비하는 경우가 없습니다. 일반적으로 애정과 돈에 있어서는 신중한 편이어서, 조용하고 꾸준히 사랑을 주고 돈도 그만큼 보수적으로 다룹니다. 이상한 점은 남들에게는 효율적인 서비스를 제공해 주고 싶어 하면서도 남의 도움을 받는 것은 과민할 정도로 싫어합니다. 어떤 이유로든 남에게 신세를 지고 싶어 하지 않습니다. 또한 자기 자신 이외에는 어느 누구에게도 의지하지 않으려고 합니다. 노년에 누군가에게 의지하게 될까 봐 두려워하는 마음 때문에 남들이 인색하다고 부를 정도로 절약하면서 사는 것입니다. 하지만 인색하다는 표현은 좀 심합니다. 충분한 여유가 있어서 미래에 대한 걱정을 할 필요가 없을 때는 보다 자유롭게 돈을 씁니다. 물론 그만큼의 가치가 없으면 환불을 요구하겠죠.

처녀자리는 비록 구걸하는 사람이나 게으른 부랑아들에 대한 동정심은 전혀 없지만, 친구가 어려움에 처하면 아낌없이 베푸는 사람입니다. 개인적인 필요와 결부될 때에는 인색해지는 처녀자리도 그만한 가치가 있거나 아주 좋아하는 사람들에게는 경제적 지원을 아끼지 않습니다. 하지만 경솔하게 돈을 내다 버리는 처녀자리는 볼 수 없을 것입니다. 낭비를 정말 싫어하는 사람들이거든요. 열심히 일해서 돈을 버는 사람들이므로 사치를 부리는 일은 있을 수 없지요. 또한 낭비벽이 있거나 너무 게으른 사람들에게는 날카롭게 비판하는 경우가 많습니다.

하지만 당신이 처녀자리의 비판에 상처를 좀 덜 받아도 되는 이유는, 바로 당신에게만 그러는 것이 아니라 사실 속으로는 스스로에게도 비판적이라는 것입니다. 꽃병에 아주 작은 금이 간 것도 알아볼 수 있는 능력을 타고난 처녀자리는 흠을 잘 발견하는 성향을 스스로도 어쩔 수가 없습니다. 낭비만큼이나 지각하는 것도 싫어합니다. 늦는 것도 일종의 시간 낭비이고, 처녀자리에게 시간이란 삶을 구성하는 재료이기 때문입니다. 그러니 처녀자리에게 반감을 사지 않으려면 시간을 엄수하세요. 프랭크 시나트라의 친구는 이 처녀자리 가수가 "저녁은 8시에."라고 했을 때, 그것은 8시 정각을 의미하는 말이지 8시 15분이나 8시 반을 의미하는 말이 아님을 깨달았다고 합니다. 시나트라가 태양별자리 상으로는 따뜻한 불의 별자리인 사수자리이기는 하지만, 동쪽별자리가 처녀자리였다는 점이, 리허설에 그렇게 공을 들이고 음악 반주의 세부 사항까지 속속들이 챙겼던 그의 행동을 설명해 줍니다. 노래를 녹음할 때에는 모든 음과 느낌이 정확하게 맞지 않으면 만족스러울 때까지 그 세션을 계속 반복해야 했습니다. 사수자리의 따뜻한 불 기운에 꼼꼼하고 흠잡을 데 없는 성격이 더해졌기 때문에 유명한 가수가 될 수 있었죠.

개인적인 야망을 추구하기보다는 타인을 위해 좋은 일을 할 때 더 만족감을 얻는 처녀자리들에게 왜 사람들이 가끔 이기적이라고 하는지 참으로 이해하기 어렵습니다. 이기적이라는 낙인은 아마도 그들이 "아니오."라고 말할 줄 알고, 그 말이 실제로 거절을 의미하기 때문에 생겼는지도 모릅니다. 처녀자리는 타인을 위해 자기의 시간과 에너지를 마음껏 베풀지만 합리적인 기준을 넘지는 않습니다. 상대방의 요구가 지나칠 때에는 즉시 멈추고 거부 의사를 명백하게, 아주 명백하게 표시합니다. 처녀자리는 타인의 결점을 지적하는 일은 무척 좋아하면서도 자신의 실수에 대해 사람들이 공개적으로 비난하면 몹시 화를 내기도 합니다. 처녀자리가 실수를 했을 때, 물론 그런 경우는 매우 드물지만, 우정을 지키고 싶다면 요령 있게 지적하는 것이 좋습니다.

처녀자리는 여행할 때 비록 미니 약국을 들고 다니기는 하지만, 과도한 일이나 정신적인 긴장 또는 비관주의 등으로 속을 태워서 병이 나지 않는 한, 평소에는 놀라울 정도로 건강한 편입니다. 처녀자리는 자기 몸을 잘 돌보고 먹는 것에도 까다롭습니다. 하지만 위장병이나 소화불량이나 장기 쪽의 만성 통증, 두통, 그리고 발 부분의 문제들 같은 사소한 질병을 호소하는 경우가 있습니다. 출생차트 상에 서로 충돌하는 행성들이 있다면 폐와 관련된 질병에 걸릴 확률이 높기 때문에 기침 감기에 걸렸을 때는 몸 관리를 잘해야 합니다. 엉덩이나 팔, 어깨 쪽의 통풍, 관절염, 류머티즘 등의 문제로 고통을 호소할 수도 있으며 가끔은 간이 좋지 않거나 등에 통증이 생길 수도 있습니다. 하지만 처녀자리들은 자신의 건강에 관심이 많기 때문에 대부분의 심각한 질병은 예방할 수 있습니다. 처녀자리 중에는 채식주의자가 많고, 채식주의자가 아니더라도 무엇을 어떻게 요리해서 먹어야 하는지는 반드시 알고 있을 것입니다. 가끔은 세균에 대한 걱정이 많아서 고기 덩어리를 만질 때에도 고무장갑을 끼거나 매일 밤 칫솔을 살균하는 처녀자리도 있지만, 이것은 조금 극단적인 경우입니다. 하지만 일반적인 처녀자리조차도 식사를 하기 전에는 손을 열심히 씻는답니다.

처녀자리는 고양이나 새, 그리고 보살핌을 필요로 하는 작은 생물을 좋아합니다. 또한 진실, 정확함, 경제, 사리분별, 신중한 선택을 좋아합니다. 감상의 지나친 분출, 먼지, 상스러움, 엉성함과 게으름은 싫어합니다. 처녀자리는 싫고 좋음이 분명한 실용적인 영혼의 소유자이고 진정한 개인주의자여서, 예리한 통찰력을 지니고 자신의 욕구가 혼탁해지거나 탐욕스러워지지 않도록 지켜 나갑니다. 처녀자리의 꿈속에는 상쾌한 바람이 불고 있어서 터무니없고 불분명한 공상을 날려 보냅니다. 처녀자리는 인생의 여러 가지 복잡한 요소들이 자신을 지배하게 두기보다는 그것들을 통제하는 방법을 터득하고 나면 어떤 별자리보다도 확신을 가지고 자신의 운명을 만들어 갈 수 있습니다.

멋진 비취옥과 백금은 처녀자리를 보완해 주고 행운을 가져다줍니다. 하지만 처녀자리의 행운에는 언제나 다섯 종류의 외로움이 따라다니고, 처녀자리의 부드러운 마음속에서는 의무감이 가벼워질 날이 없습니다. 수줍음 많고 꿈꾸는 듯한 처녀자리의 미소 뒤에는 한두 가지 비밀이 숨겨져 있음을 잊지 마세요. 처녀자리의 고요한 혈관에는 수성의 변덕스러움과 벌컨의 장대한 천둥이 함께 따라 흐르고 있으니까요. 회색,

베이지, 감청색, 그리고 모든 녹색 계열과 순백색 계열의 옷을 즐겨 입고, 진지해 보이는 태도 이면에는 히아신스가 상징하는 '순수한 생각과 목적'을 지닌 처녀가 매혹적인 기운을 풍기며 숨어 있을 것입니다. 이 부활절 꽃의 향기를 맡아 본 사람은 그 매력에서 절대로 벗어날 수 없답니다. 그 향기는 봄마다 돌아와 기억을 되살립니다. 처녀자리는 사람들의 가슴에 흔적을 남기는 자기만의 비밀스러운 방법을 가지고 있습니다.

처녀자리로 알려진 유명인

그레타 가르보Greta Garbo

레너드 번스타인Leonard Bernstein

잉그리드 버그먼Ingrid Bergman

*리처드 기어Richard Gere

*소피아 로렌Sophia Loren

*카를 라거펠트Karl Lagerfeld

*김연아

*배용준

*심은하

디 에이치 로렌스D. H. Lawrence

요한 괴테Johann Goethe

헨리 포드 2세Henry Ford II

*마이클 잭슨Michael Jackson

*애거사 크리스티Agatha Christie

*프레디 머큐리Freddie Mercury

*김혜수

*봉준호

*황정민

처녀자리 남성

♍

"당연하지. 만약 어떤 물고기가 나한테 와서
여행을 떠날 거라고 하면
난 '목정이 뭐냐고 물을 테니까."
"'목적'이라고 해야 하지 않나요?"
가짜 거북이 기분 상한 목소리로 대답했다.
"나도 알아."

먼저 솔직하게 말씀드리는 것이 좋겠습니다. 당신이 낭만적인 꿈과 동화 속 왕자님에 대한 갈증이 있다면 처녀자리 남성에게는 기대하지 마세요. 그 갈증은 해결되지 않을 테니까요. 처녀자리 남성과 연애를 하는 따뜻한 감상주의자는 차가운 바닥에 쿵 하고 떨어지는 기분을 느낄 것입니다. 제법 아프겠지요.

처녀자리 남성은 온전히 실용적이고 물질적인 차원에서 살아가는 사람이라서 동화 속 사랑 이야기에서는 거의 쓸모가 없습니다. 물론 이런 논의 자체가 탁상공론에 불과합니다. 애초에 처녀자리 남성을 남녀 관계의 출발선 근처까지라도 오게 만드는 노력 자체가 헛수고이기 때문입니다. 그는 당신의 방 창문 아래에서 세레나데를 불러 줄 사람이 아닙니다. 처녀자리 남성이 당신의 창문 외벽을 타고 기어 올라오게 하기까지는 달빛 비치는 발코니에서 긴긴 밤을 외롭게 기다려야 할 것입니다.

사실 처녀자리 남성은 아주 어릴 적부터 사랑과 관련이 많지만, 로미오와 줄리엣 스타일의 사랑은 아닙니다. 그가 사랑을 표현하는 방법은 주로 가족, 친구, 그리고 약자나 자기보다 체계적이지 못한 사람들에 대한 이타적 헌신입니다. 그는 일, 의무, 규율에 대한 본능적인 사랑과 무력한 사람들에 대한 헌신을 타고 났습니다. 이런 수준까지 도달하지 못한 처녀자리라고 할지라도, 자기가 어떤 식으로든 이타적 이상에 따라 살고 있지 않는 것에 대해 약간의 죄책감을 느낍니다.

극적인 감정이나 감상적인 약속, 눈물 젖은 고백, 지나친 감정 표현 등을 보여 주는 사랑은 처녀자리 남성을 냉담하게 만들 뿐만 아니라 얼른 버스나 기차를 타고 도망가고 싶어질 정도로 그를 놀라게 할 수 있습니다. (정말로 절박한 상태가 아니라면 비행기는 그에게 너무 빠르고 너무 비쌉니다.) 하지만 강철과 얼음으로 만들어진 것 같은 처녀자리 남성도 온도만 적당하다면 녹을 수 있습니다. 처녀자리 남성의 마음에 이르는 길은 분명히 있습니다. 비밀의 길이지요. 공격적으로 쫓아다니면 절대로 안 됩니다. 교태를 부리거나 선정적으로 유혹해도 통하지 않습니다.

처녀자리 남성은 사랑에 있어서 양보다는 질을 추구합니다. 삶의 모든 면에서 높은 품질을 요구하기 때문에 진정한 사랑을 경험하는 경우가 몇 번 없을 테고, 그조차도 어떤 면에서는 운이 나쁘거나 슬픈 사랑이 될 수밖에 없는 경우가 많을 것입니다. 처녀자리 남성은 이런 경우에 되도록 사회로부터 떨어져 지내며 가장 힘든 일을 찾아서 몰두하고, 다음 기회가 올 때에는 이전보다 훨씬 더 조심스럽게 행동합니다. 당신에게는 상당한 전략과 인내심이 필요하다고 할 수 있습니다. 처녀자리의 기본적인 본능은 순결이고, 그 순결을 깨기 위해서는 정말로 그럴듯한 이유나 아주 훌륭한 여성이 있어야 합니다. 많은 처녀자리 남성들은, 비록 모두가 인정하지는 않지만, 다른 별자리보다 훨씬 쉽게 독신으로 살아갈 수 있습니다. 자신이 이해하지 못하는 규율을 참아 내는 것과 같은 맥락인데, 운명에 저항하지 않고 따르는 것이 이들에게는 매우 자연스럽기 때문입니다. 만약 운명이 독신으로 살 것을 명했다면 처녀자리는 미련이나 감정적인 충격 없이 받아들일 만한 사람이라서, 우리 주위에 처녀자리 싱글 남성들이 많이 있는 것입니다. 하지만 여전히 처녀자리 남성은 그들만의 조용한 방식으로, 비록 상처받기 쉽더라도 아주 낭만적인 사랑을 할 가능성이 있습니다.

처녀자리 남성은 노골적이지는 않지만 섬세한 유혹의 대가이기도 합니다. 수줍고 부드러운 미소로 많은 여성들의 마음을 흔들었던 어느 프랑스 남성을 생각해 보면 처녀자리의 그 섬세한 유혹을 잘 이해할 수 있을 것입니다. 모리스 슈발리에가 전설적 인물이 된 이유는 알다시피 카루소*처럼 아름답게 노래하는 목소리 때문이 아니었습니다. 옛날 가수지만 모리스 슈발리에를 보거나 그의 목소리를 들으면 저도 역시 마음 한구석이 떨린답니다.

처녀자리 남성은 날카로운 지성과 단단한 흙을 섞어 놓은 존재입니다. 특유의 무심함으로 수많은 여인들의 가슴을 아프게 할 때도 있지만, 비판적이고 분석적인 감각과 섬세한 분별력 때문에 정신적인 사랑에서 좀처럼 벗어나지 않습니다. 처녀자리 남성에게 진정한 열정을 불어넣기 위해서는 백열로 태워야만 합니다. 단정하고 분별력 있는 성격 때문에 문란한 연애를 하는 것은 불가능합니다. 물론 가끔은 난잡한 육

---

* 엔리코 카루소(Enrico Caruso, 1873~1921) : 이탈리아의 테너 가수.

체적 경험을 할 수도 있지만 이런 무분별한 행동은 일반적이지 않습니다. 일반적인 원칙은 무관심이지요. 제가 아는 처녀자리 남성이 선정적인 성인영화에 출연한 적이 있습니다. 은행 잔고가 완전히 바닥난 상태여서 오로지 돈 때문에 그 영화에 출연한 것이지요. 하지만 그는 지금도 누군가가 그 영화에 대해 언급하면 얼굴을 붉힌답니다. 모든 처녀자리 남성이 숫총각이라고 할 수는 없지만 겉모습은 항상 순수해 보입니다. 처녀자리의 사랑에는 깨끗하고 순결한 느낌이 있어서, 불행한 사건으로 겉모습이 가벼워 보일지라도, 아무리 열정적인 순간에도 절대로 더럽혀지지 않을 것 같은 무언가가 있습니다.

처녀자리 남성은 진정한 사랑을 찾는 일에 자기의 귀중한 시간을 충분히 할애할 것입니다. 음식, 옷, 건강 그리고 일을 대할 때와 마찬가지로 여성을 선택하는 일에서도 아주 까다롭게 공을 들이기 때문입니다. 그를 속이거나 거짓말을 할 생각은 하지 마세요. 당신의 처녀자리 남자친구는 절대로 환상을 가지고 있지 않습니다. 그는 품위 있고 정직하며 진정한 관계를 원합니다. 그런 관계를 찾을 수 있는 가능성이 정말 적다는 것은 본인도 잘 알고 있지만, 그 기준에 미치지 못한다면 받아들이지 않을 것입니다. 어쩔 수 없이 부정한 관계에 연루되었다고 하더라도 그는 그런 상태에 오래 머물러 있지 않을 것입니다.

처녀자리 남성은 감정적으로 잘 흔들리지 않습니다. 그는 인생의 동반자에 대한 절실한 필요성을 느끼지 못한 채로 오래 살아갈 수도 있습니다. 만약 그를 유혹해서 결혼하겠다고 작정했다면 당신은 눈물을 흘리게 될 수도 있습니다. 그가 혹시 돌부처는 아닌지 심장은 있는지 의심이 들 정도입니다. 하지만 그는 돌부처도 아니고 뛰는 심장도 있답니다. 인내심을 가지세요. 기다릴 줄 아는 여인에게는 결국 좋은 일이 생길 것입니다.

가끔 호기심 많고 욕구 불만이 있는 처녀자리 남성은 단순히 자신의 남성성을 확인하기 위해 의도적으로 문란한 성생활을 시도할 수도 있습니다. 물론 남성성이 부족하지 않죠. 그 사실을 발견하는 즉시 그는 더 이상 의도적인 경험을 추구하지 않습니다. 아무리 냉정하고 냉철하며 침착한 처녀자리 남성이라도 인간의 본성을 영원히 외면할 수는 없지만, 그 본성에 일단 굴복하고 나면 그것을 인정하는 것을 매우 부끄러워할 것입니다. 굴복의 한계점에 다다르면 자기의 진실한 감정을 무심함으로 정교하게 가려 버립니다. 처녀자리는 부드러우면서도 극도로 정제된 연기력을 가지고 있습니다. 파티가 재미없을 때에 아픈 척하는 것처럼, 교묘하게 관심 없는 척한답니다. 그러니 그가 사랑을 고백한 뒤에도 열광적으로 당신에게 굴복해 오는 그런 몸짓을 보여 줄 거라 기대하지 마세요. 그는 당신이 자기가 독신 생활을 포기할 만한 진정한 사랑인지 고민하는 와중에도 겉으로는 아주 냉담한 척할 것입니다.

하지만 일단 결정을 내리고 나면 소박한 감동을 담아서 고백할 것입니다. 처녀자리 남성의 사랑은 다른 별자리처럼 변화가 심하지 않고 꾸준하게 타오르며, 오랫동안 신뢰할 수 있는 따뜻한 사랑입니다. 그러니 뭐 그리 나쁜 것은 아니지요? 처녀자리의 사랑에서 동화적인 모습은 바로 이것 하나입니다. 그가 진실로 사랑에 빠졌을 때에는 그 사랑을 얻기 위하여 몇 년이라도 기다릴 줄 알고, 그녀를 자기의 따뜻한 집으로 데려오기 위하여 수천 개의 산도 넘을 것입니다. 그는 유리 구두에 맞는 앙증맞은 발을 찾기 위해 엄청난 희생도 감수할 수 있습니다. 그 불꽃은 한번 지펴지면 절대로 꺼지지 않습니다. 당신은 신데렐라처럼 영원히 사랑받을 것입니다. 처음에 무엇으로 불을 붙이느냐가 관건일 것 같네요. 작은 유리 구두에 맞는 발은 아주 드물지요. 처녀자리 남성은 매우 까다로운 사람들입니다.

일단 그의 사랑을 얻고 나면 그는 절대로 당신이 질투할 일을 만들지 않을 것이고(있더라도 아주 드물게) 경제적인 문제나 친척들 또는 어떤 외부의 방해로 인해 생기는 어려움도 모두 극복해 나갈 각오를 할 것입니다. 당신이 그의 곁에서 지켜 주기만 한다면 그는 정서적으로도 물질적으로도 엄청난 강인함을 보여 줄 것입니다. 거친 세상에서 당신의 마음이나 몸이 아플 때에도 처녀자리 남성만큼 부드럽고 친절한 조력자는 찾아볼 수 없습니다. 금전적으로 풍족하게 해 주지는 않을지라도 당신에게 필요한 물건은 충분히 사 줄 것이고, 늘 충분한 배려로 당신을 아껴 줄 것입니다.

처녀자리 남성은 여성과 관련된 모든 세세한 부분에 대해서 한결같이 친절하고 사려가 깊습니다. 기억력이 아주 또렷해서 특별한 날짜를 (비록 당신이 그 날짜를 왜 그렇게 중요하게 생각하는지는 잘 이해하지 못하지만) 절대로 잊어버리지 않을 것입니다. 처녀자리 남성의 질투심은 심하지 않지만 소유욕은 극단적입니다. 무시해도 될 것 같아도 매우 중요한 문제입니다. 다른 남성들이 당신에게 관심을 표한다고 해서 감정적으로 질투심을 보이지는 않겠지만, 그의 내면에 깊이 자리 잡고 있는 소유욕을 생각해 보면 당신이 누리는 약간의 자유가 심각한 결과를 초래할 수 있다는 점을 염두에 두어야 합니다. 당신이 자주 집을 비우다가 어느 날 집에 돌아가 보면 남편이 사라졌을 수도 있습니다. 처녀자리는 신의가 매우 강하고 가족의 유대 관계를 깨는 것을 몹시 싫어하지만, 자신이 생각하는 예의의 한계를 넘어서면 망설임 없이 이혼 법정에서 냉정하고 깔끔하게 헤어집니다. 복잡한 사전 별거 과정도 필요 없습니다.

한번 끝나면 영원히 끝입니다. 작별 인사하고 바로 돌아섭니다. 처녀자리의 기억력이 아무리 날카롭고 뛰어나더라도 이런 경우에 추억을 떠올리면서 감상적인 눈물을 흘리지는 않습니다. 자기 감정을 단호하게 조절하는 것처럼 기억도 스스로 조율할 수 있기 때문입니다. 자제력은 처녀자리의 기본 성품 중의 하나입니다. 처녀자리 남성은 한번 마음을 먹으면 그대로 실행하고, 당신이 아무리 눈물을 흘리며 사과해도 절대로 마음을 바꾸지 않을 것입니다. 한번 금이 간 관계일지라도 부서진 조각들을 다시 붙여서 온전해질 수도 있다는 환상은 절대로 갖지 않습니다.

당신이 처녀자리 남성에게 마음을 빼앗긴 상태라면, 특히 그와 함께 있을 때에는 사리 판단을 잘해야 합니다. 처녀자리 남성은 먼지와 저속함을 싫어하는 만큼 무지와 어리석음, 그리고 무분별함을 싫어합니다. 그것도 엄청나게 싫어합니다. 처녀자리 남성을 유혹하려는 여성이라면 옷은 깔끔하게 입고 단정한 머리 스타일에 적당한 사고력이 있어야 합니다. 단정한 머리 스타일이라고 한 점에 주목하세요. 처녀자리 남성은 몸과 마음이 모두 청결한 여성을 원하고, 옷을 잘 입어야 하지만 너무 화려한 패션은 좋아하지 않습니다.

줄리아 차일드*처럼 전문적인 요리사가 될 필요는 없지만 그래도 처녀자리 남편이 통조림 음식을 군말 없이 먹을 거라는 순진한 생각은 버리는 것이 좋습니다. 쾌락을 추구하고 이기적이며 정신적으로 게으른 여성이라면, 아무리 성적인 매력이 넘쳐나더라도 처녀자리 남성의 마음을 얻을 수 없습니다. 처녀자리 남성은 상의를 거의 벗은 채 신나게 노는 여성을 보면 추울까 봐 스웨터를 빌려 줄 수는 있지만 절대로 쫓아

* 줄리아 차일드(Julia Child, 1912~2004): 미국의 요리 연구가.

다니지는 않습니다. 요점을 말하자면 처녀자리 남성은 단순히 애인이 아니라 배우잣감을 찾고 있습니다.

처녀자리 남성은 일반적으로 아버지 역할을 특별히 동경하지는 않습니다. 정서적 만족을 위해서 굳이 자녀를 필요로 하지는 않는 것으로 보이는데 그래서인지 처녀자리 남성은 자녀를 적게 두는 경향이 있습니다. 하지만 일단 자녀가 태어나면, 아주 성실한 아버지가 되어 절대로 자기의 책임을 소홀히 하지 않습니다. 자녀들에게 삶의 요령을 가르쳐 주고 자기의 높은 기준의 처세술을 전수하느라 많은 시간을 보낼 것입니다. 아이들의 숙제를 즐겁게 도와주고 아이들의 취미 활동, 음악 레슨, 캠핑 그리고 대학 생활을 위해서도 끝없는 희생을 합니다. 처녀자리 아버지는 지성을 많이 강조하고 도덕과 예의범절 그리고 훌륭한 시민정신에 대해서도 엄격하게 아이들을 교육할 것입니다. 이혼하더라도 자녀들이 어디에 있든 보살핌을 잘 받고 교육을 잘 받을 수 있도록 끝까지 돌봅니다. 처녀자리 아버지를 둔 자녀들은 대부분 책과 배움을 좋아하고 존중하면서 자라게 됩니다. 처녀자리 부모가 아이들을 버릇없이 키우는 경우는 거의 볼 수 없으며, 필요한 규율을 충분히 가르치는 편입니다. 그러나 처녀자리 아버지에게는 애정표현이 자연스럽지 않기 때문에 자녀들에게 사랑을 직접 몸으로 많이 표현할 필요가 있습니다. 자녀가 어릴 때부터 진지하게 노력하지 않으면 언젠가 사랑하는 자녀들과의 관계에 넘을 수 없는 벽이 생겼음을 깨닫게 될지도 모릅니다. 또한 아이들에게 너무 비판적이고 어릴 적부터 기대치가 너무 높아서 지나치게 엄격해지는 경향도 있습니다.

처녀자리 남성은 당신이 자기의 건강에 신경을 많이 써 주기를 기대하는 만큼 당신이 아플 때에도 역시 잘 보살펴 주며 당신의 엄살도 받아 줍니다. 그는 가끔, 어쩌면 좀 자주 괴팍스럽고 변덕스러워질 때도 있습니다. 하지만 한 가지는 확실하지요. 그럴 때에는 가만히 내버려 두면 당신과 말다툼할 일이 없습니다. 혼자 심술을 부리도록 내버려 두면 나중에는 다정하게 당신에게 보상할 것입니다. 걱정하도록 내버려 두세요. 처녀자리에게는 걱정이 일종의 정신적인 운동이니 그리 나쁠 것은 없습니다. 하지만 걱정이 지나쳐서 그의 몸 상태에까지 영향을 주는 기미가 보이면 뭔가 흥미롭고 색다른 것을 하자고 제안해서 그런 상태에서 빠져나오게 해야 합니다. 처녀자리의 정신적인 관심을 유도하는 일은 그리 어렵지 않습니다. 그것을 유지하는 일은 조금 어려울 수 있겠죠.

자, 이제 당신이 바라보고 있는 처녀자리 남성이 어떤 사람인지 알게 된 지금에도 여전히 그를 사랑하고 있다면 상당히 만족스러운 미래를 기대해도 됩니다. 당신은 기민하고 박식한 남편, 당신이 자기의 수족이 되어 주기를 바라지도 않고 향수를 잔뜩 뿌리고 장미를 입에 문 채 섹시한 무드를 끊임없이 연출해 줄 것을 기대하지도 않는 남편을 맞이할 것입니다.(장미보다는 양손에 비누를 항상 들고 다니기를 바랄 거예요.)

당신이 그의 단점을 요령 있게 대처한다면 그는 믿음직하고 상냥한 남편이 될 것입니다. 사실 처녀자리 남편은 단점이 별로 없습니다. 밤마다 가구 위에 혹시 먼지가 있는지 손가락으로 쓸어 보는 것이 단점이라면 단점이겠죠. 그가 어떤 행동을 하든 되도록 잔소리를 하지 마세요. 그는 비록 타인에게 종종 그러지만, 본인이 비판적인 분석의 대상이 되는 것은 잘 받아들이지 못하도록 설계되었다는 점을 기억하세요. 그가 당신을 비판하는 버릇에 적응하고, 그가 사소한 일도 예민하게 따질 수밖에 없는 사람이라는 현실을 받아들이고 그냥 웃어넘기세요. 그런 반응에 화내지 않는 노하우를 일단 터득하면 당신은 여유가 생길 것이고, 똑똑하고 신의가 깊은 처녀자리 남편과의 생활을 제대로 즐길 수 있게 됩니다. 그는 천사는 아닙니다. 겨드랑이에 날개는 없어요. 하지만 다른 기혼 여성들이 당신을 무척 부러워할 것입니다.

어쨌든, 열심히 일하고 잘생기고 깔끔하고 집 안 정리도 잘하며 기념일을 꼬박꼬박 기억해 주고 경제관념이 밝은 그런 남편과 결혼하는 여성들이 몇이나 되겠습니까? 옷도 잘 입고 친구들과 밖에 나가서 잘 놀지도 않고 다른 여성들은 거들떠보지도 않고 대체로 부드럽고 사려 깊은 그런 똑똑한 남편을 둔 여인이 몇 명이나 있을까요? 다시 한 번 찬찬히 살펴보세요. 그의 머리 주위에 빛나는 것이 길거리 불빛이 반사된 것인가요? 아니면 혹시…… 부처님? 아니오, 절대로 후광은 아닙니다. 특히 오늘 밤 극장에서 당신이 버터 팝콘을 그의 무릎에 쏟았을 때 그가 당신에게 버럭 화를 낸 것을 보면 절대로 아닙니다. 그럴 리가 없지요. 그렇게 성격이 고약한데요. 하지만 처녀자리 남편에게는 분명 어떤 오라 같은 것이 있습니다. 그리고 그가 미소를 지을 때면, 그의 맑은 눈동자에 당신의 얼굴이 비치기도 합니다. 정말로 날개를 단 사람이 나타날 때까지는 그런 처녀자리 남편을 천사라고 해도 될 것 같네요.

처녀자리 여성

♍

앨리스는 병에 '독성'이라는 표시가 있는 것을 많이 마시면
뻔히 탈이 난다는 사실을 결코 잊지 않았다.

그리고 가끔은 자신을 아주 심하게 야단을 쳐서
눈물을 쏙 빼 놓기도 했다.

처녀자리 여성이 실제로 우아한 숫처녀이고 눈송이처럼 순수한 모습일
거라고 상상하시나요? 그렇다면 곧 환상이 깨질 것입니다. 미안하지만,
처녀자리 여성은 얇은 순백색 원피스를 입고 연못가에 무릎을 꿇고 앉
아 있는 요정이 아닙니다.

처녀자리 여성은 먼 바다에서 우연히 만난 남자 때문에 남편을 떠
날 수도 있고, 결혼을 하기 전에 사랑하는 사람의 아기를 가질 수도 있
으며, 머리를 당당하게 들고 적대적인 세상에 맞설 수도 있는 여성입니
다. 순수한 숫처녀의 이미지와는 상당히 거리가 있지요. 이 부드럽고 연
약하고 티 없이 순수한 여성성의 상징인 처녀자리에 대해서는 공부해야
할 것이 많습니다. 한 가지는, 처녀자리 여성의 척추가 강철로 만들어져
있다는 점입니다.

처녀자리 여성이 기본적으로 수줍음이 많다는 것은 실제로 맞는 말입니다. 논란의 여지가 없지요. 처녀자리 여성은 분노에 찬 공격적인 연설을 하기 위해 연단에 오를 사람도 아니고, 캐리 네이션*처럼 손도 끼를 들고 술집에서 난동을 부릴 사람도 아닙니다. 또한 음주운전으로 체포될 일도 없고 풍자극에 출연할 일도 없습니다. 혹시 그런 사례가 있으면 내기를 해도 좋습니다. 하지만 처녀자리 여성도 여성입니다. 인생이 그녀를 어떤 길로 인도하든 자기의 행복을 추구하기 위해 필요한 단호함이나 책략, 그리고 무기를 가지고 있습니다. 그 길을 가면서 만나는 자잘한 가시들 때문에 약해지거나 눈물로 남에게 도움을 호소하지도 않습니다.

혹시 사회 법규를 위반한 처녀자리 여성 이야기를 들으면 그 내막을 상세히 확인해 보세요. 처녀자리 여성은 기본적으로 순수한 사람입니다. 하지만 사랑에 대해서도 마찬가지로 진정한 사랑을 추구합니다. 진정성이 없는 사랑에는 관심이 없습니다. 그녀는 수성의 기운이 발동하면 세상에서 가장 높은 산도 오르고 장화와 비옷 차림으로 폭풍우가 치는 바다도 건널 것입니다. 여린 이미지와는 거리가 멀죠. 처녀자리의 진정한 지배행성은 벌컨 행성이며 천둥의 신이라는 점을 기억해 두세요. 그녀는 자기의 결혼이 완전하지 않다는 것을 깨닫고 나서 결점이 없는 (또는 결점이 없다고 생각하는) 사랑을 찾으면 이전의 관계를 주저 없이 잘라 버립니다. 마치 외과 의사처럼 냉정하고 정확하게 자르지요. 가족이라는 유대 관계를 깨기 싫어하는 마음보다 위선을 싫어하는 마음이 더 크기 때문입니다.

* 캐리 네이션(Carry Nation, 1846~1911) : 알코올 반대 운동을 했던 미국의 여성 행동가.

참되고 이상적인 사랑이라고 받아들이고 나면 관계에 대한 자기만의 순수성이 세상의 모든 법적인 서류들보다 우위를 점하게 됩니다. 열두 개 별자리 중에서 처녀자리 여성이 가장 실용적이면서 동시에 성스러울 만큼 낭만적인 사람일 것입니다. 장거리 외국 여행에서 우연히 만난 사람과의 불륜은 표면적으로는 경솔하고 부도덕해 보일 수 있습니다. 사실 이것은, 어려운 결정을 내려야 하는 상황에 처하면 자기의 진짜 모습을 드러내는 처녀자리 여성에 대한 예상할 만한 사례입니다. 그녀는 그런 불륜으로 인해 사회적으로 쏟아지는 비난으로 고통받겠지만, 자기 동기의 순수함이 변하지 않는 한 자기의 선택도 수정하지 않을 것입니다. 정신적이고 이상 지향적인 공기의 성질을 지닌 수성의 기운과, 처녀자리의 구성원소인 흙이 섞여서 나타나는 견고한 실용성을 보여 주는 완벽한 예입니다. 처녀자리의 사랑에는 백열과 같은 정열이 있어서, 한번 불이 붙으면 그 강렬함과 목적을 향한 일관성은 다른 별자리들의 열정을 무색하게 만들 수 있습니다. 하지만 그 정열에 불을 붙이려면 시간이 좀 걸립니다.

전형적인 처녀자리 여성에게 정열적이고 육체적인 사랑은 다소 억눌려 있다는 점을 인정해야겠지만, 그녀에게는 뭔가 신비롭고 조용하면서도 기다릴 줄 아는 기질이 있어서 사랑에 있어 절제된 섬세함을 선호하는 남성들에게는 이런 '영혼의 열정'이 정열적인 육체적 사랑을 기꺼이 대체할 수 있는 자질이 됩니다.

처녀자리 여성은 완벽주의자이지만 그렇다고 해서 그녀 자신이 완벽하다는 의미는 아닙니다. 처녀자리 여성은 부정적인 성격 때문에 고생할 수 있습니다. 우선 그녀는 자기만큼 일을 질서정연하고 효율적으로 할 수 있는 사람은 아무도 없다는 강한 신념을 가지고 있습니다. 정말로 열 받게 하는 점은 실제로도 그런 사람이 별로 없다는 사실입니다. 이들은 또한 시간 엄수에 있어서도 매우 까다롭습니다. 처녀자리 여성과의 데이트에서 그녀를 기다리게 한 적이 있나요? 그녀가 화나면 당신 머리를 병으로 내리치지는 않겠지만 성질을 부리며 신경질적인 태도를 보일 수 있습니다. 당신은 차라리 그녀가 솔직하게 야단쳐 주기를 바랄지도 모릅니다. 처녀자리 여성은 가끔 잔소리를 할 때도 있는데 도에 넘치는 경우는 거의 없습니다. 그녀에게 꽃을 사다 주면서 당신이 잘못했다고 인정하고 논쟁은 하지 마세요. 논쟁을 해서는 절대로 얻는 것이 없습니다. 처녀자리와의 말싸움에서 이길 재간은 없으니까요. 구성원소가 흙인 처녀자리는 자연에서 만들어진 것에 감사할 줄 아는 사람이어서 작은 꽃다발은 그녀의 짜증을 경감시킵니다. 사과를 할 때에는 간단하고 명확하게 말하세요. 처녀자리는 바보가 아닙니다. 아무리 말을 잘하는 사람이 정교한 거짓말을 지어내더라도 그녀는 뛰어난 통찰력으로 바로 알아차릴 수 있고, 당신 옷깃에 묻은 희미한 립스틱 자국도 금세 발견하고 말 것입니다. 그녀는 순수한 마음을 지녔지만 순진한 사람은 아니랍니다.

그렇다고 해서 당신이 벗어 놓은 옷들을 확인한다는 뜻은 아닙니다. 적어도 결혼하기 전까지는 그러지 않을 것입니다. 하지만 결혼하고 나면 자기 집 안에 있는 옷이기 때문에 그리 한다고 해서 별로 죄책감을 느끼지는 않을 것입니다.

처녀자리 여성은 자기 잘못을 인정해야 하는 시점이 오면 정신적인 방어막이 생깁니다. 마치 그녀의 뇌 바로 앞에 나무로 만든 거대한 벽이 생기는 것 같습니다. 그러니 그녀의 잘못을 바로 지적하거나 비난하는 것은 현명한 처사가 아닙니다. 정말 좌절감을 느낄 만한 일이지만,

대부분의 경우 그녀가 옳을 것입니다. 그런데 싸워서 뭐 하겠습니까? 일단 그녀를 평소 기분으로 다시 돌려놓으면 큰 즐거움을 줄 텐데 누가 이기고 진들 중요한 문제가 아닙니다.

당신의 남성적 자존심에 상처가 생기는 것을 참아 낼 수만 있다면, 그녀의 재정적 조언을 받아들이거나 그녀가 돈 문제를 관리하도록 하는 것이 득이 됩니다. 그녀는 아주 간결하고도 실용적인 사람이어서 전문 회계사도 간과할 수 있는 작은 실수를 잡아 낼 수 있습니다.(출생차트 상에 충돌 각도가 있거나 충동적인 성향의 동쪽별자리를 가지고 있는 경우는 예외입니다.)

처녀자리 여성과 데이트 할 때에는 예의를 갖추고 문법에 맞게 말해야 합니다. 그녀는 언어를 오용하거나 욕을 하거나 그릇째 들고 음식을 먹는 것을 참을 수가 없습니다. 그녀의 귀에 가까이 대고 셀러리를 씹는다거나 옥수수를 통째로 들고 먹지 않는 것이 좋습니다. 그녀의 앞에서는 언제나 우아하게 식사를 하도록 노력해야 합니다. 옥수수를 굳이 먹고 싶다면 웨이터에게 잘라서 접시에 놓아 달라고 부탁하는 것이 좋습니다. 엉성한 옷차림도 그녀의 체크리스트 대상입니다. 처녀자리와 사랑에 빠지면 하루에 두 번씩 면도할 각오를 해야 하고 샤워도 마찬가지입니다. 그녀를 만나러 나가기 전에 스킨을 듬뿍 바르고 옷에 붙어 있는 보풀을 말끔히 떼어 내야 하며, 머리는 단정하게 빗고 새로 빤 셔츠를 입을 것이며, 예의를 갖추고 구두도 광을 내야 합니다. 그리고 아주 중요한 팁이 있습니다. 다음에 혹시라도 약속 시간에 늦는다면 어느새 시간이 그렇게 됐는지 몰랐던 것처럼 행동해야 합니다. 그녀의 집 문을 열고 들어가면서 화가 난 듯 행동하세요. 왜 그러느냐고 물으면 '멍청한' (이 정도가 당신이 할 수 있는 가장 불경한 표현입니다.) 도서관이 원래 규정

시간보다 5분이나 일찍 문을 닫았다고 얘기하세요. 가끔은 그럴 수 있지만 하필이면 당신이 반납할 과학 잡지를 잔뜩 들고 갔는데 문을 일찍 닫다니 너무하죠. 그러면 당신의 처녀자리 여자친구는 지각에 대해서는 완전히 잊을 것입니다.

절대로 경마장에 그녀를 데리고 가서 당신이 5번 말에게 월급의 절반을 걸었다가 날려 먹는 모습을 눈앞에서 보게 해서는 안 됩니다. 그런 이야기는 점심 시간에 동료들하고나 하시고, 그녀에게는 그녀가 변덕스럽지 않아서 너무 좋다고 계속 강조해서 얘기해 주세요. 실제로 그렇죠? 그렇지 않나요? 그녀는 사람에게 매달리는 스타일이 아닙니다. 극단적인 면이 전혀 없습니다. 그녀는 고맙게도 스스로 알아서 돌보는 타입입니다. 여성성을 그대로 간직한 채 말이지요.

육체적 매력으로 그녀를 너무 제압하지도 말고 지하철과 같은 공공장소에서 그녀를 꼭 안거나 첫 데이트에서(어쩌면 열 번째 데이트까지도) 작별 키스를 성급하게 시도하지 마세요. 더 좋은 시기를 기다려야 합니다. 전반적으로 조심스럽게 행동하세요. 우아하고 세련되게 천천히 진도를 나가야 합니다. 괜히 성급하게 굴었다가는 오페라를 보던 중에 오케스트라 피트 속에 처박힐지도 모릅니다. 얘기가 나왔으니 말인데 그녀는 극장을 좋아할 것입니다. 퍼레이드도 좋아합니다. 웅장하고 화려함, 그리고 극적인 감정들은 처녀자리 여성의 단단하게 억눌린 감정을 해소해 줍니다. 게다가 그녀는 아주 훌륭한 비평가이기도 합니다. 고도로 발달한 지성과 예술적 취향이 합쳐져서 그녀는 연극에 대한 예리한 통찰력을 발휘할 수 있습니다. 브로드웨이 프로듀서들에게 처녀자리의 이런 자질을 알려 주면 곧 열릴 쇼의 오프닝 초대권을 보내 줄 것입니다. 처녀자리 여성은 비평가들의 리뷰를 정확하게 예측할 것입니다.

처녀자리 여성의 중요한 키워드 중 하나는 식별력입니다. 그녀는 연극, 공연 그리고 책을 사랑하지만 그 내용에 대해서는 혹독하게 비평합니다. 그녀는 마찬가지로 당신의 넥타이나 당신의 머리 스타일, 그리고 당신이 하는 일과 말에 대해서도 비평할 것입니다. 그녀에게 비평이란 당신이 숨을 쉬는 것처럼 자연스러운 일입니다. 처녀자리 같은 불후의 완벽주의자가 없다면 우리는 모두 엉망진창이 되고 말 것입니다. 하지만 절대로 그녀를 비평해서는 안 됩니다. 그건 규칙에 위배되는 일입니다. 여기서는 형평성이라는 원칙이 적용되지 않습니다. 그녀가 당신에게 하는 행동을 당신은 그녀에게 하지 않는 것이 좋습니다. 그녀는 또렷한 사고력으로 당신의 결점을 알아차리듯이 본인의 결점도 잘 인식하기 때문에, 자주 스스로를 아주 엄하게 채찍질합니다. 그런 이유 때문에 당신은 그녀의 결점을 파악해 줄 필요가 없습니다. 그녀의 가장 혹독한 비평가는 그녀 자신이랍니다.

처녀자리 여성과 사랑을 할 때 좋은 점은 그녀가 당신의 모든 걱정을 대신해 주고 심지어 그것을 즐기기까지 한다는 것입니다. 당신의 남성성을 해치지 않으면서도, 당신이 바보 같은 실수를 하지 않도록 해 주지요. 이것이야말로 다른 별자리 여성들이 잘 모방할 수 없는 예술이랍니다.

신의에 대해 이야기하자면, 도대체 이해할 수 없는 자기만의 복수심으로 고결함을 헌신짝처럼 버리기로 결심한, 아주 드문 처녀자리 여성의 이야기가 당신 귀에 들려올지도 모르지만, 그런 의외의 모습 뒤에는 무언가 그녀 스스로 입증하고 싶은 욕망이 있기 마련이고 그런 욕망은 오래가지 않습니다. 그렇게 가끔 앞뒤 가리지 않고 쾌락의 길을 질주하는 처녀자리 여성은 그런 과실을 감출 만큼 영리하고, 또한 그런 행동은 아주 예외적일 확률이 높습니다. 일반적으로 그녀는 당신을 정말로 사랑한다면, 세상에서 가장 섹시한 남성과 한 달 동안 무인도에 함께 있어도 아무 일 없을 만큼 신의가 두텁습니다. 두 달도 가능하냐고요? 글쎄요, 처녀자리 여성도 인간이라는 점을 당신도 알고 있겠지요. 이들은 걸어다니는 기계가 아닙니다. 이들은 보기보다 따뜻한 마음을 가지고 있고, 감전된 것처럼 갑작스러운 느낌을 받을 수도 있습니다. 처녀자리 여성은 감정을 잘 통제하고 있을 뿐이지 감정이 없는 것은 아닙니다. 이 점을 기억하세요. 한편으로는 당신에게도 용기를 줄 수 있는 대목이지요.

처녀자리 여성은 아주 사소한 일에 대해 성가실 정도로 꼼꼼하지만, 동시에 세상에서 가장 친절하고 관대하고 애정이 많은 존재이기도 합니다. 그녀의 완벽주의가 단점이 아니라 미덕이라고 생각하세요. 생각 없는 행동이 만연하는 이 세상에서 처녀자리의 날카로운 눈과 지성이 없다면 우리가 어떻게 살아갈 수 있겠습니까? 비록 비판적인 태도로 당신을 가끔 짜증나게 하지만 절대로 거부할 수 없는 그녀만의 사랑스러운 기질이 있습니다. 물론 당신은 이미 그것이 무엇인지 알고 있을 것입니다. 그렇지 않다면 하루에 면도를 두 번이나 할 리가 없고 매일 밤 도서관에 갈 리도 없지요. 그녀의 겸손한 태도와 부드럽고 맑은 눈동자가 역할을 제대로 해냈군요. 또한 당신은 사람들이 그녀를 괴롭히지만 않는다면 그녀가 얼마나 재미있는 사람이고 그 머릿속에 똑똑한 위트가 얼마나 넘쳐나는지 알아챘을 것입니다. 정말 신기하게도 처녀자리 여성이 웃을 때에는 마치 진주로 만든 작은 종이 울리는 듯한 착각이 듭니다.

처녀자리 여성은 환상을 좇지 않습니다. 그러니 그녀에게 마음에 없는 말을 늘어놓지 마세요. 그녀에게 있어 진실은 곧 아름다움이고, 아름다움은 곧 진실입니다. 3초마다 한 번씩 재떨이를 비우는 그녀에게 적응하고, 그녀가 기르는 길 잃은 새끼 고양이에게도 잘해 주세요. 그러면 그녀는 그 특유의 여성스러운 우아함으로 자기의 역할을 잘해 나갈 것입니다. 그녀는 자신이 신뢰하는 사람에게만 자기를 조심스럽게 보여 줄 것입니다. 사소한 일도 그녀에게는 모두 소중합니다. 겸손하고 부끄러움을 많이 타지만, 어려운 시기에는 사람들에게 위안을 줄 수 있을 만큼 충분한 강인함을 지니고 있습니다. 처녀자리 여성의 조용한 용기와 깊은 책임감은 대가족을 한데 묶어 주는 마법의 끈으로 작용하기도 합니다. 요리도 잘하고 절대로 당신에게 독이 든 음식을 주는 일은 없습니다. 집은 언제나 깨끗하고 안락할 것이며 식탁 위에는 초콜릿 대신 사과가 듬뿍 담긴 큰 그릇이 놓여 있을 것입니다.(초콜릿은 치아와 건강에 별로 좋지 않지요.)

당신의 자녀들이 콧물을 줄줄 흘리며 얼굴에는 잼을 묻히고 찢어진 운동화를 신고 동네를 뛰어다닐 일은 절대로 없습니다. 아이들이 당신의 담배를 가지고 장난치거나 당신의 서류에 그림을 그려 놓는 일도 없을 것입니다. 처녀자리 여성은 자식들을 엄하게 가르칩니다. 자녀를 한두 명 정도밖에 낳지 않는 경향이 있고, 자신의 여성성을 만족시키기 위해 특별히 모성애를 필요로 하는 것 같지는 않습니다. 하지만 일단 자녀가 생기면 아이에게 신체적으로, 도덕적으로 또는 교육적으로 필요한 부분을 절대로 소홀히 하지 않을 것입니다. 아이에게 정서적으로 필요한 부분을 쉽게 채워 주지는 못할 수 있지만, 당신이 그녀를 사랑하고 그녀에게 감사하고 있다는 확신을 주면 그녀에게는 자녀에게 따뜻한 애정을 듬뿍 줄 여유가 생깁니다. 아이들은 처녀자리 엄마가 정말 재미있고 따뜻한 사람이라고 생각할 것입니다. 확고한 원칙이 있고 아이들에게 좋은 습관을 들이려고 노력하지만, 아이들에게 늘 정말로 사랑한다고 다정하게 말해 주는 어머니입니다.

수중에 6펜스가 남아 있다면 그 돈으로 빵을 사지 말고 '영혼을 위한 히아신스'를 사라는 시를 아시나요? 처녀자리 여성에게는 둘 다 주어야 합니다. 처녀자리 아내가 바느질을 하거나 무언가를 수선하는 모습을 자주 볼 텐데, 전형적인 처녀자리 여성이라면 집 안을 늘 싱싱한 꽃향기로 가득 채우고 집에서 직접 구운 따뜻한 빵을 배불리 먹일 것입니다. 집에 오는 길이 늘 즐거워지죠. 당신이 오랫동안 꾸던 꿈을 손질해서 다시 빛나게 해 줄 수도 있고, 절대로 당신의 면도기를 쓰지 않으며, 당신의 칫솔로 마스카라를 칠하지도 않을 것입니다. 당신이 아플 때에는 마치 천사처럼 간호해 주고, 당신의 제일 친한 친구에게 눈웃음을 쳐서 당신을 당황스럽게 하지도 않을 것입니다. 그녀는 항상 옷을 단정하게 입고, 분유 값 얘기나 미용실 수다 말고도 다른 여러 주제에 대해서 당신과 이야기를 나눌 수 있습니다. 당신은 마땅한 신의와 헌신을 충분히 받게 될 것입니다. 질투심 때문에 감정적으로 흥분하지도 않고, 당신의 돈을 헛되이 낭비하지도 않습니다. 당신의 비밀은 가슴에 묻어 둘 줄 알고, 당신이 일을 좀 더 효율적으로 관리할 수 있도록 도와줄 것이며, 중년이 되어도 얼굴에 주름이 생기지 않을 것입니다. 이 정도면 당신이 매너를 갖추고 손톱 밑을 깨끗하게 관리할 이유가 충분하지 않나요? 처녀자리 여성의 눈은 순수한 사랑의 샘물처럼 맑고, 그녀의 웃음은 온 집 안을 환하게 밝혀 줍니다. 처녀자리 여성을 꼭 잡아 두세요. 이렇게 좋은 행운은 두 번 다시는 없을 것입니다.

처녀자리 어린이

♍

하지만 어린 굴 네 마리는
그 초대에 몹시 들떠 있었어.
코트를 손질하고 세수를 하고
신발도 깨끗하고 말끔하게 닦았어.

처녀자리 아기는 신생아실 주위에서 들리는 소리를 따라해 보려고 합니다. 그 작은 아기는 잘 알려지지 않은 처녀자리의 연기 재능을 벌써부터 시험해 보고 있답니다. 이 모방 능력은 거의 태어나는 순간부터 드러나기 시작합니다. 처녀자리 아기는 초롱초롱하고 재빠르면서도 동시에 다른 아기들보다 유순하고 조용합니다. 커서는 위안이 되기도 하고 짜증이 나기도 하는 처녀자리의 모순적인 성격을 보여 주는 전조입니다.

처녀자리 아기가 복숭아 잼을 먹고 싶어 할 때 사과 잼을 먹이려 하지 마세요. 그러면 당신은 한동안 꼼짝 못하게 될 것입니다. 의자 곳곳에 사과 잼이 뒤범벅이 되고 결국 아기는 먹기 싫은 사과 잼을 한 입도 삼키지 않을 것입니다. 먹기 싫다고 고개를 옆으로 돌리면서도 사랑스럽게 웃고 있지요. 가끔은 아이스크림보다 시금치를 더 좋아해서 당신을 깜짝 놀라게 하기도 합니다. 음식에 대한 처녀자리의 까다로움은 이렇게 어릴 적부터 남다릅니다.

까다로운 식성과 가끔 소화를 잘 못 시키는 일 외에는 처녀자리 자녀와 싸울 일도 없고 엄살도 잘 부리지 않을 것입니다. 아주 어릴 적부터 이 꼬마들은 정리정돈을 잘 해서 가지고 놀던 장난감도 알아서 잘 치웁니다. 친구들과 함께 있거나 사람들이 많은 곳에서는 수줍음을 타고 조용해지기는 하지만, 가족이나 친구들 앞에서는 말을 또박또박 잘합니다. 일찍부터 말을 떼고 잘하기도 하지만 낯선 사람 앞에서는 말수가 적어집니다. 처녀자리 아이는 말썽을 잘 피우지 않고 엄마가 집안일을 할 때에도 좋은 친구가 되어 줍니다. 엄마가 하는 일은 무엇이든 즐겁게 따라 하겠지만 처음으로 꾸지람을 들었을 때에는 언짢아할 것입니다.

학교에서 처녀자리 아이는 교사의 사랑을 독차지하는 경우가 많은데, 가르치기도 쉽고 공부도 열심히 하기 때문입니다. 전형적인 처녀자리 학생은 영리하고 태도도 훌륭하기 때문에 가르치는 일 자체가 즐거움이지요. 하지만 이 아이들을 비판하는 일은 가능한 삼가야 합니다. 실수에 대해서 너무 스트레스를 받으면 지나치게 걱정을 하게 되고, 가끔은 스트레스 때문에 진짜로 아프기까지 합니다.

특히 반 아이들 앞에서 처녀자리 아이에게 훈계를 하면 아이는 매우 고통스럽게 굴욕감을 느끼게 되고, 오랫동안 학습 욕구가 저하될 수 있습니다. 처녀자리 아이가 실수를 하면 조용하게 한 번만 얘기해 주세요. 스스로도 선생님만큼 혹은 선생님보다도 더 실수를 바로잡으려고 애를 쓴답니다.

처녀자리 아이는 다른 아이들이 재미없어 하는 따분한 일을 책임감을 가지고 중요하게 받아들입니다. 효율적이고 믿음직한 이 아이들은 진지하지만 상냥하고 유쾌한 성격을 가지고 있으며, 반에서 드센 아이들의 놀림을 받으면 약간 괴팍해질 만큼 예민하기도 합니다. 처녀자리 아이는 적응력이 두드러지게 뛰어나서 풍경화도 능숙하게 그리고 학교 신문 편집도 아주 잘해 냅니다. 처녀자리 아이에게 연극을 권하는 것도 좋습니다. 주목받고 싶어 하지는 않지만 아주 뛰어난 현실 감각으로 캐릭터를 해석할 수 있습니다. 무대 공포증만 극복한다면 좋겠지요.

처녀자리 아이는 정직하고 섬세하며 신중하고 또 집중력이 뛰어나기 때문에 교사가 시험지를 채점하다가 학생의 도움이 필요할 때 늘 먼저 부르게 됩니다. 교실을 감독하는 일을 맡기면 처녀자리 아이는 공정하면서도 빈틈없이 행동합니다. 하지만 가끔은 처녀자리 아이 때문에 교사가 난처한 상황에 빠지기도 합니다. 교사도 사람인지라 말을 잘못할 때가 있는데, 평소에는 수줍음 많고 조용한 처녀자리 아이가 손을 들고 선생님의 실수를 또박또박 지적하기 때문입니다. 처녀자리 학생은 원인과 현상을 알고 싶어 합니다. 권위에 도전하는 편은 아니지만 내용이 이해가 가지 않을 때에는 책에 있는 내용도 의문을 품습니다. 꼬치꼬치 캐묻는 것을 좋아하는 근실한 처녀자리 학생에게는 책에 나와 있는 내용만으로는 부족한 경우가 많습니다. 이 아이들에게는 다양한 교육용 장난감이 필요하고 어릴 때부터 책을 많이 읽어 주어야 합니다. 어릴 때 충분한 교육을 받지 못하면 커서 불행한 사회 부적응자가 될 수 있습니다. 처녀자리 아이는 다른 아이들보다 아는 것이 적으면 과민하고 내향적인 성격으로 변하고, 자신의 부적응 때문에 심하게 당황스러워합니다.

처녀자리 아이가 청소년기를 보내면서 이성에 대해 지각하게 될 때에는 그냥 모른 척해 주는 것이 가장 좋습니다. 처음으로 남자친구가 생긴 처녀자리 여자 아이를 놀리면 오랫동안 감정적인 상처로 남을 수 있고, 처녀자리 남자 아이에게 데이트에 대해 캐물으면 독신주의자가 될 가능성이 있습니다. 처녀자리는 결혼까지 이어질 만한 친밀한 관계를 쉽게 받아들이지 못하므로 연애 과정도 가능하면 물 흐르듯이 부드럽게 이어져야 합니다.

처녀자리 아이는 감정적 욕구를 신체적 애정 표현으로 채워 주어야 합니다. 아이는 절대로 그런 갈망을 드러내지 않겠지만 이런 부분이 충족되지 않으면 미래의 인간 관계에 심각한 영향을 미칩니다. 아무리 예쁘고 똑똑한 여자 아이도, 아무리 잘생기고 영리한 남자 아이도 자신이 매력 있는 사람이라는 점을 스스로 납득해야 합니다. 본인의 겸손하고 잘난 체하지 않는 모습이, 보다 외향적인 성향의 다른 친구들만큼 매력적이라는 것을 좀처럼 믿지 못합니다. 처녀자리의 자아는 용기를 아무리 많이 북돋워 주어도 자만하지 않기 때문에, 안아 주고 뽀뽀해 주고 칭찬해 주고 등을 다독여 주는 것에 인색할 필요가 없습니다. 당신의 처녀자리 아이는 이러한 정서적인 비타민을 아주 많이 필요로 한답니다.

처녀자리 아이는 뚜렷한 습관을 많이 가지고 있고, 만약 자기 물건이 어디로 옮겨져 있거나 사생활이 침해당하면 불평을 합니다. 특정한 시간에 특정한 행동을 하는 개인적인 일정이 흐트러지면 화를 냅니다. 처녀자리 아이에게 솔직한 의견을 물어보는 일은 위험할 수 있습니다. 그런 일만 없다면 아이는 주위 사람들에게 아주 친절할 것입니다. 아이는 모든 식구들을 비판할 테고, 가끔은 재미있기도 하지만 상처를 줄 정도로 예리하게 식구들의 단점을 흉내 내기도 합니다. 아이는 어려서부터 자기만의 공간을 요구할 것이며 당신의 요리에 대해서도 까다롭게 굴 것입니다. 감자를 덜 으깼다고 불평하고 양념을 너무 많이 넣었다고 불평합니다. 하지만 다른 아이들이 대부분 글자를 깨치지도 못할 시기에 처녀자리 아이는 뛰어난 책임감을 보여 줄 것입니다. 아이는 엄마가 두통으로 고생하거나 아빠가 돈 문제로 걱정을 하면 옆에서 애처로운 눈길로 바라봐 줍니다. 학교에서는 좋은 성적을 받아 오고, 집안일도 기꺼이 잘 도와주고, 자기 용돈도 신중하게 잘 쓸 것입니다.

처녀자리 아이가 자기도 완벽함과는 거리가 멀면서, 당신이 음식을 할 때 콩을 빼라고 하거나 방금 다림질한 옷에 구김이 있다고 입지 않으려 할 때에는 정말로 화가 나서 어찌할 바를 모르게 됩니다. 하지만 이런 것만 제외한다면 처녀자리 아이는 가족의 즐거움이 된답니다.

처녀자리 아이에게 어려서부터 고양이나 새 같은 연약한 동물을 기르게 해 주면, 아이는 이들을 돌보면서 조용하고 눈에 띄지 않게 사랑을 베푸는 법을 배울 수 있습니다. 세인트 버나드나 경찰견처럼 큰 개는 안 됩니다. 전형적인 처녀자리 아이는 작은 애완동물들을 더 좋아합니다. 개미집에 관심을 보일 수도 있습니다. 작은 개미들이 부지런히 왔다갔다하면서 일하는 모습을 보면서, 호기심이 많고 실용적인 처녀자리 아이는 강한 흥미를 느낄 것입니다.

아이가 하는 말을 잘 들어 보세요. 처녀자리 아이는 그 나이 또래를 능가하는 지혜를 지니고 있습니다. 당신이 아이에게 바라는 것을 아이가 정확하게 알고 있다면 당신을 기쁘게 하기 위해 매우 열심히 노력할 테니 당신이 아이에게 잔소리할 일은 거의 없을 것입니다. 아이가 상상력을 충분히 키울 수 있는 여건을 만들어 주세요. 그렇지 않으면 아이는 상상력을 쉽게 잃을 것입니다. 아이의 버릇을 망칠까 봐 혹은 너무 환상을 심어 줄까 봐 걱정할 필요는 없습니다. 처녀자리 아이는 스스로에게 엄격하기 때문에 그럴 가능성은 없습니다.

아이의 마음에 아름다운 꿈을 되도록 많이 채워 주세요. 그러한 밝은 환상들은 아이가 성장했을 때 필요로 하는 감정적인 균형감을 제공해 줍니다. 아이가 소원을 빌 수 있는 비밀의 별을 하나 정해 주세요. 어른이 되어 외로운 순간이 오면 마법 같은 꿈에 대한 기억이 그를 지켜 줄 것입니다. 다른 아이들과는 달리 처녀자리 아이는 요정 이야기나 꾸며 낸 이야기를 별로 좋아하지 않을 수 있습니다. 처녀자리 아이는 진정한 현실주의자입니다. 그렇기 때문에 더더욱 마법과 환상 이야기를 필요로 할지도 모르죠.

처녀자리 사장

♍

"우린 말할 수 있어. 이야기할 만한 사람이 있으면."
참나리가 말했다.

사장이 처녀자리라면 그에게 친절하게 대해 주세요. 그는 아마도 속으로는 고민이 많고 우울한 사람일 것입니다. 처녀자리는 남들을 힘으로 리드하면서 권력을 행사하는 보스 기질을 타고난 사람들이 아니기 때문에 사장이 되기로 한 자신의 결정을 무지막지하게 후회할 것입니다. 물론 출생차트에 있는 행성의 위치에 따라 권력을 가진 자리에서 능력을 발휘하는 처녀자리도 있지만, 이런 경우는 극히 드뭅니다. 한 손으로 꼽을 수 있을 정도입니다.

전형적인 처녀자리는 권력의 뒤에서 사람들의 독창적인 아이디어를 믿음직하게 이행하는 2인자의 자리에 있을 때 최고의 능력을 발휘합니다. 회사 내 여러 가지 문제에 대처하면서 동시에 즐거운 회사 이미지를 연출해야 하는 대기업의 회장 역할보다는, 그 옆에서 보좌하는 역할을 맡을 때 더 행복해하고 능력을 발휘할 수 있습니다. 처녀자리가 가장 꺼려하는 역할은 스스로의 명예를 드높이면서 모든 사람들의 고민거리를 들어 주는 역할입니다. 처녀자리는 평생 동안 걱정해도 모자라지 않을 만큼 충분한 고민거리들을 이미 가지고 있지요. 그 중에 대부분이 지나친 공상의 산물이기는 하지만요.

처녀자리가 혁신적인 성향을 지닌 파트너의 충동적인 행동을 책임져야 한다는 압박감을 견디면서 부하 직원에게 지시를 쏟아내고 홍보 사업도 밀어붙이고 거대 회사의 재정 문제도 신경 써야 한다면, 일반적인 처녀자리보다는 얼굴이 더 두꺼워야 하고 자신감도 더 커야 합니다. 회사 대표로서 처녀자리가 우울한 부적응자가 될 수밖에 없는 이유는, 그가 숲은 놓치고 나무들만 자세히 보기 때문입니다. 하지만 동시에 이것은 회사의 대표에게 조언을 하는 2인자 지위에 있을 때에는 회사에 없어서는 안 될 소중한 인재의 자질이기도 합니다. 처녀자리는 큰 그림은 못 보지만 보다 공격적인 사람들이 경솔하게 놓치는 세부 사항들은 지적할 수 있습니다. 복잡한 프로젝트를 추진하면서 심각한 실수를 방지할 수 있는 사람이 바로 처녀자리입니다. 위태로운 프로젝트를 수없이 맡아서 안전하게 마무리할 수 있는 인재랍니다. 경영자 위치에서 일하면서 이러한 재능을 낭비해서는 안 됩니다. 경영자 위치에서는 자신이 꼼꼼함의 기적을 만들어 낼 수 있는 충분한 사생활이 보장되지 않으니까요. 실제로 처녀자리는 대중 앞에서 조직력을 발휘할 수밖에 없는 위치에 서면, 실제로는 그렇지 않은데도 마치 앞뒤가 맞지 않는 이야기를 하는 사람처럼 보입니다. 그래서 숨겨진 허영심 때문에 그런 지위를 맡는 처녀자리는 이런 비난을 받게 됩니다.

처녀자리 사장이 비판적인 의견을 제시해야만 할 때에는 사람들의 비난을 살 수밖에 없습니다. 어쩔 수 없습니다. 사장이라면 속으로는 아니라고 생각하면서도 겉으로는 웃으면서 그렇다고 말해야 하기도 하고, 반대로 속으로는 긍정하면서도 겉으로는 인상을 쓰면서 아니라고 말해야 하기도 합니다. 모두 게임의 일부이지요. 하지만 처녀자리는 콩을 보고 그냥 콩이라고 합니다. 그것을 팥이라고 하지 않았다고 사람들이 등을 돌리면 처녀자리 사장은 당황할 수밖에 없지요.

결론적으로 처녀자리는 권력을 가진 자리에 있으면 가끔 자기방어를 위해 기만을 사용하게 되고, 기만 자체는 절대로 처녀자리가 타고난 재능이 아니기 때문에 교활하다거나 위선적이라는 비판을 받게 되는 것입니다. 사실 처녀자리는 위선을 정말로 증오하는데, 참으로 안타까운 일입니다. 하지만 앉지 말아야 할 자리에 앉은 대가를 치르는 셈입니다. 일반적인 처녀자리 사장이 고객에게 와인과 식사를 대접하면서 말도 많이 해야 하는 자리에 있으면, 몇 달만 지나도 동굴로 들어가 숨고 싶어질 것이고, 만약 몇 년 동안 지속해야 한다면 실제로 심각한 정신질환을 앓을지도 모릅니다.

처녀자리가 자기의 진짜 모습을 찾으려고 노력한다면, 그는 결국 조직 내에서 자신이 직접 서류를 다루며 실무를 맡는 것이 훨씬 나으며 기념사진을 위해 웃으며 포즈를 취하는 일은 다른 사람에게 맡기는 것이 좋다는 사실을 깨닫게 됩니다. 그가 업무에 진정으로 헌신하게 되면 (처녀자리 중에 헌신을 모르는 사람이 있을까요?) 그는 회사의 대표가 해야 하는 사교적이고 정치적인 일들이 자기 본연의 의무를 소홀히 하게 만든다고 확신하기 때문에 그런 일들을 내심 경멸하게 됩니다. 의무를 소홀히 하는 것은 처녀자리로서는 가볍게 넘길 일이 아니지요.

하지만 열 명 남짓의 직원을 둔 작은 규모의 사업체라면 처녀자리 사장도 보스 역할을 잘할 수 있습니다. 스스로 잠재 위험에 대해 여러 측면에서 꼼꼼하게 검토하고 목록을 만들어서 관리하기 때문에 예상 밖의 난관에 부딪힐 일이 없습니다. 하지만 큰 사업체는 전형적인 처녀자리와는 절대로 어울리지 않습니다. 물론 모든 규칙에는 예외가 있듯이, 예를 들어 동쪽별자리가 게자리이고 달별자리가 염소자리라면, 전혀 다를 수도 있습니다. 이런 처녀자리는 전형적인 처녀자리가 작은 기업을 성공적으로 잘 이끄는 것과 마찬가지로 대기업의 사장 역할을 잘 수행해 낼 것입니다. 어려운 연구가 핵심 과제인 연구팀이나 실험팀을 이끄는 데에 있어서도 아주 탁월할 능력을 보여 줄 것입니다.

처녀자리 사장은 비서가 서류에 오타를 내거나 손가락에 잉크를 묻히거나 사장이 기르는 제라늄에 물을 주는 일을 자꾸 잊어버리는 실수를 눈감아 주지 않을 것입니다. 처녀자리 사장이 당신을 승진시켜 주기를 바란다면 정신 바짝 차리고 긴장해야 합니다. 실제로 약속 시간이 2시 45분인데 3시라고 말해서는 절대로 안 됩니다. 그랬다가는 괴팍하고 짜증 잘 내는 사장에게서 당신이 놓친 부분이 무엇인지 시시콜콜 잔소리를 들어야 하기 때문입니다. 당신이 스스로를 방어한답시고 그 미팅에 필요한 서류를 잘못 놓은 사람이 사장이라고 말할 생각이라면, 포기하는 것이 좋습니다. 좀처럼 실수를 하지 않는 처녀자리 사장은 더 화가 나서 당신을 노려볼 것입니다. 당신이 그런 행동을 한 번 더 했다가는 바로 해고당할지도 모릅니다. 처녀자리 사장을 조금만 비판해도 그의 입장에서는 평생 갑니다. 반대로 당신의 입장에서는 그의 비판을 하루 일과로 여겨야 합니다. 일방통행이지만 어쩔 수 없습니다. 실수를 안 하면 됩니다. 아주 간단하지요?

사장의 완벽주의 태도에 일단 적응하면, 독수리처럼 날카로운 눈빛을 한 처녀자리 사장이 실제로는 너그러운 마음씨를 지닌 공평한 사람이라는 사실을 알게 될 것입니다. 사장은 당신의 지난번 연애 이야기를 자세히 듣고 싶어 하지는 않을 것입니다. 감상주의는 전형적인 처녀자리를 지루하게 만듭니다. 하지만 당신이 왼쪽 새끼발가락이 아파서 치료차 결근을 신청한다면 애처로운 마음으로 들어 줄 것입니다. 병가 신청도 잘 받아 줍니다. 하지만 사내 연애나 경솔한 습관에 대해서는 그렇지 않습니다. 책상을 깨끗하게 정리정돈하고, 진한 화장에 미니스커트 차림으로 사내를 활보하거나 사장의 신문 위에 머리카락을 떨어뜨려서는 안 되고, 사장이 내리는 모든 지시 사항에 대해서는 꼼꼼하게 잘 들어야 합니다. 일단 사장이 당신의 옷차림과 업무 습관, 그리고 당신의 재능을 인정하고 나면 사장은 놀라울 정도로 관대하고 친절하며 사려 깊은 상관이 될 것입니다. 처녀자리 사장은 좀 별날 뿐입니다. 따지고 보면 우리 모두 다 유별난 면을 가지고 있지요.

처녀자리 사장 밑에서 일하는 남자 직원은 조금 다른 문제를 겪게 될 것입니다. 사장은 당신에게 판촉과 영업 부분에 있어 창의적인 아이디어와 공격적인 태도를 기대할 것입니다. 사실은 사장은 그 분야에서 자신의 모자라는 부분을 당신이 채워 주기를 기대하는 것입니다. 하지만 겸손한 태도를 유지하도록 하세요. 사장은 당신의 추진력이 자신보다 뛰어나다고 생각하지만, 그 밖에 실용성과 신중함과 보다 조직적인 능력에서는 자신이 더 낫다고 여기기 때문에 당신이 사장의 철저한 감독 없이도 일을 해낼 수 있다고 과시하면 별로 좋아하지 않을 것입니다. 처녀자리 사장은 잘못 판단하는 경우가 거의 없습니다. 당신이 이런 사실에 적응하고 또한 사장을 존경하게 될 때까지는 아마도 불만이 많을 것입니다.

처녀자리 사장의 서랍은 소화제로 가득 차 있고 머리는 정확한 통계 수치로 가득 차 있지만, 한편으로 그는 연민으로 가득 찬 마음도 가지고 있고 회사 내 분쟁을 해결할 수 있는 능력도 가지고 있습니다. 비록 연말 보너스로 비싼 외제차나 밍크 코트를 선사하지는 않겠지만, 당신이 일한 만큼 보너스를 줄 것이고 절대로 당신을 기만하지 않을 것입니다. 처녀자리 사장에게는 당신의 능력을 정확하게 평가할 수 있는 능력이 있다는 점을 기억하세요. 그런 처녀자리 사장을 속이는 일은 불가능하며, 혹시 가능하다 하더라도 쉽지는 않을 것입니다.

갑자기 판매 실적이 치솟아도 사장이 흥분할 거라고 기대하지는 마세요. 그는 상상력이 아주 뛰어난 편은 아니지만, 거품이 언젠가 사라지고 만다는 것 정도는 충분히 예상할 수 있습니다. 당신이 제시하는 방법이 충분히 사실에 기반하고 있어야 합니다. 그렇지 않으면 사장은 당신의 계획을 몽상 취급하면서 퇴짜를 놓고 당신도 내쫓을지 모릅니다. 당신은 사장의 끊임없는 간섭과 사사건건 비평하는 것을 참기 힘들 수도 있겠지만, 그렇다고 사장에게 잔소리 좀 그만하라고 할 수는 없지요. 그러니 사장의 비판적인 습관을 우아하게 수용하세요. 사장이 당신의 태도를 개선해 주려고 하는데 나쁠 게 뭐가 있겠습니까?

처녀자리 사장에게는 항상 솔직하게 말해야 합니다. 거짓말을 해도 소용이 없습니다. 솔직히 말해서 처녀자리 사장은 너무 작은 일에까지 연연하기는 하지만, 그렇다고 해서 큰 일을 소홀히 하지도 않는답니다.

처녀자리 사장이 필요로 하는 사려 깊은 지원과 존경을 당신이 제공한다면, 그는 절대로 당신에게 해가 될 사람이 아닙니다. 마음속으로는 정말로 부드러운 사람이고 결혼 여부를 떠나서 자주 지독한 외로움을 타는 사람입니다. 친구를 쉽게 사귀지는 않지만, 당신이 그에게 용기를 준다면 무척 고마워할 것입니다. 모든 처녀자리들처럼 그는 은밀한 꿈을 품고 살아가며, 겉보기처럼 그렇게 감정이 메마른 사람도 아니랍니다. 사장이 말은 거칠게 해도 진심은 그렇지 않음을 당신이 알고 있다고 말해 주세요. 그러면 그는 자기만의 완벽한 세계에서 한 발짝 내려올 것입니다. 다른 직원들이 사장을 보고 인색하다고 해도 신경 쓰지 마세요. 당신이 정말로 어려움에 처했을 때 사장에게 가서 의논해 보세요. 다른 직원들이 얼마나 잘못 생각하고 있는지 알게 될 것입니다.

처녀자리 직원

♍

붉은 여왕이 말을 잘랐다.
"넌 '언덕'이라고 하는데 내가 보여 줄 언덕들에 비하면
그건 골짜기라고 불러야 할 거야."
"언덕이 골짜기가 될 수는 없잖아요. 그건 말이 안 돼요."
붉은 여왕이 고개를 저으며 말했다.
"너는 그게 말이 안 된다고 할지도 모르지.
하지만 내가 지금껏 들어 본 말도 안 되는 소리들에 비하면
이건 사전에 올려도 될 만큼 분명히 말이 되는 소리지!"

전형적인 처녀자리를 직원으로 두고 있다면 그를 소중히 여기고 당신의 오른팔 위치로 천천히, 조심스럽게 승진시킬 계획을 세워 보세요. 너무 빨리 승진시키면 처녀자리 직원은 준비가 되어 있지 않아서 내켜 하지 않을지도 모릅니다. 빠른 승진 자체는 처녀자리에게 별로 감흥을 주지 않을 뿐더러 당신이 충동적인 상사는 아닐까 하는 의구심을 갖게 합니다.

처녀자리 직원에게는 보너스를 많이 줄 필요도 없습니다. 다른 한편으로는 임금을 너무 낮게 책정해서도 안 됩니다. 그는 본인에게 적절한 임금 수준을 알고 있기 때문에, 애사심과 안정을 추구하는 태도에도 불구하고, 당신이 정당하지 못하거나 불합리하다는 생각이 들면 이직을 감행할 것입니다. 처녀자리가 대가를 바라지 않고 일을 한다고들 하는

데, 약간 와전된 것입니다. 그보다는 개인적인 만족을 위해서 일하지는 않는다는 표현이 보다 정확할 것입니다.(겉보기와는 달리 내면에는 만족감에 대한 욕구가 있기는 합니다.) 처녀자리 직원은 자신의 노고에 대해 제대로 보상받기를 기대합니다. 돈이라는 대상이 중요하기 때문입니다. 하지만 돈 자체를 중요시하거나 게자리처럼 돈을 축적하고자 하는 동기가 있지는 않습니다. 자신이 나이 들고 병들어 약해졌을 때 생활 보호 대상이 되거나 남들에게 의지하게 되는 것에 대한 타고난 두려움 때문입니다. 바로 그러한 걱정만으로도 처녀자리는 소름이 돋습니다. 다른 별자리보다도 처녀자리는 나이가 들었을 때 훨씬 더 건강할 것입니다. 어린 시절에는 허약 체질인 경우도 있지만 나이가 들면서 점점 더 건강해집니다. 그런데도 처녀자리는 건강과 미래의 재정 문제를 내심 걱정합니다. 병원과 빈민의 집이라는 이미지가 처녀자리의 뇌리에서 절대로 떠나지 않기 때문에, 경제적 안정을 확보할 때까지 조용한 야심을 품고 일을 합니다. 그런 지위에 올라야만 처녀자리의 긴장감이 풀어지고 마침내 휴식을 취할 수 있습니다. 물론 처녀자리는 완전히 느긋해지는 법이 없지만 그 전보다는 훨씬 덜 조바심을 친다고 해야겠지요. 손톱도 덜 물어뜯고 알레르기 반응도 줄어들 것입니다.

처녀자리 직원은, 가끔 불편할 정도로 완벽해서 탈일 정도로, 세부 사항을 꼼꼼하게 볼 수 있습니다. 당신이 사장이라고 해도 처녀자리 직원은 당신의 실수를 잡아 내고 그것을 전형적인 처녀자리 방식답게 무뚝뚝하게 지적할 것입니다. 지위나 직급은 처녀자리에게 별로 중요하지 않습니다. 완벽함이 중요하지요. 물론 전형적인 처녀자리의 매력으로 다른 직원들보다는 당신에게 훨씬 깍듯하게 예의를 갖출 것입니다.

개인에 따라 약간의 단점은 있을 수 있지만, 대체로 모든 처녀자리 직원은 탁월한 분석 능력과 뛰어난 감각을 가지고 있습니다. 날카로운 식별력을 가지고 있는 전형적인 처녀자리 직원은 취약한 부분을 아주 정확하고 빠르게 파악하는 재주를 가진 뛰어난 비평가입니다. 적응력이 뛰어나고 다재다능하며 명확하게 사고할 뿐 아니라, 정확하고 똑똑하며 믿음직합니다. 절대로 업무를 엉성하게 마무리하지 않으며, 하다 말거나 게으름 피우는 일은 용납하지 않는 성격을 가지고 있습니다. 당신도 예외는 아닙니다. 회사에 출근하지 않고 골프를 치러 갔다가 오면 처녀자리 직원은 살짝 못마땅하다는 표정으로 당신을 쳐다볼 것입니다. 물론 순종적이고 예의바른 처녀자리이므로 드러내 놓고 내색하지는 않겠죠.

처녀자리는 일반적으로 대중을 대상으로 하는 서비스업에서 두각을 나타냅니다. 출판, 문학, 의학, 약학, 음식 관련 모든 업종, 과학 연구, 모든 종류의 서비스 대행업, 경리 및 회계 등의 분야에서 능숙하고 체계적인 처녀자리의 능력을 효과적으로 발휘할 수 있습니다. 사소한 내용도 소홀히 하지 않으며 뭔가 정확하지 않거나 확인해야 하는 일이 생겼을 때에는 개의치 않고 야근을 하기도 합니다.

처녀자리 직원은 감독하지 않아도 안심할 수 있습니다. 처녀자리에게는 도덕성과 책임감이 전부입니다. 게다가 처녀자리 직원은 다른 동료들이 자기를 비평할 수 있도록 노출된 상태로 일하는 것보다는 혼자 조용하게 일하거나 당신 옆에서 비밀스럽게 일하는 것을 더 좋아합니다. 처녀자리 직원은 업무 속도가 빠르지만 처음에는 별로 그렇게 보이지 않을 수도 있습니다. 그 이유는 지름길을 별로 신뢰하지 않고 모든 사실을 확인하기 전에는 만족하지 않기 때문입니다. 일을 너무 철저하게 하기 때문에 느리게 보일 뿐입니다. 사실 처녀자리의 마음은 수성처럼 빠르지만, 단순히 일을 빨리 하는 것보다는 신중하고 체계적으로 일하려고 합니다.

처녀자리의 현실적이고 실용적인 접근 태도와 광고 분야는 어울리지 않는 것 같지만, 인내심을 가지고 창조적인 아이디어를 골라내서 현실적인 광고 수단으로 구현할 수 있는 위치에 있다면 매우 적합한 자리이기도 합니다.

처녀자리 직원에게 판촉이나 판매 업무를 맡기는 것은 별로 권장할 만한 일이 아닙니다. 처녀자리 직원은 잠재 고객들을 앉혀 놓고 너무 정직하게 말하고 그럴듯한 말솜씨가 필요한 부분에서 너무 담백하게 얘기할 뿐 아니라, 대단한 열정으로 자신이나 회사를 홍보하기에는 기본적으로 내성적이고 수줍음을 많이 탑니다. 드물게 훌륭한 처녀자리 세일즈맨이 있기는 하지만 어디까지나 예외적인 경우입니다.

처녀자리 직원은 옷을 단정하게 입고 부드러운 어휘를 구사하며 마치 아이보리 비누처럼 깔끔하고 책상은 거의 비어 있는 것처럼 보일 정도로 잘 정리되어 있습니다. 가끔은 책상이 약간 어수선한 처녀자리도 있지만 걱정할 필요는 없습니다. 그의 정신 상태까지 어수선하지는 않으니까요. 정신없는 와중에도 질서를 잡고 있기 때문에 원하는 것이 어디에 있는지 정확하게 알고 있습니다. 당신에게는 그의 책상이 마치 무슨 쓰레기 더미처럼 보일 테지만 그는 메모지나 클립이 어디에 있는지 잘 알고 있답니다.

처녀자리의 집이나 사무실이 심각할 정도로 정리가 안 되어 있는 경우는, 그가 정서적으로 행복하지 않다는 사실을 보여 주는 증거입니다. 사수자리가 갑자기 단정하고 꼼꼼해지는 것도 같은 경우를 의미합니다.

처녀자리 직원이 한 일을 비평하고 싶은 생각이 들 때에는 일단 참아야 합니다. 당신이 알아차리기 전에 그 직원이 벌써 자신의 실수를 파악했을 것입니다. 불가피하게 비판해야 하는 경우라면 간단명료하고 조용하게 하는 것이 좋습니다. 불필요한 비판은 삼가는 것이 좋습니다. 처녀자리 직원이 애사심과 감사하는 마음을 갖게 하는 일은 아주 쉽지만, 동시에 그를 발끈하게 하고 초조하게 만들고 시무룩하게 만드는 일도 아주 쉽습니다. 자신이 무시당했다는 생각에 금세 토라지지만, 당신이 어려움에 처하면 요청하지 않아도 금세 당신을 도와줄 것입니다. 실제로 위기가 닥치면 처녀자리 직원은 평소보다 키가 5센티미터는 더 커 보인답니다.

처녀자리 직원을 밝고 화려한 색상의 사무실에서 일하게 하지 마세요. 밝은 색상은 처녀자리 직원의 조용하고 차분한 성격을 방해합니다. 되도록 효율적인 최신 장비를 사 주면 잘 활용할 것입니다. 그는 일할 때에는 소음이나 혼란을 싫어합니다. 불규칙한 일정도 좋아하지 않습니다. 규칙적으로 일하고 쉴 수 있도록 해 주세요. 필요하다고 판단되면 야근도 하겠지만, 근무 시간을 바꿔서 일정이 불안정해지거나 혼란스러워지는 것은 싫어합니다. 드러내지 않을 뿐이지 그에게 감정적인 욕구가 아예 없는 것은 아니므로 어느 정도 칭찬을 공개적으로 해 줄 필요가 있습니다.

전형적인 처녀자리 직원은 비법을 터득해야 하거나 풍부한 상상력을 요하는 업무에는 별로 빠져들지 않지만 가끔은 그런 직원을 발견할 수도 있습니다. 그래도 역시 처녀자리라는 사실을 잊지 마세요. 처녀자리 천문해석가는 꼼꼼하게 비밀스러운 연구 작업을 할 것이고, 처녀자리 시인은 정확한 운율을 사용하며, 처녀자리 화가는 세밀한 표현에 집중하고, 처녀자리 배우는 완벽한 사투리나 끊임없이 공부해야 하는 특이한 억양을 완벽하게 재현할 것입니다. 직업적인 선택과 관련해서는 특정 별자리 사람이 그 별자리에 어울리지 않는 일을 하고 있다고 해서 혼란에 빠질 필요가 없습니다. 계속 관찰해 보면 결국은 자신의 기본적인 성향에 따라서 살고 있다는 점을 알게 될 것입니다.

처녀자리 직원을 말단에서부터 점차로 당신의 오른팔 위치까지 이동시키고 나면(처녀자리는 밑바닥에서부터 시작하는 것을 개의치 않습니다.) 당신은 이제 여유 있게 기분 전환을 위해 골프를 치러 나갈 수도 있습니다. 당신이 정말로 신뢰할 수 있는 직원이 사무실에서 당신을 대신하고 있으니까요. 물론 사무실에 돌아와 사랑스럽고 맑은 처녀자리의 눈에서 비난하는 듯한 표정을 읽으면 약간 죄책감이 들 수도 있습니다. 당신의 처녀자리 직원이 얼마나 사랑스러운지 아직 모르겠다고요? 다시 한 번 잘 살펴보세요.

천칭자리

Libra, the Scales

9월 24일부터 10월 23일까지

지배행성 – 금성

출래? 말래? 출래? 말래?
영국에서 멀어질수록 프랑스에는 가까워져.

트위들덤을 이어 트위들디가 말했어요.
"반대로, 그게 그런 것이라면 그렇지.
그럴 수 있는 것은 그럴 테고.
하지만 아닌 것이라면 아니지. 그것이 논리야."

천칭자리를 알아보는 방법

Ω

"네 얼굴은 다른 사람들하고 똑같아.
눈이 두 개고 또… 가운데 코가 있고 그 밑에 입이 있지. 다 똑같아.
만약에 네 눈이 코 옆에 붙어 있다거나, 맨 위에 입이 있다거나 하면
훨씬 도움이 될 텐데 말이야."

천칭자리는 무례한 행동을 혐오하면서도 정작 자신은 당신의 집에 왔을 때 비뚤게 걸려 있는 액자를 맘대로 바로잡고 텔레비전을 함부로 꺼버릴 것입니다. 천칭자리는 사람들을 정말 좋아하지만, 큰 모임은 싫어합니다. 평화의 상징인 비둘기처럼, 이들은 사람들 사이의 싸움을 중재합니다. 하지만 본인은 논쟁을 즐기기도 합니다. 천성이 온화하고 유쾌한 사람들이지만, 잘 토라지기도 하고 타인의 지시에 따르는 것도 싫어합니다. 총명하지만 동시에 믿을 수 없을 만큼 순진하고 잘 속기도 합니다. 쉴 새 없이 떠들기도 하지만, 남의 얘기를 정말 잘 들어 주기도 합니다. 천칭자리는 가만히 있지 못합니다. 하지만 좀처럼 급하게 서두르지 않습니다. 어때요. 정말 혼란스럽지요? 당신만 그렇게 느끼는 것이 아니랍니다. 천칭자리는 남들도 당황스러워하지만 본인 스스로도 당황할

만큼 심각한 모순을 내재하고 있습니다.

많은 사람들이 천칭자리는 정말 사랑스럽고 아름답고 유쾌하다고 말합니다. 틀린 말은 아니지만 좀 더 정확하게 표현할 필요가 있습니다. 유진 오닐*과 같은 천칭자리도 있으니까요. 천칭자리를 상징하는 것이 정의의 황금 저울이라고 해서 천칭자리가 언제나 완벽한 균형을 이루고 있다고 생각하면 오산입니다. 저울은 결국 늘 균형을 맞추려고 노력하는 존재입니다. 한의원에서 저울로 한약재의 무게를 재는 것을 본 적이 있나요? 궁극적으로는 양쪽의 높이를 똑같이 맞추는 것이 목표이지만 실제로는 어떻던가요? 처음에는 한쪽이 낮고 그 다음에는 반대쪽이 낮아집니다. 이쪽저쪽 기울다가 마침내 균형이 맞을 때까지 약재를 덜어 내지요. 자주 가는 한의원이 있다면 가서 저울 사용법을 확인해 보세요.(한의사에게는 그럴 듯한 핑계를 대시고요.)

앞으로는 천칭자리가 침착하고 완벽하게 조화로우며, 사랑스럽고 우아하고 매력적인 사람이라고만은 생각하지 않게 될 것입니다. 이런 기질은 절반의 시간 동안에만 나타납니다. 나머지 시간 동안에는 천칭자리는 짜증스럽고 싸움을 좋아하며, 고집 세고 침착하지 못하고 우울하면서도 갈팡질팡하는 사람이 될 수 있습니다. 천칭자리는 기분이 좋았다가도 바로 다음 순간 기분이 나빠지기도 한답니다. 시계추처럼 한쪽으로 갔다가 반대편으로 움직입니다. 그러다가 갑자기 저울처럼 완벽한 균형을 이루기도 합니다. 그런 순간에는 정말 유쾌한 상태가 되지요. 하지만 그렇게 기분이 날아갈 듯한 완벽한 균형의 순간이 오기까지는

---

* 유진 오닐(Eugene O'Neil, 1888~1953): 미국의 극작가. 퓰리처상 네 번에 노벨 문학상까지 받았지만 개인적인 삶은 매우 불우했다.

계속 무게를 재고 덜어 내야 하는 고통의 시간을 보냅니다.

천칭자리를 외모로 알아보는 일은 이들을 성격으로 파악하는 일만큼이나 집중력이 필요합니다. 금성의 보조개를 제외하고는 천칭자리의 전형적인 모습이라고 할 만한 게 없습니다. 천칭자리의 특징은 거의 항상 반듯하고 균형이 잘 맞는다는 점이죠. 좋은 내용이기는 하지만 두드러지는 특징은 아니므로 일단 보조개부터 시작하는 것이 쉽습니다. 천칭자리는 대개 양 볼이나 턱 쪽에 보조개가 있습니다. 얼굴에 보조개가 없다면 무릎이 약간 들어갔는지 확인해 보세요. 대부분의 천칭자리는 무릎에 옴폭 들어간 곳이 있습니다. 하지만 조심해야겠죠. 여성의 무릎을 뚫어져라 쳐다보면서 천칭자리인지 확인해 보고 싶어서였다고 한다면 믿어 줄 사람이 별로 없을 테니까요. 들키지 않게 잘 살펴보세요. 남성의 경우라면 대부분 긴 바지를 입으니 해변에 있거나 테니스를 치는 경우가 아니라면 확인할 방법이 없겠네요. 보조개가 있는데도 천칭자리가 아니라 해서 너무 실망하지는 마세요. 그 매력적인 보조개는 그냥 생기지 않습니다. 아마도 동쪽별자리가 천칭자리일 테니 당신이 틀렸다고는 할 수 없죠.

금성의 보조개를 확인한 뒤에는 얼굴 전체의 느낌을 살펴보세요. 천칭자리는 늘 매우 유쾌한 표정을 하고 있습니다. 천칭자리는 화가 났을 때에도 온화한 인상을 지울 수 없답니다. 온화하지 않다면 적어도 무표정할 것입니다. 금성의 목소리는 전형적으로 달콤하고 마치 종소리처럼 맑아서, 천칭자리는 좀처럼 날카롭게 소리 지르거나 고함치지 않습니다. 천칭자리는 "당신을 정말 증오해요. 당신 얼굴에 주먹을 한 방 날려 주고 싶어요."라고 말하면서도 그게 마치 "그대를 어떻게 사랑할까요?"라는 브라우닝의 시를 낭독하는 것처럼 들리게 하지요. 입은 대체로 활 모양이고, 입술은 마치 체리 와인 같은 붉은빛을 띱니다. 실제로 전형적인 천칭자리의 얼굴은 봉봉 사탕 상자를 떠올리게 합니다. 아니면 설탕 과자? 어떤 천칭자리는 마치 인간 롤리팝 사탕이나 크림을 잔뜩 얹은 캐러멜 아이스크림 선디처럼 보입니다. 실제로 천칭자리는 이런 것들을 좋아해서 혹시 천칭자리가 이 글을 읽고 있다면 지금쯤 배가 고파서 힘이 빠질 거예요.

천칭자리 여성은 거의 예외 없이 예쁘고, 남성은 대부분 미남이라는 말을 듣습니다. 하지만 잘생긴 사람들이 모두 다 천칭자리는 아니지요. 금성의 아름다움은 모두에게 공평해서 다른 태양별자리에 속해 있는 아름다움과 구별하기가 쉽지 않습니다. 천칭자리를 알아보는 저만의 비결은 드와이트 아이젠하워*와 브리지트 바르도**의 사랑스러운 표정을 떠올리는 데에서 출발하는 것입니다. 문제는 가끔 여성인데도 아이젠하워처럼 생길 수 있고, 남성인데도 바르도처럼 생길 수 있다는 점이지요. 약간의 오차는 감안해 주세요.

천칭자리 여성이 남성적이라는 말은 아닙니다. 대부분의 천칭자리 여성은 일반적인 남성들이 다들 수긍할 만큼 여성적입니다.(공격적인 동쪽별자리가 있지 않다면요.) 반대로 천칭자리 남성이 여성스럽다는 뜻도 아닙니다. 대부분의 천칭자리 남성은 남성미가 넘치는 매력남들입니다. 하지만 천칭자리의 남성미에는 고유의 매력이 있습니다. 레슬링 선수나 격투기 선수의 남성미와는 사뭇 다릅니다. 제 아무리 사람들이 못생겼다고 하는(물론 정말 드문 경우입니다.) 천칭자리라도 어딘가 상당히 매력

* 드와이트 아이젠하워(Dwight Eisenhower, 1890~1969): 미국의 장군이자 제34대 대통령.
** 브리지트 바르도(Brigitte Bardot, 1934~): 프랑스의 영화배우.

적이라는 느낌을 지울 수 없고, 또 그 사람의 얼굴에서 진정한 아름다움
이라 할 무언가를 발견하기도 합니다.

천칭자리를 보면 하늘에 떠 있는 구름처럼 부드럽고 새하얀 미소
를 짓고 있는 경우가 많답니다. 그 금성의 미소는 스무 걸음쯤 떨어져
있는 초콜릿도 녹일 수 있답니다. 그 미소는 평범하고 소박한 사람도 멋
져 보이게 만드는 광채를 뿜어냅니다.

대부분의 천칭자리는 각진 체형보다는 완만한 곡선이 많은 체형입
니다. 머리카락은 곱슬머리인 경우가 많습니다. 뚱뚱하지는 않지만 마
르지도 않습니다.(동쪽별자리가 황소자리라면 좀 통통한 체형일 수 있겠죠.)
하지만 다이어트를 하면 상당히 마른 체형이 될 수도 있습니다. 그렇더
라도 곡선은 여전히 남아 있어서 마치 모래시계처럼 보일 것입니다. 브
리지트 바르도를 다시 예로 들어 보면, 그녀는 뚱뚱하다고 할 수도 없지
만 말랐다고 하기도 어렵습니다. 금성의 외모와 신체적인 특징을 제대
로 알아보려면 한 가지를 더 알아야 합니다. 그것은 아주 유쾌하게 들리
는 밝고 경쾌한 웃음소리입니다. 한번 들으면 잘 잊히지 않는 웃음소리
이지요.

이쯤 되면 천칭자리는 보조개를 달고 태어났고, 미와 사랑을 추구
하는 매력적인 사람이며, 남들도 즐겁게 하고 본인도 곧잘 즐거워하는
사람이니 특별한 축복을 받았다는 생각이 들지요? 그 부드러움과 우아
함 그리고 이해심은 다름 아닌 신의 선물이라는 생각이 들지도 모릅니
다. 아마도 당신 생각이 맞을 거예요. 천칭자리의 저울이 균형을 이루
는 순간에는 마치 하늘에서 내려온 천사를 만난 것처럼 한없는 기쁨으
로 즐거워집니다. 하지만 그 천사는 지팡이로 저울의 이쪽저쪽을 계속
건드려서 천칭자리가 이리저리 기울어지게 만듭니다. 실수든 아니든 그

천사는 변덕스러운 마음을 다잡지 못하고 자신의 우유부단함을 자신의 별자리인 천칭자리에게 떠넘긴다고나 할까요? 이럴 때 천칭자리는 일단 큰 소리로 장황하게 말하면서 대화를 독점합니다. 그러다가 다음 순간 골똘히 상대방의 이야기를 들어 주면서 무척 흥미로워합니다. 또한 사람들 사이에 다툼이 생기면 평화 유지군 역할을 자처하면서 사람들의 감정을 달래 주기도 합니다. 그러다가는 바로 돌아서서 의도적으로 다른 사람 편을 들기 시작합니다. 천칭자리는 이런 식으로 자기가 좋아하는 논쟁을 끊임없이 촉발시킵니다.

천칭자리는 조화를 추구합니다. 하지만 지나치게 음식과 술과 사랑에 탐닉해서 완전히 망가지는 경우도 상당수 있습니다. 그런 천칭자리는 실제로 몸은 하나인데 머리가 두 개라서 움직일 때마다 서로 엇갈린 방향으로 가려고 하는 동물을 연상시킵니다.

천칭자리의 본성 자체는 게으르다고 알려져 있는데, 이것 역시 모순이 내재된 특징 중에 하나입니다. 며칠, 몇 주, 몇 달 동안 계속 너무 바빠서 놀 수 없는 경우도 있으니까요. 밤을 꼬박 새고도 다시 새벽같이 일어나 초롱초롱 눈을 반짝이기도 합니다. 그런 천칭자리는 바라보는 것만으로도 피곤해지지요. 그러다 갑자기 "너무 피곤해." 하며 의자에 털썩 주저앉아 게으름의 극치를 보여 줍니다.(그렇게 정신없이 바쁘게 일하다가 말이지요.) 천칭자리가 한번 소파에 벌렁 누우면 손가락 하나 까딱하지 않고 그대로 있을 것입니다. 숟가락을 들거나 안경을 집기도 쉽지 않습니다. 주변에 누군가 도와줄 만한 사람이 있다면 자기의 손과 발이 되어 주기를 바랄 것입니다. 천칭자리의 저울이 무기력 쪽으로 기울면 증기기관차로 끌어도 꼼짝하지 않습니다. 말하고, 책 보고, 하품하고, 재채기하고, 텔레비전 보고, 창밖을 멍하니 내다보다가 심지어 침실로 들어가는 것조차 힘들어합니다.(결국 들어가기는 합니다.) 아무리 잔소리를 하고 고함을 쳐 봐도 천칭자리에게는 별로 효과가 없습니다. 마치 딴 세상에 있는 것 같습니다. 시간이 지나 원기를 회복하면 다시 넘치는 에너지로 칙칙폭폭 달려갈 것입니다. 손과 발이 거의 보이지도 않을 지경입니다. 마구를 끄는 노새처럼 열심히 일하고 자질구레한 일을 조화롭게 계획해서 효율적이고도 쉽게 처리하며, 꾸준함도 유지할 것입니다. 천칭자리는 이중적인 별자리가 아님에도 불구하고 그의 친구들에게는 전혀 다른 두 사람으로 보이기도 합니다. 상승기의 천칭자리를 자주 본 사람에게 천칭자리는 게으르다고 얘기하면 그는 당신을 물끄러미 쳐다볼 것입니다. 반대로 하강기의 천칭자리를 자주 본 사람에게 천칭자리는 의욕에 넘치는 사람이라고 얘기하면 "그 게으름뱅이가요? 설마……."라고 반응할 것입니다.

천칭자리는 자기 몸의 균형을 유지하기 위해 활동한 뒤에 완벽한 휴식으로 스위치를 전환해야 한다는 것을 본능적으로 알고 있습니다. 몸의 유전자와 세포, 그리고 전자기파의 상태가 그 전환 시점을 알려 줘서 천칭자리는 육체적 균형을 섬세하게 잘 관리할 수 있습니다. 하지만 이성과 감성을 조화롭게 유지하는 일에는 본능이 제 역할을 하지 못하는 듯합니다. 천칭자리는 매우 감상적인 상태에 빠져 울다가도 갑자기 날카로운 냉소를 날리기도 하며, 그러다가 또 봄을 알리는 개똥지빠귀처럼 경쾌해지기도 합니다. 하지만 이런 변화는 쌍둥이자리의 이중적인 모습과는 다릅니다. 천칭자리는 끊임없이 하나의 감정에서 다른 감정으로 차례로 빠져드는데, 이런 모습은 쌍둥이자리가 완전히 성격을 바꾸는 것과는 다릅니다. 천칭자리가 어떤 순간에 어떤 감정을 드러내더라도, 그 감정에는 풍부한 깊이가 있답니다. 뿐만 아니라 슬픔이나 기쁨을 철학적으로 바라보기 때문에 결국에는 일을 원만하게 해결하는 경우가 많습니다.

천칭자리는 본능적으로 분별심이 있기 때문에 정신적으로도 육체적으로도 건강을 지킬 수 있습니다. 몸과 마음이 심각하게 망가지는 경우는 거의 없습니다. 이들의 건강에 있어 가장 큰 위험 요소는 탐닉입니다. 단 것을 지나치게 먹어서 위에 이상이 생기거나 피부에 반점이 생길 수 있습니다. 지나친 음주로 인해 신장이나 방광에 문제가 생기고 그 결과로 심한 편두통이 생길 수도 있습니다. 또한 우울증에 시달리면 피부에 가려움증이나 부스럼이 생길 수도 있습니다. 가슴도 예민한 신체 부위이고 가끔은 발 쪽에 질병이 생기거나 일반적이지는 않지만 장에 이상이 생기기도 합니다. 종양도 천칭자리를 많이 괴롭히는데, 이것은 걱정이 많아서라기보다는 소화기관을 무리하게 사용하거나 정서가 불안정하기 때문이라고 볼 수 있습니다. 자신을 너무 몰아세우지 않고 꼬박꼬박 휴식을 취해 준다면, 천칭자리는 대체로 다른 사람들보다 건강한 편입니다. 수호행성 금성의 평화와 조화로움이 천칭자리의 건강에도 기적 같은 효과를 만들어 냅니다. 천칭자리가 아플 때는 장기간의 휴식이 필요하고, 유쾌한 책, 부드러운 음악, 그리고 위로의 말이 필요하며, 조화로운 정서 상태를 유지해야 합니다. 이런 환경이라면 대부분의 전형적인 천칭자리는 조만간 다시 일어나 예전의 날렵함을 과시할 수 있을 것입니다.

천칭자리의 성격은 친절함, 부드러움, 공정함, 아주 고집스럽게 따지는 경향, 복종에 대한 완강한 저항, 철학적 논리와 망설임이 골고루 섞여 있습니다. 이 구성 요소들을 하나하나 살펴보는 것이 좋습니다. 예를 들어, 잘 따지는 성격에 대해 살펴봅시다. 천칭자리는 정확한 시간이 몇 시인지를 놓고 당신 시계가 2초 느리다고 논쟁을 벌이는 사람입니다. "십대들이 이 나라를 망치고 있다."라는 식으로 주제를 일반화하면 절대로 논쟁을 피할 수 없습니다. 비록 자기 아이들이 반항적인 체제 거부자라 할지라도, 평화 봉사단을 필두로 세계에 훌륭한 젊은이들이 얼마나 많이 있는지에 대한 논리적이고 신중한 논설을 펼칠 것입니다. "오늘날 사법 체계가 부패해서 판사들과 변호사들도 정직하지 못하다."라는 말을 듣는다면 이 나라에서 신성한 정의가 보호되고 있는 수많은 사례에 대하여, 배심원 제도의 미덕과 입법자들의 문제에 대하여, 로마의 법에서부터 나폴레옹 법전까지 법이란 법을 죄다 거론하며 몇 시간이고 얘기할 것입니다. 무심코 "시골에 살 수 있는데도 도시에 사는 것은 어리석은 일이다. 둘은 비교가 안 된다."라는 식으로 이야기하면 안 됩니다. 특히 마지막 표현은 큰 실수입니다. '비교'라는 말을 듣자마자 일반적인 천칭자리는 평정을 잃고 달려듭니다. 그는 밤새도록 그 두 가지를 비교하며 논쟁을 벌일 것입니다. 시골과의 비교를 통해, 도시의 아름다움과 혜택을 극찬할 것입니다. 비록 자신은 교외에 살고 있더라도 도시의 현란한 조명과 빵빵거리는 택시, 극장, 박물관, 공원 들을 매력적인 언어로 묘사할 것입니다. 당신에게 반대 의견이 있더라도 상황은 별 차이가 없습니다. 천칭자리는 도시에서 증가하고 있는 십대 범죄율과 법정의 부패, 그리고 시골 생활의 즐거움에 대해서 자세히 설명할 것입니다. 논쟁에서 어느 쪽 입장에 서는가는 천칭자리에게 별로 중요하지 않습니다. 반대편에 서기만 하면 됩니다. 가끔 지루해지면 중간에 입장을 바꾸기도 합니다. 당신이 어떤 영화가 좋다고 하면, 그는 그 영화의 문제점을 지적할 것입니다. 만약 당신이 그 영화를 비판하면, 거꾸로 그 영화를 칭찬할 것입니다. 당신이 새로 나온 책을 극찬하면, 그는 그 책의 단점을 열거할 것이고, 당신이 그 책이 지루하다고 하면 그는 그 책의 미덕에 대해 얘기할 것입니다. 이렇게 논리적인 추론을 계속하는 과정에서 천칭자리는 공정한 태도를 취하려는 것이지요. 천칭자리는 편견과 부당한 비난, 그리고 맹목적인 신뢰를 모두 똑같이 싫어합니다. 그는 모든 가능성을 다 고려한 후에 얻을 수 있는 정확한 답을 찾고자 합니다. 그 답으로 가는 길, 그 종착지에서 만날 진실과 정확한 균형을 추구하는 것이지요.

모든 측면을 다 고려하려는 천칭자리의 태도는 높이 평가할 만한 자질입니다. 하지만 확신에 찬 사람들을 격하게 만들 수도 있고, 스스로를 끊임없이 우유부단한 상태로 몰아넣을 수도 있습니다. 이런 성향을 잘 조절하는 천칭자리들도 이런저런 가능성을 고려하지 않고 즉각적인 결정을 내리는 것은 싫어합니다. 공평함은 집착으로 이어질 수도 있습니다. 천칭자리 장군은 조화롭고 균형 잡힌 판단력을 무기로 탁월한 전략가가 될 수 있고, 치밀한 계획으로 전투를 시작하기도 전에 이미 승리를 거둘 수 있습니다. 천칭자리는 모든 요소를 고려하고 불안과 화를 진정시키는 능력으로 탁월한 중재자가 되기도 합니다. 신뢰가 사라진 지 오래되어 지금은 증오밖에 남지 않은 사람들이 서로 화합하도록 만들 수 있습니다. 천칭자리는 모두 전쟁 때문에 속으로 가슴앓이를 합니다. 이들은 유혈 사태를 증오하지요. 10월에 태어난 장교라면 결국 수천 명의 목숨을 구하고 자기편의 승리를 보장할 뛰어난 전략 전술을 세우겠지만, 발포 명령만은 다른 사람이 내리도록 할 것입니다.

결정을 미루는 성향과 상반되는 요소가 출생차트 상에 있는 사람이라면 교착 상태에 빠질 수 있습니다. 아침에 일어나서 침대의 어느 쪽으로 나올지 결정하지 못하는 사람은 말할 것도 없고, 아침에 신을 신발을 고르지 못하는 사람도 있습니다. 사무실이나 연회장에서 만나는 일반적인 천칭자리들조차도 당신에게 신경과민이 생길 정도로 이렇게 저렇게 모든 면을 재고 또 재면서, 결정 한 번 내리는 데에 한참 시간을 끕니다. 그들은 이런 식으로 말합니다. "내가 이렇게 하면 이러저러한 일들이 생길 거예요. 다른 한편으로는(천칭자리가 늘 즐겨 쓰는 말이죠.) 내가 저렇게 하면 이러저러한 결과가 발생합니다." 천칭의 저울은 미친 듯이 널을 뜁니다. 의심 많은 천칭자리가 '왜', '무슨 이유로', '무엇 때문에'라는 말을 반복하는 모습을 지켜보는 일은 세상에게 가장 고통스러운 일입니다. 결정을 내리는 동안 누군가가 자기를 재촉하거나 몰아세우는 것도 싫어합니다. 성질 급한 사람은 천칭자리를 황소자리도 울고 갈 정도의 완강한 고집쟁이로 바꿔 버릴 수 있습니다. 성급함은 천칭자리가 가장 싫어하는 성격입니다. 변덕이 심하고 성급하고 충동적이며 결과를 신중하게 고려하지 않는 사람들은 천칭자리를 신경과민에 걸리게 할 수도 있습니다.

재미있게도, 천칭자리는 항상 자신의 우유부단함을 바로 부인합니다. 천칭자리의 특징을 설명해 주면 그들은 "난 전혀 우유부단하지 않아. 그건 옳은 표현이 아니야. 분명히 나를 제대로 설명하는 말이 아니야."라고 말합니다. 웃지 마세요. 그 말인즉슨, 비록 자기가 마음을 결정하는 데에는 지독하게 시간이 오래 걸리지만(아주 편리하게도 천칭자리는 이 사실을 잊어버립니다.) 일단 결정을 내리고 나면 그 결정에 대해서는 확고한 믿음을 가지고 있다는 뜻이니까요. 시간만 충분하다면 이런 확고한 신념을 바탕으로 그 궁극의 결정을 단행하고는, 본인이 단호하면서도 결단력 있는 사람이라고 믿어 버립니다. 하지만 우리까지 오해할 필요는 없지요. 어쨌거나, 그가 자기는 뭘 결정하는 일이 전혀 어렵지 않다고 말하는 것은 전형적인 천칭자리식 논쟁을 시작하는 것이니 바로 그 점을 지적해 주세요. 자신의 천문적인 특징을 부인하는 와중에도 자기 태양별자리의 실제 모습을 스스로 증명하고 있음을 깨닫게 해 주는 것도 좋습니다. 당신의 분석을 부인하면, 의기양양한 표정으로 "당신이 그런 입장을 취할 거라고 생각했어요. 천칭자리는 모든 것에 대해 항상 논쟁을 하지요."라고 말해 주세요. 그러면 천칭자리는 무척 당황하겠지만, 그가 진실을 깨닫는 데에 도움이 될 것입니다. 그리고 진실은 천칭자리가 추구하는 것이죠. 천칭자리는 그 안에 있는 논리를 볼 수밖에 없습니다. 그 친구에게 공평하지도 않고 양쪽 측면을 다 고려하고 있지도 않다고 말해 주면 콧대가 좀 꺾일 것입니다.

천칭자리 중에는 심한 괴짜거나 아주 잘난 척하는 사람도 극소수 있습니다. 하지만 대부분은 바람에 우아하게 흔들리는 보리밭처럼 건전하고 균형 잡힌 태도를 보입니다. 사업적인 거래에 있어서도 매우 정직하고, 일을 부주의하게 처리하는 경우가 거의 없습니다. 천칭자리는 시간이 걸리더라도 처음부터 제대로 하려고 합니다. 이들은 과장을 싫어하고 누군가가 과도하게 분노와 열정을 드러내면 불쾌해 합니다. 하지만 본인도 인내심의 한계 이상으로 압박을 받으면 분노와 열정을 과하게 드러내고 말지요. 대부분의 천칭자리는 정신을 집중하고 심오한 주제를 숙고하는 능력이 탁월합니다. 태어날 때부터 책을 사랑하는 천칭자리는 인쇄 매체에 대한 경외감 때문에 문고판 책을 경멸하기도 합니다. 양장본이 아니면 책이 아니라고 여깁니다. 문고판 책에서는 책 고유의 냄새도 나지 않고 책 같은 느낌도 들지 않는다고 생각합니다. 천칭자리의 집에는 분명히 커다란 책장이 있겠지요?

천칭자리는 소리와 색깔의 조화로움을 추구하고, 언어를 적절하게 구사하며 아름다운 글을 사랑합니다. 또한 예술적인 경향도 많이 나타납니다. 천사가 천칭자리의 저울 한쪽을 톡 건드리면 어떤 모습이 튀어나오든 간에, 천칭자리는 기본적으로 맑고 선한 것을 사랑하는 다정하고도 부드러운 사람들입니다. 천칭자리는 또한 예술적인 영혼을 지니고 있어서, 파티나 문화 행사에 금성의 부드러운 푸른빛과 파스텔 톤을 널리 퍼뜨립니다. 천칭자리의 마음에는 다이아몬드의 광채와 오팔의 부드러움이 모두 존재합니다. 공기처럼 변화하는 성질이 있는 모든 것에 공감하는 이들의 기질은, 천칭자리를 상징하는 금속인 구리의 유용성을 잘 반영합니다. 기민한 추론 능력과 명예를 중시하는 마음에서는 언제나 상쾌한 천칭자리표 민트향이 풍겨 나오고, 그의 머리 위에는 금성이 비추는 평화의 빛줄기가 늘 빛나고 있습니다.

천칭자리를 제대로 이해하려면 저울의 수수께끼를 이해해야 합니다. 저울 한쪽에는 선명한 가을날을 상징하는 생생한 단풍이 가득 담겨 있고, 다른 한쪽에는 4월에 내리는 봄비의 싱그러움을 머금고 수줍어하는 보랏빛 제비꽃 다발이 담겨 있습니다. 저울이 한쪽으로 기울면 밝은 낙관주의는 침묵의 혼란 상태로 빠져들고 고독한 우울함에 젖어듭니다. 저울이 균형을 이루고 있을 때에는, 풍부하고도 날카로운 지성과 인정 넘치고 동정심으로 가득 찬 마음이 완벽하게 조화를 이룹니다. 계절은 천칭자리의 비밀을 담고 있습니다. 여름은 천칭자리에게 너무 덥고 겨울은 너무 춥지요. 천칭자리는 여름과 겨울을 섞어서 완벽한 봄과 가을을 만들어 내야 한답니다.

천칭자리로 알려진 유명인

드와이트 아이젠하워Dwight Eisenhower

마하트마 간디Mahatma Gandhi

브리지트 바르도Brigitte Bardot

엘리너 루스벨트Eleanor Roosevelt

오스카 와일드Oscar Wilde

유진 오닐Eugene O'Neill

존 레넌John Lennon

줄리 앤드루스Julie Andrews

찰리 브라운Charlie Brown

찰턴 헤스턴Charlton Heston

티 에스 엘리엇T. S. Eliot

프리드리히 니체Friedrich Nietzsche

＊귀네스 팰트로Gwyneth Paltrow

＊마거릿 대처Margaret Thatcher

＊스팅Sting

＊지미 카터Jimmy Carter

＊김선아

＊김아중

＊박세리

＊박태환

＊배두나

＊송승헌

＊차인표

＊현빈

천칭자리 남성

♎

"젊었을 때 난 법에 종사하여 아내와 매번 논쟁을 벌였네.
덕분에 턱에 근육이 생겨 이렇게 평생 버티지 않겠나."

천칭자리 남성에게서는 공짜로 조언을 많이 들을 수 있습니다. 당신이 껴안고 있는 온갖 골칫거리에 대한 완벽한 해답을 제시해 주고, 분야를 막론하고 당신의 어떠한 질문에도 완벽한 답을 줄 것입니다. 하지만 소녀 같은 당신의 꿈에 대해서는 답을 기대해 봤자 소용없습니다. 오히려 천칭자리 남성은 당신의 순정만화 같은 꿈을 바꿔 놓으려 들거나, 이 꿈을 주제로 사람들과 논쟁을 벌일 것입니다. 천칭자리 남성은 옻나무 덩굴을 건드린 악어처럼 심기가 뒤틀리기도 하고, 사랑을 포함해서 모든 일을 합리화하는 습관이 있기 때문에 당신은 몹시 화가 나거나 대책 없는 패배감에 젖을 수도 있습니다.

하지만 천칭자리 남성의 매력에 일단 사로잡히면 헤어나기 어렵다는 점을 기억해 두세요. 차라리 곰 잡는 덫에서 빠져나오는 일이 더 쉬울 것입니다. 당신이 도망가려고 하면 그는 아주 논리적이고 지적인 논쟁을 시작합니다. 당신이 하버드대 로스쿨을 졸업하지 않은 이상 그를 이길 가능성은 없습니다. 당신이 흉내조차 내기 어려운 논리적인 추론을 사용할 뿐만 아니라, 너무나 사랑스럽고 부드러운 태도를 유지하기 때문에 화를 낼 수도 없습니다. 결국 그 전에 당신을 화나게 했던 천칭자리의 짜증나는 성격은 까맣게 잊어버리고 맙니다. 그리고 그때 천칭자리 남성이 미소라도 지으면 당신에게 변화가 일어납니다. 당신의 마음이 바뀐 것이죠.

그 순간부터 전투는 끝나고 맙니다. 그의 꿈은 당신의 꿈이 되고, 그를 행복하게 해 주는 일 이외에 다른 것은 중요하지 않게 됩니다. 당신은 목마른 여행자가 되어 생존을 위해 그의 미소를 갈구하게 됩니다. 마음이 돌처럼 단단한 여성만이 천칭자리의 미소를 거부할 수 있습니다. 하지만 그런 여성이라도 천칭자리의 순수함에 끌리지 않겠다고 마음을 두 번 세 번 단단히 다잡아야 합니다. 천칭자리의 매력은 전갈자리의 최면술과는 다릅니다. 천칭자리의 매력은 논리적이고 실제적이어서 초자연적인 면이 없습니다. 그저 상식적으로 굴복하게 되는 것이죠.

다른 한편으로는(천칭자리가 가장 좋아하는 말이지요), 천칭자리의 저울이 어떤 모순으로 인해 좌우로 미친 듯이 흔들리는 시기가 있습니다. 그러면 당신은 그에게 고함을 질러야 하고, 산책이라도 나가려면 등을 떠밀어야 하고, 그의 관심을 끌려면 물구나무서기라도 해야 하고, 그를 움직이게 하려면 억지로 시켜야만 할 것입니다. 비록 천칭자리 지배행성이 금성이기는 하지만, 천칭자리 남성과의 생활이 늘 원만하고 고요할 거라는 순진한 기대는 버려야 합니다. 그리스 신화를 보면 사랑의 여신 비너스가 제 역할을 다하지 못할 때도 있답니다. 하지만 저울이 균형을 이루었을 때 천칭자리와 함께하는 삶을 맛보면, 신들의 음료인 황금 암브로시아를 마신 것처럼 도취될 수 있습니다. 당신은 올림포스 산에서 행복을 만끽했던 신들처럼 평화롭고 행복한 삶을 누릴 수도 있답니다.

천칭자리 남성에게 결정을 내리라고 하는 것보다는 야생 버펄로를 길들이는 것이 훨씬 쉽습니다. 게다가 그는 결정을 내리고 나서도 자기가 실수했다는 생각이 들면 예고 없이 번복하곤 합니다. 제가 아는 어떤 여성은 천칭자리 남성과 사업적인 협력 관계를 맺으려고 했는데, 덕분에 이 전설적인 천칭자리의 유별난 성격을 공부하는 데에 적지 않은 수업료를 지불했다고 합니다. 두 사람은 어느 여름날 아침에 함께 식사를 하면서 미래에 대한 열정적이고 낙관적인 계획을 논의했습니다. 그 천칭자리 남성이 회사로 돌아가는 길에 그녀를 내려 주고 난 뒤, 그녀는 걱정이 들기 시작했습니다. 그 남성이 했던 약속들은 사실이라고 믿기에는 너무 근사한 것이어서, 자신이 제대로 들었는지 확인해 보려고 전화를 했습니다. 천칭자리 남성은 여전히 들뜬 상태로 자신이 했던 온갖 약속과 야심 찬 계획을 다시 들려 주었고, 그 다음 주로 미팅 약속을 잡았습니다. 전화를 끊기 전에 그 남성은 그녀가 무슨 생각을 하고 있는지 눈치 채고는 다시 안심시켜 주었습니다. 그러고는 그가 말하기를, "그런데요. 드릴 말씀이 있어요. 우리가 며칠 동안은 만나지 못할 테니까." 그는 약간 주저하다가(그녀는 이 부분을 놓친 것입니다.) 다시 자신감 있게 이어 나갔습니다. "그러니까 제 말은요, 음……, 제 말은 걱정하지 마시라는 거예요. 제가 마음을 바꿀 일은 없을 테니까요. 우리가 계획한 대로 밀고 나갑시다."

그 다음 주에 전화가 오지 않아서 그녀는 다시 그에게 전화를 걸었습니다. "어디 다녀오셨나요?" 그녀가 물었습니다. "아뇨." 그가 천천히 대답했지요. "지난번 건을 다시 생각해 보고 싶어서 전화를 드리지 않았습니다." 한동안 침묵이 흘렀습니다. "일단은 좀 더 적은 예산으로 시작해 봐야 할 것 같아서요. 우리가 얘기했던 프로젝트는 내년 봄쯤에 하기로 하지요. 약속드릴게요. 저는 다만 잠시 이 일을 보류하고 그때까지 기다리는 것이 최선이라는 결론을 내렸습니다."

예상치 못한 배신을 당한 뒤에, 분노와 실망감에 휩싸인 그녀는 다시는 그 남자와 연락하지 않겠다고 결심했습니다. 그 남자는 분명 신뢰할 수 없을 뿐더러 냉혹하기까지 한 사람이라고 확신했지요. 그리고 한 달 뒤에 거리에서 그와 우연히 마주쳤는데, 그가 가던 길을 멈추고 먼저 인사를 건넸습니다. 무방비 상태였던 그녀는 얼떨결에 한두 마디 인사말을 하고는, 바로 그의 뺨을 한 대 갈겨 주지 않은 것을 후회했습니다. 그런데 그때 그가 미소를 지었습니다. 더 이상 설명이 필요 없죠. 그녀는 다시 그의 지지자가 되었답니다. 그녀가 보기에 그에게는 아무런 잘못이 없습니다. 지금까지도 그녀는 그 천칭자리 남성을 강력하게 지지합니다. 그녀는 그의 꿈이 무산되었다는 소식이라도 들으면, 그가 조각난 꿈을 주워 모을 수 있도록 돕고 싶어 합니다. 터무니없지만, 그래야 그가 다시 미소를 지을 테니까요.

천칭자리 남성과 사업적으로 인연을 맺어도 이런 일이 발생하는데, 당신이 이러한 치명적인 매력덩어리와 사랑에 빠진다면 어떻게 될까요? 당신이 스스로를 보호할 수 있을지, 또 당신 마음에 무슨 일이 일어날지 상상이 가시나요? 천만 번이라도 조심해야 합니다. 천칭자리 남성이 미소를 지을 때에는 마음을 굳게 먹고 고개를 돌려야 합니다. 천칭자리 남성이 당신의 등줄기를 간지럽히는 비단결 같은 목소리로 설득력 있는 논쟁을 시작하려고 한다면 바로 당신의 귀를 틀어막으세요.

사랑Love과 천칭자리Libra는 실질적으로 동의어입니다. 천칭자리가 로맨스를 발명했고, 이것을 예술로 승화시켰습니다. 사자자리나 전갈자리나 황소자리보다도 더 섬세한 영향을 미쳤답니다. 천칭자리는 큐피드의 섬세한 전략을 타고났습니다. 갖가지 비결을 능수능란하게 활용해서 언제고 원하는 여성의 마음을 얻을 수 있습니다. 하지만 막상 마음을 얻은 뒤에는 확실하지 않은 태도를 보이기도 합니다. 기꺼이 따르도록 완벽하게 유혹을 해 놓고 정작 자신은 망설이는 것입니다. 무방비 상태의 그녀를 이용할 것인가, 아니면 청혼할 것인가? 아니면 둘 다? 아니면 둘 다 아닌가? 마음속에 갈등이 시작되고 에덴동산의 아담은 마냥 행복하지만은 않습니다.

천칭자리 남성은 최소한 아흔 살이 되기 전까지는 이성에 대한 관심을 잃지 않을 것입니다. 행복한 결혼 생활을 영위하고 있더라도 순전히 학구적인 이유에서 관심을 계속 유지합니다. 머릿속으로 댄스홀에 있는 예쁜 여인들 사이를 휘젓고 다니는 상상을 할 뿐이라고 해도, 천칭자리 남성에게 이성이라는 주제는 절대로 지겨워지는 법이 없습니다.

천칭자리의 사랑 만들기 예술은 놀라울 정도로 쉽고 빠르게 이루어지는데다 사랑의 정글로 가볍게 여행을 떠나도 항상 수확이 있기 때문에, 천칭자리 남성은 관계를 잘 매듭짓지 못하는 때가 많습니다. 천칭자리는 상대방의 마음에 상처 입히는 것을 싫어합니다. 비록 논쟁에 집중하고 있을 때에는 상대방에게 상처를 주고도 전혀 인식하지 못하기는 하지만, 어쨌든 그는 싫다고 말하는 것도 싫어합니다. 그래서 별다른 진전 없이 관계를 질질 끄는 것이, 행복해질 가능성이 없는 관계를 단호하게 정리하는 것보다 더 매정하다는 점을 잘 깨닫지 못합니다. 하지만 이와 반대의 상황, 즉 서로의 감정이 지구상에서 인간이 도달할 수 있는 가장 숭고한 상태에 이르렀다고 할지라도, 마찬가지로 오랫동안 고통스럽게 고민합니다. 방향을 바꿔서 극적으로 선회하는 데는 물병자리 다음으로 소극적입니다. 천칭자리 남성은 자신이 누군가에게 공정하지 않게 굴고 있다는 생각이 들면 고통스럽게 망설입니다. 그 대상이 당신일 수도 있고 그의 옛 애인일 수도 있습니다. 그에게 있어 공정하지 않은 행동은 살인에 버금가는 범죄 행위입니다. 잔인한 사람이 되고 싶지 않다는 마음에 떠밀려서 청혼을 하는 실수를 저지르고는 결국 이혼 법정에 서기도 합니다. 또는 끝없이 미루는 버릇 때문에 인생에서 가장 소중한 인연을 놓칠 수도 있습니다. 천칭자리의 이런 태도는 양날의 칼이어서 진정한 사랑을 베어 버릴 수도 있고, 감당할 수 없는 결혼을 토막 낼 수도 있다는 점을 아시겠죠? 두 가지 경우를 피하려면 거짓된 감상을 버리는 수밖에 없습니다.

천칭자리 남성에게 변덕스러운 기질이 있다는 점은 부인할 수 없습니다. 이들은 특히 젊은 시절에 시간을 헛되이 낭비하는 경향이 있습니다. 천칭자리의 타고난 충동적 기질로 인해, 만나는 모든 여성들마다 자신의 진실한 영혼의 벗이 될 수 있는지 가늠해 봅니다. 종종 우정과 사랑을 완전히 혼동하기도 합니다. 하지만 놀랍게도 마음의 상처 때문에 힘겨워하는 경우가 그다지 많지 않습니다. 모욕이 될 정도로 당신을 빨리 잊을 수도 있고,(아마도 쌍둥이자리나 사수자리 남성을 제외하고는) 어느 누구보다도 짝사랑이나 이루어질 수 없는 사랑에 미련을 두지 않습니다. 상처를 입더라도 아주 특별한 경우를 제외하고는 오래가지 않습니다. 상상을 초월할 정도로 고통스러워할 때도 있지만 아주 드뭅니다. 오히려 마음이 모질지 못한 순진한 천칭자리 남성이 광적일 정도로 집착하는 여인에게 발목 잡혀서, 마치 그녀를 떠나는 것은 십계명을 어기는 것과 같은 중범죄라고 느끼는 그런 위기에 처하는 경우가 더 많습니다. 그런 그물에 걸리면 천칭자리 남성은 몹시 비참한 사랑의 죄수가 될 수 있습니다. 하지만 이런 두 가지 극단적인 경우는 지극히 예외적입니다. 대부분의 천칭자리 남성은 감상적인 속박이 그들을 옭아매도록 내버려 두지 않습니다. 사랑을 최대한 즐길 수 있을 만큼 충분한 자유를 누린답니다.

천칭자리 남성은 당신의 비밀을 캐내는 일에 별로 관심이 없습니다. 언뜻 보면 그런 것처럼 보이지만 다시 한 번 잘 살펴보세요. 그는 등잔 밑에서 무슨 일이 일어나고 있는지 보지 못하는 경우가 종종 있습니다. 다른 사람들은 이미 다 눈치를 챘는데도 천칭자리 남성만 모르는 경우가 있답니다. 그는 아주 집요하게 논쟁을 벌이지만, 그 목적은 개인적인 동기를 파헤치는 것이 아니라 균형 잡힌 판단에 도달하는 것입니다. 천칭자리가 가만히 있는 누군가를 괴롭히기 위해서 질문을 던지는 것이 아닙니다. 단지 사실들을 분류해서 제자리에 배치하고 싶을 뿐입니다. 천칭자리 남성이 뛰어난 논리와 합리적인 사고로 대상의 양쪽 측면을 검토한 끝에 내린 결론은 대체로 공평하고 정확할 뿐만 아니라 분별 있고 실용적입니다. 솔로몬을 데려와도 전형적인 천칭자리가 내린 균형 잡힌 최종 결정을 보면 더 이상 할 말이 없을 것입니다. 하지만 천칭자리 남성은 상대방의 이면에 있는 개인적인 뉘앙스나 얽혀 있는 감정 따위는 파악할 의향이 없습니다. 사실만으로 충분합니다. 물고기자리나 전갈자리나 물병자리가 지닌 인간에 대한 깊은 통찰력은, 천칭자리 입장에서 보자면 명확한 그림을 흐릴 뿐입니다. 그는 본능적으로 그런 류의 심리학적 고찰은 자신의 전문 분야가 아니라고 느낍니다. 사실 그렇습니다.

당신에게 낭비벽이 있다면 그는 당신이 돈을 물 쓰듯이 쓰는 사람이라고 추론하고, 신용도가 좋은 사람이 아니라고 단정짓습니다. 당신이 돈을 낭비하는 것이 사실은 감정적인 안정감을 추구하고 있다는 점은 천칭자리 남성이 상관할 바가 아닙니다. 그는 정신과 의사가 아니랍니다. 반면에 당신이 인색한 사람이라면, 그는 오로지 당신의 습관을 정확하게 감정하기 위해서 당신의 절약 방식을 신중하게 조사하려 할 것입니다. 가난해지면 독립적인 삶을 잃게 될까 봐 내심 두려워하는 당신의 고민은 관심 밖이지요. 성적인 문란함에 대해서라면 그 위험성을 거론하며 논쟁을 벌이고, 대인기피증에 대해서라면 인간 관계의 단절에 초점을 두고 더 길게 논쟁을 벌입니다. 성적 문란함을 초래하는 정신적 외상이나 대인기피증을 낳는 뿌리 깊은 부적응감에 대해서는 이해하려고 하지 않습니다. 천칭자리는 판사랍니다. 대다수의 판사들은 각각의 소송 건을 사실에만 근거하여 판단하고 공정한 결정을 내리려 하지요. 당신이 빨간색을 보면 왜 불안한지 물어보거나, 빨간 줄무늬 잠옷을 입은 남편을 감금하고 싶어 하는 당신의 충동을 동정해 주는 판사는 없을 것입니다. 천칭자리는 관념적인 호기심만으로 논쟁한다는 사실을 늘 기억하시기 바랍니다. 그가 겉으로는 남의 사생활을 캐고 다니는 사람처럼 보이지만 실제로는 그렇지 않습니다. 보이는 것처럼 사생활에 참견을 많이 하거나 소문에 관심을 기울이지도 않는답니다. 전형적인 천칭자리에게서 타인의 비밀을 캐내는 일은 마치 봉인된 고해성사 내용을 발설하게 하는 일만큼이나 어려울 것입니다.

이런 천칭자리의 태도 덕분에 그가 신뢰를 주기는 하지만, 당신의 감정에는 별로 도움이 안 됩니다. 당신은 그를 무한히 신뢰할 수 있습니다만, 그가 당신의 내밀한 욕구를 알아보지 못하면 괴롭겠죠. 그는 물론 당신을 기쁘게 해 주고 싶겠지만, 당신이 정말로 원하는 것이 무엇인지는 충분히 이해하지 못합니다. (동쪽별자리나 달별자리가 물의 별자리가 아니라면요.) 천칭자리 연인이 연애 기술이 뛰어나다고 해서 당신과 깊이 교감할 수 있는 소울메이트가 될 수 있는 것은 아닙니다. 천칭자리 남성에게는 감당해야 할 문젯거리들이 이미 많이 있습니다. 당신이 그에게 달려가서 누가 당신 마음을 얼마나 아프게 했는지 얘기할 때처럼 짜증스러운 순간은 없답니다. 동정을 바라는 당신에게 그는 이렇게 대꾸할 것입니다. "그 사람한테 어떻게 했는데?" 그러고는 당신이 잘못한 점을 조목조목 지적하겠죠. 당신은 화가 풀리지 않아 결국 소리를 지르고 말 것입니다. 소리 지르세요. 하지만 그는 당신에게 잘못이 있다고 생각하는 한 당신 편을 들어 주지 않습니다. 감정적으로 이해해 주리라는 기대는 하지 않는 편이 좋습니다.

천칭자리는 깊이 이해받고 싶어 하는 연인의 욕구를 알아차리지 못하므로 늘 문제가 생길 수밖에 없습니다. 추상적인 것에 대해서는 그렇게도 직관적이고, 추론을 할 때에는 그토록 탁월한 논리로 명확하고 빈틈없이 사유하면서도, 무엇이 당신을 아프게 하는지 무엇이 당신을 신나게 하는지에 대해서는 믿을 수 없을 만큼 둔감합니다. 하지만 이것은 천칭자리와 함께 살려면 어쩔 수 없이 안고 가야 하는 모순입니다. 물론 그의 부드러움과 살인미소 덕분에 참는 것이 아주 조금은 수월해지겠죠.

천칭자리 남성은 출생차트 상에 금전적인 충돌 요소가 있지 않는 한, 생활비를 빠듯하게 잡지는 않을 것입니다. 전형적인 천칭자리라면 오히려 돈에 있어서 손이 큰 편입니다. 아름다움을 누리고 행복해질 수 있는 활동에 돈을 쓰는 일이 가치 있다고 믿습니다. 당신은 훌륭한 안주인이 될 준비를 해야 합니다. 왜냐하면 천칭자리는 밤낮을 가리지 않고 집에 사람들을 불러서 대접하기 때문입니다. (물론 휴식을 취하느라 전화 벨이나 방문객에게 방해받고 싶지 않아 할 때라면 예외이겠지요.) 사람들로 북적거리는 시끄러운 장소에는 절대로 끌고 가지 마세요. 소란스러운 곳은 천칭자리의 조화로운 감각을 방해합니다. 낯선 사람들이 많은 곳에서도 내면의 평정이 깨질 수 있습니다. 천칭자리는 많은 사람들과 신체적으로 접촉해야 하는 상황을 본능적으로 싫어합니다. 천칭자리는 지적이고 활기찬 사람들과의 교류를 좋아하기는 하지만, 사람들이 열 명을 넘으면 바깥공기를 쐬고 싶어서 안달이 날 것입니다. 천칭자리 남성은 복잡한 극장에서 아무 말도 없이 당신을 혼자 남겨 두고 가 버릴 수도 있습니다. 당신을 싫어해서가 아닙니다. 단지 전형적인 천칭자리의 문제점인 밀실공포증 때문입니다.

천칭자리 남성이 이혼하고 싶을 정도로 애정이 식게 만들고 싶다면 지름길이 있습니다. 집 안 정리정돈을 안 하면 됩니다. 하지만 이혼하고 싶지 않다면 라디오와 텔레비전 소리를 낮추고, 음식 만드는 냄새가 그의 예민한 후각을 자극하지 않도록 하세요. 양파 수프와 마늘 빵을 만들어야 한다면 울창한 숲 냄새가 진동할 때까지 소나무향 방향제를 뿌리세요. 천칭자리 남편에게 빵을 봉지째로 준다거나, 식탁에서 냅킨 대신에 두루마리 화장지를 쓰게 한다거나, 그의 시선이 닿는 곳에 우유병이나 시리얼 그릇을 그대로 방치하면 생각보다 빨리 별로 유쾌하지 못한 이혼 절차를 밟아야 할지도 모릅니다. 욕실 수건걸이에 스타킹을 걸어 두면 완전히 아웃입니다. 집 안 구석구석 먼지를 닦아 내고 침대 이불을 정리하지 않으면 천칭자리 남성은 점점 감정적인 균형이 깨진 상태로 빠져들게 됩니다. 그는 불균형 상태를 피해서 점점 더 오래 낮잠을 잔다거나 밤에 혼자 외출할 것이고, 결국에는 부부간의 의사소통도 사라지게 됩니다. 자신은 집 안을 난장판으로 만들고 양말도 아무 데다 벗어 놓고 신문지를 바닥에 늘어놓으면서 당신이 모두 정리해 주기를 바랍니다. 연노랑 커튼이 갈색 러그와 어울리지 않으면 그는 몇 년이고 시무룩할 텐데 당신은 도대체 그 이유를 알 수가 없지요. 실내 장식은 파스텔 톤으로 유지하는 것이 좋습니다. 불만이 생기더라도 전형적인 천칭자리의 예의바름 때문에 드러내 놓고 불평하지는 않겠지만, 당신보다 섬세한 취향을 가지고 있는 회사 비서에게 점점 더 끌리게 될지도 모릅니다.

천칭자리 남성은 혼란을 싫어합니다. 안정을 유지하기 위해 조화로움을 절실히 필요로 하는 사람입니다. 그에게 집은 불협화음으로 가득 찬 세상에서 찾은 오아시스처럼 아름답고 조용한 공간이어야 합니다. 그렇지 않으면 천칭의 저울은 영원히 균형이 깨진 채로 살아가게 됩니다. 하지만 그는 부조화의 원인을 스스로 탐색하는 일이 좀처럼 드물기 때문에 당신이 영리해져야 합니다. 그가 왜 집에 들어오지 않는지, 왜 집에 있을 때에는 늘 잠만 자는지 추측해 보아야 합니다. 천칭자리는 자기성찰에 약한 편이므로 당신이 분석가가 되어야 한다는 점을 명심하세요. 그는 자신이 불행하다고 느끼는 이유가 당신이 얼굴에 시커먼 팩을 바르거나 아이들이 얼굴에 딸기 잼을 묻히고 다니는 모습을 보았기 때문이라는 것을 스스로 인식하지 못합니다. 자신이 오렌지색 샤워 커튼을 싫어한다거나, 조지 워싱턴 장군의 모습을 새긴 석판화가 자기의 예술적 취향과 맞지 않는다는 점을 깨닫지 못합니다. 당신에게 굿모닝 키스와 굿나잇 키스를 하는 것을 왜 자꾸 잊게 되는지는 깨닫지 못하겠지만, 그의 논리적인 마음은 뭔가 균형이 어긋나 있다는 것을 스스로에게 알려 줄 것입니다. 그리고 그것을 솔직하게 털어놓지 못하기 때문에 더욱 힘들어합니다. 신문지와 장난감들을 정리하고 집 안을 여기저기 단장하세요. 제일 좋은 향수를 뿌리고 머리에 말고 있는 롤러도 **빼야겠** 지요. 텔레비전 소리도 줄이고 샤워 커튼은 시원한 하늘색으로 바꾸세 요. 선반 위에 있는 조지 워싱턴 석판화는 어서 치우고, 드가의 그림 복 사본을 몇 장 사세요. 다음날 아침이면 남편은 태도가 완전히 돌변해 새 로운 사람이 되어 있을 것입니다.

아이들은 아버지의 공정한 태도 덕분에 득을 많이 볼 것입니다. 천 칭자리 아버지는 첫째 아이가 막내를 부려먹지 못하게 하고, 막내가 첫 째의 자전거 바퀴를 고장 내지 않도록 할 것입니다. 천칭자리 아버지 는 조용한 권위로 아이들을 가르치고, 벌을 줄 때에도 화를 잘 내지 않 고 논리적으로 이유를 설명합니다. 당신과 마찬가지로 아이들도 아버지 의 매력에 녹아들 것이고, 당신과 마찬가지로 아버지의 끊임없는 논쟁 과 반대에 짜증을 낼 것입니다. 이상하게도 천칭자리 남성은 자녀가 태 어나기를 학수고대하지는 않습니다. 하지만 자녀가 막상 태어나면 그는 고독함보다는 사랑 쪽에 무게를 더 두고 아버지 역할을 진심으로 즐기 면서 아이들을 애지중지합니다. 하지만 절대로 부모로서의 애정을 당신 에 대한 애정보다 더 중요하게 생각하지는 않습니다. 전형적인 천칭자 리 남녀는 자녀보다 배우자를 우선시합니다. 식구가 늘어나더라도 당신 에 대한 애정이 줄어들지 않을까 걱정하지 않아도 됩니다. 물론 연노랑 커튼과 갈색 러그 중 적어도 하나는 치웠고, 싱크대에 설거지 거리가 산 더미 같이 쌓여 있지 않다는 전제하에 말이지요.

마지막으로 천문해석가의 입장에서 조언을 하나 드리겠습니다. 천 칭자리 남성과 사랑에 빠졌고 그것이 운명이라는 확신이 들면, 어떤 방법이든 당신이 원하는 스타일로 프러포즈를 하세요. 결혼을 전제로 하고요. 그는 당신이 먼저 결단력을 보여 준 것에 안도할 것입니다. 하지만 그는 당신이 결정하도록 만들어 놓고 나중에 결과가 좋지 않으면 신이 나서는 "당신이 내린 결정이었어요. 내가 한 결정이 아니라."라고 말하는 삐딱한 면이 있으니 조심해야 합니다. 당신이 확실한 태도를 취하지 않으면 절대로 결론이 나지 않을 것입니다. 이럴 때 그에게 한 방 먹여 줄 수 있는 방법이 있습니다. "네. 맞아요. 결정은 내가 했지요. 당신에게 맡겼다면 아직도 비 내리는 한밤중 가로등 아래에서 '사랑해'만 계속하고 있을 것이고 우린 둘 다 폐렴에 걸렸겠지요." 당연히 그는 논쟁을 시작하겠죠. 하지만 당신이 프라이팬으로 머리를 한 방 내려치기 바로 직전에 그는 무심코 미소를 지을 것입니다. 그러면 당신은 비 오는 날 가로등 아래에 서서 다시 한 번 "사랑해."라고 말하게 될 것입니다. 제가 드릴 수 있는 조언은 여기까지입니다.

천칭자리 여성

♎

앨리스는 계속해서 이 사람이 되었다 저 사람이 되었다 하며 대화를 이어 나갔다….
대체로 앨리스는 자신에게 아주 좋은 충고를 한다.
(충고를 따르는 일은 거의 없었지만.)

한 번은 어떤 꼬마가 제게 대답하기 힘든 질문을 한 적이 있습니다. 그 질문은 이러했습니다. "왜 여자가 남자처럼 바지를 입고, 남자가 여자처럼 향수를 뿌려요?" 저는 전형적인 양자리 스타일로 즉각적이고 충동적인 대답을 해 주었습니다. "글쎄. 그건 남성에게도 어느 정도의 여성성이 있고, 여성에게도 어느 정도의 남성성이 있기 때문이란다. 자, 이제 장기놀이 계속 하자." 저는 그 꼬마가 또다른 당황스러운 수수께끼를 생각해 내기 전에 재빨리 놀이를 재촉해서 위기를 넘겼습니다.

돌이켜보니 제가 양자리 스타일로 순발력 있게 답변을 잘했던 것 같습니다. 제가 했던 말은 모든 별자리에 어느 정도는 해당하지만, 특히 천칭자리에게는 완벽하게 어울립니다. 매우 남자답고 강인한 천칭자리 남성에게서도 여성성의 흔적이 발견되는 것처럼, 지배행성인 금성은 천칭자리 여성에게도 같은 장난을 쳤답니다.

천칭자리 여성은 새하얀 토끼처럼 앙증맞습니다. 그녀는 부드럽게 속삭이는 목소리로 설득력 있게 말하는 재주가 있습니다. 레이스로 장식된 실크 블라우스를 입기도 하고 머리카락에서는 좋은 향기가 풍깁니다. 마치 작은 인형처럼 생겨서 한 손으로도 번쩍 들어올릴 수 있을 것 같습니다.(동쪽별자리가 황소자리나 사수자리인 경우에는 물론 좀 더 덩치가 크겠지요.) 하지만 그런 귀엽고 사랑스럽고 우아한 여성성에도 불구하고 천칭자리 여성은 바지도 즐겨 입고 또 잘 어울립니다. 그녀는 남성적 사고 논리를 따라 움직이고 어떤 주제에 관해서건 당신과 대등하게 논쟁을 벌일 수 있습니다. 그녀는 가끔 당신을 능가하기도 하지만, 또한 아주 영리해서 신혼 생활을 안전하게 마치기 전까지는 당신이 자기의 능력을 알아채지 못하도록 합니다. 연애할 때는 체스를 두면서 자신이 이기지 않도록 조심하지만, 그 사랑스러운 보조개 뒤의 예리한 지성을 영원히 감추지는 않을 것입니다. 결국 당신은 그녀의 두뇌 능력을 확인할 날이 올 것입니다.

대부분의 천칭자리 여성은 논쟁거리가 있으면 언제든지 영리한 재치를 발휘합니다. 옷깃에 단추가 달린 와이셔츠를 입으면 안 되는 이유에서부터, 직장에서 연봉이 오르지 않는 이유에 이르기까지 어떤 주제라도 가능합니다.(후자의 경우, 그녀는 일부는 당신 잘못이고 일부는 사장 잘못이라고 생각합니다. 천칭자리는 모든 것을 50 대 50으로 결론짓습니다. 그러니 모든 것이 결국은 공평하죠.) 당신이 그런 논쟁의 미끼를 물지 않으면 그녀는 혼자서라도 논쟁을 벌입니다. 천칭자리 여성은 혼자 떠들썩한 토론을 시작하고는 혼자 논쟁하고 혼자 멋지게 마무리합니다. 당신은 기껏해야 "그런데 왜?"라든가 "아닌 것 같은데" 정도의 말로 논쟁에

흥을 돋워 주겠지만, 그녀의 멋진 독백이 이어질 때에는 그 정도면 충분합니다. 혼자 벌이는 논쟁은 한 시간 이상 계속되기도 합니다. 하지만 이 과정에서 당신은 그녀의 매력에 빠져들 것입니다. 그녀는 몇 마디 할 때마다 거부할 수 없는 사랑스러운 미소를 지을 것이고, 가끔은 남성적인 대범한 모습을 보이다가도, 다시금 사랑스러운 토끼 같은 모습으로 변신할 것입니다. 당신의 마음도 그녀의 변신만큼 속절없이 바뀌겠죠. 그녀는 단순하고 명확한 논리로 당신을 설득합니다. 당신은 자존심 말고는 별로 잃을 것이 없습니다. 게다가 천칭자리의 부드러운 미소 앞에서는 자존심을 생각할 겨를도 없지요. 그녀의 최종 결정은 마치 대법원에서 내리는 판결처럼 신중하기 때문에 대체로 옳습니다. 천칭자리 여성은 누가 특별히 부추기지 않아도 어떤 두 가지 견해를 말로 비교하는 작업을 잘해 냅니다. 특히 정치적인 화젯거리가 많이 나오는 시기에는, 천칭자리 여성이 화려한 미사여구와 논쟁 능력을 연마할 기회가 많을 것입니다. 어느 정당을 지지할지 어떤 후보가 옳은지 마음을 정하기만 하면, 정치계에서 탁월한 능력을 발휘할 수 있습니다. 전형적인 천칭자리 여성은 모든 사항을 두 번씩 점검하면서 누락된 부분이 없는지 확인하는 성향만 제외한다면, 연인으로든 친구로든 여성적인 매력이 상당히 많은 사람들입니다. 논쟁하려는 경향은 실제로 공정한 결정을 내리고 싶다는 진지한 욕구에 근거하고 있습니다. 최소한 그녀는 일부 다른 별자리 여성들처럼 주관적인 입장을 반영한 원칙을 정하지 않으며, 그럴듯한 근거를 무조건 부정하지도 않습니다. 게다가 그녀의 의견에는 섬세한 외교술이 가미되기 때문에 어떤 주장이든 어느 정도는 부드럽게 들립니다.

천칭자리 여인의 진가를 알 수 있는 좋은 방법이 있습니다. 동일한 상황에서 각각의 별자리 여성들이 어떤 식으로 대처하는지 살펴볼까요? 예를 들어, 전화카드에 대해 토론을 하고 있다고 칩시다. 오늘날 전화카드를 써야 하는지, 아니면 이제 전화카드는 너무 낡은 상품인지, 전화카드의 디자인은 어떠해야 하는지에 관한 토론입니다. 열두 개 별자리의 의견을 다 들어 봅시다. 당신은 열두 명의 여성과 함께 있는 유일한 남성이라고 해 두죠.(생각만 해도 기분 좋은 상황이죠?) 토론은 다음과 같이 진행될 것입니다.

양자리: 필요 없어요. 저는 일반 전화를 써요.

황소자리: 저는 별로 전화를 걸 필요가 없어요. 사람들이 저를 찾아오지요.

쌍둥이자리: 전화카드요? 누가 그런 걸 쓸 시간이 있겠어요?

사자자리: 글쎄요. 정말 멋진 디자인의 전화카드라면······.

처녀자리: 에밀리 포스트*에게 물어봐서 뭐라고 이야기 하는지 들어 봐야겠어요.

사수자리: 맙소사! 사람들이 아직도 그 쓰레기 같은 물건에 시간을 쓴단 말이에요?

전갈자리: 내가 찾아갔는데 그 사람이 집에 없다면 기회를 놓친 건 상대방이죠. 난 손해 볼 게 없어요.

물병자리: 밖에 비가 오나요? 방금 천둥 소리가 들린 것 같은데.

게자리: 전화카드는 너무 인간미가 없어요. 저는 차라리 쪽지를 쓰겠어요.

---

* 에밀리 포스트(Emily Post, 1872~1960): 에티켓에 관한 고전, 『The Book of Etiquette』의 저자.

물고기자리: 저는 사람들이 집에 없다면 항상 그것을 감지할 수 있어요. 사람들이 나를 보고 싶어 한다는 무의식적인 메시지를 받을 때만 사람들을 방문하죠.

염소자리: 전화카드 문화 자체는 나무랄 데가 없어요. 하지만 디자인에 대해 애기하는 것은 의미가 없어요. 전화카드에다 신용카드라고 새겨 놓을 수는 없잖아요?

천칭자리: 글쎄요, 경우에 따라 다르죠. 전화카드를 쓰는 게 옳은 일이기는 해요. 반대로, 오늘날 전화카드를 쓰는 일은 형식적으로 보일 수 있고, 현대 여성들은 전화카드를 쓰기에는 너무 바빠요. 하지만 또 전화카드를 살 돈이 없는 사람들이 있지요. 여윳돈이 없다면 그렇게 필요한 것은 아니에요. 하지만 또다른 측면을 살펴보면 숨 가쁘게 돌아가는 현대 생활에는 옛날의 아름다움과 우아함이 없는 것 같아요. 예전에는 돈도 효율적으로 썼죠. 전화카드라는 말이 새겨져 있어야 할 것 같아요. 하지만 뭔가 좀 다른 모양이라면 사람들의 개성을 반영할 수도 있겠죠. 창의적인 사람이라면 직접 자신의 전화카드를 디자인할 수도 있어요. 하지만 그런 식의 개인적인 카드는 아주 사교적인 사람들에게는 오해를 받을 수도 있어요. 그렇지 않나요? 제 말은 록펠러라면 그게 어설프다고 생각할 수도 있다는 거죠. 하긴 생각해 보면 누가 록펠러를 찾아가겠어요? 당신 친구들이라면 당신이 독창적이라고 좋아하겠지만 좀 더 평범하게 새겨 넣어야 사람들이 더 잘 받아들일 거예요. 적어도 저는 그래야 한다고 생각해요. 하지만 여전히…… 글쎄요…….

이제 장단점을 비교할 거리가 떨어진 천칭자리 여성은 논점을 정리해야 한다는 압박감에 미간을 약간 찌푸리면서, 모든 요소들을 고려해서 실질적이고도 확고한 결정을 하기 위해 애를 쓸 것입니다.

천칭자리 여성에게 중요한 것은 공정함뿐이어서 모든 면에서 균형 잡힌 판단을 내리려고 열성적으로 노력한다는 것을 이제 아셨죠? 그녀가 전화카드처럼 재미없는 주제로 한담을 늘어놓는 바람에 당신은 사실 약간 지루해할 수도 있습니다. 하지만 정말로 중요한 사안이 생기면, 공정함을 추구하는 노력과 올바른 판단 능력에 진심으로 갈채를 보내게 될 것입니다. 다른 별자리 여성들은 자신의 개인적인 취향을 반영한 의견을 제기하면서 당신의 의견이나 진정한 해답에는 그다지 신경 쓰지 않을 수도 있습니다. 하지만 천칭자리 여성은 그럴 수가 없습니다. 자기 주장은 물론이고 당신과 다른 모든 철학자들의 견해에서 발견한 결함을 모두 고려하여 결론에 이를 때까지, 모두의 의견을 존중할 것입니다.

대부분의 천칭자리 여인은 결혼 전에도 후에도 일을 계속 합니다. 그녀는 원하는 물건을 살 수 있을 만큼 충분한 돈을 벌려고 합니다. 천칭자리 여성은 아름다운 옷과 값비싼 향수와 클래식 음악을 사랑합니다. 그런데 누가 그녀에게 남성적인 면이 있다고 했나요? 네. 제가 그랬습니다. 어떤 면에서는 그렇습니다. 하지만 예쁜 머리 스타일을 하고 있는 그녀에게 빈틈없는 지성이 있을 거라고는 짐작하기 힘듭니다. 대부분의 경우 천칭자리 여성은 조화롭지 않은 주변 환경에서 불결하고 추한 요소들을 제거하기 위해 상당히 많은 돈을 필요로 합니다. 이런 환경에 놓여 있는 천칭자리 여성은 실제로 몸과 마음에 병이 생깁니다. 천칭자리 여성이 일을 계속 하고 돈을 벌려고 하는 데에는 또다른 이유가 있습니다. 그녀의 남자 때문이지요. 천칭자리 여성이 속세의 삶에서 무엇보다도 소중하게 여기는 대상은 바로 그녀가 사랑하고 존경하며 함께 살아가기로 마음먹은 남자랍니다.

천칭자리 여성은 혼자 놀기 싫어합니다. 일과 사랑, 두 영역에서 그녀는 파트너십을 진정으로 갈망합니다. 그녀는 혼자 일하기 싫어하고 혼자 살 수 있는 사람도 아닙니다. 천문해석가를 찾는 천칭자리 여성들이 진짜로 신경 쓰는 부분은 딱 두 가지입니다. 늘 이 두 가지 중에서 하나를 궁금해하지요. '언제 정말로 사랑하는 사람을 만날 것인가?'와 '언제 사업 파트너를 만나게 되는가?'입니다. 그녀에게 결혼은 합작회사 같은 것이어서 회사 설립에 필요한 원칙들을 엄격하게 적용합니다. 그녀는 당신의 실수를 여성성과 모성으로 막아 줄 회장입니다. 그녀의 본성은 팀워크를 위해 타고났다고 해도 과언이 아닙니다. 당신의 모든 관심사와 활동에 되도록 함께하고 싶어 할 것입니다. 자기의 남편을 대신해서 사람들을 기꺼이 즐겁게 해 주겠지만, 남편이 직업을 바꾸려 하거나 다른 도시로 이사 가려고 하거나 또는 새로운 친구들을 만들려고 할 때 그가 이끄는 대로 따르는 여성스러운 면도 가지고 있습니다. 회사의 모든 부서는 남편이 담당합니다. 단지 천칭자리 여성은 일이 원활하게 진행되도록 지원하고, 남편이 충동적으로 잘못 판단하여 어리석은 실수를 범하지 않도록 확인하는 정도의 역할만 할 것입니다.

당신은 천칭자리 여성을 정말 높이 평가해야 합니다. 전형적인 천칭자리 여성은 남편에게 짐이 되려는 마음이 전혀 없기 때문입니다. 그녀는 오히려 남편의 앞길에 놓인 모든 돌덩이들을 제거해 주려고 합니다. 내면에는 지배하고 싶은 마음이 있지만, 그것을 겉으로는 거의 드러내지 않습니다. 긍정적인 생각으로 당신을 북돋워 주었다가 나중에 자신에게 책임이 돌아오는 상황을 극도로 혐오하기 때문입니다. 그녀는 대부분의 경우 아주 조심스럽게 처신할 것입니다.(동쪽별자리가 양자리가 아니라면 그렇습니다. 하지만 출생차트 상에 진취적인 별자리가 두 개 이상 있는 여성이라면 문제가 좀 커질 수도 있습니다.)

　보통 천칭자리 여성은 지능이 높고 분석력이 뛰어나서 당신이 사업상의 문제들을 해결하는 데 많은 도움을 줍니다. 감정에 휘둘리지 않고 지극히 이성적인 결정을 내리며 균형 잡힌 의견을 제시하는 그녀는 때때로 어떤 경제전문가보다도 더 나은 조언을 해 줄 것입니다. 이러한 탁월한 능력은 당연히 천칭자리의 많은 결함을 보완해 줍니다. 뿐만 아니라 전형적인 천칭자리 여성이라면, 그런 보석 같은 지혜를 아무 데다 담지 않습니다. 아주 근사한 은 접시에 담아서 유쾌하게 내놓을 것입니다. 당신이 잘못된 길로 들어서면 부드러운 벨벳 장갑을 낀 강철 손으로 슬쩍 옆구리를 찔러 주의를 환기시키고, 다시 올바른 방향으로 부드럽게 인도해 줍니다. 그 방식이 너무나 부드러워서 당신은 방향을 바꾼 것이 당신 스스로의 생각이라고 믿게 될 것입니다. 양자리, 전갈자리, 사자자리 또는 황소자리 남성이라면 일반적으로 천칭자리 아내를 반석 위에 올려놓고 숭배할 것입니다. 당연합니다. 천칭자리 아내도 남편을 숭배하기 때문입니다. 잘 만난 천칭자리 여성과 그녀의 남편이 사는 사랑스러운 집을 방문해 보세요. 뱀이 나타나서 모든 것을 망치기 이전의 에덴동산에 있던 아담과 이브를 보는 듯한 느낌을 받을 것입니다.(천칭자리 남녀가 결혼한다면 분명히 다정한 원앙 커플이거나 으르렁대는 원수 커플이거나 둘 중의 하나입니다. 이들은 평생 동안 이틀에 한 번씩 극과 극을 달립니다.)

　천칭자리 여성과 결혼하면 좋은 점이 많이 있습니다. 우선 절대로 당신의 우편물을 열어 보지 않습니다. 그런 비열한 생각은 아예 떠올리지 않습니다. 당신의 사업상 기밀을 친구에게 누설하거나 당신의 사장 앞에서 당신을 난처하게 하는 일도 절대로 없습니다. 그녀는 처음 만났던 날 당신을 사로잡았던 매력으로 당신 사장의 마음도 완전히 녹여 버릴 것입니다. 화성과 충돌 요소가 있는 일부 천칭자리 여성들은 가끔 지나치게 감정적으로 행동하거나 지나칠 정도로 많이 먹고 마시는 경향이 있지만, 그런 경우는 매우 드뭅니다. 금성의 여인이라도 자기 저울에서 미끄러질 때가 있지만, 곧 상쾌하고 우아하게 조화를 이룬 상태로 돌아올 것입니다. 당신은 가끔 그녀가 천사인지 악마인지 궁금해지기도 하겠지만, 악마보다는 천사가 더 자주 나타난답니다.

당신은 천칭자리 아내의 육체적 사랑이 부족하다고 불평할 일은 없을 것입니다. 천칭자리 여성은 고풍스러운 레이스처럼 서정적이고, 여성의 특권인 다정다감함이 있기 때문입니다. 천칭자리 여성의 애무와 달콤한 속삭임은 분명 진실합니다. 하지만 사랑스럽게 처다보거나 부드럽게 어루만지고 따뜻하게 안아 주면서 키스를 해 주는 모습은 그녀의 숨겨진 남성적 충동을 효과적으로 가려 주는 연막 장치가 되기도 합니다. 진실한 마음이라도 실용적으로 적용하지 말라는 법은 없으니까요.

당신의 집은 넓은 카펫이 바닥에 깔려 있는, 잡지 광고에 나오는 집처럼 우아할 것입니다. 전체적으로 색상도 잘 어울리고 가구를 선택하는 취향도 고급스러울 것입니다. 액자는 똑바로 걸려 있고 식사 시간도 늘 정해진 시간을 벗어나지 않습니다. 안주인이 금성의 여성이라면 대부분 천으로 된 냅킨, 은 식기, 꽃병, 고급스러운 도자기, 양초, 와인, 부드러운 음악 그리고 조화로운 식단까지 기대해도 좋습니다. 천칭자리 여성의 똑똑한 머리와 재치 있는 위트를 감안한다면 사실 더 이상 바랄 것이 없습니다. 그녀에게 여성이라는 것은 일종의 평생 직업이라서, 그녀는 거의 완벽에 가까운 여성이 되려고 노력할 것입니다. 당신이 마치 헨리 8세처럼 고함치는 것을 좋아하고 여성을 고분고분한 하녀처럼 여기는 구제불능 남성이 아니라면, 천칭자리 여성의 남성성이 당신을 별로 힘들게 하지는 않을 것입니다. 그녀는 말하는 것을 좋아합니다. 하지만 동시에 당신의 얘기를 잘 들어 줄 사람이 필요할 때에는 장단을 맞추며 잘 들어 주기도 합니다. 천칭자리 여성은 터프하면서도 동시에 부드럽습니다. 그 두 가지 성격을 섬세하게 잘 조율할 수 있는 여성은 그리 많지 않지요.

다정한 태도와 당신의 분노를 진정시켜 주는 부드러움 때문에, 당신은 천칭자리 여성이 약하고 무력한 사람이라고 생각할 수도 있습니다. 혹은 위기 상황에서 호들갑을 떠는 매우 여성스러운 사람으로 여길 수도 있습니다. 하지만 정말 그렇게 생각한다면 큰 오산입니다. 이 사랑스럽고 여성스러운 존재는 사실 아홉 가지 강철로 만들어진 사람이랍니다. 결혼 초기에 체스에서 매번 당신이 이기도록 한 것이 당신을 낚기 위한 교묘하고 용감한 계획의 일부였다는 것을 설사 당신이 몰랐다고 해도, 남은 평생을 눈먼 장님으로 살아가서는 안 됩니다. 나중에 혹시 집 안에 위급한 일이 발생한다면, 배가 좌초되지 않도록 잘 유지하는 사람이 누구인지 눈을 똑바로 뜨고 살펴보세요. 실질적으로 그런 역할을 하는 사람이 누구인지요. 그 사실을 인정한다고 해서 당신의 체면이 깎이는 것은 아니랍니다. 배가 흔들리기 시작하면 적어도 당신은 알게 될 것입니다. 당신이 키를 놓치지 않기 위해 그녀의 도움을 얼마나 절실히 필요로 하는지 말입니다. 이후에도 그녀는 그 일을 떠벌리거나 당신을 무시하지 않을 것입니다. 단지 책임감만 대신 떠맡아 줄 뿐이지요. 그녀가 정말로 의지할 수 있는 사람이라는 사실에 감사해야 합니다. 게다가 정원에 나갈 때나 슈퍼마켓에 장 보러 갈 때 바지를 입어도 정말로 귀여워 보이니까요. 그렇죠? 여성이 바지를 입는다고 해서 문제가 될 것은 없습니다. 파티에 갈 때 하늘하늘한 프릴 장식의 원피스를 입거나, 단둘이 있을 때 실크 속옷을 입는 센스만 있으면 되죠. 천칭자리 여성이 바로 그런 사람입니다. 그녀의 가장 귀중한 자질은 그 완전한 여성성 속에 날카롭고 예리한 지성을 숨길 줄 아는 능력입니다.

천칭자리 어머니를 둔 자녀들은 사랑을 듬뿍 받고 자상하게 보살핌을 받을 것입니다. 하지만 솔직하게 말하자면 그녀에게 첫 번째는 늘 당신이지 아이들이 아닙니다. 아이들은 어린 파트너들이고 당신은 회사의 회장입니다. 천칭자리 어머니는 그 사실을 절대로 잊지 않습니다. 그녀는 아이들을 사랑하지만 아이들이 태어나기 전에 당신에게 주었던 마음까지 아이들에게 주지는 않습니다. 아이들이 놀 때 당신의 휴식을 방해한다면 그녀는 매우 엄격하게 아이들을 꾸짖고, 만약 아이들이 당신의 말을 잘 듣지 않으면 자기 말을 듣지 않을 때보다 더 크게 화를 낼 것입니다. 아이들이 성장해도 우선순위가 바뀌는 것은 아닙니다. 늘 당신이 1순위입니다. 아이들은 커서도 갓난아기처럼 사랑스럽고 청결할 것이며, 어른처럼 단정하고 예의바를 것입니다. 당신이 아이들을 버릇없이 키우고, 당신이 가장이라는 이유로 그녀가 당신의 그런 태도를 방관하지만 않는다면 말이지요. 천칭자리 여성이 당신에게 결정을 맡기는 이유는 단 한 가지인데, 자신이 잘못된 판단을 할 가능성을 피하는 것입니다. 천칭자리 어머니는 대체로 부드럽지만 필요할 때는 단호해지기도 합니다. 절대로 아이들을 소홀하게 다루거나 무시하지는 않지만, 사실 그녀가 엄마가 되고자 한 첫 번째 이유는 아이들을 통해서 당신에게 더 큰 행복을 줄 수 있기 때문입니다. 아이들에게 가장 먼저 가르치는 기도문은 "아버지에게 은총을."이라는 말입니다. 그녀는 아이들이 아버지를 무시하는 태도를 절대로 용납하지 않을 것입니다. 하지만 당신이 아이들에게 약간 고압적인 태도를 취하면 그녀는 아이들을 따뜻하게 위로하는 역할을 하고, 당신이 너무 엄하게 굴면 당신 몰래 사탕을 쥐어 줄 수도 있습니다.

천칭자리 여성이 달콤한 군것질거리를 좋아해서 뚱뚱해질 수 있다는 말은 사실입니다. 댄스홀이나 와인 병에 너무 오래 마음을 두기도 합니다. 가끔 그녀는 대장 노릇을 하거나 쉴 틈 없이 말을 많이 하기도 합니다. 하지만 그런 경우는 그녀의 감정적인 저울이 일시적으로 균형을 잃을 때에만 발생합니다. 그렇게 가끔씩 한쪽이 기우는 시기가 지나고 나면, 그녀는 다시 예전의 평상심으로 돌아옵니다. 누군가가 일부러 저울 한쪽에 발을 올려놓고 있지 않는 한 천칭자리의 저울은 결국 스스로 균형을 잡을 것입니다. 만약 한쪽이 너무 낮으면 그 쪽에 애정을 보태 주세요. 낮은 쪽이 다시 올라가게 마련입니다. 그러다가 다른 한쪽이 슬픔에 넘쳐서 내려가면 이해심으로 가볍게 해 주세요. 그녀의 아름다운 조화로움이 다시 돌아올 것입니다.

파티 석상에서는 공주님처럼 보이고, 돌아서면 장화에 체크무늬 작업복을 입고서 벽난로 땔감 자르는 일을 도와주는 여성이 또 누가 있을까요? 천칭자리 여성은 사랑스러움과 강인함을 모두 충분히 갖추고 있습니다. 당신은 사랑하는 천칭자리 여인의 이름을 넣어 사랑 노래를 부르고 싶어질 것입니다. 작사가들이 아직 시도하지 않았다면 당신이 왈츠 풍으로 멋진 비트를 넣어 작사 작곡을 해서 그녀에게 직접 바쳐 보세요. 아주 강렬한 느낌으로요!

천칭자리 어린이

♎

하얀 여왕이 말했다.
"저 앤 뭔가를 부인하고 싶은가 봐.
무엇을 아니라고 해야 하는지도 모르면서!"

"어머나 세상에, 아기가 정말 예뻐요!" 10월에 태어난 아기를 둔 부모는 이런 말을 자주 듣습니다. 그리고 그런 말에 우쭐거려도 용서해 줄 만합니다. 실제로 천칭자리 아기는 유아용 그림책에서 튀어나온 듯한 통통한 분홍빛 천사처럼 보이거든요. 천칭자리 아기는 사랑스러운 표정과 상냥하고 조화로운 금성의 특성이 있는 매력 덩어리입니다. 얼굴이 빨개져서 담요를 걷어차거나, 화가 나서 소리를 지르거나, 젖병을 물리려고 할 때 엄마의 코를 한 대 치는 일은 좀처럼 없습니다. 이런 야만적인 행동을 하기에 천칭자리 아기는 너무나 예의바르답니다. 아기가 미소를 지으면 병동 전체가 환하게 밝아집니다. "어쩜 이렇게 착하니! 너무 조용하고 차분하네. 토실토실 보조개도 있네. 자비로운 요정이 마법의 키스를 하고 갔나 봐요."

엄숙한 세례식에서 야비한 늙은 마녀의 역할을 하고 싶지는 않지만, 혹시 아기의 입 주변에 보조개가 있는지 살펴봐 주시겠어요? 대부분의 천칭자리 아기는 보조개가 있답니다. 보조개가 있다고요? 그렇다면 재미 삼아 육아 수첩의 맨 마지막 장에 할머니들이 늘 하시던 얘기 하나를 적어 놓아 보세요. "보조개 안에는 악마가 살고 있다네."(할머니들은 몰래 천문해석학을 공부하셨나 봅니다.) 나중에 그 페이지를 본다면 우리 할머니들이 얼마나 지혜로운 분들이었는지 감탄하게 될 것입니다.

천칭자리 아기가 아침에 식탁에서 그릇에 숟가락을 넣고 천천히 휘젓다가 그 옆에 있는 다른 그릇에 숟가락을 넣고 또 휘저을 때가 있습니다. 오른쪽 그릇에는 계란이 딱 자기가 좋아하는 스타일로 잘 으깨어져 있습니다. 왼쪽 그릇에 담긴 오트밀에도 역시나 자신의 취향대로 달콤한 시럽이 듬뿍 뿌려져 있습니다. 두 가지 음식이 모두 식어 가는데 한 숟가락도 입에 대지 않았습니다. 배가 부른 걸까요? 아니오. 무척 배가 고픈 상태입니다. 열이 있는 걸까요? 아니오. 아픈 곳도 전혀 없습니다. 그렇다면 도대체 왜 아기는 그렇게 고집스럽게 앉아서 숟가락만 휘젓고 있는 걸까요? 왜 한 숟가락도 먹지 않을까요?

아기는 계란과 오트밀 중에 어느 것을 먼저 먹어야 할지 결정하지 못하고 있습니다. 엄마가 오렌지 주스와 토스트 조각까지 더해 주는 바람에 아이는 더 혼란스러워졌습니다. 실수한 거죠. 이제 아기는 절대로 결정을 내릴 수 없을 것입니다. 오늘 아침 식사는 없던 걸로 하는 편이 낫습니다. 내일 아침에는 한 번에 한 가지 음식만 주세요. 먼저 오렌지 주스를 주세요. 아기는 주스를 마실 것입니다. 그 다음에는 시리얼을 주세요. 잘 먹을 것입니다. 다음에는 계란 요리를 주세요. 맛있게 잘 먹을 것입니다. 마지막으로 토스트를 주세요. 아기가 앉아서 행복하게 음식을 오물거리며 먹는 동안 당신은 10분도 채 안 되어 그 많은 음식을 다 먹어 버렸다는 사실에 놀랄 것입니다. 천칭자리 아기를 키우는 데 있어 가장 중요한 교훈을 얻은 것이지요. 선택할 기회를 주지 마세요. 아기는 결정을 내려야 하는 상황을 몹시 싫어한답니다.

천칭자리 아기가 특히 싫어하는 것은 서둘러서 결정을 내려야 하는 상황입니다. 재촉하지 마세요. 아이가 혼자 옷 입는 법을 배우고 그 모험을 신나게 즐기면서 몇 주를 지내면 아이는 자신의 우유부단함을 깨끗이 잊을 것입니다. 자, 이제 당신이 아이가 옷 입는 것을 도와주려고 합니다. 외투와 셔츠, 신발, 양말을 다 늘어놓습니다. 아이는 가만히 앉아 있습니다. "애야, 옷 입으렴." 그래도 아이는 가만히 앉아 있습니다. "얼른 옷 입어!"

이런 일을 겪고 나면 당신은 사람들에게 당신 아이가 고집이 세다고 말하겠죠. 그건 공평하지 않습니다. 황소자리 아이는 고집이 세지요. 천칭자리 아이는 그렇지 않습니다. 당신이 아이에게 어떤 양말을 어느 쪽 발에 먼저 신어야 할지 서둘러 결정하도록 만든 것이 잘못입니다. 아이는 결정하는 것 자체로도 충분히 힘들어합니다. 마침내 왼쪽 양말을 오른발에 신기로 결정했을 때 당신이 소리를 쳐서는 아이가 평정심을 잃게 만들었고, 아이는 처음으로 다시 돌아가 버렸습니다. 어느 양말을 먼저 신을까? 이것은 아이의 잘못이 아니라 당신의 잘못입니다. 아이에게 고함을 치고 핀잔을 주는데 어떻게 아이가 그토록 중요한 결정을 내릴 수 있겠어요? 고함을 치면 아이는 귀청이 떨어져 나갈 것만 같고, 결정을 막 내리려고 했다는 사실마저도 잊어버리고 맙니다.

당신이 신경이 예민하다면 치를 떨 만한 상황이지요. 하지만 당신만 그렇게 느끼는 것은 아니랍니다. 언젠가 천칭자리 아이가 자라서 멋진 아가씨와 사랑에 빠지겠지요. 진지하게 결혼 이야기를 나눌 것입니다. 결혼을 한다면 언제 할 것인가? 천칭자리 아이는 결정을 내리지 못할 것입니다. 그이가 나와 결혼을 할까? 하지 않을까? 여자친구는 인내심을 가지고 기다려 줍니다. 아이는 유쾌한 어른으로 성장했지만, 이런 경우에는 어릴 때와 똑같은 고통을 느낍니다. 마침내 아가씨가 묻습니다. "우리가 결혼을 하긴 하는 거예요?" 천칭자리는 아무 답이 없습니다. 아가씨는 또 물을 것입니다. "우리 언제 결혼해요?" 불쌍한 아가씨죠. 당신이 오렌지 주스와 토스트로 했던 것과 동일한 실수를 하고 있습니다. 이제 아이는 두 가지를 결정해야 합니다. 결혼을 해야 할지 말아야 할지뿐만이 아니라, 언제 할지도 결정해야 하죠. 아무래도 당신이 그 아가씨와 얘기를 해 보는 것이 좋겠습니다.

하지만 이런 일은 아직 먼 미래의 일입니다. 지금은 신발과 양말을 가지고 결정을 해야 합니다. 아이에게 다가가서 단호하게 말해 주세요. "이 양말을 이쪽 발에 먼저 신으렴." 부드러운 어조로 말해야 합니다. 소리를 지르거나 겁을 줘서는 안 됩니다. 할 수만 있다면 멜로디를 붙여서 아이에게 노래로 불러 주세요. 그러면 아이는 무척 좋아할 것입니다. 자, 이제 두 가지 장애물을 넘었습니다. 아이가 결정을 내릴 수 있도록 도와주었고 분위기도 유쾌하게 만들었지요. 아이는 5분 안에 옷을 다 입을 것입니다. 언젠가 미래의 여자친구도 이렇게 하는 것이 좋습니다. 부드럽게 노래를 부르듯 "우리는 6월 26일에 결혼을 할 거예요~."라고 말해 주어야 합니다.(웨딩마치의 선율에 따라 불러 주면 좋겠지요?) 여자친구가 수줍음을 많이 타는 성격이라면 손자 손녀를 볼 때까지 제법 오래 기다려야 할지도 모릅니다. 당신이 아이를 너무 몰아세우거나 재촉하는 일 없이 결정 내리는 방법을 훈련시키는 데 성공한다면 미래의 여자친구도

덕을 보겠지요. 그때쯤이면 아이는 우유부단함을 극복했을 테니까요.

부모가 빨리 결정을 내리라고 고집스럽게 채근하여 아이의 섬세하고 조화로운 감각을 혼란스럽게 만든다면, 아이는 선택의 갈림길에 설 때마다 노이로제에 걸릴 것입니다. 그러니 아이에게 반복해서, 하지만 반드시 부드럽게 해결책을 제시해 주세요. 그러면 언젠가 아이는 요령을 터득할 테고, 아이의 가장 큰 난제를 극복하도록 도와준 당신은 평생 행복할 것입니다. 어떻게 하면 되는지 보여 주기만 하면 됩니다. 아이가 고집스러워 보일지 모르겠지만, 아이는 다만 결정을 내려야 하는 조심스러운 순간에 균형을 깨뜨릴 만한 방해물이나 서둘러야 한다는 정서적 트라우마에 천칭자리식으로 대응하고 있을 뿐입니다. 아이는 당신을 정말로 기쁘게 해 주고 싶지만, 자기를 둘러싼 소리와 색깔과 생각들이 조화를 이루어야만 자신의 뜻대로 행동할 수 있습니다. 긴장감은 비뚤게 걸려 있는 그림처럼 아이의 균형 상태를 깨뜨린답니다. 성급한 어른들이 적절하지 못한 방식으로 강요하면 천칭자리 아이는 비뚤어질 수 있습니다.

제 치과 의사 친구 이야기를 들으면 좌절감이 좀 줄어들지도 모르겠습니다. 그 친구의 집에는 세 살 터울로 천칭자리 딸이 둘 있는데, 매일 아침마다 어떤 일이 일어날지 상상이 가나요? 신발 네 짝과 양말 네 짝, 발 네 개, 그리고 두 개의 혼란스러운 마음이 있지요. 부모가 천문해석학을 접하기 전까지는 그 천칭자리 딸들은 거의 매일 맨발로 다녔답니다.

아이가 주저할 수밖에 없는 이유를 알아 두시는 것도 도움이 될 것입니다. 천칭자리 아이들은 남녀 모두 진실을 추구하는 마음을 타고났습니다. 이들은 마음씨가 착하고 언제나 공정한 사람이 되고 싶어 합니다. 천칭자리 아이는 실수를 하거나 잘못된 판단을 내리는 것을 끔찍이 싫어합니다. 아이는 당신의 감정을 상하게 하지 않으면서 자기 본성에 따라 균형 잡힌 해답을 추구하고 싶은데, 답을 찾기도 전에 당신 때문에 허둥지둥 서둘러서 뭔가를(양말을 신는 일까지도 포함해서) 해야만 하는 것이죠. 하지만 이런 신중함이 성격으로 굳어지면서 앞으로 사고나 말썽을 피하는 데에 도움이 됩니다. 긍정적으로 생각하세요. 천칭자리 꼬마 아이는 거실 벽에 파란 오리를 그릴지 말지 결정하는 데 오랜 시간이 걸리기 때문에 낙서를 하기 전에 당신은 아이를 말릴 수 있답니다.

천칭자리 아이가 고집이 세다는 오해를 받는다면, 그것은 아마도 당신이 라디오나 텔레비전을 너무 크게 틀어 놓았기 때문일 것입니다. 아니면 아이의 침실 색깔 때문에 아이가 밤에 잠이 안 와서 그럴 수도 있습니다. 야하고 요란스러운 색상은 아이의 정서적 저울추를 이리저리 기울게 만든답니다. 파란색 계열이나 파스텔 톤 색상은 아이를 차분하게 해 줍니다. 아이에게 뭔가를 먹이거나 옷을 입힐 때, 그리고 장난감을 정리하게 할 때에는 음악을 부드럽게(시끄럽지 않게) 틀어 놓으세요. 주변의 소리와 색상이 조화를 이루지 못하면 아이도 조화롭지 않은 반응을 보일 것입니다. 어쩔 수 없이 폭력적인 장면에 반복적으로 노출된다면 아이의 깊은 내면에 있는 무언가가 영원히 파괴될 수도 있습니다. 천칭자리 아이는 갓난아이 때라도 갑작스러운 소음에 경기를 일으키거나 온몸을 떨 수 있습니다. 천칭자리 아이는 평화와 고요함과 휴식이 아주 많이 필요하답니다.

그래서 이번에는 게으름이라는 새로운 문제가 생깁니다. 물론 그건 절대로 게으름이 아닙니다. 오랫동안 열심히 놀고 나면 아이는 휴식을 취해야 합니다. 빈둥거리는 것이 아닙니다. 단지 자신을 추스르는 시간을 보낼 뿐입니다. 천칭자리는 일정 시간 활동하고 나면 반드시 일정 시간 휴식해야 합니다. 그래야만 정서적으로도 육체적으로도 건강을 유지할 수 있습니다. 만약 그런 행동에 죄책감을 느끼도록 훈육한다면 아이는 자기방어 차원에서 정말로 게으름을 피울 것입니다. 천칭자리 아이가 한가하게 시간을 흘려보내고 있는 모습을 보더라도 야단법석을 떨 필요가 없습니다. 곧 내면의 저울이 다시 균형을 이루고 아이는 활동을 재개할 것입니다. 아이는 에너지를 다시 모으고 있을 뿐이랍니다. 아이의 행성들이 아이를 그렇게 만들었습니다. 아이가 노력한다고 바꿀 수 있는 문제가 아니지요.

천칭자리 아이는 사람들의 마음을 달래 주는 일을 아주 잘합니다. 아주 매력적인 방식으로 너무나도 다정하게 달래 줍니다. 그 사랑스러운 미소와 보조개를 거부할 수 있는 사람은 지구상에 없지요. 어린 천칭자리의 다정하고 사랑스러운 모습에 부모는 자발적으로 램프의 요정이 되어 아이의 모든 소원과 희망 사항을 들어 주게 됩니다.(아이를 애지중지하는 친척들은 백설공주의 난쟁이가 되어 주겠죠.) 결과적으로 천칭자리 아이는 학교에 들어갈 즈음이면 응석받이가 되어 통제하기 어려워지기도 합니다. 아이를 몇 년간 왕자님과 공주님으로 키워 놓고 이제 와서 지시에 잘 따르기를 기대할 수는 없습니다. 너무 애지중지하지만 않는다면 천칭자리 아이에게 그다지 많은 훈육이 필요하지는 않을 것입니다.

균형 있게 제대로 잘 자란 보통의 천칭자리 아이는 교사들에게 즐거움 그 자체입니다. 천칭자리 아이는 영리하고 논리적이며 토론을 좋아하고, 훌륭한 학생의 기본적 자질인 왕성한 호기심이 있습니다. 하지만 아이가 읽고 배우기 시작하면, 부모와 선생님들은 끊임없는 논쟁에서 벗어날 수 없을 것입니다.

천칭자리 아이에게 단정짓는 말은 통하지 않습니다. 어떤 사안이든지 항상 두 가지 측면을 모두 말해 주어야 합니다. 그렇지 않으면 아이는 당신이 공정하지 않다고 생각할 것입니다. 대충 말하면 통하지 않습니다. 당신이 한쪽 면에 대해서만 얘기하면 천칭자리 학생은 당신이 공정한 태도를 취할 때까지 다른 한쪽을 변론하면서 문제를 제기할 것입니다. 당신이 찬성 쪽으로 치우치면 아이는 반대 쪽에 훌륭한 근거를 제시합니다. 이런 이유로 천칭자리 아이는 반항적이라는 평판을 받을 수 있습니다.

천칭자리 아이는 매우 까다로워서, 어떤 규율이 타당하다는 것을 스스로 납득하지 못하는 한 절대로 따르지 않습니다. 양쪽의 저울은 항상 균형이 맞아야 합니다. 그렇지 않으면 천칭자리는 어디선가 불쾌한 힘이 자기를 당기고 있다고 느낍니다. 아이는 저울이 다시 조화롭게 평형을 이루고 있다는 느낌이 들 때까지 계속 논쟁을 할 것입니다. 천칭자리 아이는 항상 자기 부모나 교사들이 두뇌를 갈고 닦게 만들어 줍니다. 아이를 따라가려면 우수한 논리적 사고가 필요하니까요. 아이는 신문의 머리기사에서부터 가족 내 의견이 일치하지 않을 때 누가 옳고 그른지까지, 모든 것에 대해 논쟁할 것입니다. 천칭자리 아이는 어른들이 다른 사람 흉보는 말을 별로 좋아하지 않습니다. 아이는 신뢰를 신성하게 여기고, 사람들의 성급한 판단을 몹시 못마땅해합니다. 아이는 당신이 틀렸다고 생각하면 당신 원수의 편도 들어 줄 수 있습니다.

절대로 아이의 사생활은 침해하지 마세요. 아이도 당신의 사생활을 침범하지 않을 것입니다. 식사 시간은 항상 유쾌하게 만들어 주세요. 여자 아이라면 당신을 구슬려서 양초와 꽃으로 장식하게 할 것이고, 남자 아이라면 균형 있는 식단과 달콤한 후식을 좋아할 것입니다. 과체중 문제가 생길 가능성이 있어서 욕실에 있는 저울이 좀 고생을 하게 될 것입니다.

천칭자리 자녀를 키우면서 좋은 점 하나는, 강요하지 않아도 대체로 아이가 단정하고 깔끔하게 자란다는 것입니다. 당신이 너무 거칠게 다루어서 아이가 속으로 분노를 품지만 않으면 됩니다. 천칭자리 아이는 대부분 집 안이 어수선한 것을 싫어하기 때문에 청소도 잘 도와줍니다. 천칭자리는 음악과 미술 양쪽에 재능이 있습니다. 미래의 작곡가나 화가가 나올 수도 있으니 아이가 잠재력을 개발할 기회를 반드시 제공해 주어야 합니다.

어린 천칭자리 여자 아이는 당신의 비싼 파우더를 전부 옷에 뿌리거나, 당신이 애지중지하는 향수를 곱슬머리 위에다 쏟아 붇거나, 또는 욕조에서 하루 종일 시간을 보낼지도 모릅니다. 아이가 향기나 따뜻한 물에 끌리는 것은 천칭자리가 아름다움과 상쾌함에 반응하는 현상일 뿐입니다. 아이가 커서 십대가 되면 거품 목욕을 하느라 욕실을 아예 독점하게 될 것이며, 손님용 고급 비누를 다 써 버릴 것입니다. 천칭자리 아이는 조화를 추구하며, 평화·아름다움·편안함을 조화로움과 동일시한다는 점을 꼭 기억하세요.

천칭자리 남자 아이라면 해먹에서 낮잠을 늘어지게 자거나, 감당하기 힘든 사안들을 놓고 늘 당신보다 많이 아는 척해서 당신을 자극하고 정신 사납게 할 것입니다. 하지만 아이는 주기적으로 낮잠을 자면서 에너지를 모으는 것입니다. 그리고 자신이 모든 것을 다 알고 있다는 태도에 대해서 말하자면, 아이는 당신을 상대로 변호사 연습을 하는 셈입니다. 긍정적으로 바라보세요. 배심원이라면 아이의 이야기를 꼼짝없이 앉아서 들어야겠지만, 당신은 저녁 준비하러 가거나 신문을 펼쳐 들고 그 뒤로 숨을 수도 있잖아요? 글쓰기에 대한 욕구가 있다면 남녀 아이 모두에게 글을 쓰도록 격려해 주세요. 천칭자리는 책을 주관하는 별자리이기도 합니다.

천칭자리 아이는 십대가 되면 늘 연애 분위기를 풍깁니다. 아이는 풋사랑을 여러 번 경험할 테고, 당신은 감상주의가 넘치는 집에서 살고 있는 느낌이 들겠지만 그것도 모두 한때입니다. 언젠가 아이도 결혼을 해서 근사하고 평화가 넘치고 조화롭고 토론이 많은 가정을 꾸릴 것입니다. 어느 햇살 맑은 10월 아침에, 당신은 다시 한 번 병원에서 간호사나 방문객들이 이렇게 말하는 것을 듣게 될지도 모릅니다. "어머나 세상에! 아기가 정말 예쁘네요. 너무 사랑스럽고, 정말 착해요. 조용하고 귀엽기까지 하고요." 그러면 당신은 고생해서 얻은 지혜로 이렇게 말하겠지요. "그렇죠? 하지만 아기 볼에 저 보조개 보이세요?"

천칭자리 사장

♎

왕이 다급히 말했다.
"물론 안 중요하다는 뜻이었어."
그러고 나서 왕은 입 속으로 나지막이 되뇌었다.
"아주 중요하다…. 안 중요하다…. 안 중요하다…. 아주 중요하다."
어떤 말이 더 나은지 시험해 보는 것처럼 말이다.

당신이 남성이라면, 천칭자리 사장이 평범한 듯하지만 공정하고 무엇보다도 정직한 사람이라고 생각할 것입니다. 당신이 여성이라면, 알게 모르게 천칭자리 사장에게 어느 정도 매력을 느끼고 있을 것입니다. 금성의 파장은 강력하답니다.

천칭자리 사장은 2인 체제로 운영되는 회사의 대표인 경우가 많습니다. 무의식적으로 늘 사람이든 사물이든 두 개체를 결합하고 싶어 하기 때문입니다. 이런 욕구를 감정적인 차원에서는 이른 결혼이나 이른 연애로 해소합니다. 사업적으로는, 자신의 인격에 찬사를 보내 주고 자신의 부족한 재능이나 능력을(부족한 능력은 별로 없지만) 채워 줄 수 있는 파트너와 매력과 지성을 겸비한 본인이 결합하여 본능적으로 균형을 이루려 할 것입니다.

천칭자리 사장은 다른 사장들처럼 분위기를 주도하지 않습니다. 그러기보다는 형세를 관망할 때가 많습니다. 그게 편하기 때문은 아닙니다. 사실 힘들 수도 있지요. 중립적인 태도를 취하고 있는 동안 얼굴 찌푸리는 것 좀 보세요. 사장은 두 가지 상반되는 의견을 이리저리 재 보면서 몸부림치고 있는 중이랍니다. 한쪽에 치우치지 않은 공정한 결정을 내리면 그는 다시 행복한 표정을 지을 것입니다. 하지만 중립적인 태도를 취하는 동안 겪을 고통은 헤아릴 수 없지요.

천칭자리 사장은 다양한 사교 활동을 하면서도 절대로 서두르는 법이 없습니다. 이런 식의 모순을 보여 줄 수 있는 사람은 별로 없지요. 능수능란한 곡예사를 보는 것 같습니다. 그렇게 많은 활동을 하다 보면 언젠가는 마치 저글링을 하는 곡예사가 공을 놓치는 것처럼 균형을 잃고 금방이라도 불안한 상태로 빠져들 것 같습니다. 하지만 천칭자리 사장에게도, 저글링을 하는 곡예사에게도, 그런 일은 좀처럼 일어나지 않지요. 태어날 때부터 공기 원소와 친한 천칭자리들은 미친 듯이 바삐 돌아가는 활동도 아주 우아하게 해냅니다. 그럴 때는 마치 가만히 서 있는 것처럼 보입니다. 슬로우 모션 영화를 보는 것 같습니다. 결코 움직임은 멈추지 않지만, 영사기는 기이한 속도로 돌아가고 있습니다.

천칭자리 사장은 수줍고 조심스러울 때가 많지만 외로운 섬은 아닙니다. 늘 어떤 식으로든 타인과 의사소통하고 자신을 표현하고 싶어 합니다. 비록 대부분이 일방적인 연설이겠지만, 사장은 미소만으로도 당신에게 많은 것들을 말할 수 있습니다. 천칭자리 사장은 분명히 지성을 갖춘 사람이지만 출생차트에서 수성에 충돌 요소가 있다면 스스로의 지성을 확인하려 할 것입니다. 많은 천칭자리 사장들은 설득력 있게 말할 줄 알고 논쟁에도 능해서 회의실에 가득 찬 사람들을 쉽게 움직일 수 있습니다. 그다지 주목받고 싶어 하지 않는 수줍은 사장마저도 논리 정연하고 설득력 있게 토론할 수 있답니다. 물론 이런 사장이라면 말로 하기 전에 모든 것을 속으로 계획해 보겠죠. 사장이 왜 그렇게 오랫동안 조용하게 지내는지 이제 아셨을 것입니다. 무슨 말을 할지 결단을 내리고 있는 중이지요. 당신은 사장이 그렇게 침묵의 시간을 보낸 다음에 사장의 의견에 찬성하는 것이 안전합니다. 그래야 마음을 바꿀 가능성이 적어집니다. 혹시라도 서둘러 결정을 내리고 나면 나중에 다시 곰곰이 생각해 볼 것입니다. 그리고는 처음 했던 생각이 성급했다는 것을 깨닫고 방향을 완전히 바꾸어 버릴 것입니다.

천칭자리 사장은 당신의 의견을 자주 물을 것입니다. 당신이 똑똑해서 그런다고 자만하기 전에 기억해 둘 것이 있지요. 사장이 당신의 아이디어에 관심이 많다면서 호들갑을 떠는 데에는 몇 가지 동기가 있습니다. 무엇보다도 공정해지고 싶은 욕구에서 비롯됩니다. 사장은 부당한 결정이나 사람들에게 환영받지 못할 결정은 하고 싶지 않습니다. 그리고 찬성과 반대 의견 모두를 강박적으로 수집하는 이유가 하나 더 있습니다. 사장은 가능한 모든 사실에 접근하지 않고서는 결코 현명한 판단을 내릴 수 없다고 생각하기 때문입니다.

중요한 계약 건을 놓고 밀고 나갈지 말지를 결정해야 한다면, 천칭자리 사장은 아내는 물론이고, 경비원·비서·청소부·홍보 담당자 등을 대상으로 투표를 실시할 수도 있습니다. 그래서 결과가 좀 이상해질 수도 있습니다. 피곤한 청소부 아주머니가 '지분 보유 비율이 의결권이 없는 주주들의 주식에 미치는 영향'에 대해 논리적인 의견을 내기란 쉽지 않습니다. 고민해 볼 시간이 필요하겠지요.

경비 아저씨는 두 대기업이 합병될 때 드는 비용에 대해 감을 잡기가 좀 어렵습니다. 일단 4만 불이라는 변호사 비용이 그에게는 어마어마하게 비싸게 느껴집니다. 자신은 법률 상담으로 한 번에 40불을 낸 적이 있는데 그때도 돈을 낭비했다는 느낌이 들었으니까요.

신경쇠약으로 병원에 입원해 있으면서 월급을 계속 가불받는 부사장은 천칭자리 사장의 비서에게 짜증을 잔뜩 부릴 것입니다. 부사장은 몇 년 동안 정신적으로 중압감을 이기지 못하고 쓰러질 지경이었는데 천칭자리 사장처럼 비서를 그렇게 애지중지하는 사람은 없었습니다.

청소하는 아주머니는 마침내 결단을 내렸습니다. 지분 분할은 없던 걸로 하는 것이었지요. 분할이라는 말은 한 번도 믿어 본 적이 없습니다. 자신은 늙은 남편과 이혼하면서 일곱 명의 자식을 먹여 살리기 위해 청소 일을 시작해야만 했거든요.

천칭자리 사장의 아내는 "당신이 최선이라고 생각하는 대로 하세요."라고 얘기하면서도, 최대 주주 중 어떤 사람의 부인을 좋아하지 않는다는 이유로, 남편이 합병에 부정적인 입장을 취해야 한다고 개인적인 입장을 분명하게 표명합니다.

홍보 담당자는 자신의 의견을 바꾼 적이 없습니다. "전속력으로 앞으로 돌진!"하는 것이 모든 문제에 대한 그의 조언입니다.

마침내 합의가 이루어졌습니다. 이와 같은 전문적인 분석으로 무장한 천칭자리 사장은 여전히 열 명 중 아홉 명이 내리는 결정보다 더 논리적이고 합당한 결정을 최종적으로 내리기 위해 애를 씁니다. 놀랍지만 어쨌든 그렇게 합니다.

자신이 결정을 내릴 때 그렇게 많은 사람들에게 의견을 묻는 데에는 또다른 이유가 있을 수 있습니다. 만약의 경우 일이 잘못되었을 때, 그 책임을 다른 사람들에게 교묘하게 떠넘기는 성향이 있는 천칭자리도 드물게 있습니다. 일이 잘못되면 언제라도 어깨를 으쓱하며, 이렇게 말할 것입니다. "취소하자는 것은 내 생각이 아니었어. 청소부 아주머니가 합병은 올바른 결정이 아니라고 했거든."

하지만 자신의 지성과 감정을 조화롭게 결합시킬 수 있는 천칭자리 사장은 지혜의 우물이 될 수 있습니다. 여러분도 한 번쯤은 천칭자리 사장과 일해 보았을 것입니다. 주변에 실제로 천칭자리 사장이 많이 있습니다. 그들은 특히나 당신에게 무슨 문제가 생겼을 때 친절한 상사가 되어 줄 것입니다. 아무도 생각해 내지 못한 이런저런 점까지 고려해서 현명하면서도 공정하고 또 명석하기까지 한 해답을 제시해 줄 것입니다.

천칭자리 사장의 사무실 벽이 비어 있는 경우는 정말 드뭅니다. 예쁜 여인의 사진이 담긴 달력이라도 걸려 있습니다. 벽에는 주로 사진과 트로피, 명화 사본 같은 것들이 가지런히 걸려 있을 것이고, 캐비닛 안에는 먼지 한 톨 없을 것입니다. 분명히 오디오 세트나 CD 플레이어가 기본적으로 설치되어 있어서 사업상 불협화음이 생기거나 혼란스러운 일상 업무들로 마음이 흔들릴 때면 언제라도 음악을 들을 수 있을 것입니다. 사장실 내부의 색상은 화려한 법이 없습니다. 선명한 연두색이나 밝은 오렌지색 계열은 그의 눈을 아프게 합니다. 어떤 경우에는 동양적인 느낌을 풍길 수도 있습니다. 천칭자리 중 일부는 동양적인 취향에 빠져 있기도 합니다. 어쩌면 동양의 삶이 상대적으로 차분하고 온화하기 때문일 것이며, 동양철학의 평화로운 상생원리 때문일 것입니다. 책상 위에 늘 꽃이 있지는 않겠지만 사장이 천칭자리 여성이라면 책상 위에 꽃을 두는 것을 좋아할 것입니다.

실제로 여성 최고경영자 중에는 천칭자리가 많습니다. 그리고 양자리, 염소자리, 사자자리, 게자리가 그 다음으로 많습니다. 최고경영자가 천칭자리 여성이라면 사무실 안에 커다란 화분과 커다란 거울이 있을 것입니다. 음악도 항상 가까이에 있습니다. 그녀는 남성 사장보다는 일을 미루는 경향이 좀 덜합니다. 여성의 경우 높은 지위까지 오르는 것이 더욱 어렵기 때문에 우유부단함을 조율하는 법을 이미 터득해야만 했을 것입니다. 그렇지 않으면 잘난 사람들 속에서 맨 꼭대기까지 승진할 수 없었을 테니까요. 천칭자리 남성 사장의 경우처럼 여성 사장도 공정하려고 노력합니다. 회사 내에 논쟁이 있을 때에는 일단 양쪽 의견을 잘 듣고 아주 명확하게 이해하지요. 중요한 사안이라면 사장실 문을 닫고 들어가서 그녀가 황금저울을 이리저리 재 보는 모습을 발견하게 되겠지만, 시간을 끌지 않고 결정하는 분야가 하나 있기는 합니다. 바로 사랑입니다. 아마도 결혼은 자기와 어울리지 않는다고 이미 결정을 내렸거나, 최근에 연애가 끝나 버렸지만 아직도 꿈꾸는 듯한 눈빛을 하고 있을 것입니다. 지위 고하를 막론하고 천칭자리 여성이 사랑 없이 인생을 살 수 있는 경우는 드뭅니다. 비록 업무 시간 이후에는 숨어 버리는 것이 특기지만, 밤마다 혼자 장기를 두고 있지는 않을 것입니다. 비 내리는 월요일 저녁에는 근사한 책을 한 권 들고 집에서 뒹굴뒹굴하겠지만, 주말이면 대부분 시내에서 핑크빛 분위기를 연출하면서 데이트를 즐길 것입니다. 하지만 그 핑크빛 분위기는 일시적일지도 모릅니다. 그녀는 감정에 완전히 눈멀기에는 지성이 너무 날카롭고 논리적입니다. 천칭자리는 남녀 모두 마음이 머리를 지배하도록 내버려 두는 경우가 극히 드뭅니다. 이들의 머리는 너무 단단하고 총명해서 금성의 부드러운 광선들을 잘 받아들이지 못합니다. 천칭자리들에게서 발견되는 기이한 모순 중의 하나지요.

천칭자리 여사장은 분명히 아주 미인일 것입니다. 설사 빼어난 미인이 아니더라도, 지배행성인 금성이 그녀의 평범한 이목구비에 언뜻언뜻 미소를 던질 때 당신은 사장이 아름답다고 느낄 것입니다. 그녀의 매력적이고 사교적인 우아함은 고객들을 바보로 만들어 버리지만, 당신이 오랫동안 그녀와 일해 왔다면 그 우아한 사랑스러움 뒤에는 교활한 속임수 따위엔 넘어가지 않을 지성이 감추어져 있다는 것을 알아차릴 것입니다.

천칭자리 여사장이 짜증을 내는 날도 있겠지만, 가끔은 당신에게 모든 것을 맡겨 버리는 이해하기 어려운 모습을 보이는 때도 있을 것입니다. 규율 면에서는 천칭자리 남성 사장보다 다소 완고할 것입니다. 당신이 실수를 하면 그녀는 본능적으로 알아차리고 그런 종류의 일상적인 실수가 반복되는 것을 보고 싶지 않다는 강력한 메시지를 당신에게 보냅니다. 목소리는 부드럽거나 약간 허스키하며, 억양은 잘 조절되어 있고 말을 할 때 약간 끄는 경향이 있을 수도 있지만, 좀처럼 어조를 높이지는 않습니다.(동쪽별자리가 양자리나 쌍둥이자리, 사수자리라면 크게 화를 낼 때 분위기가 좀 우울해질 수 있습니다).

천칭자리 여사장은 마치 베스트 드레서 10인에 든 사람처럼 옷을 입을 때가 있으며, 실제로 그런 순위에 들기도 할 것입니다. 여직원들은 사장의 옷장이나 모피, 보석, 그리고 향수를 볼 때마다 부러워서 손톱을 물어뜯곤 합니다. 남자 직원들이라면 어떤 반응을 보일지 짐작이 가시죠? 사자자리, 전갈자리, 황소자리, 염소자리, 양자리 남자 직원들을 제외하고는 예외 없습니다. 이 별자리 남자 직원들은 여성 사장 밑에서 일하는 것을 마치 중세시대의 하인이 된 것으로 느낄 것입니다. 하지만 나머지 별자리는 아무 저항 없이 그녀의 보조개 매력에 굴복할 것입니다.

만약 천칭자리 여사장을 그냥 보통 여성으로 대하고 싶다면 너무 다정하게 굴어서는 안 됩니다. 그녀의 친근한 모습이 당신에게 자신감을 불어넣어 주겠지만, 그녀는 화장실에서의 수다를 용납하지 않을 것이며, 정수기 옆에서 삼삼오오 모여서 떠드는 것도 금지할 것입니다. 수다스러움이 무기가 되어 사장의 위치까지 오른 것이 아니니까요. 천칭자리는 남녀 모두 비밀을 지킬 줄 아는 신의 있는 사람을 좋아합니다. 말을 많이 하는 천칭자리도 있고 대부분 예외 없이 논쟁을 좋아하지만, 단순하게 수다를 떠는 사람들은 아닙니다. 분명히 차이가 있지요.

여성, 남성을 막론하고 천칭자리 사장은 점심 시간을 오랫동안 즐기는 경향이 있습니다. 그래야만 하는 이유를 곧 알게 될 것입니다. 천칭자리는 배가 고프고 피곤하면 평상심을 유지하기가 어렵습니다. 금성에서 온 사장들은 날마다 일정한 휴식을 취하고 한 시간 정도는 낮잠을 잘 수 있어야 좋은 상태를 유지할 것입니다. 사장이 균형을 유지하게 해 주고 싶다면 사장실에 근사한 소파를 놓는 것이 좋습니다. 천칭자리 사장은 그 소파에 앉아 잠깐이라도 눈을 붙여야 하는 사람이지만, 그 자체에 대해서는 약간 죄책감을 느끼기도 합니다. 사장이 우중충한 옷을 입고 눈은 빨갛게 충혈되어 회색 가방을 길게 늘어뜨리고 출근하는 날은 정말이지 사장을 피하고 싶을 것입니다.

아주 독립적인 동쪽별자리를 가지고 있지 않다면 천칭자리 사장은 노동조합이 존재해야 한다고 생각합니다. 공정한 것이라면 무엇이든지 좋습니다. 천칭자리는 남다른 정의감이 있기 때문에 타고난 중재자로서 논쟁이나 분쟁을 잘 조정하기도 합니다. 돈에 관해서는 중간이 별로 없습니다. 도시에서 가장 인색한 사장이거나 가장 후한 사장, 둘 중의 하나입니다. 하지만 가끔은 정반대의 모습을 반복해서 보여 주기도 합니다. 12월에는 스크루지가 되었다가 7월에는 산타클로스가 되기도 합니다. 매 순간 태도가 확실하지요. 팁도 5센트를 줄 때가 있고 5달러를 줄 때가 있답니다.

머지않아 사장은 당신을 집으로 초대할 것입니다. 천칭자리 사장들은 대부분 직원들을 집에 초대해서 즐거운 시간을 보내고 싶어 합니다. 흠잡을 데 없이 우아한 손님들을 만나게 될 것입니다. 남성 사장이라면 여성들에게 아주 정중한 태도를 보여 줄 것이고, 남성들에게도 아주 인기가 있을 것입니다. 그에게 미움을 받고 싶다면 천박하고 편향된 의견을 시끄럽게 표명하세요. 확실하답니다. 천칭자리에게는 조화로움이 거의 이름이나 다름없다는 것을 기억하세요. 기회를 봐서 조화로운 화합을 이끌어 내 보세요.(절대로 화합을 깨트리거나 방해하면 안 됩니다.) 그러면 천칭자리 사장은 이유도 정확히 모른 채 당신을 곁에 두고 싶어 할 것입니다.

가끔 보이는 사장의 우유부단함 때문에 짜증이 날 때도 있습니다. 일을 좀 질질 끄는 경향이 있으니 그가 꿈을 실현하게 하기 위해서라도 가끔 압박을 가해야 합니다. 하지만 그토록 아름다운 미소와 당신이 존경해 마지않는 침착한 지성, 그리고 당신과 중간 정도에서 타협하려는 의지가 있지요. 당신이 자신을 추월해서 저 높이 우뚝 서기를 바라지는 않지만, 그렇다고 당신이 자신의 노예가 되는 것을 기대하지도 않습니다. 무조건 밀어붙이는 사람도 아니고 그렇다고 잔소리꾼도 아닙니다. 그리고 절대로 당신의 믿음을 배신하지 않을 것입니다. 당신이 이 모든 조건만 만족시켜 준다면 천칭자리 사장의 저울은 균형을 맞출 것입니다. 천칭자리 사장은 복합적인 성격의 소유자입니다. 완벽해지기 위해서 당신의 협력을 절실히 필요로 하는 천칭자리 사장이라면 당신의 마음까지는 아니더라도 당신의 충성심 정도는 손에 쥐게 될 것입니다. 뭔가 당신을 끄는 힘을 느끼지 못하셨나요?

천칭자리 직원

♎

"재판은 얼른 끝내고 먹을 거나 나눠 주면 좋겠는데!"

예전에 어떤 천칭자리 디자이너가 대작 영화에서 의상을 담당하게 되어 서부 해안으로 날아갔습니다. 그는 럭셔리한 비버리힐즈 호텔에 6주를 묵었지만 단 한 장의 스케치도 하지 못했다고 합니다. 아이디어가 부족해서는 아니었습니다. 오히려 아이디어는 넘쳐났지요. 이유는 다름 아닌 너무 강렬한 푸른색 공작이 그려진 흉물스러운 카펫 때문이었답니다. 디자이너는 그 카펫 때문에 악몽 같은 두통을 겪어야 했습니다. 창작은커녕 똑바로 생각할 수조차 없었는데 방을 바꾸기는 싫어했답니다. 야자수가 내다보이는 전망이 너무 좋았다고 하네요.

영화는 거의 두 달 동안이나 지연되고 있었는데 마침내 영화 프로듀서가 무엇이 문제인지 알아냈습니다. 그 프로듀서는 천칭자리의 미적 취향이 까다롭다는 사실을 알아차리자마자 그 불쾌한 카펫을 은은한 장밋빛의 새 카펫으로 교체해 주었습니다. 그 프로듀서가 어쩌면 그렇게 잘 이해했는지 궁금하시지요? 그는 쌍둥이자리였답니다. 의상 디자이너의 불평이 합리적인지 아닌지는 중요하지 않았습니다. 쌍둥이자리는 가능한 한 빨리 일을 진척시키고 싶었기 때문에 가장 신속한 해결책을 선택한 것뿐입니다. 물병자리와 쌍둥이자리 사장들은 섬세한 금성의 기질을 다루는 데 있어서 탁월한 솜씨를 발휘합니다. 공기 별자리들 사이에는 공감대가 존재합니다. 공기 별자리들은 모두 구름 위를 떠다니는데 각각 고도가 다를 뿐이랍니다.

천칭자리 직원을 데리고 있다고 해서 당장 달려 나가 새 카펫을 사올 필요는 없습니다. 9월 말에서 10월 사이에 태어난 모든 사람들이 그렇게 예민한 신경을 가진, 대처하기가 어려운 예술가들은 아니랍니다. 하지만 주변 환경이 산만하지 않다면 더 행복하게 일할 수 있을 것입니다.

천칭자리 직원은 매일 얼굴을 맞대고 일하는 사람들에게서 불쾌한 일을 당하지 않아야만 효율적으로 일할 수 있습니다. 거칠고 지저분하며 조화롭지 않은 환경은 그를 우울하게 만들 수 있지만, 적대적인 동료들로 인해 빚어지는 우울은 훨씬 심각합니다. 천칭자리 직원은 색상의 파장에 민감한 만큼, 가까이 있는 동료들의 성격에서 뿜어져 나오는 파장에도 민감합니다. 최근 들어 부쩍 천칭자리 직원이 혼란스러워 보이거나 뭔가 다른 사람처럼 보인다면, 또는 평소의 기준에 미치지 못하는 미약한 업무 성과를 내고 있다면, 그 직원이 단지 실수를 하고 있는 게 아닐 것입니다. 아마도 그는 우편물을 전달해 주는 직원이나 사무실 청소하는 사람에게 알레르기 반응을 일으키고 있을지도 모릅니다.(그의 부하 직원 때문이 아니기를 바랍니다. 계속 옆에 있어야 하는 직원에게 알레르기 반응을 보인다면 그 고통스러운 거슬림은 참기 힘들 것입니다.) 어쩌면 책상 위의 얼룩 때문일 수도 있습니다. 가능하면 연한 파란색 계열의 근사한 새 책상으로 바꿔 주고 청소 직원의 근무 시간도 조정해 주세요. 그리고 우편물 전달하는 직원은 그 근처에 오지 못하게 하세요. 즉각적으로 천칭자리 직원의 업무가 향상되는 것을 볼 수 있을 것입니다. 그 직원은 그저 잠깐 균형이 안 맞았을 뿐이랍니다.

천칭자리 직원의 저울이 한쪽으로 기울어지면 어떤 일이라도 일어날 수 있습니다. 천칭자리 직원은 뜬금없이 불만스러워하고 게을러지며 왠지 퉁하게 있으면서도 그 이유를 말해 주지 않습니다. 평소에는 사랑스럽고 침착한 모습을 보이던 직원이 갑자기 변하면 당신 마음도 불안해지겠죠. 그렇게나 매력적인 보조개를 가진 사람이 어쩌면 그렇게 무뚝뚝해질 수 있을까요? 간단합니다. 당신의 저울이 한쪽으로 기울어졌다면 어떤 기분이 들까요? 썩 유쾌한 경험은 아닐 것입니다. 마치 항구에서 출발해서 파도가 치는 바다를 우현으로만 이동하는 것 같다고나 할까요? 천칭자리 직원의 가정에 뭔가 화나는 일이 있었는지도 모릅니다. 하지만 그 이유가 무엇이든 천칭자리 저울의 균형이 맞지 않을 때, 당신이 노심초사할 필요는 없습니다. 천칭자리의 저울이 조화를 찾아 다시 반대쪽으로 기울어질 때까지 그다지 오랜 시간이 걸리지는 않을 테니까요. 균형을 찾고 나면 당신의 사무실에도 다시 평화와 고요함이 찾아올 것이고, 천칭자리 직원의 업무도 예전처럼 탁월해질 것이며, 비교할 수 없는 금성의 미소에 예전처럼 다시 녹아 버리게 될 것입니다.

회사에 노동조합이 있다면 천칭자리 직원은 노동조합에 가입해서 동등한 권리와 정당한 임금을 주장할 가능성이 매우 높습니다. 실제로 천칭자리는 노동조합을 평생직장으로 삼는 경우도 많습니다. 모든 천칭자리에게 있어 가장 중요한 것은 조화이니까요. 완벽한 정의가 바로 이들의 이상입니다. 분쟁을 해결하는 타고난 재능을 가지고 있는 이들에게 노동조합은 놓치기 아까운 기회인 셈입니다. 노동조합이 없는 회사라면 사내 분규가 발생했을 때 천칭자리 직원이 중재자 역할을 해낼 것입니다. 전형적인 천칭자리는 다툼의 분위기를 없애는 일에 아주 능숙합니다. 그는 양쪽의 의견을 어떠한 편견도 없이 옹호해 주며, 대립하고 있는 양쪽이 상대편의 관점을 이해할 수 있도록 해서 마침내 모든 사람이 화해할 수 있도록 마무리해 줄 것입니다. 하지만 당신을 당혹스럽게 할 소지도 있습니다. 천칭자리 직원은 어떤 경우에는 오히려 논쟁을 조장하면서 열기에 휩싸입니다. 천칭자리 직원에게는 모든 논쟁이 건강한 논쟁이라는 점을 기억해야만 합니다. 그는 찬성 입장에서 반대 의견을 공격하고, 또 반대 입장에서 찬성 의견을 공격하는 것 자체를 좋아한답니다. 그의 눈에 이것은 다툼이 아닙니다. 훌륭한 지적 논쟁이야말로 순수한 즐거움 그 자체이니까요. 영화 관람보다 더 재미있어 합니다. 자신의 주장을 남들에게 뛰어난 논리로 납득시키면서 다른 사람들의 허술한 생각을 완전히 깨부수는 동안에 자신이 긴장감을 조성하고 있다는 사실은 잘 인식하지 못합니다. 자신의 두뇌 게임이 본격적으로 사람들을 화나게 해서 마침내 사람들의 신경이 날카로워지는 지점에 이르면 그는 당황합니다. 이럴 때 전형적인 천칭자리라면 사람들이 받은 상처에 재빨리 연고를 발라 주면서 왜 이렇게 유머 감각이 없느냐며 햇살처럼 따사로운 미소로 사람들을 구슬립니다. 솔직히 말해서 당신을 그렇게 쉽게 조종하는 것을 보면 죽이고 싶을 정도로 미워지기도 할 것입니다.

하지만 반대로 천칭자리 직원이 남에게 상처받았을 때에 자신의 다친 감정을 달래는 것은 전혀 다른 문제입니다. 천칭자리 직원을 화나게 하거나 즐겁게 하는 것이 무엇인지를 파악하는 일 자체가 매우 어렵습니다. 어떤 날은 빛이 날 정도로 환하게 웃거나 인자한 미소로 엮은 화환을 머리에 쓰고 있습니다. 그런데 바로 그 다음날은 그 천진난만함에 상처를 입고서 얼굴을 심하게 찡그리고 있습니다. 천칭자리 직원을 이렇게 만드는 것이 과연 무엇인지 이해할 수가 없습니다. 저울이 어느 쪽으로 얼마나 기울어질지 자기 자신도 모르는데, 어떤 이유로 기분이 어떻게 될지는 남들이 알 수가 없지요. 동료들에게 물어보세요. 저기 저 보조개가 있는 직원이 예측 불가능한 반응을 보일 때가 있는지 말이에요. 아마 이런 식의 대답을 할 것입니다. "글쎄요. 제가 며칠 전에 저 친구보고 살이 좀 쪘냐고 물어봤는데, 그때는 그냥 귀엽게 웃더라고요. 그래서 저는 그 친구가 잘 받아들인 줄 알았죠. 그런데 오늘 아침에 제가 농담으로 '토실이'라고 불렀더니 그 다음부터는 저한테 말 한 마디 안 하네요." 아니면 이런 식의 대답도 있을 수 있습니다. "글쎄요. 지난 주에 콜로니 레코드 가게에서 산 글렌 밀러* 앨범을 보여 주길래 빅밴드는 공룡처럼 구식이라고 대꾸했어요. 그랬더니 그 친구가 그냥 씩 웃으며 자기가 고고학과 출신이라고 하더라고요. 그런데 오늘은 제가 리셉션 아가씨한테 빅밴드 음악이 재미없다고 얘기하는 걸 듣더니만, 거의 한 대 칠 것 같은 기세로 저한테 역겨운 마약쟁이 히피라고 하는 거예요. 지난 주에는 유머러스하게 받아 줬는데 말이죠. 그 친구가 빅밴드 앨범을 모으고, 마치 성당에 와 있는 것처럼 매일 밤 초를 켜 놓고 빅밴드 음악을 듣는다는 걸 제가 무슨 수로 알았겠어요?" 천칭자리는 똑같은 일로 지난달에는 당신을 증오했지만 오늘은 당신을 좋아할 것이며, 어제는 재미있다고 생각했던 것을 오늘은 경멸할 것입니다. 자꾸 바뀌는 그의 반

---

* 글렌 밀러(Glenn Miller, 1904~1944): 미국의 재즈 트롬본 연주자, 편곡자, 지휘자.

응에 대처하는 일이 까다롭기야 하겠지만, 천칭자리의 왔다갔다하는 모습 이면에 있는 천성은 늘 공평하고 분별력 있는 상태를 유지하고 있답니다. 그의 찌푸림은 그저 표면적인 것이고, 그의 미소가 진짜입니다. 찌푸림은 그냥 무시하고 미소에 집중하세요. 실제로 불필요하게 높이는 언성이나 긴장감만큼 전형적인 천칭자리를 뒤흔드는 것은 없답니다. 금성의 분노에는 어떤 비뚤어짐도 없습니다. 겉에 얼음이 좀 얼어 있을 수도 있지만, 얼음은 당신도 알고 있듯이 결국 녹아 버리지요.

천칭자리 여성 직원을 보면 종종 통밀 토스트 조각이 떠오릅니다. 늘 걸스카우트 같은 분위기가 나지요. 물론 일부는 통밀 위에 설탕 시럽을 바른 것처럼 목소리가 상냥하고 태도가 부드러운 사람도 있습니다. 어쨌거나 기분 좋은 다정함이지요. 금성의 여인이 드세 보이거나 노골적으로 섹시함을 풍기는 경우는 드뭅니다. 이들의 매력은 보다 산뜻하고 부드러워서 마치 청명한 푸른 하늘을 배경으로 붉은빛과 황금빛을 띤 인디언 서머 같은 느낌이 납니다. 얼음처럼 차가운 천칭자리 여성은 별로 없습니다. 천칭자리 여성을 보면 자신을 잘 다스릴 줄 알 거라는 인상을 즉시 받게 됩니다.

천칭자리 여성은 오랜 시간 하이킹을 하거나 도서관에 있는 것을 좋아합니다. 또는 산책을 좋아하거나 독서회에 다닐 확률이 높습니다. 정도의 차이는 있지만, 천칭자리는 신체 활동과 문학에 항상 관심이 많습니다. 하지만 산책이나 하이킹을 하는 시기 사이에 긴 휴지기가 있습니다. 무기력하게 지내며 에너지를 보충하는 것이지요.(이럴 때 밀린 독서를 합니다.)

천칭자리 영업사원은 법학 학위를 따려고 따로 공부를 하고 있을지도 모릅니다. 실제 경력으로 삼아도 될 만큼의 전문적인 취미 활동을 하고 있을 수도 있습니다. 일 이외에 다른 영역에서 전문적인 수준에 이르렀을 것이며, 생각지도 못한 분야에 상당한 전문지식을 보유하고 있을 것입니다. 하지만 그가 늘 천착하고 있는 주제가 하나 분명히 있습니다. 아가씨들, 여인들, 그리고 여성의 육체미입니다. 천칭자리 남성 중 최소한 90퍼센트는 「플레이보이」 잡지를 구독하고 있습니다. 설령 그런 사실을 부끄러워할지라도 금성에서 온 남자들은 내심 현혹적이고 도발적인 미소를 짓고 있는 육감적인 여성들의 사진을 은밀하게 즐깁니다. 물론 실물을 보는 것을 더 좋아하겠지요. 이런 이유로 천칭자리 남성들은 나이트클럽에 자주 갑니다. 물론 무대 위의 쇼가 끝나서 시끄러운 군중들이 몰려나와 천칭자리의 조화로움을 무너뜨리기 시작하면 바로 클럽을 떠나기는 하지만요. 행복한 결혼 생활을 하고 있는 천칭자리 남성은 눈으로 보는 즐거움 이상으로 이성에 대한 관심을 지속적으로 기울이지는 않습니다. 하지만 독신남이라면 난봉꾼 중의 난봉꾼이 될 수도 있습니다.

천칭자리는 모두 이미 결혼을 했거나, 약혼을 한 상태이거나, 이혼을 했거나, 아니면 아주 심각한 연애를 하고 있습니다. 혼자 카누를 저어 가는 법이 없습니다. 초승달이 뜨는 저녁 시간이면, 푸른 호수를 가로지르는 메아리처럼 천칭자리의 집에서 남의 눈을 피해 살금살금 다니는 발 소리를 들을 수 있습니다. 모든 천칭자리 영웅에게는 여인이 있기 마련이고, 여성의 경우도 마찬가지입니다.

사랑스럽고 예쁜 천칭자리 여직원과 잘생기고 부드러운 천칭자리 남자 직원이 일하는 동안에는 음악을 틀어 행복하게 해 주세요. 이들에게는 고함을 치지 말고, 일을 할 때는 그것을 왜 해야 하는지 논리적인 근거를 제시해 주세요. 그들의 능력을 존중해 주세요. 그들은 보통 다른 직원보다는 훨씬 똑똑하답니다. 그리고 절대로 긴장감을 조성하지 마세요.

대접만 제대로 해 준다면 천칭자리 직원은 사내에서 어떠한 마찰도 일으키지 않고 전략과 외교의 천사로서 거의 모든 직원들과 잘 지낼 것입니다. 그 직원은 본인이 관여하는 모든 것에 우아함과 아름다움을 불어넣을 것입니다. 영업 전략을 짤 때에도 당신을 돕도록 해 주고, 고위직이 참여하는 브레인스토밍 회의에도 참석할 수 있도록 장려해 주세요. 임원급들이 어떻게 움직이는지 감을 잡을 수 있도록 해 주세요. 천칭자리는 진취적인 에너지를 가진 별자리이므로 아래 직급에 계속 머물러 있을 직원이 아닙니다. 스스로도 리더가 되고 싶어 하며, 또 자질도 충분합니다. 자격도 되지요. 가능한 한 빨리 천칭자리 직원에게 무언가 권한을 맡기세요. 그리고 그가 행정 서식과 사소한 불만들, 해결하기 어려운 문제들을 쉽게 해결해 나가는 모습을 지켜보세요. 옷도 남들과 다르게 입을 테고 행동도 남다르게 할 것입니다. 회사의 이미지를 높이기에도 아주 좋은 직원입니다. 천칭자리 여직원이라면 특유의 유쾌한 방식으로 원하는 것은 결국 얻고야 맙니다. 그녀가 승진을 원하면 그렇게 해 주세요. 아마도 당신을 실망시키지 않을 것입니다. 멋진 어깨 위에 똑똑한 머리가 있으니까요. 그것을 활용하세요.

천칭자리 직원들은 결정을 내리는 데에 다소 어려움을 겪을 수도 있습니다. 천칭자리 직원의 생각은 그 목적지가 결정인 경우에는 좀처럼 속도를 내지 않지만, 궤도를 이탈하는 일은 결코 없습니다. 마침내 종착역에 도착했을 때에는 올바른 답을 쥐고 있을 것입니다. 비록 그 모습이 머리가 두 개 달린 기린이 답을 찾기 위해 허리 굽히기 운동을 하는 것처럼 보일지라도 말이지요.

천칭자리는 매우 예술적이고, 음악에도 관심이 많고, 법률적인 감각과 철학적인 성향이 있습니다. 이들은 병원이나 쇼 비즈니스, 출판, 과학, 법률, 원예, 정치, 백화점, 인테리어 장식 또는 정부 행정기관 등에서 차분하게 영향력을 발휘하는 경우가 많습니다. 하지만 어느 영역이든, 천칭자리의 온도는 약 섭씨 21도 정도일 것입니다. 절대로 영하로 떨어지거나 부글부글 끓지 않습니다. 고장 나도 자동으로 수리되는 인간 에어컨을 사무실에 두고 있는 것과 같습니다. 진짜 기계라면 이런 식의 보증은 받을 수 없지요. 대신 기계는 말대꾸를 안 한다고요? 뭐, 그건 맞는 말이지만 다른 한편으로는……. 잠깐만요, 제가 지금까지 말한 것을 이리저리 재 보는 것 좀 그만 하세요. 당신 꼭 천칭자리 같아요!

전갈자리

Scorpio, the Scorpion,
Eagle or Gray Lizard

10월 24일부터 11월 22일까지

지배행성 – **명왕성**

왕이 말을 계속했다.
"그 공포의 순간을 나는 절대, 절대로 잊지 못할 거요!"
"하지만 그걸 기록해 두지 않으면 잊어버릴걸요."

전갈자리를 알아보는 방법

♏

"문제는 어떤 게 주인이냐는 거야. 그게 다야."

백과사전을 보면 전갈은 길게 휜 꼬리로 독을 쏘아서 먹이를 공격하고 마비시키는 야행성 거미류로, 특히 자기방어와 파괴를 목적으로 사용되는 독침은 때로 치명적이라고 합니다.

사람들은 어떤 이가 11월에 태어났다고 하면 "아, 그럼 전갈자리네요!"라고 하며 말을 더듬습니다. 두려움을 미처 감추지 못하거나 또는 경외감과 존경심으로 멈칫거리기도 합니다. 그런가 하면 가끔은 전갈자리의 전설적인 열정을 두고 깔깔거리기도 합니다. 전갈자리들이야 자신의 별자리를 둘러싼 이러한 반응이 지겹기도 하겠지만, 사람들을 탓할 수는 없지요. 그럼 전갈자리들이 인정사정없는 냉혈한에다가 위험한 인물이라는 건 사실일까요?

답부터 드리자면 아닙니다. 사람에 따라 다르지요. 먼저 전갈자리를 알아보는 방법부터 터득하는 것이 좋겠습니다. 자기방어 차원에서든지, 아니면 정말로 우월한 인간상을 찾고 싶어서든지 말입니다.

전갈자리는 신분을 감추고 여행하는 것을 좋아합니다. 자신을 통제하는 본성이 있어서 대체로 자신을 잘 드러내지 않습니다. 그래도 위장한 전갈자리를 좀 더 쉽게 알아볼 수 있는 비법이 몇 가지 있습니다.

먼저 눈을 쳐다보세요. 눈동자 색깔은 녹색, 푸른색, 갈색, 검은색 등 저마다 다를 수 있지만 공통점이 있습니다. 전갈자리는 쳐다보고 있으면 최면에 걸릴 것 같은 강렬한 눈빛, 꿰뚫어보는 듯한 눈빛을 하고 있습니다. 전갈자리가 계속 쳐다보면 사람들은 대부분 이내 불안해지거나 심지어 아프기까지 합니다. 일단 그 눈빛을 피해 멀리 다른 곳을 쳐다보아야 하지요. 당신을 노려보는 전갈자리와는 눈싸움을 하지 마시길 바랍니다. 승산이 없습니다. 이것이 바로 명왕성을 지배행성으로 삼은 사람들을 알아볼 수 있는 확실한 방법입니다. 전갈자리의 눈은 당신을 깊숙이, 그리고 무자비하게 꿰뚫어보기 때문에 당신의 영혼에 침투하는 것 같은 기분이 들 것입니다. 실제로 전갈자리들은 그렇답니다.

그 다음으로는 말하는 것을 들어 보세요. 말소리는 벨벳처럼 부드럽고 허스키하거나 칼날 같이 예리하고, 말투는 느리고 신중하거나 스타카토처럼 딱 부러집니다. 하지만 어떤 경우에도 자신을 내세우는 법이 없습니다. 전갈의 자존심은 절대적입니다. 자신에 대해서라면 정확하게 알고 있어서 그 누구도 전갈의 스스로에 대한 자각을 바꿀 수 없습니다. 모욕을 들어도 귓등으로 흘려 버리고, 칭찬을 들어도 동요하지 않습니다. 전갈은 그의 장점과 단점을 말해 줄 사람을 구하지 않습니다. 가서 당신의 생각을 말해 보세요. 잘하면 당신의 평가에 조용히 동의해 줄 수도 있습니다. 못하면 당신의 동기를 의심할 것입니다.

다른 방법도 있습니다. 이번에는 여러 사람과 함께 있을 때 별자리 이야기를 꺼내 보세요. 워밍업으로 사람들에게 태양별자리를 맞히는 일이 아주 쉽다고 얘기해 보세요. 혹시 누군가가 강렬한 눈빛으로 당신을 쳐다보면서 "제 별자리는 맞히지 못할걸요?"라고 말한다면, 단호하게 "당신은 전갈자리이겠군요."하고 말해 보세요. 그가 처음으로 눈싸움에서 먼저 눈을 깜박이는 순간일 것입니다. 하지만 이 순간조차 오래 가지 않습니다. 아주 잠시 그의 눈에서 강렬한 빛이 사라지겠지만 이내 침착함을 되찾고 그의 주특기인 위장 속의 평온을 구사합니다. 혹시 수다스럽거나 눈동자를 이리저리 굴리며 두리번거리는 전갈자리를 보았다면 당신은 도도새 같은 천연 기념물을 만난 셈이나 다름없답니다. 물론 가만히 있기 힘든 성향의 행성들을 출생차트에 많이 보유한 전갈자리도 있습니다. 하지만 여기서는 전형적인 전갈자리를 알아보는 법에 대해 공부하고 있다는 사실을 기억해 주시기 바랍니다. 불안해 보이는 전갈자리는 아주 드뭅니다. 출생차트에서 다른 행성들의 영향으로 인해 타고난 성향이 약간 변형될 수는 있지만 그 정도는 아주 미미합니다.

대부분의 명왕성인들은 강인한 신체를 타고납니다. 무엇보다 그들은 무겁고 날카로워 보입니다. 아주 핼쑥하거나 코가 두드러지게 크고 가끔은 매부리코도 있습니다. 대개는 피부가 아주 창백해서 거의 투명해 보일 정도이며, 눈썹이 짙고 미간이 좁아서 두 눈썹이 거의 붙어 있는 것처럼 보입니다. 또한 전갈이라는 상징처럼 매력적이면서도 열정적인 활력이 있습니다. 스스로는 차분하게 있으려고 애쓰지만 그 활력을 완벽하게 숨기기란 불가능하지요. 남성은 팔이나 다리에 털이 많고 약간 붉은빛을 띠기도 합니다. 전갈자리는 대부분 머리카락과 눈동자가 짙은 색깔이지만 그레이스 켈리처럼 완벽한 금발도 있습니다. 겉모습은 냉정해 보입니다. 침착해 보이는 전갈자리의 겉모습은 사실 이글이글 불타고 있는 내면을 숨기기 위해 신중하게 계산된 모습입니다.

이렇게 자신의 성격을 완벽하게 지배할 수 있다는 것은 부러워할 만한 점입니다. 아무리 감정이 흔들려도 전갈자리의 냉담하고 무표정한 얼굴에는 드러나는 법이 거의 없으니까요. 전갈자리는 자랑스럽게 의식적으로 무표정을 연습합니다. 그들은 스스로에게 흔들리지 말라는 명령을 내리고 몸은 그 명령에 복종합니다.(어떻게 전갈자리의 명령을 거부하겠습니까?) 전갈자리가 얼굴을 붉히거나 상기되거나 눈살을 찌푸리거나 미소 짓는 모습은 좀처럼 보기 어렵습니다. 이들은 좀처럼 웃는 법이 없지만, 한번 웃으면 그 웃음은 진짜입니다. 몸도 얼굴처럼 동일한 명령에 따르니까요. 전갈자리는 펄쩍펄쩍 뛰거나 갑자기 무언가를 시작하거나 예고 없이 신경질적인 태도를 보이는 법이 없습니다. 당황해서 위축되지도 않고 자신감에 우쭐대지도 않습니다. 항상 최소한의 반응만을 보입니다. 전갈자리가 불가해한 표정을 짓고 있다면, 그는 당신의 성격과 의도를 끈질기게 파악하는 중입니다. 그는 그 분야의 달인이지요.

하지만 전갈자리 중에서도 말과 행동이 다소 빠르고 태도가 개방적이고 친절한 유형이 있다는 점을 유념하시기 바랍니다. 이런 전갈을 만났다면 일단 그의 눈을 깊이 살펴보세요. 그리고 그가 과거에 한 행동과 솔직한 태도에 대해서도 곰곰이 생각해 보세요. 그는 좋게좋게 말하고 있지만 그저 게임을 하고 있는 거랍니다. 내면은 전형적인 명왕성형 인간답게 침착하고 강인하고 확고부동한 사람일 것입니다. 어쩌면 도리어 전형적인 전갈자리보다 더 위험할 수도 있습니다. 그의 탁월한 위장 능력에 당신은 더 쉽게 속아 넘어갈 테니까요. 전갈자리를 허심탄회하게 대해 보세요. 좀 곤란한 일이 생길지도 모릅니다. 전갈자리들에 대해서는 절대로 긴장을 늦추어서는 안 됩니다. 전갈자리가 사악하다는 의미는 아닙니다. 단지 무르거나 순진하지 않다는 뜻입니다. 개중에는 자신의 눈빛이 내면의 강렬함을 드러낸다는 사실을 깨닫고 심지어 밤에도 선글라스를 자주 쓰는 전갈자리도 있답니다.

전갈자리에게 그의 재능이 정말 대단하고 언젠가는 사람들이 그것을 알아볼 거라고 말해 주면, 그는 그저 무심하게 "네. 알고 있어요."라고 대꾸할 것입니다. 그에게 부탁이 있다고 말하면 이번에도 간단하게 대답할 것입니다. "네. 물론 들어 드려야죠." 또는 "아뇨. 들어 드릴 수 없어요." 둘 중에 하나일 것입니다.

만약 당신이 예민한 사람이라면 그에게 의견이나 조언을 구하지 마세요. 아주 적나라하고도 잔인한 진실과 맞닥뜨려야 할 테니까요. 당신이 물어보았으니 그는 말해 줄 것입니다. 전갈자리는 점수를 얻기 위해서, 혹은 같은 편을 만들기 위해서 마음에 없는 칭찬을 하지 않습니다. 전갈자리가 보기에 아첨은 격이 낮은 행동입니다. 그가 당신에게 무언가 좋은 말을 한다면, 그것을 소중히 여기세요. 그 말이 진실하다는 것을 믿어도 됩니다. 만약 전갈자리가 당신에게 목소리가 좋다고 말하면 당신은 샤워할 때에만 노래를 흥얼거릴 것이 아니라 당장 무대 위에서 마이크를 잡아도 됩니다. 만약 그가 당신 목소리가 훌륭하다고 말하면 바로 오페라 하우스에 오디션을 보러 가도 됩니다. 어떤 산이 당신의 앞길을 가로막고 있다면, 그는 당신을 돕기 위해 그 산을 없애 줄 것입니다. 전갈자리의 이기심에 대한 숱한 얘기들을 전부 다 믿을 필요는 없습니다. 대신 전갈자리의 현명한 조언과 관대함을 경험해 본 적이 있는 사람들의 말에 귀를 기울이세요. 자연히 사람들이 전갈자리를 대하는 태도는 자연스럽게 둘 중 하나이지요. 맹목적 의리와 전적인 존경의 대상이든가, 질투와 앙심을 품은 적이든가. 하지만 적이라고 하더라도 전갈자리는 존경스러운 적으로 인식되는 경우가 많습니다. 그래서 악의를 품은 이들조차 전갈자리에게 공개적으로 도전하는 일은 삼가야 한다는 것을 알고 있습니다. 공개적으로 전갈을 공격해 본 몇몇 사람들은 전갈과 그의 지배행성인 명왕성을 공격할 때에는 조심해야 한다는 것을 생생한 고통을 통해 몸소 체험했을 것입니다. 명왕성은 원자력을 지배한다는 사실을 기억해 두세요.

하지만 전갈자리는 진심 어린 상냥함을 지니고 있습니다. 아프거나 절망한 사람들을 향한 다정다감한 연민도 있습니다. 전갈자리의 손길은 뜨거울 뿐만 아니라 차분하고 부드럽습니다. 전갈자리는 태양이 출생차트의 열두 영역 중 어디에 위치하느냐에 따라서 다른 모습을 보여 줍니다. 첫 번째 유형은 '야행성 전갈'입니다. 이 전갈은 타인은 물론이고 자신에게도 독을 쏘면서 단순한 쾌락을 쫓다가 죽음을 맞기도 합니다. 두 번째 유형은 '독수리'입니다. 찬란하게 비상하는 독수리처럼 현실의 제약을 극복하고 자신의 힘을 현명하고 공정하게 사용합니다. 맥아더 장군이나 루스벨트 대통령, 그리고 퀴리 부인이 이에 해당합니다. 미국 대통령 중에는 전갈자리가 가장 많습니다.

당신도 이미 야행성 전갈의 독에 쏘여 본 적이 몇 번 있을 것입니다. 고대 점성학에서는 이들을 뱀이라고 불렀습니다. 당신이 만난 전갈자리가 어떤 유형에 속하는지 판단하는 일은 어렵지 않습니다. 몇몇 전갈자리는 독수리와 (스스로 흑마법의 희생양이 되는) 독 전갈 중간쯤에 해당합니다. 이런 유형은 '회색 도마뱀'이라고 부릅니다. 회색 도마뱀들에게는 숭고한 자기희생 대신에 스스로를 지나치게 걱정하는 마음이 있습니다. 회색 도마뱀들은 이런 강박적인 염려 때문에 늘 악마가 자신을 해칠지도 모른다는 공포와 불안에 떨곤 합니다. 전갈자리의 단호한 용맹심은 초라하게 뒤틀려 버리고, 독 전갈처럼 무자비한 복수를 추구하지도 않고, 그렇다고 혜안이 있는 독수리처럼 쓰라림을 넘어서서 초연해지지도 못합니다. 대신 이들은 소소한 상처들을 증오의 넝쿨로 키워 내면서 구석에 틀어박혀 있습니다. 결코 어떤 행동도 직접적으로 취하지 않고, 무의식적으로는 파괴를 바라고, 운명이 그들의 적을 벌하기만을 간절히 소망합니다.

회색 도마뱀 유형의 전갈자리는 명왕성의 힘을 끌어내지도 못합니다. 명왕성의 힘은 자신을 둘러싼 불행의 요소들을 모두 넘어서서 스스로를 한 차원 더 높여 줄 수 있는데, 안타까운 일이죠. 비극적 상황에 직면했을 때, 이런 경이로운 힘은 이들에게 밝은 세상에서의 새로운 삶을 선사해 줄 수 있습니다. 하지만 이들은 안타깝게도 어두운 그림자만 쫓아다니며 아무것도 하지 않고 가만히 누워서 자신의 잠재력을 낭비합니다. 그래도 전갈자리가 명왕성의 힘을 완전히 잃을 정도로 지독한 우울에 빠지는 일은 없습니다. 회색 도마뱀은 언제든지 독수리로 탈바꿈할 수 있습니다. 이런 심오한 마법은 전갈자리들만이 소유하고 있답니다. 주문을 외기만 하면 됩니다.

전형적인 독수리들은 두려움이 없습니다. 전쟁터에서도 떨지 않고 죽기 직전까지 자신의 부하들을 이끕니다. 아무리 평범한 전갈자리라도 남녀 모두 육체적인 고통이나 가난, 극심한 경멸이나 실패에 용감하게 맞섭니다. 그리고 이 시련을 극복하는 과정에서 탁월한 내면의 능력을 검증하며 자신감을 구축해 갑니다.

전갈자리는 친구들에게 무척 충실합니다. '사람이 친구를 위하여 자기 목숨을 버리면 이보다 더 큰 사랑이 없나니.'(요한복음 15:13) 어떤 전갈자리는 친구와 친지들, 그리고 사랑하는 이들을 위해 전쟁터나 위험한 사고 현장에서 이 구절을 그대로 실천합니다. 전갈자리 군인은 본능적으로 총탄 사이로 뛰어들어 동료를 안전한 곳으로 끌어냅니다. 전갈자리 소방관은 목숨을 걸고 불타는 건물 속에서 아이들을 구해 냅니다. 가끔은 명왕성인들이 자신의 강인함을 시험하기 위해 무의식적으로 폭력을 찾아다니는 것이 아닌가 싶기도 합니다.

전갈자리는 누군가에게 선물을 받거나 친절함을 입으면 절대로 잊지 않고 늘 후하게 보답합니다. 마찬가지로 상처나 부당함에 대해서도 절대로 잊지 않습니다. 하지만 그 반응은 다양합니다. 독수리 유형은 상대방에게 다시는 전갈자리를 해치면 안 된다는 것을 확실히 알려 주기 위해 그를 짓밟아 버리고는 패자를 보내 주고 자기도 떠납니다. 야행성 전갈은 일단 독침을 쏘고 나서 상대방을 파괴할 계획을 세운 다음 또다시 독침을 쏩니다. 전갈은 단순히 동등하게 주고받는 것으로는 만족하지 못합니다. 적을 완전히 파괴하거나 또는 적어도 적을 능가해야 직성이 풀립니다. 전형적인 독 전갈은 한밤중에도 자지 않고 자기가 받은 상처를 어떻게 돌려줄까 고심합니다. 만약 이웃 사람이 의도적으로 자기 자동차 범퍼를 긁으면, 그는 다음날 이웃의 양쪽 범퍼를 모두 긁어 놓을 것이고, 어쩌면 이웃이 잘 다듬어 놓은 나무 울타리도 받아 버릴지 모릅니다. 이러한 유형의 전갈은 단순히 상대방에게 입장을 바꾸면 어떤 기분이 드는지 가르치는 것만으로는 만족하지 못합니다. 늘 그 이상으로 갚아 줍니다. 하지만 회색 도마뱀 유형의 전갈자리는 다른 양상을 보이기도 합니다. 이들은 명왕성의 복수심을 수 년 동안 가슴 속에 비수처럼 간직하기 때문에 심각한 우울증이나 잘 낫지 않는 질병에 걸리기도 합니다. 가슴 속에 간직한 채 절대로 표현하지 않는 전갈의 끓어오르는 분노는 스스로에게 치명적인 독이 됩니다. 그렇다고 분노를 외부로 표출하고 나면 죄책감이 생깁니다. 독 전갈은 분노를 터뜨리고 나면, 자기의 행동을 수치스럽게 여깁니다. 그러므로 안으로 삭일 수도 없고 밖으로 표출할 수도 없지요. 독수리처럼 하늘을 한 번 올려다보며 잊어야 합니다. 절대로 분노와 복수심에 가득 차서 과거를 돌아봐서는 안 됩니다.

전갈자리의 건강은 성격을 그대로 반영합니다. 전갈자리는 지나친 우울이나 과로로 자기 몸을 해칠 수 있습니다. 하지만 동시에 심각한 질병도 잘 극복할 수 있습니다. 명왕성의 힘은 그렇게 강력합니다. 전갈자리는 좀처럼 아프지 않지만 한번 아프면 대체로 심각합니다. 잘 쉬어 주고 끓어오르는 분노를 고요하게 받아들이는 태도를 기르는 것이 가장 좋은 치료법입니다. 이들은 의사나 간호사보다 자기 몸을 더 잘 알고 있기 때문에, 혼자 있을 때 가장 잘 회복할 수 있습니다. 생식기관이나 코, 목, 심장, 척추, 등, 다리, 발목, 혈액 순환 계통 등에 세균이 감염되거나 사고의 위험이 있습니다. 스포츠를 즐기다가 하지 정맥류나 사고가 흔하게 발생하기도 합니다. 불, 폭발물, 유독 가스, 방사선 등을 피해야 합니다. 하지만 이상하게도 전갈자리는 이러한 종류의 위험이 있는 직업을 추구하는 경향이 있습니다. 가끔은 상습적으로 코피가 난다거나 어떤 이유로 코 수술을 하는 경우가 있습니다.

전갈자리는 종교에 관심이 많고, 삶과 죽음의 모든 측면에 강렬한 호기심이 있고, 섹스에도 열정적인 관심을 보이며, 개혁에 대한 욕구 역시 강렬하게 느낍니다. 그는 가족이나 사랑하는 사람과의 관계에 헌신하고, 어린이와 연약한 영혼들을 잘 보호해 줍니다. 전갈자리는 성자가 될 수도 있고 범죄자가 될 수도 있습니다. 그는 범죄와 타락을 신랄하게 비난할 수도 있고, 지옥의 가장 어두운 미스터리를 몸소 시험해 볼 수도 있습니다. 종교계에서 설교를 하든, 사업상 미팅을 하든, 연극 무대에 서든 간에 전갈자리의 최면적인 호소력은 청중의 마음을 꿰뚫어 꼼짝 못하게 하고 사람들을 변화시킵니다. 상당히 무서운 일이지요. 전갈자리가 일시적으로 괴로움에 빠져서 술을 마시거나 우범 지역에 간다고 해도, 단테의 『신곡』, 「지옥」 편에 나오는 구절처럼 건달들이 전갈자리가 오는 것을 보면 모두 길을 비켜 줄 것이라고 장담할 수 있답니다.

전갈자리는 사회적 성공을 포함해서 자기 것이라고 믿는 대상에 맹렬한 소유욕이 있지만, 자신의 야망을 잘 드러내지 않습니다. 그는 자신이 더 높은 직책을 맡을 자격이 있음을 알면서도 조용하게 기회를 기다립니다. 천천히, 하지만 확실하게 장악합니다. 전갈자리는 자신이 원하는 것은 거의 무엇이든 할 수 있습니다. 전갈자리가 정말로 원하면 그것은 더 이상 꿈이 아닙니다. 전갈자리의 지배성인 명왕성의 어둡고 신비한 힘은 전갈자리의 욕망을 현실로 바꿔 놓습니다. 그 욕망은 냉정하면서도 신중하고 방향이 확실한 의도 아래 현실이 됩니다.

인간이 가장 타락한 모습을 알고 싶어 하는 병적인 욕망 때문에 잔인함에 탐닉하는 회색 도마뱀 유형의 전갈자리가 탄생하기도 하지만, 이런 욕망을 동력으로 삼아서 의약 쪽으로 인생의 경로를 완전히 바꿀 수도 있습니다. 소문난 사디스트적인 외과 의사 중에는 전갈자리가 많지만, 또한 다수의 유능한 의사들이 명왕성의 영감을 받아서 신비하고도 불가해한 지식으로 사람들의 몸과 마음을 치료해 줍니다.

전갈자리는 삶과 죽음의 비밀을 알기 위해 태어났고, 마음만 먹는다면 이 두 가지를 모두 정복할 수 있는 능력이 있습니다. 하지만 천문해석학에서는 끊임없이 전갈자리에게 '알고 있다는 사실을 알아야만 한다.'라고 조언합니다. 고대의 비밀은 지성이 뛰어난 전갈자리에게 매우 매력적입니다. 전갈자리는 인간의 본성을 잘 꿰뚫어보기 때문에 뛰어난 탐정이 되기도 하고, 위대한 작곡가가 되기도 합니다. 또한 세대를 뛰어넘는 깊이 있는 문학 작품을 쓰기도 하고, 독특하고도 극적인 강렬함을 분출하는 배우가 되기도 합니다. 전갈자리는 때로는 혼자 바닷가에서 바다처럼 강하고 고요하게 살기도 합니다. 그런가 하면 때로는 신중하고 자제력 있는 가면 뒤에 이기고자 하는 강렬한 욕망을 숨기고 대중 앞에 나서기도 합니다. 정치가나 텔레비전 스타, 장의사 또는 바텐더가 될 수도 있지만 무엇을 하든 전갈자리는 자신의 경쟁자들을 모두 능가할 것입니다. 이들의 승리는 때때로 싱겁기까지 해서, 전갈자리의 강인한 의지 덕분이라기보다는 마치 운명인 것처럼 보이기도 합니다.

천문해석학에서 볼 때 가장 이상한 패턴 중에 하나는, 전갈자리가 태어나기 1년 전후로 가족이나 친척의 죽음이 있다는 것입니다. 그리고 전갈자리가 죽을 때는 1년 전후로 새로운 가족이 탄생하곤 합니다. 이런 일은 실제로 95퍼센트 정도의 확률로 발생합니다. 명왕성의 상징은 스스로를 불태운 재 속에서 부활하는 승리의 불사조입니다. 전갈자리는 이 상징을 전형적으로 보여 줍니다. 회색 도마뱀과 독 전갈은 모두 위풍당당한 독수리가 될 수 있습니다. 그 마법의 비밀을 드러내지 않으면서도 할 수 있습니다. 어떻게 가능한지 물어보아도 소용없습니다. 전갈자리는 절대로 말하지 않을 테니까요. 하지만 전갈자리는 0(영)이라는 상징에 담겨 있는 원의 영원한 진실을 알고 있습니다.

11월의 엉겅퀴는 위험하지만, 우울하고 나른한 아름다움이 있는 전갈자리 인동초와 뒤엉켜서 자랍니다. 고요한 여름밤에 그 달콤하고 숨 막히는 향기를 맡아 본 적이 있나요? 그렇다면 사람들이 전갈자리의 강렬한 부드러움을 구하기 위해 엉겅퀴의 위험도 감수하는 이유를 알 수 있을 것입니다. 명왕성의 폭발적인 열정은 혈석의 풍부하고도 진한 붉은 와인색을 띱니다. 하지만 전갈자리의 철은 용광로의 매서운 열기 속에서 차갑고 부드러워질 때까지, 그리하여 마침내 전갈자리의 지혜라 불리는 아홉 개의 영적인 불꽃을 통제할 수 있을 만큼 강하게 단련될 것입니다.

전갈자리로 알려진 유명인

그레이스 켈리Grace Kelly

로버트 케네디Robert Kennedy

마리 앙투아네트Marie Antoinette

빌리 그레이엄Billy Graham

인디라 간디Indira Gandhi

퀴리 부인Madame Curie

*거스 히딩크Guus Hiddink

*마틴 스코세지Martin Scorsese

*알베르 카뮈Albert Camus

*이던 호크Ethan Hawke

*줄리아 로버츠Julia Roberts

*강우석

*김혜자

*소지섭

*한지민

더글러스 맥아더Douglas MacArthur

마르틴 루터Martin Luther

비비안 리Vivien Leigh

시어도어 루스벨트Theodore Roosevelt

캐서린 헵번Katharine Hepburn

파블로 피카소Pablo Picasso

*리어나도 디캐프리오Leonardo Di Caprio

*빌 게이츠Bill Gates

*오귀스트 로댕Auguste Rodin

*조디 포스터Jodie Foster

*힐러리 클린턴Hillary Clinton

*구혜선

*보아

*한석규

*한혜진

전갈자리 남성

♏

앨리스는 커다란 파란색 애벌레와 눈이 마주쳤다.
애벌레는 버섯 위에 팔짱을 끼고 앉아
조용히 긴 수연통으로 담배를 피우고 있었다.
애벌레와 앨리스는 아무 말 없이 서로 잠시 바라보았다.

당신이 전갈자리 남성과 사랑에 빠졌는데 열정이라는 말이 당신을 두렵게 만든다면 당장이라도 운동화를 신고 마치 킹콩에게 쫓기는 사람처럼 도망가세요. 전갈자리 남성은 실제로 킹콩 같답니다.

사랑이라는 열정은 전갈자리 남성의 열정 리스트에서 첫 번째 자리를 차지하겠지만, 그 리스트는 제법 깁니다. 정치, 직업, 우정, 종교, 음식, 친척, 아이들, 옷, 생활, 죽음 등 당신이 생각해 낼 수 있는 모든 것들이 다 그 열정의 대상입니다. 당신이 지나치게 흘러넘치는 감정을 거북해하는 사람이라면 전갈자리 남성은 당신이 원하는 바로 그 사람이 아닙니다. 뒤돌아보지 말고 그냥 도망가세요.

만약 당신이 좀 남다른 명왕성인을 만났다면 지금 제가 하는 말이 아마 잘 이해가 안 갈 것입니다. 그 전갈자리 남성이 매우 차분하고 한

결같은 사람일 수도 있으니까요. 그렇게 절제를 잘하는 사람이 어떻게 열정적일 수 있겠냐고 반문하겠지요. 그 사람이 위험천만하다는 건 더 더욱 믿을 수 없다고 도리질을 할 것입니다. 하지만 실제로 그렇답니다. 그는 겉으로만 침착한 척할 뿐입니다. 전갈자리 남성의 심장 속에 지펴진 정열은, 당신이 서너 살 적에 손에 닿지 않는 것들을 잡으려고 팔을 뻗었다가 난로에 데었을 때처럼 뜨겁습니다. 그도 어쩌면 손에 닿지 않는 사람일지도 모릅니다. 기만적일 정도로 잘 제어된 모습을 보이지만 그의 내면은 이글거리며 타오르고 있습니다. 만지지 마세요. 불에 덴 상처가 나으려면 얼마나 오랜 시간이 걸리는지 잘 알고 있지요? 기억나세요? 아기 신발을 신고 아장아장 걷던 시절에 난로에 손을 데고는 몇 주 동안이나 아팠지요. 그런 경험을 하고 나면 당신의 마음은 몇 달, 어쩌면 몇 년 동안 아플 것입니다. 그럴 때에는 어떤 응급 처치약도 별 도움이 되지 않습니다. 할머니가 즐겨 말씀하시던 "예방이 최선이다."라는 말은 난로에 덴 때나 전갈자리에게 화상을 입을 때나 모두 적용되는 말이니 조심하는 것이 좋지요. 당신은 지금 당신이 누구와 무슨 일을 하려는 것인지 확실히 알고 있어야 합니다.

당신의 태양별자리가 불을 막아 줄 석면을 충분히 제공하고 있다면 폭탄을 갖고 놀아도 됩니다. 그 화염을 잘 제어한다면 당신은 평생 동안 마음을 따뜻하게 덥혀 줄 온기를 얻을 수도 있습니다. 아마도 당신 역시 모든 일에 열정적인 사람이겠지요. 좋습니다. 이제 문제는 그 열정의 온도겠네요. 당신의 열정에 자동 온도 조절 기능이 있다면 안전합니다. 하지만 그렇지 않다면 그 위험은 말할 필요가 없겠지요. 열심히 도망가서 멀리 피해 있는 것이 좋습니다. 그리고 언젠가 친절하고 안전한 천칭자리나 게자리를 만나 결혼한 뒤에 저에게 감사하게 될 것입니다.

명왕성의 지배를 받는 인간과의 관계에서 자신은 안전하다는 분석에 도달한 여성이 있다면, 그 최면적이고 꿰뚫어보는 듯한 전갈자리의 눈빛 너머에 무엇이 숨어 있는지 한번 찾아봅시다. 그는 아마도 중립적인 인상을 주지는 않을 것입니다. 전갈자리 남성은 당신으로 하여금 그가 순진하고 친절하거나 아니면 사악하고 열정적이라고 생각하게 만들었을 것입니다.(열정이라는 말이 또 나오는군요.) 그런데 문제는 전갈자리 남성은 실제로 어느 쪽도 아니라는 것입니다. 아니면 양쪽 다 해당된다고 해야 할지도 모르겠네요. 이런 식으로는 결론이 나지 않겠죠? 그럼 처음부터 다시 시작해 볼까요?

한 마디로 말해서 전갈자리 남성은 아무도 감당할 수가 없답니다. 얼음장처럼 차가운 겉모습 바로 뒤에는 부글거리면서 끓고 있는 큰 가마솥이 있답니다. 당신이 운이 좋다면 그는 그 가마솥 뚜껑을 평생 잘 덮어 두겠죠. 하지만 그가 깊은 상처를 입는 날에는 그 육중한 가마솥 뚜껑이 수직으로 치솟아 날아가 버릴 것입니다. 당신이 폭발 현장 근처에 있지만 않다면 그 광경을 지켜보는 것 자체는 매우 흥미로울 것입니다. 그럴 조짐이 보이면 한 발짝 물러나 있으세요. 무엇보다도 당신이 직접 폭발의 기폭제가 되는 일은 없어야지요.

전갈자리 남성은 열정과 냉정이라는 두 가지 상반된 특징으로 당신을 어리둥절하게 만들 것입니다. 전갈자리는 실제로 이 두 가지의 대가입니다. 지성과 감정이 모두 똑같이 그를 지배하고 있답니다. 전갈자리는 똑똑함을 넘어섭니다. 그는 고도로 진화한 종족으로, 존재의 신비에 대해 심오한 철학적 깊이가 있으며, 그 해답에 매우 가까이 다가갈 것입니다.

전갈자리 중에는 난해한 미학적 이유로 거의 아무것도 없는 방에서 모든 안락함을 거부하며 검소하게 사는 사람도 있지만, 사실 전갈자리는 상당히 감각적입니다. 대체로 전갈자리는 사치스러움에 둘러싸여 삽니다. 음식, 약, 술, 그리고 사랑에 지나치게 탐닉하는 경향을 보입니다. 특히 사랑에 있어서는 예외가 없지요. 전갈자리는 자신감 있게 사랑을 할 준비가 되어 있습니다. 전갈자리 남성은 절대로 사랑에 놀라거나 당황하는 법이 없습니다. 사랑을 눈치 채지 못하고 지나치는 법도 없습니다. 어린 시절 처음으로 자전거를 탈 때부터 사랑이라는 감정을 마음에 품고 있습니다. 어쩌면 세발자전거를 탈 때부터인지도 모릅니다. 물론 당신은 정말 순진무구한 얼굴로 상대방을 무장 해제시키고 여성을 유혹하려는 데는 별 관심 없어 보이는 전갈자리 남성을 알고 있을지도 모릅니다. 당신은 그를 보면서 전갈자리의 열정이 지나치게 과대평가되었다고 결론지었을 것입니다. 아니나 다를까 그의 얼굴에는 주근깨가 흩뿌려져 있고 그의 서랍에는 보이스카우트 시절 받은 공로 배지가 가득합니다. 하지만 그의 아내에게 물어보세요. "저기요, 혹시 당신 남편이 열정적인가요?" 그의 아내는 간신히 품위를 지키며 당신이 알 바가 아니라고 말하겠지만, 아마도 발작에 가까운 웃음소리로 대답을 대신할 것입니다. 그의 아내는 웃으면서 남편이 공기 오염, 애완동물의 대소변 가리는 문제, 마취제, 장발, 산아 제한, 그리고 수많은 (에헴) 밤들에 대해 강렬하고도 열정적으로 의견을 표명하던 모습을 떠올릴 것입니다. 아무리 그 남편이 허클베리 핀처럼 생겼고 킹콩과는 전혀 닮지 않은 전갈자리라고 해도 이것만은 피해 갈 수 없는 사실일 것입니다.

전갈자리 남성의 폭발적인 기질은 평생토록 지워지지 않는 상처를 남길 수도 있습니다. 전갈은 자신의 치명적인 꼬리를 흔들면서 강력한 독침을 쏩니다. 단지 승리를 즐기는 것이 아니라, 반드시 승리해야만 합니다. 그는 패배한다면 그것이 아무리 작은 일이라도 내면의 무언가가 죽는 기분을 느낍니다. 하지만 이상하게도 전갈자리 남성은 일반적으로 스포츠맨십이 훌륭한 편입니다. 그는 절대로 실망한 기색을 겉으로 드러내지 않으며, 자신의 감정을 완벽하게 통제합니다. 연애 감정을 느낄 때에도 마찬가지입니다. 연애를 피해야 하는 타당한 이유가 있을 때에는 겉으로야 냉정하게 평정을 유지하겠지만 속은 타들어 갈 것입니다. 또한 어떤 여성을 머리채를 쥐어서라도 자신의 엉겅퀴 덤불로 데리고 가겠다고 작정하면 잔인하게 고문할 수 있는 위인이기도 합니다. 물론 무릎을 꿇고 예의바르게 청혼하는 전갈자리도 있습니다. 이들은 아주 온당하고 품위 있게 행동하겠지만 그 모습에 속아서는 안 됩니다. 어떤 비용을 치르더라도 품위를 지키고 싶어 하는 전갈자리의 욕망에 불과하니까요. 당신의 명성에도 흠이 없어야 합니다. 그는 자신의 에로틱한 취향에도 불구하고 남들에게 조롱당하거나 싸구려 취급을 받는 것은 참을 수 없을 테니까요.

전갈자리 남성은 주일학교 교사처럼 죄에 대한 공포심을 느낄 수도 있습니다. 이러한 성향은 빌리 그레이엄 목사 같은 종교계 리더를 탄생시키기도 합니다. 또는 인간의 신비에 담겨 있는 모든 어두운 요소들을 통찰하고 싶은 호기심에 이끌릴 수도 있습니다. 가끔은 이런 두 가지 요소가 결합되어서 엘머 갠트리*처럼 위선과 자기기만에 젖은 사람이 될 수도 있습니다.

모든 전갈자리는 자신이 곧 법이고, 남들이 자기를 어떻게 생각하

---

* 엘머 갠트리(Elmer Gantry): 미국의 작가 싱클레어 루이스의 종교 풍자소설이다. 말솜씨를 무기 삼아 유능한 전도사가 되는 사기꾼 세일즈맨의 이야기로 영화로도 만들어졌다.

든 전혀 개의치 않습니다. 훌륭하고 믿음직한 시민으로서 존경받고 싶어 하지만, 그런 바람이 자신의 열정적인 아이디어나 목표를 방해하면 법이나 규율, 그리고 사람들까지도 완전히 무시할 수 있습니다. 남들이 뭐라고 해도 지옥에나 가라고 해 버립니다. 중요한 결정을 할 때에는 친구나 가족, 이웃 또는 적 그 누구라도 방해할 수 없답니다. 미안하지만 심지어 당신도요. 그렇다고 아직은 도망가지 마세요. 근사한 자신감과 목적에 대한 확신 덕분에 남들의 시선이나 생각에 구애받지 않는 매력적이고 자유로운 영혼이 탄생할 수 있는 거니까요. 정직과 용기, 그리고 진실성이 나쁜 성품은 아니잖아요. 오늘날에는 이러한 덕목들이 빛이 조금 바래기는 했지만 그 위에 쌓인 먼지를 털어내면 여전히 진품으로 가치를 평가받을 수 있을 것입니다.

전갈자리 남성이 역경의 검은 구름 속에서 어떻게 헤쳐 나가는지를 보는 것은 대단한 경험입니다. 다른 사람들이 휘청거리며 투덜대는 동안 전갈자리 남성은 강인하게 최선을 다합니다. 그는 좀처럼 질투심이나 자기연민에 빠지지 않으며, 삶이 자신을 시험하려 한다는 생각은 전혀 하지 않습니다. 이런 태도가 얼마나 시간을 많이 절약해 주는지 짐작할 수 있을 것입니다. 정말로 심각한 문제에 봉착했을 때, 그는 분노로 얼룩진 채 상처에 주저앉아 있지 않으며, 문제를 정면으로 돌파합니다. 문제를 결국 극복할까요? 물론이지요. 그게 바로 전갈자리가 태어난 이유인걸요.

당신은 어떤 부분에서는 조금 무섭기도 할 테고, 용기가 필요할 수도 있습니다. 전갈자리는 신비한 미스터리를 사랑하는 사람들로, 그의 사전에 풀 수 없는 문제란 존재하지 않습니다. 신비주의 전략은 동서고금을 막론하고 여성들의 가장 효과적인 방어책이자 공격 무기인데, 그런 비밀이 벗겨지면 당신은 발가벗겨진 듯한 기분이 들 것입니다. 전갈자리 남성이 이글거리는 눈으로 쳐다보며 예리한 질문을 던지기 시작하면 당신은 어떠한 비밀도 더 이상 간직할 수 없을 테니까요.

전갈자리 남성은 친구를 선택하는 기준이 꽤나 까다롭습니다. 전갈자리의 친구가 될 자격이 있어야 하지요. 전갈자리 남성은 음탕한 엘리자베스 시대에 딱 어울리는 남자들과 거친 농담을 나누다가도 수수께끼 같은 본성을 안에 가둔 채 온화하고 다정한 연인으로 변신할 수 있는 흔치 않은 사람입니다. 남성들에게 무엇을 더 바랄 수 있지요? 복종과 용서? 객관성과 신중함? 그건 공평치 않지요. 처음부터 전갈자리 남성에게 이런 점들이 부족하다는 것은 이미 알고 있었으니까요.

전갈자리는 가끔 이해할 수 없는 이유로 잔인해지기도 합니다. 친구들 앞에서 가학적인 유머 감각을 발동하여 당신을 뚱뚱하고 땅딸막하며 성질이 더럽고 재미없는 사람이라고 묘사하기도 합니다. 사적인 농담이니 속상하더라도 그냥 웃어넘기세요. 전갈자리는 자기 의도를 숨겨야만 살 수 있는 종족으로, 사랑을 할 때에도 이러한 성향이 사라지지 않는다고 이미 경고했잖아요. 어쩌면 정도가 더 심해질 수도 있습니다. 쉽게 상처받고 고통스러워하는 어린 학생 같은 세상 사람들에게 자신의 진정한 감정을 보여 줄 리가 없습니다. 나중에 당신과 단둘이 있을 때 진짜 자기 생각을 얘기해 줄 것입니다.

당신은 결혼한 다음에는 어느 정도 안정감을 느끼게 되겠지만, 결혼 전이라면 전갈자리 남성의 장난에 상처를 받고는 웃음으로 그냥 넘길 수 없을지도 모릅니다. 하지만 혼자서도 잘 살 수 있다는 듯한 그의 가혹한 태도 때문에 다리에서 뛰어내리고 싶은 심정이라고 그에게 말할 생각이라면 아예 포기하는 것이 좋습니다. 전갈자리 남성은 뛰어내리고 싶으면 뛰어내리라고 말할 테니까요. 그의 성격에 적응하기까지는 시간이 좀 걸리겠지만 결국 당신도 강해질 것입니다. 당신이 아주 약한 사람이라면 이곳저곳에 멍이 들겠지요. 잔혹한 진실과 직면할 준비가 되어 있지 않다면 그에게 새로 산 옷이나 머리 스타일에 대해 어떻게 생각하는지 묻지 마세요. 적어도 그가 긍정적인 말을 할 때에는 지리멸렬한 아첨이 아니라 진실한 말이라는 것쯤은 알고 있을 것입니다. 가끔은 "정말 끔찍해 보여요."라는 솔직한 의견에 대범해지세요. 그러면 아주 가끔이기는 하겠지만 "당신 정말 아름다운데요?"라는 말로 보상받을 것입니다. 이보다 더한 진심은 없습니다. "네, 좋아 보여요. 음, 괜찮아요."라는 다른 남자들의 형식적인 얼버무림보다는 훨씬 낫지요. 그렇게 생각하지 않으세요? 저는 그렇게 생각해요. 하지만 전갈자리 남성에게 적응하고 살아야 하는 사람은 제가 아니라 당신이지요.

질투심에 대해서는 아주 조심하는 것이 좋습니다. 당신이 눈에 사과주스가 들어가서 근처에 있는 남성에게 윙크라도 하는 것처럼 보이면 거대한 화산 폭발이 일어날 것입니다. 당신이 진정 용감한 여인이 아니라면 전갈자리 남성이 의심할 만한 거리를 제공하지 않는 것이 신상에 좋습니다. 하지만 당신의 질투심은 트렁크에 싸서 잠가 두는 것이 좋습니다. 분노의 눈물을 흘리거나 그를 비난한다고 해도 전혀 소용없을 것입니다. 그가 어떻게 행동하든지 스스로 되뇌세요. '그가 바람을 피운다 해도 어디까지나 그가 사랑하는 사람은 나니까, 진정한 사랑을 버리는 일은 없을 거야. 그는 깊은 관계를 맺고 사는 사람들에게 충실한 사람이야. 저 여자들에게는 그저 최면술을 연습하고 있는 것뿐이야.'라고 생각하는 것이 좋습니다. 식사 때마다 숟가락을 들기 전에 한 번씩 혼자 그렇게 말하고, 아침에 눈을 뜰 때도, 잠자리에 들 때도 한 번씩 더 되새기세요. 특히 잠자기 전에는 꼭 하는 것이 좋습니다. 전갈자리 남성은 여성들을 저항할 수 없게 만들 정도로 매력 있는 사람이기는 하지만, 반면 여성들의 질긴 추파와 끝없는 유혹을 거부할 수 있을 만큼 강한 사람이라는 점을 기억해 두시기 바랍니다. 많이 위로가 되지요? 그럴 겁니다. 사실이니까요.

전갈자리 남성은 엄한 아버지가 될 것입니다. 자녀들이 게으름을 피우거나 경솔하게 행동하면 그냥 넘어가지 않습니다. 전갈자리 아버지는 아이들에게 재산을 소중히 하고 동시에 자존감을 가지라고 가르칩니다. 전갈자리 아빠를 둔 아이들은 잘못된 가치관을 형성할 가능성이 거의 없습니다. 전갈자리 아버지는 자신이 아끼는 것에 애정을 쏟듯 아이들에게도 진솔하게 열정을 쏟으며 아낄 것입니다. 하지만 불합리한 것은 결코 참지 않습니다. 필요할 때는 보호해 주지만 아이들은 머지않아 알게 될 것입니다. 아버지가 그들이 홀로 서기를 바란다는 것을 말입니다. 아버지에게 돈을 빌리면 이자까지 갚으라고 할 가능성이 높지만, 모두 아이들을 위한 것입니다. 아이들은 아버지가 돌아가실 때까지도 이해하지 못할 수 있지만, 결국 언젠가는 전갈자리 아버지의 가르침을 이해할 날이 올 것입니다. 전갈자리 아버지를 둔 자녀들은 대다수가 (특히 반항심이 많은 시기에는) 어린 시절 아버지가 고압적인 권위와 엄격한 규율을 내세운 것에 분개합니다. 하지만 어른이 되면 아버지에게 엄격한 지도를 받은 것이 행운이었음을 깨닫게 됩니다. 실제로 전갈자리 아버지에게 배운 인생의 진실은 다른 별자리 아버지로부터는 배울 수 없는 것들이지요. 전갈자리 아버지는 대개 친절하고 재미있지만, 누가 어른인지에 대해서만은 흔들림 없는 원칙을 보여 줍니다. 전갈자리 아버지는 아이들에게 농담도 하고 같이 웃고 아이들을 자유롭게 해 주지만,

절대 넘지 말아야 하는 분명한 선이 있습니다. 아이들은 비록 아버지의 명령하는 태도에 분개할지라도 내심 아버지의 힘을 존경하고 있습니다. 그래서 그것을 모방하려다 종종 엉뚱한 결과를 초래하기도 합니다. 유순한 아이라면 전갈자리 에너지를 자신을 괴롭히는 위협적인 힘으로 느낄 수도 있습니다. 이 아이는 아버지를 실망시키는 것을 너무나 두려워하는 내성적인 아이로 성장할 수도 있습니다. 그럴 때면 당신이 전갈자리 남편에게 알려 주어야 합니다. 애정과 부드러운 태도가 강압적인 태도보다 더 효과적일 수 있다는 사실을 말입니다. 물론 아주 요령껏, 남편을 무시하지 않으면서 잘 말해야겠지요. 전갈자리 남성은 여성이 자신을 가르치려 드는 것을 절대로 용납하지 않을 것입니다. 수만 년이 지나도 이런 일은 있을 수 없지요. 자신은 남성이고 당신은 여성이며, 만약 당신이 그 사실을 의심한다면 정색을 하고 당신을 확실하게 가르치려고 들 것입니다. 하지만 자신을 진정으로 이해하고 있는 아내를 둔 전갈자리 남성은 부드럽고 이해심이 많으며 사려 깊게 행동합니다. 뭇 여성들이 책에서나 읽어 보고 꿈꿀 법한 그런 사랑으로 아내의 신의를 보상해 준답니다.

일단 불꽃이 일기 시작하고 전갈자리 남성이 당신을 자기 사람으로 만들기로 작정했다면 그를 피해 보았자 별로 소용이 없을 것입니다. 당신에게 최면을 걸어 꼼짝도 못하게 만들 것입니다. 전갈자리 남성의 자기력은 손으로 만질 수 있을 것만 같습니다. 그럴 수만 있다면 당신은 놀랄 것입니다. 당신이 과민하고 약한 사람이라면 그 자성이 너무 뜨겁게 느껴질 테고, 반대로 인내심이 있고 강인한 사람이라면 마치 시원한 대리석을 만지는 느낌일 것입니다. 전갈자리 남성을 만나는 여성은 다른 여성들과는 확연히 다릅니다. 용감한 여성만이 독수리와 함께 날면서 추락하지 않을 수 있습니다. 독수리는 전갈자리의 주성인 안타레스Antares보다 더 높이 하늘로 날아오르다가 갑자기 하강할 수도 있답니다. 꼭 잡고 눈을 크게 뜨고 있으면 그와 함께 지평선을 볼 수 있을 것입니다. 겁쟁이들은 절대로 볼 수 없는 광경이지요. 저기 저 큰 전나무 숲 뒤를 보세요. 저렇게 아름다운 일출을 본 적이 있으세요? 일몰 역시 장관일 것입니다.

전갈자리 여성

♏

"뭔가를 생각해. 울지만 말고…."

전갈자리 여성에게는 깊고 신비스러운 아름다움이 있습니다. 그녀는 매력적이고 당당하고 자신감이 넘쳐 보입니다. 하지만 딱 한 가지 그녀에게는 그 누구도 모르는 회한이 있습니다. 바로 남자로 태어나지 않은 것이죠.

명왕성 여성이 위의 글을 읽는다면 느낄 분노의 열기가 여기까지 전해지는 것 같습니다. 실제로 자신을 여성스럽지 않다고 생각하는 전갈자리 여성은 한 명도 없으며, 만약 당신이 전갈자리 여성과 사랑에 빠져 있다면 제가 도대체 무슨 얘기를 하는 건지 의아해하실 겁니다. 전갈자리 여성은 물론 충분한 매력을 가지고 있을 뿐더러 대단히 유혹적입니다. 제 말은 전갈자리 여성이 남성적이라는 게 아닙니다. 여성으로서의 역할을 잘하지 못한다는 뜻은 더더욱 아닙니다. 다만 무의식적으로 전갈자리 여성은 남자로 태어나는 것을 더 선호할 거라는 얘기입니다. 제약이 더 적고 기회가 더 많을 테니까요. 이것은 전갈자리 여성이 자신의 눈을 피해 깊숙이 숨겨 둔 비밀인지라 들켜버리고도 좀처럼 인정하지 않을 것입니다.

일단 전갈자리 여성이 사회적 맥락에서 파란색과 분홍색의 차이를 이해하고 나면, 그녀는 분홍색 부츠를 선택하는 일도 기꺼이 감수합니다. 그녀는 자신이 처한 상황에서 최선의 결과를 만드는 데에 탁월한 능력이 있기 때문입니다. 하지만 분홍색이 전갈자리 여성의 본성에 어울리는 색상은 아닙니다. 그녀의 진정한 색깔은 짙은 밤색이나 레드와인 계열의 색으로 전혀 여성스러운 색상은 아니지요. 하지만 그녀는 그런 색깔이 여성스럽다고 느끼게 하는 능력이 있습니다. 전갈자리 여성에게 경의를 표하지 않을 수 없습니다. 저는 여리고 약한 새끼 고양이인 척하는, 그것도 아주 잘하는 전갈자리 여성을 알고 있습니다. 남성들은 행복에 젖은 고양이마냥 그르렁그르렁 애교를 부리는 그녀가 더할 나위 없이 여성스러운 물고기자리라고 생각할 정도입니다. 그들은 그녀의 덫에 걸리고 나서야 정신을 차립니다. 그녀는 고양이가 아니랍니다.

전갈자리 여성은 또래 여성들이 결혼해서 누군가의 사랑스러운 연인, 아내, 혹은 어머니 역할에 주저앉아 버리는 것을 경멸하는 경향이 있습니다. 전갈자리 여성은 자신의 여성성을 눈부시게 발휘하는 동안에는 누군가를 지배하려는 욕망을 어떤 남성적인 별자리(양자리, 사자자리, 사수자리)보다도 섬세하게 잘 통제합니다. 이런 지배욕의 낌새를 알아차리지 못한 남성들은 나중에 현실에 직면해서 환상이 깨지면 예기치 못한 놀라움을 경험하기도 합니다. 예를 들어 볼까요? 양자리 여성들과는 달리 전갈자리 여성은 자신의 욕구를 억누른 채 남성들이 그녀의 담배에 불을 붙여 주게 하지요. 그러고는 그녀의 이국적인 눈길로 남성을 매혹시켜 버릴 것입니다. 전갈자리 여성은 알고 있답니다. 자신이 직접 성냥을 그어 담배에 불을 붙이고 남성의 얼굴에 연기를 뿜는 것보다 이 방법이 훨씬 더 섹시하다는 것을 말입니다. 이것만이 아닙니다. 다른 여인들은 저돌적으로 당신 품속에 파고들거나 지붕에 올라가서 당신을 사랑한다고 외칠 수 있습니다. 하지만 전갈자리 여성은 천천히 매혹적으로 당신을 향해 걸어오다가 조용히 그녀의 사적인 메시지를 전달합니다. 이해할 수 없는 일이지만 전갈자리 여성은 청바지나 승마복을 입고 농구화를 신고 있어도 매혹적인 느낌을 줍니다. 제가 아는 한 전갈자리 여성은 데이트 하는 내내 야구 모자를 쓰고 다녔고, 하는 얘기라고는 대부분 평균 타율에 관한 것이었습니다. 하지만 그녀는 마타하리처럼 섹시해 보였고, 그녀는 마침내 그 남성을 자신의 것으로 만들었습니다.(그 남성도 마찬가지로 최면에 걸린 것이죠.)

당신이 그녀에게 호감을 표하더라도 그녀는 열렬하게 반응하지는 않을 것입니다. 그녀가 속눈썹이 길게 말려 올라간 눈을 깜박이면서 맹목적인 헌신으로 당신을 숭배할 거라고 기대하지 마세요. 전갈자리 여성은 대다수가 속눈썹이 짧은 말괄량이랍니다. 게다가 당신의 마음을 아주 또렷하게 읽을 수 있는 매혹적이고 신비한 눈을 가지고 있답니다. 굳이 마스카라를 칠할 필요도 없답니다. 전갈자리 여성에게 다른 여성들이라면 충분히 넘어올 만한 낭만적인 얘기를 속삭여 보세요. 그녀는 그 강렬하고 꿰뚫어보는 듯한 눈으로 당신을 쳐다보면서 당신의 진짜 의도가 무엇인지 바로 간파해 낼 것입니다. 인간 엑스레이 기계인 전갈자리 여성에게 장난을 치지 마세요. 특별히 사업적인 의도가 아니라면 당신은 그녀의 시간을 낭비한 셈이고 또 그녀를 모독한 셈이니까요. 전갈자리를 모욕하는 것은 그리 권할 만한 일이 아닙니다. 당신의 건강에 이롭지 않으니까요. 제 말이 무슨 뜻인지 이해가 가지 않는다면 전갈자리 여성을 모욕해 본 경험이 있는 사람에게 물어보세요. 아마도 머리카락이 쭈뼛 설 만한 이야기를 듣게 될 것입니다.

저는 이렇게 위험한 팜므파탈이 엷게 파들거리는 미소와 한없이 부드러운 태도, 그리고 천사 같은 목소리 뒤에 감추고 있는 것이 무엇인지 잘 알고 있습니다. 그것은 '복수의 힘'입니다. 천문해석가라면 이러한 비밀을 훤히 알고 있습니다. 하지만 더 중요한 것은 당신이 그 사실을 알고 있어야 한다는 점입니다. 당신은 그녀를 길들이고 싶거나, 그녀로부터 스스로를 보호하고 싶어 할 테니까요. 어쩌면 양쪽 다일 수도 있겠죠.

전갈자리 여성은 평소에는 내면에서 소용돌이치는 명왕성의 감정을 안정적으로 통제하지만, 이 통제력을 잃어버리면 어떻게 될까요? 하늘의 분노도 전갈자리 여성의 분노에는 비할 바가 아님을 알게 될 것입니다. 고압적이고 지배하려 드는 모습에 냉소적이고 냉랭하다가도, 갑자기 섭씨 300도로 달궈진 오븐처럼 뜨겁게 변할 수 있습니다. 쓰디 쓴 독처럼 증오심을 뿜어내는가 하면, 맹렬하고 자유분방한 사랑을 할 수도 있습니다. 무서운 공포영화의 주인공처럼 악을 쓰는가 하면, 마치 멧비둘기처럼 다정하게 속삭일 수도 있습니다. 어찌 되었든 한 가지는 확실합니다. 절대로 미적지근하지 않죠.

전갈자리 여성은 당신의 등골을 오싹하게 만드는 재능을 타고났습니다. 특이한 형태의 주술을 너무나도 전문적으로 걸기 때문에 마치 진짜 마술처럼 보입니다. 그녀의 눈과 마주치면 도망갈 수 있는 방법은 거의 없습니다. 전갈자리 여성은 신비로운 육감을 가지고 있어서 종종 미래의 짝을 한눈에 알아볼 수 있을뿐더러, 그런 느낌을 상대방에게 순간적으로 전달할 수도 있습니다. 당신의 반응은 둘 중 하나겠지요. 그녀의 매력에 꼼짝없이 사로잡혀서 몽롱한 상태로 항복하거나, 아니면 깜짝 놀라서 걸음아 날 살려라 하고 도망가는 것입니다. 당신은 어느 쪽인가요?

잠깐이라도 그녀 주변에 머물러 보세요. 인생을 이해하게 될지도 모릅니다. 전갈자리 여성은 알고 있거든요. 그녀가 당신에게 가르쳐 줄 것입니다. 어쨌든 당신이 전갈자리 여성의 눈길을 끌었다면 그것만으로도 뿌듯해할 만합니다. 전갈자리 여성은 연약한 남성을 좋아하지 않습니다. 그녀는 야망과 용기가 있는 남성을 찾고 있습니다. 그녀는 그녀의 비밀스러운 개성을 방해하지 않으면서도 그녀를 지배할 수 있고 자랑스럽게 만들어 줄 수 있는 남성을 원합니다. 그는 강인하고 남자다워야 하며 평균 이상의 외모를 갖추어야 합니다. 게다가 그녀의 뛰어난 지성에 어울릴 만큼 지적이어서 관념적이고 철학적인 지혜까지 두루 갖추고 있어야 합니다. 그러니 옷매무새를 가다듬고 우월한 자만이 짓는 미소를 연습하세요. 당신이 아는 모든 사람들은 전갈자리 여성이 당신을 응시하고 있다는 것만으로도 당신이 특별하다고 생각할 것입니다. 남성이든 여성이든 누구라 할 것 없이 말이지요. 완전히 새로운 미래가 펼쳐질 수도 있습니다. 전갈자리 여성이 당신을 발견한 이후로 당신의 주가는 몇 단계 상승할 것입니다.

전갈자리 여성과 친밀한 관계에 돌입하고 나면, 당신은 독특하고 비범한 남성이라고 자부해도 좋습니다. 또한 그녀로부터 누구에게도 받을 수 없는 사랑을 받고 있다고 확신하게 될 것입니다. 여러 가지 면에서 그런 사랑을 받게 됩니다. 당신은 전갈자리 여성의 삶에 있어서 가장 중요한 관심사가 됩니다. 전형적인 명왕성 여성이라면 그녀는 성심껏 당신을 격려하고, 강렬한 열정으로 당신을 즐겁게 해 주려고 애쓸 것입니다. 만약 당신을 만족시키기가 쉽지 않다면, 그녀는 당신의 무관심을 정복하기 위해 열정을 불태울 것입니다. 그리고 동시에 자신이 얼마나 필사적으로 노력하고 있는지 당신에게 드러낼 것입니다.

열정이라는 말을 눈치 채셨을 것입니다. 남성들은 대부분 어디선가 전갈자리 여성의 열정에 대한 재미있는 소문을 들어 본 적이 있을 것입니다. 전갈자리 여성은 속에서 넘쳐흐르는 열정을 표면에 드러내지 않고, 낯선 사람에게는 침착하고 냉랭한 태도로 일관하며, 내면의 열정을 마치 검은색 벨벳 같은 부드러움으로 엄격하게 통제합니다. 열정이라는 단어를 연애 행위에만 연관시키는 남성이라면 전갈자리 여성에게 좋은 인상을 주지 못할 것입니다. 명왕성이 정의하는 열정이라는 단어는 훨씬 더 포괄적이기 때문입니다. 그 열정에는 전갈자리 여성이 손대는 모든 것에 대한 감정이 포함되어 있습니다. 그녀는 어떤 것에도 대충 관심을 두는 일이 없습니다. 그녀는 초연하거나 무심해지는 것이 불가능합니다. 연극이나 책, 종교, 가구 또는 사람에 대해서 단순히 좋다, 싫다로 표현하는 경우는 지극히 드뭅니다. 통렬하게 분개하거나 강렬하게 숭배하지요. 이 두 유형의 열정이 생기지 않으면 그녀는 얼음처럼 차가워져서 무엇이든 완벽하게 무시해 버립니다. 하지만 그녀는 내면에 크고 작은 핵폭발이 일어나 아수라장이 되어 있더라도 겉으로는 커튼을 치고 차분한 모습을 유지합니다. 감정적인 격랑에 전혀 흔들리지 않고 침착한 모습을 보여 주지요. 당신의 장모님에게 말해 보세요. 딸이 신혼집에서 집 안의 접시란 접시는 다 깨 버리고 눈에 보이는 커튼은 모두 찢어 버린 후, 분노의 폭풍이 가라앉고 나면 언제 그랬느냐는 듯이 검정 벨벳 같은 평정 상태로 다시 돌아온다고요. 아마도 납득시키기가 참으로 어려울 것입니다. 도리어 사람들은 애꿎은 사람을 잡는다며 당신을 비난할지도 모릅니다. 도대체 무슨 말을 하는 거야? 저렇게 침착하고 사랑스러운 여인을 그렇게 성깔 있는 사람으로 매도하다니! 저는 당신을 이해합니다. 위로가 될지는 모르겠지만요.

전갈자리 여성은 훌륭한 장점을 많이 가지고 있지만 단점이 없지 않다는 것을 당신은 알고 있을 것입니다. 그러니 좋은 점부터 생각해 봅시다. 음. 그녀가 깨부순 접시 파편 때문에 생긴 당신 이마의 상처가 다 나은 다음에 말이에요.

어둠을 탐구하고 싶어 하는 전갈자리 여성은 흥미로워 보여서 금단의 과일 같은 느낌이 듭니다. 그녀 눈에 어리는 깊고 낯선 표정이 이런 인상을 더 강하게 만듭니다. 전갈자리 여성은 자신의 삶을 꿰뚫어보고 싶다는 욕망 때문에 위험한 물속에 빠지기도 하지만, 두려움이 없기에(달이 다른 행성과 충돌하고 있어서 정체 모를 공포심이 들지 않는다면) 멈추지 않습니다. 그래서 때때로 이상한 샛길로 빠지기도 합니다. 하지만 전형적인 전갈자리는 어떤 곳에서 어떤 발견을 하든, 여전히 강인하고 순수한 모습으로 헤쳐 나올 것입니다. 만약 그런 여행으로 인해 그녀의 영혼이 타락한다면 명왕성은 그녀를 분노에 찬 회한과 죄책감으로 벌할 것입니다. 그러나 이런 상황에서도 그녀는 여전히 강인함을 잃지 않고 불사조처럼 시련의 잿더미에서 다시 일어설 것입니다. 칼릴 지브란의 저서에서 예언자가 악마에 대한 질문에 이렇게 답합니다. "당신 안에 있는 선에 대해서는 말할 수 있지만 악에 대해서는 말하지 않겠다. 악이란 배고픔과 목마름으로 왜곡된 선이기 때문이다. 선이 굶주릴 때에는 음식을 찾아 어두운 동굴에도 갈 수 있고, 목마를 때는 죽음의 물도 마실 수 있다." 이보다 더 완벽하게 전갈자리를 설명할 수는 없습니다.

전갈자리 여성은 수많은 인간의 약점을 흥미롭게 지켜보았을 수도 있고, 그 지식을 음미하기 위해 다양한 경험을 했을 수도 있습니다. 하지만 그녀는 언제나 의문의 세계를 탐험하고는 다시 신비롭게 나타날 것이며, 여전히 당신이 알고 있는 다른 여성보다 매력적일 것입니다. 전갈자리는 '사적인 공간이므로 들어오지 마시오.'라는 팻말을 걸어 놓고 내밀한 삶을 살아가지만, 이상하게도 많은 사람들이 전갈자리에게 자신이 저지른 사악한 일을 털어놓으러 옵니다. 전갈자리는 타인의 비밀 이야기를 듣는 것을 좋아하지만, 다른 사람에게 누설하지는 않습니다. 심지어 당신에게도 말입니다.(출생차트 상에 수성이 충돌 각도가 있지 않는 한 그렇습니다.) 전갈자리 여성이야 당연히 비밀을 많이 가지고 있겠지요. 하지만 그것을 캐내려고 하지 마세요. 전갈자리 여성에게는 당신이 절대로 접근할 수 없는 개인적인 감정과 영혼이 있어서 마음대로 드나들 수 없답니다. 그렇다고 전갈자리 여성이 거짓말을 하는 것은 아닙니다. 오히려 잔인할 정도로 정직하지요. 그것도 가끔이 아니라 꽤 자주 그렇습니다. 하지만 그녀에게는 절대로 당신뿐 아니라 그 누구에게도 털어놓지 않을 특별한 생각이나 감정이 있으니 어쩔 수 없는 일입니다.

전갈자리 여성은 강인하고 듬직하며 자신의 사랑을 받을 자격이 있다고 생각되는 사람에게는 놀라운 정도로 충실하겠지만, 유약한 사람에게는 눈길 한 번 주지 않을 것입니다. 그녀는 사람들 속에서 근엄하게 행동하기 때문에 도도하고 잘난 척하는 사람처럼 보일 수도 있습니다. 사실 어떤 면에서는 분명히 그렇기도 합니다. 전갈자리 여성은 개인적인 카스트 제도를 시행하고 있어서, 사자자리나 염소자리 여성들보다도 그 신분의 차이를 확실히 두기 때문입니다. 친구를 선택할 때에도 매우 까다롭습니다. 가치 있는 친구와의 우정은 평생 지키고 싶어 하지만, 얄팍하고 평범하거나 그럴 만한 가치가 없는 친구에게는 냉담합니다. 전갈자리 여성에게는 엄청난 인내심과 투지가 잠재되어 있습니다. 자기파괴적인 술이나 약물, 무자비한 복수나 위험한 우울증 등 그녀를 유혹하는 과잉 요소를 통제할 수만 있다면 이 두 가지 장점을 활용할 수 있습니다. 언젠가 그녀는 초자연적인 영역도 탐구하게 될 것입니다. 그녀는 살아가면서 열정적인 종교인이 될 수도 있고 완벽한 무신론자가 될 수도 있지만, 결국에는 고대의 신비나 미지의 세계에 관심을 둘 것입니다.

전갈자리 여성은 아내로서 사랑하고 헌신하고자 할 때에 법적 관계에는 큰 의미를 부여하지 않습니다. 당신과 결혼할 수 없는 상황이더라도 그녀는 당신을 열렬히 사랑할 것입니다. 남들이 어떻게 생각하는지 신경 쓰지 않지요. 전갈자리 여성의 사랑은 어떤 합법적 결혼보다 진실합니다. 용감한 전갈자리 여성이 자신의 태양별자리다운 길을 갈 때 사회적 위선은 힘을 잃는답니다. 전갈자리 여성은 바로 자기만의 법을 따릅니다. 그녀의 마음은 '죽음이 우리를 갈라놓을 때까지.'라는 결혼 서약을 다른 어떤 신부들보다도 완벽하게 이해하고 있습니다.

전형적인 전갈자리 여성은 강한 개인주의적 성향에도 불구하고 남성이 관계를 주도할 수 있도록 합니다. 자신의 힘과 추진력으로 남성을 무색하게 만들기보다는, 남성이 목표를 이룰 수 있도록 도와줄 것입니다. 그녀에게는 당신의 미래도 중요하기 때문에 결혼 후에도 자기 일을 계속 하겠다고 고집 부릴 가능성은 별로 없습니다.(당신이 그녀를 몹시 실망시켰거나 집안 경제가 어려운 상황이 아니라면요.) 그녀는 둘만 있을 때에는 당신과 미친 듯이 싸울 수도 있지만, 사람들 앞에서는 열렬하게 당신을 옹호할 것입니다. 누구라도 당신을 비방하거나 이용하려 하면 가만히 있지 않습니다. 혹시라도 그런 시도를 하는 사람은 그녀가 내려치는 분노의 채찍을 피하기 힘들 것입니다. 그녀에게는 당신의 행복이 언제나 먼저입니다. 태양이나 동쪽별자리에 충돌 각도가 있지 않은 한, 그녀는 인내하면서 당신이 원하는 것을 성취할 수 있도록 도울 것이며, 투덜대거나 조바심 내지도 않을 것입니다. 중간에 당신이 용기를 잃는다면 약간 억울해하기는 하겠지만요. 그녀는 당신이 능력을 최대로 발휘할 수 있는 높은 목표를 세우기를 기대할 것입니다. 당신의 목표가 기대 이하라면 그녀는 상당히 냉소적으로 조롱할 수도 있습니다. 특히 수성에 충돌 각도가 있다면 더 그렇습니다.

전갈자리 여성은 자기 집을 몹시 사랑하는데, 이들의 집은 대개 청결하고 감각 있게 꾸며져 있고 안락합니다. 그녀는 정해진 식사 시간을 지키고, 모든 것을 잘 관리합니다. 만약 정반대의 모습을 보이는 전갈자리 여성이 있다면 뭔가가 그녀를 상당히 불행하게 만들고 있다는 뜻입니다. 전갈자리는 원래 아름다움과 질서에 본능적으로 끌리기 마련입니다. 전형적인 전갈자리 여성에게 봄맞이 대청소는 휴가와도 같습니다. 구석구석 뒤져서 뭐가 나오는지 보는 것도 좋아합니다. 그녀가 옷장을 청소하다가 당신의 오래된 재킷 주머니에서 향수 냄새 풍기는 의심스러운 쪽지를 찾아내지 않도록 조심하세요. 전갈자리는 딱히 근거가 없더라도 터무니없는 의심을 품기 때문에, 불륜의 가능성이 있는 단서를 찾아내기라도 하면 무슨 일이 일어날지 모릅니다. 원자폭탄이 만들어 내는 버섯구름을 보신 적이 있나요? 반면에 그녀를 의심하는 것은 소용이 없습니다. 그녀는 자신의 깊은 속내를 드러내지 않기 때문에 자주 의구심이 생길 것입니다. 당연히 물어보고 싶겠죠. 하지만 침과 함께 꿀꺽 삼켜 버리세요. 전갈자리 여성에게는 어릴 적부터 간직해 온 자물쇠 달린 비밀 상자 같은 출입 금지 구역이 있답니다. 아무리 캐내도 소용이 없습니다. 너무 불공평하다고 생각하시지요? 충분히 이해합니다. 그녀도 자신이 불공평하다는 것을 잘 알고 있습니다. 하지만 안다고 해서 달라지는 것은 전혀 없습니다. 그냥 그런 겁니다. 받아들이든가 아니면 떠나든가 해야지요. 아마도 당신은 받아들이는 쪽을 선택할 것입니다. 전갈자리 여성을 떠나는 것은 거의 불가능하니까요. 그녀는 평생 당신을 쫓아다닐지도 모릅니다. 그녀를 떠나면서 겪게 될 악몽으로 고생하는 것보다는 그녀의 특이한 성격에 적응하는 편이 훨씬 쉬울 것입니다. 아무도 전갈자리를 떠날 수 없습니다. 모르셨다고요? 떠나려는 시도를 해본 사람들에게 물어보면 잘 설명해 줄 것입니다. 어쨌든 당신은 정말 특별한 여인과 사랑을 하고 있답니다.

전갈자리 여성은 한 곳에 뿌리를 내리고 안정적으로 사는 것을 몹시 원하기는 하지만, 당신의 일과 관련해서라면 전혀 망설이지 않고 이사를 갈 것입니다. 군인이나 외교관의 아내 역할도 완벽하게 수행할 수 있습니다. 그녀가 꿰뚫어보지 못하는 사람은 없기 때문에 아무도 그녀를 속일 수 없습니다. 전갈자리 여성은 누가 믿을 만한 사람이고 누가 지켜봐야 하는 사람인지 얘기해 줄 것입니다. 물고기자리 아내도 같은 능력을 가지고 있기는 하지만, 남을 비판하기에는 너무 무르고 남의 실수에 대해서 변명거리를 너무 잘 만들어 줍니다. 전갈자리 여성은 그렇지 않지요. 전갈자리 여성은 오히려 너무 날카로운 말투와 잔인할 정도로 분석적인 태도를 좀 자제할 필요가 있습니다.

전갈자리 여성은 예산과 관련해서 도대체 예측할 수 없습니다. 수익이 두 배가 될 때까지 경비를 아끼고 절약하다가도, 갑자기 엄청나게 사치스러워지기도 합니다. 하지만 한 가지는 확실합니다. 돈을 모으든 사치스럽게 쓰든 간에 돈을 즐기는 사람입니다. 하지만 돈보다는 명분을 택하는 경우가 많습니다. 당신이 운영하는 사업체가 처음에는 수입이 적더라도 나중에 영향력을 발휘할 수 있는 잠재력이 있다면 그녀는 만족할 것입니다. 권력을 좋아하는 전갈자리 여성은 그것을 위해서라면 기꺼이 희생을 감수합니다. 그녀에게 당신의 권력은 자기의 권력이기도 합니다. 전갈자리 여성은 자신이 만족할 만한 수준이라면 타인을 통한 대리만족도 기꺼이 수용합니다. 그녀는 목표를 위해서 희생하고 인내할 것입니다. 하지만 누추한 환경에서 계속 살아가기에는 그녀의 자존심이 너무 강하지요. 너무 오랫동안 그런 환경을 강요당한다면 그녀는 시큰 둥해지고 불만에 가득 찰 것입니다. 어느 정도의 시간이 지나면 그녀는 가정의 수입원에 변화를 꾀하려고 노력하거나, 아니면 점차 회색 도마뱀의 음울한 세계에 빠져 버릴 수도 있습니다. 겉으로는 가난을 받아들이고 거의 즐기는 듯한 모습을 보일 수 있지만 속으로는 몹시 속상해할 것입니다.

전갈자리 여성은 소유욕이 강하지만 누군가가 그녀를 소유하려 드는 것은 원치 않습니다. 전갈자리 남녀의 나쁜 특징 중 하나는 바로 감정이 개입된 사안을 자기만의 관점으로 바라본다는 점입니다. 객관적인 자기성찰을 하기까지는 시간이 좀 걸리지요. 더 이상의 발전 없이 플라토닉한 사랑에 그친다 하더라도, 전갈자리 여성의 이성에 대한 본능적인 호기심은 당신에게 질투심을 잔뜩 불러일으키기도 합니다. 그녀가 당신 때문에 질투에 눈이 멀듯이 말입니다. 눈에 보이는 모든 남성들을 유혹하려고 하는 전갈자리 여성도 있는데, 그러면 당신은 그들이 최면에 걸리는 동안 그저 옆에서 구경이나 할 수밖에 없습니다. 이런 일들이 진지한 관계로 발전하는 경우는 거의 없지만 그래도 가끔 불편한 순간이 찾아와 실제 다툼으로 번지기도 합니다. 전갈자리 여성의 승부욕은 어떤 싸움에서도 그녀를 승리자로 만듭니다. 기억하시기 바랍니다. 마지막 대사는 언제나 그녀의 차지입니다. 당신이 거짓말을 한 번 하면 그녀는 두 번 한답니다. 아침에 말다툼하고 나서 당신이 키스하지 않고 출근해 버리면, 그녀는 한 달 동안 굿나잇 키스를 해 주지 않을 것입니다. 시어머니가 그녀의 요리 솜씨에 흠이라도 잡으면, 몇 주 동안 시부모님을 저녁 식사에 초대하는 것을 잊어버릴 수 있습니다. 하지만 의도한 것이 아닌 우발적인 실수는 용서해 준답니다. 전갈자리의 정의감은 복수심만큼이나 강하거든요. 사람들은 대부분 이 사실을 잊어버립니다. 그녀는 사람들이 그녀에게 베푼 친절을 모두 기억해서 나중에 그 두 배로 되돌려 준답니다. 물론 그 반대도 마찬가지겠지요?

아이들은 전갈자리 어머니의 부드러운 사랑 표현이나 스스럼없는 감정 표현에 다소 목말라할 수는 있지만 기본적으로는 어머니의 깊은 헌신 때문에 정서적으로 안정감을 느낄 것입니다. 전갈자리 어머니는 아이들의 재능을 썩혀 두지 않습니다. 많은 시간을 투자해서 아이들에게 더 높은 목표를 향해 매진할 것을 격려하고, 아이들이 필요로 하는 지원을 아끼지 않습니다. 자녀들은 전갈자리 어머니를 강인한 해결사로 인식할 것입니다. 그녀는 전갈자리 여성이 보유한 인간에 대한 이해를 바탕으로 현명한 조언을 해 줄 수 있기 때문입니다. 그녀는 용감하게 난관을 극복하라고 가르칩니다. 하지만 정작 아이들의 잘못, 특히 조기에 파악해서 제때 고쳐 주지 않으면 나중에 심각한 문제가 될 수도 있는 잘못된 태도는 잘 보지 못하는 경향이 있습니다. 자녀들의 행복을 위협하는 사람이라면 누구를 막론하고 전갈자리 어머니의 탄압 대상이 되는데, 안타깝지만 남편도 예외가 아닙니다. 남편이 아이들을 지나치게 엄격하게 대한다고 생각하면 전갈자리 여성은 마음이 상한답니다.

전갈자리 여성은 가끔 삶의 열정 속에 당신을 풍덩 빠뜨려 허우적거리게 할 것입니다. 하지만 실제로 삶의 고난이 닥치면 그녀의 침착하고 차분한 이성과 강철 같은 강인함이 당신의 구명보트가 되어 줄 것입니다. 비록 그녀가 좀 이상하고 비밀스러운 마법을 쓰기는 하겠지만, 그녀의 강렬한 눈빛은 늘 정직하게 당신을 바라볼 것입니다. 비록 가끔은 그녀가 사람들이 이해할 수 없는 세상에 머무르고 있는 듯한 느낌이 들겠지만요. 전갈자리 여성은 다소 위험한 존재일지도 모르지만 흥미로운 대상임에는 틀림없습니다. 다른 남편들은 변덕이 심한 아내들이나 상대하라고 하세요. 당신은 차를 꽤 맛있게 끓이고 절대로 토스트를 태우는 일이 없는(음. 거의 없지요.) 사랑스럽기 짝이 없는 마녀를 알고 있고, 그녀의 강렬한 미스터리도 알고 있잖아요? 찻잔이 비었을 때, 그녀에게 다시 잔이 가득 차도록 주문을 외워 보라고 하세요. 그녀는 마음만 먹으면 할 수 있답니다. 몰랐다고요? 전갈자리 여성에게는 비밀이 많다고 제가 말씀드리지 않았나요?

전갈자리 어린이

♏

"또다른 건 뭘 배웠는데요?"
"음. 신비학이 있었지.
고전신비학과 현대신비학, 해학, 굴리기, 늘리기 등이 있었어."

갓 태어난 전갈자리 아기를 보면서 부모가 보이는 반응은 대체로 자랑
스러움과 만족이 깃든 놀라움입니다. "신생아실에 있는 다른 아기들보
다 훨씬 어른스러워 보여요. 더 차분하고요. 저 튼튼한 몸 좀 보세요."
그렇습니다. 아무리 작은 신생아라도 전갈자리는 대체로 몸이 아주 튼
실합니다. 강한 의지와 더불어 몸도 강인하게 태어납니다.

전갈자리 아이는 싸움을 즐기고 이기기 위해 태어났습니다. 타협
은 이 녀석들의 자질에 포함되어 있지 않습니다. 항복도 다른 개념으로
이해해야 합니다. 항복하는 척한다면 그것은 다름 아닌 때를 기다리는
것이랍니다. 유리한 상황에 다시 그 싸움을 시작할 때를 기다리는 것뿐
입니다.

아기의 탄생 예정일이 11월 즈음이라는 것을 알게 되면 어서 크고

튼튼한 유아용 놀이 울타리를 사 두세요. 분명히 필요할 것입니다. 아이가 태어나면 당신은 그 울타리 안에 들어가서 안전하게 책도 보고 점심도 먹을 수 있습니다. 당신이 직접 아기 울타리 안에 들어가서 푹신한 쿠션 매트 위에 누워 보고, 치수가 맞는지 확인하는 것을 보면 사람들이 이상하게 쳐다보겠지만 무시하세요. 낯선 사람의 눈길도 참아 내지 못한다면 당신의 아이, 다름 아닌 전갈자리 아이의 이글거리는 눈빛에 어떻게 당당히 맞설 수 있겠어요? 전갈자리 아기는 사물을 분간할 수 있게 되자마자 바로 당신을 강렬한 눈빛으로 쳐다보기 시작할 것이고, 아마도 당신은 최면에 걸려 아기의 채찍에 휘둘리게 될 것입니다. 기저귀를 찬 아기가 머리에 터번을 쓴 채 바닥에 책상다리를 하고 앉아서 피리를 분다고 상상해 보세요. 당신은 마치 바구니 속의 뱀처럼 무기력하게 이리저리 흔들릴 겁니다. 큰일이지요? 그러니 당장 지금부터 전갈자리 아기가 부릴 흑마술에 대항할 수 있도록 마음을 단단히 먹어야 합니다. 유아용 품점의 판매원을 당당하게 쳐다보세요. 뭐라 해도 돈을 지불할 사람은 당신이니까요. 당신의 행동이 약간 괴짜처럼 보여도 그 판매원이 이래라저래라할 문제가 아닙니다. 고객인 당신이 바로 왕이지요. 조금 다르긴 하지만 바로 이런 자세가 당신의 꼬맹이, 전갈자리 아기에게 대처할 때 필요한 자세입니다. 여기는 당신 집입니다. 당신의 규칙들이 조금 이상해 보여도 아기가 이래라저래라할 문제가 아니지요. 당신이 엄마이고 당신이 왕입니다. 아이의 눈을 똑바로 내려다보며 말하세요.

당신이 해야 할 일들이 있습니다. 그다지 쉽지는 않을 거예요. 전갈자리 아이에게는 지속적이고 엄격한 규율이 필요합니다. 약자를 배려하는 마음과 패배를 인정할 줄 아는 스포츠맨십, 권위를 존중하는 태도, 자신에게 상처를 준 타인을 용서하는 마음 등을 가르쳐야 합니다. 당신은 아이의 섬세한 성격을 훈련시키면서 아이의 뛰어난 지능과 매력적인 성격에 감동받을 것입니다. 아이의 흔치 않은 용기와 정직함은 훌륭한 자양분이 되어, 나쁜 길로 빠지거나 파괴적인 초자아에 의해 악영향을 받는 것으로부터 아이를 보호해 줄 것입니다.

전갈자리가 선택할 수 있는 길이 두 가지 있습니다. 높은 길과 낮은 길입니다. 한동안 당신은 아기가 걸음마를 배우기도 전에 낮은 길을 선택했다고 확신할지도 모릅니다. 마음이 약하고 예민한 엄마들은 시작도 못해 보고 백기를 듭니다. 전갈자리 아기는 당신이 뭔가를 만지지 못하게 하면 무섭게 쨰려볼 것입니다. 당신도 아이를 쳐다보세요. 다정하지만 단호한 눈빛으로 바라보아야 합니다. 다정하게 노려보는 것이 쉬운 일은 아니지만 계속 연습을 해야지요. 이를 꽉 다물고 있더라도 미소를 띠고 크고 단호한 어조로 안 된다고 말하세요. 승리는 영원하지 않아서 한 시간 정도 후에 싸움이 다시 시작될 것입니다. 하지만 한 단계 격상한 상태라는 것을 잊지 마세요. 결국 전갈자리 아이는 자신에게 저항하는 힘을 갖춘 당신을 존경하기 시작합니다. 그 아이는 자기보다 더 강하다고 여겨지는 사람에게서만 무언가를 배울 수 있습니다. 물론 아이는 당신의 승리를 수용합니다. 아직 어리니 어쩔 수 없죠. 언젠가 당신보다 커질 때까지 아이는 당신을 마지못해 존중해 줄 것입니다. 아이가 형을 레슬링으로 바닥에 메칠 수 있고 아빠를 몸싸움에서 이길 수 있는 때가 오면 당신이 할 일은 끝납니다. 당신은 조금 지쳐 있겠지만 뿌듯할 것입니다. 당신의 전갈자리 아이가 복수심에 가득 찬 전갈이 아니라 훌륭한 독수리가 되어 가는 길에 들어서 있으니까요. 하지만 주의 사항이 있습니다. 아이에게 엄격한 규율을 적용하더라도 사랑과 애정을 충분히 주어야 합니다. 그렇지 않으면 아이는 비참한 회색 도마뱀이 되어 우울하고 내성적인 성격을 형성하고 두려움과 공포에 시달리게 될 것입니다.

전갈자리 아이는 무뚝뚝하고 냉소적이고 무덤덤한 말투 때문에 솔직하고 직설적으로 보일 수 있지만 사실 자기만의 은밀한 생활을 강렬하게 원할 것입니다. 당신은 아이의 작은 비밀들을 절대로 엿보려고 해서는 안 됩니다. 아이에게 열쇠가 달린 큰 서랍을 사 주고 개인적인 물건을 넣어 둘 수 있게 해 주세요. 아니면 아이만의 서랍을 지정해 주고 나머지 가족들이 절대로 그 서랍을 열지 않도록 정해 놓으세요. 좀 더 크면 전갈자리 여자 아이는 자물쇠가 달린 일기장을 갖고 싶어 할 것입니다.

전갈자리 아이는 자신의 생각은 감추려고 하지만, 가족들의 비밀은 모두 찾아냅니다. 이 아이에게 무언가를 감추는 것은 불가능합니다. 예를 들어, 이모의 틀니라든가 삼촌의 음주 습관, 아버지의 부분 가발 등등 찾지 못하는 것이 없습니다. 또한 전갈자리 아이들은 잃어버린 양말, 열쇠, 영수증, 립스틱 같은 것도 금세 찾아냅니다. 마치 미스터리를 풀기 위해 마법과 냉철한 논리를 사용하는 어린 탐정 같습니다.

전갈자리 아이에게는 고통을 견뎌 내는 놀라운 힘이 있습니다. 상처를 몇 바늘 꿰매야 하는 경우에도 눈물 한 방울 흘리지 않고, 심지어 마취제 없이 수술을 받기도 합니다. 전갈자리 아이는 제 또래보다 훨씬 현명합니다. 아이가 타고난 탁월한 이해력이 축복으로 느껴질 때가 있을 것입니다. 사업이 힘들어져서 의기소침해진 아버지는, 경제를 이해하기에는 아직 어린 전갈자리 아이가 꼭 안아 주는 힘에 놀랄 것입니다. 아버지가 우울해하고 있다는 것을 눈치 챈 아이가 아버지를 힘들게 하는 그 원인을 없애 버리고 싶다는 욕구를 표현한 것입니다. 엄마가 아프거나 우울해하면 아이는 그것을 감지하고 엄마를 조용히 부드럽게 만져 주어서 놀라게 하기도 합니다.

전갈자리 아이는 친구들과 사랑하는 사람들에게 무한한 충성심이 있습니다. 나머지 사람들에게는 좀 냉정하게 굴 수도 있습니다. 성미 고약한 또래 아이가 흔들목마를 일부러 망가뜨리기라도 하면, 전갈자리 아이는 그 아이의 자전거와 장난감 소방차, 아기용 칠판을 죄다 망가뜨리고 여기에 덧붙여 얼굴을 한 대 때릴 수도 있습니다. 겁 없이 전갈의 꼬리를 밟으면 어떻게 되는지 확실하게 보여 줍니다. 물론 이런 행동은 삼가도록 가르쳐야 합니다. 운이 좋아야 가능하겠지만요. 전갈자리 아이에게 복수심에 가득 찬 분노는 누워서 침 뱉기일 뿐이며 받은 것을 되돌려 주려는 앙심은 자신을 다치게 할 뿐이라고 얘기해 줄 수는 있겠지만, 아이가 그런 논리를 이해하기는 쉽지 않을 것입니다. 장난감 가게에서 파는 부메랑을 하나 사서 있는 힘껏 던져 보라고 하세요. 몇 번을 던져도 기적처럼 다시 돌아와 자신의 얼굴을 때리는 부메랑을 보고 충격을 받으면 혹시 이해할지도 모릅니다. 물론 현미경이나 마술 게임 책이나 화학 교재만큼 흥미로워하지는 않을 것입니다.

선생님들은 전갈자리 아이에게 반장을 시켜야 할지, 아니면 오래된 자작나무 회초리 맛을 보여 줘야 할지 고민스러울 것입니다. 결국은 두 가지를 다 하게 됩니다. 전갈자리 아이는 남녀를 막론하고 모두 예리하게 꿰뚫어볼 줄 아는 지능과 이론에 대한 놀라운 통찰력을 겸비하고 있습니다. 개근상을 탈 수도 있고 학교에서 가장 땡땡이를 잘 치는 아이가 될 수도 있습니다. 운이 좋아 현명한 교사를 만난다면 읽고 쓰기를 빠르게 배우고 각종 학교 행사에서 리더가 될 것입니다.

전갈자리 아이는 나쁜 길로 빠지지 않도록 잘 인도해 준다면 졸업생 대표가 될 확률이 매우 높습니다. 신체를 활발하게 움직이도록 해 주고, 지적 호기심을 계속 자극해서 과학, 문학, 의학 또는 스포츠 쪽으로 열정을 쏟을 수 있도록 해 주세요. 우주 공학자, 항해사, 소방관, 장관, 연예인, 대통령이 되고 싶다는 순진한 꿈을 맘껏 격려해 주세요. 당신이 좋다고 생각하는 직업을 절대로 강요하지 마세요. 아이를 인생의 어두운 지하실에서 위험한 실험을 일삼는 낮은 길로 인도하는 지름길이 될 테니까요. 아이는 자신이 무엇을 원하는지 정확하게 알고 있는데 거기에 당신의 의지를 투영하려고 하는 것은 치명적인 실수입니다. 아이에게 성심을 다하고 절대로 약속을 깨지 마세요.

전갈자리 아이는 겉으로는 침착하고 느긋해 보이지만, 내면에 억압된 에너지를 충분히 발산할 기회를 필요로 합니다. 식사 시간에 불안정한 모습을 보이거나 논쟁을 벌여서는 안 되고, 잠잘 시간에 가족들끼리 다투는 모습을 보여서도 안 됩니다. 이런 모습들이 아이에게는 악몽이 될 것이고, 아이의 심신 건강에 아주 해로울 수 있습니다. 강렬한 열정과 끓어오르는 감정이 있는 아이가 불안한 성정을 억누르란 힘든 일이지요. 하지만 신중하게 잘 이끌어 준다면 아이는 스스로 훌륭하게 조절하게 될 것입니다. 논리적인 설명이 빠진 거칠고 경솔한 꾸지람과 지나치게 자유분방한 유머는 아이에게 재앙이 된다는 면에서 차이가 없습니다. 전갈자리는 약물에 쉽게 빠지는 경향이 있으므로 절대로 그런 것에 노출되는 일이 없어야 합니다. 불에도 이끌리는 편이므로 주변에 성냥을 두어서도 안 됩니다.

전갈자리 아이는 할로윈과 몬스터 텔레비전 쇼, 공상 과학, 그리고 귀신 이야기를 좋아할 것입니다. 또한 이성에 대해서도 관심이 많답니다. 다섯 살 난 전갈자리 꼬마 아이가 옆집에 사는 곱슬머리 초등학교 1학년 누나에게 묘한 눈길을 준다고 해도 놀라지 마세요. 언젠가는 당신의 아이도 사랑을 하게 될 것입니다. 절대로 막을 수 없지요. 전갈자리 아이가 사춘기에 접어들면 사랑에는 책임감이 중요하다는 점을 가르쳐 주세요. 비극적인 연애 사건을 예방할 수 있을 것입니다. 전갈자리는 가족을 많이 존중한답니다. 부주의한 연애 행각은 가족애를 깨뜨릴 수도 있다고 설명해 주세요. 아이는 이해할 것입니다.

아이는 커서 무엇이 되든지 자신이 선택한 분야에서 최고가 될 것입니다. 전갈자리 아이는 자신이 원하는 바를 끝내 성취할 수 있는 투지가 있고, 그것에 매진할 수 있는 강인함도 있습니다. 하지만 아이가 자신감이 넘친다고 해서 당신의 도움이 필요 없다고 생각해서는 안 됩니다. 아이는 비록 당신에게 허락을 받아야 한다는 사실은 싫어하겠지만 당신의 지원을 필요로 합니다. 당신은 아이가 내면의 열정을 쏟아 부을 만한 가치가 있는 목표를 설정할 수 있도록 도와주어야 합니다. 전갈자리 아이는 독특한 마법에 걸린 아이지요. 어쩌면 아주 중요한 운명을 타고났겠지만 그곳에 도달하려면 갈 길이 아직 멉니다. 아이가 당신을 필요로 하는 한 그 길을 함께 걸어가 주세요. 그 다음에 혼자 걷도록 해 주세요. 아이는 자신이 추구하던 것을 찾고 나면 안전하게 돌아올 것입니다. 전갈자리 아이에게 위대한 용기와 강인함과 총명함을 준 것은 명왕성이지만, 아이가 가장 필요로 하는 것을 줄 수 있는 사람은 바로 당신이랍니다. 사랑하고 사랑받는 방법에 대해 일상에서 모범을 보여 주세요.

전갈자리 사장

♏

"화를 참도록 해라." 애벌레가 말했다.
"곧 익숙해질 거야." 애벌레가 말했다.
그러고는 다시 수연통을 물고 담배를 피웠다.

루스벨트 대통령이 건네는 "부드럽게 말하되 위압적인 태도를 취하라."
라는 충고는 전갈자리 철학의 좋은 예입니다. 비록 이 말을 처음으로 한
사람이 루스벨트 대통령이기는 하지만 모든 명왕성형 인간들은 이 말을
자신의 본성에 새기고 태어났습니다. 전갈자리인 당신 사장의 책상 뒤
편 벽에 안 보이게 걸려 있는 좌우명이기도 합니다. 기억해 두세요. 정
말로 그런지 전갈자리 사장에게 물어볼 필요는 없습니다. 단지 그 좌우
명을 실천하는지 지켜보세요. 전갈자리는 그들만의 비법을 타인이 개인
적으로 물어보는 것을 달가워하지 않는답니다.

위압적인 태도로 부드럽게 말하는 전갈자리 사장에게 삶이란 지혜
와 힘을 찾는 여정입니다. 그는 천국과 지옥, 그리고 그 중간에 있는 모
든 것들의 온갖 비밀을 알고 싶어 합니다. 아마도 당신은 그 중간쯤에

놓여 있겠지요. 전갈자리 사장은 당신의 작거나 큰 머릿속에 어떤 생각이 들어 있는지, 당신의 비밀은 무엇인지 알아내고 싶어 한답니다. 그가 대놓고 당신의 진심을 읽으려고 하지는 않지만, 당신의 머릿속은 이미 훤히 밝혀졌을 것입니다. 절대로 피할 수 없습니다. 전갈자리가 최면을 거는 듯한 눈빛으로 당신을 그윽하게 쳐다보면 당신은 가슴 속 깊은 곳에 있던 솔직한 얘기를 하지 않을 수 없답니다. 속으로 딴 생각을 하고 있다면 절대로 남에게 말하지 마세요. 전갈자리 사장의 눈도 쳐다보지 마세요. 아니면 아예 전갈자리 사장과 일하는 것을 피하도록 하세요.

예전에 가수로 활동했던 여성이 있습니다. 어느 여름날 공항에서 출장 갔다가 돌아오는 전갈자리 소속사 사장을 우연히 만나 커피를 한잔 하러 갔습니다.(명왕성은 여름에 가장 큰 힘을 발휘하는 경향이 있답니다. 이상하게도 11월과는 아무 관계가 없는 계절이죠.) 전갈자리 사장의 친한 친구가 그 가수의 작곡가였는데, 그녀와 작곡가는 그날 아침에 서로 사랑을 고백했습니다. 하지만 주변 여건 때문에 비밀로 하기로 했죠.

전갈자리 사장과 커피를 마시며 수다를 떨던 그 가수는 사장의 출장 이야기를 완전히 넋을 놓고 듣고 있었습니다. 사장의 이야기가 너무나 매력적이어서 그녀는 그날 아침 있었던 운명적인 고백 사건을 완전히 잊어버리고 말았습니다. 마침내 전갈자리 사장이 시계를 힐끗 보았습니다. 자기가 감독하고 싶은 영화가 있는데, 그 영화 제작자와 한 약속에 늦었다며 일어서려 했지요. 서로 악수를 하면서 그녀가 "행운을 빌어요."라고 말했습니다. 전갈자리 사장은 손을 잡은 채 강렬한 눈빛으로 그녀의 눈을 쳐다보면서 천천히 대꾸했습니다. "당신의 사랑에 행운을 빌게요. 하지만 당신은 이미 사랑을 찾은 것 같군요. 좋아요. 두 분 잘 어울려요." 사장은 먼저 눈길을 거두고(전갈자리는 항상 먼저 시선을 돌립니다. 절대로 당신이 먼저 눈길을 돌리게 하지 않지요.) 이어서 손을 놓아 주면서 침착하고 묘한 미소를 지어 보이더니 돌아서서 가 버렸습니다. 오늘까지도 그 가수는 사장이 어떻게 그 비밀을 알았는지 이해하지 못했답니다.

그 가수의 경험으로부터 당신이 배워야 할 것이 있습니다. 전갈자리 사장은 당신의 어떤 비밀도 결국에는 알아낸다는 점입니다. 연애 문제뿐 아니라, 당신 아버지 학력이 고등학교 중퇴라든가, 당신 여동생이 유부남을 만나고 있다든가, 아니면 당신이 은행 대출금을 6개월째 갚지 못하고 있다든가, 아니면 당신의 고양이가 또 임신했다든가 하는 일들이랍니다. 어쩌면 당신이 외투 단추를 실로 달지 않고 옷핀으로 고정시켜 놓았다거나, 아니면 오늘 아침에 당신의 오빠가 냄비로 올케를 때렸다거나 하는 일들도 해당합니다. 남에게는 알리고 싶지 않은 그런 사소한 일도 전갈자리 사장은 알아차립니다. 그리고 사장이 알고 있다는 것을 어떤 식으로든 당신도 알게 될 것입니다. 이것은 물고기자리의 통찰과는 다릅니다. 물고기자리는 신통력으로 알아내고, 전갈자리는 그냥 압니다. 신통력과는 관계가 없지요. 물병자리의 직관과도 다릅니다. 전갈자리의 능력은 그것보다 훨씬 차원이 높습니다.

이런 명왕성의 힘 덕분에 전갈자리 사장은 당신의 기분을 알아차리고 당신을 배려해 줍니다. 이것은 말로 표현할 수 없는 위안을 줄 것입니다. 특히 당신의 속마음을 알지도 못하고, 결코 알려고 하지도 않는 약삭빠르고 배려심 없는 얄팍한 사장들과 계속 일해 왔다면 더더욱 그렇겠지요. 무심한 사장들과 두루 일해 본 직원이라면 전갈자리의 공감 능력이 얼마나 훌륭한지 절감할 것입니다. 객관적으로 그 능력은 높이 살 만하지요.

당신의 예상과는 달리, 전갈자리 사장의 사무실은 늘 격정적이거나 인상적이지는 않습니다. 오히려 전체 건물 내에서 어쩌면 가장 조용하고 차분한 공간일 것입니다. 명왕성의 자제력은 주변의 모든 것에 영향력을 미칩니다.(쌍둥이자리, 물병자리, 사자자리의 영향이 많은 경우에는 예외일 수 있습니다. 그렇다고 하더라도 시끄럽거나 어수선한 경우는 거의 없습니다. 속도가 조금 더 빠를 뿐입니다.) 전갈자리 사장이 자신의 기질을 통제하는 능력은 정말 경탄할 만합니다. 무엇을 계획하든 포기할 줄 모르고, 자신이 추구하는 것을 얼마나 간절하게 원하는지 결코 사람들이 눈치채지 못하게 합니다. 전갈자리 사장의 경쟁자는 그가 얼마나 상대방을 정복하고 싶어 하는지 전혀 눈치채지 못합니다. 그것이 기정사실화되고 전갈자리 사장이 마침내 승리했을 때에나 알게 되지요. 사장은 당신을 꿰뚫어볼 수 있지만, 다른 사람들은 절대로 전갈자리 사장의 깊은 감정을 읽어 낼 수 없습니다. 전갈자리 사장의 가장 강력한 무기 중의 하나는 목적과 의도를 드러내지 않는다는 것입니다. 자기 감정을 숨기고 의도 역시 완벽하게 위장하기 때문에, 그의 적은 항상 그 사장이 뒤에서 공격하거나 아예 공격하지 않을 거라고만 생각합니다. 그러다 갑자기 오른쪽 측면에서 재빠른 움직임이 느껴지면 놀랄 수밖에 없죠. 전갈자리 사장은 상대방이 절대로 아니라고 생각한 방향에서, 전혀 예상치 못한 타이밍에 공격합니다. 경기에서 이기는 가장 좋은 방법이지요.

　　이것은 전갈자리 사장에게 명성과 성공을 가져다 주는 비법이기도 합니다. 만약 전갈자리 사장이 당신을 좋아한다면, 당신을 승진시키거나 또는 당신의 소망과 꿈을 함께 이루기 위해 부단히 노력할 것입니다. 그가 만약 당신을 좋아하지 않는다면 이 글을 읽는 것은 의미가 없습니다. 처음부터 당신을 고용하지도 않았을 테고, 설령 회사의 다른 임원이 당신을 고용했더라도 전갈자리 사장 밑에서 오래 일할 수 없을 것입니다. 전갈자리 사장은 자신의 조직에 속하지 않은 사람들에게는 동정이나 자비를 거의 베풀지 않습니다. 그의 첫 번째 관심사는 바로 조직이고(자신의 개인적인 목표라는 말과 동의어이지요.) 개인은 맨 마지막입니다. 전갈자리 사장과 일하고 있는 사람들이라면 제가 괜한 트집을 잡는다고 발끈하고 있겠죠? 네. 전갈자리 사장은 완벽하고 순수하다는 것 말고는 트집 잡을 게 없죠. 전갈자리와 가깝게 지내는 사람들은 대부분 이렇게 생각합니다. 그렇지 않다면 당신은 휴가를 간 직원을 대신하고 있는 대체 인력에 불과할 것입니다.

전갈자리 사장은 의리가 있는 사람들을 매료시키는 노하우가 있습니다. 그는 대체로 헌신적인 친구들을 곁에 두고 그의 적들은 멀리 둡니다. 마치 전갈자리 사장이 원을 그려 놓은 것 같습니다. 선택받은 자들은 원 안에 있고 나머지 사람들은 너무 가깝게 다가서지 못하도록 마법을 겁니다. 적이 전갈자리 사장에게 다가가는 것은 어렵거나 아예 불가능합니다. 그 사장이 자기의 기준에 미치지 못하는 사람들을 최면적인 눈으로 한번 쳐다보기만 해도 그 적은 여성이건 남성이건 추방당하고 맙니다. 전갈자리에게 함량 미달의 사람은 그냥 존재하지 않는 사람입니다. 그의 마음속에는 당신이 없습니다. 그에게 당신은 보이지도 않고 들리지도 않습니다. 당신이 위험할 정도로 너무 가까이 다가오면 레이더가 경고를 해 줍니다. 존재하지 않는 사람 취급을 받으면 참 공허한 기분이 들 거예요. 유령이 되는 것은 불편한 일이지요. 시간이 좀 지나면 전갈자리에게 환영받지 못하는 사람들은 자기의 존재를 피가 끓는 인간으로 알아봐 주는 사람들이 있는 곳으로 자연스럽게 퇴장합니다.

전갈자리 사장이 기적을 이루기 위해 흡혈귀 같은 모습으로, 코에서 죽음의 냉기를 내뿜고 있을 거라는 착각은 하지 마세요. 그는 마법을 실행할 때 검은 망토를 입을 필요도 없고 무시무시한 말투로 얘기할 필요도 없습니다. 전갈자리 사장 밑에서 모험을 막 시작한 사람이라면 그를 처음 볼 때 전갈자리의 힘에 대한 설명이 과장되었다고 생각할 것입니다.

전갈자리 사장의 체격에서는 그런 힘이 느껴지지 않을 테고, 사장은 스테인드 글라스 창문에서나 볼 수 있는 그런 미소를 띠고 있을 것입니다. 그 미소가 반짝이는 순간 당신은 녹아 버리고, 아마도 천문해석학이 당신을 호도했다고 생각할 것입니다. 그가 자장가를 부르는 아일랜드의 촌부만큼 평화로워 보일지도 모릅니다. 하지만 다음 순간 사장은 예리한 눈빛으로 당신을 뚫어져라 쳐다볼 것이고, 당신 주변에 주저앉을 수 있는 소파라도 있어야 할 것입니다. 이쯤 되면 당신은 그의 자석 같은 매력에 이끌려 최면에 걸린 것입니다. 어쩌면 당신은 지시를 기다리면서 자신도 모르게 앞뒤로 흔들리고 있을지도 모르겠네요. 이제 그는 당신의 감정을 지배합니다. 이제 다른 어떤 누구도 당신에게 영향을 미칠 수 없습니다. 이미 늦었습니다. 당신은 멋지고 친절하고 부드러우며 재능이 많은 훌륭한 사장에게 맹목적으로 충성하게 될 테고, 그를 위험한 존재로 여기는 사람이라면 대상을 막론하고 질투와 복수에 찬 미치광이로 치부하게 될 것입니다. 전갈자리 사장은 모든 사람들이 꿈꾸는 가장 사랑스러운 사장이니까요.

지금 사랑스럽다고 했나요? 필요하다면 여러 형용사를 동원해도 좋지만 이 표현만은 신중해야 합니다. 멋지다? 맞습니다. 친절하다? 네, 그렇지요. 재능이 있고 훌륭하다? 네, 당연하죠. 다정하다? 네, 정말 맞습니다. 수천 번이고 맞습니다. 하지만 사랑스럽다? 이건 결단코 아닙니다. 이미 전갈자리 사장 밑에서 일하고 있거나 당신처럼 이제 막 문지 방을 넘어서려고 하는 사람들에게 알려 드릴 것이 있어요. 제 친한 친 구 중에 엄청난 재능을 가진 전갈자리 작곡가가 있습니다. 저는 그의 마 술적인 테스트에도 합격했답니다. 그리고 저희 집에도 어린 전갈자리가 살고 있답니다.(제가 아직은 주도권을 잡고 있다는 걸 눈치 채셨지요? 제가 '그 의 집'에서 살고 있다고 말하지 않았으니까요.) 어쨌든 저는 그 어린 전갈자 리와도 제법 가깝습니다. 그러니 저는 당신의 전갈자리 사장의 적은 아 닙니다. 안심해도 됩니다. 하지만 천문해석학 덕분에 여러분보다는 제 가 전갈자리에 대해 조금 더 잘 이해하고 있을 것입니다. 예를 들어, 여 러분은 틀림없이 전갈자리 사장이 어떤 위기가 닥쳐와도 마치 매일 아 침 침대에서 일어날 때처럼 그렇게 부드럽고 무심한 표정을 지을 거라 고 생각하겠지요. 그런데 실제로는 그렇지 않습니다. 전갈자리 사장은 그런 경우에 완벽하게 변신한답니다.

전갈자리 사장은 감정을 드러내는 것을 몹시 싫어합니다. 그는 사 람들이 무슨 수를 쓰더라도, 어떤 대가를 치르더라도 침착한 모습을 유 지해야 한다고 생각합니다. 하지만 긴급 상황이 발생해서 신속하고 강 하게 대응해야 할 때면 아주 격렬한 태도로 돌변하는데, 도저히 동일 한 사람이라고 믿을 수 없을 정도입니다. 모든 상황이 종료되어 다시 통 제 하에 놓이게 되면 그의 열정적인 감정 또한 다시 통제받습니다. 무섭 도록 뜨거운 감정은 언젠가 다시 필요해질 때까지 강한 성격 안에 꽁꽁 봉인되어 있답니다.

일반적으로 전갈자리 사장은 신중하고 온화하고 차분한 사람입니 다. 머리카락도 단정하고 성격도 절제되어 있습니다. 앞서 말한 지킬 박 사와 하이드 식의 대변신은 아무 때나 일어나지 않습니다. 사업이 위기에 처하거나 연애 감정이 격심한 진통을 겪을 때만 나타납니다. 하지만 사장의 연애 문제는 직원인 당신이 관여할 바가 아니지요. 일반적인 상황에서는요. 전갈자리 사장의 차분하고 균형 잡힌 마스크는 아주 심각한 경우가 아니라면 좀처럼 벗겨지지 않습니다.

사장에게 자주 아첨을 떨지 마세요. 전갈자리 사장의 의심은 잠들지 않는답니다. 일어나서 잠들 때까지 계속 의심하고, 촉수로 숨어 있는 동기를 찾아내려고 합니다. 전갈자리 사장의 단점 중 하나가 순수한 사람들이 하는 순진한 말마저도 지나치게 자주 의심한다는 점입니다. 사장의 책상 위에 놓인 새빨간 사과를 너무 열심히 문지르면 승진은커녕 오히려 해고를 당할 수도 있습니다. 그가 당신이 사장 자리를 차지하기 위해 아부를 떤다고 의심할 수 있으니까요. 차라리 가끔 진심을 담아서 사장의 능력을 인정하는 말을 하세요. 전갈자리 사장은 깊이 감사할 것입니다. 그러니 지나친 아부는 하지 마세요. 당신은 사장에게 모든 면에서 충성을 다하겠지만 사장에게 받은 것은 정확하게 돌려주어야 합니다. 그는 돈 거래에 있어서는 아주 엄격한 사람입니다. 어떤 방식으로든 돈과 관련된 문제는 아주 명확하게 처리해야 합니다. 그리고 절대로, 절대로, 절대로, 절대로, 절대로 그를 이기려고 하거나 상처 주려는 시도는 하지 마세요. 정 이 충고를 무시해야겠다면, 먼저 몇 주 동안 계란 껍질 위를 조심스레 걷는 연습을 하세요. 독거미가 숨어 있는 계란 껍질이라면 금상첨화입니다. 전갈자리의 복수는 시험해 볼 만한 대상이 아니랍니다.

아무리 어려운 문제라도 전갈자리 사장이 맡으면 쉽게 해결될 것입니다. 전갈자리에게는 비극적인 개인사나 질병, 그리고 일과 관련된 온갖 재앙을 용기와 초인적인 의지로 극복해 내는 능력이 있습니다. 개인적인 성격 유형은 다른 별자리보다 훨씬 다양합니다. 비록 전갈자리가 불가해한 미스터리를 연구하는 과학자로 살아가기는 하지만, 이 만능 탐정에게 가장 큰 미스터리는 바로 자기 자신입니다.

전갈자리를 완벽하게 꿰뚫어보는 것은 불가능합니다. 설령 할 수 있다 하더라도, 전갈이 자신의 눈빛과 목소리로 당신을 마비시켜 버리면 당신은 목숨 걸고 알아낸 모든 것을 잊게 됩니다. 제가 드릴 수 있는 조언은 기껏해야 긴장은 하되 마음을 열고 있으라는 것뿐입니다. 긴장은 당연히 방어 수단이고요, 마음을 열고 있어야 하는 이유는 당신이 영원히 존경하게 될 사람의 진실과 용기를 수용하기 위해서입니다. 심중을 알 수 없고 성격이 복잡한 탐정 같은 겉모습에도 불구하고, 전갈자리 사장은 절대로 자신을 기만하지 않습니다. 우리들 중 어느 누가 모든 순간에 늘 완벽하게 정직하다고 말할 수 있을까요? 아무리 인품이 훌륭한 사람일지라도 그건 쉬운 일이 아니지요.

전갈자리 직원

♏

"하지만 당신도 번데기가 됐다가 금방-언젠가는 그렇게 되시겠지만-
나비가 됐다가 하면 기분이 아주 이상할걸요?"
"아니, 전혀." 애벌레가 말했다.

회사에서 가장 자율적으로 일하는 사람을 꼽으라고 하면 가장 먼저 누
가 떠오르나요? 내적으로 가장 자신감에 차 있고, 그러면서도 그것을
과시하지 않는 직원이 있나요? 눈빛은 차분하고, 변명을 가장 적게 하
고, 직원 중에서 가장 침착한가요? 그는 칭찬을 받아들일 줄 아는 사람
인가요, 아니면 그냥 무시하는 사람인가요? 사생활에 대해서는 비밀스
러운 사람인가요? 그 직원은 자기 미래에 대한 큰 계획을 가지고 있나
요? 모든 것이 다 맞는다면, 질문이 한 가지 더 있습니다. 다른 직원들
이 그 사람을 약간 두려워하나요? 그렇다면 의심할 여지없이 그 직원은
전갈자리입니다.

전갈자리 직원은 자기 운명의 주인이자 자기 영혼의 지휘관입니
다. 그 직원은 스스로 동기를 부여하는 외골수 타입입니다. 전갈자리만

큼 지략이 넘치고 자신의 잠재력을 확신하는 사람은 없을 것입니다. 전갈자리는 스스로의 인생을 설계하고 실현시켜 가는 능력이 있으며, 본인 역시 이 사실을 알고 있습니다. 그는 절대로 스스로를 기만하지 않으며, 자기의 실수를 남에게 전가하지 않습니다. 마음 먹은 위치에 반드시 오를 것이고, 그 여정에서 누군가가 편의를 봐 주리라는 기대 따위는 하지 않습니다. 그는 열등감을 느낄 가능성이 가장 적은 사람입니다.(회색 도마뱀 유형의 전갈자리 중에는 자신의 강력한 힘을 거꾸로 사용해서 침묵의 패배자가 되는 사람도 있습니다. 그렇다고 하더라도 스스로 내린 결정입니다. 그는 운명에 휘둘리지 않지요.)

전갈자리 직원의 행동 이면에 있는 동기를 파악하기란 쉽지 않을 것입니다. 전갈자리의 잔혹함, 복수심, 응징하려는 확고한 의지 등에 대해서는 들어 보셨겠지만, 전갈자리 직원이 당신과의 관계에서 보여 주는 모습은 이런 모습과는 달라서 어리둥절할 수도 있습니다. 하지만 이런 성격이 없을 리는 없지요. 현재로서는 냉정함을 유지하고 있는 것입니다. 전갈자리 직원은 좋은 결과가 기다리고 있다면 힘든 과정은 상관없다고 생각하기 때문입니다. 그는 자신이 무엇을 하고 있는지 정확하게 알고 있습니다. 하지만 당신은 모를 수도 있지요.

전갈자리 직원이 당신을 대하는 태도는 그가 당신에게 무엇을 원하고 당신이 과연 그가 인생에서 원하는 것을 제시할 수 있는가에 따라 달라질 것입니다. 평범한 사람이 전갈자리의 의견에 반대하고 모욕하거나, 그를 함부로 대하고 약속을 지키지 않거나, 전갈의 꼬리를 밟는다면, 신의 자비가 있기를 기도하는 수밖에 없습니다. 그 사람은 자신이 명왕성에 대항했던 그날을 뼈아프게 후회할 것입니다. 하지만 만약 당신이 전갈자리 직원의 꿈을 이뤄 줄 수 있는 힘 있는 존재라면, 별다른 대응을 하지 않을 것입니다. 전갈자리가 원하는 것을 당신이 가지고 있다면, 그는 신중하고 차분하게 (믿을지는 모르겠지만) 어떠한 복수심도 품지 않고 자기방어를 위한 공격성조차 무장 해제한 채, 당신의 명령이라면 무엇이든 따를 것입니다. 전갈자리가 자신의 깊은 분노를 제어할 수 있을 뿐더러 심지어 제거할 수도 있다는 점은 그가 얼마나 내면이 강한 사람인지를 증명해 주지요.

하지만 이 이론을 시험해 보기 전에 해야 할 일이 있습니다. 당신이 어떤 사람인지 생각해 보아야 합니다. 평범한 사람(일반적인 사장이나 친구, 이웃, 동료, 부하 직원, 그리고 가족과 사랑하는 사람도 여기에 해당됩니다.)인지 아니면 전갈자리 직원의 꿈을 대변해 줄 수 있는 힘 있는 사람인지 정확하게 파악해야 합니다. 후자에 포함된다는 확신이 들지 않으면 시험 자체가 너무 위험하니까요.

예를 들어, 텔레비전 프로듀서인 당신이 전갈자리 방송 작가에게 어떤 상황에 맞는 대본을 써 오라는 지시를 내렸다고 합시다. 당신은 그가 네 번이나 고쳐 써 온 대본을 분쇄기에 넣어 버리고는 다시 한 번 써 보라고 요구합니다. 아마도 이렇게 말할 수 있겠죠. "이건 형편없어요. 좀 재미있게 써 보세요." 위험한 전갈자리 작가는 이런 경우에 어떻게 할까요? 그는 농담을 좀 더 집어넣어서 대본을 다시 작성할 것입니다. 당신은 그가 원하는 것을 가지고 있으니까요. 자신이 쓴 대본을 영화로 생생하게 만들 힘을 가지고 있으니까요. 그 전갈자리 작가는 당신의 예술적 견해에는 완전히 동의하지 않을 수 있지만, 어쨌든 당신은 상사이지요. 현재로서는 당신이 감독이니까요. 나중에 전갈자리 작가가 성공하면 어떻게 될까요? 그 작가가 과거 일에 대해서 언제가 당신에게 복수를 할까 봐 걱정할 필요는 없습니다. 그건 명왕성의 코드가 아니랍니다. 당신이 그의 꿈을 키워 주었고, 꿈을 실현시켜 주었으니까요. 원한은 품지 않습니다. 단지 자신의 입지가 바뀌었다는 점은 분명히 할 것입니다. 당신은 전갈자리 작가의 예술적 취향에 대해 의구심을 품을 권리와 앞으로 그에게 창조적인 아이디어를 어떻게 표현하라고 지시할 수 있는 기회를 박탈당했을 뿐입니다. 당신은 그런 메시지를 이해할 것이고 그걸로 끝입니다. 하지만 당신을 제외하고 그 전에 전갈자리 작가의 예민한 자존심에 무신경했던 사람들, 그의 노력에 혹평을 가했던 사람들이라면 상처를 좀 받게 될 것입니다.

전갈자리는 적어도 한 가지는 명확하게 알고 있답니다. 빵의 어느 쪽에 버터가 발라져 있고, 누가 잼을 가지고 있는지 압니다. 언젠가는 목표에 도달할 것이라고 확신하고 있기 때문에 눈앞에 있는 소소한 방해물을 서둘러 제거하지도 않습니다. 또한 필요에 의한 복종을 수치스럽게 생각하지도 않습니다. 그렇기 때문에 당신의 전갈자리 직원은 두려울 것이 없지요. 자신감은 항상 용기를 낳는 법이지요. 모든 일에는 때가 있다는 것을 그는 알고 있습니다. 우주의 비밀을 깊고도 신비스러운 통찰력으로 감지하는 그는 자신의 시대가 언제 도래할지 알고 있답니다. 시대를 만든다기보다는 그저 그 시대가 도래하는 것이지요. 전갈자리 직원은 초조해하는 타입이 아니라는 것을 아시겠지요?

제가 아는 한 젊은 전갈자리 변호사는 최근에 잘 나가는 법률 회사와 인연을 맺었는데요. 그 법률 회사는 높은 수익을 보장해 주는 명망 있는 고객을 많이 보유하고 있었습니다. 어느 날 이 전갈자리 변호사의 상관인 핑크(가명) 씨가 기업 합병에 대한 장문의 제안서를 준비해 줄 것을 요청했습니다. 이 요청은 전갈자리 변호사가 잠잘 시간도 없다는 것을 의미합니다. 바로 다음날 아침 10시 정각에 열릴 회의에 제안서가 꼭 필요하다고 했기 때문입니다. 다음날이 되었지요. 우리의 영웅은 아침 9시에 책상 앞에서 초롱초롱한 상태로 차분하게 핑크 씨가 부르기만을 기다리고 있었습니다. 그 각서를 작성하느라 밤을 꼬박 새야 했고, 그 덕분에 결혼기념일을 자축하려고 1주일 전에 예약해 두었던 저녁 식사를 취소해야 했기 때문에 아내는 아내대로 불만이 쌓였습니다. 9시 45분이 되었습니다. 핑크 씨의 비서는 미안해하면서 핑크 씨가 마음이 바뀌었다고 전해 왔습니다. 회의를 다음 주로 연기한 것이지요. 봄날이 화창해서 다른 도시에 살고 있는 고객들과 골프를 치기로 마음을 바꿨다고 하네요. "불편을 초래한 것이 아니길 바란다."라는 말을 덧붙였다고 비서가 주저하면서 얘기합니다. 이쯤 되면 전갈자리 변호사가 책상을 박차고 일어나 당장 그 골프장으로 달려갈 거라고 예상하시지요? 하지만 실제로 그런 일은 일어나지 않았습니다. 전갈자리 변호사가 어떻게 대응했냐고요? 그저 한 번 어깨를 으쓱했을 뿐이랍니다. 차분하고도 신비스러운, 그러면서도 절제된 미소를 지은 채 완성된 제안서를 건네며 이렇게 말했습니다. 그것도 깍듯하게 말입니다. "이 서류 좀 핑크 씨 책상 위에 갖다 놔 줄래요? 저는 집에 가서 눈 좀 붙이고 와야겠어요. 2시 미팅 전에는 돌아올 거예요." 그러고는 황소자리의 인내심 있는 태도와 염소자리의 규범적인 태도로 아내에게 전화를 걸어 집에 가서 점심을 먹겠다고 말했습니다. 이 전갈자리 변호사는 핑크 씨와 파트너십을 목표로 일하고 있었던 것입니다. 그 전날 엄청나게 실망했던 변호사의 아내는 제 시간에 점심을 준비해 놓았을까요? 물론입니다. 전갈자리의 아내니까요. 그녀가 앞으로도 이런저런 기념일을 계속 챙기고 싶어 한다면 반드시 그렇게 해야지요. 그녀는 이 전갈자리 변호사의 상관이 아니잖아요? 핑크 씨가 상관이지요. 적어도 올해는 그렇습니다.

당신이 전갈자리 직원의 미래에 있어 아주 중요한 사람이라면 당신도 핑크 씨가 될 수 있습니다. 원자폭탄이 터질까 염려할 필요는 없지요. 하지만 지나친 자신감은 곤란합니다. 제가 당신이라면 앞에서 언급한 핑크 씨 사건과 같은 일은 최소한으로 줄일 것입니다. 하지만 제가 당신이 아니라는 사실이 천만 다행입니다. 저는 전갈자리와 러시안룰렛 게임을 할 자신이 없거든요.

전갈자리 직원은 남녀 모두 불가피한 일이 돌발적으로 발생해도, 그 대가가 충분하기만 하다면 아무런 불평 없이 수용합니다. 이들은 일단 독수리의 눈으로 그 잠재성을 확인하고 그 결과를 산출해서 가능한 보상을 확인합니다. 그 다음엔 냉정한 이성과 확고한 목적의식으로 결단을 내립니다. 그러고는 아무런 불만 없이 따릅니다. 대부분의 사장들은 전갈자리의 이 같은 철학을 높이 평가하며 존경합니다. 성공의 가치를 알고 있기에 그 가치를 위해서라면 기꺼이 대가를 지불하지요. 게다가 어떤 특별한 권리를 요구하지도 않습니다. 하지만 마침내 성공하고 나면 잊지 말아야 할 게 있습니다. 전반전이 끝났으므로 이제 코트를 바꿔야 한다는 것이지요.

다른 직원과 비교해 보면, 전갈자리 직원이 존경할 만한 자질을 가지고 있음을 알게 됩니다. 좀 구식이기는 하지만 바로 '충성심'이라고 불리는, 요즘에는 참으로 보기 힘든 자질입니다. 당신이 사장이니 듣기 좋으라고 하는 말도 아니고, 일반적으로 야심 있는 직원들이 보이는 위선적인 노예근성을 말하는 것도 아닙니다. 전갈자리 직원들은 충성심이라는 자기만의 감각이 있답니다.

제가 펜실베이니아 주에 있는 소도시 라디오 방송국에서 일을 할 때였는데요, 저는 어떤 전갈자리 프로듀서의 말에 정말 깊은 감명을 받은 적이 있습니다. 방송국 사장은 마치 스크루지 영감과 후크 선장을 합쳐 놓은 것 같은 야비한 사람이었습니다. 평소보다 덜 비열하다는 말이 그에게 할 수 있는 최고의 칭찬일 정도였습니다. 사장은 친구가 단 한 명뿐이었는데, 바로 어머니였습니다. 사장은 방송국 이외에도 도심 빌딩의 절반 정도를 소유하고 있었기 때문에, 다들 순종하며 굽실거렸습니다. 그가 사무실에 들어오면 사람들은 활짝 웃으며 사장님이라고 부르고, 그가 무슨 지시라도 내리면 벌떡 일어나 이행하기는 했지만, 그가 돌아서면 바로 얼굴을 바꾸고 그의 우스꽝스러운 넥타이와 꽥꽥거리는 목소리를 비웃으며 킬킬거렸습니다. 직원들은 사장의 장례식 날을 회사 차원의 기념일로 만들어야 한다고 농담을 했으며, 사장이 출타중일 때는 사장의 사망 기사를 써서 가장 포복절도할 기사를 쓴 직원에게 상을 주는 놀이를 하곤 했습니다.

그런데 그 전갈자리 프로듀서는 한 번도 그 놀이에 참여하지 않았습니다. 항상 자신의 프로그램 때문에 바빴지요. 어느 날 비서가 왜 사무실 놀이에 참여하지 않는지 물어봤습니다. 프로듀서는 전갈자리 특유의 최면을 거는 듯한 눈빛으로 비서를 바라보며 짧게 답했습니다. "사장이 나한테 봉급을 주잖아요. 나는 그 사람을 위해 일하고 있고요." "그게 도대체 무슨 상관이에요?" 비서는 궁금했지요. "사장은 아침마다 다른 직원들 앞에서 당신에게 고함을 치고, 지난 2년 동안 당신한테 휴가를 준 적도 없잖아요. 한 번이라도 당신을 칭찬한 적이 있어요? 도대체 당신은 자존심도 없어요?"

전갈자리는 말투를 바꾸지 않고서 "칭찬을 은행에 저금할 수는 없죠. 저는 현금이 더 좋아요."라고 조용하게 말했습니다. "하지만 사장이 당신을 대하는 태도를 왜 그냥 받아들이는 거예요?" 비서는 끈질기게 물어보았습니다. 전갈자리 프로듀서의 답은 간단했습니다. "내가 누군가의 돈을 받을 때 나는 그 사람의 명령을 받습니다. 더 이상 명령을 듣지 않겠다고 결심하면 돈을 받는 것도 그만두고 떠나야 합니다. 다음 주 편성표 있어요? 광고 편성하기 전에 확인을 좀 해야겠어요."

비서는 아무 말 없이 편성표를 건네주었고, 그는 시계를 보더니 일하러 돌아갔습니다. 며칠 후에 비서는 전갈자리 프로듀서에게 점심 먹고 돌아올 때 커피를 좀 사다 달라고 부탁했습니다. 그런데 어떤 이유에서인지 그는 그만 깜박하고 말았습니다. 또한 이듬해 봄 자신의 결혼식 초대장도 그 비서에게는 보내지 않았습니다. 그 비서가 자신에게 했던 말, 자존심이 없다고 했던 말을 기억했던 것입니다. 전갈자리는 기억력이 몹시 좋습니다. 이 프로듀서 이야기는 전형적인 전갈자리 직원이 누구에게 어떤 이유로, 언제, 어떻게 복수하는지를 잘 보여 줍니다. 사장에 대한 전갈자리 직원의 충성심이 어떠한지도 말입니다.

전갈자리 직원은 치열하고 집요합니다. 자신의 경력에 상당히 진지하며 절대로 목표를 잊지 않습니다. 전갈자리 직원은 고집이 세고, 반항적이고, 격정적이며, 고압적인 태도가 있을 수는 있습니다. 하지만 업무 시간에 장난으로 사망 기사나 쓰면서 시간을 보내지는 않습니다. 이들에게 있어 죽음은 심각한 주제입니다. 사장인 당신도 심각한 주제가 됩니다. 당신은 힘에 도달하는 길에 있는 가교입니다. 그래서 전갈자리가 강을 건너 무사히 반대쪽에 다다를 때까지는 당신을 존중할 것입니다. 현명한 지략가라면, 다리를 폭파시키는 일 따위는 절대 하지 않습니다. 전갈자리는 현명합니다. 그 중 일부는 아주 뛰어난 사람들입니다. 전갈자리 직원은 모두 판단이 빠르고 논리적입니다. 그리고 전갈자리는 남녀를 막론하고 삶, 기계, 사실, 또는 인류에 대한 미스터리와 궁금증 해소와 관련된 일에 빠질 때가 많습니다. 그래서 형사, 심리학자, 과학자, 외과 의사, 경찰, 연구원, 리포터, 심지어 장의사와 같은 일에 종사하는 사람이 많습니다. 이들은 살아 있는 동안 매일 지식을 쌓아 가야 하고, 동시에 재능과 능력 그리고 수입까지도 같은 속도로 늘어나야 하는 사람들입니다.

전갈자리의 사생활을 절대로 캐고 다니지 마세요. 전갈자리 직원은 그것을 용납하지 않을 것입니다. 만약 그가 당신을 좋아하고 회사 일도 좋아한다면, 당신을 관대하고 공정하게 대할 것입니다. 8시간 수당에 상응하는 8시간 노동을 제공할 것이며, 일이 재미없다 하더라도 시계나 보고 있지는 않을 것입니다. 전갈자리 직원은 자기만의 원칙과 생각을 확고하게 유지해 나갑니다. 충성심이나 사랑과 야망보다도 자기만의 원칙과 아이디어에 가장 충실합니다. 그 어떤 누구도 전갈자리의 견해와 생각을 강압적으로 바꿀 수 없습니다. 전갈자리 자신만이 가능한 일입니다. 지배성인 명왕성의 힘으로 자신의 본성에 따라 이루어져야 합니다. 이 본성에 따라 내린 결론이 부정적이라면, 그는 지구상의 어느 누구보다도 제일 빨리 문을 박차고 떠나 버릴 것입니다. 영원히 말이지요. 부사장 직함을 가지고 있더라도 마찬가지입니다. 전갈자리는 자기가 하는 일에 걸맞은 급여를 받아야 합니다. 급여가 너무 높다고 생각해도 그는 떠날 것입니다. 이것이 바로 전갈자리의 방식입니다. 모든 일이 다 끝나고 나면 전갈자리의 진정한 충성심은 바로 자기 자신을 향합니다. 자신을 향한다고 해서 이기적이라는 것은 아닙니다. 그가 아주 젊었을 때 가장 좋아하던 구절은 이렇게 시작합니다. "무엇보다도 네 자신에게 참되어라." 그가 이 말을 이해하고 또한 행하고 있다면 어느 누구에게도 거짓되지 않겠지요.

사수자리

Sagittarius, the Archer

11월 23일부터 12월 21일까지

지배행성 - **목성**

"살인이나 감각이 부족하다고 나를 고소할 수 있겠지.
우리 모두는 약점이 있으니까.
하지만 난 절대로 사기죄로 고소를 당한 적은 없다구!"

사수자리를 알아보는 방법

↗

"저 언덕 꼭대기에 오르면 정원이 훨씬 잘 보이겠지?
이 길로 가면 곧장 올라갈 수 있겠어.
그런데 아니, 이어진 길이 아니잖아….
하지만 결국 거기로 이어질 거야.
그런데 길이 정말 이상하게 굽어 있어!
그렇다면 다른 길로 가 봐야겠어."

사수자리를 찾는 일이 쉽다고 생각하시나요? 그렇지 않습니다. 사수자리를 찾는 일은 '매우' 쉽습니다. 아무 파티에나 가서 가장 활기 넘치는 그룹의 한복판을 보세요. 행복하게 앉아서 말실수를 하고 있는 사람이 보이죠? 실언을 해 놓고도 정작 본인은 그것을 아직 깨닫지 못하고 있는 저 사람이 사수자리입니다. 자신의 말실수를 알아차리고 나면 약간은 당혹스러워하겠지만, 그 주변에 있는 사람들은 이미 화가 나서 그를 노려보고 있을 것입니다.

이 사수자리는 당신에게 다가와서 친근하게 등을 툭 치며 얼굴에 씩 미소를 지을 것입니다. 그러고는 이런 식으로 인사를 건넵니다. "그 나이에 어떻게 그런 동안을 유지하고 계세요?" 아니면 "그 터틀넥 스웨터가 정말 멋지네요. 매일 입으시는 게 좋겠어요. 당신의 이중 턱을 잘 가려 주는데요?" 이렇게 유쾌하게 말문을 튼 그는 여전히 얼굴에 환한 미소를 띠고 있지만, 당신은 얼굴이 약간 굳어지겠지요. 그는 방금 자신이 한 애기가 당신을 다소 언짢게 했다는 사실을 알아차리는 데에 시간이 좀 걸릴 것입니다. 그리고 당신이 언짢아진 이유를 이해하는 데까지는 그보다 조금 더 시간이 걸리겠지요. 그 다음에는 해명하려고 할 것입니다. 당신은 이럴 때 침착함을 잃으면 안 됩니다. 상황이 더 악화될 테니까요.

그 사수자리가 의미한 바를 아직 이해하지 못하셨다고요? 그는 당신이 38살인데(당신의 실제 나이보다 6살이나 더 많다고 생각한 겁니다.) 25살처럼 보이는 것이 놀랍다는 의미였습니다. 이중 턱에 대해서 말하자면요. 당신 나이쯤에는 턱에 살이 찌는 사람들이 많죠. 고개를 돌릴 때 옆에서 보면 턱이 두 개로 도드라져 보입니다. 그러니 옆모습 사진을 찍을 때 조심해야지요.

이제 그 사수자리는 자신의 말실수를 조심스레 해명할 것입니다. 그렇게 당신의 기분을 다시 좋게 만든 뒤에는 최신 브로드웨이 뮤지컬의 멜로디로 유쾌하게 휘파람을 붑니다. 다음에 그를 만났을 때 당신이 모른 척을 하면 그는 마음에 큰 상처를 입고 당황스러워할 것입니다. 사수자리식 농담에 화를 내거나 당황스러워할 필요는 없습니다. 사수자리는 전혀 악의가 없으니까요. 다만 사람들을 깜짝 놀라게 만드는 솔직한 말을 아주 순진하게 불쑥 내뱉는 것뿐이랍니다. 게다가 상황을 개선시켜 보려고 무언가를 하면 할수록, 이미 상처 입은 상대방에게 모욕까지 더해 준다는 것을 자신은 모르고 있답니다. 그러니 너무 가혹하게 판단하지는 마세요. 고의는 아니었으니까요. 그렇다고 당신이나 제가 사수자리를 동정할 필요도 없습니다. 사수자리는 눈치는 좀 없지만 매우 총명한 두뇌와 높은 식견을 갖추고 있습니다. 위트와 지능 그리고 열정적인 추진력이 독특하게 결합되어서, 종종 성공한 사람들의 대열에 끼고는 합니다. 우리를 화나게 하는 것은 여성이건 남성이건 사수자리들이 자기의 퉁명스러운 말투를 의식하지 못한다는 점입니다. 사수자리는 자신이 세상에서 가장 외교적인 사람이라고 진심으로 자부하고 있답니다. 이들은 항상 "난 절대로, 어떤 이유로든지 남에게 상처는 주고 싶지 않아요. 그래서 특별히 조심하는 편입니다."라고 말합니다. 진정으로 그렇게 믿고 있지요. 실제로 사수자리의 행동은 정말 정직합니다. 어떤 형태로든 가식이나 기만은 이들을 경악하게 만든답니다.

사수자리를 신체적인 특징으로 알아보는 일은 어렵지 않습니다. 키가 상당히 크고, 골격이 좋으며, 이마가 좌우로 넓은 사람을 찾아보세요. 개방적인 성격에 명랑하며, 친구를 잘 사귀고, 생각을 교환하는 데 능하며, 대체로 동작은 빠른 편입니다.(동작이 느리고 신중한 사수자리도 있습니다.) 보통은 동작이 커서 극적이고 혈기왕성해 보이지만 그리 우아해 보이지는 않습니다. 사수자리는 말을 강조하려고 팔을 들어올리다가 옆에 있던 꽃병을 쓰러뜨리기도 합니다. 이들은 마치 결의에 차 있는 듯한 큰 걸음으로 머리를 높이 쳐들고 걷다가 그만 보도블록에 걸려서 넘어지기도 합니다. 이럴 때 서류 가방이 열려 서류들이 길거리에 사방으로 흩어지기도 하지요.

목성을 지배행성으로 하는 사수자리의 눈은 참새처럼 초롱초롱하고 신선한 농담을 들으면 반짝거립니다. 사수는 키가 아주 크고 몸이 탄탄하거나, 평균보다 키가 작고 아주 다부집니다. 키가 큰 사수자리는 혈통 좋은 말이나 기백이 넘치는 어린 망아지를 연상시킵니다. 특히 젊은 시절에는 말의 갈기처럼 머리카락이 이마 쪽으로 자꾸 흘러내리는 사수자리가 많이 있습니다. 그래서 머리를 흔들거나 무심결에 손으로 머리를 뒤로 쓸어 넘기는 버릇이 생기는데, 이 버릇은 나중에 어른이 되어 새로운 머리 스타일에 적응하거나 숱이 많이 적어질 때까지도 남아 있습니다.

사수자리는 대부분 가만히 있지 못합니다. 가만히 앉아 있거나 가만히 서 있는 것을 싫어합니다. 두드러진 자신감이나 전통적인 행동 양식을 무시하는 경향은 차치하더라도, 사수자리는 신체적으로도 눈에 잘 띄는 편입니다. 늘 어딘가 뚜렷한 행선지가 있는 것처럼 걷습니다. 일말의 머뭇거림도 찾기 힘듭니다.(하지만 충돌하는 동쪽별자리가 있다면 걸음걸이가 약간 느릴 수도 있습니다.)

첫 대면에서 사수자리는 말 위에 앉아 있거나 개를 데리고 산책하고 있는 경우가 많을 것입니다. 사수자리는 동물에 대한 애정이 각별합니다. 사수자리인 프랭크 시나트라가 거리에 누워 있는 다친 개를 보고 운전사에게 차를 멈추라고 한 적이 있다고 합니다. 한가로운 외출도 아니고 텔레비전 방송국에 리허설을 하러 가는 길이었답니다. 불행히도 연주자들, 감독, 카메라 스태프 모두는 이 가수가 다친 개를 수의사에게 데려가서 며칠 후면 완쾌될 거라는 확답을 받고, 개 주인을 찾아 줄 때까지 기다려야 했다고 합니다.

출생차트에 충돌하는 행성이 있는 경우라면 동물을 병적으로 무서워할 수도 있지만 흔한 경우는 아닙니다. 목성의 지배하에 태어난 사수자리들은 일반적으로는 아무것도 두려워하지 않습니다. 전형적인 사수자리는 운동 경기나 일 또는 취미 생활에서 위험한 것에 끌리는 경향이 있습니다. 위험 요소 자체가 사수자리를 흥분시키고 도전 의식을 불러일으킵니다. 속도도 물론 좋아합니다. 빠른 자동차, 비행기, 그리고 롤러코스터는 이들을 자석처럼 끌어당깁니다. 저돌적인 시험 비행사 중에는 사수자리가 많습니다. 사수자리는 보통 신체적이든 감정적이든 일종의 아슬아슬한 상태를 좋아합니다. 그런 상황은 사수자리에게 생기를 한껏 불어넣어 주니까요. 그것이 무엇이든 간에 스릴을 만끽할 기회가 생기면 절대로 놓치지 않는 사람들입니다.(동쪽별자리에 소심한 별자리가 있다면 목성의 이런 대범함은 다소 약화됩니다.)

사수자리의 전설적인 퉁명스러운 화법과 전갈자리의 잔인한 화법에는 차이가 있습니다. 전갈자리는 어떤 파급 효과가 올지 정확하게 알고 있지만 타협을 거부하고 진실을 말합니다. 반면에 사수자리는 자신의 솔직함 때문에 저절로 말이 나오는 셈이라서, 입을 여는 순간에는 다가올 파급 효과를 전혀 눈치 채지 못합니다. 전갈자리는 자신의 말로 인해 당신이 상처를 받아도 전혀 죄책감을 느끼지 않습니다. 진실은 어디까지나 진실인지라, 당신이 진실을 감당할 수 없었다면 처음부터 의견을 묻지 말았어야 합니다. 하지만 사수자리는 자신이 정말로 당신에게 상처를 주었다는 것을 알아차리면 자신의 신중하지 못한 모습에 몹시 실망합니다. 당신이 사수자리 때문에 극도로 화가 난 상태가 아니라면, 그가 이렇게 후회하고 있는 모습을 보고는 마음이 어느 정도 누그러지기 마련이지요.

사수자리는 머리와 마음속에 있는 생각을 거의 실시간으로 입 밖으로 내뱉습니다. 그는 마치 여섯 살짜리 아이처럼 솔직하고 진지합니다. '진실을 듣고 싶으면 아이에게 물어라.'라는 오래된 속담이 있지요. '진실을 듣고 싶으면 사수자리에게 물어라.' 이 말도 같은 뜻을 의미하는 속담이 될 수 있습니다.

사수자리의 이런 특성을 고스란히 갖춘, 출판 분야에서 일하는 케이라는 여성이 있습니다. 주변 사람들은 "진실을 듣고 싶다면 케이에게 물어라. 단, 무슨 말이든 참을 자신이 있다면."이라고 늘 말합니다. 케이는 전형적인 사수자리일 뿐만 아니라, 출생차트 상 다른 행성들에도 사수자리의 영향이 큰 경우였습니다. '사수자리+'라고 할 수 있겠네요. 그녀는 따뜻함과 관대함이라는 전형적인 사수자리 특성이 있고, 그녀 주위에는 그녀를 진심으로 좋아하는 의리 있는 친구들이 많습니다. 물론 이 의리도 전형적인 사수의 특성이지요. 하지만 케이에게 3년 전에 벌어진 예기치 못한 사건을 이들이 이해해 주려면 그녀에 대한 만만치 않은 의리와 사랑이 있어야만 할 것입니다. 케이는 어느 날 큰맘 먹고 자기 비서에게 겨울 옷 한 벌을 사 주기로 했습니다. 혹독한 경제적 어려움을 겪고 파산 직전이었던 어린 비서는 감동해서 눈물을 흘릴 정도였습니다. 케이가 나서기 전까지 다른 사람들은 그 비서를 동정하기는 했지만 구체적으로 도움을 줄 생각은 못하고 있었죠. 이런 일은 언제나 사수자리에게 맡겨야 합니다.(이 말은 여러 가지로 해석할 수 있습니다.)

청명한 가을날에 케이와 그 비서는 쇼핑가로 향했습니다. 엘리베이터를 타기 전까지 비서는 기쁨에 들떠 어쩔 줄 몰라 했지요. 갑자기 케이가 그 비서를 한동안 이리저리 훑어보더니 단호한 말투로 제법 크게 "일단 사이즈가 큰 옷을 파는 가게부터 가는 게 낫겠다."라고 말했습니다.(엘리베이터에는 다른 사람들도 타고 있었습니다.) 신나서 들떠 있던 비서의 마음은 순간 충격으로 바뀌었지요. 비서의 약혼자는 항상 그녀에게 "통통해서 귀엽다."라고 말하곤 했습니다. 그러나 사수자리의 정직함이 비수를 날리는 순간 그녀는 완전히 뚱보가 되어 버렸습니다. 아직까지도 그 비서는 그날 엘리베이터에 있던 사람들이 자신을 호기심에 찬 눈으로 쳐다보던 일을 기억에서 지우지 못하고 있습니다. 하지만 그 순간에는 다른 걱정을 하고 있었습니다. 혹시 약혼자도 속으로는 자신을 돼지라고 생각하고 있는 건 아닐까 하고요. 착한 케이는 상황을 수습해 보려고 농담을 했습니다. "거기서도 맞는 걸 못 찾으면 캠핑 코너에서 텐트라도 입어 보지 뭐." 사수자리는 자신의 농담에 폭소를 터뜨렸습니다. 엘리베이터에 있던 다른 사람들도 마찬가지였죠.

케이는 비서와 함께 따뜻하고 자비로운(?) 외출을 다녀온 다음, 곧바로 의사에게 금주하라는 경고를 받았던 출판사 사장을 위로해 주었습니다. 간염 증세가 있기 때문에 꼬박 1년 동안 술을 단 한 방울도 마시지 말라는 지시였습니다. 사장은 술에는 눈길 한 번 주지 않고 12개월을 보내고는 자신의 의지력에 굉장한 자부심을 느끼고 있었습니다. 케이가 사장에게 전형적인 사수자리식 칭찬을 했습니다. "사장님, 금주 말이에요…….."라면서 케이가 대화를 시작했고, 사장은 미소를 지으면서 듣고 있었습니다. "열두 달 동안이나 술을 끊으려고 노력 중이시라면서요?" 노력 중이라고? 벌써 열두 달 동안 술을 입에 대지도 않았는데 겨우 노력 중이라고? 사장이 겨우 평정을 되찾자 케이가 계속 말을 이었습니다. "근데 내일 조의 출판 기념회가 있는 거 아시죠? 사장님께 충고해 드릴 게 있었는데, 계속 누군가와 같이 계셔서 말씀을 못 드렸어요." 사장에게 충고를? 도대체 무슨 충고를? 사장은 새로운 협박에 당황해서, 방금 전에 느꼈던 분함은 잊고 말았습니다. "저희들은, 음, 좀 말씀 드리기 당황스럽긴 한데, 사장님이 그 파티를 망치지 않았으면 해요." 이쯤 되니 사장은 할 말이 없어졌습니다. 하지만 사수자리는 아니죠. "제 말은, 사장님께서 술을 마시지 않는다면서 분위기를 망치지 말았으면 좋겠다는 거예요. 조는 마티니를 좋아하고, 무엇보다도 조의 책이 문학협회 상을 받았잖아요. 사장님이 끔찍한 질병을 앓고 있다는 이유로 마치 수용소 탈주범처럼 사람들을 피해 어슬렁거리면, 파티에 찬물을 끼얹는 셈이잖아요. 그런데 간염은 같은 공간에 있기만 해도 옮을 수 있는 거 아니에요?"

　사장은 겨우 떠듬떠듬 간염은 전염되지 않으니 안전하다고 말해 주고, 상처받은 자존심을 겨우 추스른 다음, 자신이 헤밍웨이 같은 저자들에게도 아무런 사고 없이 출판 기념회를 열어 줬다는 사실을 상기시켜 주었습니다. "사람들은 내가 아주 사교적이고 매너가 훌륭하다고 하던데?" 사장은 어금니를 꽉 물고 차분하게 말했습니다. 사수자리 케이는 사장이 졸도 직전 상태인 줄도 모르고 진심으로 그의 말에 동의했습니다. "그거야 그렇죠. 정말 탁월한 파티 호스트이시죠. 그런데 출판계에서는 정말이지 아무도 이해를 못해요." 사장은 겨우 남아 있는 숨을 쉬면서 뭘 이해 못하는지 물었습니다. 마침내 사수자리는 쐐기를 박는 말을 던졌습니다. "사장님이 호스트로는 그렇게 훌륭한데 왜 손님으로는 그렇게 형편없는지 그걸 이해 못한다는 거죠. 사장님이 주최하시는 파티는 정말 기막히게 훌륭한데, 왜 남의 파티에만 가시면 그렇게 어처구니없는 실수를 하시는지 그게 정말 이상하단 말이죠."

　이때 케이는 뭔가 이상한 점을 발견했습니다. 사장의 얼굴이 보라색으로 변하고 있었죠. 갑자기 뉘우치는 마음이 밀려온 친절한 사수자리는 지체 없이 사과했습니다. "어머나, 제가 말실수하지 않았나 모르겠네요. 사장님이 어떻게 행동하시든 별로 중요하지는 않죠. 조는 사장님이 정말 멋진 분이라고 생각해요. 오늘 사무실에 와서, 비록 자기의 예전 에이전트가 반대하기는 하지만, 우리랑 일하게 되어서 무척 기쁘다고 하더군요. 그 에이전트가 사장님에 대해서 왜 그렇게 안 좋은 얘기를 하는지 이해가 안 간다면서요. 저는 사람들이 그저 질투하는 거라고 했죠. 그런데 사장님 안색이 별로 안 좋아 보이시네요. 그 의사가 제대로 처방을 내리긴 한 거예요?"(케이의 사장은 그날 밤부터 매일 술을 마시고 있다는 소문이 있습니다.) 그 사수자리는 어떻게 되었냐고요? 여전히 그 회사에서 즐겁게 새로운 저자들의 긴장을 풀어 주고 있습니다. 해고되지 않았냐고요? 사장은 케이를 해고할 엄두를 못 낸답니다. 앞에서 제가 말했듯이 다들 그녀를 사랑하는걸요.

사수자리에게 오랫동안 분노의 감정을 품고 있을 사람은 거의 없습니다. 악의가 전혀 없다는 것이 명백하니까요. 언제 어디서나 이렇게 사랑스럽고 똑똑한 이상주의자를 볼 수 있습니다. 부주의하게 화살을 쏘아 대서 초대 손님들을 할 말 없게 만들고 어쩔 수 없는 솔직함으로 경악하게 만드는 사수자리를 일요일 밤 텔레비전 화면에서 만날지도 모릅니다. 아니면 월요일 아침 택시 안에서 팁을 인색하게 주는 사람들을 험담하는 택시기사를 만날 수도 있지요. 혹은 금요일 저녁 식당에서 굴 요리는 상태가 별로이니 주문하지 말라고 귀띔해 주는 웨이터를 보게 될지도 모릅니다.

사수자리 대부분 진심으로 당신을 즐겁게 해 주려고 애씁니다. 적어도 시작은 그렇습니다만, 가끔 그 좋은 의도가 목적을 달성하지 못하는 경우가 있습니다. 예전에 제 사수자리 매니저는 제가 머리를 감지 않았거나 1주일 이상 머리를 세팅하지 않았을 때만 골라서 제 머리가 평소보다 훨씬 멋지다면서 기분을 북돋워 주려고 애썼습니다. 하지만 그와 아직도 좋은 친구로 지내는 걸 보면 사수자리에게 화를 내 봤자 소용없다는 것을 알 수 있습니다. 게다가 가끔 사수자리는 정말 재미있는 얘기로 당신의 기분을 한껏 풀어 줘서 그간의 과오가 빚은 모든 불미스러운 앙금을 보상해 주곤 합니다. 사수자리의 견해를 시간을 들여서 잘 분석해 보면, 이들이 깊이 있고 현명한 조언을 해 줄 수도 있다는 것을 알 수 있습니다. 사수자리는 불의 별자리이므로 대부분은 외향적이고 말도 많고 진보적입니다. 수줍음이 아주 많은 사수자리도 간혹 있지만, 이런 경우에도 독창적인 아이디어가 많고 역시나 퉁명스럽게 말합니다. 은둔을 즐기고 온순하고 조용해서 약간 특이해 보이는 사수자리라도 실제로는 누구보다 원대한 꿈을 품고 저 높은 곳에 있는 목표를 추구하고 있을 수 있습니다. 내성적이든 외향적이든, 사수자리는 모두 뼛속 깊이 선동가 기질이 있습니다. 보기 드물게 말수가 적은 사수자리라도 마음속으로는 어마어마한 계획을 품고 있을 것입니다. 그는 입은 가만히 있어도 머리는 아주 바쁩니다. 그러니 차후에 그가 선보일 깜짝 놀랄 만한 행동에 대비하려면, 그 사람의 내면에 사수자리 기질이 자리 잡고 있다는 점을 기억해 두세요.

전형적인 사수자리는 평소에는 행복하고 즐겁게 지내지만, 만약 자신의 천성인 친절함을 악용하려고 하거나 무리하게 친해지려고 하는 사람들에게 둘러싸여 스트레스를 받으면 마치 하늘을 향해 쏘아올린 로켓처럼 화를 낼 수도 있습니다. 사수자리에게서는 고루한 사회와 권위에 저항하는 성향도 흔히 볼 수 있습니다. 사수자리는 싸울 때에나 도움을 요청받을 때에나 절대로 도망가지 않습니다. 사수자리 여성이라면 자신의 유쾌한 기질은 잠시 접어 두고 평소답지 않게 침착한 말을 쏟아내서 상황을 무마할 수도 있습니다. 하지만 남성이라면 상대방에게 조소를 날리면서 주먹을 쓰기도 합니다. 무례하고 모욕적인 행동으로 목성의 선한 본질에 도전하는 사람은 종종 길거리 한복판에 대 자로 뻗어 있는 자신을 발견하고는 도대체 무슨 일이 있었는지 어리둥절해하는 경우가 있습니다.

고결한 사수자리는 정직하지 못하다는 비난을 정말 참기 힘들어합니다. 누군가가 자신의 진실함을 부당하게 모함하거나 중상모략을 하면 당연히 분노를 터트립니다. 하지만 전형적인 사수자리라면 불같이 화를 내고는 후회하면서 상황을 수습하려고 합니다. 당신의 눈을 멍들게 하고 당신을 병원에 입원시킬 수도 있지만, 그 다음날에는 꽃다발과 위로의 카드를 보낼 것입니다. 대체로 사수자리는 말과 행동이 앞섭니다. 그리고 결과는 나중에 생각하죠.

대부분의 사수자리는 무대에 오르기를 좋아하며, 열광하는 관중으로부터 끊임없는 갈채를 받을 때 가장 행복해합니다. 순전히 열광적인 퍼포먼스를 위해 목이 쉬도록 노래를 하거나 맨발로 춤을 추기도 합니다. 쇼 비즈니스 세계에 사수자리들이 많을 수밖에 없죠.

사수자리는 특히 젊은 시절에는 종교적 색채를 강하게 드러내기도 합니다. 교회 일에 열정적인 관심을 갖겠지만, 나이가 들면서 교리에 의심을 품게 되고 이전의 믿음에 의문을 제기하면서 보다 더 완벽한 가치를 추구하려는 경향이 있습니다. 또한 사수자리는 대부분 여행 가방 세트를 가지고 있습니다. 여행을 좋아하는 사수자리는 군데군데 헤진 여행 가방을 적어도 한 개쯤은 가지고 있을 테고, 가방을 열어 보면 언제라도 떠날 수 있도록 만반의 준비가 되어 있을 것입니다.

순진하고 용감하고 낙천적인 사수자리에게는 어린아이처럼 유치한 구석이 있습니다. 이들은 인생을 진지하게 받아들이지 않으려고 하는 경향이 있기는 하지만, 일부는 나이가 들면서 놀라운 성실함을 발휘하며 자신의 책임을 다하기도 합니다. 그러나 사회적 책임을 다한다고 해서 진정한 행복에 도달하지는 않습니다. 목성의 본성 자체가 어디에 얽매이는 것을 싫어하기 때문에 사회적 책임을 과도하게 강요받으면 심각한 질병이 생기기도 합니다. 만약 사수자리가 이러한 사회적 책임을 마냥 버텨 내고 있다면 에너지가 분산되고 약해져서 쇠약한 늙은이처럼 살아가게 될 것입니다. 사수자리는 중년을 지나 노년을 맞이할 때까지도 계속 잘 관리만 한다면, 오히려 나이와 더불어 점점 더 예리하고 노련해질 것입니다. 노망이 날 걱정은 별로 없습니다.

신체적으로 예민한 부위는 엉덩이, 폐, 간, 팔, 손, 어깨, 장 그리고 발입니다. 스포츠와 야외 활동을 좋아하는 사수자리의 성향 때문에 부주의하고 과도한 활동으로 사고가 발생할 수 있습니다. 그래도 병원에 며칠씩이나 입원해 있는 것은 불가능합니다. 이들은 질병에 굴복하는 것을 몹시 싫어해서 놀라운 회복 속도를 보이기도 합니다. 어떤 상황에서도 삶이 이들을 영원히 좌절시킬 수는 없습니다. 이들은 언제나 내일이 어제보다 더 나을 것이라고 확신하며 오늘 역시 아주 흥미로운 하루가 될 거라고 생각합니다. 구름이 햇빛을 가릴 틈도 없이 우울한 기분이 저절로 사라지고 만답니다.

사수자리는 예외 없이 도박사의 기질이 있습니다. 출생차트 상에 신중하고 보수적인 경향이 있다면 예외일 수도 있지만, 녹색 도박판 위에 판돈을 던지는 짜릿함을 외면할 수 있는 사수자리는 극히 드뭅니다. 딜러의 손에서 달그락거리는 주사위 소리가 사수자리에게는 그리스 신화에 나오는 키르케의 노래 소리처럼 들립니다. 저항할 수 없는 유혹이지요. 출생차트 상, 행성 간에 조화롭지 않은 각도가 있는 경우에는 도박으로 돈을 날리거나 경마로 집세를 날리기도 합니다. 라스베이거스는 설탕이 파리를 유혹하듯 사수자리를 유혹합니다. 주식이나 부동산 투자에 끌리기도 합니다. 다행히 사수자리 대부분이 투기 성향을 조절하는 능력을 보유하고 있지만, 가끔은 즉석 포커 게임이나 복권으로 돈을 날릴 수 있습니다.

사수자리는 소심한 사람이든 대범한 사람이든 모두 언제든지 사랑의 기회를 잡으려고 합니다. 사수자리는 무분별할 정도로 자유분방하게 연애에 몸을 던지지만, 결혼이라는 말이 나오면 종종 등을 돌리는 경향이 있습니다. 잠시 멈춰 서서 생각을 좀 해보지만 또다시 연애를 하고 또 실수를 합니다. 비록 사수자리가 사랑을 할 때에는 따뜻하고 멋진 사람이기는 하지만 결코 잡기 쉬운 사람은 아닙니다. 사수자리는 상징적으로 반인반마의 모습을 하고 있기 때문에 누군가가 쫓아오면 재빨리 달아날 수 있답니다. 제 발에 걸려 넘어지지만 않는다면요.

사수자리의 부정적인 특성으로는 폭력적인 성향, 음식과 술에 대한 집착이나 알코올 중독, 극도의 냉소주의로 얼룩진 총명함, 때로는 극단적인 괴벽, 그리고 비밀을 지키지 못하는 성향을 들 수 있습니다. 하지만 이와 같은 부정적인 성향이 영원한 결함으로 남지는 않습니다. 사수자리가 마음을 굳게 먹으면 언제든지 바꿀 수 있답니다. 일반적인 사수자리 남성이라면 당신이 돈을 빌려 달라고 할 때, 당신이 수치스러워할까 봐 이유도 묻지 않고, 심지어 갚아야 한다는 의무 조항도 삭제한 채로 빌려 줄 것입니다.(달이 인색한 별자리에 있다면 예외일 수 있겠지요.) 사수자리 여성이라면 고아를 입양하거나 유기견을 데려다가 키우기도 하며, 항상 식탁에 한 명이 더 앉을 수 있도록 자리를 만들어 둘 것입니다.

사수자리는 생각이나 행동을 갑작스럽게 전환하는 경향이 있습니다. 사수자리는 대의명분을 맹목적으로 받들고, 대상의 결점보다는 가능성을 더 높게 쳐 줍니다. 이런 믿음은 뛰어난 상상력과 진보적 사고방식에서 유래합니다. 사수자리는 논쟁에서 항상 차분하고 이성적으로 자기의 주장을 펼치고, 가끔 날카로운 풍자로 상대방을 갈기갈기 찢어

놓기도 하지만, 어쨌든 대결 구도에서는 냉담함을 유지합니다. 하지만 누군가가 자신이 이룬 기적이나 그 순간의 대의명분을 부당하게 공격한다면 언제든지 분노를 쏘아 올릴 준비가 되어 있습니다. 사수자리는 가공할 만한 적이 될 수도 있습니다. 시간을 들여서 적에게 주의를 집중하고 확실히 조준하기 때문입니다. 사수자리의 화살은 대부분 목표물에 제대로 꽂힌답니다. 사수자리는 어떤 튼튼한 갑옷도 뚫을 수 있을 만큼 똑똑한 재치와 날카로움을 겸비하고 있으니까요.

비록 12월에 태어난 사람들 중에 정말 재미있는 사람들이 많이 있기는 하지만, 신기하게도 이들은 농담을 할 때 그 타이밍이 약간 빗나가서 가장 중요한 대목을 망치는 경우가 있습니다. 듣는 사람들은 그 틈에서 생겨난 어색함 때문에 박장대소하지만, 쾌활한 사수자리는 자신의 탁월한 유머 감각 덕분에 사람들이 재미있어서 웃는다고 생각합니다. 이거야말로 정말 웃기는 장면이지요.

남녀를 막론하고 사수자리는 무작정 되는대로 행동하거나, 아니면 아예 마음먹고 분수에 맞는 일만 하는 사람처럼 굴 수도 있습니다. 그래서 당신은 사수자리가 별로 예리하지도 않고, 용기도 없다는 인상을 받을 수 있습니다. 실제로 사수자리 중에 은둔하는 독특한 버릇을 가진 이들이 더러 있지만, 이런 유형의 사람들이 오히려 지력을 갈고 닦아 천재성을 발휘하기도 합니다.

사수자리는 20년 전에 자신이 했던 말과 방문했던 장소를 정확하게 기억해 내고 책이나 영화 내용도 자세히 기억하지만, 정작 방금 전에 외투를 어디에 두었는지는 잊어버릴 때가 많습니다. 장갑이나 자동차 열쇠, 지갑 같은 것을 자주 잃어버리는 경향이 있어서 어떤 사람들은 이런 말을 하기도 한답니다. "사수자리는 머리를 목에다 꽉 붙들어 매 놓지 않으면 머리도 잃어버릴 사람이다."

사수자리는 거짓말에 정말 소질이 없습니다. 아무도 사수자리의 거짓말에 넘어가지 않습니다. 사수자리는 기만이 자연스럽지 않고, 거짓말을 좀 해 보려고 해도 어느새 만천하에 들통 나기 일쑤입니다. 사수자리는 항상 진실을 추구하고 결과가 어찌 되건 소신대로 행동하는 사람이니까요. 동쪽별자리가 전갈자리인 경우가 아니라면, 잠깐이라도 누군가를 기만하면 마음이 편치 않습니다. 동쪽별자리가 전갈자리인 비밀스러운 사수자리를 한 명 알고 있는데요, 그는 체스 게임에 아주 능합니다. 예외적이기는 하지만 의외로 이런 유형의 사수자리도 가끔 만나게 됩니다.

사수자리에게 인생은 일종의 서커스이고 자신은 파란색 옷을 입고 보라색 후프를 돌리는 광대입니다. 밝고 명랑하게 얼굴을 분장하고 호기심과 재미로 눈빛을 반짝거립니다. 증기 오르간 음악 소리가 점점 더 커지면 그는 비틀거리다가 떨어지고 껑충거리다가 완벽한 포즈로 공중제비를 돌며 말 등에 내려앉습니다. 손가락에는 터키석 반지 세 개를 끼고 있고, 발에는 구름 속으로 은은하게 퍼지는 교회 종소리 같은 소리를 내는 방울을 달고 있습니다. 사수자리를 상징하는 금속은 주석입니다. 사수자리는 습기에도 잘 견디고 한없이 부드러워서 쉽게 늘여 펼 수 있는 이 반짝이는 금속으로 만든 나팔을 손에 쥐고 즐겁게 불어 댑니다. 대범하든 소심하든, 이 관대한 이상주의자의 본성은 크리스마스의 호랑가시나무 열매처럼 유쾌합니다. 넓은 가슴 위에 커다란 꽃을 달고 하늘을 향해 용감하게 활을 겨누고 있지요. 그가 정확하게 겨냥한 화살은 더 이상 보이지 않는 높은 곳으로 날아가, 수많은 별들을 지나서 세상의 모든 꿈들이 탄생하는 그곳까지 다다를 수 있습니다.

사수자리로 알려진 유명인

루트비히 판 베토벤Ludwig van Beethoven

마크 트웨인Mark Twain

월트 디즈니Walt Disney

존 밀턴John Milton

*스칼릿 조핸슨Scarlett Johansson

*우디 앨런Woody Allen

*강제규

*이승철

마리아 칼라스Maria Callas

앤드루 카네기Andrew Carnegie

윈스턴 처칠Winston Churchill

프랭크 시나트라Frank Sinatra

*스티븐 스필버그Steven Spielberg

*장 뤽 고다르Jean Luc Godard

*박경림

사수자리 남성

♐

"뼈가 부러지진 않으셨어요?"
하얀 기사는 뼈 한두 개쯤 부러지는 것은 아무렇지도 않다는 듯 말했다.
"별일 아니야. 말을 탈 때 중요한 기술은
내가 말하고 있다시피 균형을 잘 잡는 거야. 이렇게…"
하얀 기사는 고삐를 놓고 직접 앨리스에게 해 보이려고 두 팔을 쭉 뻗었다.
그러자 이번에는 말의 발치에 뒤로 벌렁 넘어졌다.

시작부터 당신의 의욕을 꺾고 싶지는 않지만, 사수자리 남성에게는 좀 이상한 버릇이 있습니다. 이들은 크고 하얀 말 위에 올라타고 거리를 활보하면서 칼을 휘둘러 대의명분을 수호합니다. 별난 취미가 또 있습니다. 이들은 서커스 광대처럼 데굴데굴 구르고는 코끼리나 여장 남자나 가리지 않고 어울리다가 명랑하게 솜사탕을 만듭니다.

사수자리 남성을 손에 넣으려면 특수 작전을 실행해야 합니다. 먼저 그 하얀 말에서 내려오게 하고, 코끼리들로부터 떼어 놓아야 하며, 물론 여장 남자도 집에 보내야겠죠. 그가 대의명분과 서커스를 포기하게 만들기는 정말 어려우니, 그냥 한 손에 들고 감상에 젖어 있으라고 하세요.

그래도 지금 당장 당신에게 유리한 것이 하나 있습니다. 워낙 많은 사수자리들이 여기저기 들쑤시고 다니다가 낭패를 보고는 말에서 굴러 떨어지기 때문에, 당신이 선택할 수 있는 사수자리가 제법 많답니다. 빅터 허버트*가 이런 말을 했습니다. "자신이 숭상하는 것을 위해서 당당하게 싸울 수 있는 용감한 남자를 몇 명 달라. 굳센 남자 열 명을 내게 주면 머지않아 만 명으로 불려서 되돌려 주겠다." 사수자리 남성의 이상을 향한 열정과 호기심은 전염성이 강합니다. 물론 그의 넘치는 순진함은 감당하기 어려울 때가 가끔 있습니다. 그는 미친 듯이 들뜬 기분으로 당신을 하늘 높이 던졌다가 그만 받아 주는 걸 잊어버리기도 한답니다.

사수자리 남성 주위에는 항상 사람이 많습니다. 이것 역시 또다른 장애물이지요. 그에게 다가가려면 그 사람들을 다 뚫고 지나가야 합니다. 하지만 너무 비관적으로 생각하지는 마세요. 사수자리 남성은 지상 최고의 낙관주의자이니까요. 너무 낙관적이어서 자기의 적이 말똥을 한 통 보내 와도 별로 괘념치 않습니다. 말을 같이 보내는 걸 잊었나 보다고 생각할 뿐이지요. 물론 이런 식의 낙관주의는 위험할 수도 있습니다. 맹목적인 믿음이라고도 부를 수 있겠죠. 사수자리 남자는 엄청난 맹목적 믿음이 있습니다. 맹목적 믿음 자체가 문제 될 것은 없습니다. 저도 같은 불의 별자리로서 그것 자체에 대해서는 찬성입니다. 하지만 문제는 그런 순진한 믿음 때문에 자주 진흙탕에 빠지게 된다는 것입니다. 활과 화살을 들고 남들은 엄두도 내지 못하는 높은 목표를 향해, 혹은 상식이 있는 사람이라면 절대로 시도하지 않을 그런 높은 곳을 쳐다보면서 달리고 있을 때에는 특히 더 진흙탕에 빠지기 쉽습니다.

신뢰한다는 것은 좋은 일입니다만, 엉뚱한 사람을 신뢰한다면 아

---

* 빅터 허버트(Victor Herbert, 1859~1924): 아일랜드 출생의 미국 작곡가, 지휘자, 첼리스트.

무리 말을 타고 달리더라도 속도가 느릴 수밖에 없습니다. 사수자리 남성은 엄밀하게 말하자면 몽상가가 아닙니다. 사수자리는 자기의 꿈을 목성의 총명한 논리와 강렬한 호기심으로 항상 면밀하게 검토합니다. 사수자리가 낱낱이 조사하고 내세운 꿈이라면, 세상이 아직 그것을 맞이할 준비가 되어 있지 않을지라도, 그 안에 담긴 열정만큼이나 현실적일 것입니다. 사수자리는 일단 실현될 희망이 보인다고 확신하고 나면, 페인트 통을 꺼내 와서 자기의 현실적인 꿈을 가장 생생하고 대담한 상상력으로 색칠할 것입니다. 하지만 세상에는 진보적인 아이디어를 짓밟고 이들이 스스로를 증명할 기회를 가져 보기도 전에 목을 졸라 버리려고 하는 고루한 사람들이 있습니다. 우리 주변에도 많이 있지요.

사수자리는 상상력이 너무 지나쳐서 실패를 경험할 때가 많습니다. 하지만 다행스럽게도 행운의 여신이 위기에 빠진 사수자리를 제때에 구해 준답니다. 사수자리 남성은 어이가 없을 정도로 운이 좋을 때도 있습니다. 광맥을 찾으러 산에 가서 가방 가득 주워 온 돌멩이가 금이 아니라는 걸 깨닫고는 잠시 속상해했는데, 알고 보니 우라늄인 식입니다. 당신이 지하철 역 근처에서 발밑에 있던 반짝이는 물건을 주웠다고 합시다. 그것은 아마도 반짝이는 은박 껌종이였을 것입니다. 하지만 사수자리 남성이 주웠다면 그것은 다이아몬드 회사의 사장이 서둘러 택시를 타다가 흘린 다이아몬드 조각일지도 모릅니다.

이런 식의 행운이 늘 찾아오다 보니 사수자리 남성은 당연히 낙관적일 수밖에 없습니다. 물론 돌멩이는 그저 돌멩이일 뿐이고 은박지는 그저 은박지일 뿐인 날도 있겠지만, 전형적인 사수자리는 심각한 충격을 받아도 재빨리 회복합니다. 사수자리 남성은 사랑에 대해서도 이런 식입니다. 운이 좋지요. 하지만 운이 나쁠 때에도 빨리 회복합니다. 그는 정직하지 않은 사람을 싫어합니다. 그 누구를 막론하고 차별 없이 부정직한 것에 맞서기 때문에, 사수자리 주변에는 친구가 많고 호의를 베푸는 사람이 많습니다. 사수자리 남성은 사람들의 겉모습 너머에 있는 보다 더 진실하고 본질적인 가치를 본답니다. 그렇다고 적이 아예 없는 것은 아닙니다. 다만 다른 별자리보다는 훨씬 적은 편이죠. 사수자리의 너무 솔직한 말 때문에 상처 입은 사람이라면 그를 노려보면서 목이라도 조르고 싶은 심정이겠지만, 결국에는 그에게 악의가 없다는 것을 알아차리게 됩니다. 사수자리 남성에게 죄가 있다면 그것은 기교가 없다는 점과 생각이 없다는 점이지만, 그는 절대로 의도적으로 잔인한 행동을 하지는 않습니다.

자, 이쯤 되면 사수자리의 말이 그를 상징하는 화살처럼 직설적이라는 점을 이해하셨을 것입니다. 당신이 사수자리 남성과 사랑에 빠지면, 그가 뱉는 충격적인 말도 용서하게 됩니다. 예를 들어, 방금 전에 처음 만난 어떤 사수자리 남성이 당신을 빤히 쳐다보면서 당신은 남자들이 정부로 삼을 만한 여성이라고 말한다면 당신은 당연히 화가 날 것입니다. 당신이 막 따귀를 날리려는 찰나에, 그는 소년처럼 순진무구한 표정으로 자신의 말이 무슨 뜻인지 솔직하게 설명하기 시작합니다. 그러니까 중세 시대의 왕과 고위 관료들은 정략결혼을 했기 때문에 그들의 아내는 혈통은 좋지만 못생기고 재미없는 사람들이었고, 반면에 정부는 아름답고 똑똑하며 그들이 정말 사랑해서 법이 허락했다면 당장 결혼을 했을 여인이라는 것입니다. 그는 역사에 관심이 많은데 그런 내용을 책에서 읽은 적이 있다고 얘기합니다. 당신은 노여움이 가라앉으며 심지어 약간 으쓱한 기분까지 듭니다. 실제로 깊이 감명받을 때도 있습니다. 어떤 남자가 자신과 별 관련도 없는 옛날 역사 이야기를 시간을 들여서 읽어 보겠습니까? 어쩌면 그는 천재인지도 모릅니다. 당신이 아주 이지적인 남자의 아내가 될 수도 있다는 생각을 해 보세요. 아니, 그 이지적인 남자의 정부가 될 수도 있는 거죠. 사수자리 남성이 그 똑똑한 두뇌로 당신을 너무 행복하게 해 줘서 반쯤 넋이 나간 상태가 될 즈음에, 당신은 물론 그런 상태를 전혀 깨닫지 못하겠지만, 그가 처음에 한 제안에 고개를 끄덕이게 되고, 그러는 사이 그는 재빨리 당신 집으로 이사를 들어오고 당신은 이제 그에게 완전히 넘어가 버립니다.

물론 모든 여성들이 그런 뻔한 속임수와 어설프기 짝이 없는 설명에 넘어가는 것은 아닙니다만, 이것은 별로 중요하지 않습니다. 사수자리의 희생양이 된 사람은 처음에는 분노로 폭발할 수도 있지만, 화가 가라앉고 나면 결국 다시 사수자리의 친한 친구로 돌아옵니다. 그러니 이 악의 없어 보이는 사수자리 남성이 당신에게 얼마나 위험한지 아시겠지요? 이 솔직하고 순진한 미소를 짓는 사수자리 남성은 전혀 늑대처럼 보이지 않습니다. 오히려 보이스카우트 대장처럼 보이지요. 하지만 연애 문제에 관해서라면 절대로 보이스카우트가 아니랍니다. 이 남성이 하이킹을 가자고 제안할 때는 이 점을 염두에 두시는 것이 좋을 것입니다.

사수자리 남성은 연애를 가볍게 하는 편이지만 적어도 그런 자신의 태도를 숨기지는 않습니다.(당신이 정신을 차리고 잘 생각해 보면 분명히 그가 정부라고 했던 말을 기억할 것입니다. 아내라고 하지 않았지요. 그는 왕이 아니랍니다. 지금이 중세 시대도 아니고요.) 사수자리 남성은 가벼운 관계를 원합니다. 때로는 너무 가볍게 만나기 때문에 바람을 피우는 거나 다를 바가 없기도 합니다. 가끔 사수자리의 이런 기만은 전갈자리에게 수치심을 안겨 주기도 하는데, 그런 경우에 사수자리는 만만치 않은 대가를 치러야 할 것입니다.

다시 사수자리의 정직함에 대한 이야기로 돌아가 봅시다. 당신이 쓰라린 경험을 통해 남자들이 바치는 영원한 사랑의 맹세가 얼마나 가소로운 것인지 이미 알고 있다면, 오히려 사수자리의 솔직함을 좋아하게 될 것입니다. 사수자리 남성이 자신의 과거 연애사를 읊어 대고 당신과의 연애에서 기대하는 바를 반박하기 힘들 정도로 명확하고 논리 정연하게 펼쳐 보여도 당신은 위축되지 않을 것입니다. 사수자리 남성은 마음에도 없는 결혼에 발목 잡히는 경우는 별로 없는데, 어떤 이유에서인지 불장난에 휘말려서 (주로 여성 쪽에서) 청혼까지 가는 경우가 많기 때문에 결혼 서약을 피해 줄행랑을 쳐야 할 때가 있습니다. 물론 어수룩한 사수자리 남성은 어딘가에 걸려 넘어질 테고 멀리 도망가기 전에 여성에게 잡힐 것입니다. 이런 경우에 사수자리 남성은 곰곰이 생각해 보다가 터무니없는 결론을 내립니다. 자기 덜미를 잡으려는 여성이 어떤 면에서는 매력이 있으므로(육체적으로든 아니면 정신적으로든 간에 상관없습니다.) 다른 쪽에서도 매력적인 사람이 될 것이라고 생각을 하는 것이죠. 결국 그는 포기하고 결혼을 합니다. 이렇게 또 이혼의 씨앗을 뿌리는 셈입니다. 사수자리가 연애 관계에 발목이 잡히면 평소에는 믿을 만하던 그의 논리력이 온데간데없이 사라지고 맙니다.

여성들은 종종 사수자리의 태도를 잘못 이해해서 두 사람이 상당히 진지한 관계라고 생각할 때가 있습니다. 그래서 사수자리 남성이 육체적인 관계가 없는 가벼운 친구를 찾아다닐 때에도, 여성들은 그가 은밀한 관계를 원한다고 생각합니다. 그 결과 친구도 애인도 되지 못하는 경우가 생깁니다. 하지만 사수자리 남성은 운이 좋아서 엉망으로 얽힌 상황들이 대체로 잘 해결됩니다. 그가 바람둥이라는 사실은 부정할 수 없지만, 결코 섹스만을 추구하는 것은 아닙니다. 그는 다양한 정신적 자극을 좋아합니다. 단순히 기분 전환 삼아 만났는데 상대 여성이 너무 적극적으로 다가오면, 사수자리 남성은 모든 것을 그냥 농담으로 웃어넘기려고 합니다. 물론 앞에 앉은 여성이 그의 농담에서 핵심을 알아차릴 리가 없습니다.(전형적인 사수자리들은 농담을 할 때 별로 성공하는 경우가 없다는 것 기억하시지요?) 사수자리 남성은 예쁜 여성들에게 늘 작업을 건다는 비난을 받을 때가 많습니다. 안내 데스크의 예쁜 여직원이나 모퉁이 가게에서 신문을 파는 꼬부랑 할머니, 심지어 여자 경찰에게도 작업을 건다는 오해를 받습니다. 하지만 어떤 남자도 여자 경찰이 공무 수행 중일 때 진지하게 작업을 걸지는 않습니다. 그러니 사수자리 남성에 대한 사람들의 의심은 부당한 것이지요. 냉정하게 보자면 대부분의 경우 사수자리 남성은 여성들에게 그저 쾌활하고 친절하게 대하는 것뿐입니다.

당신이 똑똑한 여성이라면(실제로 똑똑해야 합니다. 사수자리 남성은 여성이 머리가 좋아야 한다고 주장하거든요.) 이제 이해가 되실 겁니다. 질투하지 마세요. 의심할 필요도 없습니다. 나중에 그를 매달아 놓고 싶다면 로프나 많이 준비해 두세요. 질문도 하지 말고 울지도 말고 잔소리도 하지 말고 떠나겠다는 협박도 하지 마세요. 자유를 마음껏 누리게 하세요. 사수자리 남성에게 자유가 얼마나 중요한 것인지 생각해 보세요. 당신이 그 사람과 같은 태도로 인생을 대하고 사람들을 있는 그대로 받아들인다면, 사수자리 남성이 원하는 이상형의 아내가 될 기본 조건은 갖춘 셈입니다. 기본적으로 두 사람이 서로에게 정직하기만 하다면, 함께 연을 날리는 것도 재미있어 할 것입니다. 연이 언제 바닥에 곤두박질칠지 왜 걱정하고 계세요? 연은 그 자체로 아름답고 자유롭게 하늘 높이 올라가는걸요. 사수자리 남성에게 그가 원하는 모든 것을 줄 필요는 없습니다. 그저 그가 원하는 사람이 되세요. 눈을 크게 뜨고 그가 당신을 이끄는 대로 따라가 보세요. 스포츠를 즐기세요. 세인트 버나드를 호위견으로 데리고 함께 캠핑을 가세요. 그에게 관대해지라고, 다정하게 대해 달라고 채근하지 마세요. 매일 밤 후식을 만들어 달라고 주방에 그를 가두어 두지 마세요. 하지만 또한 그 사람도 당신을 독차지할 수 없다는 점을 분명히 밝혀 두세요. 당신도 그와 똑같이 자유로운 영혼이라는 사실을 깨닫게 해 주세요. 그의 열정적인 아이디어에 찬물을 끼얹지 말고, 그가 밖에 나가서 불가능한 목표를 향해 화살을 날리는 동안 당신도 바쁘게 움직이도록 하세요. 그렇게 하면 어느 달콤한 밤에, 자신이 여성에게 원하는 모든 것을 당신이 가지고 있다고 솔직하게 고백할 것입니다. 이쯤 되면, 당신도 솔직하게 그를 괜찮은 사람으로 생각한다고, 하지만 이제 결정을 내려야 할 때라고 얘기하세요. 그를 무척 좋아하고 있으니, 그가 당신의 자유를 침범하지만 않는다면 결혼도 고려해 보겠다. 그렇게 하지 않으면 둘이 함께 캠핑 갈 기회가 다시 찾아오지 않을 것이다. 둘만으로도 정말 잘 맞지만 아이가 생긴다면 어떨까 항상 궁금했다. 모성애라는 연을 날려 보고 싶다. 이렇게 얘기하는 중간에 옛날 남자친구가 전화를 걸도록 미리 준비해 두세요. 그리고 그 사수자리 남성 앞에서 옛날 남자친구의 데이트 신청을 아무렇지 않은 듯이 수락하고, 전화를 끊을 때 밝게 웃으면서 옛날 남자친구와 좋은 친구로 지내지 않을 이유가 없다고 말하세요. 당신이 데이트 할 때 사수자리 남성을 함께 초대해서 그가 혼자서 시간을 보낼 필요가 없게 해 주세요. 그러면 됩니다.(감사 인사는 사양할게요.)

결혼을 하고 나면 시댁과는 전혀 문제가 없을 것입니다. 사수자리는 대부분 가족 행사에 지나칠 정도로 무관심합니다. 혈육이기 때문에 사랑한다는 평범한 진리도 사수자리 남성에게는 통하지 않습니다. 사랑받을 자격이 없는 가족에게는 적용하지 않는답니다. 부모님과 형제자매를 각별히 사랑하더라도 사수자리 남성은 적당히 거리를 유지하고 삽니다. 가족 친지들을 방문하고 따뜻한 애정을 보여 주기는 하지만 가족들이 자신의 개인적인 삶에 끼어들어 방해하는 것은 원하지 않습니다. 그러니 당신의 가족들도 간섭하지 않게 하는 것이 좋겠지요?

항상 여행 가방을 챙겨 놓으세요. 여행을 아주 많이 하게 될 것입니다. 여전히 캠핑에 세인트 버나드를 데리고 가겠지만, 더 이상 호위견이 필요해서가 아닙니다. 당신의 남편이 동물을 무척 좋아하기 때문이지요.(개에게 이제 더 이상 텐트 밖에서 보초를 서지 않아도 된다고 하세요.) 당신도 늘 바쁘게 움직이고 남편이 필요한 만큼 충분히 밖에서 시간을 보낼 수 있도록 해 주세요. 밤에도 물론입니다. 다른 여자를 만나지 않을까 절대로 의심하지 마세요. 사수자리는 화가 나면 문짝을 부수거나 벽에 구멍을 낼 수도 있답니다. 단순히 화를 발산하는 것이지만 나중에 치울 거리도 많고 기술자를 부를 때마다 민망해지니까요. 사수자리 남성에게 진실하지 못하다는 비난은 절대로 하지 않는 것이 여러 모로 좋습니다. 만약 그가 무언가 잘못했다면 스스로 당신에게 말해 줄 것입니다. 아마 그 내용만으로도 감당하기 힘들 테니 쓸데없는 상상을 하며 사서 걱정하는 일은 그야말로 낭비입니다. 둘의 관계를 잘 유지하고 싶다면 그 솔직함에 익숙해지도록 스스로를 길들이는 것이 좋습니다. 또한 그날 들었던 이상한 소문에 귀 기울이지 말고, 그가 여전히 당신을 사랑하고 있다는 것을 받아들일 채비를 하세요. 인간의 감정에 대해서는 그 사람처럼 실용적인 태도를 갖는 것이 좋습니다. 그렇게 정직한 관계에서 얼마나 든든한 사랑이 자라나는지 알게 되면 놀라게 됩니다. 인간 관계에서는 진실만이 영원한 결속을 보장해 주지요.

당신은 가끔 시중이나 드는 여인 역할을 해야 할 때도 있습니다. 사수자리 남성은 스포츠광이어서 텔레비전에서 중계하는 모든 주요 경기를 당신과 함께 보고 싶어 할 것입니다. 또한 당신이 예쁘고 재미있고 사람들을 좋아하는 여성이라면, 그는 당신을 다양한 사교 모임에 데리고 나갈 것입니다. 사수자리 남성은 의기소침하게 남편 옆에만 매달려 있으면서 사람들과 어울리지 않는 여성을 싫어합니다. 그는 당신의 특별한 재능을 매우 자랑스러워할 테니 한두 가지쯤 재능을 키우도록 노력하세요. 책도 많이 읽어서 남편이 내세우는 주장에 대해 반박할 수 있는 준비를 해 두시고요.

사수자리 남성은 낭비벽이 약간 있고 가끔 도박도 즐깁니다. 자신에게 이런 충동이 있기 때문에 당신이 돈을 쓰는 것에 대해서도 상당히 관대할 것입니다. 아마도 당신이 뭔가를 더 사고 싶어서 일을 한다고 해도 별로 개의치 않을 것입니다.

극도로 솔직하기만 할 뿐 요령이 없는 비판도 예상해야 합니다. 지금쯤이면 익숙해져 있을 테니 그냥 넘기세요. 당신은 남편 친구들이 받은 상처를 수습해 주는 일만으로도 무척 바쁠 것입니다. 당신이 그를 이해해야 합니다. 당신이 결혼 이야기를 꺼내던 그날 밤에 이 정도는 각오하셨을 테니까요.

사수자리 남성은 아이들이 좀 크면 잘 놀아 주겠지만 아주 어린 아기라면 좀 당혹스러워할 것입니다. 사수자리 아버지는 대체로 아이들을 데리고 야외로 소풍 가는 것을 좋아합니다. 아들과 더 가깝게 지내며 스포츠나 야외 활동을 함께 즐기겠지만, 딸에게도 부드럽게 대해 줄 것입니다. 아이들은 그를 대하면서 아버지라기보다는 친구 같은 느낌을 받을 것입니다. 아이들은 점점 성장할수록 아버지와 가까워집니다. 사생활을 보장받고 싶은 아이들은 가끔씩 아버지의 솔직함 때문에 불안해하기도 할 것입니다. 자신의 비밀에 민감한 아이들이 사수자리 아버지의 직설적인 질문과 무뚝뚝한 감시 때문에 마음을 다칠 수도 있습니다. 사수자리 아버지는 아이들이 어린 시절에 저지르는 무모한 장난에 대해서 화를 내기보다는 재미있어하지만, 아버지의 포용력 덕분에 아이들은 버릇이 크게 나빠지지는 않을 것입니다. 사수자리 아버지는 자녀가 거짓말을 할 때에만 엄격해집니다. 아버지가 언짢아하는 모습을 보게 되는 드문 경우이지요. 당신이 아이들 때문에 사수자리 아버지를 소홀하게 대하면 안 됩니다. 사수자리 남편이 당신과 함께 연을 날리고 싶어 할 때는 앞치마와 고무장갑을 벗어 버리고 아기 보는 사람을 불러 놓고(친정엄마는 안 되는 거 아시죠?) 남편과 함께 떠나세요.

사수자리는 마음과 머리를 동시에 써서 생각합니다. 그는 늘 현명한 판단을 내리지는 않고, 가끔은 무모하리만큼 대범합니다. 비틀거리기도 하고 넘어질 때도 있지만 금방 일어나서 다시 시도하지요. 아마도 당신은 사수자리 남편이 어떤 행동을 해도 용서해 줄 것입니다. 당신의 남편은 진실한 사랑이라는 귀한 선물로 당신의 마음을 자유롭게 해 주었으니까요.

사수자리 여성

♐

사수자리 여성은 항상 당신이 듣고 싶어 하는 그런 친절한 말을 하지는 않습니다. 대부분의 경우 놀라울 정도로 단호한 말과 당황스러운 질문으로 당신을 난처하게 만들 것입니다. 하지만 가끔은 너무나 특별하고 멋진 말로 당신을 날아갈 듯 기분 좋게 만들어 주기도 합니다.

　예를 한 번 들어 볼까요? 당신은 카페에 앉아 있습니다. 이제야 겨우 용기를 내서 그녀에게 사랑한다는 말을 하려고 하는데, 그녀가 순수한 파란 눈을(혹은 당당하고 차분한 갈색 눈을) 크게 뜨고 당신을 쳐다보더니 이런 말을 시작합니다. "그렇게 키가 작으면 기분이 어때요? 신경이 많이 쓰이지는 않아요?" 당신이 침을 꿀꺽 삼키면서 대범하게 넘기려고 할 때 사수자리 여성은 이렇게 덧붙입니다. "신경 쓰지 않아도 될 것 같네요. 키 작은 남자들도 많잖아요. 나폴레옹처럼요." 상처에 소금 치는 격이지요. 이렇게 심한 말을 하는 여자는 처음이라고 생각하면서 당신이 자리를 뜰까 하는데 그녀가 어렴풋이 이렇게 중얼거립니다. "저는 꺽다리 같은 남자는 정말 싫어요. 좀 전에 여기로 걸어오면서 눈여겨봤는데요. 우리는 키가 잘 맞는 것 같아요."

다시 편히 앉으세요. 당신은 떠나지 않을 것입니다. 아주 오랫동안 머무르게 될 것입니다. 그저 다정하고 솔직한 사수자리 여성이 그 독특한 매력으로 당신의 마음에 작은 상처 하나를 추가했을 뿐입니다. 그녀는 항상 솔직하게 말합니다. 비록 분홍빛이 약간 도는 우스꽝스러운 안경을 끼고 있더라도 세상을 있는 그대로 보기 때문입니다. 솔직히 말해 그것도 능력이라면 능력이지요. 모든 사람들이 어떤 상황에서든지 명확하고 이성적인 논리를 적용할 수 있는 것도 아니고, 상황이 좋아질 것이라고 믿는 행복한 능력을 가지고 있거나 상황을 있는 그대로 받아들일 줄 아는 것도 아니니까요.

사수자리 여성은 지나치게 낙관적입니다. 그녀가 당신에게 돈을 더 많이 벌어오면 좋겠다고 말한다면 당신은 상처를 받겠지만, 그녀는 또 이렇게 덧붙일 것입니다. "물론 너무 많은 돈은 사람들을 이기적으로 만들 거예요. 당신이 가난한 게 오히려 행운인지도 몰라요." 낙관주의치고는 좀 허술하지요. 하지만 당신은 곧 익숙해질 것입니다. 사수자리 여성은 절대로 당신에게 거짓말을 하지 않습니다. 가끔은 제발 거짓말을 했으면 하고 바랄 때도 있을 것입니다. 그녀에게 당신과 만나지 않고 지낸 며칠 동안 무엇을 했는지 물어보면, 사수자리 여성은 자세하게 말해 줄 것입니다. 지난 휴가 때 만났던 잘생긴 인턴 사원에게 썼던 편지에 대해서도 토씨 하나 빼지 않고 생생하게 이야기해 줄 것이며, 전화로 몇 번이나 데이트 신청을 거절했는지까지 정확하게 들려 줄 것입니다. 심지어 불면증 이야기를 하면서 잠을 이루지 못하고 있는 동안 어쩌면 당신에 대한 감정이 사랑이 아니라 우정이 아닐까 고민했다는 말도 해 줄 것입니다. 당신은 "제발 가끔씩은 좀 거짓말을 하면 안 되겠어요? 남자도 자존심이라는 게 있다고요!"라고 소리치고 싶을지도 모릅니다. 그렇다고 너무 크게 소리치지는 마세요. 그녀도 화가 날 테니까요. 사수자리 여성도 사람입니다. 불같이 화를 낼 때도 있지요.

사수자리 여성은 아마도 혼자 살고 있을 것입니다. 사수자리는 남녀를 막론하고 매우 독립적이며 사수자리 남녀 모두 가족과의 연대에 대해서는 이상하리만큼 냉담합니다. 어쩌면 너무 잦은 여행 때문에 가족들을 잘 알 수 있는 기회가 적어서인지도 모릅니다. 비록 여행이 영화관이나 친구네 집에 놀러 가는 일이 될 때도 있지만 아무튼 부지런히 다닙니다. 당신을 겁주려는 것은 아니지만, 제가 아는 어떤 사수자리는 가족이라는 특별하고도 미묘한 관계를 이해하지 못하는 여성이었는데요. 자신이 차 버린 전 남자친구를 신혼여행에 초대하는 황당한 일을 벌이고 말았답니다. 그 불쌍한 전 남자친구가 너무 외로워 보였답니다. 물론 여행 경비도 자신이 내겠다고 했지요. 왜 그런 눈으로 쳐다보세요? 그녀가 뭘 잘못했나요?

빨리 알아 두지 않으면 분명히 두 사람의 관계에 장애가 될 사안이 하나 있습니다. 그녀에게 무언가 시킬 때에는 부탁을 하세요. 지시는 금물입니다. 원시 시대의 남성적인 모습은 타잔과 제인에게는 먹혔을지도 모릅니다. 제인이 그것을 받아 주었으니까요. 사수자리 여성은 보호받는 것이라면 몰라도 누군가로부터 명령을 받는 것은 끔찍이 싫어합니다. 그녀의 엄마도 그렇게 하지 못했을 것입니다. 그런데 감히 당신이 엄마를 능가할 수 있을 것 같나요? 양자리 엄마조차도 이래라저래라할 수 없는 사수자리 딸을 지구상의 어떤 남성도 그렇게 하지 못할 것입니다. 하지만 사수자리 여성에게는 아주 특이한 면이 있습니다. 그녀는 특히나 사람들 앞에서 지시 받는 것을 못 견뎌 하지만, 그녀가 당신의 단호함을 시험할 때에는 당신이 확실한 태도를 보여 주는 것이 좋습니다. 사수자리 여성은 유약하고 무른 남자는 못 봐줍니다. 사수자리 여성이 너무 기세등등하게 굴거나 그 똑똑한 혀로 지나치게 냉소적인 말을 하거나 혹은 당신을 정말로 화나게 하는 행동을 서슴지 않고 저지를 조짐이 보이면, 이럴 때만은 어느 정도 타잔 행세를 하는 것이 좋습니다. 그녀가 선을 넘지 않게 할 정도로만요. "당신이 그렇게 하면 정말 화를 낼 거예요."라는 식으로 말이지요. 그녀는 당신의 태도가 진지하다고 생각하면 놀라울 만큼 온순하게 반응할 것입니다. 사수자리 여성은 남성을 위해 자기 개성을 포기할 의향은 전혀 없지만, 당신이 그녀를 여성으로 여긴다는 사실 자체는 매우 좋아합니다.

사수자리 여성은 종종 당신을 헷갈리게 하겠지만, 그녀가 스스로 헷갈려 하는 것에 비하면 아무것도 아닙니다. 많은 사수자리 여성들이 우정을 사랑으로, 사랑을 우정으로 혼동하는 실수를 범합니다. 만약 당신이 보수적이어서 그다지 적극적이지 않고 어느 정도 수줍어하는 여성을 좋아하는 사람이라면 어서 다른 여성을 찾아보는 것이 좋습니다. 사수자리 여성은 남자들에게도 발랄하고 솔직하게 대하기 때문에 "내 기분이 어떨 것 같아요?"라든가 "제가 무슨 생각을 하는지 맞혀 보세요."라는 식의 우스꽝스러운 게임은 하지 않을 것입니다. 그녀의 기분과 생각은 그녀가 하는 말과 행동에 정확하게 일치합니다. 거침없이 말하는 데다 퉁명스럽기까지 해서 오해 받기 일쑤지요. 뿐만 아니라 상대방의 마음을 다치게 하고 때로는 격렬한 다툼까지 벌입니다. 하지만 그녀는 전혀 아랑곳하지 않습니다. 그나마 다행스러운 것은 결정적인 순간에 목성의 자부심이 등장한다는 것입니다. 목성의 자부심은 그녀를 위기에서 구출해 주고, 마음에 상처를 준 사건을 재미있는 해프닝으로 넘겨 버릴 수 있도록 해 줍니다. 친구들이 남자친구와의 결별에 대해 물으면 그녀는 속으로는 울고 있더라도 재치 있게 답할 것입니다. 친구들은 그녀가 잠시 가벼운 연애를 했다고 생각하겠지요. 그녀가 밤마다 베갯잇을 적시며 우는 것은 짐작도 할 수 없을 것입니다. 친구들은 그녀가 그간의 모든 관계를 정리하려고 도대체 무슨 말을 했는지 궁금해하겠지요. 그래요. 어쩌면 어느 날 밤 남자친구가 그녀의 아파트 앞에서 전화했을 때 올라오지 말라고 했던 것이 화근이 되었을 것입니다. 그 당시 문제가 많은 어떤 남자와 얘기를 하느라고 바빴거든요. 사실 그 남자는 여동생의 남편이었는데 구체적인 내용은 다 빼고 말하는 사수자리의 특성 때문에 그녀는 결정적으로 그 남자의 정체를 밝히는 것을 잊었습니다. 왜 모든 걸 설명해야 하느냐는 식이죠.(모든 사수자리는 자기의 진실성이 의심을 받으면 심각하게 화를 낸답니다.) 아니면 남자친구가 영화 보러 갈 때 자기 여동생을 데리고 와도 괜찮은지 물어본 것이 원인이 되었을지도 모릅니다. 그녀는 "세상에, 우리가 결혼을 해도 늘 여동생이랑 함께 영화를 보러 가야 하는 건 아니죠?"라고 불쑥 내뱉었죠. 실제 그녀는 시누이가 될 수 있었던 그 여동생을 정말로 좋아했을지도 모릅니다. 그러나 시댁 사람들로 인해 질식당할지도 모른다는 사수자리의 본능적인 공포 때문에, 생각 없이 노골적인 말을 내뱉고 말았습니다. 이제는 그 여동생을 그 남자친구만큼이나 그리워하지만, 실제로 자신이 무슨 말을 하려고 했었는지 설명하기에는 너무 늦었습니다. 게다가 아무도 이해하지 못할 것입니다.

사수자리 여성이 논리적인 사고 체계로 이런 난국을 가늠하기란 불가능한 일입니다. 그래서 목성의 여인들이 전혀 연애를 경험하지 못하는 경우가 생기기도 합니다. 사랑의 불꽃이 어디쯤에서 어떤 식으로 점화되는지 모르는 사수자리 여성은 오히려 불이 붙으면 델까 봐 두려워합니다. 이 두려움 때문에 남자를 지나칠 정도로 냉담하게 대하게 되고, 또 어느 누구와의 관계도 진지하게 받아들일 수 없게 됩니다. 사수자리 여성은 거리낌 없이 추파를 던지기도 하지만, 장기적인 관계로 발전시키고 싶은 마음이 전혀 없기 때문에 비정한 여인이라는 평판을 듣기도 합니다. 불의 별자리는 실제로 냉정함이나 비정함과는 거리가 먼 별자리인데 이러한 천문해석학적인 내용을 전혀 모르는 남성들이 많이 있으니 안타까울 뿐입니다. 하지만 사수자리 여성은 독신으로 지낸다고 해도 메마르고 까칠한 노처녀가 되지는 않습니다. 여전히 인생의 광대 역할을 하면서 신나게 즐기며 살 것입니다. 남자를 대체할 수 있는 관심사가 열 개도 넘고, 그 모든 것이 그녀에게 즐거움을 주지요.

물론 당신은 독신주의 여성을 찾고 있지는 않겠죠. 언젠가 당신의 아내로 맞이할 수도 있는 사람에게 관심을 두고 있을 것입니다.(적어도 좋은 의도로 관심을 두기 바랍니다. 이 불쌍한 사수자리 여성은 당신이 아니더라도 이미 골칫거리가 넘친답니다.) 가벼운 연애 말고 결혼에 대해 진지하게 생각해 봅시다. 사수자리 남성처럼 사수자리 여성도 결혼에 대해서는 약간 겁을 먹고 있습니다. 그녀를 잡아 두려면(그녀가 청혼을 받아들이게 하려면) 밝고 화려한 반짝이 조각들을 미끼로 사용해야 합니다. 사수자리 여성은 남성과의 관계를 가볍게 여기고 인습에 얽매이지 않습니다. 스스로를 당신과 동등하다고 여기기 때문에 당신의 스웨터를 입는 것은 물론이고 당신의 버릇도 따라 할 것입니다. 그녀가 많은 사수자리 여성들처럼 스포츠나 캠핑을 좋아한다면, 당신은 소년들 틈에 섞여 있는 그녀를 분간해 내지 못할 것입니다. 하지만 절대로 똑같지는 않습니다. 일단 그녀가 당신의 스웨터를 입으면 뭔가 달라 보입니다. 목성의 여인들이 태생적으로 남성적이지는 않습니다. 사수자리 여성은 당신이 만나는 여성들 중에 가장 부드럽고 여성스러울 수도 있습니다. 단지 많은 남성들과 친구처럼 어울리다 보니 어디서나(사우나와 체육관만 빼고) 남자들과 함께 있는 모습에 익숙해지는 것입니다. 또한 사수자리 여성은 매우 양심적이고 정직하고 공명정대하기 때문에, 자신의 평판에 연연하지 않으며 사회가 요구하는 위선을 경시할 수 있습니다. 만약 이런 것에 대해 물어본다면 그녀는 솔직하게 말할 것입니다. 한밤중에 남자와 왈츠를 추고 있다고 해서 바람을 피우는 것은 아니라고, 집에 일찍 귀가한다고 모두 요조숙녀는 아니라고 말입니다. 자신의 도덕적 기준이 비난받을 이유가 없다는 사실을 인식하는 자체가 중요하다고 생각합니다. 완전히 잘못 생각하고 있는 것이지요. 실상은 여성에게 있어 남들의 생각과 평판이 중요하니까요. 하지만 그녀의 태도를 이해하려고 노력해 보세요. 남들이 하는 성적인 농담이 실제로 어떤 의미를 내포하고 있는지 전혀 모른 채 그 농담에 깔깔거리고 웃는다고 해서 사수자리 여성이 쉬운 여성이라고 생각하지 마세요.(사수자리는 성적인 의미를 미묘하게 내포하고 있는 말들을 잘 이해하지 못한답니다.) 그러니 도심에 있는 다리 위에서 일출을 보려고 밤을 샌다고 해서 그녀를 야성적인 여성이라고 여긴다면 곤란하지요.

사수자리 여성은 실제로 사람을 잘 믿습니다. 그런 모습은 너무나도 순진해서 늑대나 사기꾼들에게 걸리기 십상입니다.(이상하게도 연애 관계에서만 그렇습니다.) 그녀가 얼마나 논쟁을 잘하는지, 얼마나 놀라울 정도로 논리적인 사람인지는 잠시 잊어야 합니다. 이런 모습은 그녀의 마음과는 전혀 관계가 없습니다. 지금 사수자리 여성의 이성에 대해서 이야기하는 것이 아닙니다. 그녀의 이성은 똑똑하고 총명해서 어떤 비상 사태에서도 잘 작동합니다. 하지만 그녀의 마음은 무방비 상태입니다. 자주 넘어져서 멍이 들곤 하지요.

이것이 사수자리 여성의 또다른 특징이기도 합니다. 그녀는 약간 어설픕니다. 사수자리 여성이 말처럼 거리를 활보할 때에는 그녀를 세상에서 가장 우아한 여성이라고 생각할지도 모르지만, 다음 순간에 그녀는 튀어나온 보도블록에 걸려 넘어지면서 균형을 잡으려고 과일가게 천막 지지대를 잡는 바람에 오렌지 두 상자를 뒤엎어 버립니다. 과일가게 주인은 처음에는 욕을 하겠지만 이내 어쩔 수 없다는 듯이 어깨를 으쓱하고는 그녀에게 괜찮다고 하면서 포도를 몇 송이 건네 줄 것입니다. 밝은 사수자리의 태도는 딱딱한 심장도 녹일 수 있습니다. 이런 사수자리 여성은 꼬리를 살랑거리면서 발밑에서 왔다갔다하는 어수룩한 강아지를 연상시키기도 합니다. 하지만 그 사랑스러운 강아지는 예뻐해 주는 사람도 많고 먹을 것을 주는 사람도 많지요. 사료 값도 적게 들고요. 전형적인 사수자리 여인은 식욕이 왕성합니다. 좋은 음식과 와인, 좋은 옷을 좋아하며 여행할 때에는 퍼스트클래스를 이용하고 싶어 합니다. 사수자리는 선천적으로 사치스러운 경향이 있습니다.(달이 염소자리이거나 동쪽별자리가 처녀자리인 경우에는 예외일 수 있습니다.) 돈 자체에는 관심이 없기 때문에 대부분의 사수자리에게 돈의 의미를 가르치려면 꽤 오랜 시간이 걸릴 것입니다. 신용카드를 빌려 주기 전에 그녀의 동쪽별자리를 확인해 보세요.

많은 사수자리들이 무대에 끌리기 때문에 당신이 사랑에 빠진 사수자리 여성도 쇼 비즈니스 분야와 관련이 있을지 모릅니다. 만약 그렇다면 그녀가 지겨워할 때까지 자기 일을 할 수 있도록 해 주세요. 환호성과 앙코르를 연호하는 관중의 열광은 당신이 떠올릴 수 있는 모든 사랑의 말보다도 더 그녀의 가슴을 벅차게 해 준답니다. 절대로 그녀에게 당신을 즐겁게 해 줄 것인지 관중들을 즐겁게 해 줄 것인지 당장 선택하라고 강요해서는 안 됩니다. 머지않아 곧 자신을 둘러싼 쇼 비즈니스 세계의 위선과 인위적인 화려함에 역겨움을 느끼고 현실에 존재하는 누군가와 가정을 꾸리고 싶어 할 것입니다. 바로 당신이지요. 솔직함이 진정 아름답고 기만은 추하다고 생각하는 그런 사람 말입니다. 역시 당신이지요? 커리어를 그만둔다고 해서 그녀의 날개가 영원히 사라지는 것은 아닙니다. 사수자리의 날개는 태어날 때부터 그 자리에 굳건하게 달려 있습니다. 사수자리 여성의 역마살은 늘 그녀 곁에서 맴돌며 방랑벽을 자극할 것입니다. 할 수 있다면 함께 휴가를 떠나고, 아니면 혼자라도 여행을 떠날 수 있게 해 주세요. 그저 그녀를 믿으면 됩니다. 그녀는 당신을 사랑합니다. 그저 시간 때우기 용으로 만나는 광대나 거리의 악사가 아니라 바로 당신을 사랑하는 것입니다.

연애에 대한 무심한 태도나 결혼에 대한 소극적인 태도 때문에 당신은 그녀가 감성이 메마른 사람이라고 생각할지도 모릅니다. 완전히 잘못된 판단입니다. 실제로는 슬픈 영화를 보면서 엉엉 울고, 시를 읽으면서도 눈물을 훔치는 사람입니다. 아마도 당신이 건네준 모든 편지와 비 내리던 어느 날 당신이 건네준 장미꽃과 당신을 만났던 하키 경기장 입장권을 아직도 간직하고 있을 것입니다.

사수자리 여성이 가정주부로서 보여 주는 재능에 대해서는 조금 대범해질 필요가 있습니다. 그리고 인내심이 있어야 합니다. 사수자리 여성은 집 안 곳곳을 쓸고 닦는 가사노동에는 심각할 정도로 싫증을 내는 편입니다. 침대 시트는 정리하자마자 흐트러집니다. 설마 그 망할 놈의 침대 시트가 며칠 동안 정돈된 상태로 있을 거라 생각하세요? 네 귀퉁이를 잡아당겨서 정리하는 게 얼마나 힘든 일인데요. 사수자리 여성은 그런 일들은 죽도록 싫어합니다. 하지만 자기만의 집이 생기면 하기 싫더라도 꼭 참고 합니다. 당신이 능력만 된다면 가사도우미를 두고 싶어 하겠지만, 그럴 여건이 못 된다면 집 안을 악착같이 깔끔하게 정리하고 살 것입니다. 그녀의 엄마는 이 말을 믿을 수 없겠지요. 그 엉성하던 딸이 집 안을 반짝거리게 닦는다고요? 불가능한 일입니다. 하지만 사수자리 특유의 자존심과 꼬리에 꼬리를 무는 논리가 함께한다면 가능한 일입니다. 스스로에게 솔직하기 위해서는 아름답고 청결한 환경 속에 있어야 하니까요. 자신이 바닥을 닦지 않으면 아무도 하지 않을 테니 행동할 수밖에 없죠. 어린 시절에 허드렛일을 많이 해야 하는 환경에서 자랐다면 처음에는 이런 가사노동에 반발할 수도 있지만, 결국에는 결론을 내리고 화를 참으며 집 안 청소를 할 것입니다.

요리 솜씨는 어떠냐고요? 글쎄요. 당신은 그녀의 요리 솜씨가 어떤지 결코 알 수 없을 것입니다. 그냥 주말에는 외식을 하는 편이 낫습니다. 그녀가 주중 내내 밥을 짓느라 고생했다면 토요일이나 일요일에도 같은 걸 기대하면 안 됩니다. 대부분의 사수자리 여성은 주방에서 보내는 시간을 별로 좋아하지 않습니다.(동쪽별자리가 황소자리나 게자리 또는 염소자리인 경우에는 다를 수 있습니다.) 하지만 우울해하는 당신의 기분을 북돋워 주려고 환상적인 디저트를 만들 수도 있습니다. 사수자리 여성은 가끔 기분이 매우 안 좋아질 때도 있지만, 이런 경우는 사실 매우 드물고 아주 잠깐 동안 지속되므로 당신은 거의 알아차리지도 못할 것입니다. 하지만 정말로 기분이 상해 있을 때에는 아주 냉소적인 말을 할 수도 있습니다. 한 문장을 채 끝내기도 전에 자신이 한 말을 잊어버릴 것이며, 당신이 뭘 골똘히 생각하고 있는지 이해하지 못할 것입니다. 사수자리 여성은 지난 일을 계속 곱씹으면서 우울해하는 남성에게는 어울리지 않습니다. 우울함과 비관주의는 사수자리 여성을 실제로 아프게 만들 수 있답니다.

사수자리 여성의 아이들은 엄마를 무척 좋아할 것입니다. 사수자리 엄마는 아이들의 친구가 되어 함께 한바탕 잘 놀아 줄 것입니다. 일단 책임감에 대한 두려움을 극복하고 나면, 매일 기저귀를 갈고 목욕시키는 일을 마치 유능한 간호사처럼 척척 해낼 것입니다. 그녀는 무언가 배우기로 작정하면 거의 모든 일을 우아하게 잘해 내지요. 사수자리 여성의 자녀들은 어머니의 유쾌한 낙관주의와 거침없는 말들을 많이 경험하게 됩니다. 어머니의 무뚝뚝한 솔직함을 견딜 수 있게 되면, 아이들은 엄마가 세상에서 가장 멋진 큰누나나 큰언니 같다고 느끼면서 자랄 것입니다. 사수자리 어머니는 아이들에게 해피엔딩으로 끝나는 재미있는 이야기를 읽어 줄 것이며 곰 세 마리 가족을 찾으러 갑자기 숲 속으로 소풍을 가기도 할 것입니다.(본인도 곰 세 마리가 숲 속에 숨어 있을 거라고 반쯤은 믿고 있답니다.) 사수자리 여성의 아이들은 단정하고 맵시 있지만, 그렇게 유난스럽지는 않을 것이며 명랑하게 자랄 것입니다. 커다란 천을 바닥에 펼쳐놓고 노란색 페인트 통에 발을 넣었다가 천 위를 마구 밟고 다녀서 발자국 커튼을 만드는 것처럼, 아이들이 엄마로부터 독특한 기술을 배운다면 적어도 고리타분한 어른이 되지는 않을 것입니다. 사수자리 여성의 정직함도 아이들의 성격에 영향을 미칩니다. 아무리 숲 속을 헤매도 전나무 아래에서 곰 세 마리 가족을 찾지 못하면, 엄마는 아마도 아이들에게 이건 다 가짜니까 그만 잊어버리자고 말할 것입니다. 하지만 그 전에 일단 찾아보기는 하죠. 신문사에 편지를 써서 산타클로스가 정말로 있는지 묻는 꼬마는 아마도 태양이나 달 또는 동쪽 별자리가 사수자리일 것입니다. 사수자리 여성은 자기 아이를 솔직하면서도 꿈이 있는 사람으로 키웁니다. 그리고 평소에는 규율을 약간 느슨하게 적용하는 경향이 있지만, 자신이 피곤하거나 화가 났을 때에는 다릅니다. 그럴 때에는 아이들에게 매를 들면 안 된답니다.

사수자리 여성은 사랑스러운 안주인 역할을 잘해 냅니다. 파티 얘기가 나오면 빠질 수 없는 사자자리조차도 그녀만큼 우아하게 손님을 접대하지는 못할 것입니다. 사수자리 여성은 밝고 다정다감한 사교성으로, 청소부에서 남편의 사장까지 모두가 진심으로 환영받고 있다는 기분이 들게 해 줄 것입니다. 사수자리 여성은 경직된 분위기를 금세 유화시켜 버리는 재주가 있답니다. 비록 화가 나서 눈썹을 치켜뜰 때가 있기는 하지만요.

그녀가 자신이 원하는 방식으로 살 수 있도록 해 주고 너무 얽매여 있다는 느낌만 갖지 않게 해 준다면, 낙천적인 사수자리 아내는 당신에게 신의와 믿음, 그리고 애정이라는 세 가지 선물을 줄 것입니다. 사수자리 여성이 사랑을 줄 때는 우정도 함께 따라오기 때문에 이 세 가지는 서로 떼어 놓을 수 없지요.

사수자리 여성은 구제불능의 이상주의자랍니다. 그녀는 아마도 당신에게 얘기하지 않은 비밀을 간직하고 있을 것입니다. 그녀는 아주 어릴 적부터 초승달이 뜨는 밤마다 자기의 진실한 마음을 나눌 수 있는 사람을 보내 달라고 달에게 빌었습니다. 바로 그런 사람을 찾았다고 좋아했다가 실망한 적이 여러 번 있었죠. 하지만 마침내 당신이 나타났고 그녀는 당신을 바로 알아보았습니다. 꿈이 있는 다정한 광대처럼, 당신이 그녀의 손을 이끌어 별들에게 가는 길을 보여 주었으니까요.

사수자리 어린이

↗

"우리 집 근처에 아주 귀여운 강아지 한 마리가 있어.
조그맣고 반짝이는 눈을 가진 테리어 종인데, 있지,
아주 긴 갈색 털이 나 있지!
그리고 뭐든 물건을 던지면 가서 곧장 물어 오고.
또 얌전히 앉아서 먹을 걸 달라고 해.
이것 저것 못하는 게 없다니까.
난 절반도 다 기억 못하겠어."

제가 사는 건물에 머리색이 짙은 아일랜드 소녀가 살고 있는데 그 아이
는 12월에 태어난 사수자리였습니다. 그 아이는 기타를 치며 가끔 노래
가사도 쓰곤 합니다. 한 번은 제가 보기에도 너무나 매력적인 가사를 한
줄 써 놓고는, 나머지 가사가 잘 안 풀려서 애를 먹고 있었습니다. 사실
그렇게 걱정할 필요는 없었어요. 첫 구절을 멋들어지게 써 놓았으니까
요. "당신은 거기서 나의 마음을 향해 손짓하네요."

이 구절에는 사수자리가 태어나 백발이 될 때까지의 모습이 요약
되어 있습니다. 나이는 중요하지 않습니다. 사수자리는 절대로 어른이
되지 않으니까요. 당신의 사수자리 딸아이를 잘 살펴보세요. 아이는 살
가운 양치기 개처럼 살랑살랑 마음의 꼬리를 흔들고 있을 것입니다. 사
수자리 아들도 예뻐해 달라고 열심히 자신의 마음을 흔들어 보일 것입

니다. 사람들이 '안녕!' 하고 대꾸해 주지 않으면 귀여운 사수자리 꼬맹이는 마음이 실망으로 가득 차서 금세 풀이 죽어 버립니다. 사수자리 아이들은 어린 광대처럼 늘 즐겁게 잘 놀고, 누군가에게 거부당하면 눈물을 그렁그렁한 채로 웃는답니다. 어린 아기도 밝은 성격을 드러내며 친구를 찾아다닙니다. 목성의 아기는 혼자 남겨지면 울음을 터뜨리지만, 어른들이 웃고 떠드는 거실로 아기침대를 옮겨 놓으면, 귓가에 울리는 따뜻한 어른들의 목소리를 들으면서 마음 놓고 흐뭇하게 잠들 것입니다. 다정하고 행복한 사람들이 있는 포근하고 익숙한 환경에 있으면 꿈도 더 달콤해지지요. 어른이 되면 가족과의 유대감은 줄어들겠지만, 어린 시절에는 마치 갓 태어난 강아지가 편안하게 파고들 낡은 스웨터를 필요로 하는 것처럼, 사수자리 아이도 사람 냄새를 맡으면서 편안함을 느낍니다. 이런 본성이 있는 사수자리 아이가 어린 시절에 사람과의 접촉을 거부당하거나 차단당하면, 자라서 혼자만 있으려고 하는 냉소적인 어른이 될 것입니다. 아이는 마치 〈스누피〉 만화에서 라이너스가 지저분하고 해진 담요를 끼고 다니듯이 대체물을 찾을 것입니다. 안도감을 느끼게 해 준다면 부드러운 베개도 좋고 여기저기 해진 낡은 곰 인형도 좋습니다. 하지만 그보다는 당신이 그런 역할을 해 주기를 간절히 바라고 있을 것입니다.

사수자리 남자 아이는 조악한 낚싯대와 미끼로 쓸 벌레 한 통을 들고 맨발로 산 속을 헤매면서도 태평스럽게 휘파람을 불며 만나는 모든 사람에게 인사를 할 것입니다. 그 옆에는 충직한 개가 함께 따르겠지요. 사수자리는 젊은 시절에 격식에 얽매이지 않는 모습을 보이는데, 성인이 되어서도 이런 기질이 절대로 변하지 않습니다. 사수자리 여자 아이라면 선머슴처럼 행동하기 때문에, 당신은 매번 숙녀답게 행동하라고 주의를 주게 될 것입니다. 하지만 사수자리 아이들은 숙녀답다, 혹은 신사답다는 말에 대한 자기들만의 생각이 있답니다. 이 모든 것은 정직함에서 출발한다고 생각합니다. 그 정직함이란 벌거벗은 진실, 아무런 꾸밈이 없는 잔인한 진실을 뜻합니다. 이들은 이것을 삶의 예술로 승화시켜서 당신을 포함한 주변의 모든 사람들에게 정직함을 기대할 것입니다. 특히나 부모가 그 기대를 저버리면 사수자리 아이는 부모의 지시에 고분고분 따르는 어린 노예로 사는 것을 완강히 거부할 것입니다.

부모로서의 권위는 그냥 세워지지 않습니다. 사수자리 아이는 당신의 지시에 항상 의구심을 품고 스스로 판단한 다음에 그것이 정당하다고 생각되면 당신의 권위를 인정할 것입니다. 아이는 당신의 명령에 합당한 논리가 있다는 확신이 들면 흔쾌히 받아들입니다. 그런데 만약 아이의 테스트에서 좋은 점수를 얻지 못하면 당신은 무시당하게 됩니다. 당신은 권위를 내세우겠지만, 아이는 자신의 정직함과 반항심으로 당신에게 맞설 것입니다. 당신이 공정한 사람이고 또 아이처럼 솔직해지려고 노력한다면, 이 사수자리 아이는 당신이 정하는 규율들을 존중할 것입니다. 당신이 스스로 옳다고 확신한다면 확고하고 당당하게 근거를 제시하면 됩니다. 그리고 당신이 틀렸을 때에는 실수를 솔직하게 인정하면 됩니다. 실제로 부모들이 아이들의 입장보다는 자기들의 입장에서 편한 쪽으로 규율을 만들고 아이들에게 강요하는 경우가 많다는 점을 솔직하게 인정합시다. 사수자리 아이는 마치 냄새를 잘 맡는 사냥개처럼 이런 종류의 규율을 아주 잘 간파해 냅니다. 그러고는 화가 나서 몸을 부르르 떨며 당당하게 분노를 표출하겠지요. 사수자리 아이에게는 당신이 지시하는 바를 차분하게 설명해 주는 것이 좋습니다. 그렇지 않으면 부당한 대우를 받고 있다고 여기는 사수자리 아이의 고집을 꺾기 위해서 회초리가 아주 많이 필요할 것입니다.

사수자리 아이를 둔 어머니들이 자주 쓰는 말이 있는데 들어 보셨나요? "호기심이 사람 잡는다." 당신은 아마 고개를 끄덕이고 계실 것입니다. 사수자리 아이의 호기심은 끝이 없지요. 질문으로 하루를 시작해서 잠들기 직전까지 질문을 합니다. 이제 막 말을 배우면서 드넓은 세상을 탐험하기 시작한 아이는 "왜 난로를 만지면 안 돼요?", "왜 사탕을 먹으면 이가 빠져요?", "왜 당근을 먹으면 내 머리카락이 꼬불거려요?", "산타 할아버지가 모든 걸 다 안다면 왜 굳이 내가 편지를 써야 해요?", "아빠가 두 번째 신혼여행 얘기를 하면서 왜 엄마한테 윙크를 했어요? 그리고 왜 달moon보고 꿀honey이라고 해요?", "빌리는 달이 하나밖에 없다고 하는데 엄마는 왜 달이 두 개라고 해요?" (빌리는 너무나 조숙한 물병자리 형입니다. 사수자리 아이와 물병자리 아이가 한 집에 있으면 곤란한 일들이 많지요.) 점심 먹을 때에도, 오후 낮잠 자는 시간에도, 저녁 식사 시간에도 사수자리 아이의 질문은 계속됩니다. "왜 아빠는 할아버지를 공처가 henpecked라고 해요? 할아버지가 닭hen이에요?" "내가 쿠키를 다 먹었다고 곰 인형이 언제 말했어요? 나한테는 한 번도 말을 한 적이 없는데."

사수자리 아이들의 질문은 대부분 어른들의 위선이나 잘난 척하는 모습 그리고 기만을 꼬집는 경우가 많습니다. 이런 질문에 열 받아서 "조용히 좀 해! 한 번만 더 '왜'라는 말을 하면 엉덩이를 때려 줄 거야! 다시는 그 말 쓰지 마!"라고 화를 내도 별로 도움이 되지 않을 것입니다. 사수자리 아이는 당신 눈을 똑바로 쳐다보며 이렇게 대꾸하겠지요. "왜 안 되는데요?"

아이가 더 자라면 이런 질문을 할 것입니다. "왜 엄마는 저를 믿는다고 하면서 정해진 시간에 귀가하라고 하는 거예요?" (당신은 이 사수자리 아이를 믿게 되거나 또는 믿어야만 할 것입니다.) "사람들이 뭐라고 생각하는지가 왜 중요해요? 엄마는 저보다 다른 사람들이 더 중요해요?" 이건 어려운 질문이지요. 사수자리 아이가 아직 기저귀를 차고 있을 때 이런 질문에 대한 답변을 미리 준비해 두는 것이 좋습니다. 사수자리 청소년은 부모의 지시가 사회적 관습보다는 아이를 위한 것이라면 절대로 무시하지 않습니다. 물론 아이에게 어떤 사회적 관습을 지키라고 요구할 때에는 논리적이고 타당한 이유를 제시할 수 있어야겠죠. 사회적 시선과 관습이 내포하고 있는 가치들의 진실성을 말로 잘 표현해 주어야 합니다.

'아이가 어릴 때는 당신의 발을 밟지만 어른이 되면 당신의 마음을 밟는다.'라는 오래 된 격언이 있습니다. 사수자리에게 딱 어울리는 격언입니다. 절대로 과장된 말이 아닙니다. 사수자리 아이는 행동이 둔하고 서툽니다. 약통에 소독약과 반창고를 늘 채워 두는 것이 좋지요. 어린 사수자리 아이는 당신의 발을 밟거나, 또는 당신이 청소기를 돌리거나 다른 일을 할 때 근처에서 서성거리다가 발에 걸려 넘어지곤 합니다. 당신은 늘 발이나 마음에 상처가 날 것입니다. 하지만 사수자리 아이가 자라서 당신 마음에 박을 대못을 생각하면 그런 것들은 아무것도 아니지요. 사수자리 아이가 갈구하는 자유에는 가족으로부터의 독립도 포함되어 있습니다. 아주 어린 시절부터 독립해서는 오랫동안 전화도 한 통 하지 않고 편지도 한 장 쓰지 않을 것입니다. 부모의 마음에는 큰 상처가 될 수 있겠죠. 그나마 이런 고통을 줄이고 치유하려면 사수자리 아이가 어릴 때부터 도의와 관용이라는 면에서 당신을 존경하도록 처신하고 가르쳐야 합니다. 만일 당신이 편협한 사람이라면 사수자리 아이는 명절에만 찾아올 것입니다. 하지만 당신이 아이의 친구들을 있는 그대로 바라보고, 아이의 품격을 신뢰하고 아이의 꿈을 지지해 주는 사람이라면, 아이는 가족 간의 사랑을 새삼 확인하러 자주 집에 와서 당신을 흡족하게 해 줄 것입니다. 그렇지 않으면 아이는 오래된 담요나 베개, 또는 곰 인형을 친구 삼아 집이 아닌 어딘가에서 혼자 지낼지도 모릅니다. 적어도 그 친구들은 자기를 있는 그대로 봐주고 믿어 주니까요.

사수자리 아이는 연애를 상당히 일찍 시작하는 편입니다. 여자 아이라면 그저 연애를 통해 자신의 여성성을 시험해 보려는 것뿐이라서 부모가 적절하게 지도만 해 준다면 그다지 심각하지는 않을 것입니다. 사수자리 남자 아이에게는 생명 탄생에 대한 특별한 지도가 조금 필요합니다. 호미로 막을 것을 가래로 막는 일은 없어야 하니까요.

경제 관념을 가르치는 것도 중요합니다. 사수자리 아이는 돈을 무슨 종잇조각처럼 쓰는 경향이 있습니다. 쓸 수 있는 돈에 한계가 있다는 점을 주지시켜야 합니다. 아이들 때문에 밑 빠진 독에 물 붓기를 해서는 안 되겠죠. 만약 점심값을 만화책을 사거나 오락하는 데 썼다면 1주일 동안은 샌드위치를 싸 가지고 다니게 하세요. 좀 야박하게 들리기는 하겠지만 필요한 일입니다. 언젠가 카드 회사에서 당신에게 고맙다고 할 것입니다.

사수자리 아이는 남녀 모두 학교 생활을 즐거워할 것입니다. 반복되는 지루한 일로 아이들의 발랄한 호기심을 억압하거나 엄격한 규칙과 딱딱한 공부 습관을 지나치게 강요하지만 않는다면, 사수자리 아이는 다양한 사고 방식과 왕성한 호기심을 발휘하면서 놀이를 하듯이 배움에 임할 것입니다. 사수자리 아이는 교육이 혁신적일수록 더 즐거워합니다. 한시도 가만히 있지 못하는 아이들에게 계속 얌전히 앉아 있으라고 하거나 상상력을 봉쇄해 버리면 아이들은 곧, 어쩌면 영원히 흥미를 잃어버릴지도 모릅니다. 엄격하고 인내심 없는 교사와 상상력이 결여된 교수법을 사용하는 교사에게 배우는 사수자리 아이들은 차라리 학교를 중퇴하고 돈 버는 일에 뛰어들고 싶어 할 것입니다.

자율 감독 제도는 누구보다도 사수자리 아이들에게 잘 어울립니다. 사수자리 아이는 교사가 자신을 믿어 주면 절대로 부정 행위를 하지 않습니다. 물론 믿어 주지 않으면 속임수 쓰는 것을 대수롭지 않게 생각할 수 있습니다. 아무도 자신을 믿어 주지 않는데 정직하게 행동해 보았자 의미가 없겠지요.

사수자리 아이는 진지하게 종교에 많은 관심을 보일 것입니다. 어린 시절에는 성직자나 수녀가 되어 타국에서 선교활동을 펼치고 싶어 하기도 합니다. 하지만 나이가 들면 교리에 의구심을 갖기 시작하면서 신념을 바꾸거나 또다른 궁극의 진리를 찾으려고 합니다. 사수자리는 예외 없이 평화봉사단 활동에 매력을 느낍니다. 자신의 이상을 현실화할 수 있는 기회를 좋아하는 것이죠. 내세울 만한 대의명분이 없는 사수자리는 씹을 뼈다귀가 없는 개와 마찬가지입니다. 대의명분을 위한 투쟁은 이들의 힘을 강화시켜 줍니다. 하지만 뼈다귀가 없다면 강아지는 소파나 의자를 다 물어뜯어 놓겠지요. 대의명분을 찾지 못한 사수자리 젊은이들은 광신적인 열정에 빠져서 미래를 돌이킬 수 없을 정도로 파괴해 버릴 수 있습니다.

사수자리 아이의 눈은 저 멀리서 반짝이는 별들을 향해 있기 때문에 발밑에 놓인 돌부리를 보지 못해서 몇 번씩이나 넘어질 것입니다. 이 아이는 독립적이고 정직한 어린 사수랍니다. 아이에게 활쏘기 연습을 할 수 있는 충분한 공간을 마련해 주세요. 아이는 강렬하고 뜨거운 햇살 아래에서 자신의 꿈이 영글 때까지 맨발로 풀밭도 거닐고 쏟아지는 빗

줄기도 느껴 보아야 합니다. 사수자리 아이는 행복하고 낙천적인 어린 마음을 당신에게 흔들어 보이고 있는 것입니다. 기꺼이 신뢰를 보내며 아이에게 화답해 주세요.

사수자리 사장

↗

그리핀이 성급한 투로 말했다.
"아니 아니! 모험 이야기가 먼저야.
설명하려면 얼마나 시간이 많이 걸리는데."

사수자리 사장 밑에서 1주일 정도 일을 하고 나면 당신은 좀 혼란스러울 것입니다. 웃어야 할지 울어야 할지 헷갈리지요. 이 사람, 확실히 좀 바보 같습니다.

아니면 천재일까요? 아니오. 둘 다 아닙니다. 확실히 그냥 무례한 촌놈입니다. 다시 한 번 살펴보면 돈키호테를 닮은 것도 같습니다. 하지만 그럴 리가 없지요. 당신에게 모욕을 주면서 그렇게 즐거워하는 걸 보면 말이죠. 그런데도 때로는 진심으로 당신에게 기분 좋은 말을 합니다. 따뜻하기까지 합니다. 자, 다시 살펴보세요. 다리가 셋 달린 망아지처럼 어설프기 짝이 없겠지만요. 그런데 잠깐만요, 아니에요. 예상과 달리 그는 경주마처럼 우아하네요. 도대체 무슨 마법 거울이라도 쓰는 걸까요?

두 번째 주가 지나자 당신은 다음엔 무슨 일이 일어나는지 지켜볼 심산으로 어렵사리 회사에 남기로 결정합니다. 이쯤 되면 사수자리 사장의 어머니가 그를 완전히 망쳐 놓았다는 확신이 들겠죠.(틀렸습니다. 그 어머니는 아들을 망칠 기회가 없었습니다. 사수자리 사장은 언제나 자신이 원하는 것을 했으니까요.) 뭐 어쨌든 당신 아들이 아니니까 당신이 걱정할 일은 아닙니다. 게다가 당신은 곧 회사를 그만둘 거잖아요? 사수자리 사장을 반겨 주는 사람은 따로 있습니다. 바로 사장의 아내이지요. 당신은 그 아내가 불쌍하다는 생각이 들기 시작합니다.(그 아내는 가끔은 자기 연민 때문에 눈물을 흘릴 때도 있지만 대체로 흥미진진한 삶을 살고 있답니다.) 그리고 슬슬 사수자리 사장이 속으로는 당신을 미워하고 있다는 확신이 듭니다.(그는 당신에게 미친 듯이 화를 내지요. 당신이 실수라도 해 보세요. 너무나 적나라하고 잔인할 정도로 솔직한 지적이 빗발칩니다.) 그런가 하면 이번에는 당신을 승진시켜 줄 것만 같은 생각이 듭니다.(하지만 아직은 아닙니다. 어제는 조금 흥분을 했던 것뿐입니다.) 오늘 아침에는 사장이 당신에게 점심이나 같이 하자고 했습니다. 이제 정말로 사장이 어떤 사람인지 알아볼 수 있게 되었습니다. (아! 그런데 사장이 취소했습니다. 동물학대방지협회에서 연설하기로 했던 걸 잊고 있었답니다.)

두 달 후, 당신과 당신의 정신과 의사는 이제는 사장과 진지하게 면담해 볼 때가 되었다는 데 의견이 일치했습니다. 당신은 마음의 결정을 내렸습니다. 사장의 변덕스럽고 당황스러운 행동에 일단 불만을 표하고, 만약 사장이 당신 말을 인정하고 회사에서 당신을 어떻게 평가하고 있는지 확실히 알려 준다면 당신은 회사에 남을 생각입니다. 그렇지 않으면 퇴사를 각오하고 있습니다. 단호하게 얘기할 것입니다.(미안하지만 사장은 오늘 런던으로 출장을 갔습니다.) 좋아요. 기다릴 수 있지요. 사장이 출장에서 돌아오면 당신이 가지고 있는 패들을 펼쳐 놓고 당신의 생각을 정확하게 말할 예정입니다. 그가 다시 일상적인 업무에 복귀할 며칠의 시간 정도는 줄 생각입니다. 그런데 사장이 좀 피곤해 보이는군요. 하지만 당신은 봐주지 않기로 합니다. 내일쯤이면 사장은 당신의 이야기를 들어 줄 준비가 될 것입니다. (이번에는 사장이 동경으로 출장을 간다고 합니다. 당신이 직접 비행기 표를 예매해 주게 생겼습니다.) 아니, 잠깐만요! 도대체 언제 당신의 불만 사항을 들어 줄 시간이 나는 거예요?

정말로 답을 원하세요? 그는 절대로 시간이 없을 것입니다. 당신의 사수자리 사장은 매일 아침 스케이트 베어링에 기름칠을 하고 시내를 질주하면서 엄청나게 홍보를 하고 다닙니다. 사장은 결코 한 곳에 진득하게 앉아서 당신이 그의 단점에 이야기하는 것을 들어 줄 사람이 아닙니다. 사장은 자신이 아주 훌륭한 사람이라고 생각합니다. 잠시 멈춰서 생각해 보면 그렇기도 합니다. 사실 사장은 보기보다는 부끄러움을 많이 타고 무기력할 때도 있고 사람들에게 이해 받기를 원하지요.

그런데 그는 계속 사람들에게 난폭한 말을 합니다. 왜 사장은 사람들이 그런 자신을 이해해 주기를 바라는 걸까요? 아무리 이해를 해 줘도 한계가 있는 법인데요.(사장의 아내에게 물어보세요. 이해해 줘야 할 리스트가 가나다순으로 잘 정리된 파일을 가지고 있을 것입니다.)

당신이 하는 말을 완전히 무시하고 일정도 잘 지키지 않으면서 그렇게 낙천적으로 웃고 있는 것은 부당합니다.(사장의 어머니에게 물어보세요. 이 주제에 대해 할 이야기가 많을 것입니다. 자신을 이해해 줄 만한 사람을 만나기를 수십 년 동안 학수고대해 왔으니까요.) 자, 이제 어떻게 하실 건가요? 어떻게든 뭔가를 해야 하지 않을까요?

사장에게 편지를 써 볼 수도 있습니다. 하지만 편지는 논리적이어야 하고 위선적인 감정이나 당신은 정당한데 사장은 악당이라는 식으로 한쪽으로 치우진 논점은 빼야 합니다. 사장의 입장에서는 본인이 정당합니다. 당신의 논지가 정당하다면 사장은 그것을 고려해 보고 자기 방식을 고쳐보려고 하겠지만, 정작 그 문제를 가지고 여섯 시간 동안이나 앉아서 토론하고 싶어 하지는 않을 것입니다. 사장에게는 자신의 문제가 무엇인지 듣고 앉아 있는 것보다 훨씬 더 흥미진진한 모험들이 즐비하거든요. 게다가 사장 본인이 변하지 않으려고 할 텐데 굳이 아까운 시간을 낭비할 필요가 있나요? 그렇다면 사장에게는 도대체 장점이란 것이 전혀 없다고 생각하나요? 물론 있지요. 그럼 거기서 멈추세요. 그 장점들만 기억하고 나머지는 잊어버리세요. 사장의 어머니도 그랬고 아내도 그랬답니다. 그 사람들의 지혜를 배우세요.

사장의 좋은 점들을 리스트로 작성하는 일부터 시작해 봅시다. 일단 투덜거리는 일이 거의 없다는 점을 꼽을 수 있겠죠. 누군가가 그의 타오르는 열정에 찬물을 끼얹으려 하거나, 꽉 막힌 경리가 지난달 경비 내역서를 들고 와서 구체적으로 어떤 지출이 있었는지 물어볼 때나 가끔 투덜거리는 정도지요. 일반적으로 당신의 사수자리 사장은 태평스럽고 낙천적이며 유쾌한 사람입니다. 그것도 장점이지요. 자, 또 뭐가 있을까요? 사장은 병가나 휴가에 있어서는 상당히 공정합니다. 또다른 장점은 바로 관대하다는 것입니다. 다른 사장들은 대부분 당신이 경마장에서 전 재산을 날리고 한 달 치 급여를 가불해 달라고 하면 이해하지 못합니다. 하지만 사수자리 사장은 기껏해야 그런 말에다 돈을 걸어서 다 날려 버리기 전에 자기에게 물어보지 그랬냐고 얘기합니다. 결국 사장은 가불을 해 주고 1주일 뒤부터 몇 달러씩만 갚으면 된다고 말하지요. 역시 칭찬할 만한 점입니다.

당신이 충동적으로 파혼을 하고 나서 심하게 후회하고 있을 때, 사수자리 사장은 오후에 반차를 내주면서 관계를 회복해 보라고 권유합니다. 당신이 사무실을 나오기 전에 사장은 당신을 회사에서 가장 창의력 있는 직원으로 생각한다고 말해 주었습니다. 그런 사장의 진심 어린 말 덕분에 당신의 어두웠던 마음이 어느 정도 생기를 되찾았지요. 당신은 그 덕에 용기를 내어 사랑하는 사람의 품으로 달려가 저녁이 되기 전에 연인과의 관계를 회복할 수 있었습니다. 자, 그럼 사수자리 사장은 사람들의 용기를 북돋워 주는 사람이네요. 다른 좋은 점은 더 없나요?

　　당신은 사수자리 사장이 사회운동을 하는 것에 대해서 일종의 존경심을 가지고 있습니다. 사장은 자신이 옳다고 믿는 것을 위해 열심히 싸우지요. 당신은 그런 사장을 위해 일하고 있다는 사실에 뿌듯함을 느낍니다. 가망 없는 대의명분을 옹호하는 사람이 주위에 있다는 것 자체가 흥미진진한 일이지요. 사장은 자기 자신과 자신의 원칙(그게 무엇이든)에 진솔한 사람입니다. 참으로 신선한 일이지요? 물론입니다. 또다른 장점이지요.

　　그런데 잠깐만요. 예전에 고객과의 세일즈 미팅에서 당신이 숫자를 잘못 말했다가 사장이 크게 웃어 버려서 완전히 바보가 된 느낌을 받았던 그 일은 어쩌고요? 그러고 나서는 상황을 수습해 보겠다고 이렇게 말했지요. "저희 직원입니다. 늘 일을 엉망으로 만들지만 어쨌거나 우리는 이 사람을 좋아한답니다." 지금은 그런 일들은 생각하지 마세요. 지금은 사장의 좋은 점들만 생각하고 있는 중이라는 것, 기억하시죠?

　　사수자리 사장이 당신을 계속 혼란스럽게 만든다는 것은 분명합니다. 당신은 사장이 성자인지 악마인지, 아니면 둘 다인지 판단이 안 섭니다. 어쩌면 두 가지 모습이 골고루 섞여 있다는 것이 진실에 더 가까울 것입니다. 사수자리 사장에게 익숙해지려면 시간이 좀 걸립니다. 사장은 대체로 누구에게나 친절한 사람이지만, 사수자리의 정직함과 매사에 공명정대하고 싶은 욕구는 예민한 사람들에게라면 좀 충격이 될 수도 있습니다. 사장은 아주 민주적인 사람이어서 좋아하지 않을 수 없습니다. 하지만 그 올곧은 태도와 잔인할 만큼 솔직한 태도는 가끔 받아들이기 힘겨울 때가 있습니다. 사수자리 사장은 진실하고 다정하기 때문에 절대로 악의를 품거나 고의로 누군가에게 상처를 주는 사람이 아닙니다. 거리낌 없이 당신의 실수를 확실하게 지적하는 것도 그 중 하나지요. 사수자리 사장은 늘 공개적으로 비판하며 요령도 없습니다. 아무리 부드러운 사수자리라도, 당신의 결점을 기꺼이 아주 정확하게 지적하면서 당신이 상처를 받을 수도 있다는 생각은 전혀 하지 않습니다. 물론 사수자리 사장의 칭찬과 따뜻한 평가는 이런 당혹스러움을 덮고도 남지만, 그렇게 고통스러운 순간들은 엄지손가락의 통증처럼 부각되는 법이지요. 12월에 태어난 사장들은 모든 사람들이 진실을 듣고 싶어 한다고 굳게 믿고 있습니다. 그래서 그렇게 말하는 것이지요. 하지만 상대방이 기분 나빠한다는 것을 알아차리면 스스로 뼈저리게 후회합니다. 곧바로 유난을 떨며 사과하고 해명하려 하지만 사장의 의도와는 달리 상황이 더 악화될 때가 많습니다.

사수자리 사장이 어떤 특정한 시간에 어디에 있을지는 좀처럼 알 수 없습니다. 어디에든 순식간에 나타날 수 있습니다. 사수자리 사장은 위선적이고 거짓말을 일삼는 세일즈맨이나 숨은 의도가 있는 고객, 그리고 적의를 품은 직원을 쉽게 알아볼 것입니다. 하지만 자신의 연애 문제에 대해서는 별로 영리하지 못합니다. 사장이 싱글이라면 사장의 감성적인 여행이나 잦은 연애 사건으로 사무실이 술렁거리게 되는 경우도 있을 것입니다.

사수자리 사장에게는 온갖 유형의 친구들이 있습니다. 금융기관 사장, 중요한 정치인, 사교계 인물들, 신문사 기자, 장관, 의사, 변호사, 건설업자, 목수, 라디오 아나운서, 유명한 미망인들, 여자 역도 선수, 도박사, 합창단원, 건축가, 바텐더, 대학 교수 등등 모두들 낮이고 밤이고 사수자리 사장이 여는 파티에 환대를 받으며 참석합니다. 사수자리 사장은 고유의 기준으로 사람들을 평가합니다. 그리고 자기 기준에 부합하는 사람들은 그야말로 의리 있게 대해 주지요.

사수자리 사장은 지시를 내릴 때 상당히 엄한 분위기를 풍기지만 사실은 너무나도 유쾌한 사람입니다. 그리고 항상 탄탄한 논리가 있기 때문에 그에게 화를 내기란 어렵습니다. 요령도 없고 가끔은 어리석기까지 하지만, 그에게는 강력한 직관력이 있습니다. 게다가 행운의 예감이 더해져서 어떤 막다른 상황이 닥쳐도 빠져나올 수 있습니다.(연애 문제에서는 잘 빠져나오지 못합니다.) 사수자리 사장은 그 태평스러운 성격 때문에 당신이 알아차리기 쉽지 않겠지만, 보기보다 훨씬 깊이 생각하는 사람입니다. 어떤 변호사와도 논쟁을 잘 펼치는 편이며, 일반적으로 변호사를 능가합니다. 전형적인 사수자리 사장이라면 교육도 잘 받았을 것입니다. 설사 그렇지 못했다 해도 그는 지금까지 살아오면서 호기심 어린 탐구 정신으로 당신이 결코 상상할 수 없을 만큼의 많은 지식을 쌓아 왔을 것입니다.

사수자리 사장은 기본적으로 마음이 따뜻한 사람이지만, 가끔은 남을 짓밟을 만큼 야심이 있는 사람입니다. 사람들과의 관계에서 있었던 일은 잘 기억하지 못하지만, 어떤 사실에 대해서는 잊는 법이 없습니다. 경쟁 회사의 사업 현황에 대해서는 정확한 수치까지도 술술 말하면서도, 정작 본인과 몇 년 동안 함께 일하고 있는 경리 직원의 이름은 잊어버리기도 합니다. 사수자리 사장은 시원시원하게 걷습니다. 때때로 사수자리의 전형적인 특성이 걸음걸이에도 영향을 미쳐서 조심성 없이 활보하겠지만, 쓰레기통 앞에 멈춰 서서 쓰레기를 버리고 담뱃불도 이상 없이 잘 비벼 끕니다. 가끔 그의 발이 전화선에 걸려서 휘청할 때도 있지만 그의 마음은 절대로 휘청거리지 않습니다. 그의 생각은 그다지 대중적이지 않고, 고지식한 보통 사람들에게 잘 받아들여지지 않지만, 십중팔구는 성공을 거두고 맙니다.

수줍음을 많이 타는 사수자리 사장도 가끔 있지만, 소심해 보이는 겉모습 뒤에는 지배행성인 목성이 버티고 서 있을 것입니다. 사수자리 사장은 은퇴를 한 뒤에도 여전히 하늘을 향해 활시위를 당기고 있답니다. 말하는 것을 좋아하는 외향적인 사수자리들은 자신이 좋아하는 이론(이와 더불어 자신의 개인적인 생각까지)에 대해 자세히 설명하는 것도 좋아합니다. 내향적인 사수자리들은 기분이 내킬 때 곧잘 혼잣말을 하는데, 그 말들은 주로 재미있거나 교훈적인 이야기들입니다. 사수자리 사장은 동물, 밝은 색상, 거대한 계획, 창의적인 사람들, 좋은 음식, 술, 여행, 충성심, 변화 그리고 자유를 사랑한답니다. 반대로 부정직, 잔인함, 이기심, 비밀, 인색함, 비관주의, 그리고 위선에는 냉담합니다. 대체로 그와 함께 일하는 것이 재미있을 것입니다. 당신은 사장을 점점 더 좋아하게 되고 또한 사장의 영향도 많이 받게 될 것입니다. 당신이 사장을 떠나 본 적이 있다면 알 것입니다. 사장의 자부심과 독립심에도 불구하고 왠지 사장이 길을 잃고 헤매고 있을 것만 같은 느낌을 받았을 테니까요. 그가 진짜로 그러지는 않겠지만 사수자리 사장을 떠나지 마세요. 내일은 항상 큰 물음표로 남겠지만 적어도 오늘은 결코 지루하지 않을 것입니다.

사수자리 직원

♐

"난 그런 노래는 못 들어 봤어. 이 노래는 특히 더 말이 안 되는 것 같아."
"그 시가 무슨 뜻인지 설명해 주었으면 좋겠는데." 가짜 거북이 말했다.
"저 앤 설명할 수 없어. 다음 연을 계속해 봐." 그리펀이 서둘러 말했다.

당신이 직원들을 대상으로 회사에서 1년간 일하면 어느 정도의 돈을 벌
수 있는지, 또 5년 동안 근무하면 인센티브로 얼마가 지급되는지 설명
하면 대다수 직원들은 상당한 관심을 보일 것입니다. 하지만 사수자리
직원은 그렇지 않습니다. 그 직원은 지금 당장 얼마를 받는지에 훨씬 더
관심이 많습니다. 내일은 너무 먼 미래이고, 내년은 가늠할 수도 없고,
5년 뒤는 그에게 영원과 같은 시간입니다. 그때 받을 돈이라면 장난감
화폐나 마찬가지이지요. 사수자리 직원은 진짜 돈에 관심이 있습니다.
나중에 일어날 일은 신에게 맡깁니다. 주사위를 던지고 행운을 바랄 뿐
이지요. 하지만 대체로 신은 사수자리 직원에게 미소를 짓습니다.

사수자리 직원과 함께 일하면 재미있습니다. 서류함을 쓰러뜨리기
도 하고, 발송할 우편물에 커피를 쏟기도 합니다. 하지만 너무나도 쾌활

하고 남들을 기꺼이 도우려고 하니 이 정도의 서투름은 큰 문제가 되지 않습니다. 사수자리 직원은 징징거리거나 투덜대지 않습니다. 긍정적으로 사고하며 마치 당신이 회사에 처음 입사했을 때처럼 열정적이고 낙천적입니다. 당신과의 차이점은 사수자리 직원은 은퇴할 때까지도 늘 같은 모습이라는 것입니다. 그의 천성이지요. 당신도 사수자리 직원의 몇 가지 모습에 전염될 것입니다. 그가 당신이 어두운 구석에 내팽개쳐 놓은 환상에 빛을 비춰 주어서, 당신은 그 환상을 꺼내서 먼지를 털고 다시 시도하게 될지도 모릅니다.

사수자리는 뭔가를 하다가 중단하는 법이 없습니다. 또한 일을 빨리 하는 편입니다. 유일하게 천천히 결심하는 것은 결혼에 관한 일입니다. 물론 동쪽별자리에 황소자리나 염소자리가 있는 사수라면 좀 더 신중하게 움직이겠지만, 이들도 감정이나 정신적인 면에서는 절대로 느리지 않습니다. 전형적인 사수자리는 당신보다 앞서 나갈 것입니다. 그리고 어떤 부분에서 당신보다 앞서 있는지 즐겁게 당신에게 상기시켜 주는 일도 서슴지 않습니다. 사수자리 직원은 별로 겸손하지 않습니다. 불같은 자존심을 얇은 겸손의 막으로 가리고 있는 사수자리도 가끔 있지만, 그 안을 들여다보면 자신감 넘치는 자아를 발견할 수 있을 것입니다. 가끔 연애 문제와 관련해서는 자신 없어 하겠지만 그렇지 않은 사람이 누가 있겠습니까?

사수자리 직원은 좀 무성의하고 부주의해 보일 때도 있습니다. 하지만 그렇다고 해서 반짝이는 목성이 선물한 직관과 기발한 사고 체계를 보유한 사수자리 직원을 과소평가하는 치명적인 실수를 범해서는 안 됩니다. 간혹 사수자리 직원이 도대체 어디를 다녀왔고 어디로 갈 것인지 전혀 감이 잡히지 않을 때가 있을 것입니다. 또 가끔은 그가 정말로 부끄러움을 타는지 아니면 머릿속에서 계속 고민하며 때를 기다리고 있는지 의아해질 때도 있을 것입니다. 또 어떤 때에는 전혀 의심의 여지 없이 자신감 넘쳐 보일 때도 있습니다. 너무 대담해서 그가 내뱉는 직설적인 말에 깜짝 놀라게 될 것입니다. 그는 제스처는 물론이고 생각이나 행동이 늘 큼직큼직합니다. 그래서 어마어마한 실수를 저지르기도 하고, 강력한 적을 상대로 기막힌 승리를 이끌어 내기도 하지요.

당신은 사수자리의 호기심이 신경에 거슬릴 수도 있습니다. 그는 지시받는 것만으로는 만족하지 않을 것입니다. 당신이 어떤 배경에서 그런 지시를 내리고 왜 그런 방식을 선택했는지 궁금해하지요. 만약 당신의 논리가 매력적으로 들리면 사수자리 직원은 진심으로 그것을 수용하고 당신을 찬양할 것입니다. 그렇지 않다면 당신이 제시한 절차에서 누락된 것들을 역시나 솔직하게 평가해 대는 바람에 당신은 약간 움츠러들지도 모릅니다. 당신이 여유를 잃고 급기야 화를 내기 전까지 말이지요. 사수자리 직원을 대할 때에는 유머 감각을 잃지 않는 것이 중요합니다. 화를 내 봤자 사수자리에게 계속 화를 낼 수 있는 사람은 거의 없으니, 그것은 부끄러운 아드레날린 낭비가 될 뿐입니다. 사수자리 직원은 뽀뽀를 해 주고 싶기도 하고, 한 대 치고 싶기도 한 사람이랍니다. 하지만 이것이 불가능하기 때문에(사수자리 직원이 여성이라면 뽀뽀를 할 수 없을 테고, 영업팀장이라면 때릴 수가 없겠죠.) 그냥 포기하는 것이 좋습니다.

대부분의 사수자리 직원들은 당신이 칭찬할 때 얼굴을 붉히지 않습니다. 이들은 갈채를 좋아합니다. 하지만 사수자리 직원이 자신의 재능과 능력에 대해 자랑하기 시작하면 당신이 얼굴을 붉히게 될 것입니다. 사수자리 직원의 소소한 결함 중 하나는 무엇이든 기꺼이 다 해 줄 것처럼 천진난만하게 약속을 했다가 마무리를 잘하지 못한다는 것입니다. 목표물이 그의 생각보다 더 멀리 있었던 셈입니다. 다음에는 좀 더 정확하게 겨냥해서 과녁을 맞힐 것입니다. 말수가 적고 신중한 사수자리조차도, 자기가 씹을 수 있는 것보다 조금 더 크게 베어 무는 경향이 있습니다. 어쨌거나 두 가지 유형 모두 당신을 매료시킬 만큼 앞장서서 일하는 경향이 있습니다.

사수자리 직원은 목성의 행운이 좀처럼 떠나지 않습니다. 이들은 신뢰할 만한 예감과 뛰어난 통찰력을 타고났습니다. 이 예감과 통찰력을 바탕으로 논리적인 결론을 이끌어 내기 때문에 사수자리 직원의 결정은 틀릴 때보다는 옳을 때가 더 많습니다. 여기에 전형적인 사수자리의 행운까지 감안하면 왜 사수자리들이 종종 행렬의 맨 앞에 서는지 알수 있지요. 최근에 제 친구 한 명이 이와 관련하여 예외라고 생각되는 경우를 지적했습니다. 몇 년 동안 휴식 기간을 갖고 싶어 했던 사수자리 여배우에 관한 일입니다. 지금은 그 꿈을 거의 이루기 직전이지만, 그동안 너무나 긴 세월을 기다리며 정말 열심히 노력해야 했습니다. 그래서 제 친구는 목성이 그녀를 저버렸다고 생각했죠. 하지만 그녀가 스타덤에 오르기까지 걸린 시간은 목성의 행운과 아무런 상관이 없었습니다. 누구나 인생의 시간표가 덜컹거릴 때가 있으니까요. 그래도 다른 집에 물난리가 났을 때 그녀의 집은 고작 문고리가 고장 나는 정도였고, 과일가게에 때마침 남아 있는 마지막 멜론은 늘 그녀 차지였습니다. 하나밖에 없는 스타킹이 찢어졌지만 돈이 한 푼도 없었을 때도 우연한 발견으로 근심이 해결되었지요. 새 스타킹 하나가 냉장고에 처박혀 있었으니까요. 그녀가 처음으로 맡은 근사한 역할은 사실 프로듀서가 그녀를 다른 배우로 착각해서 준 배역이었습니다. 그리고 프로듀서는 실수로 캐스팅하기를 잘했다는 것을 나중에 알게 됩니다. 사수자리에게는 이런 식의 일이 늘 일어납니다. 상황이 너무 나빠지기 전에 전혀 예상치 못한 곳에서 태양이 튀어나와 그들을 비추어 준다고 할까요? 마치 태양이 목성의 순수하고 순진한 낙천주의에 상을 주는 듯한 느낌이 듭니다.

가끔 사수자리의 행운이 당신의 사수자리 직원에게는 거꾸로 작용하기도 합니다. 회사에서 거의 다 따낸 계약을 사수자리 직원이 망쳐 버렸습니다. 그래서 당신은 그 직원을 해고하기로 마음먹었지요. 그런데 해고를 통보하기 바로 전날, 그 사수자리 직원이 모욕을 퍼붓고 사기꾼이라고 욕한 상대방 회사의 대표가 물에 젖은 상품을 판매했다는 이유로 기소되는 상황이 벌어진답니다. 그 골칫덩이 직원의 실수 덕분에 회사는 막대한 피해를 면한 셈이죠. 중요한 우편물을 발송하는 일을 깜박한 사수자리 비서는 당신의 신랄한 비난 때문에 눈물이 마를 날이 없습니다. 그런데 발송하지 않은 우편물에 당신 회사가 인출할 수 있는 금액보다 훨씬 더 많은 액수가 적힌 수표가 들어 있었다는 것을 알게 됩니다. 실수가 더 큰 실수를 막은 셈입니다.

자신의 행운을 비웃으며, 타고난 패배자라는 인상을 풍기고 싶어 하는 사수자리들이 있습니다. 당신이 그런 부류의 사수자리를 채용했다면 그 직원의 약삭빠름에 속지 마세요. 아마도 동쪽별자리에 전갈자리가 있어서 의심이 많은 유형일 것입니다. 자신의 행운이 곧 바닥을 드러낼 거라고 늘 말하겠지만, 그 직원은 다른 사수자리들처럼 빙고 게임에서 자주 이길 것입니다. 지난주에 그 직원은 돈이 별로 없어서 싸구려 신발을 사러 어느 신발 가게에 들어갔습니다. 그런데 그 가게의 백만 번째 고객으로 뽑혀서 5년 동안 매달 새 신발 한 켤레씩 받게 되었습니다. 그 직원은 이런 사실을 당신에게 얘기하지 않았지요? 분명히 동쪽별자리가 전갈자리일 것입니다. 하지만 태양은 확실히 사수자리랍니다.

사수자리 직원의 결점 중에 부정직함은 해당되지 않습니다. 그런데 요령도 없습니다. 잔인할 정도로 솔직한 사수자리 직원 때문에 사무실은 한바탕 난리가 나고, 당신은 수습하느라 애를 먹을 수도 있습니다. 예를 들어서, 솔직한 사수자리 직원이 가발을 쓴 회계 담당자에게 대머리 치료약을 권하는 식입니다. 당신은 지난 몇 년 동안 회계 담당자가 대머리라는 사실을 모른 척해 주면서 머리 스타일이 멋지다고 칭찬까지 해 주었죠. 게다가 그 회계 담당자는 사자자리였습니다. 그뿐 아니지요. 어린 여직원이 중요한 고객과 전화 통화를 하고 있는데 사수자리 직원이 살그머니 다가와서는 전화기 바로 옆에서 꽥! 소리를 지릅니다. 어찌나 크게 소리를 질렀던지 그만 전화기는 고장 났고, 그 어린 직원은 화장실에서 하루 종일 울었습니다. 이 사건도 역시 쉽게 잊을 만하지 않지요. 당황스럽기는 하겠지만 당신은 사수자리의 이런 소소한 성격상의 결함을 머지않아 극복하게 될 것입니다.

사수자리 직원은 가끔 엘리베이터 안내원이나 심지어 당신에게도 성질을 버럭 내서 당신을 놀라게 할 수도 있습니다.(사수자리는 사람을 차별하지 않습니다.) 사수자리 직원의 맹렬한 분노는 특히 누군가가 그의 순수한 의도를 의심할 때 주로 폭발합니다. 그의 입장에서는 지극히 정당한 분노지요. 비록 진실에 도달하기 위해 그가 택하는 길이 좀 이상하고 꼬불꼬불하더라도, 사수자리 직원의 영혼은 진실합니다. 정말로 그렇습니다. 그런 직원을 의심하거나 위선적이라고 비난하면 불화살이 날아옵니다. 그 화살은 마치 로빈 후드에게 배운 것처럼 당신의 가장 예민한 부분에 명중할 것입니다. 실제로 사수자리 직원에게는 로빈 후드라는 별명이 잘 어울립니다. 그 직원은 부자의 주머니를 털어서 가난한 사람을 돕는 로빈 후드 이야기에 깊은 감명을 받고 있을 것입니다. 사수자리의 화는 화상을 입힐 만큼 오래가지 않습니다. 화살을 맞더라도 흉터는 남지 않습니다. 하지만 가끔은 화염 방사기를 사용할 수도 있습니다. 그럴 때에는 당신의 자존심에 상처가 약간 생기기는 할 것입니다.

만약 사수자리 직원이 집을 구하지 못하고 있으면 당신의 여행 가방 중에서 가장 큰 것을 빌려 주고 월세를 내라고 하세요. 사수자리 직원은 자신의 자유를 위협받으면 네 개의 벽과 지붕으로 둘러싸인 방보다는 차라리 여행 가방 속에서 살고 싶어 할 것입니다. 사수자리 직원이 온갖 스티커가 붙어 있는 여행 가방을 들고 출근한다면, 그것은 슬슬 몸이 근질거리기 시작했다는 미묘한 메시지를 당신에게 전달하는 것입니다. 그 힌트를 얼른 알아차려서 출장을 보내세요. 사수자리 직원은 아마도 그런 것이 필요할 것입니다. 사수자리 직원은 주문을 잔뜩 따내고 훨씬 가벼운 마음으로 돌아올 것입니다. 사수자리 직원은 우수한 세일즈맨이지만 성급한 열정은 좀 다듬어 주어야 합니다. 도전을 좇아 돌진하는 것은 좋지만 신중함을 잊는 경향이 있습니다. 그는 비록 충동적이기는 하지만 신중하게 생각할 시간이 주어진다면 매우 타당하고 논리적인 아이디어로 어떤 전문가도 이길 수 있습니다. 사수자리 직원에게는 돈이 중요합니다. 자신이 원하는 방식으로 살려면 돈이 필요하기 때문입니다. 하지만 인색한 사람은 아닙니다. 만약 당신이 인색한 사람이라면 그는 좀 더 마음이 잘 맞는 사람들이 있는 회사로 옮길 것입니다.

사수자리 직원은 당신이 좌절하고 있으면 당신의 양팔을 들어올리며 힘을 내라고 할 것입니다. 하지만 별로 도움이 되지는 않습니다. 사수자리 직원은 하늘을 향해 두 팔을 들고 있는 당신에게 공을 던지며 "잡아요!"라고 소리칩니다. 뭐 하시는 거예요? 그 정도는 잡으셔야지요. 운동을 해야 건강해진다고요.

염소자리

Capricorn, the Goat

12월 22일부터 1월 20일까지

지배행성 – **토성**

"영어로 아무것도 생각이 안 나면 프랑스어로 말하렴.
걸을 때는 발가락을 쭉 펴고
네 자신이 누군지 절대 잊어서는 안된다!"

염소자리를 알아보는 방법

ℤ

> "윌리엄 신부님, 신부님은 늙으셨어요.
> 머리도 하얗게 셌어요.
> 그런데 줄곧 물구나무를 서고 계시다니
> 그 연세에 괜찮으세요?"

염소자리의 특징을 파악하는 일은 바람을 붙잡는 일과 비슷합니다. 염소자리를 알아보는 방법을 알려 드리기는 하겠지만 사전 실습이 좀 필요합니다. 한쪽 구석에 조용하게 있는 거미를 살펴봅시다. 거미는 빠르게 날아다니는 곤충들을 직접 잡을 수는 없지요. 하지만 그 곤충들은 거미가 교묘하게 쳐 놓은 그물에 걸립니다. 결국 거미가 이깁니다. 이솝 우화에서 어처구니없는 달리기 시합을 했던 느림보 거북이를 기억하시지요? 재빠르고 영리한 토끼를 거북이가 당해 낼 재간은 없지요. 하지만 경솔한 토끼는 이곳저곳 뛰어다니다가 목표 지점을 놓치고 결국 거북이가 이깁니다. 산비탈을 오르는 산양을 살펴봅시다. 산양은 자신을 쫓아오는 똑똑한 사냥꾼의 계략에는 당할 수가 없지요. 하지만 기운찬 산양이 잘 발달한 발굽으로 바위에서 바위로 힘차게 뛰어다니는 동안 사냥꾼은 뒤처지게 되고 결국 산양이 이기지요.

이제 염소자리에 대해 생각해 봅시다. 어디에서 이들을 찾을 수 있을까요? 자신을 발전시키고 향상시킬 수 있는 곳이라면 어디에든 있을 것입니다. 출세를 도모할 수 있고 야심을 실행할 수 있는 곳이라면 어디든 좋습니다. 사교 모임에 한번 가 보세요. 염소자리는 아무 근심 없이 파티나 즐기는 사람은 아니지만, 우리가 지금 알아보려고 하는 염소(산양)는 산꼭대기를 향해 올라가듯이 높은 사회적 지위를 향해 올라가는 사람들입니다. 사람들이 많이 모이는 한 그룹을 골라 봅시다. 수입이 좀 많은 상류층이면 더 좋습니다. 수입이 중간쯤 되는 그룹도 괜찮지만, 수입이 낮은 그룹일수록 염소자리를 찾을 확률이 적어집니다. 염소자리는 특별히 양의 탈을 쓰고 있지도 않고 탭댄스를 추거나 하는 식으로 사람들의 관심을 모으려 하고 있지도 않을 것입니다. 오히려 한 발짝 뒤에서 사람들을 동경의 눈빛으로 지켜보고 있을 것입니다. 당신은 처음에는 그 사람이 있는지도 모를 것입니다. 그는 주위에 있는 멋지고, 화려하고, 주장이 세고, 매력적이고, 의욕적인 사람들을 그저 조용하고 차분하게 지켜보고 있을 것입니다. 그 그룹에 있는 모든 사람들은 레이스(어떤 종류의 경주든)에 필요한 훌륭한 장비를 갖추고 있는 것처럼 보입니다. 허세를 부리는 사람도 많고 두려워하는 사람도 있지만, 모두들 아주 세련된 사람들입니다. 염소자리는 그런 사람들과 비교해서 별로 경쟁력이 없어 보이지요. 하지만 결국 염소자리가 이길 것입니다.

저는 몇 해 전에 뉴욕의 어떤 천문해석가가 운영하는 서점을 방문한 적이 있습니다. 저는 서점 주인이 물어보지도 않았는데 어떤 책을 들여놓아야 하는지부터 이런 저런 얘기를 하다가 천문해석학 이론에 대한 논쟁을 벌이기도 했습니다. 그런 후에 그 서점 주인이 염소자리라는 사실을 알게 되었고 그 주인은 제가 양자리라는 사실을 알게 되었습니다. 저는 잘난 체하면서 그 사람의 동쪽별자리를 추측해 냈고, 더 빨리 말하고 움직이면서 마치 제가 그 자리를 주도하는 것처럼 행동했습니다. 서점을 나오기 전에 그 주인은 저를 향해 부드럽게 미소 지으면서 매력적인 헝가리 억양으로 말했습니다. "염소자리는 항상 양자리를 이길 것입니다. 산양이 숫양을 이기거든요." 가볍게 한 말이었지만 그 주인은 상당히 진지했습니다. 서점을 나와서 저는 혼자 웃었지요. '자만심이 대단하네.'라고 생각했습니다. '아무도 더블 양자리를 이길 수는 없지.' 그런데 어떻게 되었는지 아세요? 제가 나중에 어떤 절판된 책을 찾지 못하고 있을 때 그 서점 주인이 그 책을 찾아냈습니다. 서서히 저는 그 서점 주인이 우월하다는 것을 인정하지 않을 수 없었지요. 이제 저는 그 주인이 저에게는 없는 부러운 염소자리 기질들을 보유하고 있다고 인정합니다. 아시겠지요? 염소자리의 승리입니다.

고백할 것이 또 있습니다. 양자리인 저는 지시받는 것을 싫어합니다. 양자리 작가들은 누가 자기 글을 편집하는 것을 용납하지 않습니다. 최근에 어떤 염소자리 여성이 제가 쓴 글들을 검토한다는 얘기를 들었습니다. 저는 무척 화가 났지요. 겉으로는 동의했지만 속으로는 저의 천재적인 글에서 토씨 하나라도 바꾸지 못하게 하겠다고 마음먹었습니다. 동의하는 척만 하려고 했지요. 그 편집자는 저의 예상과는 달리 조용하게, 심지어 소심할 정도로 조심스럽게 수정 제안을 했고 저는 그 수정 내용이 타당하다는 것을 명확하게 알 수 있었습니다. 왜 그 문장을 잘라낼 생각은 못했을까, 왜 그 단어를 바꿀 생각은 못했을까? 마지못해 편집자의 제안대로 글을 수정하고 보니 제 글이 확연하게 좋아졌습니다. 또 염소자리가 이긴 것이죠.

저는 마침내 호전적인 양자리 마음으로 염소자리와 싸우는 것은 소용없다는 결론을 내렸습니다. 여러분도 그렇게 생각하시는 편이 낫습니다. 염소자리 고객을 만난 불쌍한 세일즈맨은 고객을 한번 훑어보고는, '식은 죽 먹기로군. 자유의 여신상이라도 팔 수 있겠어.'라고 생각할 것입니다. 사람 보는 안목을 기르려면 한참 더 배워야겠어요.

염소자리는 무의식적으로 자신을 배경으로 위장하여 너무나도 자연스럽게 사람들과 섞이기 때문에, 염소자리만의 신체적인 특징을 알아내는 일은 쉽지 않습니다. 다부진 근육질일 수도 있고, 마르고 허약한 체질일 수도 있으며, 통통하고 부드러운 체형일 수도 있습니다. 하지만 체형에 관계없이 염소자리는 그 현장에 뿌리를 박고 있는 듯한 인상을 줍니다. 그가 다른 곳으로 옮기기로 결심하기 전까지는요. 일반적으로 토성인들은 곧게 뻗은 짙은 색 머리카락과 차분한 짙은 눈동자, 그리고 거무스름한 피부를 하고 있습니다. 물론 곱슬머리 금발과 파란색 눈동자의 염소자리를 만날 수도 있지만 자세히 살펴보세요. 솔직하게 말해서 그들에게는 짙은 색 머리카락과 눈동자, 그리고 어두운 피부색이 어울릴 것 같지 않으세요? 좀 설득력이 없는 주장이기는 하지만 타당한 의견입니다. 마를렌 디트리히*를 예로 들어 봅시다. 드레스덴 도자기 같이 하얀 피부, 녹색 눈동자, 옥수수 수염 같은 금발을 하고 있지요. 다시 한 번 살펴보세요. 그녀의 조용하고 신중한 행동을 잘 관찰해 보세요. 그녀의 깊은 허스키 보이스를 들어 보세요. 전설적인 냉정한 사업 수완과 현실적 야망에 주목해 보세요. 이런 모든 것들이 전형적인 흑갈색 머리를 한 백인 여성의 꾸준하고 믿음직한 모습에 훨씬 더 가깝지 않나

* 마를렌 디트리히(Marlene Dietrich, 1901~1992): 독일 출신 여배우로 미국에서 활동했다.

요? 이런 미묘함만 터득하고 나면 당신은 절대로 염소자리의 외모에 속지 않을 것입니다.

토성인의 성격에는 우울하고 진지한 분위기가 희미하게 감돌고 있습니다. 염소자리라면 어느 누구도 단호한 절제력과 자기부정이라는 토성의 영향에서 벗어날 수 없습니다. 염소자리는 대개 발이 튼튼하고, 실용적인 신발을 신습니다. 이들은 손재주가 많고 목소리는 즐거우면서도 부드럽게 설득하는 힘을 가지고 있습니다. 염소자리는 마치 깃털이불처럼 포근해 보이고 그렇게 행동하기도 하지만, 실제로는 단단한 못처럼 강인합니다. 모욕, 압박, 실망 그리고 의무감을 끈질기게, 마치 염소가 녹슨 깡통이나 유리 조각 같은 것을 소화시킬 때처럼 조용하게 부숴 버리지요. 진짜 염소처럼 염소자리 사람들은 강철 위장과 위험한 뿔을 가지고 있습니다. 명랑하고 잘 웃는 외향적인 염소자리들은 사방팔방 자신의 에너지를 발산하고 다니지만, 자기가 걷는 길에서 좌우로 한 치도 벗어나지 않습니다. 염소자리는 늘 다니던 길이 안전하다는 본능적인 믿음으로 위로 향하는 길을 꾸준히 따라 가고, 지름길에는 위험이 늘 도사리고 있다고 생각합니다.

염소자리는 자기보다 먼저 산 정상에 오른 사람들과 그 여정의 법칙을 세운 사람들을 무척 숭배합니다. 이들은 성공하고 싶어 하며 권위를 존중하고 전통을 중시합니다. 활동적이고 충동적인 사람들은 염소자리를 보고는 잘난 척하고 고루한 사람이라고 낙인을 찍습니다. 염소자리는 그런 비판이 경솔하고 어리석다고 생각하기는 하지만, 대체로 현명하게 처신하기 때문에 그런 비판에 대항해서 스스로를 방어하느라 불필요한 적을 만들지는 않습니다. 토성의 지배를 받는 이 사람들은 그냥 받아들입니다. 상대에게 동의하고 맞춰 줍니다. 아니면 그러는 척만 하는 것일지도 모릅니다. 염소자리는 사람들이 자기 앞에서 걷도록 내버려 두지만, 이상하게도 종종 염소자리가 먼저 목표 지점에 도달합니다. 그들은 조심스럽게 장애물과 날카로운 돌멩이들을 피해 갑니다. 당연히 어딘가 걸려서 넘어지는 일이 좀처럼 없습니다. 하늘에 있는 별에게 시선을 뺏기지도 않습니다. 그저 앞만 쳐다보며 두 발을 굳건히 땅 위에 디디고 있습니다. 질투심, 열정, 충동, 분노, 경박함, 낭비, 게으름, 경솔함 등은 모두가 장애물입니다. 남들은 그런 것에 걸려 넘어지지만 염소자리는 아닙니다. 염소자리는 실패한 사람들을 동정 어린 눈으로 쳐다보거나 과거에 그 사람들이 자기에게 베풀었던 조언과 도움에 대한 감사의 마음으로 잠깐 뒤를 돌아볼 수는 있지만, 곧 앞을 바라보고 자신의 목표에 도달할 때까지 정상으로 향하던 꾸준한 발걸음을 계속 이어 나갈 것입니다.

아주 유쾌하고 로맨틱한 염소자리도 있는데, 이들은 달의 이상한 기운과 나비 날개의 화려한 색상도 이해하는 사람들입니다. 하지만 그렇다고 해서 자신의 감정에 눈이 멀어서 사실을 보지 못하는 일은 없습니다. 전형적인 토성인들은 그렇습니다. 만약 염소자리가 상상과 환상으로 가득 찬 아름다운 시를 쓴다 해도, 그 주제는 현실적일 것이고 맞춤법은 정확할 것입니다. 그 시에는 요점이 있고 지나치게 감상적이지도 않을 것입니다. 염소자리에게 존경받으려면 전통을 거부해서는 안 됩니다. 예외적으로 대담한 염소자리라도 사회적으로 용인될 만한 최소한의 겉모습을 지키려고 합니다. 통제되지 않은, 날것 그대로의 벌거벗은 열정을 공개적으로 드러내는 행동은 염소자리를 당황스럽게 합니다.

가끔 자신의 야심을 숨기는 것을 잊어버리고는, 본인이 대장 노릇을 할 수 없는 일은 거부하는 염소자리도 있습니다. 자신에게 마땅히 자격이 있다고 생각하는 조직의 맨 꼭대기에서 일을 시작하겠다고 주장합니다. 이러한 고집 센 염소자리는 당연히 우울하고 비관적이며 냉정하고 이기적인 사람이 되어 무엇에도 만족할 수 없게 됩니다. 하지만 시련을 한두 번쯤 겪고 나면 다시 제자리로 돌아올 수 있습니다.

젊은 염소자리는 나이든 염소자리보다 삶에 대한 만족도가 더 큰 것으로 나타나는데, 여기에는 그럴듯한 이유가 있습니다. 대부분 동양 문화에서 염소자리 젊은이들은 조상과 연장자를 존경합니다. 연장자의 지혜와 경험에 대한 존중이 토성의 성향에 깊이 배어 있습니다. 그러나 젊은 염소자리가 어른이 되어 '존경스러운 조상'과 연장자들이 사라지고 나면, 신세대들의 거친 행동 때문에 경악을 하고 어리둥절해할 수 있습니다. 보수적인 염소자리는 머리를 절레절레 흔들고 혀를 끌끌 차며 옛날이 좋았다고 말할 것입니다. 하지만 다행스럽게도 대부분의 염소자리는 새로운 도전에 적응합니다. 머리가 희끗희끗해진 염소자리가 젊은이들과 어울리면서 본인이 젊은 시절에는 너무 진지해서 해 보지 못했던 일들을 처음으로 배우는 풍경은 사람들의 마음을 따뜻하게 해 줍니다. 나이든 염소자리는 불만에 가득 차서 꽁하게 앉아 있거나 아니면 사람들 속에 끼어서 흥겨운 춤을 추는 두 부류로 나뉩니다. 개중에는 어정쩡한 태도로 춤을 추는 사람도 있고, 음악에 발장단을 맞추기는 하지만 흥을 억누른 채 방관자처럼 앉아서 절대로 사람들 틈에 끼어들 용기는 내지 못하는 사람도 있습니다.

염소자리가 남의 일에 참견하거나 남의 소문을 퍼트리고 다니는 모습은 좀처럼 볼 수 없을 것입니다. 쌍둥이자리나 물고기자리와 충돌 각도를 맺고 있다면 약간 수다스러운 경향이 있을 수 있지만, 일반적으로 염소자리는 자기 일에만 관심이 있습니다. 타인이 원하지도 않은 조언을 자주 하는 편은 아니지만, 당신이 실용적인 지혜를 청하면 그들은 기꺼이 진지하게 조언해 줄 것입니다. 그리고 당신이 그 조언을 받아들이기를 기대합니다. 염소자리는 의무와 책임감에 대처하고 좌절을 견디는 방법을 몸에 익히고 있습니다. 그러므로 당신이 그의 조언을 따르지 않는다면 그는 시간 낭비로 여기고 당신을 동정하지도 않을 것입니다.

염소자리는 돈이나 사회적 지위를 위해서 결혼한다고 들으셨을 것입니다. 그 말은 약간 과장되어 있지만, "지휘자와 사랑에 빠지는 데 걸리는 시간은 세컨드 바이올린 주자와 말을 트는 데 걸리는 시간과 비슷하다."라는 말을 한 사람은 분명히 염소자리일 것입니다. 실용적인 염소는 자신이 재정적으로 준비가 되어 있지 않으면 사업에 뛰어들지 않고, 감정적으로 준비가 되어 있지 않으면 결혼을 하지 않습니다. 염소자리는 미래를 보장받기 위해서 좀 이상한 행동을 합니다. 그들은 늘 노후를 생각합니다. 염소자리 청년들은 본능적으로 삼촌이나 이모 댁에 가는 것을 즐깁니다. 편하고 가까운 관계로 지내는 것도 좋지만, 그것 말고도 그 친척들에게 증권이나 땅이 좀 있을지도 모르기 때문이지요. 이런 행동은 좀 냉정하고 계산적이긴 하지만 실용적인 태도이기는 합니다. 염소자리의 집에는 기회가 두 번 찾아오지 않는답니다. 첫 번째 기회가 노크하는 소리를 잘 들어야 하지요. 실제로 그는 문에 귀를 대고 기회가 찾아오기를 기다리고 있답니다.

염소자리는 어린 시절에 다른 아이들보다 체질이 약하고 자주 앓는 경향이 있지만 커 가면서 질병에 대한 저항력과 체력이 점점 좋아집니다. 냉철하고 절제된 성격 덕분에 전형적인 염소자리는 인내심이 매우 강하고, 그러한 생존력 덕분에 100살 넘게 사는 염소자리도 많이 있습니다. 토성인들은 의사와 병원을 가급적 피해야 하지만, 두려움과 불확실성, 근심과 우울함이 병균보다 더 치명적이어서 그러기는 어렵습니다. 아무리 질병을 이기기 위하여 식이요법을 하고 좋은 습관을 유지하고 끈질기게 저항해도 비관주의라는 위험을 극복할 수 없습니다. 병을 피하고 싶은 염소자리는 야외 운동을 많이 하고 긍정적이고 외향적인 성격을 길러야만 합니다. 시골의 신선한 공기와 관용이라는 신선한 바람이 합쳐지면 염소자리의 건강에 마법 같은 효과를 냅니다. 염소자리 남녀는 대부분 피부가 예민합니다. 신경성 발진이나 알레르기, 거칠고 건조한 피부, 다한증, 넓은 모공 또는 여드름 등으로 고생하곤 합니다. 잘 맞지 않는 음식을 먹거나 정신적인 고통을 받으면 쉽게 위장병에 걸리기도 합니다. 또는 팔이나 다리가 부러지는 사고를 당하기도 합니다. 슬개골, 관절, 뼈 부위도 다치기 쉽고 우울한 정신 상태로 인해 마비 증상, 극심한 두통, 신장병 등이 발생할 수 있습니다.

염소자리 중에는 아름답고 새하얀 건강한 치아를 가지고 있거나 아예 반대로 충치가 잘 생겨서 계속 치과 치료를 받아야 하는 사람이 있습니다. 일반적으로 말해서, 우울증으로 인한 질병만 피한다면 염소자리는 불굴의 정신으로 건강한 삶을 살 수 있습니다. 하지만 관절염이나 류머티즘에 시달리면서 마치 고목에 붙어 있는 마지막 잎사귀처럼 산다면 별로 재미없겠지요. 염소자리는 평소에 햇볕을 많이 쬐고 역경이 닥쳐도 웃어넘길 수 있는 여유를 가져야 합니다.

염소자리는 수줍음이 많고 다정하고 때로는 고집이 세기도 하지만 대체로 부드럽습니다. 절대로 남에게 해를 입힐 사람으로는 보이지 않지요. 그들은 믿고 모든 것을 털어놓고 싶어지는 든든한 사람이며, 당신의 자존심을 기분 좋게 세워 주는 사람입니다. 누가 이런 사람에게 야심가라고 비난하면서 상처를 줄 수 있을까요? 하지만 사실 염소자리는 그동안 죽 당신의 약점과 자만심 그리고 질투심을 이용해서 자신의 힘을 키우고 있습니다. 시간이 지나면 당신은 능력 있고 꼭 필요한 존재가 된 염소자리에게 지휘권을 넘겨주게 될 것입니다. 그러면 염소자리는 겸손하게 구석에서 권한을 행사하면서 지배를 시작합니다. 염소자리는 자신의 진정한 바람, 즉 리더가 되기 위해서 에고를 깊이 감추고 있습니다. 그들은 진지하고 신중한 지혜를 갖추고 있으며 과거를 존중하며 현재가 혼란에 빠지지 않도록 지키기 때문에, 당신은 안전하게 내일을 설계할 수 있습니다.

　염소자리는 굳이 대규모 브라스밴드가 이끄는 행렬의 선두에 서려고 하지는 않습니다. 대신 염소자리는 행사에 대한 허가를 내주고 그 행렬의 경로를 계획합니다. 공중곡예처럼 위험한 일에는 염소자리의 튼튼하고 안전한 그물망이 필요합니다. 규율과 격식의 칠흑 같은 검정색과 짙은 감청색, 견실한 실용성의 갈색, 깊고 솔직한 꿈의 진초록색이 인내심 많은 염소자리의 무지개 색깔입니다. 부드러운 이끼가 카펫처럼 깔려 있고 아이비 덩굴이 자라고 있는 조용한 염소자리의 숲으로 천천히 걸어 들어가서 토성의 여덟 가지 숨겨진 보물을 찾아보세요. 늘어진 버드나무 아래에는 화려한 붉은색 루비가 묻혀 있을 것입니다. 그 숲에 머무르면서 순수한 오닉스*의 영원한 아름다움을 경험해 보세요. 염소자리의 납은 단단하고, 염소자리의 석탄은 꺼지지 않는 불꽃을 피워 냅니다.

* 오닉스(onyx): 8월의 탄생석

염소자리로 알려진 유명인

냇 킹 콜Nat King Cole

마틴 루서 킹Martin Luther King

벤저민 프랭클린Benjamin Franklin

아이작 뉴턴Isaac Newton

에드거 앨런 포Edgar Allen Poe

헨리 밀러Henry Miller

*덴절 워싱턴Denzel Washington

*스티븐 호킹Stephen Hawking

*엘비스 프레슬리Elvis Presley

*김대중

*안성기

*이소라 (가수)

리처드 닉슨Richard Nixon

모택동(마오쩌둥)毛澤東

아바 가드너Ava Gardner

알베르트 슈바이처Albert Schweitzer

캐리 그랜트Cary Grant

험프리 보가트Humphrey Bogart

*루이 파스퇴르Louis Pasteur

*앙리 마티스Henri Matisse

*움베르토 에코Umberto Eco

*박진영

*윤석화

*양현석

염소자리 남성

♑

"역무원을 기다리게 하지 마, 꼬마야!
저 사람 시간은 일 분에 천 파운드야!
그렇게 계속 손가락을 튕기지 좀 말거라.
아무 말도 안 하는 게 나아.
말 한 마디에 천 파운드니까!"

염소자리 남성은 직접 만든 벽돌로 자기 주변에 울타리를 쌓아 두고 삽니다. 그는 부끄러움을 좀 타지만, 강하고 굳센 사람입니다. 또한 즐거운 사람이지만, 불타는 야망을 간직하고 있습니다. 염소자리 남성은 과묵하고 소박한 카우보이처럼 혼자 있는 것을 더 좋아하는 듯이 보이지만, 실제로는 별로 그렇지 않습니다.

염소자리는 내심 사람들의 칭찬을 바라고 있습니다. 날아다니는 서커스 그네 위에서 관중들이 전율하도록 만들고 싶어 합니다. 혼자 꿈을 꿀 때는 못 말리는 낭만주의자이지만, 토성이 그의 본성을 뒤덮고 있습니다. 규율을 중시하는 엄격한 별, 토성은 염소자리에게 침착한 태도와 실용적인 행동, 진지한 목적성을 요구합니다. 염소자리가 짊어지고 있는 이런 십자가는 종종 너무 무겁게 느껴지기도 합니다. 그는 가끔은 자신의 절망감을 퉁명스러운 태도로 숨기기도 하고, 가끔은 예상하지 못한 이상한 유머로 당신을 놀라게 하기도 합니다.(염소자리는 늘 다양한 종류의 반어적 농담을 구사합니다.) 염소자리가 천연덕스럽게 풍자적인 농담을 할 때에는 세상에서 제일 웃기는 사람이 되기도 합니다.

끈기 있고 믿음직한 염소자리 남성의 내면을 살펴보면, 즐겁고 온화한 몽상가처럼 자유로운 바람이 머리칼을 날려 주기를 갈망하는 모습을 발견할 것입니다. 또한 짜릿한 모험에 대한 갈증을 느끼기도 하고 사람들의 달콤한 칭찬에 중독되어 있기도 합니다. 선택된 소수의 사람들만이 이 외로운 영혼을 비밀스러운 감옥으로부터 해방시킬 수 있답니다.

당신이 책을 표지로만 판단하려고 하는 사람이라면, 태양별자리는 당신에게 아주 많은 도움을 줄 수 있습니다. 당신은 염소자리 남성이 훌륭한 교사는 될 수 있지만 사랑에 있어서는 형편없을 거라고 생각했을 것입니다. 그는 자기 이름이 당신 일기장에 적히기보다는 고급 사교 모임의 방명록에 적히기를 더 바랄 거라는 인상도 받았을 것입니다. 또한 그 사람은 당신의 남자가 되는 것보다는 대통령이 되는 것에 더 관심이 많을 거라고 막 결론을 내리려는 참이었지요? 그런데 지금은 그 사람이 어느 겨울밤에 느끼는 훈훈한 장작불의 온기처럼 따뜻하고 친절하다는 사실을 깨닫게 됩니다. 그가 당신을 달나라로 보내 줄 것이라는 기대에 부풀어서 그를 와락 안으러 달려가기 전에 잠시만 기다려 보세요. 제가 방금 설명한 그런 놀라운 면모는 염소자리 내면의 본성 중 일부에 불과합니다. 그 염소자리 남성을 떠올리기만 해도 황홀하고 가슴 벅차겠지만, '내면의 본성'이라고 한 점에 주목해 주세요. 어쩌면 그 사람은 그런 경솔한 꿈을 겉으로 드러내고 싶어 하지 않을지도 모릅니다. 그러니 그의 마음속에 그런 꿈이 있다는 것만 알아 두시기 바랍니다. 그걸로 충분합니다. 염소자리 남자친구가 맨발로 초원을 달릴 거라고 기대하지 마세요. 근본적인 토성의 성격은 바꿀 수 없답니다.

당신이 할 수 있는 것은 그의 털북숭이 강아지 이야기를 즐겁게 들어 주어서 그가 이야기를 이어 나갈 용기를 낼 수 있도록 해 주는 것입니다. 당신은 염소자리 남성이 충분한 자신감을 얻기 전에는 보수적인 태도 이면에 숨겨 놓은 불꽃을 잘 드러내지 않는다는 것을 눈치 챌 수 있을 것입니다. 실현한 꿈이야말로 진정 밝은 꿈이기에 그 사람의 꿈이 가장 눈부시다고 그에게 얘기해 주면, 그는 더 많은 꿈을 하나씩 엮어 나갈 용기를 얻을 것입니다. 그러면 언젠가 자신만의 특별한 산 정상에 도달할 것이고, 당신은 그 곁에서 든든한 염소를 자랑스러워하며 또한 그 실용적인 꿈들을 믿어 왔던 스스로를 뿌듯해하며 서 있을 것입니다.

염소자리는 본인이 칭찬 없이도 살 수 있는 척하는데, 실제로 칭찬을 들었을 때 그들의 무표정한 얼굴을 보면 정말 그런가 보다 싶기도 합니다. 속단하지 마세요. 염소자리가 스스로를 기만하는 데 일가견이 있다고 해서 당신까지 속을 필요는 없습니다. 사실 염소자리 남성은 자신이 좋은 사람이고 똑똑하며 잘생기고 인기가 많고 흥미로운 사람이라는 얘기를 누구보다도 절실하게 듣고 싶어 하지만, 이러한 욕구를 드러내지 않기 때문에 주위 사람들도 그런 말을 좀처럼 해 주지 않습니다. 그 결과 염소자리 남성은 연애에 상당히 서툴고, 누군가가 그에게 드러내 놓고 호감을 표현하면 어떻게 반응해야 할지 잘 몰라서, 냉소적인 농담을 하거나 상대를 무시함으로써 자신이 당황하는 모습을 숨기려고 합니다. 이런 태도는 사람들의 마음을 얼어붙게 해서 그들이 이 무표정한 인간에게 두 번 다시는 마음을 열지 않겠다고 결심하게 만듭니다. 염소자리 남성은 계속 칭찬을 싫어한다는 인상을 풍기고, 사람들은 점점 더 그에게 좋은 말을 해 주지 않게 됩니다. 악순환이 반복됩니다. 어쩌면 염소자리 남성의 잘못이라기보다는 당신의 잘못인지도 모릅니다. 다음번에 염소자리 남성에게 칭찬을 해 줄 때에는 그 사람의 귀를 잘 살펴보세요. 새빨갛게 달아오른답니다. 희미하게 떨리는 눈꼬리와 살짝 실룩거리는 코도 놓치지 마세요. 그는 기뻐서 어쩔 줄 몰라 할 것입니다. 염소자리 남성이 사자자리처럼 빠른 춤곡에 몸을 맡기거나 잔디밭 위를 구르지 않는다고 해서 우쭐해하지 않는 것은 아닙니다. 그는 사람들이 자신을 진정으로 훌륭한 사람이라고 보아 주기를 바라고 있습니다. 타고난 성격과 별자리가 그런 바람을 드러내지 못하게 하고 있을 뿐입니다. 당신이 대신 나서서 그 사람의 마음을 광고해 주어야 합니다.

염소자리 남성은 대기만성형입니다. 젊은 시절에는 부엉이처럼 진지하지만 성장해 가면서 점점 여유가 생길 것이고, 전형적인 염소자리라면 나이가 들어도 외모가 상당히 젊어 보이고 행동도 젊은이처럼 할 것입니다. 바로 이 부분이 고려해 볼 만한 점입니다. 다른 남성과 함께라면 당신은 젊은 시절에는 그의 변덕과 어리석음을 오랫동안 견뎌야만 할 테고, 나이가 들면 고리타분한 노년을 보내게 되겠지요. 하지만 염소자리 남성은 그 반대입니다. 처음에는 당신의 열정을 약간 억제해야 하겠지만, 나중에 나이가 들어서 어떤 시간을 보낼지 한번 생각해 보세요. 염소자리 남편은 연애를 시작하던 시절에는 파리로 밀월여행 가자는 말을 하지 않겠지만, 40대나 50대가 되어 다른 남성들은 무릎이 아프다고 투덜거리고 있을 때 당신을 타지마할로 데려갈 것입니다. 괜찮은 전환입니다. 당신이 식당에서 일단 풍부한 전채 요리로 배를 채운 다음에 채소는 의무감으로 먹는 사람이라면, 염소자리 남성은 어울리지 않습니다. 염소자리 남성과의 연애는 (결혼까지 골인한다면) 순서대로 달콤한 디저트를 맨 마지막에 먹는 것과 같습니다.

염소자리가 나이를 거꾸로 먹는다는 것은 당신이 그의 한결같은 충실함을 기대해도 좋다는 의미입니다. 연애 초기에 염소자리 남성이 한눈을 팔 거라는 걱정은 별로 할 필요가 없습니다. 또한 나이가 들수록 더 쾌활해집니다. 그리고 무엇보다도 신의만큼은, 다른 어떤 태양별자리보다도 염소자리 남성에게서 기대하는 것이 가장 안전합니다. 염소자리 남성은 가족에게 충성을 다합니다. 나이 들어 늦바람이 들면서 일탈을 꿈꾸기도 하지만 절대로 가족이라는 횃불, 즉 당신과 자녀들을 놓지 않을 것입니다. 그는 가족의 연대를 숭배하다시피 하는 사람입니다. 그 가족에는 당신과 함께 꾸린 가족과 부모님이 꾸린 가족도 포함되는데, 후자의 경우 어린 시절부터 이미 헌신해 왔을 것입니다.

그러니 시어머님을 모욕하거나 그의 형제들에게 냉정하게 대하는 것은 현명한 처사가 아닙니다. 시댁 가족들이 아무리 가시 돋친 선인장처럼 다루기 힘든 사람들일지라도, 그들을 사랑할 마음의 준비를 해야 합니다. 염소자리 남성은 자신의 가족을 옹호할 뿐만 아니라 만약 당신이 시댁 식구들과 논쟁이라도 벌이면 두 가족에 대한 신의 사이에서 어느 쪽을 선택해야 할지 압박을 받다가 결국 시무룩하고 우울해집니다.(세상에서 당신이 절대로 보고 싶어 하지 않을 만한 것이 바로 시무룩하고 우울한 염소자리랍니다.)

때로는 자신의 가족을 노골적으로 경멸하거나 가족과의 인연을 끊고 절대로 뒤돌아보지 않는 염소자리 남성을 만날 수도 있지만, 그런 독립심의 내막을 살펴보면 과거의 깊은 감정적 상처를 발견할 수 있을 것입니다. 염소자리 남성은 다른 친구들이라면 집을 떠나서 자유로운 젊음을 만끽할 만한 나이를 훨씬 지나서까지 부모님과 함께 삽니다. 다른 남성들보다 훨씬 늦게 사랑에 빠지고, 본인이 직업을 갖고 어느 정도 안정되기 전에는 좀처럼 결혼을 하지 않습니다.

염소자리 남성은 주위를 신중하게 둘러보면서 훌륭하고 완벽한 가문의 여성을 찾을 것입니다. 염소자리는 무엇보다도 좋은 어머니가 될 수 있는 여성을 선택합니다. 그리고 좋은 요리사이자 훌륭한 가정주부가 될 수 있어야 하지요. 또한 남편의 거래처 사람들이나 친구들에게 좋은 인상을 줄 수 있도록 옷도 잘 입어야 하고 그 사람들보다도 사회적 배경이나 예의범절, 가정교육 그리고 지능까지도 더 뛰어나야 할 것입니다. 마지막으로 그는 자신이 선택한 여성이 아름다운지 또는 자신의 육체적 감각을 자극하는 매력이 있는지도 확인해 볼 것입니다. 당신의 머리 스타일이 흐트러져 있거나 향수를 뿌리지 않았거나 당신의 다리가 미스 유니버스처럼 늘씬하지 않다면 아마 기회가 없을 것입니다. 가족 대대로 물려받은 도자기를 그에게 보여 주세요. 1주일에 한 번씩은 그 사람의 어머니를 점심 식사에 초대하고, 당신이 한 달 용돈을 얼마나 알뜰하게 쓰고 있는지도 알려 주세요. 다음 데이트에는 당신의 네 살짜리 막내 여동생을 데리고 나가세요. 당신이 외동딸이라면 이웃집의 꼬마라도 데리고 나가세요. 아기의 작은 코를 제대로 된 면 손수건으로 부드럽게 자주 닦아 주면서 시장이 주도하는 도시발전위원회의 위원이 되고 싶다고 얘기하세요. 조신하게 걷고, 가끔은 불어로 된 문구를 인용하고, 유모차를 타고 있는 아기를 보면 까꿍! 하고 인사하는 것도 잊지 마세요. 그 사람의 아버지에 대해서는 당신이 지금껏 만나 본 사람들 중에 가장 현명한 분이라고 치켜세우고, 당신의 작은할아버지는 카네기가 왕국을 건설하는 데 도움을 주었다고 언급하거나 또는 조지 워싱턴 장군과 포지 계곡 전투에서 눈보라 속에서도 함께 싸웠다는 얘기도 꼭 해 주세요.(어떤 전투였던 간에 상관없습니다.) 당신의 외모는 예쁘면 예쁠수록 좋습니다. 하지만 미모는 당신이 그의 사촌동생에게 짜 준 털모자만큼의 위력은 발휘하지 못합니다. 장담컨대, 당신이 그 염소자리 남성 가족들의 심사를 통과하지 못한다면 그는 절대로 당신과 결혼하지 않을 것입니다. 물론 예외는 있겠지만, 대단히 드물 것입니다.

당신은 염소자리 남성의 가족이 당신에게 청혼을(그 남성이 청혼하는 것과 같습니다.) 한 후에는 단호한 태도를 취해야 합니다. 아주 확고하게요. 당신은 그 사람의 가족을 진심으로 사랑하지만, 당신이 같이 살기로 결심한 사람은 바로 그 사람이라는 것을 반드시 알려 주어야 합니다. 그렇지 않으면 당신은 매주 토요일마다 그 사람의 친척들을 위한 저녁 식사를 준비하느라 시간을 보내야 하고, 고민 많은 사춘기 시누이의 고민을 들어 주느라 밤을 새야 할 것입니다.

염소자리 남성은 이성이 나타나면 약간 긴장하기 때문에, 어색한 말실수를 하거나 거칠고 냉담한 모습을 보이기도 합니다. 하지만 그런 모습은 염소자리 남성이 당황스러움이나 호기심을 숨기는 전형적인 방법일 뿐입니다. 그렇다고 해서 자신의 보니* 역에 어울리는 클라이드 역을 당신에게 원하고 있다고 생각하면 안 됩니다. 당신은 매 웨스트** 같은 여성이 아닙니다. 당신이 숙녀라는 사실을 잊지 마세요. 염소자리

---

* 보니와 클라이드(Bonnie and Clyde): 미국의 혼성 은행 강도로 1967년 아서 펜 감독이 영화화 함.
** 매 웨스트(Mae West, 1893~1980): 미국 영화배우이자 희곡작가. 노골적인 성적 표현으로 유명한 페미니스트.

남성은 매춘부에게 엉큼한 눈길을 던지기는 하지만, 절대로 결혼하고 싶어 하지는 않습니다. 믿지 못하겠다면 십대들이 입는 비키니에 초록색 마스카라를 하고 향수를 듬뿍 바른 채 사람들 앞에서 염소자리 남성에게 키스를 해 보세요. 당신은 언젠가 웨딩드레스를 입고 결혼식장에 입장할 수는 있겠지만, 상대는 염소자리 남성이 아닐 것입니다.

시집은 염소자리 남편에게 좋은 선물이 될 수 있습니다. 낭만적인 시집일수록 더 좋습니다. 처음부터 그에게 애정 표현 기술을 훈련시키지 않으면, 아무리 부족함 없이 사랑받고 존중받는 아내로 살게 되더라도 당신은 애정에 굶주리게 될 것입니다. 그때가 되어서 남편이 당신에게 사랑한다는 말을 해 주지 않는다고 불평해도 소용이 없습니다. 남편은 억울한 표정으로 혹은 불만스러운 표정으로(남편의 출생차트에서 토성이 얼마나 강력한지에 따라 다를 수 있습니다.) 당신을 쳐다보면서 "제 정신이 아니군. 당신에게 약혼 반지를 주면서 사랑한다고 말했고, 우리 첫애가 태어날 때도 다시 사랑한다고 했던 걸 난 분명히 기억하고 있는데."라고 침착하게 설명해 줄 것입니다.

염소자리 남성은 그가 당신을 부양하고 있으며, 당신으로 하여금 그의 아이를 낳고 그의 집을 쓸고 닦을 수 있도록 해 줬기 때문에, 당신에 대한 그의 감정이 어떤지를 당신이 당연히 알고 있을 거라고 생각합니다. 염소자리 남성에게 지나치게 감상적인 말은 불필요합니다. 그는 "내가 리처드 버튼이라도 되기를 바라는 거예요?"라고 반문할지도 모릅니다. 그럴 때 당신은 "네!" 하고 크게 대답하면 됩니다. 염소자리 남편은 약간 당황하겠죠. 그는 리처드 버튼이 되지는 않겠지만 가끔은 적절하게 "자기야." 하고 부드럽게 속삭이더라도 자신의 남성성에 흠이 생기지 않는다는 사실을 깨닫고는 적잖이 놀랄 것입니다.

아버지로서 염소자리 남성은 말 그대로 전형적인 아버지가 될 것입니다. 늘 식탁의 상석에 앉고 소풍을 가도 마찬가지입니다. 설령 개미집 근처에 있는 옻나무 덩굴 위에 종이를 깔고 앉더라도 염소자리 아버지가 앉는 자리가 상석이 됩니다. 그는 아이들에게 존경과 복종을 요구할 것이고 규칙적인 생활과 규율을 따르라고 요구할 것입니다. 하지만 염소자리 아버지는 정직과 헌신으로(심지어 자기를 희생해서라도) 아이들에게 보상해 줍니다. 그는 생일 파티나 크리스마스 파티를 성대하게 열어 줄 것입니다. 염소자리 아버지는 아이들의 버릇이 나빠질 정도로 매를 아끼지는 않습니다. 그는 아이들이 치과에는 잘 가는지 숙제는 잘하는지 지켜볼 것이고, 필요하다면 따끔하게 혼을 내기도 합니다. 그가 가지고 있는 조직과 신뢰에 대한 감각은 아이들에게도 그대로 전달될 것입니다. 아이들의 콧대가 좀 꺾이기는 하겠지만 절대로 아이들에게 해가 되지는 않을 것입니다. 부모가 된다는 것은 진지한 책임감을 느끼게 하는 동시에 재미있는 일이 될 수도 있다는 것을 염소자리 남편에게 일깨워 주세요. 염소자리 남편이 찰스 디킨스 타입의 아버지라고 생각하세요. 그에게 아이들이 잠자리에 들 때 따뜻하게 굿나잇 키스를 하도록 가르치고, 아이들을 데리고 공놀이를 하거나 수영이나 낚시를 하라고 북돋워 주세요. 염소자리 아버지는 지나칠 정도만 아니면 약간 엄격하게 행동하는 것이 아이들에게 도움이 된다는 것을 기억하세요. 손자가 자신의 무릎 위로 뛰어 올라온다면 염소자리 남성은 놀랍게도 그 응석을 잘 받아 줄 것입니다. 염소자리 할아버지들은 아기를 아주 잘 봅니다. 예전에 저는 둘째 손자와 함께 롤러스케이트를 타고 동네를 도는 염소자리 할아버지를 본 적이 있답니다.

　　염소자리 남성은 서둘러 결혼하고 나중에 후회하는 일이 좀처럼 없습니다. 오히려 나중에 결혼을 하고 급하게 후회를 하는 편입니다. 염소자리의 결혼은 대부분 공고하지만, 자신이 실수했다고 판단하면 갑자기 떠나 버리기도 해서 아내가 어떻게 손써 볼 도리가 없게 만들기도 합니다. 염소자리는 이혼을 굉장히 싫어하기 때문에 자주 일어나는 일은 아니지만, 한번 결심하면 그게 최종 선택이 됩니다. 다시 말해서 한다면 하는 사람이지요.

염소자리 남편은 사람들에게 안부인사 보내기, 장보기, 은행 업무 보기, 박물관이나 미술관 가기, 골프채 닦기, 트로피 모으기 등 계획을 세워서 하는 것처럼, 부부간에 사랑을 나누는 일도 계획을 세웁니다. 좀 냉정하고 감성이 메마른 것처럼 보이지만, 염소자리는 다른 남성들이 자신의 감정을 표현하려면 시라도 써야 하는 시기가 되어야 육체적 사랑에 관심을 가진다는 것을 기억하세요. 제가 처음에 이야기한 대로입니다. 디저트를 나중에 먹는 것이죠. 그는 은퇴하고 나서야 자신의 애정 표현 기술을 갈고 닦을 수 있는 시간을 더 많이 갖게 되는 것입니다. 염소자리 남편과 함께라면 당신은 보험보다 안전한 보장을 받게 되는 것이지요. 시련이 닥칠 때를 대비한 보험, 외로울 때를 대비한 보험, 그리고 이 험한 세상에 대비한 보험 말입니다. 지각 있는 여성이라면 염소자리 남성의 헌신에 감사하게 될 것입니다. 그는 황홀한 눈빛으로 당신을 바라보면서 화려한 미사여구로 구애하는 불같은 연인은 아닙니다. 하지만 그는 당신이 가지고 있는 모든 두려움으로부터 당신을 지켜 줍니다. 부드러운 마음을 가진 강인한 남성이랍니다. 포근한 모닥불을 피우기 위해 장작을 패고, 그 불 앞에 당신과 나란히 앉아서 당신의 손을 따뜻하게 잡아 줄 것입니다. 세월이 지나 당신 머리가 희끗희끗해지고 얼굴에는 주름이 가득하더라도 그에게 있어 당신은 언제나 "사랑해."라고 말하게 만드는 아가씨입니다. 그러니 그 말을 반복할 필요가 뭐가 있겠어요? 그렇게 평생 가는 사랑인데 한 번이면 족하지요.

염소자리 여성

ŋ

그러면서 앨리스는 일어나서 주위를 걸어다녔다.
처음에는 혹시 왕관을 떨어뜨릴까 봐 조심스러워서 자세가 좀 뻣뻣했다.
하지만 아무도 보고 있는 사람이 없다는 생각에 마음이 놓여 다시 앉으며 말했다.
"만약에 내가 진짜 여왕이라면 곧 이런 것도 잘할 수 있게 될 거야."

염소자리 여성에게는 전형적이라는 말이 잘 어울리지 않습니다. 그녀는 할머니나 낄 만한 안경을 쓴 박물관 큐레이터가 될 수도 있고, 반짝이 의상을 입고 춤을 추는 댄서가 될 수도 있습니다. 지루한 학부모회를 사무적으로 운영하거나, 패스트푸드 가게에서 햄버거를 만들고 있거나, 또는 대형 자선 행사를 조직하고 있을 수도 있습니다. 또한 신문의 사회면 칼럼을 장식하고 있거나, 선거 운동을 하는 남편 뒤에서 얌전하게 웃고 있거나, 또는 시험관에 신비의 약물을 붓고 있을 수도 있습니다. 하지만 무엇을 하든 무슨 옷을 입든 간에 토성이 염소자리 여성의 행동과 은밀한 목표를 지배할 것입니다.

염소자리 여성은 남성의 보호본능을 불러일으킬 정도로 매우 여성스럽고 매력적인 여성일 수 있습니다. 아니면 대리석 반석 위에 앉아서 당신이 그녀의 우월함을 넘어설 수 있을 만큼 똑똑한지 시험해 보는, 냉정하고 과묵한 여성일 수도 있습니다. 어떤 성격을 보여 주든 간에 그 이면에 있는 목표는 동일합니다. 그녀는 앞으로 큰 인물이 되어서 자랑스러워할 수 있는, 그리고 아이들에게는 좋은 아빠가 될 수 있는 제대로 된 남성을 얻고자 하는 굳건한 의지가 있습니다.

염소자리 여성은 대부분 커리어 우먼이기 때문에 일에 비해서 사랑과 결혼을 소홀하게 여길 거라고 생각할지도 모릅니다. 사랑에 대해서라면 그 생각이 맞을지도 모릅니다. 하지만 결혼에 대해서라면 아닙니다. 염소자리 여성이 추구하는 목표는 안정적인 미래, 권한, 존경 그리고 지위라는 점을 이해하셔야 합니다. 이러한 욕구를 교사가 되어 교단에서 충족하든, 기업의 사장이 되어 큰 책상에 앉아서 충족하든, 혹은 야심이 많은 남편 옆에서 가정을 우아하고 계획적으로 관리해 나가면서 충족하든 별 차이가 없습니다. 어떤 식으로든 염소자리 여성은 자신의 존재를 인정받을 것입니다. 어떤 여성은 책을 쓰거나 강의를 통해서 혹은 그림이나 작곡을 통해서 인정받습니다. 남녀를 불문하고 염소자리 사람들 중 다수가 남다른 예술적 재능을 가지고 있다는 것은 놀라운 사실입니다. 어쩌면 무엇이 기분 좋은 것이고 무엇이 옳은지를 아는 균형과 조화에 대한 내적인 감각에서 기인하는지도 모릅니다.

약간 민감한 이야기이기는 하지만, 스트립쇼를 하거나 매춘부라는 유서 깊은 직업에 종사하는 염소자리 여성조차도 가장 잘 나가는 남자배우나 극장대표, 혹은 가장 부유한 고객과 결혼하게 됩니다. 염소는 산 꼭대기를 향해 올라가야 합니다. 시작하는 위치가 높건 낮건 간에 산 정상에서 가장 만족스러운 경치를 찾을 것입니다. 염소자리 여성에게는 호화로운 것이 없습니다. 목청을 높이거나 노골적으로 자신의 주장을 관철시키려고 하거나 맨 앞자리를 차지하겠다고 남들을 밀치는 모습은 거의 볼 수 없습니다. 오히려 너무 유순해 보여서 당신은 그녀가 기꺼이 뒷자리에 남아 있을 거라고 생각할 수도 있습니다. 하지만 나중에 결국 누가 승진을 하는지 확인해 보세요.

염소자리 여성이 결혼 때문에 일을 절대로 포기하지 않을 것이라고 오해할 필요는 없습니다. 사회적 지도자가 될 기회와 관리가 잘 되는 대저택의 안주인이 될 기회를 동등하게 주면 그녀가 얼마나 빨리 직업에 대한 흥미를 잃는지 볼 수 있을 것입니다.(염소자리 여성이 빨리 하는 몇 안 되는 행동 중에 하나입니다.) 만약 당신이 염소자리 아내가 계속 일하기를 원한다면 아내는 당신의 성공을 돕기 위해서 기꺼이 계속 일을 할 것입니다. 절대로 게으름을 피우지도 않습니다. 하지만 그런 경우가 아니라면 가정주부로서 자신의 지위를 즐기는 것을 더 좋아합니다. 가문이 좋고 경제적으로 충분히 여유가 있다는 전제조건 하에서요.

염소자리 여성의 가장 전형적이면서도 좋은 면은 타고난 가정교육과 우아한 태도입니다. 형편이 정말 어려운 집에서 자란 염소자리 아가씨를 만날 수도 있는데, 그녀가 스스로 자신의 성장 환경에 대해 얘기하지 않는 한(아마도 얘기하지 않을 것입니다.) 당신은 그녀가 전통 있는 가문 출신이고 최고의 예비신부 교육을 받은 사람이라고 확신할 것입니다. 염소자리의 타고난 사교적 우아함과 보수적이고 전통적인 외모 때문이지요.

염소자리 여성과 연애하는 남성이라면 기본적인 사실을 한 가지 알고 있어야 합니다. 염소자리 여성은 실제보다 더 침착하고 감정적으로 안정된 모습을 보여 줍니다. 돌처럼 단단하고 차분한 그녀의 겉모습을 흐트러뜨릴 것은 아무것도 없어 보입니다. 하지만 실제로 염소자리 여성은 다양한 기분 상태에 시달립니다. 여성이라면 누구나 그렇지 않느냐고 말할 수 있겠지만, 염소자리 여성은 아주 우울한 기분이 오래 지속될 수 있습니다. 온당한 대접을 받지 못하고 있다거나 인정을 받지 못하고 있다고 느끼면 며칠이나 몇 주 또는 몇 달 동안이라도 그것을 곱씹고 있습니다. 본인은 그것이 합리적이고 실용적인 태도라고 하지만, 토성의 우울함과 비관주의는 그보다 훨씬 더 깊이 자리 잡고 있습니다. 이러한 감정은 미래에 대한 두려움, 현재에 대한 걱정, 그리고 과거에 대한 후회로부터 시작되거나 또는 자신이 놀림 받고 있다는 의심이나 무언가 불합리하다고 느끼는 감정에서부터 시작됩니다. 염소자리 여성은 놀림 당하는 것을 가볍게 넘기지 못합니다. 그러니 자제하는 것이 좋습니다. 솔직하게 말하자면 염소자리 여성은 자신이 농담의 대상이 되는 것도 참지 못합니다. 그렇다고 해서 너무 칭찬을 남발할 필요도 없습니다. 진실하지 않은 칭찬은 어떤 식으로든 알아차리기 때문입니다. 그러므로 중요한 사안에 대해서 절대로 장난치지 말고 당신이 그녀의 진정한 가치를 알고 있다는 것을 그녀가 깨달을 수 있도록 자주 칭찬해 주어야 합니다.

염소자리 여성은 연애할 때 느긋한 마음을 갖는 것이 어렵습니다. 무심해 보이는 겉모습과는 달리 생각보다 많은 육체적 욕망이 있으며 그것은 절대로 가볍게 채워지지 않습니다. 미래가 아무것도 정해지지 않은 상태라면 숨 막힐 듯한 포옹과 황홀한 키스를 하면서 시간을 낭비하는 것은 좋아하지 않습니다. 하지만 당신의 경제적 상태가 확실하거나 야망이 충분하다고 판단되고 자신의 남자라고 확신하면, 염소자리 여성은 안아 주고 싶은 판다 곰처럼 다정다감하며 심지어 열정적인 모습까지 보여 줍니다.

염소자리는 안개 자욱한 하늘을 정처 없이 헤매는 듯한 희미한 꿈은 믿지 않습니다. 사랑의 배가 자신을 어디로 이끌고 있는지, 안전한 바다를 항해하고 있는지 알고 싶어 합니다. 염소자리 여성을 결혼식장까지 모셔 가려면 당신이 꾸릴 가정은 단단한 기초 공사가 되어 있어야 합니다. 보험도 여러 개 가입해 두어야 하고 아파트 대출금도 다 갚았거나 곧 다 갚을 수 있어야 합니다.

염소자리 여성은 완벽한 에티켓을 갖춘 사교적인 여성이 될 것이며, 이름이 새겨진 손수건이나 바늘로 수놓은 의자 같은 고풍스러운 스타일을 좋아합니다. 모든 것들은 제자리에 놓여 있어야 하고, 전통은 무슨 수를 써서라도 지켜야 합니다. 가장 비싸고 독보적인 가게에서 쇼핑을 하고 싶어 하면서도 동시에 가격을 깎으려고 하는 모순적인 쇼핑 습관이 있습니다. 그녀는 고급 브랜드라면 세일 중인 옷이라도 좋아합니다.

염소자리 여성에게는 신선한 아름다움이 있습니다. 염소자리 여성 중에 특별히 아름답지 않은 사람은 찾아볼 수 없을 것입니다. 하지만 이들은 보통 자기 외모에 자신이 없기 때문에 그들이 예쁘다는 것을 자꾸 확인시켜 줄 필요가 있습니다. 비록 염소자리 여성들이 어떤 형태로든 거짓을 싫어하기는 하지만 나이만은 예외입니다. 그녀는 토성의 이상한 장난 덕분에 별로 나이 들어 보이지 않기도 합니다. 어릴 적에는 나이 든 아줌마처럼 보이지만 인생의 황금기를 지나면 얼굴이 갑자기 어린 소녀처럼 활짝 핍니다.

염소자리 여성의 가족을 무시하는 행동은 최악의 실수가 될 것입니다. 염소자리 여성과 결혼하는 남성은 그녀의 가족과 결혼하는 셈입니다. 당신의 아내는 다를 것이라고 생각하면 오산입니다. 다르지 않습니다. 당신은 언젠가부터 장모님의 농담을 비웃는 일을 더 이상 하지 않게 될 것입니다.(그 대신 눈물까지 흘리면서 맞장구를 치게 될지도 모릅니다.) 염소자리 여성은 가족을 경제적으로나 도덕적으로 혹은 동시에 두 가지 면에서 혼자 지원하고 있는 경우가 많습니다. 결혼을 완전히 포기할 만큼 헌신적으로 병든 부모를 돌보고 있을 수도 있습니다. 가족에 대한 진실한 사랑 때문에 종종 그런 희생을 감내하지만, 설령 그런 상황 때문에 화가 난다고 하더라도 강한 책임감과 의무감 때문에 도망치지도 못할 것입니다.

당신은 장모님에게 아첨을 해야 한다는 사실을 받아들이는 것이 좋습니다. 그 염소자리 여성이 그럴 만한 가치가 있는 좋은 사람이어야겠지요. 장인어른과는 절대로 정치 얘기로 논쟁하면 안 되고, 처제나 처남을 비판해야 한다면, 그 비판 자체가 그들의 잠재적인 가능성을 믿는다는 전제를 둔 생산적인 내용이 되도록 하세요. 염소자리는 힘들어하는 사람들이나 병든 친척들에 대한 책임감을 느낄 때가 많고, 어떤 대가를 치르더라도 사랑 때문에 그러한 의무감을 방기하지 않습니다. 그러니 집 안에 친척들이 묵을 수 있는 방을 한두 개쯤 만드는 것이 좋습니다. 장점도 있습니다. 염소자리 아내는 당신의 가족들에게도 친절하고 배려가 깊을 것입니다. 염소자리 여성은 매달 시부모님에게 용돈을 드리는 것도 이해할 것이고, 당신의 형제자매들에게도 좋은 친구가 되어 줄 것입니다. 당신이 집에 데리고 가서 어머니에게 인사를 시키면 어머니가 바로 결혼을 승낙할 만한 그런 여성입니다. 남성들은 특이하게도 이런 식으로 부모님이 갑자기 결혼을 부추기면 약간 뒤로 물러서는 경향이 있습니다. 하긴 부모의 반대에 맞서 싸우며 연인을 지키는 상황이 보다 더 흥미진진하기는 하죠. 하지만 그래 봤자 자기 발등만 찍는 꼴이 될 것입니다. 당신 어머니의 안목이 정확하기 때문입니다. 그녀가 염소자리 특징이 강한 여성이라면 훌륭한 아내가 될 것입니다.

염소자리 여성의 집은 별 노력 없이도 항상 먼지 한 톨 없이 깔끔하고 원활하게 돌아가기 때문에, 집 안 어느 구석에 우렁각시가 숨어 있다가 모두가 잠들었을 때 부지런히 집 안을 쓸고 닦고 광을 내고 요리도 해 놓는 게 아닐까 생각할 정도입니다. 아닙니다. 그런 상상의 존재가 가장 있을 법하지 않은 장소가 바로 염소자리의 집입니다. 토성의 실용성과 확고한 사실에 대한 믿음은 보이지 않는 존재를 별로 인정하지 않습니다. 염소자리 여성은 그녀의 코 위에 요정이 앉아 있다고 하더라도 그 존재를 믿지 않습니다. 비록 특이한 몽상가나 오컬트 마법을 믿는 사람은 아니지만, 일단 확고한 사실만 있으면 일상적인 상황에서도 낭만과 풍류를 즐길 수 있습니다.

염소자리 여성의 미적 감각은 현실적이어서 지저분하고 추한 것도 약간의 쓸모만 있다면 아름다운 것으로 만들 수 있습니다. 염소자리 여성은 북풍의 집시 같은 분위기를 모르는 것도 아니고, 봄날에 내리는 소나기의 청명한 노랫소리와 외로운 종달새의 지저귐을 듣지 못하는 것도 아닙니다. 위대한 음악은 항상 염소자리 여성의 마음을 사로잡고, 그녀는 거의 모든 형태의 예술에 대한 열렬한 후원자이기도 합니다. 어쩌면 마법을 믿으려면 보고 만져 봐야 하는 사람일지도 모릅니다. 만약 요정이 동화 속에서 암시만 하는 것이 아니라 실제로 나타나서 금은보화가 어디에 숨어 있는지 말해 준다면 훨씬 더 잘 믿을 수 있을 것입니다.

염소자리 여성은 역사적 사실과 영웅들의 행동을 숭배하는 경향이 있습니다. 그녀는 전통을 숭배하고 성공을 쟁취하기 위하여 장애물을 극복한 사람들을 존경하기 때문에, 당신이 최근에 진행했던 과감한 전략에 열광하기보다는 게티즈버그 연설*에 흥분하기 쉽습니다. 사실 염소자리 여성은 비현실적인 판타지를 가진 산만한 사람들보다 더 훌륭한 상상력이 있는 진정한 낭만주의자입니다. 1월에 태어난 여성들은 모두 마음속에 잊지 못할 시를 한 편씩 간직하고 있지만, 다락방에서 굶주리는 시인들에 대해서는 별로 연민을 느끼지 않습니다. 염소자리의 모토는 먼저 의식주를 해결하고 난 다음에 꿈을 추구하자는 것입니다. 또한 그 꿈이 추구할 만한 가치가 있는 것이어야 합니다. 실패에 대해서는 매력적이라거나 멋지다고 생각하지 않습니다.

염소자리 아내와는 대의명분을 공유해야 합니다. 그녀는 가난하고 힘없는 자들을 위해서 지치는 줄도 모르고 일할 수 있지만, 개인적으로 자선을 베풀기보다는 조직 차원에서 노력하는 것을 더 선호합니다. 토성의 동정심은 대체로 조직화되어 있어서 좀처럼 분산되지 않습니다. 염소자리 여성은 특히 여성들의 모임에서 타고난 리더십을 발휘합니다.

염소자리 여성은 어린 아이들에게 근검절약 정신과 사람이 갖추어야 할 자질을 철저히 가르칩니다. "음식은 남기지 말아야 하고, 옷은 다 해질 때까지 입어야 하며, 무슨 일이든 끝까지 하지 않으면 안 한 것과 마찬가지다."라고 가르칩니다. 그럼에도 불구하고 아이들에게 가장 좋은 음식을 먹이고 가장 좋은 신발을 신깁니다. 염소자리 여성에게 있어서 경제성이라는 것은 단지 저렴한 것만을 의미하지는 않습니다. 아이들은 친척이나 웃어른들에게 공손하게 대하는 법을 배우게 될 것입니다. 그녀는 아이들을 응석받이로 키우지도 않고, 부모의 말에 따르지

* 게티즈버그(Gettysburg) 연설: 1863년 11월 19일 링컨 대통령이 한 연설로 '국민의, 국민에 의한, 국민을 위한 정부'라는 말로 유명함.

않는 것을 용납하지도 않습니다. 염소자리 여성에게 아이들의 심리에 대한 책을 주면, 일단 제멋대로 구는 자녀의 엉덩이를 때리는 데에 쓰고 나서 읽어 볼 것입니다. 그녀는 아이들이 어머니에게 달려들어 뽀뽀를 해대는 것을 별로 좋아하지는 않지만, 그녀만큼 아이들에게 헌신적인 어머니도 드물 것입니다. 아이들은 공손하게 어머니의 말을 들을 것입니다. 약간 엄격할 수도 있고 커 가면서 아이들이 겪는 성장통에 대해서는 냉정할 수도 있지만, 염소자리 여성은 아이들이 스스로 해낸 것을 자랑할 때에는 적극적으로 들어 줍니다. 아이가 학교에서 돌아와 "엄마, 제가 오늘 뭘 배웠게요?"하고 소리칠 때는 절대로 무시하지 않고 바쁘더라도 관심과 애정을 가지고 들어 줍니다. 아이들이 십대가 되면 토성의 보수성과 젊은이들의 자유주의가 부딪혀서 장벽이 생길 수도 있습니다. 이런 시기에는 아이들의 열정적인 꿈을 이해하기 위해서 다른 사람의 도움이 필요할 수도 있습니다. 그녀는 자신이 아이들의 친구 관계를 좌지우지할 수 없고 또한 아이들을 늘 자신의 울타리 안에만 가두어 둘 수는 없다는 것을 힘들게 배워 나갈 것입니다. 하지만 염소자리 여성은 자신이 얻는 것보다 잃는 것이 더 많을 것 같은 상황에서는 잘 적응하고 자신의 뿔을 거둘 만큼 총명합니다.

염소자리 여성은 대부분 피부가 예민하기 때문에 화장을 많이 하지 않습니다. 심지어 화장품에 알레르기가 있는 경우도 많습니다. 하지만 자연은 염소자리 여성에게 꾸미지 않아도 되는 자연적인 아름다움을 선사해서 다른 여성들이 생기를 잃은 노년에도 여전히 건강한 아름다움을 유지할 수 있습니다. 어떤 염소자리 여성은 팔구십 세가 되도록 너무나 고운 피부와 또렷한 이목구비 그리고 빛나는 눈동자를 간직하고 있기도 합니다.

염소자리 여성이 부족한 자신감을 채울 수 있도록 인내심을 가지고 도와주시기 바랍니다. 망상을 좋아하지 않는다고 해서 상상력이 없는 것은 아닙니다. 염소자리 여성의 현실적인 꿈이 당신에게도 맞는지 한번 시도해 보세요. 자신의 옷을 입은 것처럼 아주 편하게 잘 맞을 것입니다. 완고함이 그녀의 단점이기는 하지만, 투덜대거나 신경질적으로 잔소리를 하지는 않습니다. 그녀는 당신이 성공할 수 있도록 부드럽고 헌신적으로 후원할 것입니다. 그녀는 겸손하고 가끔은 연약해 보이지만 당신을 어떻게 요리해야 하는지 잘 알고 있습니다. 염소자리 여성에게는 다른 여성들의 불안정하고 요구가 많은 사랑보다도 더 오래 지속되는 깊고 풍부함이 있습니다. 염소자리 여성이 동화를 믿지 않는다고 누가 그러던가요? 현명한 염소자리 처녀만이 못생긴 개구리의 눈을 깊이 들여다볼 수 있으며 실제로는 왕자님이 변한 모습이라는 것을 알아볼 수 있습니다. 그뿐만 아니라 염소자리 여성과 결혼한다면 항상 깨끗한 양말이 준비되어 있을 것입니다.

염소자리 어린이

♑

"망원경처럼 내 몸을 구멍 속에 쏙 집어넣을 수 있다면 얼마나 좋을까!
시작하는 방법만 알고 있다면 한번 해 볼 수 있을 텐데."

"머리를 쓰다듬어 주면 얼마나 좋아하는지 봐!
작은 친절만 베풀어도… 그리고 머리카락을 종이에 싸 주거나 해도…
얼마나 놀라운 일이 벌어지는지…."

세상의 모든 신생아들은 쭈글쭈글한 노인네처럼 생겼다고 말하는 바람에 아기 어머니에게 미움을 받고 계신가요? 염소자리 아기의 어머니라면 당신의 말에 별로 반론을 제기하지 못할 것입니다. 자그마한 염소자리 신생아는 실제로 팔십대 노인을 미니어처로 만들어 놓은 것처럼 보입니다. 염소자리는 어릴 때에는 늙어 보이고 나이가 들어서는 젊어 보입니다. 아기 바구니 안에 있는 쭈글쭈글한 말린 자두 같은 얼굴은 언젠가 다른 사람들의 피부가 처지기 시작할 때쯤에 주름이 활짝 펴질 것입니다. 1월에 태어난 것과 관련이 있을지도 모릅니다. 묵은해는 가고 새해가 오니까요. 이러한 대비는 새해에 막 태어난 신생아와 그 옆에서 아이를 돌보는 주름진 노인의 이미지와 흡사합니다.

당신의 아이가 염소자리라면 당신은 이런 모순을 곧 깨닫게 될 것입니다. 자립심 강한 염소자리 아기는 어릴 때부터 그 독특한 어른스러움으로 당신을 당황스럽게 만듭니다. 아기에게 "우리 애기, 맛있는 케익 주까?"라고 애교를 부리며 말하면 아이는 마치 당신의 행동이 유치하다는 듯이 진지하게 당신을 쳐다볼 것입니다. 그런 표정을 몇 번만 더 보면 보통의 부모들은 다시는 염소자리 아기에게 혀 짧은 소리로 어리광을 부리지 않게 됩니다.

염소자리 아이는 호불호가 분명하지만 절대로 그것을 유난스럽게 표현하지 않습니다. 어린 염소는 떼를 쓰거나 갑자기 접시를 손으로 내리치는 일은 없지만, 마음에 들지 않는다는 의사 표시를 분명하게 합니다. 엄마는 그런 염소자리 아기에게 막연한 두려움을 느끼기도 하지만 정확한 이유는 알지 못합니다. 어쨌거나 염소자리 아기는 엄마가 스스로를 어리석고 변덕스럽다고 느끼게 만듭니다. 솔직하게 말하자면 엄마에게 본인이 부모라기보다는 오히려 어린아이가 된 듯한 느낌을 줍니다.

염소자리 아기는 자신이 좋아하는 것을 쉽게 포기하는 타입이 아닙니다. 아이는 자신이 가고 싶어 하는 곳으로 신중하게 기어가거나 뒤뚱거리며 걸어갑니다. 당신은 아이 기저귀를 갈아 주는 동안 아이가 신중하게 어디로 어떻게 갈지 계획을 세워서 실행에 옮기는 듯한 느낌을 받습니다. 염소자리 아이는 확고한 의지를 가지고 있습니다. 자신이 원하는 것이 무엇인지를 밝히는 것에 대해 절대로 수줍어하지 않습니다. 자신의 의사를 당신에게 확실하게 전달합니다. 그리고 당신의 대답을 끈기 있게 기다립니다. 당신이 "안 돼."라고 했을 때, 그것이 별로 중요한 일이 아니라면 아이는 울지도 않고 좌절을 받아들일 것입니다. 그러나 만약 그것이 아이가 정말로 원하는 것이라면 아이는 어떤 식으로든 얻어 내고야 맙니다. 당신이 안 된다고 해도 아이에게는 별로 의미가 없습니다. 아이는 당신과 맞서 싸우는 대신에 그 말을 무시하고 당신이 지쳐서 포기할 때까지 기다립니다.

더 자라면 아이는 자신의 생활을 규칙적으로 관리합니다. 아이가 특정한 장소에 보관하는 장난감을 당신이 함부로 옮겨 놓는다거나 아이의 시스템을 흐트러뜨리면 상당히 마음 상해 할 것입니다. 전형적인 염소자리 아이라면 시간 맞춰서 식사를 하거나 화장실에 가는 것에 대체로 잘 적응하며, 다른 또래 아이들보다 유치한 장난에 관심이 적습니다. 아주 어릴 적에도 염소자리 아이는 집에서 노는 것을 확실히 더 좋아합니다. 또래 아이들과 밖에 나가서 뛰어다니는 것보다는 엄마 아빠와 함께 소풍을 가거나 아니면 집에서 어른들이 하는 얘기를 듣는 것을 더 좋아합니다. 또래 친구들도 별로 없습니다. 가까운 친구가 몇 명 정도 있거나, 비밀을 나눌 수 있는 특별한 친구가 한 명 정도 있을 것입니다.

염소자리 아이는 학교 생활도 전혀 힘들어하지 않습니다. 충돌하는 동쪽별자리가 있거나 달이 참을성 없는 별자리가 아니라면, 염소자리 아이는 놀랄 만큼 성실하게 숙제를 합니다. 집에 돌아오면 외투를 벗어서 걸어 놓고 바로 책상 앞에 앉아 숙제를 합니다. 진정한 염소자리라면 해야 할 일을 먼저 다 해 놓지 않고는 제대로 놀지 못한답니다.

염소자리 아이는 어른 흉내 내는 놀이를 자주 합니다. 어린 염소자리 여자 아이는 엄마 옷을 입고 노는 것을 좋아합니다. 가끔은 당신에게 "엄마가 아기 해. 내가 엄마 할게."라고 제안하는데 꼬맹이가 부모 역할을 너무 그럴 듯하게 해서 당신을 약간 당황스럽게 만들 수도 있습니다. 당신이 아기 놀이 울타리에 앉아서 아기 흉내를 내면서 바보 같다는 느낌을 받을 때, 아이는 큰 안경을 쓰고 당신의 구두와 진주 목걸이를 하고 당신을 내려다보면서 단호하게 이렇게 말합니다. "얌전히 있지 않으면 저녁밥도 안 주고 바로 잠자리에 들게 할 거야." 이쯤 되면 당신은 이 역할극을 얼른 그만두지 않으면 진짜로 아이가 당신을 재우려고 할 것 같은 느낌이 듭니다. 염소자리 아이는 가끔 애완동물에게 부모처럼 행동하면서 진지하게 책임을 다하기도 합니다. 어린 염소자리 남자 아이는 선생님이나 의사, 철도회사 사장 또는 아빠 역할을 하는 것을 좋아합니다. 염소자리 아들이 남편의 외투를 입고 담배 파이프를 들고 있으면, 차를 가지고 마트에 가서 장을 봐 오라고 말해야 할 것 같은 이상한 충동이 생깁니다. 그 다음에 아이가 아직 자전거도 제대로 타지 못한다는 사실을 깨닫습니다. 염소자리 아이는 또한 그림을 그리거나 음악을 듣는 것도 좋아하지만, 목적 없이 게임이나 하면서 시간을 보내는 것은 별로 좋아하지 않습니다. 오히려 뭔가 실용적인 것을 만드는 데에 열중하는 편입니다. 너무 작은 화분 받침대나 우스꽝스러운 연필통 같은 것을 만들기도 하지만, 분명히 실용적인 목적이 있지요. 이런 아이들은 밖에 나가 놀도록 많이 유도해야 합니다. 염소자리 아이는 스스로 밖에 나가서 신선한 공기를 맡고 햇볕을 쬐지는 않지만, 아이들에게는 이런 것이 필요하며, 그렇게 해야만 그 어린 마음속에 자리 잡은 토성의 우울한 기운을 날려 버릴 수 있습니다.

학교 교사들은 염소자리 아이를 가르치는 일이 무척 즐겁다는 것을 알게 되지만, 아이가 느리게 배우고 고집이 세기 때문에 인내심을 잃을 수도 있습니다. 하지만 이 아이가 수업 시간에 딴 생각을 하거나 숙제를 하지 않는다고 불평할 일은 없을 것입니다. 염소자리 아이는 기본 원리만 파악하고 나면 대체로 뛰어난 우등생이 됩니다. 빨리 배우거나 천재성을 발휘하지는 않지만 꼼꼼하고 신중합니다. 토성의 집중력은 무시할 수 없지요. 결국은 그것 때문에 상도 타고 최고 점수를 받는답니다.

아이가 학교에서 받은 행동 발달 카드에는 '순종적이고 공부를 열심히 하며 신뢰할 수 있지만 집단 토론에는 참여하지 않으려고 함', 그리고 '질문에 답하는 것을 거부하며 소심하고 자신감이 결여되어 있어서 교우들과 어울리지 않음'이라고 적혀 있을 것입니다. 당신은 아이를 내성적인 책벌레이자 사교성도 없는 사람으로 키운 것이 아닐까 걱정되기 시작합니다. 그러다가 어느 날 아이가 출석을 불러야 하기 때문에 학교에 일찍 가야 한다고 말합니다. "네가 왜 출석을 부르니?"라고 물으면 충격적인 답을 듣게 됩니다. "아, 제가 반장이거든요." 왜 진작 얘기하지 않았냐고 소리치면 아이는 무뚝뚝하고 겸손하게 "에이, 별것도 아닌데요, 뭘."이라고 답할 것입니다. 하지만 아이는 얼굴이 붉어지면서 만족스러운 표정을 짓습니다. 어른이 되어서도 이런 식으로 살아갑니다. 분명히 다른 아이들보다는 느리고 아마도 사교성이 좀 떨어지겠지만, 예상 밖의 능력을 보여 주면서 필연적으로 리더십을 발휘해야 하는 위치에 조용히 오를 것이고, 외향적인 친구들도 염소자리 아이가 책임감이 있는 믿음직한 사람이라는 점을 깨닫게 됩니다. 염소자리는 사교적인 사람들이 놀며 꿈꾸는 동안 뒤에 남아서 보물들을 지키고 있지만, 그런 일을 부담스러워하지 않습니다. 염소자리가 추구하는 것은 존경과 권위이기 때문입니다.

염소자리 아이들 중에서는 가끔 약한 친구들이나 형제들에게 냉정하게 이래라저래라 지시하는 경우가 있습니다. 하지만 이렇게 유아적인 잔인함을 보이기보다는 자기보다 더 우세한 태양별자리를 가진 아이들에게 복종하는 경우가 많습니다. 그러므로 형제자매들 중에 어린 염소자리 아이에게 이래라저래라하는 아이가 생기는 문제가 발생할 수 있고, 당신은 염소자리 아이가 부당하게 억압받고 있다고 생각할 것입니다. 하지만 걱정할 필요는 없습니다. 염소자리 아이는 스스로를 돌볼 수 있습니다. 제가 아는 한 염소자리 여자 아이는 자기보다 더 나이가 많고 공격적인 사수자리 언니에게 완전히 복종하는 태도를 보여 주고 있었습니다. 흙의 별자리 특유의 인내심으로 그 아이는 불같은 성격의 언니가 하라는 대로 다 해 주었습니다. 한 번도 말대꾸를 하거나 다툰 적도 없습니다. 하지만 언니가 유난히 극성스럽게 심술을 부리고 난 뒤에 언니는 자신의 신발과 빗 그리고 제일 좋아하는 스웨터가 없어졌다는 것을 알아챘습니다. 결국에는 그 없어진 물건들이 다시 나타나긴 했지만 가족들 중에 아무도 그 물건들이 어떻게 사라졌는지 아는 사람이 없었습니다. 하지만 몇 주가 지나자 그 심술궂던 언니가 동생에게 자상하게 대하기 시작했습니다. 염소자리의 자기보호 능력을 과소평가하지 마세요. 어떻게든 갚아 주고 맙니다.

염소자리 아이는 이성들에게 둘러싸여 있으면 얼굴이 빨개지면서도 강렬한 호기심을 보입니다. "남자 애들은 하나같이 바보 멍청이들이야."라든가 "여자 애들은 소름 끼쳐."라는 식으로 이성을 싫어하는 척하면서도 밸런타인데이에는 아주 들떠서 '누구게?'라는 이름으로 카드를 잔뜩 보냅니다. 청소년기에는 이성 문제로 힘들어하기도 합니다. 데이트 상대가 생기면 잘 격려해 주고 조심스럽게 대해 줄 필요가 있습니다.

1월에 태어난 아이의 부모가 되는 것은 축복입니다. 신의 선물 같은 아이들이기 때문입니다. 그 아이들은 너무 억압받으면 무뚝뚝하고 잔인하면서도 고통스러운 말을 하기도 하지만, 그렇지만 않다면 그들이 싫어하는 달콤한 케이크처럼 사랑스러운 아이들입니다. 당신은 월세 낼 돈이 부족하면 언제든지 염소자리 아이의 돼지저금통을 빌릴 수도 있습니다. 염소자리 아이는 손위 형제자매에게 예의바르게 행동하고, 아주 고집을 부릴 때만 제외한다면 특별히 부탁하지 않아도 신경을 써 줍니다. 자신이 해야 할 이런저런 일들을 잘 관리하고, 자신의 미래에 대해서도 진지합니다. 가끔은 아이에게 귀 뒷부분까지 비누칠을 잘 해서 깨끗이 씻으라고 잔소리를 해야 할 때가 있기는 하겠지만요. 염소자리 아이는 정직하고 헌신적인 태도로 집과 가족을 돌볼 것이며 당신은 아이가 어디에 있는지 궁금해할 필요가 거의 없습니다. 대부분은 바로 당신 곁에서 즐거운 시간을 보내고 있을 것입니다. 아이는 자신만의 밝고 단단하며 현실적인 꿈을 갖고 있습니다. 아이가 『잠자는 숲 속의 공주』 같은 동화를 좋아하지 않는다고 해서 걱정할 필요는 없습니다. 당신이 나이가 들어 백발이 되면 염소자리 아들이나 딸이 당신의 지혜를 진심으로 존중할 것입니다. 아들이라면 자기 집으로 당신을 자주 초대하거나 심지어 당신과 함께 살려고 할 것입니다. 염소자리 아이가 어릴 적에 종종 했던 말을 이번에는 진짜로 하게 됩니다. "내가 엄마(또는 아빠)를 할 테니까 엄마가 아기 역할을 하는 거야. 엄마가 나를 그 동안 사랑으로 보살펴 줬잖아요. 이제는 제가 엄마를 돌볼게요." 이 말에는 염소자리 자녀의 진심이 담겨 있으며, 안데르센도 이보다 더 행복한 결말을 맺는 동화를 쓴 적이 없을 것입니다.

염소자리 사장

♑

"나는 한 번 말하고 두 번 말했지만
물고기들은 내 충고에 귀 기울이지 않았지."

"지금 난 기분이 좋을 때 으르렁거리고 화가 나면 내 꼬리를 흔들어.
그러니 내가 미쳤지."

저는 대단히 전형적인 염소자리 사장을 한 명 알고 있습니다. 그는 어떤 유명 남자 가수의 소속사 사장이었습니다. 그 사실을 아는 사람은 거의 없지요. 그 사장의 이름을 딴 간판도 없고, 칼럼니스트들도 그의 활동에 대해서 재미있는 기삿거리를 쓰지 않습니다. 「타임」 지 표지에 그의 얼굴이 실리는 적도 없지만 그 유명 가수에게 뭔가 멋진 아이디어를 팔기 위해서는 그 염소자리 사장의 테스트를 반드시 통과해야 합니다.

그는 책상에 꼭 붙어 앉아서 그 유명 가수의 복잡한 삶에서 생기는 모든 어설픈 일들을 깔끔하게 마무리하고 단단히 줄을 묶어 놓습니다. 공항에서 그 가수의 친척을 마중하는 일에서부터, 요트를 사거나 콘서트에 사용할 투광 조명을 임대하는 등의 다양한 일을 합니다. 법률 소송이나 세금 문제와 같은 뜨거운 감자들을 적임자들에게 분배해서 어떤 부분도 덜 익거나 타지 않도록 합니다. 그에게는 곳곳에 있는 수행원들로부터 계속해서 도움을 요청하는 전화가 빗발치듯 걸려 오며, 그 염소자리 사장은 누가 어디에 왜 있으며 언제 돌아오는지 정확하게 알고 있습니다. 그는 머릿속에 수만 가지 정보를 담고 있습니다. 중요한 정보를 알려 줄 일급비밀 정보원들에서부터 20년이나 지난 영화의 시작 장면, 현재 영화의 박스 오피스 순위 그리고 이탈리안 피자 소스로 맛을 낸 따뜻한 스파게티를 어디에서 먹을 수 있는지 등등 모든 정보가 포함되어 있습니다.

그 염소자리 사장의 하루는 끝이 나는 법이 없습니다. 새벽부터 시작해서 늦은 밤까지 그 다음날 아침 바로 진행해야 하는 일들의 스케줄을 정리해야 합니다. 종종 사무실에서 면도도 하고 샤워도 하고 옷도 갈아입습니다. 이런 실상을 아는 사람들은 이 정신 없는 상황 속에서 그 사장이 혹시 사라지기라도 한다면 일이 엉망진창이 될 것이라고 확신합니다. 그는 디스코텍 같은 장소에는 전혀 어울리지 않는 사람으로 보이고 나이트클럽에서는 약간 불편해 보이기까지 하는데, 가끔 의무감으로 가기는 하지만 아무 표정 없는 얼굴로 앉아 있곤 합니다.

이 염소자리 사장은 어느 맨해튼 빌딩의 한 층을 다 쓰는 아주 독특한 사무실을 가지고 있습니다. 바깥쪽에 있는 방들과 리셉션 홀 이외에도 자신만을 위한 커다란 공간이 따로 있습니다. 그 방의 한쪽 구석에는 매일 검토해야 하는 서류들이 산더미처럼 쌓여 있는 큼지막한 둥근 테이블이 놓여 있습니다. 나머지 공간은 커다란 소파 두 개, 좀 많아 보이는 의자들, 커피 테이블, 두꺼운 커튼, 등, 책장, 폭신한 카펫 등으로 채워져 있습니다. 심지어 식사하는 공간도 따로 있는데 뉴욕 메츠 야구팀을 다 불러서 식사를 할 수 있을 만큼 넓은 식탁과 도자기 장식장, 거울, 접시들, 은제품, 그리고 유리잔 등이 있습니다. 벽면에는 무늬 벽지가 도배되어 있고, 비싼 열대어들이 들어 있는 어항이 몇 개나 줄지어 있습니다. 당신은 중요한 역할을 맡은 사장이 바쁘게 일하는 사무실이라기보다는 마치 누군가의 집에 와 있다는 착각이 들 것입니다.

사실 집이 맞기는 합니다. 염소자리 사장은 밖에서 오랫동안 일해야 하기 때문에 집을 회사로 옮겨 놓은 것뿐입니다. 다른 사장들은 상업적인 비즈니스 세상을 즐기기 때문에 오히려 집 밖에 나와 있는 것을 좋아할지도 모르겠지만 염소자리는 그렇지 않습니다. 집은 신성한 곳입니다. 이 염소자리 사장의 주변에는 거의 항상 친척들이 있습니다. 일 때문에 가정을 소홀히 하는 법은 없습니다.

이 사람은 아주 전형적인 토성형 사장이기 때문에, 그의 습관을 보면 염소자리 사장들에 대한 많은 것을 알 수 있습니다. 우선 직원들에게는 자상한 아버지 같은 이미지입니다. 엄격하지만 공정하지요. 직원들에게 그들의 의무를 다할 것을 요구하고, 열대어에 먹이 주는 일을 잊는 직원은 화를 면치 못합니다. 지시할 때 언성을 높이는 경우는 거의 없습니다. 목소리는 걸걸하지만, 일부러 고함쳐야 하는 경우를 제외하고는 대체로 나지막한 어조를 유지합니다. 화가 나서 소리를 칠 때에는, 노려보는 표정으로 유명한 배우 몬티 울리*를 좀 닮았습니다. 방문객들은 사장의 심각하고 딱딱한 태도 때문에 약간 겁을 먹기도 하지만, 함께 일하는 직원들은 사장의 따뜻한 마음을 알기 때문에 외부인들이 사장을 비판하면 그냥 넘어가지 않습니다. 물론 사장이 채찍을 휘두를 때에는 가끔 뒤에서 욕을 하며 수군대기도 한답니다. 직원들이 바보 같은 실수

* 몬티 울리(Monty Woolley, 1888~1963): 미국의 영화배우.

를 저지르면 귀청이 찢어져라 고함을 치기도 하지만 필요할 때에는 급여를 올려 주기도 하고 병원에 입원한 비서의 어머니에게 꽃다발을 배달시키기도 합니다. 염소자리 사장은 좀처럼 칭찬을 하거나 남 듣기 좋은 말을 하지는 않습니다. "그래, 그거 괜찮네." 정도의 말은 염소자리 사장으로서는 엄청난 칭찬입니다. 하지만 직원들의 개인적인 문제에 대해서는 연민을 가지고 들어 주며, 식사를 제대로 하도록 하고, 비가 올 때에는 장화를 신게 합니다. 염소자리 사장에게 직원은 가족과 같으며, 사장은 의심할 여지없이 그 가족의 대장입니다.

염소자리 사장은 산타클로스처럼 크리스마스 보너스를 주지는 않지만, 휴가를 떠났던 직원이 돈을 다 날리고 집으로 돌아오는 항공료조차 없을 때에나 충직한 부하 직원이 자신의 급여로는 감당할 수 없는 의료비가 발생할 때는 인색하게 굴지 않습니다.(직원이 라스베이거스에 있다면 현금을 보내 주기보다는 돌아오는 이코노미 비행기 티켓을 보내 줍니다. 낭비하는 취미는 절대로 없죠.)

염소자리 사장은 좀 거칠기는 하지만, 가끔은 부드럽고 소심해지기도 합니다. 칭찬을 들으면 귀까지 빨개지지만 못 들은 척하는 경우가 많습니다. 자선 단체의 직원은 염소자리 사장으로부터 지원을 약속받을 수 있으며, 그 자선 기관이 아이들이나 노인들과 관련되어 있다면 수표에 쓰인 숫자는 더 커질 것입니다. 염소자리 사장에게는 휴식 시간이나 식사 시간을 상기시켜 주어야 합니다. 책임감 때문에 개인적인 필요성을 쉽게 간과하기 때문입니다. 가끔 암울한 토성의 우울증에 빠지면 사장실 문을 닫고 창밖을 하염없이 내다보기도 하는데, 이럴 때는 아무도 사장을 방해할 엄두를 내지 못합니다. 우울함이 가시기 전에는 걸려오는 전화도 모두 대기하고 사무실에 문제가 발생해도 모두 정지 상태로 돌입합니다. 옷은 보수적으로 어둡고 차분한 스타일로 입고, 할아버지들이나 쓸 법한 주머니 시계를 가지고 다니면서 자주 봅니다. 유행의 첨단을 걷는 분야에서 잘 나가는 세련된 사교가로 보이기보다는 고리타분한 금융 쪽에 종사하는 사람처럼 보입니다. 사장의 책상에 있는 장식물들은 대부분 골동품들이고, 아내와 아이들 그리고 여러 친척들의 오래된 사진도 액자에 들어 있습니다.

이런 모습이 바로 염소자리 사장의 진짜 모습입니다. 이런 이미지를 마음속에 간직한다면 지금의 염소자리 사장을 포함해서 앞으로 만날 모든 염소자리 사장들이 어떨지 정확한 판단이 설 것입니다. 염소자리 사장은 조금이라도 여유 시간이 생기면 절대로 그냥 허비하지 않습니다. 당신도 자신을 닮기를 바랄 것입니다. 전화가 별로 오지 않는다고요? 잘됐네요. 그 편지들 좀 정리할 수 있는 시간이 생겼군요. 오늘 일정이 좀 여유가 있다고요? 좋아요. 이 박스들 좀 창고로 옮겨 놓을 수 있겠군요. 업무 시간에 손톱 정리를 한다든지 조용한 회의실에서 사적인 전화 통화를 하는 일은 삼가는 것이 좋습니다. 당신의 토성인 사장은 마치 램프의 지니처럼 갑자기 나타나서 얼굴을 찌푸릴 것입니다. 당신의 히피족 동생이 긴 머리에 기타를 둘러메고 사무실에 오는 것도 별로 권할 일이 아닙니다. 염소자리가 비록 가족에 대한 맹목적인 헌신을 하는 별자리기는 하지만, 그건 자신의 가족에 대한 것이므로 당신의 동생에 대해서는 못마땅하다는 듯 눈살을 찌푸릴 것이 뻔하기 때문입니다. 지독한 향수 냄새를 풍기는 직원도, 회의실에서 퍼팅 연습을 하는 직원도 염소자리 사장과는 편하게 일하기 어려울 것입니다. 염소자리 사장 입장에서는 진한 향수는 병 속에 담겨 있어야 하고 퍼팅 연습은 골프장에서 해야 하기 때문입니다.(물론 최고의 골프장이어야겠지요?)

염소자리 사장은 성공이라는 산봉우리에 자신보다 먼저 도달하여 사회적인 지위가 좀 더 높은 사람들에게 감동을 받습니다. 그러니 당신이 사교계 명사들과 친하다면 총애를 받을 것입니다. 당신이 명문대학 출신이 아니라면 삼촌이나 이모들 중에서라도 명문대 출신이 있기를 바랍니다.

당신이 매주 수요일마다 어머니를 회사 근처로 오시게 해서 점심을 대접해 드리고 있거나 아니면 어린 남동생의 학비를 대고 있다는 사실을 사장도 알게 하세요. 분명히 승진할 것입니다. 늘 손톱 밑을 깨끗하게 정리하고 예의바른 태도로 정확한 어법을 구사하는 것이 필요조건이며, 투덜거리거나 불평하지 않고 일을 효율적으로 하는 것은 충분조건이 될 것입니다. 낯선 이들 앞에서는 사장을 부를 때 깍듯하게 하고, 어떤 사람 앞에서도 사장 가족의 흉을 봐서는 안 됩니다. 크리스마스에는 골동품 가게에서 산 토머스 제퍼슨의 낡고 오래된 초상화나 링컨 대통령의 어머니인 낸시 행크스의 생가에 갔을 때 뒤뜰에서 주워 온 돌멩이를 선물하세요. 염소자리는 역사와 과거를 숭배합니다. 돌멩이를 몰래 주워 왔다고는 하지 마세요. 염소자리들은 도덕성에도 매우 민감합니다. 사장에게 아첨을 한다고 해서 당신의 급여가 올라가지는 않습니다. 하지만 사장의 외로운 마음을 이해하면 사장을 대할 때 자신감이 생길 것입니다. 다른 직원들은 사장을 완고하고 엄격한 냉혈한이라고 볼 수도 있습니다. 하지만 당신은 사장의 수줍음 많고 예민한 내면에는 자유로워지고 싶다는 갈망이 있지만 토성이 질서와 체계, 권위에 복종할 것을 요구하고 있기 때문에 억눌려 있다는 것을 알고 있지요. 그리고 당신이 알고 있음을 사장도 알게 해 주세요. 그러면 사장은 당신을 아들이나 딸처럼 대할 것입니다. 당신이 잘못하면 매를 맞겠지만 당신이 잘하면 그만큼 보상을 받을 것입니다. 그는 당신이 곤경에 처할 때에는 당신을 저버리지 않을 것이고 당신이 도움이 필요할 때 모른 척하지도 않을 것입니다. 사장이 기르는 열대어에 먹이를 주는 일만 잊지 마세요.

염소자리 직원

♑

공작 부인은 거친 목소리로 투덜거렸다.
"모두들 자기 일에나 신경 쓴다면 세상이 지금보다 훨씬 더 빨리 돌아갈 텐데."

사무실을 둘러보면서 누가 염소자리 직원인지 알아맞혀 보세요. 직원 인사 카드에 나와 있는 생일을 슬쩍 보기는 없기예요. 구레나룻이 덥수룩하고 사슴뿔 모양의 목걸이를 한 저 직원은 빼셔도 됩니다. 술집에서 여자들을 꼬드긴 얘기를 떠벌리고 있는 저 활달한 직원도 아닙니다. 그건 토성의 타입이 아니지요.

말도 안 되는 농담으로 동료들을 가끔 당황스럽게 만드는 쾌활한 직원도 염소자리는 분명히 아닙니다. 항상 느긋해 보이면서 말도 잘하고 톡톡 튀는 비상한 아이디어를 내는 저 친구도 아니고, 영업 미팅에서 늘 경쾌한 옛날 노래를 흥얼거리는 주황색 넥타이를 맨 저 새로 입사한 판촉 담당 과장도 아닐 것입니다.

멜빵을 메고 앞가르마를 탄, 평상시에는 속내를 별로 드러내지 않고 늘 열심히 일하는 저 직원은 어떨까요? 늘 조용히 왔다갔다하고 책상 위에는 가족 사진을 타조가죽 액자에 끼워서 올려 둔 직원 말입니다. 늘 일찍 출근하고 좀 늦게 퇴근합니다. 머리가 어깨 위에 단단히 고정되어 있고, 연필심을 항상 날카롭게 갈아 놓는 직원입니다. 하급 직원들은 그에게 존댓말을 하고, 심지어 동료들도 말을 편하게 하지 못하며, 당신은 문제가 생겼을 때 그 직원을 먼저 찾습니다. 당연히 그 직원은 염소자리입니다.

말도 휘청거릴 만큼 어마어마한 분량의 일을 염소자리 말고 또 누구에게 시키겠습니까? 그 직원은 당신의 일이 꼬이고 엉망이 될 때 필요한 안전벨트 같은 존재로서 별로 유난을 떨지 않고 당신에게 옵니다. 절대로 뛰어오지는 않을 것입니다. 걸어올 것이며, 혹시 당신이 바쁜지 확인하는 것도 잊지 않습니다. 옷도 태도도 모두 보수적이며, 직원들 중에 비 오는 날 우산을 잊지 않는 유일한 사람입니다. 지하철에서 가방을 잃어버리거나 점심 도시락을 어디에 두었는지 잊어버리지도 않습니다. 도시락이요? 당연하죠. 그 갈색 종이 가방에 뭘 넣어 가지고 다닌다고 생각하셨어요? 식당은 밥값이 너무 비쌉니다. 게다가 팁을 내는 것도 싫어하고, 사람들 많은 곳에서 밀치기 하는 것도 좋아하지 않습니다.

그 직원이 치약 광고에나 나올 법한 하얀 치아를 드러내고 웃는 모습을 당신이 마지막으로 본 것은 당신 비서가 그 직원에게 그 직원이 없으면 회사가 어떻게 돌아갈지 모르겠다고 얘기했을 때였습니다. 그는 잘 웃는 타입은 아닙니다. 아둔하고 경솔한 타입도 아니지요. 가끔은 특유의 비꼬는 듯한 무미건조한 농담을 할 때도 있고, 예쁜 아가씨를 보면 흘깃 쳐다보기도 하지만, 토성은 절대로 그 모든 정거장에 서지 않습니다. 염소자리 직원은 대체로 자기 일에만 신경 씁니다. 염소자리 직원은 고유의 냉소적인 유머 감각으로 정말 재미있는 농담을 할 때도 있지만, 활달하고 외향적인 사람들이 편하게 즐거운 시간을 보내는 모습을 보면 그들과 어울리기보다는 눈살을 찌푸리는 경우가 더 많습니다. 염소자리 직원이 한번 마음을 먹으면 아무도 그를 능가할 수 없답니다.

염소자리 직원이 독특한 소중한 자질을 가지고 있다는 점을 인정해야만 합니다. 염소자리 직원은 끈질기고 의심 많은 국세청 조사 위원을 상대할 수 있는 직원입니다. 염소자리 직원이 감사 요원 담당자로 일을 하고 나면, 조사 위원은 더 이상 의심하지 않고 훨씬 더 나긋나긋해질 것입니다. 심지어 예의를 갖추고 존중해 주기까지 합니다. 누구나 세금 조사관을 위협할 수 있는 것은 아닙니다. 회사에 찾아와서 직원들의 사기를 북돋워 줄 수 있다며 향기 나는 컴퓨터 키보드를 판매하려 했던 끈질긴 세일즈맨 기억하시나요? 당신의 염소자리 직원과 몇 마디 나눈 뒤에 그 불쌍한 세일즈맨은 어깨를 축 늘어뜨리고 하는 수 없이 떠나야 했죠.

당신은 그 염소자리 직원이 앞으로 훨씬 높은 자리에 오를 수 있을 거라는 인상을 받지만, 어떻게 그렇게 할 수 있을지는 잘 파악이 안 됩니다. 별로 공격적인 태도도 없고 자신의 야망을 공개적으로 드러내지도 않으니까요. 유난스럽거나 인정사정없이 정상을 향해 달려가는 타입도 아닙니다. 다시 말해 염소자리 직원은 유난스러운 등산가가 아니라는 뜻입니다. 온화하면서도 눈에 띄지 않는 자신만의 방식으로 목표 지점까지 결연한 자세로 오를 뿐입니다. 꾸준한 발전을 방해하거나 주제넘게 나서는 사람들은 곧 그 염소자리 직원이 절대로 만만한 사람이 아니라는 사실을 깨닫게 됩니다. 염소자리 직원은 전혀 불평하지 않고 자신의 책무를 받아들이지만, 자신을 심하게 혹사시키는 것은 받아들이지 않습니다. 출생차트 상에 행성들이 심각한 충돌 각도를 맺고 있다면 놀라울 만큼 잔인하거나 무자비할 수도 있습니다. 하지만 일반적인 염소자리는 사람들이 자신의 뿔을 잡아당기면 한 번 으르렁거리는 것이 전부입니다.

당신 회사에 예외적인 염소자리 직원이 있다면, 제가 아는 도넛 가게에서 일하던 염소자리 직원 이야기를 들려 주는 것이 도움이 되겠네요. 그 염소자리 직원은 아마도 동쪽별자리가 사자자리이거나 달이 쌍둥이자리 혹은 양자리일 것입니다. 그 사람은 비싼 이탈리아제 구두를 신고 커다란 커프스 버튼을 달고 다녔습니다. 다른 남성들이 평생을 두고도 못할 연애를 1주일 만에 경험했습니다.(그 직원의 말에 의하면 그렇습니다.) 야한 농담을 즐겼으며, 여성 고객들에게 추파를 던지거나 자신이 얼마나 터프한지에 대해 사람들에게 자랑을 하고 있지 않을 때에는 제법 근사한 판매 전략이나 독특한 판촉 전략을 순식간에 짜내기도 했습니다. 사람들은 대부분 그 직원이 염소자리라고는 생각하지 못했는데, 그건 충분히 가까이에서 살펴보고 그 직원의 얘기를 귀담아 듣지 않았기 때문일 것입니다.

만나는 아가씨들마다 추파를 던졌지만, 자신의 약혼녀와 전화 통화를 할 때는 목소리가 훨씬 더 부드럽고 상대방을 보호하는 듯한 말투였습니다. 약혼녀 앞에서 감히 욕을 했던 남자는 두 번 다시 그럴 엄두를 내지 못했습니다. 자신의 약혼녀가 숙녀임을 분명히 했던 것이지요. 부모님들 앞에서는 차분하고 존경하는 태도를 보였습니다. 누구든 쉰을 넘긴 사람들에게는 거의 숭배에 가까운 태도로 깍듯하게 대했습니다. 아이들에게는 자상한 어머니처럼 부드럽게 대했습니다. 지위가 높고 유명하고 영향력 있는 사람들을 존경하는 겸손하고 소박한 사람이기도 했습니다. 친구들이나 처음 보는 사람들에게도 비행기에서 유명한 영화배우가 옆자리에 앉았었다는 얘기와 도지사의 저택으로 초대받았던 이야기를 끊임없이 해댔습니다. 그 직원은 그 이탈리아 구두를 포함해서 모든 물건을 도매가격으로 구입합니다. 시내에서 팁을 가장 적게 주는 사람으로 소문이 났습니다. 10센트라도 아낄 수 있다면 1달러짜리는 절대로 쓰지 않습니다. 다시 말해 그 직원의 허세 뒤에는 전형적인 토성의 성향이 숨어 있었던 것입니다. 이렇게 공격적이고 외향적인 염소자리도 칭찬을 들으면 귀까지 빨개지고, 자기보다 지위가 높은 사람이 나타나면 아주 수줍어하기도 합니다. 이 사람이 염소자리라는 증거가 더 필요하다면, 그 직원이 결국에는 그 도넛 체인점을 인수했다는 것도 알려 드려야겠네요. 그리고 한 가지 더 말씀드리자면, 그 멋진 판촉 전략에 자신의 돈은 투자하지 않았습니다. 당연히 다른 사람의 돈을 투자받았답니다.

전형적인 염소자리 직원은 너무 양심적이어서 흠이 될 정도입니다. 실수하거나 잘못 판단하기라도 하면 완전히 우울해집니다. 업무상 실수를 저지르면 스스로 침울해합니다. 당신이 필요로 할 때는 퇴근 후에라도 다시 회사에 돌아와서 야근을 하지만, 가족들과의 저녁 식사를 너무 자주 놓치게 만들면 별로 좋아하지 않을 것입니다. 염소자리는 가정에 대한 책임을 먼저 다한 후에 회사로 복귀할 것입니다. 직업을 자주 바꾸지도 않을 것입니다. 염소자리 직원은 일찍부터 자신의 목표를 정해 놓고 흔들림 없이 매진합니다. 자신의 미래에 대해 변덕스럽거나 결단을 못 내리는 사람도 아닙니다. 비현실적인 꿈이나 감상적인 소망으로 자신의 목표를 흐리게 하지도 않습니다. 그에게 직함은 중요하지 않습니다. 그는 명예를 추구하는 것이 아니니까요. 실질적인 파워를 가질 수 있는 지위를 추구합니다. 개인주의자들이나 위대한 이상주의자들이 밖에 나가서 나비들을 좇고 있을 때 혼자 남아서 요새를 지키고 싶어 합니다. 자신이 중요한 사람이라는 느낌이 들도록 사무실 문에 금박으로 이름을 새겨 넣을 필요도 없습니다. 하지만 적당한 기간을 두고 염소자리 직원의 책임 영역을 넓혀 주고 사회적 지위가 비슷한 사람들과 연봉이 비슷하도록 급여를 충분히 주는 것을 잊지 마세요. 염소자리 직원은 좋은 지역에서 살면서 아이들을 좋은 학교에 보내야 하고 아내는 친구들보다 더 좋은 옷을 입어야 합니다. 그러려면 비용이 제법 들겠지요. 염소자리 직원은 사회적으로 특별한 계층이 되어 녹색 지폐를 디저트로 먹기 위해서라면 질긴 가죽도, 강철 조각도, 낡은 전구까지도 기꺼이 씹어 먹을 것입니다. 자신의 가족을 제외하고는 거래 은행 담당자가 그의 가장 친한 친구일 것입니다.

염소자리 여직원도 남자 직원과 마찬가지로 산 정상을 향해 비슷한 길을 갑니다. 회사 내에서 권한을 갖는 지위까지 오르거나 아니면 사장과 결혼하기 위해 결연하게 노력할 것입니다. 둘 중에 어떤 것이든 상관없습니다. 결국 자신이 이득을 볼 수 있기만 하면 됩니다. 염소자리 여직원은 출근할 때 눈썹을 붙인다거나 달그락거리는 팔찌를 하지 않으며, 책상 앞에 앉아 몽상에 잠기는 모습도 전혀 볼 수 없을 것입니다. 염소자리 여직원은 진정한 숙녀입니다. 좀처럼 언성을 높이거나 여성들의 수다에 끼어들지도 않습니다. 누가 누구와 연애를 하고 점심 식사를 마치고 돌아오면서 누가 누구와 무슨 이야기를 했다는 둥의 화제보다 더 중요한 일들이 머릿속에 있습니다. 업무 시간이 끝나면 그런 화제에 좀 더 호기심을 보일 수도 있습니다. 토성의 여성들은 가끔 다른 사람들의 연애 이야기로 대리만족을 얻는 경우도 있지만, 업무 시간에는 절대로 남의 연애담에 빠져들지 않습니다. 사장은 언젠가 그 염소자리 여직원의 남편이 될 수도 있습니다. 공평하게 말하자면 또다른 이유가 있습니다. 모든 염소자리는 진지한 의무감이 있으며, 상사들을 존경하고 사무실에서 짓궂은 장난을 자제하게 만드는 원칙을 세워 놓고 있습니다.

당신의 염소자리 직원은 남녀 모두 업무에 충실합니다. 이들은 지각을 하거나 한심한 잡담으로 시간을 때우는 사람들을 인정하지 않습니다. 건전하지 않은 방법이나 비상식적인 절차는 용납하지 않으며, 회사 전체가 효율적으로 운영될 수 있도록 업무 체계를 개편하려고 합니다. 모든 염소자리 직원이 은행원이나 교사 또는 사서는 아닙니다. 뛰어난 연구원, 실력이 좋은 치과 의사, 탁월한 엔지니어와 건축가 등도 될 수 있으며 또한 판매, 제조 그리고 정치 쪽에서도 실력을 발휘합니다. 염소자리 중 다수가 보석 세공인, 성직자, 호텔 매니저, 장례 관리인, 미술상 또는 인류학자 등의 직업을 갖지만, 직업이 무엇이든 이들은 한결같이 진지한 태도로 일에 임합니다.

염소자리 사람들에게 예술적인 면이 있다는 것도 잊지 마세요. 당신의 염소자리 직원도 어쩌면 당신이 놀랄 만한 취미 생활을 하고 있을지 모릅니다. 주말에는 길거리에서 그림을 그려 주는 화가가 될 수도 있습니다. 실력이 아주 뛰어난 화가일 것입니다. 악기를 연주하거나 조각을 하거나, 부동산을 중개업을 하거나, 원예사, 합창단원, 또는 배우 지망생일지도 모릅니다. 문화예술 자체가 염소자리의 정신세계와 가까운 분야입니다. 대자연도 마찬가지입니다. 염소자리 직원이 정말로 사랑하는 것은 자신의 가족, 집, 일, 돈, 특권, 책, 그림 그리고 음악 등의 순서입니다. 회사의 출장 업무는 양자리, 사자자리, 쌍둥이자리 또는 사수자리에게 맡기세요. 대부분 염소자리들은 여행 가방만 봐도 경기를 일으키면서 도망갑니다. 그 정도로 심각하지는 않더라도 비행기보다는 통근 지하철을 더 선호합니다. 그리고 염소자리 직원이 자리를 비우면 누가 회사의 일을 해결하겠습니까? 지난 여름에 염소자리 직원이 휴가를 갔을 때 어떤 일이 있었는지 기억해 보세요. 사무실에 남아 있던 다른 직원이 추진해서 그 향기 나는 키보드를 50개나 주문했잖아요!

물병자리

*Aquarius,
the Water Bearer*

1월 21일부터 2월 19일까지

지배행성 – 천왕성

저녁밥 때 나굿알랑대는 토브들이
해변밭을 빙글뱅글거리며 이리저리 뚫었네.
보로고브들은 모두 우울침울해하고
집 떠나온 래스들은 끼익꺼억꺽 울었네.

물병자리를 알아보는 방법

≋

"숲이 푸르게 물드는 봄에
내 무얼 의미하는지 네게 말해 주리.
낮이 길어지는 여름에
너는 아마도 노래를 이해하게 되리라."

"왜냐하면 이것이
다른 사람들에게는 비밀이니까,
너와 나만 아는 비밀."

무지개를 좋아하는 사람들은 많습니다. 아이들은 무지개를 보며 소원을 빌기도 하고, 화가들은 그림을 그리고, 몽상가들은 무지개를 쫓아갑니다. 하지만 물병자리는 이보다 한 술 더 떠서 바로 무지개 위에서 살아갑니다. 게다가 무지개를 하나하나 분리해서 조각조각 색색별로 조사하면서도, 여전히 무지개에 대한 환상을 믿습니다. 실체가 무엇인지 알고 나서도 그것의 환상을 믿기란 쉽지 않은 일이죠. 비록 물병자리의 주소지는 미래이고 우편번호는 하늘 저편이지만, 그들은 본질적으로 현실주의자입니다.

물병자리 작가 루이스 캐럴 때문에 이상한 나라의 미로 속에 빠져서 어리둥절했던 앨리스처럼, 여러분도 천왕성인들의 예상치 못한 모습에 늘 대비해야 합니다. 물병자리는 대체로 천성이 친절하고 평온하지만, 대중적 의견에 도전하는 것을 즐기기 때문에 가끔은 의외의 행동으로 보수적인 사람들을 놀라게 합니다. 일상 생활에서는 온화한 말투와 예의바른 태도를 보이는 이 사람들은, 가장 예상치 못한 순간에 가장 놀라운 말과 행동으로 갑자기 당신에게 전기 충격을 줄 수도 있습니다. 전형적인 물병자리는 반은 슈바이처 박사이고 반은 미키마우스라고 할 수 있습니다. 신발은 샌들, 장화, 정장 구두, 편한 로퍼 등 어떤 것이든 신을 수 있지만, 때와 장소에 맞는지는 좀처럼 따지지 않습니다. 기분에 따라서는 맨발로 나타날 수도 있는데, 그들은 그런 모습을 비웃는 당신을 거꾸로 비웃어 줄 것입니다. 물병자리는 획일성에 대한 반감을 드러내기 위해 의도적으로 이상한 복장을 할 때가 자주 있습니다.

유지하는 성향의 공기 별자리인 물병자리는 '친구'라는 말을 즐겨 쓰는 것 때문에 티가 나기도 합니다. 물병자리였던 프랭클린 루스벨트 대통령은 "벗이여……."라는 말로 특유의 노변한담을 시작하는 경우가 많았으며, 전형적인 물병자리는 연애 관계가 깨지고 난 후에 여전히 친구로 지내면 안 되는지 물어봅니다. 물병자리는 쉽게 질리지도 않고 순진하지도 않으며, 지나치게 열정적이거나 너무 심드렁하지도 않습니다. 계속되는 실험에도 불구하고 여전히 다음에는 어떤 미스터리를 경험할지 호기심을 가지는데, 그 미스터리는 바로 당신이 될 수도 있습니다. 정신이 지구 반대편에 가 있는 것처럼 보이거나 또는 투명한 현미경으로 당신을 구석구석 분석하고 있는 것처럼 보이는 그 사람은 아마도 물병자리일 것입니다. 당신에 대해 강렬하고 호기심 가득 찬 애정을 보이지만, 주변에 있는 경찰이나 바텐더, 호텔 벨보이, 밤무대 가수의 개인적인 삶에도 당신에게 보였던 것과 똑같은 관심을 가지고 있다는 것을 알게 되면 당황스러울 수도 있습니다. 정치에 매력을 느끼고,

스포츠에도 빠져들며 어린아이들에게도 호기심이 많습니다. 말을 봐도 그렇고, 자동차, 노인, 의학적 발견, 작가, 우주 비행사, 알코올 중독자, 피아노, 바람개비, 기도에도 관심이 많으며, 야구와 루이 암스트롱은 말할 것도 없습니다. 이 대열에 끼어들기 전에 자존심부터 쓰레기통에 던져 버리지 않으면 무심한 물병자리의 태도 때문에 상처를 입을 수 있습니다.

낯설고 멍한 눈빛, 남들은 이해하지 못하는 신비한 지식을 알고 있는 듯한 눈빛을 찾아보세요. 물병자리의 눈빛은 흐릿하고 꿈꾸는 듯하며 허공을 맴도는 듯한 느낌이 있으며, 항상 그렇지는 않지만 푸른색이나 녹색 또는 회색 눈동자가 많습니다. 머리카락은 곧고 부드러운 금발이나 엷은 갈색 계열이 많습니다. 피부는 창백하고 키는 평균보다 큰 편입니다.(물론 동쪽별자리에 따라 외모가 달라집니다.) 또한 얼굴에서는 귀족적인 느낌이 두드러지는데, 이목구비가 또렷해서 오래된 금화에 새겨져 있는 로마 황제의 얼굴을 떠올리게 합니다. 전형적인 물병자리는 무슨 문제에 대해 생각할 때 자주 고개를 숙이는 경향이 있으며, 무언가 질문을 하고 나면 상대방의 반응을 기다리면서 고개를 갑자기 앞으로 내민다거나 옆으로 갸우뚱하는 경향이 있습니다. 천왕성의 중성적인 에너지 덕분에 희한하게도 남성에게는 도톰한 입술과 같은 여성적인 특징이, 여성에게는 넓은 어깨와 같은 남성적인 특징이 나타나기도 합니다.

자유를 사랑하는 천왕성인들은 매우 웃기고 삐딱하고 독창적이며, 자만심이 강하고 독립적이며, 또 한편으로는 외교적이고 부드럽고 동정심이 많으며 소심하기도 합니다. 물병자리는 거의 필사적으로 사람들과 어울리고 싶어 하고 친구들을 많이 사귑니다. 그러다가도 우울하고 시무룩해져서는 철저하게 혼자 있고 싶어 하기도 합니다. 하지만 사람들과 함께 있든 혼자 있든 간에 항상 누구보다 훨씬 깊고 빠르고 예리한 통찰력이 있습니다. 천왕성의 기운 때문에 타고난 반항아 기질을 가진 물병자리는 본능적으로 오래된 관습은 모두 잘못되었다고 생각하며, 극적이고 혁명적인 변화야말로 이 세계와 사람들에게 필요한 것이라고 생각합니다.(그러나 정치 쪽에 몸담고 있는 경우라도 자신의 이런 생각을 순진하게도 공공연하게 발표해서 자신의 전략을 망칠 만큼 어리석지는 않습니다.)

이러한 기질 때문에 물병자리는 항상 주변 상황과 친구들, 그리고 낯선 이들을 분석합니다. 물병자리가 당신의 개인적인 생각을 캐내기 위하여 단도직입적으로 질문을 해 대면 당신은 불안한 느낌이 들 수도 있습니다. 상대방의 생각이 별로 복잡하지 않다는 것을 알고 나면 물병자리는 곧 싫증을 느끼거나 가끔은 화를 내기도 합니다. 물병자리가 직전까지 당신이 이 세상에서 가장 중요한 사람인 것처럼 굴다가 그 현미경 조사가 끝나자마자 다른 사람에게 관심을 두는 모습을 보면 모욕감까지 느끼게 됩니다. 제법 마음이 쓰리지요.

우정에 그렇게 집착하면서도 물병자리는 친한 친구가 많지 않습니다. 사람들과의 관계에 있어서 질보다 양을 추구하며 관계를 오래 유지하는 경우가 드뭅니다. 한두 사람과 독점적인 관계를 유지하기에는 주변에 새로운 관심거리가 너무 많습니다. 이렇게 개인 감정을 섞지 않는 물병자리에게 감정적으로 호소하는 것은 별로 의미가 없지만, 물병자리의 마음에 무언가 감동을 준다면(단순한 감정과는 다른 것입니다.) 그들은 자전거에서 내려 자신이 무엇을 놓쳤는지 보러 돌아올 것입니다.

물병자리에게는 뭔가 독특한 고립된 느낌이 있어서 사람들은 종종 그들을 오해합니다. 아직 세상 사람들이 물병자리의 유토피아를 따라잡지 못해서 그렇습니다. 물병자리는 미래에 살면서 아주 가끔씩만 현재로 돌아오기 때문에, 평범한 사람들에게는 그저 괴짜로 보일 수도 있습니다. 물병자리도 이런 것을 느끼기 때문에 고립감을 더 깊게 만듭니다. 하지만 물병자리는 사람들이 자신을 이해하지 못한다고 해서 뒷걸음질 칠 이유는 없다고 생각합니다. 그들은 자신의 고독한 구름 속에서 방황하고, 우리처럼 평범한 사람들은 물병자리가 저 멀리서 무엇을 하고 있는지 궁금해합니다. 천문해석학에서는 '물병자리가 생각하는 것을 세상은 50년 뒤에야 생각할 것이다.'라고 가르칩니다. 맞는 말일 수는 있지만 그렇다고 해서 물병자리와 오늘을 살아가는 나머지 사람들 사이의 간극을 좁혀 주지는 않지요. 물병자리는 천재의 별자리라고 알려져 있으며 실제로 명예의 전당에 오른 사람들 중 70퍼센트가 넘는 사람들이 태양별자리가 물병자리이거나 동쪽별자리가 물병자리입니다. 반면에 정신병원에 수감되거나 혹은 심리치료를 정기적으로 받는 사람들 중 많은 수가 또한 물병자리라는 사실에 주목할 필요가 있습니다. 천재와 정신질환자는 종이 한 장 차이라는 말이 있듯이, 여러분의 물병자리 친구들도 가끔은 이 둘 중에 어느 쪽에 해당하는지 궁금해질 때가 있을 것입니다. 이러한 혼동의 원인은 대부분 사람들이 물병자리의 예언을 경시하는 경향이 있기 때문입니다. 익히 알려져 있듯이 '사람들은 풀턴*과 그의 증기선을 비웃었다.'라든가 '사람들은 에디슨이 학습 지체아라고 생각했다', 또는 '사람들은 루이 파스퇴르**를 가두고 싶어 했다.'라는 말들은 고차원적 사고 능력이 있는 물병자리에 대한 이 물질세계의 반응

---

* 로버트 풀턴(Robert Fulton, 1765~1815): 미국의 기계기사로 증기선을 발명했다.
** 루이 파스퇴르(Louis Pasteur, 1822~1895): 프랑스의 미생물학자로 탄저병 백신을 발명했다.

을 잘 나타내 줍니다.

　물병자리는 냉담하고 실용적이면서도 심리적으로 불안정하고 호기심 많은 사람들이어서 지적 장애를 겪고 있는 사람들과 본능적으로 공감대를 형성하는 것 같습니다. 거의 모든 물병자리가 정신질환자들과 조용하게 얘기를 나누는 것만으로도 환자의 불안을 상당히 진정시킬 수 있다는 것은 상당히 흥미로운 사실입니다. 또한 히스테리를 일으킨 사람들을 진정시키거나 놀란 아이들을 달래는 놀라운 재주가 있습니다. 물병자리가 아주 얇은 두께의, 극도로 예민한 신경계를 가지고 있기 때문에 그렇게 깊이 이해할 수 있는 것 아닐까요?

　물병자리는 세계관이 아주 넓기 때문에 출생차트 상에 충돌 각도가 있지 않는 한 가치관이 편협한 경우가 거의 없습니다. 가치관이 편협한 경우라도, 그 점을 지적하면 큰 충격을 받을 것입니다. 물병자리는 인류애적인 본능이 몹시 강하기 때문에 가끔 편협하다는 비난을 듣더라도 본인은 전혀 그렇다고 생각을 하지 못할 뿐만 아니라, 그렇게 낙인 찍히는 것도 몹시 싫어합니다. 그들에게는 당연히 모든 사람들이 형제자매입니다. 부자나 가난한 사람들이나 모두 똑같이 찾아다니면서 자신의 상징인 물병을 들고 지식의 물을 모아서 사람들에게 쏟아 줍니다. 깜빡 겨울잠에 빠질 때만 제외하고요. 하지만 이런 겨울잠은 오래 가지 않습니다. 당신이 그리워하기도 전에 물병자리는 다시 나타나 사람들 사이를 즐겁게 돌아다닙니다. 그 고독을 방해하지 마세요. 혼자 있고 싶어 할 때에는 혼자 있어야 합니다. 가끔은 전화번호를 아예 바꿔 버리기도 하지만 영원히 사람들과의 관계를 끊지는 않습니다. 주소지도 바꾸지 않습니다. 절대로 사람들과 오랫동안 의절하고 살 수는 없습니다. 그냥 무시하고 있으면 예전처럼 다시 초롱초롱하고 호기심 많은 눈빛을 하고 주변을 활보하고 다닐 것입니다.

일반적으로 물병자리와 정확한 약속을 잡기는 쉽지 않습니다. 물병자리는 정해진 시간에 해야 하는 구체적인 일이나 의무 때문에 꼼짝 못하는 것을 싫어하기 때문에, 약속을 느슨하게 잡고 싶어 합니다. 약속 시간을 구체적으로 정하기보다는 "화요일쯤 보자."라는 식으로 말하는 것을 좋아합니다.(가끔은 그 화요일은 돌아오는 화요일이 아니라 그 다음 주 화요일을 의미하기도 합니다.) 하지만 일단 당신이 구체적인 시간과 장소에서 미팅 약속을 잡는 데 성공하고 나면, 물병자리는 반드시 그 시간과 장소에 정확하게 나타납니다. 믿으셔도 됩니다. 심지어 그가 나타나는 순간에 당신의 시계를 맞춰도 될 정도라서, 당신도 약속에 늦지 않는 것이 좋습니다. 물병자리는 중간에 납치를 당하지 않았다면 정시에 나타날 것입니다.(실제로 물병자리에게는 그런 일이 발생할 수 있습니다. 언제 어디서든, 말 그대로 어떤 일이라도 일어날 수 있답니다.)

물병자리는 자신의 의견을 솔직하게 말하는 편이지만, 그렇다고 해서 당신이 어떻게 생각해야 하는지 어떻게 인생을 살아가야 하는지에 대해 자신의 주장을 강요하지는 않습니다. 반대로 그는 자신이 어떻게 생각해야 하는지 어떻게 살아야 하는지에 대해 당신이 이래라저래라 간섭하게 놔두지 않습니다. 양자리나 사자자리 또는 쌍둥이자리와는 달리, 물병자리는 자신의 아이디어를 타인에게 강매하려는 의도가 전혀 없습니다. 물병자리의 철학은 누구나 자신의 생각과 꿈이 있다는 것입니다. 누구나 자신의 음악에 맞춰 춤을 추고 그 개성을 존중해야 합니다. 세상은 현재 물병자리 시대에 들어와 있고, 그 시대를 알려 준 것이 히피족과 위대한 스승들이라는 점은 매우 흥미롭습니다. 조금 과장해서 말하자면 그것이 바로 물병자리의 이상인 것입니다. 평등, 인류애,

사랑, 자기 방식대로 살기, 진실 추구, 실험, 그리고 명상이 바로 그들의 이상입니다.

물병자리가 대의명분을 위해 맹렬하게 투쟁하는 모습은 좀처럼 찾아볼 수 없습니다. 그들은 자기 스타일대로 살고 그걸로 충분하다고 느낍니다. 양자리, 전갈자리, 사자자리, 사수자리는 억압받는 사람들을 해방시키기 위해 칼을 들고 명예롭게 싸웁니다. 하지만 천왕성이 지배하는 영혼들은 혁명의 원인을 파악하고 사람들의 문제를 들어 주고 동정 어린 이해심을 공유하느라고 너무 바쁩니다. 그들은 급진적인 변화가 필요하다고 믿으면서도 폭력은 다른 이들에게 맡깁니다. 그들이 도덕주의자이거나 비겁해서 그런 것이 아닙니다. 물병자리는 전투에는 적합하지 않은 사람들입니다. 자신도 모르는 사이에 싸움에 휘말렸다면 혼란스러운 상태에서 무턱대고 주먹을 휘두르거나, 아니면 상대방에게 얼른 동의를 해 주어 그 다툼을 끝내려고 합니다. 물병자리가 어떻게 대응할지는 예측이 불가능하지만, 한 가지는 확실합니다. 그 다음 날이 되면 바로 예전처럼 요지부동이 된다는 점입니다. 토론을 잘하는 사람이라면 물병자리를 잘 이용할 수 있습니다. 물병자리는 지식을 겨룰 때 관심이 추상적인 생각 쪽으로 쉽게 흘러가 버리기 때문입니다. 물병자리는 모자가 있을 때 가장 잘 싸웁니다. 모자를 쓰고는 그냥 떠나 버리기 때문입니다. 하지만 확신이 있을 때에는 불쾌하게 대립하는 것을 싫어함에도 불구하고 그 진실을 존중하는 마음이 조금도 흔들리지 않습니다. 주변에서 폭탄이 터지는 상황이라고 해도, 아무리 세상이 윽박지르고 감정적으로 억압한다고 해도 그들은 자신의 독립적인 생각을 확고하게 밀고 나갑니다. 미국의 두 물병자리 대통령, 링컨과 루스벨트는 이러한 원칙을 완벽하게 보여 주는 사람들입니다. 두 사람 모두 아주 독창적이면서도 전혀 대중적이지 않은 개념을 도입했습니다. 자신의 이론을 공격적으로 밀어붙이지도 않으면서, 협조를 얻기는커녕 극심한 반대에 부딪히는 상황에도 불구하고 전면적인 개혁을 이루어 냈지요.

물병자리가 사람들의 적대적인 비판을 자주 불러일으키는 또다른 이유는 그들이 사람들을 놀라게 하기 때문입니다. 그들은 사람들을 서쪽으로 이끌다가도 갑자기 아무런 예고 없이 방향을 틀어 동쪽으로 행진합니다. 물병자리는 자신이 무슨 생각을 하는지 사람들에게 알리지 않으려고 하는 고집이 있습니다. 제가 아는 친구의 물병자리 아버지는 몇 주 동안이나 아내가 가스레인지가 작동하지 않는다고 불평했지만 전혀 개의치 않았습니다. 아내의 절망적인 기색에도 그저 신문에만 파묻혀 있었습니다. 그러던 어느 날, 트럭 한 대가 집 앞에 도착하더니 두 남자가 가스레인지를 주방으로 가져와 연결하는 것이었습니다. 아내는 남편의 행동을 전혀 예상하지 못했다고 합니다.

물병자리가 사람들을 믿는다는 것은 자연스럽게 되는 일이 아니라서, 우선 그들은 당신의 의도와 심지어 가능하다면 영혼까지도 면밀히 조사하려고 합니다. 상대의 모든 말과 몸짓을 분석하려고 하는 물병자리를 마주하고 있는 사람은 차분해지기가 쉽지 않습니다. 그가 당신의 모든 것을 꿰뚫어 보고 마음속에 차곡차곡 쌓고 있다는 느낌을 받게 되며, 실제로도 그렇습니다. 가끔은 안개 속에 있는 것처럼 몽롱해 보일 때도 있지만, 사실 당신의 속눈썹이 몇 개인지도 말할 수 있을 정도로 의식은 또렷합니다. 물병자리가 당신을 얼굴만 보고 평가할 거라고 생각하면 오산입니다. 아무리 예의바른 물병자리라도 당신을 머리에서부터 발끝까지 천왕성의 광선을 비추어서 훑어봅니다. 당신의 표정 뒤에 무엇이 있는지 알고 싶어 하고 그것을 알아내기 위해 상당히 당혹스러운 질문도 서슴지 않을 것입니다. 하지만 일단 물병자리가 당신을 받아들이고 나면 아주 충실한 친구가 되며, 아무리 안 좋은 소문을 듣는다고 해도 당신과의 우정에는 흔들림이 없을 것입니다. 당신의 진실한 친구라면 당신의 적들이 그에게 아무리 고약한 이야기를 속삭이더라도 절대로 믿지 않을 것입니다. 물론 단순한 호기심에서 그들이 도대체 무슨 이야기를 하는지 듣기는 할 것입니다. 하지만 걱정하지 마세요. 물병자리는 자신의 최종적인 분석에 따라 결론을 내리니까요.

물병자리는 주로 순환기 계통과 관련 있는 질병을 앓을 수 있습니다. 겨울에는 추위 때문에 고생하고, 여름에는 습기 때문에 고생합니다. 부정적인 감정을 많이 쓰면 나이가 들어서 정맥류나 동맥경화로 고생하기 쉬우며, 다리 부위에서 특히 정강이나 발목 쪽에 사고를 당할 위험이 있습니다. 발목뼈가 약한 경우가 많으며 순환이 잘 안 되기 때문에 다리에도 통증이 있을 수 있습니다. 자주 목이 아프거나 가끔은 가슴이 두근거리는 현상이 있을 수 있지만, 출생차트에 심각한 충돌 각도가 있지 않는 한 대체로 위험하지는 않습니다. 물병자리는 신선한 공기를 많이 마시고 잠을 충분히 자고 운동도 해야 하지만 대체로 이러한 치료법을 잘 활용하지 않습니다. 주로 창문을 닫아 놓고 담요를 뒤집어쓰고 앉아서 계속 춥다고 투덜거리기 때문에 신선한 공기를 자주 마실 수가 없습니다. 물병자리의 두뇌 활동에 항상 따라다니는 예민한 긴장감 때문에 충분한 숙면을 취하지 못하거나, 숙면을 취해도 종종 이상한 꿈 때문에 고생합니다. 아주 어린 시절부터 동네에서 아이들과 어울려 야구 같은 스포츠를 하면서 운동에 대한 흥미를 계발하지 않는다면 물병자리는 운동장을 뛰는 것은 물론이거니와 빨리 움직이는 것조차 힘들어할 것입니다. 물병자리의 두뇌는 계속 운동을 하고 있지만 물병자리의 몸을 움직이게 하는 것은 쉽지 않습니다. 물병자리의 건강 상태는 진단 불가능한 아주 이상한 통증을 제외하고는 아주 양호합니다. 하지만 진짜 문제는 나이가 들어 고집이 점점 세지면서 발생합니다. 물병자리는 최면에 아주 약합니다. 많은 물병자리들이 이것을 직관적으로 알고 있기 때문에, 돈이나 사랑이라는 최면에 걸리지 않으려고 합니다. 하지만 이것은 한편으로는 잘못된 태도인데, 실력 있는 최면술사에게 치료를 받으면 물병자리의 수많은 공포증을 없앨 수 있기 때문입니다. 물병자리는 전기 치료에도 민감하게 반응하기 때문에 마찬가지로 좋은 효과를 볼 수 있습니다.

물병자리는 기억력이 별로 좋지 않지만, 사실 기억을 많이 할 필요가 없습니다. 일종의 보이지 않는 안테나를 이용해서 공기 중에서 지식을 습득하는 것처럼 보이기 때문입니다. 필요한 것이 있으면 무엇이든 안테나를 통해서 지식을 빨아들일 수 있는데 뭐 하러 필요하지도 않은 잡동사니 지식으로 머리를 채우겠어요? 장을 보러 갔다가도 가장 중요한 품목을 잊고 올 확률이 높습니다. 그런 것들을 기억하는 것이 그들에게는 전혀 중요하지 않기 때문입니다. 물병자리의 전형을 보여 주던, 건망증이 심각한 전설적인 교수가 한 명 있습니다. 그 교수는 낮 12시에 시내 어느 호텔 앞에서 아내를 만나기로 했습니다. 그런데 약속 시간보다 일찍 도착한 교수는 거기서 오랜 친구와 마주쳤습니다.(물병자리는 항상 오래된 친구와 우연히 마주치곤 합니다. 아프리카에 있든 북극에 있든 이들은 종종 아는 사람을 만나게 됩니다.) 그 물병자리 교수는 아내가 도착해서 미소를 지으며 다가오는데도 친구와의 대화에 완전히 몰두해 있었습니다. 아내가 옆에 다가왔을 때에도 박사는 무표정하게 아내를 쳐다보더니 정중하게 까닥 인사를 하고는 다시 친구 쪽으로 돌아섰습니다. 박사는 친구와 팔짱을 끼고 걸어가면서 대화에 심취해서는, 분노에 떨고 있는 아내를 모퉁이에 그대로 세워 둔 채 완전히 잊어버린 것입니다.

물병자리의 집중력은 엄청난 위력을 발휘할 수 있습니다. 하지만 마음만 먹으면 언제든지 주변에서 일어나는 일들을 마치 레이더처럼 검색해서 파악할 수 있지요. 아주 복잡한 토론에 참가하면서도 마음만 먹으면 다른 한쪽 구석에서 어떤 일이 벌어지고 있는지 분위기를 파악할 수 있습니다. 가끔은 그가 당신이 하는 말에 전혀 관심을 두고 있지 않는 줄만 알았는데 그 다음날 당신이 했던 말을 마치 녹음기처럼 똑같이 반복하는 경우도 있습니다. 물병자리가 전혀 의식을 하지 못하는 것처럼 보여도 지식을 흡수하는 놀라운 힘이 있다는 사실을 절대로 과소평가하면 안 됩니다. 비록 가끔은 너무 집중한 나머지 제 친구처럼 아내를 길거리에 혼자 내버려 두고 가서 살인이 날 뻔한 일도 있지만요.

물병자리가 생각하는 것은 항상 미래에 대한 단서가 됩니다. 특별히 노력하지 않아도 미지의 세계에 빠져들고 신비한 비밀에 다가갈 수 있는 이상한 물병자리의 능력 때문에 독특한 직감력이 생기고 이로 인해 고도의 예지 능력도 생깁니다. 제가 아는 어떤 물병자리는 전화벨이 울리기도 전에 전화가 올 것이라는 것을 느끼고, 심지어 누가 전화를 걸었는지도 미리 압니다. 링컨 대통령도 자신의 죽음에 대해 놀라울 정도로 상세하게 예감했던 것으로 알려져 있습니다. 거의 모든 물병자리는 당신의 마음속 의도를 간파하는 예민하고도 독특한 능력이 있습니다. 말을 하지도 않았는데 물병자리는 당신조차 모르고 있었던 내면 깊은 곳의 욕구를 이해합니다. 이런 신비한 침투 능력을 이용해서 물병자리는 자신의 생각을 보이지 않는 전류에 실어 전달할 수 있습니다. 심지어 뒤돌아 서 있어도 이런 신기한 과정을 통해 강한 감정을 투사할 수 있습니다. 전화 통화 도중에 한동안 말이 없으면 당신은 그 친구가 잠들어 버렸나 생각하겠지만 사실은 파동을 보내고 받는 중입니다. 어떤 물병자리는 전보를 보낼 때 우체국이 필요 없답니다.

하지만 물병자리의 사고에는 미신적 요소가 전혀 없습니다. 정비공이든 음악가든 간에 물병자리는 진정한 과학자의 태도를 취하며, 예리한 두뇌가 진행하는 시험을 통과할 때까지는 끝날 때까지는 함부로 결론을 내리지 않습니다. 그럼에도 불구하고, 일단 어떤 의견을 형성하고 나면 그것은 머릿속에 확고하게, 아주 확고하게 자리 잡습니다. 사회와 정부의 변화를 열렬하게 지지하면서도, 정작 자신의 생각을 조금도 바꾸려고 하지 않습니다. 세상의 발전에 대해서는 완전히 마음을 열고 있지만, 정작 자신의 태도에 있어서는 앞뒤가 꽉 막혀 있으며 의외로 보수적인 면이 있습니다. 물병자리의 자유주의에는 한계선이 그어져 있음을 알 수 있죠.

물병자리는 거짓말과 사기를 혐오하며, 물건을 빌려 주거나 빌리는 것을 가급적 피하려고 합니다. 돈을 그냥 선물로 당신에게 줄 수는 있지만 이들에게 돈을 빌려 달라고는 하지 마세요. 혹시 주변의 물병자리 친구에게 급하게 돈을 좀 빌려 달라고 한 적이 있는지요? 그 친구는 의외로 흔쾌히 돈을 빌려 주겠다고는 하겠지만 반드시 최대한 빨리 돈을 갚도록 하세요. 약속을 지키지 않거나 빚을 지면 두 사람 사이의 우정에 심각한 금이 갈 수 있답니다. 물병자리는 약속을 잘 지키고, 채무관계도 확실히 하며, 남들에게도 동일한 것을 기대합니다. 당연히 외상거래도 별로 좋아하지 않고 신용카드는 더더욱 싫어합니다. 하지만 이렇게 정직함을 좋아하는 물병자리의 태도는 가끔 의심스러운 행동으로 왜곡될 수 있습니다. 위선과 이중적인 언행을 싫어하는 만큼 가끔 어떤 질문에 너무 똑똑하게 대답해서 부정적인 인상을 풍길 수 있습니다. 또한 물병자리는 혹시 누군가 아주 미묘하게 거짓말하는 장면을 포착하면 솔직하게 분노를 표현할 것입니다. 물병자리는 노골적인 거짓말은 하지 않지만 아주 절묘하게 당신을 속일 때도 있습니다. 자신이 늘 설교하던 정직함과는 거리가 좀 멀지요. 지칠 줄 모르는 진실 추구와 내면의 동기를 숨기고자 하는 욕망은 양립할 수 없는 특징들이며, 언젠가 자신의 진정한 모습을 알게 되면 물병자리는 이러한 상호 모순에 직면하게 될 것입니다.

물병자리는 대개 이상주의자라는 평판을 받지만, 어쩌면 조금 과한 평가인지도 모릅니다. 참된 이상주의는 맹목적인 신뢰와 낙관주의로 구성되어 있는데, 물병자리는 득이 없는 대의명분을 위해 오랫동안 자신을 기만하기에는 너무 영리하기 때문입니다. 그들은 꿈이라는 것이 대부분 (자신이 아주 면밀하게 조사했으면서도 여전히 좋아하는) 무지개와 같은 환영이라는 사실을 알고 있습니다. 물병자리는 전통과 권위주의를 하찮게 여깁니다. 예의상 전통과 권위주의를 존중하기는 하지만 그 속에 있는 오류와 왜곡, 그리고 비논리를 파헤치고자 하는 충동을 억누를 수 없답니다.

물병자리의 몸과 마음은 마치 바람처럼 자유로워야 합니다. 물병자리를 움직이지 못하게 하는 것은 마치 나비를 가만히 있게 만들거나 봄바람을 장롱 속에 가두거나 아니면 겨울의 돌풍을 병 속에 담아 두려고 하는 것과 같습니다. 처음부터 아예 불가능한 일이며 게다가 아무도 그런 어리석은 짓을 하지 않습니다. 물병자리는 시대를 너무 앞서 있어서 이 사람들의 견해를 바로 이해하는 것은 쉽지 않겠지만, 시도해 보는 것은 의미 있는 일입니다. 좀 당황스럽기는 하겠지만 더 현명해질 수 있을 것입니다. 물병자리를 상징하는 꽃은 수선화daffodil입니다. 어원은 'daffy'라는 말로 '어리석은 혹은 미친'이라는 뜻입니다.

물병자리는 천왕성에 의해서 계속 마음이 산만해지는데, 천왕성의 '예상치 못한 뜻밖의 변화를 가져다 주는 기운' 때문에 전기 충격을 받은 것처럼 미래에 대한 이미지를 명확하게 볼 수도 있습니다. 물병자리는 상징물이 사람입니다. 물병자리는 인류의 가장 참된 소망과 원대한 이상을 대변합니다. 물병자리의 금속인 우라늄은 금속이라기보다는 방사성의 금속성 화학 물질로서, 독자적으로 존재하지 않고 결합물 형태로만 발견됩니다. 우라늄은 원자 연구에서도 중요하며 지속적인 핵분열을 일으킬 수도 있습니다. 물병자리의 보석인 사파이어에 나타나 있는 전자기 제왕은 8볼트의 아름다운 번개를 만들어 내며, 자신의 비밀을 알고 싶어 하는 사람들에게 지식을 나누어 주기도 합니다. 하지만 당신이 그들처럼 미래 속에서 살지 않는 한, 고대 토성의 지혜가 물병자리의 마음속에 오래 전에 새겨 놓은 외로움은 아주 잠깐 동안밖에 볼 수 없을 것입니다.

물병자리로 알려진 유명인

갈릴레오 갈릴레이Galileo Galilei

미아 패로Mia Farrow

에이브러햄 링컨Abraham Lincoln

찰스 디킨스Charles Dickens

토머스 에디슨Thomas Edison

프랜시스 베이컨Francis Bacon

*마이클 조든Michael Jordan

*버지니아 울프Virginia Woolf

*장쯔이

*제임스 딘James Dean

*김국진

*김제동

*이영애

*정형돈

루이스 캐럴Lewis Carroll

서머싯 몸Sommerset Maugham

찰스 다윈Charles Darwin

클라크 게이블Clark Gable

폴 뉴먼Paul Newman

프랭클린 루스벨트Franklin Roosevelt

*밥 말리Bob Marley

*오프라 윈프리Oprah Winfrey

*저스틴 팀버레이크Justin Timberlake

*제임스 조이스James Joyce

*김신영

*윤도현

*이윤석

물병자리 남성

♒︎

그 동안 역무원은 버버 앨리스를 바라보고 있었다.
처음에는 망원경으로, 그 다음에는 현미경으로,
그것도 모자라 오페라글라스로도 보더니 마침내 말했다.
"너는 잘못된 길로 여행하고 있구나."
역무원은 그렇게 말하고는 창문을 닫고 가 버렸다.

결론부터 말하자면, 물병자리 남성에게는 다른 남성들이 사랑에 빠졌을 때 하는 행동을 기대해서는 안 됩니다. 만약 그런 기대를 한다면 당신은 가슴이 철렁하는 느낌을 한 번도 아니고 여러 번 경험할 수 있습니다. 우정에 대해서라면 물병자리 남성은 당신이 동료나 친구들에게 원하는 그 모든 것을 해 줄 수 있습니다. 하지만 사랑은? 글쎄요. 제가 알고 지내던 한 물병자리 남성은 이렇게 말한 적이 있습니다. "누구나 여자친구는 있을 수 있다. 하지만 사랑은 다른 것이다." 아주 영리하게 관찰한 후에야 나올 수 있는 말이지요. 좋습니다. 물병자리에게 사랑은 '또다른 것'이라고 합니다.

물병자리 남성은 당신에게 완전히 빠져들고 싶지는 않은 것처럼 행동할 때가 있는데, 그 이유는 아주 기본적인 논리에서 비롯됩니다. 물병자리는 사람들을 좋아합니다. 세상 모든 사람들이 친구이지요. 그는 최악의 적도 '내 친구'라고 부릅니다. 누군가를 좋아하지 않더라도 친구라고 표현할 수 있다는 뜻입니다. 그 말에 어떤 의미가 있는지는 연구를 좀 더 해 봐야 합니다. 다양한 뉘앙스에 따라서 복잡해질 수 있습니다.

물병자리 남성은 시간을 때울 때 가장 좋아하는 일이 다른 사람의 감정을 간파하는 일임에도 불구하고, 정작 자신의 진실한 감정은 드러내고 싶어 하지 않습니다. 그의 반응과 동기는 복잡한데, 그는 당신을 속여먹는 재미만으로도 그것들을 복잡한 상태로 두려고 합니다. 물병자리 남성은 사랑과 우정 관계에서 이상한 경험을 자주 하게 되며, 그 모든 경험들을 면밀하게 조사할 것입니다. 함께 결혼식장에 입장하기 전까지는 물병자리 남성에게 당신은 또다른 하나의 경험이나 실험에 불과합니다. 받아들이기 힘드시겠지요. 하지만 울지는 마세요. 물병자리 남성이 아무리 조심한다고 해도 그 자신도 속을 때가 있습니다. 하지만 속이려고 하기 전에 물병자리 남성이 사람들에 대해 가지고 있는 이 독특한 관점에 어떻게 대처할지부터 생각하는 것이 좋을 것입니다.

물병자리 남성은 그룹을 좋아하는 사람으로 팀워크를 자연스럽게 받아들입니다. 물병자리는 마치 자신이 그 경기를 직접 만들어 낸 사람인 것처럼 공정한 경기 규칙을 잘 이해하며, 인간 관계에도 그러한 규칙을 적용합니다. 관심사도 다양합니다. 그는 인간에 대한 관심 자체에 개인적인 감정을 개입시키지 않기 때문에 만나는 모든 사람들에게서 고유한 가치를 발견합니다. 반면 우리 같은 일반인들은 살면서 아주 특별한 사람들에게만 그런 노력을 쏟지요. 물병자리에게는 모든 사람이 다 특별합니다. 직접 만나 보지 못한 사람들까지도 해당합니다. 이기적이거나 옹졸한 물병자리는 매우 드뭅니다. 이런 모습을 보일 때면 스스로 자신이 편협한 생각을 하고 있다고 의식합니다. 물병자리는 속이 좁다는 얘기를 들으면 참지 못합니다.

　물병자리는 스스로 엄격한 도덕 규범이 있기 때문에 대체로 높은 이상에 부응합니다.(다만 그 규범은 아주 사적이어서, 꼭 사회적으로 인정받은 규범은 아닐 수도 있다는 점을 이해하시는 것이 좋습니다.) 물병자리는 거의 대부분 변화, 논란 그리고 예기치 못한 사건들로 이루어진 삶을 살게 됩니다. 하지만 동시에 다른 태양별자리에서는 찾아볼 수 없는 완벽하게 고요한 순간도 자주 경험합니다. 물병자리 남성은 자신이 모든 인류를 제치고 당신이라는 한 명의 여성에게만 관심을 쏟게 되었다는 충격을 극복하고 나면 아주 자상한 연인이 될 수 있습니다. 그는 많은 일들에 관심을 쏟으면서도 정작 자기 개인의 문제는 소홀히 하는 데에 익숙해져 있는데, 사랑에서만큼은 이런 태도가 좀 완화될 것입니다. 하지만 너무 기대하지는 마세요. 세상 모든 사람들이 자신을 필요로 하고 있는데 당신에게만 완벽하게 헌신하고 있다는 것을 갑자기 깨닫게 될 공산이 큽니다. 그러면 자신이 친구들이나 그 외의 모든 지구상의 사람들에 대한 사랑을 저버린 것이 아니라는 것을 스스로 증명하기 위해 한 걸음 물러날 수도 있습니다.

　물병자리 남성은 머릿속에서 계속 무언가를 분석하면서 자주 이렇게 자문할 것입니다. "그녀가 한 말은 무슨 뜻이었을까?" 그 답을 찾을 때까지는 멈추지 않습니다. 물병자리 남성은 궁금한 수수께끼가 생기면 열광적인 태도를 보이기 때문에 그가 애써 태연한 척한다고 해도 속을 필요가 없습니다. 그는 무언가 감춰진 것이 있다고 느끼면 그 미스터리를 파헤치고 베일을 벗겨 낼 때까지 밤에 잠도 못 잘 것입니다. 자신이 알아낸 결과에 실망할 가능성은 늘 있으니, 그 대상은 알아낼 만한 가치가 있는 것이어야 합니다. 그렇지 않다면 자신이 알아낸 것을 아무 거리낌 없이 적나라하게 공개하고는 새로운 베일을 벗기기 위해 떠날 것입니다.

물병자리 남성을 자신의 남자로 만들고 싶은 여성이라면 먼저 그의 호기심을 불러일으켜야 합니다. 펼쳐 놓은 책은 관심을 불러일으킬 수 없습니다. 닫혀 있어야 관심을 끌게 되고, 굳건하게 닫혀 있을수록 물병자리의 탐정 본능을 더 자극할 것입니다. 물병자리 남성은 상대 여성이 자기를 무시하거나 그녀의 생각을 말하지 않고 있으면 눈이 점점 커지면서 마치 사냥개가 뭔가 냄새를 맡았을 때처럼 초롱초롱해지기 시작합니다. 왜 저렇게 감정적일까?(감정적으로 행동해도 됩니다. 그 이유만 설명해 주지 않으면 됩니다.) 정말로 변덕이 심할까? 아니면 가식일까? 왜 저렇게 향수를 뿌리고 화장을 하며 짧은 옷을 입고서는 정작 사자자리나 사수자리 또는 전갈자리들이 자신을 향해 휘파람을 불어 댈 때는 기분 나빠하는 걸까? 남자가 먼저 접근하기를 바랄까? 아니면 그 반대일까? 금욕주의자일까? 아니면 개방적인 사람일까? 그녀를 화나게 하는 건 뭘까? 물병자리 남성이 관찰하고 질문하고 조사하는 동안 그 여성은 당연히 우쭐한 기분이 듭니다. 하지만 그가 방금 서빙을 하고 간 여종업원(좀 전에 탔던 택시기사도 물론이거니와)에게도 똑같은 호기심을 보인다는 사실을 알고 나면 약간 마음이 식기 시작합니다. 예리한 과학자의 눈 앞에 꼼짝 못하고 누워 있는 곤충 같은 기분이 들게 만드는 이런 태도는 절대로 상대 여성을 기분 좋게 만들려고 계산된 행동이 아니겠죠. 결국 그 여성은 좀 더 열정적이거나 현실적인 남성을 찾아 떠나게 되고, 물병자리 남성은 한동안 실의에 빠져 있다가 다시 새로운 낭만적 탐구를 시작합니다.(새로운 발명이나 독특한 아이디어가 그를 사로잡는다면 낭만적인 탐구 작업은 좀 미뤄질 것입니다.)

　물병자리 남성은 애처로울 정도로 부드럽고 유순할 수도 있지만, 이런 표면적인 차분함은 신기루에 불과하다는 것을 늘 머릿속에 기억하고 있어야 합니다. 융통성도 마찬가지입니다. 여성이 조금이라도 기회주의적인 모습을 보이면 절대로 묵인하지 않습니다. 자신이 이용당하고 있다고 생각하면 예측 불가능한 천왕성의 매력은 눈 깜짝할 사이에 사라져 버리고, 마치 캐리 그랜트*가 제임스 케그니**로 변해서 당신 얼굴에 자몽이라도 집어던질 것 같은 모습을 보게 될 것입니다. 극도로 화가 나면 그런 충격적인 행동도 할 수 있습니다. 더 충격적인 것은 당신이 그런 물병자리 남성을 용서하게 된다는 것입니다. 그러면 안 됩니다. 적어도 두 번 이상은 안 됩니다. 물병자리 남성은, 너무 드세게 행동하지만 않는다면, 자신의 주장을 펼칠 줄 아는 여성을 좋아합니다. 지나치게 감상적인 약속을 하지도 않고 울며불며 상대방을 비난하지도 않아야 합니다. 그러면서도 자신을 여기 저기 훨훨 날아다닐 수 있게 해 주어야 합니다. 자몽을 던질 뻔한 행동을 변호하자면, 물병자리 남성은 대체로 여성에게 상당히 친절한 편이지만 아주 가끔 흥분하면 남녀를 구분하는 것을 잊어버리기도 합니다. 이런 경향이 천왕성의 돌발성과 합쳐지면 얼굴에 자몽 주스를 끼얹는 상황이 발생할 수도 있는 것입니다.

　물병자리는 살면서 어떤 식으로든 명성을 얻을 가능성이 아주 높습니다. 동네 조기 축구 대회에서 받은 트로피든지 아니면 마을에서 가장 키가 큰 남자로 선정되든지 간에 어느 정도의 인지도를 얻어서 이름

---

* 캐리 그랜트(Cary Grant, 1904~1986) : 영국 출신의 미국 영화배우로 우아하고 젠틀한 이미지로 유명함.

** 제임스 케그니(James Cagney, 1899~1986) : 미국 영화배우로 거친 이미지로 유명함.

을 알리게 될 확률이 높습니다. 노벨상 수상처럼 빛나는 명예를 누릴 수도 있습니다. 많은 수의 물병자리가 그런 명예를 얻습니다.(반면에 불안증이 있는 물병자리 중 다수가 정기적으로 정신과 치료를 받기도 합니다. 이 두 부류 사이의 차이를 구별하는 것은 쉽지 않습니다.)

어떤 물병자리 남성은 결벽증이 있습니다. 누가 자기 수건을 쓰거나 자기 국그릇에 대고 재채기라도 하면 거의 비명을 지르는 물병자리를 볼 수 있을 것입니다. 이런 행동의 이면에는 세균과 질병에 대한 노이로제가 있습니다. 물병자리는 이런 두려움을 사랑하는 사람이 생겨도 극복하지 못하는 경우가 많습니다. 무의식적으로 드러내게 되지요. 당신의 화장품에 알레르기가 있어서 재채기가 난다고 불평해도 놀라지 마세요. 물병자리는 자신이 피하고 싶은 것에 대해서는 알레르기를 스스로 만들어 내는 능력이 있어서, 순진한 여자친구는 물론이고 의사 선생님까지도 속일 수 있습니다.

물병자리 남성은 과장된 행동으로 당신에게 구애를 하는 타입은 아닙니다만, 길을 가다가 멈춰서 민들레를 따서는 마치 장미꽃을 바치듯 당신에게 내밀 수도 있습니다. 솔직히 말해서 대부분 그런 식으로 행동합니다. 밍크 코트와 다이아몬드로 청혼하지는 않을 것입니다. 하지만 밍크 코트가 없어도 물병자리 남성과의 삶은 화려할 수 있습니다. 영화배우 헬렌 헤이스*와 그녀의 남편인 찰스 맥아더** 부부에 관한 유명한 일화가 있습니다. 두 사람이 처음 만났을 때 찰스는 땅콩 한 통을 건네주며 "이 땅콩들이 에메랄드라면 좋겠어요."라고 했다고 합니다. 세월

---

* 헬렌 헤이스(Helen Hayes, 1900~1993): 미국의 배우. 무대·영화·라디오·텔레비전 등에서 활동했다.
** 찰스 맥아더(Charles MacArthur, 1895~1956): 미국의 극작가.

이 지나서 돈을 많이 벌었을 때 찰스는 반짝이는 에메랄드가 가득 찬 통을 주면서 이렇게 말했다지요. "이게 땅콩이라면 좋겠어." 찰스가 물병자리였는지는 모르겠지만 분명히 출생차트에서 천왕성의 영향력이 강할 것입니다. 물병자리 남편과 살게 되면 이런 뜻밖의 영광을 누리게 됩니다. 그러니 누가 굳이 결혼 예물로 밍크 코트를 필요로 하겠습니까?

자, 이제 용기를 내서 가장 힘든 부분에 대해 얘기해 봅시다. 회피하거나 부질없는 희망을 가져서도 안 됩니다. 본론으로 들어가 볼까요? 게자리나 염소자리, 또는 사자자리, 천칭자리와는 달리 물병자리는 마치 아기가 사탕을 받아 드는 것처럼 행복하게 결혼을 받아들이지는 않습니다. 솔직하게 말하자면, 물병자리는 대부분 최선을 다해서 결혼을 피하려고 합니다. 드물게 어린 나이에 결혼에 끌리는 경우는 있지만, 통계학적으로 볼 때에는 별 의미가 없습니다. 결혼을 하지 않는 이유는 물병자리가 사랑의 기본이 아름답고 멋지고 즐거운 우정에 있다고 생각하기 때문입니다. 이들은 주로 친구 같은 연인을 선택해서 유명 야구 선수의 평균 타율, 가로세로 낱말 맞추기, 아라비아 말, 미시시피 강의 반딧불이, 사해 사본 등을 포함한 모든 물병자리의 관심사에 대해 함께 얘기하고 싶어 합니다. 왜냐고요? 간단합니다. 얘깃거리가 너무 많기 때문에 그만큼 사랑을 나눌 시간이 적어지므로 너무 진지한 사이가 되어 책임을 져야 하는 부담도 그만큼 덜하기 때문입니다. 물병자리의 이상형은 지나친 정서적 요구를 하지 않는 친구 같은 여성입니다. 그러면 어떻게 해야 할까요? 글쎄요. 딱히 해야 할 일은 없습니다.

물병자리 남성은 육체적인 애정 표현을 부자연스러워합니다. 굿나잇 키스를 처음 해 주는 것도 데이트를 시작한 지 한참 만에야 가능할 것입니다. 분명 대개는 기다릴 만한 가치가 있을 테고, 그런 기다림이 관계를 더욱 특별하게 만들 수도 있겠죠. 하지만 당신 입장에서는 그저 친구 같은 관계가 이미 불가능해진 지 오랜 시간이 지났음에도 불구하고, 물병자리 남성은 여전히 편하고 안전한 플라토닉한 우정 관계를 맺고 있다는 환상에 계속 매달릴 것입니다.

　물병자리 남성은 겨우 용기를 내어 "사랑해."라고 말한 뒤에도 가능한 모든 핑계를 동원해서 결혼이라는 문제를 회피하려고 할 것입니다. 더 이상 핑계 댈 것이 없어지면 아주 상상력이 풍부한 새로운 구실을 만들어 낼 수도 있습니다. 당신이 마땅히 받아야 하는 대접을 자신이 해 줄 수 없다거나 집에서 부모님이 자기를 찾는다거나 아니면 당신에게는 자신이 부족하다는 식으로 꾸준히 설명해 댈 것입니다. 그래도 안 되면 핵폭발의 위협 같은 것들 때문에 미래가 너무 불확실하다고 주장할 것입니다. 만약 내년에 사장이 자신을 알래스카로 전근 보낼 수도 있다고, 그곳에서 불면증 때문에 죽을 수도 있고, 그러면 당신은 남은 인생을 슬픔 속에 빠져서 살아야 한다는 등등 온갖 핑계를 만들어 냅니다. 제가 아는 한 물병자리 남성은 약혼을 한 지 12년이 되었는데도 '상대방이 배우로서의 경력을 희생하게 된다.'라는 이유로 결혼하지 않으려고 했습니다. 그 약혼녀가 평생 무대를 밟아 본 적도 없다는 사실은 중요하지 않았습니다. 그 물병자리 남성은 약혼녀가 재능이 있다고 생각했습니다. 언젠가 어떤 프로듀서가 재능을 알아볼지도 모르는데 이미 결혼한 상태여서 그 기회를 놓치기라도 하면 약혼녀가 얼마나 속상하겠느냐는 것이죠. 그 남성은 또 어떤 기분이 들까요? 죄책감이 들겠지요. 분명히 이기적이고도 미안한 일입니다. 불쌍한 약혼녀가 마침내 보다 더 긍정적인 남자를 찾아 도망가 버린 것도 놀랄 일이 아닙니다.

　하지만 모든 물병자리 남성이 이렇지는 않습니다. 비록 대부분 결혼을 늦게 하는 것은 사실이지만, 결국에는 대부분 결혼을 합니다. 물병자리 남성은 자기 주위에 마지막으로 남아 있던 싱글 친구가 버뮤다로 신혼여행을 떠나고 나면, 자기는 아직 조사를 시작하지도 못했는데 다른 사람들은 이미 풀어 버린 미스터리가 있다는 사실을 깨닫고는 정신을 차립니다. 당연히 그런 상황을 참을 수 없으니 가서 얼른 청혼을 해야 합니다. 물론 아주 갑자기 진행됩니다. 천왕성이잖아요.

당신은 연애 초기에 이 물병자리 남성을 좀 길들여 보겠다고, 적극적으로 구애하는 다른 남자에게 끌리는 척 연기를 해 볼 생각을 품을지도 모릅니다. 하지만 혼자 남는 쪽은 다름 아닌 바로 당신일 것입니다. 상심한 물병자리 남성이 소유욕에 불타 당신을 쫓아다닐 가능성은 거의 없기 때문입니다. 대신 그는 아주 차분하게 눈물을 한두 방울 흘리고는 "어쩌겠어요. 더 잘난 남자가 이기는 법인걸."이라고 하면서 아주 쉽게 당신을 만나기 전의 생활로 돌아갈 것입니다. 심지어 해서는 안 될 질문까지 할 수 있습니다. "그래도 우리 친구로 계속 지낼 수 없을까요?" 당신이 단호하게 안 된다고 하면 그냥 낙심해서 어깨를 한 번 으쓱하고는 돌아서서 천천히 걸어갈 것입니다. 만약 된다고 하면 처음으로 다시 돌아가는 것입니다. 친구 사이로요.

질투심은 물병자리 남성의 것이 아닙니다. 그는 당신이 직접 못 믿을 사람이라는 것을 보여 줄 때까지는 당신을 믿을 것입니다. 천성적으로 남을 믿어서라기보다는 물병자리의 분석적 해부 과정을 통해 이미 당신의 성격에 만족했기 때문입니다. 출생차트 상에 두드러진 충돌 각도가 있지 않는 한 물병자리 남성에게서 사실 무근의 의심이나 소유욕은 찾아볼 수 없습니다. 드물게 질투심이 있다고 하더라도 당신은 절대로 모를 것입니다. 또 본인이 육체적으로 바람을 피울 가능성도 아주 희박한데, 섹스가 흥미롭기는 하지만 특별히 구미가 당기는 일은 아니기 때문입니다. 가끔 섹스에 대한 생각을 많이 하는 물병자리도 있는데 이런 경우에는 출생차트에 전갈자리 영향이 많이 있을 것입니다.(하지만 이런 유형 역시 드러내 놓고 섹스를 탐닉하지는 않습니다.)

물병자리 남성은 일단 짝을 선택하고 나면 본인이 보다 더 중요한 일들에 집중할 수 있다는 사실을 깨닫습니다. 여유 있게 개인 연구실에서 남녀 관계를 조사하는 것을 즐길 수도 있습니다.(물병자리는 나중에 성공할 가능성이 높으므로 개인 연구실을 가질 가능성도 배제할 수 없지요.)

물병자리에게 섹스는 자신의 큰 그림이나 이상의 한 부분에 불과합니다. 사회 통념에 어긋나는 이성 관계에 대한 유혹이 생기면, 스스로 생각하기에 부정직한 관계를 계속하기보다는 비록 깊이 상처받더라도 그 관계를 갑작스럽게 끝낼 것입니다. 물병자리 남성이 죄책감을 느끼는 상황은 아주 다양합니다. 부모가 승낙하지 않는 일, 오랜 친구와의 종교적 갈등, 여덟 살 때 스스로에게 했던 약속, 또는 책에서 읽었던 어떤 부분 등이 모두 해당될 수 있습니다. 하지만 어떤 것이든, 아무리 그 사랑이 빅토리아 여왕과 앨버트의 사랑처럼 운명 지어진 것이라 하더라도, 다시 가까운 관계로 이어지려면 자신의 문제들을 조정하고 해결해야만 합니다. 물병자리는 친구들이 눈치 채지 못하도록 조용하게 가슴앓이를 할 것입니다.

물병자리 남성은 당신을 얻기 위해서라면 아흔 살이 될 때까지도 기다릴 수 있는 사람입니다. 물론 당신은 결혼 첫날밤을 위해 오래 기다리는 것은 너무 길다고 생각하겠죠. 그와의 관계에서 나쁜 점은 이별할 때 이유를 밝히지 않는다는 것입니다. 본인은 그 이유를 알고 있지만 그것을 알아내는 것은 당신 몫입니다. 심술궂게도 처음부터 그저 환상에 불과했다고만 말하면서 세월이 흐른 뒤에라도 용서와 화해를 할 수 있을 만한 진짜 이유는 말하지 않으려 합니다. 매우 잔인하게 느껴지지만, 이것이 물병자리의 방식입니다.

당신에게 유일한 위안은 물병자리 남성도 자기만의 방식으로 고통스러워한다는 점입니다. 그걸 어떻게 아냐고요? '물병자리를 알아보는 방법' 부분을 다시 읽어 보세요. 물병자리는 자신의 감정을 불가사의한 방법으로 전달할 수 있는데, 가끔은 아주 불통일 때가 있습니다. 본인의 그 독특하고 사적인 신호는 녹색 신호인데 표면적으로는 적색 신호를 계속 유지하면서 자신이 녹색으로 바꿀 준비가 될 때까지 기다리는 경우가 특히 그렇습니다. 연애 관계에서 상당한 교통체증을 유발할 수 있지요. 보행자 입장에서는 어렵지만, 물병자리 남성은 운전자 입장이므로 그의 관심을 불러일으킬 새로운 미스터리를 생각해 내거나 금성으로 여행을 다녀온 첫 번째 여성처럼 굴면서 그가 다시 당신과 얘기할 수 있도록 호기심을 불러일으킬 수 있는 멋진 주제를 내놓는 것 말고는 당신이 할 수 있는 일은 별로 없습니다.

그런 재주를 부리면 물병자리 남성의 감정이 변할 거라는 뜻이 아닙니다. 그가 당신을 정말로 사랑한다면 금성은커녕 동네 정육점보다 더 멀리는 가 본 적이 없는 사람이라고 하더라도 당신을 사랑할 것입니다. 본인의 확고한 전략에 약간 차질이 생기기는 하겠지요. 이런 얘기를 들으면 물병자리 남성이 사랑에 대해서 상당히 완고해질 수 있다는 것을 눈치 채셨을 것입니다. 그 생각이 맞습니다.

애정 문제와 관련한 물병자리의 고정 불변한 태도로 인해 당신은 미쳐 버리거나 아니면 자포자기 상태로 다른 사람에게 달려갈지도 모릅니다. 하지만 그래 봤자 시간 낭비입니다. 물병자리 남성은 질투심이 없다는 것, 기억하시지요? 질투가 난다고 해도 드러내지 않을 것입니다. 게다가 천왕성의 직감으로 당신이 연기를 한다는 것을 다 눈치 챕니다. 당신이 어떤 경우에 화를 내는지 알고 있기 때문이지요. 당신을 오랫동안 연구해 왔다는 사실을 잊으면 안 됩니다. 당신이 할 수 있는 것이라고는 당신이 아흔 살이 되어도 여전히 매력적인 모습으로 남아 있기를 바라거나, 아니면 금성으로의 여행 준비를 시작하는 것입니다.

뒤집어서 말하자면 물병자리도 언젠가는 입장이 바뀌어 당신에 대한 엄청난 소유욕이 생길 수도 있습니다. 당신이 균형을 잘 잡고 있어야겠죠. 언제 어디서나 변함없는 천왕성의 우정에 대한 성향 때문에 심지어 결혼한 뒤에도 남편이 도대체 어디에 있는지 모를 때가 있을 것입니다. 그가 아무리 친구들과 늦게까지 시간을 보내더라도 그저 사람에 대한 끊임없는 관심 때문에 그렇다고 생각하세요. 만약 그 친구가 여성이라면 모르는 척하는 것이 좋습니다. 그리고 솔직히 그럴 가능성은 별로 없습니다. 누구와 있었는지 직접 물어보면 솔직한 답을 얻을 수 있습니다. 하지만 의심해서 재차 물어본다면 물병자리 남성은 당신이 진실을 원하지 않는다고 생각할 것입니다. 그러면 당신을 놀려 주려고 자신이 상상할 수 있는 가장 터무니없는 이야기를 해 줄 수도 있습니다.(물병자리는 그런 상상은 할 수 있답니다.) 당신은 몇 시간이나 극도로 비참한 상태로 남편이 정말로 그 빨강머리에게 예쁘다고 말했는지 궁금해하며 그를 의심했던 것을 후회하게 될 것입니다.(남편이 그녀와 얘기를 나누었는지 기억이 안 난다고 했는데 당신이 "쳇, 당연히 기억이 안 난다고 하겠죠!"라고 말한 뒤의 일입니다.) 물병자리 남편은 솔직히 기억이 나지 않았는데 당신이 둘이서 도대체 무엇을 했는지 구체적으로 밝히라고 요구했기 때문에 이야기를 꾸며 낸 것입니다. 당신도 이런 특징들을 곧 알게 될 것입니다.

물병자리 남편이 조용히 꿈을 꾸며 혼자 있고 싶어 하더라도 상처 받지 마시기 바랍니다. 그는 당신과 그 꿈을 나누기 위해 다시 돌아올 것이니, 남편의 정신적인 은둔을 따뜻하게 격려해 주세요.

물병자리 남성은 돈을 가장 많이 버는 남편은 아닐지도 모르지만, 이 세상에 뭔가 유익한 것을 발명해 내거나 화성에 착륙하는 최초의 인간이 될 수도 있습니다. 화성에서도 집처럼 편안함을 느낄 것입니다. 물병자리 남편과 살다 보면 비록 집에 돈이 충분하지 않더라도 종종 뜻밖의 일이 일어날 수 있습니다. 물론 돈이 많은, 심지어 백만장자인 물병자리 남성도 제법 있지만, 불타는 야망을 좇는 물병자리는 거의 없습니다. 당신이 만나는 모든 부유한 물병자리들은 우연히 돈을 벌게 되었을 테고, 또한 절대로 돈을 벌 기회를 탐욕스럽게 붙잡지는 않았을 것입니다. 어떤 제품을 개선하거나 인류에게 도움이 되는 아이디어를 개발하려고 노력하는 과정에서 저절로 돈이 따라왔거나, 아니면 괴짜처럼 살 노후를 대비해서 저축해 왔을 것입니다. 누가 알겠어요? 언젠가 타임머신 여행을 하고 싶어서 여비를 모으고 싶었을지도 모르죠. 물병자리 남성은 대체로 돈에 대해서는 합리적인 편이지만, 당신은 할 수 있을 때 돈을 저축해 두고 외상 거래는 많이 하지 마세요. 물병자리 남성은 사치스러운 사람을 절대로 좋아하지 않습니다. 가끔은 아주 후한 인심을 써서 당신을 깜짝 놀라게 할 수는 있지만 동쪽별자리가 양자리, 사자자리, 사수자리 또는 물고기자리가 아닌 이상 이성을 잃고 돈을 쓰지는 않습니다. 앞에서 말한 동쪽별자리를 가진 물병자리라고 하더라도 돈을 펑펑 쓰는 편은 아닙니다.

아이들은 물병자리 아버지가 다른 아버지들보다도 훨씬 이야기를 잘 들어 주는 사람이라고 생각할 것입니다. 물병자리 아버지는 아기 돼지 삼형제를 위협하던 늑대가 숨을 죽이고 다가가는 이야기에 흠뻑 빠지고, 마녀가 백설공주에게 주었던 사과에 어떻게 독을 발랐는지 궁금해합니다. 홈런 치는 방법을 배우고 싶어 하는 아들의 고민과, 인형이 부서져서 눈물을 흘리는 딸의 고민을 물병자리 아버지는 친구들의 고민처럼 여깁니다. 물병자리 아버지는 복잡한 수학 문제도 잘 풀어 줍니다.

일 때문에 물병자리 남편에게 밥을 차려 주는 일을 소홀히 하거나 떨어진 양복 단추를 무시하지 않도록 하세요. 여자친구들을 집으로 불러서 소파에서 죽치고 있거나 몇 시간 동안 전화로 수다를 떠는 일도 자제하고, 남편이 다락방에서 낡은 야구 글러브를 찾아 달라고 하거나 손가락에 박힌 가시를 빼 달라고 할 때 텔레비전에 너무 몰두하거나 소설책에 빠져 있지도 마세요. 물병자리 남편은 몇 가지 이유 때문에 당신과 결혼했습니다. 물론 사랑 때문이지만 가장 중요한 이유는 당신을 곁에 두고 싶어서입니다. 자신을 위해서 요리도 해 주고 떨어진 단추도 달아 주고 사라진 문서도 찾아 주고 가끔 박힌 가시를 빼 줄 사람이 필요한 것입니다. 당신이 텔레비전을 끼고 살거나 책을 보거나 여자친구들과 수다를 떨면서 당신의 의무를 소홀히 하는 것은 좋아하지 않습니다. 이상적인 아내와 어머니상은 단순합니다. 늘 꾸준히 그 역할을 하는 사람이지요. 개방적인 물병자리 남편도 당신이 사치나 부리며 빈둥거리고 있으면 눈살을 찌푸릴 것입니다. 당신도 굳이 텔레비전이나 소설에 별로 빠질 일이 없을 것입니다. 물병자리 남편 자체가 워낙 예상치 못한 뜻밖의 사건들을 많이 만드는 사람이기 때문에, 굳이 드라마나 여성 잡지, 또는 친구와의 비밀 수다 같은 것이 없어도 감정적으로 충분히 롤러코스터를 탈 수 있습니다.(어쩌면 남편만으로도 충분한 감정적인 경험을 할 것입니다.) 남편이 새로운 프로젝트에 몰두해 있어서 당신이 무슨 일을 하고 있는지 전혀 관심이 없을 때에는 친구들과의 수다를 포함해서 당신이 하고 싶은 일들을 얼마든지 할 수 있습니다. 하지만 남편이 손가락이 아플 때에는 반드시 곁에 있어 주세요. 물병자리 남편은 무시당할 때에는 정말 골칫거리로 변할 수 있으니까요.

물병자리는 거의 모든 일에 대해 아주 현실적이지만, 유독 첫사랑을 잊지 못하는 경향이 있습니다.(첫 데이트 상대가 아니라 자신에게 무지개를 보여 주었던 첫 여인 말입니다. 둘은 분명히 다릅니다.) 물병자리는 어릴 때 좋아했던 여인과 결혼하는 경우가 종종 있고 또는 그녀에 대한 희미한 환상에 계속 집착합니다. 물병자리 남성은 대체로 첫사랑을 아주 자세하게 묘사할 수 있는데, 이것 때문에 아내는 좀 짜증이 날 수도 있습니다. 해결책은 당신이 그 첫사랑이 되는 것입니다. 면사포를 쓰려면 좀 오래 기다려야 하겠지만 적어도 당신은 없던 존재가 되지는 않을 것입니다. 누가 땅콩을 에메랄드로 바꿀 수 있으며, 또 에메랄드를 땅콩으로 바꿀 수 있겠어요? 그러니 눈에 자몽 주스가 좀 들어간다고 해도 너무 신경 쓰지 마세요. 물병자리 남성은 연애에는 서툴지만 천사들이나 할 수 있는 아름다운 말을 갑자기 생각해 낼 수도 있습니다. 결혼기념일은 잊고 지나갈지도 모르지만, 한겨울에도 제비꽃을 따다 줄 사람입니다. 크리스마스는 어떠냐고요? 크리스마스가 반드시 12월 25일이어야 한다는 법은 없지요. 당신이 원하면 언제든 크리스마스가 될 수 있습니다. 그는 몇 날, 몇 주, 몇 달을 사랑한다는 말 한 마디 없이 지나갈지도 모릅니다. 그러나 어느 날 아침, 과일을 깎고 있는 당신의 눈을 그윽하게 바라보며 다정하게 말할 것입니다. "당신이 얼마나 아름다운지 알아?" 물병자리 남편이 그렇게 말할 때는 왜 그런지는 모르지만 가슴이 콩콩 뛴답니다.

한여름의 크리스마스, 동틀 무렵에 생일 파티 하기, 11월에 밸런타인데이 카드 보내기, 한밤중에 무지개 보기, 주황색 호박에 빨간색 하트 그려 넣기, 눈밭에서 부활절 계란 굴리기 등등, 당신은 물병자리 남성과 사랑에 빠진 겁니다. 모르셨어요? 해피엔딩이길 빕니다. 하지만 조심하세요. 이상한 나라에서 길을 잃을지도 모르니까요.

물병자리 여성

~~~

하지만 기상천외한 일에 익숙해진 앨리스에게
평범한 일은 재미없고 시시하기만 했다.

커피에는 고양이를 넣고 차에는 쥐를 넣어서
서른 번 꼽하기 세 번 만세를 부르며 앨리스 여왕을 환영하세!

물병자리 여성과 연애를 시작하는 가장 안전한 방법은, 그녀가 다른 모든 면에서처럼 사랑에 있어서도 자기모순이 있다는 점을 기억하는 것입니다. 그래야만 당신이 기대했던 모습과 정반대의 여성을 얻는 일이 없을 것입니다.

물병자리 여성은 사랑할 때, 유지하는 성향의 다른 별자리와 마찬가지로 매우 성실하지만, 공기 성향의 무심함과 감정이 메마른 모습 또한 보입니다. 물병자리 여성이 무수한 관심사를 쫓아다니고 친구들과 어울릴 수 있도록 자유롭게 해 준다면 행복한 관계를 유지할 수 있습니다. 절대로 집 안에만 가두어 두려고 하지 마세요. 그런 시도를 해 본 다른 남성에게 물어보세요. 물병자리 여성은 갑자기 발레를 배우거나 산속에 들어가서 명상을 하거나 평화봉사단에 참가하겠다고 결심할 수 있습니다. 높은 탑 속에 살았던 긴 금발의 공주 이야기를 알고 계신가요? 그 공주는 바로 물병자리 여성일 것입니다. 동화에서처럼 치렁치렁한 머리카락을 잘라 버린다고 해서 달라지는 것은 없습니다. 당신이나 저와는 전혀 다른 꿈을 꾼답니다. 멀리서 들려오는 북소리를 듣고 우리가 한 번도 본 적이 없는 별을 따라갑니다.

물병자리 여성은 모두의 사람이기도 하지만 동시에 누구의 사람도 아닙니다. 물병자리 여성의 사랑은 부드럽고 멋지기는 하지만, 가사가 반밖에 기억나지 않는 노래처럼 뭐라 표현하기 힘든 막연한 면이 있습니다. 멜로디를 흥얼거릴 수는 있지만 가사는 입 안에서만 맴돕니다. 물병자리 여성은 완강하게 자유를 주장하지만, 그러한 조건을 인정해 주는 연인에게는 무한한 신의를 보여 줍니다. 당신이 좋아할 만한 이야기가 있습니다. 물병자리 여성은 동쪽별자리가 게자리, 염소자리, 또는 황소자리만 아니라면 당신의 은행 잔고에 별로 관심이 없을 것입니다. 전형적인 물병자리 여성에게 돈은 중요한 문제가 아닙니다. 당신이 부유하지는 않아도 상관없지만, 어떤 식으로든 지적인 성취를 이루어서 존경받는 사람이 되기를 기대합니다. 그녀는 심장이식 권위자나 항공우주 전문가를 억만장자보다 훨씬 더 매력적으로 느낄 것입니다.

물병자리 여성이라는 나비를 그물로 잡고 싶다면, 그녀가 진실하지 않은 남성과는 절대로 그녀의 종잡을 수 없는 인생을 함께 보내려 하지 않는다는 점을 반드시 염두에 두어야 합니다. 그녀는 당신이 난생처음 듣는 독특한 도덕 관념을 가지고 있으며, 사회적으로 용인되는 것과는 매우 다른 자신의 원칙을 충실히 이행하면서 삽니다. 그녀는 당신의 규칙들도 아주 개인적이라는 점을 이해할 것입니다. 별로 개의치 않습니다. 하지만 서로의 규칙을 타협하려고 하지는 마세요. 당신이 아주 열정적인 여성을 원한다면 잘못 선택했습니다. 정열은 전형적인 물병자리 여성의 장점이 아닙니다. 지나치게 강조하지만 않는다면 육체적인 사랑도 충분히 즐길 수 있습니다. 다시 말해서 육체적인 사랑을 받아들일 수도 있고 무시할 수도 있다는 뜻입니다. 물병자리 여성은 잊지 못할 강렬한 섹스에도 부응할 수 있지만, 당신이 오랫동안 플라토닉한 사랑을 원한다면 그것 또한 받아들입니다. 모든 물병자리가 그러듯이 한 사람에 대한 욕망이 어떤 면에서는 자신의 영혼과 자유를 구속할 수도 있다는 두려움이 있습니다. 그 자유란 실험하고 조사할 수 있는 자유와 인류에 헌신할 수 있는 자유입니다. 또한 상당히 자극적이고 색다른 자신만의 욕망을 추구할 자유를 말합니다.

당신이 정치, 과학 또는 교육 분야에서 일하려고 한다면 물병자리 여성은 이상적인 짝이 될 수 있습니다. 출생차트에 충돌 각도가 있어서 맨발로 걸어다니거나 버스에서 큰 시가를 피우면서 사람들을 놀라게 하기 좋아하는 타입만 아니라면, 물병자리 여성은 최고의 짝꿍이 될 수 있습니다. 가끔 아주 야생적이고 특이한 물병자리 여성도 있답니다. 하지만 일반적인 물병자리 여성은 아주 사교적이고 즐거운 사람입니다. 우아하고 재기발랄하고 총명하며, 어떤 사회 그룹에도 아주 잘 적응합니다.

물병자리 여성은 일반적인 상황에서는 의심을 하지 않는다는 것도 특별한 장점입니다. 출장을 많이 다니는 세일즈맨에게는 꿈에 그리던 이상형이 될 수도 있습니다. 물론 실제로 당신이 부정을 저지르는 모습을 보면 그 예민한 성격에 깊은 상처를 받을 것입니다. 물병자리 여성의 꿈꾸는 듯한 독특한 눈을 들여다보는 순간 얼마나 깊이 상처받았는지 알게 될 것입니다. 하지만 이유 없이 당신을 의심하지는 않을 것이며, 좀처럼 당신의 말을 의심하는 법이 없습니다. 전형적인 물병자리 여성은 절대로 당신이 출장을 떠난 뒤에 회사에 전화를 해 보거나 당신의 손수건에 립스틱 자국이 묻어 있는지 살펴보거나 또는 셔츠 단추에 여자 머리카락이 붙어 있는지 확인하지 않습니다. 의심할 만한 강력한 증거가 스스로 드러나기 전에 찾아 나서지는 않으니까요. 좋다고만 할 것이 아니라, 물병자리 여성이 불타는 질투심이 없다는 것은 단순한 성격적인 장점 이상이라는 것을 염두에 두어야 합니다. 일단 그녀는 당신을 두 번째 바라보기 전에 이미 현미경으로 당신의 심리 상태를 해부했을 것입니다. 게다가 관심사가 너무나도 많고 함께 이야기를 나눌 친구들도 많기 때문에 당신이 눈앞에 없을 때 어디서 무엇을 하고 있는지 걱정할 시간이 별로 없답니다. 눈에서 멀어지면 마음에서도 멀어진다는 말은 물병자리 남녀를 위한 말입니다. 눈앞에 보이지 않아서 애정이 더 생기는 경우는 드뭅니다. 하지만 가끔은 바람둥이 남자친구 때문에 마음고생 하는 물병자리 여성도 있습니다. 그 이유는 그녀가 필요로 하는 것 중에 그 남자친구만이 해 줄 수 있는 것이 있기 때문입니다. 반면에 그녀가 정말로 당신을 더 이상 필요로 하지 않을 때에는, 당신이 부정을 저질렀다는 증거가 나타나자마자 마음이 떠날 것입니다. 그냥 당신을 버릴 것입니다. 타 버린 숯덩이에 불을 다시 붙이려고 애쓰지 마세요. 이미 식어 버린 재에 불과합니다. 물론 당신은 여전히 그녀의 친구로 지낼 수는 있습니다. 안 될 이유가 없지요. 기꺼이 받아 줄 것입니다. 물병자리 여성에게는 전 남자친구나 전 남편과 다시 다정한 친구처럼 지내는 것이 전혀 어색하지 않습니다. 과거는 잊어버리고 기억도 모두 지워 버리거든요.

하지만 아주 이상하고 주목할 만한 예외 조항이 하나 있습니다. 물병자리 남성과 마찬가지로 물병자리 여성도 진실했던 첫사랑을 평생 기억한다는 점입니다. 첫사랑만 기억합니다. 당신이 예전에 만났던 물병자리 아가씨가 당신을 아직도 기억하고 있을지 궁금하세요? 그녀가 사랑을 어떻게 정의하는지에 따라 다릅니다. 그녀에게 첫사랑은 아홉 살 때 달콤한 사탕 한 주먹을 건네 준 소년일 수도 있고 어느 비 오는 날 공원으로 함께 산책을 나갔던 남자 아이일 수도 있으며 아니면 서커스 광대를 알고 있던, 귀가 이상하게 생긴, 늘 땅콩을 주던 꼬마일 수도 있습니다.

혼외 관계에 빠지는 물병자리 여성은 드뭅니다. 예외적으로 유혹을 받을 수는 있지만 부도덕한 관계는 이들의 천성에 맞지가 않습니다. 그런 경우가 있다고 하더라도 비밀 연애는 오래지 않아 완전히 끝나 버립니다. 하지만 이혼하는 경우는 종종 있습니다. 그럴 만한 이유가 있지요. 그녀는 참을 수 없는 상황이 되면 갑자기 차갑게 변해 버립니다. 하룻밤 사이에 사라져서는 돌아오지 않습니다. 이혼을 추구하거나 즐기는 것은 아니지만, 보다 감상적인 다른 별자리 여성들보다는 충격을 덜 받습니다. 알다시피 천왕성은 변화를 주관하는 행성입니다. 물병자리 여성은 긴긴 친구 목록을 가지고 있지만, 필요하다면 혼자 길을 가는 것을 망설이지 않는 진정한 개인주의자입니다.

물병자리 여성은 당신의 모든 비밀을 다 밝히거나 당신의 모든 꿈을 다 분석할 때까지 당신의 마음을 계속 연구할 것입니다. 하지만 그녀의 개인적인 생각을 분석하려고 하지는 마세요. 물병자리 여성과는 이런 면에서 공정한 게임을 할 수 없습니다. 그녀는 자신의 동기는 숨긴 채 가끔 당신을 일부러 헷갈리게 만드는 엉뚱한 즐거움을 누리기도 합니다. 그녀는 대체로 솔직하지만, 물병자리 여성에게 있어서 거짓말을 하는 것과 이야기를 전부 다 하지 않는 것은 다른 문제라는 점을 꼭 기억하세요.

당신에게 한 가지 위안이 될 만한 소식은, 물병자리 여성들은 돈에 대해서는 빈틈이 없다는 점입니다. 물병자리 여성에게 돈을 빌릴 계획이 있지만 않다면 좋은 소식이지요. 그녀는 처음 한두 번은 돈을 빌려줄 수 있지만 당신이 신용을 지키지 않으면 자동차 할부금이 밀렸을 때 당신을 대하는 은행 직원보다도 더 냉정해질 수 있습니다. 전형적인 물병자리는 (드문 경우지만) 돈을 빌렸을 때에는 기일을 반드시 지켜서 정확하게 갚을 것입니다. 물병자리 아내를 둔 사람은 모든 남성들의 악몽인 아내의 카드 대금을 별로 걱정할 필요가 없습니다. 물병자리 여성은 돈을 빌리는 것 자체를 불편해합니다. 빚지고 사는 일은 천왕성의 본성과 맞지 않습니다.

물병자리 여성의 외모는 약간 헷갈리는 부분이 있습니다. 대부분 사랑스럽고 인상적이고 생각에 잠긴 듯한 매력이 있지만, 때에 따라 변할 수도 있습니다. 부드러운 생크림 같은 인상을 보이다가도 천왕성의 전기 충격처럼 순식간에 짜디짠 피자 같은 인상을 풍기기도 합니다. 물병자리 여성은 천칭자리 여성 다음으로 가장 아름다운 사람들입니다. 그들은 적어도 흥미로운 외모를 가지고 있습니다. 물병자리가 옷 입는 스타일은 길 가던 사람도 멈춰 서서 바라보게 만듭니다. 꽤 많은 물병자리 여성들이 패션 잡지의 커버에 나올 만한 우아함이 있지만, 일반적인 물병자리 여성들의 옷 입는 스타일은 정말 다양합니다. 노숙자들이나 좋아할 만한 외투를 입을 수 있을 정도로 꾸밈없는 개인주의 덕분에 아주 독특한 연출이 가능합니다. 유행이라면 어릿광대 같은 패션이라도 가장 먼저 시도하고 그러면서도 할머니 스타일을 고수합니다. 무엇이든 대수롭지 않게 여기는 전형적인 물병자리의 성향으로 복고풍의 리본과 최신식 메탈 느낌의 재킷을 함께 코디하기도 하는데 그 결과는 좀 당황스러울 수도 있습니다. 레이스가 달린 잠옷 같은 옷을 입고 공식 연회에 가기도 하고, 고풍스러운 깃털 장식 모자를 쓰고 동네 슈퍼에 가기도 하며, 배꼽이 드러난 셔츠를 입고 오페라를 보러 가기도 하고, 대극장에 운동화를 신고 가기도 하며, 동물원에 가면서 다이아몬드를 걸치고 중고 가게에서 산 구식 드레스를 입기도 합니다.

물병자리 여성은 머리 스타일도 아주 독특한 편입니다. 머리를 길게 늘어뜨리는 스타일도 성격만큼이나 예상치 못한 스타일입니다. 엉성하게 땋은 머리, 묶은 머리, 쪽을 찐 머리, 폭포처럼 흘러내리는 머리, 배 타는 사람처럼 짧은 머리, 무성영화 시대 여배우 스타일 머리, 또는 젓가락처럼 쭉쭉 뻗은 머리 등 어떤 스타일도 할 수 있습니다. 한 가지, 이 지구상에서 동시대에 살고 있는 여성들이 하는 머리 스타일은 절대로 아니라는 점만은 확실합니다.

물병자리 여성과의 대화는 최악의 경우라도 놀라운 경험이 될 것입니다. 매력적인 태도로 대체로 수줍어하면서 속내를 별로 드러내지 않습니다. 그러다가 갑자기 천왕성의 기운이 발동하면 사람들이 얘기하던 것과는 전혀 관계없는 말을 불쑥 내뱉습니다. 주식시장 파동에 대해 얘기하고 있었는데 갑자기 이런 말로 끼어듭니다. "우드로 윌슨, 잭 케네디, 허버트 후버, 해리 트루먼, 캘빈 쿨리지, 벤저민 해리슨, 프랭클린 루스벨트, 그리고 윌리엄 매킨리는 모두 이름에 알파벳이 겹쳐서 들어가 있는 거 알아요?" 그런 질문에 대답할 수 있는 방법은 단 한 가지밖에 없습니다. 밀러드 필모어, 율리시스 그랜트, 토머스 제퍼슨을 빼먹었다고 말해 주세요. 그러고는 부드럽고 단호하게 다시 주식시장 이야기로 돌아가세요. 보통 사람의 두뇌는 상당히 논리적인 단계에 따라 작동하지만 물병자리 여성의 두뇌는 무슨 번개처럼 과거에 갔다가 다시 미래로 갔다가 다시 현재로 돌아오면서 왔다갔다합니다. 이따금 아무도 예상하지 못한 아주 예리한 말을 내뱉기도 합니다. 예를 들어, 우주 여행에 대해 어떻게 생각하는지 물으면 "아주 어릴 때는 별들이 마치 하늘이라는 바닥에 구멍이 나서 그 구멍을 통해 빛이 나오는 거라고 생각했어요."라고 대답할 것입니다. 또 당신이 눈사람이 녹아서 속상하다고 얘기하면 이렇게 대꾸할지도 모릅니다. "그냥 질척이는 눈인데 뭘 그러세요." 뭔가 몽롱한 태도에서 갑자기 아주 현실적인 태도로 바뀌지요. 또 수줍음을 타다가 금세 소란스러워집니다. 물병자리 여성은 비행접시 이야기를 완전히 무시하다가도 창턱에 앉아 있는 물방울 무늬 요정 이야기를 들려 줄 것입니다. 절대로 그녀를 깔보는 투로 말하지 마세요. 당신과 동등하게 대하지 않는다고 화를 낼 것이며, 무심한 태도로 닿을 수 없는 곳으로 숨어 버릴 수도 있습니다.

천왕성은 미래를 지배하는 행성이므로 당신은 물병자리 여성이 타고난 어머니가 될 수 있을 거라고 생각할지 모릅니다. 아이들도 결국에는 미래에 속하니까요. 하지만 보통의 물병자리 여성은 처음에는 모성애라는 것을 당황스러워합니다. 온갖 곳에 관심을 두고 살아왔지만 일정 기간 동안 한 존재에게 모든 관심과 에너지를 쏟아야 하는 상황은 처음이므로, 적응하려면 훈련이 좀 필요하겠지요. 타고난 무관심 때문에 따뜻한 애정을 겉으로 표현하는 것도 어렵게 느낄 수 있습니다. 전형적인 물병자리 어머니는 아이에게 헌신적이지만, 한편으로는 약간 거리를 두는 것도 사실입니다. 하지만 가장 열성적인 학부모회 회원으로 활동할 것입니다. 몇 시간이고 아이들의 눈높이에 맞추어 즐거운 수다를 떨어 주고, 절대로 윗사람 행세를 하지 않으며, 학교에 일이 있다면 기꺼이 개인적인 오후 시간을 포기하기도 합니다. 아이들은 그런 엄마를 지켜보면서 형제애와 인간애를 배울 것입니다. 물병자리 어머니는 절대로 지나치게 아이들을 감싸고 돌지 않습니다. 아주 당황스러운 고백에도 관대한 입장을 취합니다. 천왕성의 어머니들은 아이들이 어떤 행동을 했건 솔직히 말하는 경우에는 벌을 주지 않습니다. 아이들은 넓은 아량이 있는 엄마에게 자신감 있게 얘기하는 것이죠. 물병자리 엄마는 또한 아이가 침대 밑에 괴물이 숨어 있다고 믿을 때나 운동장에서 다른 아이들에게 무시당해서 속상해할 때 잘 다독거려 줍니다. 울고 있던 아이를 순식간에 웃게 만들 수 있습니다. 당신의 아이들도 물병자리 어머니가 아주 재미있고 가끔은 허둥거리기도 하고 집안일에 느긋한 편이며 숙제를 잘 도와주고 아플 때에는 따뜻하게 간호해 주는 사람임을 알게 될 것입니다. 지나친 애정으로 숨 막히게 하거나 잔소리를 하지도 않습니다. 아이에게 세 번이나 손을 씻으라고 했는데 여전히 씻지 않았다 해도, 엄마는 그것보다 아이가 과학 시간에 무엇을 배웠는지에 더 관심을 많이 가질 것입니다.

어쩌면 너무 앞서 나갔는지 모르겠네요. 비록 물병자리가 일의 순서를 바꾸는 것을 좋아하기는 하지만, 어머니가 되기 전에 아내부터 되어야겠죠. 그리고 당신의 아내로 맞아들이기 전에 당신은 결혼이 감옥이 아니라는 확신을 그녀에게 주어야 할 것입니다. 그녀는 결혼을 빨리 하려고 하지도 않을 것입니다. 당신을 파악하고 분석하고 시험하고 당신을 화나게 하는 것이 무엇인지 다 알아내기 전에는 결혼을 서두르지 않을 것입니다. 호기심에 친구들이나 가족들에게 의견을 물어보기는 하겠지만, 물병자리 여성에게는 전혀 중요하지 않습니다. 자기만의 잣대로 당신을 파악할 것입니다. 당신이 테스트에 합격한다고 해도 물병자리 여성에게 결혼은 여전히 혼란스러운 것일 수 있습니다. 당신이 어떤 조언을 해 줄 때에는 기쁘게 듣겠지만 물병자리 여성은 누군가의 지시를 명백하게 따르는 것을 무의식적으로 거부하는 경향이 있습니다. 그녀가 빵을 구울 때 정해진 레시피대로 하지 않는 것처럼 당신이 차를 정확하게 어디에 주차하라고 해도 그렇게 하지 않을 때가 많습니다. 물병자리 여성의 사고 방식에는 뭔가 조금만 다르게 하면 훨씬 나을 것이라고 믿는 그런 독특한 부분이 있습니다. 하지만 자신의 귀여운 방법대로 하면서도 고개를 끄덕이며 동의하는 듯한 미소를 보입니다. 커피를 끓이거나 연필을 깎거나 스케이트를 타거나 거리를 건널 때에도 뭔가 조금씩 다르게 하고 싶다는 욕구를 계속 느낍니다. 스웨터를 거꾸로 입거나 우유에 위스키를 섞거나 어항에 꽃을 꽂거나 면도용 로션을 린스로 사용하거나 당신 책상 위에 돌멩이를 늘어놓는다거나 하는 식이지요. 하지만 이유는 묻지 마세요. 자신도 모르니까요. 물병자리 여성의 파장이 독특하고 색다른 것뿐입니다.

물병자리 여성의 천성은 인간미가 좀 부족하기 때문에 깊은 감정을 표현하는 것이 좀 어려울 수 있습니다. 갑자기 프로스트*와 요기 베라**를 섞어 놓은 듯한 이야기를 하는 경우를 제외하고는, 사랑의 표현은 거의 하지 않으며 육체적인 정열은 정신적인 사랑과 분리되지 않습니다. 비록 독특한 물병자리 인생관으로 인해 특이한 남성에게 빠지는 경우도 있지만, 제대로 된 짝을 만나면 행복한 결혼 생활의 전형을 보여 줍니다.

---

* 로버트 프로스트(Robert Frost, 1874~1963): 미국의 전원시인. 「가지 않은 길」로 유명하다.
** 요기 베라(Yogi Berra, 1925~): 미국의 야구선수.

물병자리 여성은 몇 날 며칠이라도 우아한 백조처럼 물 위를 거닐 수 있지만, 연애 관계에서는 어설픈 곰처럼 행동할 수도 있습니다. 물병자리에게는 우정과 사랑의 경계가 종종 사라집니다. 연인들이 그저 서로만 바라보는 사랑 노래를 들으면 어리석다고 생각합니다. 두 사람이 서로 쳐다보고 있으면 세상이 온통 황홀해지지만, 아무것도 안 하면서 얼굴만 쳐다보고 있는 것은 끔찍한 시간 낭비라고 생각합니다. 그녀는 기꺼이 당신과 손을 맞잡고 일출을 지켜보거나 골동품 자동차를 구경하고 길거리 풍경을 보거나 박제된 부엉이를 보고 교회 첨탑에 걸린 빨간 풍선을 구경하고 싶어 합니다. 하지만 너무 두 사람만 있으려고 하지는 마세요. 그녀가 원할 때에는 혼자 이상한 나라를 돌아다니게 하세요. 그녀도 당신이 친구들과 카드 게임 하는 것을 뭐라 하지 않을 것입니다.

물병자리 여성을 떠나 보내는 가장 빠른 길은 질투심이나 소유욕 또는 편견을 보이는 것이며, 그녀에게 비판적이고 고지식하며 아주 보수적인 태도를 보이는 것입니다. 그녀의 독특하고 다양한 친구들을 싫어하는 것도 아주 좋은 방법입니다.

물병자리 여성은 갑작스러운 영감이 떠오를 때가 있고, 직감이 훌륭합니다. 물병자리 여성의 판단은 처음에는 잘못되었거나 실용적이지 않은 것처럼 보이지만, 그 이유는 물병자리가 몇 달 몇 년 앞을 내다보기 때문입니다. 물병자리 여성은 미래 속에서 살고 있으니 그녀를 통해서만 미래에 가 볼 수 있는 것이죠. 물병자리 여성이 말하는 것은 언젠가는 현실로 이루어질 것입니다. 물론 지연되기도 하고 문제도 생기겠지만, 언젠가는 이루어집니다. 결국 물병자리 여성에게 있어서 가장 특별한 부분은 이런 점이 아닐까 생각합니다. 그녀는 어떤 면에서는 마술 같은 사람입니다.

물병자리 어린이

≈

저 땅속 낯설고 신비로운 이상한 나라에서
새와 짐승과 다정하게 재잘거리며
헤매고 다니는 꿈의 아이를 좋아.
그것이 정말 사실인 듯.

옛날 자장가에 따르면 아기가 파란색 옷을 입고 있으면 가위와 달팽이 그리고 강아지 꼬리로 만들어진 남자 아이라고 합니다. 아이가 분홍색 옷을 입고 있으면 설탕과 향신료 그리고 모든 좋은 것들로 만들어진 여자 아이랍니다. 하지만 아이가 2월생이라면 남자 아이 여자 아이 할 것 없이 파란색 모자를 씌우고 새파란 부츠를 신기고 자장가 가사는 잊어야 합니다. 그 아이는 우라늄 원석으로 만들어졌으며, 당신은 아이를 붙잡으러 미래로 날아가야 할 것입니다.

    2월에 태어난 물병자리 아이는 아주 예민하고 고집 세며 창의력과 강한 충동으로 똘똘 뭉친 독립적인 존재입니다. 동쪽별자리에 아무리 느리고 신중한 황소자리가 있다고 해도 아이의 머릿속은 번개처럼 빨리 회전하고 있을 것입니다. 아이의 생각은 고주파처럼 진동하고, 아이가 자라면서 당신은 누군가에게 구조 신호를 보내야 할 것 같은 기분이 들 것입니다.

모든 부모들은 자신의 아이가 다른 아이들에 비해 특별하고 남다르다고 생각합니다. 하지만 물병자리 아이는 우스꽝스럽습니다. 어린 물병자리 자녀를 둔 부모들은 아이가 이웃 사람들을 놀라게 하지 못하도록 시골 농장으로 보내야 할지 아니면 언젠가 퓰리처상을 탈 수도 있다는 소문이 퍼지게 놔둬야 할지 당혹스러워합니다. 당신이라면 어느 쪽을 택하시겠습니까? 고민이 될 것입니다. 당연히 그렇지요. 퓰리처상을 타는 것도 불가능하지는 않지만, 저는 일단 여름방학 동안에 시골에 몇 번 보내고 지켜보는 쪽을 제안합니다. 지켜만 보세요. 인내심을 가지고요. 아이는 새로운 농기계를 고안해 낼 수도 있고 아니면 기계들을 다 망가뜨릴 수도 있습니다. 경우에 따라 다릅니다. 물병자리에게는 아무것도 결정된 것이 없습니다.

뉴욕에 사는 제가 아는 한 엄마는 물병자리 아들을 늘 '브롱크스*의 불가사의'라고 불렀습니다. 친척과 이웃도 그 엄마만큼 어리둥절했을 것입니다. 그 별명이 아이가 머리가 셋이라는 뜻인지 아니면 명예의 전당에 이름이 오를 거라는 뜻인지는 아무도 몰랐지요. 아이가 야구를 아주 잘해서 사람들은 대부분 그래서 붙여진 별명인가보다 생각했습니다. 하지만 그렇게 성급하게 판단할 필요는 없답니다. 아직 이야기가 끝나지 않았으니까요. 그 아이는 브로드웨이 무대에 오르거나 쓰레기통에 던져질지도 모를 뮤지컬 음악을 작곡하고 있으며, 탐정 영화에서 연기를 하고 있고 광고에도 출연하고 있답니다.(날아다니는 비행접시가 자동차

---

* 브롱크스(Bronx) : 뉴욕의 가장 북쪽에 있는 자치구.

판촉 현장에 접근하는 장면에서 화성인이 나오는 광고입니다.) 또한 자기 방에서 (뉴욕 메츠 야구 경기를 보면서 피클 샌드위치를 먹는 중간마다) 뭔가 발명품을 만드는데 아무한테도 무슨 발명품인지 얘기해 주지 않기 때문에 저도 뭔지 알려 드릴 수가 없네요. 시계에 유별나게 관심이 많으니 어쩌면 타임머신과 관계가 있을지도 모르지요.(물병자리는 타임머신에 집착하는 경우가 많답니다.) 두고 보면 알겠지요. 서두를 필요가 없습니다. 물병자리는 쉰 살이 되기 전에는 자신의 천재성으로 세상에 전기 충격을 주는 일은 잘 하지 않으니까요. 그때까지는 안절부절 못하면서 기다리는 수밖에요. 물론 아주 어린 물병자리 영재도 있기는 하지만 여기서는 일반적인 물병자리 아이들에 대해 이야기하고 있습니다.

물병자리 아이는 미국연방수사국FBI이나 사설탐정 팀에 합류할 수도 있습니다. 미스터리를 파헤치는 일을 좋아하니까요. 아니면 평범하고 합리적이고 보수적인 시민이 될 수도 있습니다.(너무 걱정할 필요는 없습니다. 그냥 가능성이 있다는 말입니다.) 아이가 어릴 때에 더 집중해서 관찰할 필요가 있습니다. 그래야 이 물병자리 로켓이 방향을 잘 설정할 수 있도록 인도해 줄 수 있으니까요.

물병자리 아이는 나이가 좀 들어 성숙해지면서 천왕성의 영향이 좀 부드러워지고 사회로부터 보다 전통적인 태도를 익힐 때까지는 상당히 부정적인 모습을 보일 수 있습니다. 명령에는 물론이고 심지어 기분 좋게 부탁을 해도 종종 즉각적이고 단호하게 부정하는 반응을 보입니다. 하지만 아이에게 곰곰이 생각해 보도록 하면 놀랍게도 상당히 합리적인 최종 답변을 내놓습니다. 아이가 스스로 찾은 답은 정확하고 수용할 수 있는 답입니다.

물병자리 아이는 겉으로 차분하고 유순해 보일 수도 있지만 북풍이 불면 갑자기 뒤죽박죽이 됩니다.(물병자리에게는 '박죽뒤죽'이 될 수도 있겠네요. 어떤 것이든 가능합니다.) 늘 어디로 튈지 전혀 예측할 수 없는 물병자리 아이는 사랑스럽고 재미있지만 대적하기에는 너무 빠른 프로펠러와도 같습니다. 물병자리와 천왕성이 비행기나 린드버그* 사건 같은 것을 주관하기 때문에 이런 비유를 사용했습니다. 하지만 물병자리 아이는 자연스럽게 비행 원리를 받아들이면서도 역설적이게도 대부분 비행기나 엘리베이터, 심지어 전기(마찬가지로 천왕성이 주관하지요.)에 대해 이상하고 터무니없는 공포심이 있습니다. 이 아이가 방향을 잘 정하도록 하는 일은 쉽지 않습니다. 하지만 물병자리 아이는 어디로 가고 있는지는 모르더라도 어떻게 가야 할지에 대해서는 정확한 아이디어를 가지고 있답니다.

이런 '불가사의'를 키우고 가르치는 일에는 책임감이 많이 필요합니다. 물병자리 아이는 확고한 실용성과 탁월한 인식력 그리고 날카롭고 면밀한 논리를 함께 가지고 있습니다. 이 모든 것이 다 합쳐지면 상당히 당황스러운 순간을 연출하기도 합니다. 어린 물병자리 자녀가 당신의 가장 친한 친구에게 왜 얼굴을 잡아당겼느냐고 묻는다거나(실제로 성형수술을 한 친구입니다.) 또는 당신의 삼촌에게 왜 세금을 속였느냐고 물어볼 때가(실제로 세금을 줄이려고 소득 신고를 적게 했습니다.) 그런 순간들입니다.

물병자리 아이는 친구들을 잘 도와줍니다. 물병자리 아이에게 새로 장화 한 켤레를 사 주면 첫날 신발이 다 닳아 해질지도 모릅니다. 이웃집 아이들이 썰매를 탈 수 있도록 눈을 밟아서 매끄럽게 만드느라 신

---

* 찰스 린드버그(Charles Lindbergh, 1902~1974): 미국의 비행사. 최초로 대서양 무착륙 단독비행에 성공했다.

발이 다 닳아 버렸거든요.

물병자리 아이는 꿈이 하나 생기면 얼마 가지 않아 새로운 꿈을 가지게 될 것입니다. 여자 아이라면 파블로바*도 울고 갈 최고의 발레리나가 되고 싶어 하다가, 또 최초의 여자 대통령이 되는 꿈도 가졌다가, 퀴리 부인 같은 과학자가 되고 싶어 하기도 합니다. 남자 아이라면 해양학자, 어류학자, 고고학자, 인류학자, 해충 구제자, 또는 나무 치료 전문가가 되고 싶어 할 수도 있습니다. 일반적인 직업, 즉 간호사, 비서, 회사원, 영업사원, 교사, 은행원, 증권 중개인 등은 물병자리 아이들의 환상과 비교할 때 너무 지루한 직업들입니다. 언젠가는 직업을 갖겠지만, 아이의 원래 꿈은 항상 머리 한구석에 남아서 절대로 잊히지 않을 것입니다. 좀 이상하게 들리겠지만 물병자리는 때로 무엇엔가 집중하면서 기다리기만 해도 실제로 그 일이 일어나게 할 수도 있습니다.

물병자리 아이를 둔 부모는 매일매일 무슨 일이 일어날지 예측할 수 없습니다. 그 아이는 비가 올 때 집 안에만 있는 것을 싫어할 수도 있습니다. 당신이 아끼는 은수저를 들고 밖에 나가서 집 뒤뜰에 있는 작은 언덕이 비에 쓸려 가지 않도록 물길을 파 줄 것입니다.

어린 시절에 자주 들었던 이런 노래 기억하시지요? '곰이 산을 넘어갔다네. 곰이 산을 넘어갔다네. 곰이 산을 넘어갔다네. 옛날에 봤던 풍경을 다시 보기 위해서라네. 산 너머에는 산 너머에는 산 너머에는 전에 봤던 풍경들뿐이었다네.' 당신의 물병자리 아이는 이보다는 운이 좋아서 그 산 너머에서 무언가를 찾아낼 것입니다. 금 덩어리일 수도 있고 새로운 딱따구리 종을 발견할 수도 있지만, 어쨌거나 물병자리 아이의

---

* 안나 파블로바(Anna Pavlova, 1881~1931): 러시아의 발레리나.

탐험은 헛수고로 끝날 일이 거의 없을 것입니다.

물병자리 아이의 유아기 시절을 건너 뛴 이유는 물병자리 아이에게는 유아기 시절이 없기 때문입니다. 이 아이는 처음부터 어른으로 태어납니다. 물론 아장아장 걷는 시기는 있지요. 이렇게 위태로운 시기에는 맹도견을 한 마리 사서 아이가 적어도 열 살이 될 때까지 집 안에 두는 것이 좋습니다. 물병자리 아이는 동네를 다닐 때 사고가 생기기 십상이기 때문입니다. 아이는 구름에서 내려와 안개로 가득 찬 거리를 마구 달려가다가 공중전화 부스나 우편함에 부딪히는 경우도 있습니다. 딴데 정신을 팔다가 발목을 삐거나 뼈가 부러지거나 또는 학교 선생님들의 분노를 사기도 합니다. 학교에서 아이에게 천재 기질이 보인다는 생활기록부를 받으면 너무 자랑스럽다가도 '수업 시간에 전혀 집중을 못함. 하루 종일 창밖을 내다보면서 손목시계만 가지고 놂.'이라든가 '집중을 전혀 하지 않음. 공부는 하지 않고 하루 종일 발레 슈즈의 바닥을 수선함.'이라고 적힌 교사의 통신문을 받으면 속이 상하겠죠. 물병자리 아이에게 수업은 지루한 인고의 시간일 뿐입니다. 그렇게 유난 떨 필요는 없습니다. 아이는 그리니치 천문대 기준 시간에 미치는 하지점의 영향을 이해하려고 했을 뿐이고, 어떻게 벌레가 나비가 되는지 궁금해했을 뿐입니다. 아이들의 입장에서는 아주 논리적인 이유지요. 학교는 정말 지루합니다. 아이들의 잘못이 아닙니다. 하지만 그것을 증명하려면 이번 세기에는 불가능할지 모릅니다.

교사들은 물병자리 아이가 차근차근 설명하지 않는다고 불평하는 경우가 많습니다. 교사가 칠판에 문제를 다 쓰기도 전에 그 복잡한 수학 문제를 어떻게 풀었는지 얘기를 안 한다는 것이지요. 그럴 만한 이유가 있습니다. 천왕성의 직관력이 있는 물병자리 아이는 보이지 않는 파장의 힘으로 문제를 푸는데 그 과정이 너무 빨리 진행되기 때문에 기억할 수 없답니다. 물병자리는 아이는 자기 집 주소를 잊는 것도 다반사고, 심지어 자기 성이 무엇인지 잊기도 하며, 집에 몇 시에 와야 하는지 잊는 것도 예사입니다. 당신의 뛰어난(물병자리 아이는 대체로 그럴 가능성이 높습니다.) 물병자리 아이에게는 인간 컴퓨터가 되기보다는 목표를 넓게 잡으라고 가르쳐야 합니다. 아이는 자신의 생각을 논리적인 순서에 따라 정리하는 일이 중요하다는 점을 배워야 합니다. 그렇지 않으면 잠재적인 천재, 철학자, 엔지니어, 과학자, 의사, 변호사 또는 정원사나 택시 운전사는 기이한 어른으로 성장하여 한 번에 여러 가지 일에 에너지를 쏟게 되고, 결국 재미는 있지만 별로 성과는 없는 일만 좇아다니는 결과를 초래할 수 있습니다.

아이가 육체적인 활동에 많이 참여하도록 격려해 주세요. 그렇지 않으면 아이는 해로운 무력함에 빠져들게 되어 몇 시간이고 몽상에 빠져서 시간을 보낼 것입니다. 물병자리 아이는 스포츠에 대단한 애정이 있는 경우가 많음에도 불구하고, 몸을 움직이게 만들려면 극단적인 조치를 취해야 할 때가 종종 있습니다. 정신적으로 보면 물병자리 아이는 속도광입니다. 하지만 몸은 좀 느린 편이어서 집 안에 있을 때에는 늘어지는 편입니다. 물병자리 아이는 새와 나무와 바다와 같은 자연에 감정이입을 잘하는 편입니다. 물병자리 아이는 단체 활동보다는 혼자 독립적으로 탐험하는 것을 더 좋아합니다. 책임을 회피하고 싶은 마음에 늘 "난 못해."라고 말하는 경향이 있는데 이것도 경계해야 합니다. 물병자리 아이는 당신이 내버려 두면 수동적인 태도로 일관할 것입니다. 아이에게 스스로를 속이고 있을 뿐이라는 점을 가르쳐 주세요. 스스로 결정을 내리도록 하되, 그 결정을 밀고 나가도록 북돋워 주시기 바랍니다.

집 안에 긴장감이 돌고 있으면 아이가 심각하게 불안해할 수 있습니다. 물병자리 아이는 다른 사람의 영혼을 거의 꿰뚫어 볼 수 있고 말하지 않은 생각도 들을 수 있기 때문에, 그것이 아이를 힘들게 하고 오랫동안 불행한 느낌을 받을 수 있습니다. 서른이 다 되어서도 괴상하고 건망증 심한 독신남녀로 아이를 키우고 싶지 않다면, 조용함과 조화 그리고 집중과 기억을 장려해 주세요.

물병자리 아이에게 무언가 말할 때에는 그 내용과 방법에 신경을 많이 써야 합니다. 상상력이 풍부하고 놀라울 만큼 지성이 예리한 물병자리 아이는 어린 시절에 누군가의 생각을 받아들이면 단단하게 뿌리를 내려서 어른이 되어서도 고정관념을 가질 수 있습니다. 손을 씻으라고 지나치게 강조하거나 "남의 컵으로는 물을 마시지 마라. 더럽단다."라고 계속 주의를 주면 성인이 되어서도 지나친 공포심을 느끼게 되어 다른 곳을 방문할 때 주머니에 자기 물잔을 따로 챙겨 가는 버릇이 생길 수도 있습니다. 사고를 당하기 쉬운 물병자리가 주머니에 넣은 물잔을 그냥 깔고 앉기라도 한다면 어떻게 될지 상상이 가실 겁니다. 게다가 모든 걸 갑작스럽게 하는 버릇이 있으니까요.

물병자리 아이들은 남녀 모두 친구가 정말 많습니다. 매일 적어도 열 명의 새 친구를 사귑니다. 길거리 환경미화원에서부터 무단 결석 학생 지도원, 그리고 지금은 사탕 가게를 운영하는 전직 낙하산 부대원까지 다양합니다. 어느 날에는 록펠러라는 이름을 가진 어린 친구를 집에 초대할지도 모릅니다. 그렇다고 걱정할 필요는 없습니다. 당신의 아이는 상류층을 동경하는 속물이 아닙니다. 아이는 록펠러가 누구인지 전혀 모릅니다. 그저 또다른 한 명의 '친구'에 불과합니다.

물병자리 자녀는 사춘기 문제로 당신에게 걱정을 끼칠 일은 없습니다. 사실 물병자리 아이가 남녀를 좀 구분하도록 주의를 주어야 할 정도입니다. 물병자리는 이성에 너무 빠져드는 경우가 거의 없습니다. 특히 괴상한 옷을 입고 머리 가르마도 이상하게 타는 걸 보면 그냥 단순히 이상하다는 표현이 더 맞을 것입니다. 대개는 이 시기가 마음속에 감춰 두었던 시에 대한 사랑이 나타나는 때이므로 잘 격려해 주어야 합니다. 당신의 어린 물병자리 자녀는 주머니에는 개구리를 넣고 다니고 눈 속에는 별을 담고 다니지만, 아주 특별한 아이라는 사실은 분명합니다. 물병자리 아이는 인도주의적이기도 합니다. 사람을 좋아합니다. 이것이 얼마나 드문 경우인지 아세요? 전체 사회가 물병자리의 시대로 접어들었으므로, 물병자리의 편견 없는 지혜가 우리를 이끌 것입니다. 물병자리 아이는 미래의 약속(개구리와 별, 그리고 피클 샌드위치, 기타 등등)을 실현시키기 위해 운명적으로 선택되었습니다. 아이에게 '21세기의 기적'이라는 별명을 지어 주고, 그 이유가 무엇인지 주변 사람들이 추측해 보게 하세요.

물병자리 사장

~~~

"그럼 폐하가 가장 잘 기억하는 일은 어떤 것들인데요?"
앨리스가 따져 물었다.
"음, 다음다음 주에 일어날 일이지."

우선 다시 한 번 확인해 보세요. 당신 사장의 생일이 정말로 1월 말에서 2월 중순 사이인가요? 당신 사장이 확실히 물병자리인가요? 천왕성이 지배하는 물병자리 사장은 흰색 판다곰만큼이나 희귀하답니다. 만약 사장이 확실히 물병자리라면 동물원에 보내지는 못하더라도 수집품이 될 정도로 진귀한 사람입니다. 언젠가 가치가 아주 높아질 것입니다.

전형적인 물병자리는 아침부터 출근해서 저녁에 퇴근해야 하느니 차라리 굶어 죽는 쪽을 선호합니다. 대부분의 물병자리는 결정 내리는 것을 싫어하고, 지시를 내리는 것도 불편해하며, 사람들을 지휘하고 싶은 마음도 별로 없고, 고루한 임원 회의에도 어울리지 않습니다. 그렇다고 물병자리 사장이 무능력하다는 뜻은 아닙니다. 천왕성은 원래 놀라움으로 가득 차 있어서 완전히 자격 미달이던 물병자리 사장이 나중에는 회사에 없어서는 안 될 귀한 존재가 되는 것도 그런 놀라움 중에 하나일 것입니다.

물병자리 사장은 앞서 말한 의무 사항들 때문에 가끔 자신의 지위가 부담스러워지면 가방에서 새로운 요령을 몇 개 꺼냅니다. 물병자리 사장은 때로 정신을 딴 데 팔고 건망증이 심해지거나, 괴상하고 예측 불가능해지거나, 어떤 때는 수줍음을 타고 어떤 경우에는 대범합니다. 하지만 그 이상하고 희미한 눈빛과 무심하고 거리를 두는 듯한 태도 뒤에는 속도위반 단속 카메라 같은 예리함이 숨어 있습니다. 또한 아주 정확하고 본능적인 통찰력을 겸비하고 있어서 미래를 볼 수 있는 수정 구슬을 주머니에 가지고 있는 게 아닐까 생각하게 될 것입니다. 분석하고 해부하고 마치 면도날처럼 예리한 통찰력으로 사물을 판단하는 능력에다가 덤으로 회사의 아르바이트생에서부터 가장 중요한 고객까지 모든 사람들과 따뜻한 친구가 되는 타고난 소질을 갖추고 있습니다. 더불어 폭넓고 자유로운 천왕성의 철학으로 미래를 내다보고 남들이 하찮은 문제로 허둥대는 동안 최대한 큰 그림을 파악할 수 있는 능력도 겸비하고 있으니, 앞서 말한 놀라움이라는 것이 무슨 의미인지 이해가 갈 것입니다. 일반적인 물병자리는 사장 역할에 부적합하기는 하지만 실제로 일이 닥치면 그 역할을 위해 태어난 사람처럼 쉽게 해 내기도 합니다. 절대로 사장 역할을 위해 태어난 사람들이 아닌데도 말이지요.

물론 동전에는 양면이 있습니다. 그는 어쩌면 당신을 부를 때 "비서 씨……, 음, 미스……, 이름이 뭐라고 했지?"라고 할지도 모릅니다. 그는 당신 모르게 혼자 아주 복잡한 계획을 미친 듯이 만들어 내고는 마지막에야 당신에게 불쑥 내놓기도 합니다. 완전히 새롭고 전혀 예상하지 못한 일을 지시해서 당신을 짜증나게 할 것이며, 그렇게 바꾸는 이유가 무엇인지는 전혀 설명해 주지도 않을 것입니다. 하지만 솔직히 말하면 그럼에도 불구하고 당신의 물병자리 사장은 좀 사랑스러운 구석이 있지요? 일단 그 독특한 방식과 갑작스러운 변경과 예상치 못한 놀라움에 익숙해지고 나면 대부분의 물병자리 사장은 짜증스럽기보다는 사랑스러운 무언가가 있습니다. 그는 또한 일단 결심하고 나면 아주 확고한 경향을 띠기도 합니다.

제가 당신이라면 물병자리 사장에게 돈을 빌리려고 하지는 않을 것입니다. 전형적인 물병자리 사장은 사람들이 수입보다 더 많은 돈을 지출하며 사는 것에 동의하지 않습니다. 물론 아주 안락하고 고급스러운 환경에서 사는 물병자리도 있지만, 대부분은 초라한 단칸방에 살면서 가난한 사람들에게 보다 나은 주거 환경을 제공하기 위한 일을 하루에 스무 시간씩 하고 있을 것입니다. 급여 인상에 있어서도 충동적이지 않습니다. 동시에 인색하지도 않지요. 물병자리 사장 밑에 있으면 당신은 받을 만큼만 받을 것입니다. 더 많지도 더 적지도 않습니다. 자기 몫보다 더 많은 일을 한 직원은 좀 더 후한 대우를 받을 수도 있습니다. 실수는 금물입니다. 사장은 당신이 진심으로 최선을 다할 것을 기대합니다. 그렇지 못한 경우라면 예의바르고 친절하지만 단호한 태도로 잘라버립니다. 재고의 여지가 없습니다. 빈둥거리기 좋아하고 반만 일하고 하루치 급여를 타 가려고 하는 사람들에게 물병자리 사장은 맞지 않습니다. 물병자리 사장에게는 빈둥거림 자체가 정직하지 않은 것이며, 사장은 마치 고양이가 물을 싫어하는 것만큼이나 정직하지 않은 것을 싫어합니다.

물병자리 사장은 당신의 개인적인 삶에 대해서 판단하거나 충고할 마음은 전혀 없습니다. 하지만 호기심으로 당신의 사생활을 알고 싶어 할 것이며 개인적인 연애 문제를 캐묻는 물병자리의 호기심을 피해 가기가 매우 어려울 것입니다. 물병자리 사장에게는 어떤 얘기도 충격을 받을지 모른다는 걱정을 할 필요 없이 얘기해도 됩니다. 물병자리에게 충격적인 것은 없습니다. 12개 별자리 중에서 인간의 본성에 대해서는 가장 잘 알고 있는 별자리이며, 또한 당신을 절대로 무시하지도 않을 것입니다. 오히려 존중하는 마음이 더 크지요. 사장은 당신의 장점과 단점이 섞여서 흥미롭고 다채로운 성격을 만든다고 봅니다. 사장은 모든 얘기를 당연하게 받아들이며 절대로 들은 이야기로 당신에 대한 판단을 바꾸지 않습니다. 시내의 술주정뱅이나 어리석고 낄낄거리는 십대들도 그에게는 대학 총장이나 주 상원의원과 똑같은 친구일 뿐입니다. 사장이 진정한 물병자리라면 말 그대로 어떤 편견이나 차별도 찾아볼 수 없을 것입니다. 바꿔 말하면 당신이 회사의 비품을 훔친다거나 마무리하지 않은 보고서를 숨겨 둘 경우에는 해고의 위험이 있겠지만, 당신이 이중결혼을 했거나 당신 아버지가 감옥에서 20년째 복역을 하고 있거나 당신 아들이 마리화나를 피우거나 또는 당신 아내가 뒤뜰에서 알몸으로 요가를 한다고 해도 사장은 그저 어깨를 으쓱하고는 그건 당신의 삶이라고 생각해 주고 오히려 당신을 비난하는 사람들로부터 당신을 옹호할 것입니다. 물병자리 사장은 당신이 보수당을 옹호해서 루스벨트 대통령 그림 옆에 캘빈 쿨리지* 대통령 사진을 붙여 두어도 상관하지 않습니다. 당신이 지난번 회식에서 술에 만취하는 바람에 사람들이 택시에 태워서 보냈다는 소식에도 눈 하나 꿈쩍하지 않습니다. 사장을 속이거나 거짓말을 하거나 약속을 어기지만 않으면 됩니다. 그는 약속과 윤리 같

* 캘빈 쿨리지(Calvin Coolidge, 1872~1933): 미국의 제29대 부통령이자 제30대 대통령.

은 부분에 대해서는 융통성이 없습니다.

　양자리나 사자자리 사장과는 달리 물병자리 사장은 누구에게 투표하는 것이 실수라는 둥, 그 여자를 만나지 말라는 둥, 넥타이 색상이 안 맞는다는 둥의 화제로 당신을 설득하느라 에너지를 쓰지 않습니다. 또한 게자리나 염소자리 또는 천칭자리 사장처럼 당신의 견해를 바꾸기 위해 넌지시 뜻을 비치거나 설득하려는 전략을 쓰지도 않습니다. 스스로 선택한 삶의 방식으로 개인주의적 삶을 사는 당신에게 힘을 더 많이 실어 주자는 것이 물병자리 사장의 신념입니다. 마찬가지로 당신은 그의 개인적 가치관에 대해서 간섭하지 않도록 하세요. 물병자리 사장은 그런 경우에 화를 내지도 않고 별다른 감정 표현도 없을 것입니다. 심지어 미소를 짓고 고개를 끄떡이면서 무심한 눈빛을 보이겠지만, 차라리 벽에 대고 얘기하는 것이 낫습니다. 그는 거의 모든 사람의 이야기를 잘 들어 주지만, 듣기만 할 뿐입니다.

　물병자리 사장은 자신만의 도덕적 기준을 정해 놓고 사생활에 대해서는 누구의 조언도 받지 않지만, 사업과 관련한 결정은 다른 문제입니다. 전형적인 물병자리 사장이라면 앞으로의 절차에 대해 모든 사람의 의견을 구할 것이며, 가끔은 최종 결정을 내릴 때 부하 직원에게 의견을 구하기도 합니다. 이런 행동에는 특정한 체계가 있어서 천칭자리의 우유부단함과는 다른 태도입니다. 물병자리는 책임을 남에게 떠넘기지 않습니다. 사장은 당신이 내렸던 결정(자신의 날카롭고 정확한 직감과는 맞지 않았지만)이 보기 좋게 실패했을 때 "내가 뭐라 그랬어."라는 표정으로 물러나 앉아 있는 것을 즐깁니다. 당신에게 교훈을 주려는 것입니다. 이런 경우를 잘 새겨야 합니다. 물병자리 사장은 당신이 요청한다면 목을 매달 로프도 기꺼이 (몇 발짝 떨어진 곳에) 내려 줄 것입니다. 당신이 운이 좋다면 물병자리 사장은 당신이 왜 실패를 했는지도 정확하게 설명해 줄 것입니다. 그 정도까지 하고 나면 (이것도 정말 의외의 설명이지요.) 두 번 다시 설명하지 않습니다. 그 다음부터는 당신이 알아서 해야 합니다. 당신이 한 번에 알아듣지 못하면 그는 자신의 말에 집중하도록 만들기 위해 일부러 말을 헷갈리게 하기도 합니다.

사장은 당신이 안테나를 움직여서 스스로 주위에서 놓치고 있는 부분을 잡아 낼 수 있기를 바랍니다. 사장은 당신이 자기처럼 오렌지 껍질을 벗기거나 전화기 버튼을 누르면서, 혹은 회사 내 여러 기획서를 뒤적이면서도, 또는 여러 사람과 동시에 이야기하면서도 그 속에서 중요한 정보를 골라내서 흡수할 수 있는 천왕성의 재능을 가지고 있지 않다는 사실을 깨닫지 못합니다.

물병자리 사장과 함께 할 때에는 당신의 방식에 너무 얽매이지 마세요. 어느 날 사장이 당신에게 미리 얘기하는 것을 잊고 당신 책상을 다른 층으로 옮겨 놓는 날도 있을 것입니다. 물병자리 사장 주위에는 항상 변화의 기운이 있습니다. 어느 날 느닷없이 얼굴에 따뜻하고 친근한 미소를 머금고 들이닥쳐서 회사 창립 이래 50년이 넘게 써 오던 모든 시스템을 창밖으로 던져 버리는 황당한 일도 있을 수 있습니다. 그 대신 사장은 훨씬 더 빠르고 간단한 새로운 시스템으로 대체할 것입니다. 새로운 시스템에 그렇게 갑자기 적응하는 건 불가능하다고요? 그런 변화를 수용하려면 적어도 6개월이 걸리는데 게다가 시스템이 도대체 뭐가 뭔지 모르겠다고요? 사장은 이해하지 못할 것입니다. 사장에게는 모든 것이 너무 명확하거든요. 걱정하지 마세요. 당신도 곧 파악할 것입니다. 사장은 기다려 줄 테고요. 그는 인내심이 많거든요.

물병자리 사장은 바로 그런 사람입니다. 천왕성이 지배하는 물병자리 사장은 내면이 예민한 호기심으로 가득 차 있을지 모르지만, 일반적으로는 아주 수용적이고 침착하고 사려 깊게 심사숙고하는 모습을 보여줍니다. 제가 일반적이라고 표현한 것을 눈치 채셨을 것입니다. 물론 가끔은 사무실 밖으로 달려 나가 소방차 여섯 대를 세울 때도 있고, 사무실 카펫 위에서 거북이 경주를 시키기도 하고, 월드 시리즈 시즌에는 직원들의 책상마다 작은 텔레비전을 놓아 줄 때도 있습니다. 또한 어느 날 아침에는 그저 호기심으로 전화 교환원 역할을 자청했다가 모든 전화가 꼬이거나 끊어질 수도 있고, 그 와중에 우연히 유명한 텔레비전 방송국 부사장과 통화가 되어 50만 달러짜리 계약을 성사시켰는데 그 부사장이 계약서에 서명하러 왔을 때 막상 이름을 잊어버리는 실수를 하기도 합니다. 하지만 일반적으로 물병자리 사장은 차분하며 조심스러운 사람입니다. 가끔 약간 괴팍할 뿐입니다. 정수기 위치를 한 달에 한 번씩 바꾸는 바람에 어디에 있는지 찾아 헤매야 하고, 당신의 휴가 일정을 전혀 사전 통보 없이 바꾸어 버리기도 합니다. 하지만 당신이 집필하고 있는 캔자스시티 재즈에 대한 책을 진심으로 좋아하는 그런 사장과 함께 일하는데 그 정도 불편함 쯤이야 뭐 어떻습니까? 직원이 수염을 길러도, 비서가 모조 다이아몬드가 박힌 하얀 털 부츠를 신고 출근해도, 신입사원이 방문객 접견실에 자전거를 세워 두어도 전혀 신경 쓰지 않는 사장에게 어떻게 계속 화를 낼 수 있겠어요?

사장은 어떤 날은 당신 옆에서 계속 수다를 떨며 보내기도 하고, 그 다음 주에는 직원·고객·거래처 담당자를 모두 무시한 채 사무실에 처박혀 골똘히 생각에 잠겨 있기도 할 것입니다. 물병자리 사장은 가끔 그렇게 혼자 침잠하면서 자신의 영혼을 쉬게 해 주는 시간이 필요합니다. 당신이 회사에 입사한 지 얼마가 되었든 사장은 당신을 친구로 생각합니다. 사장은 심지어 경쟁자에게도 좋은 친구가 됩니다. 회사의 벽에 걸려 있는 모토가 무엇이든 간에 물병자리 사장의 진짜 관심사는 우정입니다. 누군가가 현대의 기업 문화에 대해 논하면서 이런 말을 한 적이 있습니다. "넥타이에는 음식 소스를 묻히고 다니며, 사소한 일로 위원회 회의를 열지 않고도 일을 처리해 내던, 옛날의 그 멋진 개인주의자 사장이 돌아오면 좋겠습니다." 그 불쌍한 남성은 분명히 오래 전에 함께 일했던 물병자리 사장을 몹시 그리워했을 것입니다.

물병자리 사장을 둔 직원들이라면, 사무실이 어수선하고 고객 접견실을 수리하느라 한쪽 벽을 다 뜯어내고 있을 때 갑자기 사모님이 들이닥치는 경험은 좀처럼 하지 않을 것입니다. 사장의 와이프는 사무실로 남편을 찾아오는 건 고사하고 사장이 언제 어디에 있는지 운이 좋아야 알 수 있습니다. 물병자리는 자기의 일거수일투족을 아내에게 말해주지 않습니다. 예전에 옆집에 리서치 회사를 운영하던 물병자리 사장이 살았는데 해외 출장지에 도착해서 여벌의 와이셔츠가 하나도 없다는 사실을 깨닫기 전에는 아내에게 출장 간다는 말을 전혀 하지 않았습니다.(그 사장은 여벌의 옷이 없다는 사실에 몹시 화가 나서 런던에서 아내에게 전화를 걸어 불평했다고 합니다. 어쨌든 모두 아내의 탓입니다. 어디론가 출장 갈수도 있다는 것을 예상했어야지요.)

지난주에 당신의 물병자리 사장이 큰 연회에서 시장으로부터 올해의 남성상을 수상하던 날을 떠올려 보면 참 재미있습니다. 당신은 사장이 좀 종잡을 수 없기는 하지만 사실 정말로 훌륭한 사람이라는 결론을 내린 참이었는데, 테이블 아래를 내려다보니 사장이 다리를 심하게 떨고 있고, 우아한 검은색 정장 구두 위로 한쪽에는 파란색 양말을, 다른 한쪽에는 노란색 양말을 신고 있었죠.

물병자리 직원

~~~

반짝 비쩍 작은 별!
아름답게 빛나 넌!
네가 날고 있는 그 높은 하늘 위에
마치 찻쟁반처럼 높이 떠 있구나.

회사에 있는 직원 중에 누가 물병자리인지 알아맞히는 것은 쉽습니다. 모든 사람과 친하게 지내는 사람이 물병자리입니다. 오늘 아침에 가방을 잃어버린 직원 기억하시죠? 그 직원이 바로 한 달 전에 만년필을 빌리러 당신의 방에 들렀다가 우연히 제품기획안을 놓고 간 덕분에 현재까지 회사에 어마어마한 이윤을 내게 해 준 바로 그 사람입니다.

그 직원을 채용하던 날을 떠올려 볼 수도 있겠네요. 당신은 그가 양키 스타디움의 박스석을 판매하러 왔다고 생각했다가 그 다음에는 셰익스피어 연극 단체 기금을 모금하러 왔나 싶었는데 마지막에는 정치 여론 조사를 하러 왔다고 생각했지요. 당신은 그 직원이 떠날 때까지도 입사 지원을 하러 왔다는 사실을 깨닫지 못했습니다. 당신이 기억하지 못한다고 해도 당신 비서는 그 직원을 분명히 기억할 것입니다. 물병자리 남성은 여성에게 순간적으로 오래 남는 인상을 주는 편인데, 심지어 며칠 굶은 강아지처럼 방치된 모습을 하고 있는 물병자리 남성조차도 깊은 인상을 남깁니다. 어떤 사람들은 모성 본능 때문이라고 성급하게 결론짓기도 하지만 그것은 잘못된 판단입니다. 진정한 물병자리의 매력은 여성에 대한 완벽한 무관심이기 때문입니다. 그런 무관심이 여성들로 하여금 신경 쓰게 만듭니다. 물병자리 남성은 마치 거부할 수 없는 도전 대상처럼 보이기 때문에, 상대방이 그를 유혹하고 싶거나 완전히 무시해 버리는 식으로 복수를 하고 싶게 만듭니다. 하지만 이런 두 가지 행동 모두 물병자리 직원에게는 전혀 감흥을 불러일으키지 못합니다. 물병자리 직원은 몇 주 동안이고 함께 일하는 여자 동료들이 전혀 존재하지 않는 듯 행동하다가도, 어느 봄날 갑자기 어떤 여직원에게 그녀의 눈이 자신이 예전에 나무에서 찾아낸 로빈 새의 알처럼 동그랗다고 얘기해서 황홀하게 만들어 버리기도 합니다. 그 여직원은 그날 업무가 전혀 손에 잡히지 않을 것입니다.

물병자리 직원과의 생활은 아주 신나고 숨 가쁠지도 모릅니다. 물병자리 직원이 외향적이거나 화려하거나 또는 농담을 잘해서가 아닙니다. 사실은 그 반대이지요. 많은 물병자리들은 진지하고 차분하며 무심하고, 자신들을 둘러싼 정신없는 세상에서 한 발짝 떨어져 있는 사람들입니다. 그들의 유일한 문제는 한 50년쯤 앞서 있다는 것인데, 며칠에 한 번씩 현재로 다시 날아올 때마다 성층권에서 독특한 아이디어를 가득 채워 옵니다. 당신이 똑똑한 사장이라면 물병자리 직원을 1주일에 한 번씩 사장실로 불러 얘기를 나눌 것입니다. 유익한 시간이 될 거예요. 당신이 어떤 유용한 정보를 주워 담게 될지 누가 알겠습니까? 물병자리 직원이 계속 고장을 일으키는 새 기계의 네 번째 볼트 아래에 있는 느슨한 스크루에 어떤 문제가 있는지 정확하게 기술적인 용어로 이야기하는 모습을 보면, 어제 엘리베이터에서 만난 뒤로 혹시 화성에라도 다녀온 게 아닐까 싶은 생각마저 듭니다. 특히 그 직원의 인사 기록 카드에서 과학이나 기계학 쪽으로는 전공을 했거나 수업을 들은 적이 없다는 사실을 확인하면 더 놀라게 됩니다. 그럼에도 불구하고 물병자리 직원과의 비공식적인 이런 회의가 항상 소득이 있는 것은 아닙니다. 인디언 보호구역의 야구팀을 지키기 위해서 혹은 터키 이즈미르 지역의 초자연 현상 연구단체를 위해서 지원금을 내는 문제에 대해 이야기를 나누고는 가 버릴지도 모릅니다. 물병자리의 관심사는 가히 전 세계적입니다.

이 조용하고 똑똑하며 친절한 젊은 물병자리 직원은 당신이 그의 얼굴을 기억할 정도로 회사에 오래 다니지 않을 가능성이 높습니다. 남자 직원이라면 꼭대기 자리에서 시작해서 몇 주 만에 자기 방식대로 일을 처리하고 작곡가나 사진가, 조류학자, 댄서, 가수, 광대, 작가, 육상선수, 지질학자, 아나운서 등등의 일을 혼자 하기로 결심할 수도 있으며 당신 회사를 떠나 '자아를 찾기 위해' 이 일 저 일 떠돌아다닐 수도 있습니다. 그는 언젠가 결국 자아를 찾을 것입니다. 그때가 되면 그는 한 자리에 남아서 평생을 머뭅니다. 하지만 그런 진실한 순간이 올 때까지 이 물병자리 친구는 끊임없이 떠돌아다니면서 실험하고 배우고 조사하고 새로운 친구들을 사귀면서 오랜 시간을 보낼 것입니다.

물병자리 직원은 천성적으로 감상적이지 않습니다. 과학적인 태도가 있지만 또한 사람들에 대한 호기심이 강해서 무엇이 사람들을 웃고 울게 만드는지 궁금해합니다. 물병자리는 감상주의를 별로 달가워하지 않는 편입니다.(개인적으로 아주 거슬리는 경험이 있어서 드물게 괴상한 행동에 사로잡혀 있는 경우를 제외하고는요.) 불행하게도 물병자리의 아이디어나 의견은 종종 터무니없고 실용적이지 못하다는 평을 자주 듣는 편이지만, 그것은 물병자리의 주파수가 50년 이상 미래에 맞춰져 있기 때문입니다. 옛날에 어떤 물병자리가 컬러텔레비전과 우주선 달 착륙을 설명하려고 했다면 당신 할머니가 어떻게 느꼈을지 상상해 보세요. 그러면 물병자리가 타임머신 이론을 얘기하면서 실수로 1770년에 갇히지 않도록 안전 장치를 만들어야 한다는 이야기를 할 때 사람들의 반응이 어떨지 짐작이 가실 겁니다.

물병자리 직원은 매주 다른 친구들과 함께 어울리고 있을 것입니다. 물병자리는 한 번에 한 명에게만 만족하기 어렵습니다. 워낙 여러 가지 분야에 관심이 있기 때문이지요. 그러므로 물병자리에게는 우정을 받는 것보다 주는 것이 더 보편적입니다.

일단 먼저 해야 할 일은 당신이 어떤 유형의 물병자리 직원을 두고 있는지 판단하는 것입니다. 물병자리의 기본적인 유형은 한 가지밖에 없지만 그들의 천성이 드러나는 방법은 두 가지가 있습니다. 첫 번째는 파이프 담배를 피우는 정중한 교수 타입으로, 태도가 느긋하고 괴상한 버릇도 별로 없고 우아하지만 집 안에 이집트 미라가 있거나 집 안 한가운데에 인도 나무가 심어져 있거나 수마트라 섬에서 가져온 종, 16세기 탁자, 미국의 초기 로켓, 그리고 벽난로 위에 걸려 있는 낡은 비행기 프로펠러 등등이 있는 타입입니다. 구운 메뚜기 요리나 개미 알을 뿌린 스테이크 요리처럼 미식가들이나 찾을 만한 요리를 먹습니다. 그리고 대체로 아주 똑똑하지요.

두 번째 유형은 지하철 역 근처의 좁은 방에 살면서 샌드위치나 먹고 구식 텔레비전으로 좋아하는 프로그램을 즐겨 보는 유형입니다. 구석에 있는 탁자 위에는 발명품들을 잔뜩 쌓아 두고 먼지 쌓인 피아노로 작곡도 하고 설거지는 1주일에 한 번만 합니다. 이 유형 역시 똑똑합니다. 문제는 이 두 가지 유형이 집단 속에 섞여 있을 때에는 그 차이점을 구별하기가 쉽지 않다는 것입니다.

두 가지 유형 모두 양심적인 직원들입니다. 둘 다 매우 똑똑하며 신기할 정도의 인식력과 주변 모든 사람들에 대한 감각이 아주 예민합니다. 어떤 추상적 이론에 몰두하고 있는 동안에는 그 지식을 흡수합니다. 기억력은 나쁘지만 이들의 직감력은 그 약점을 덮고도 남습니다. 아주 독특한 버릇을 가지고 있고 친절하고 동정심도 많고 대체로 예의바른 사람들로서 옷을 독특하게 조합해서 입는 경향이 있습니다. 두 유형 모두 의리가 있고 정직하며 자기의 원칙을 엄격하게 고수합니다. 독신인 경우가 많으며 각각 약 5000명도 넘는 친구가 있고 그 범위는 지휘자, 미식축구 선수, 영화배우 등 다양합니다. 자, 이제 아시겠지요? 물병자리는 물병자리입니다. 파이프 담배를 피우건, 샌드위치만 먹건, 이집트 미라를 집에 두건, 로터스 나무를 집에서 기르건 물병자리는 물병자리의 천성이 따로 있습니다.

물병자리 직원이 급여를 받는 만큼 일을 충분히 해낼 거라고 믿어도 됩니다. 비록 당신의 비서가 앓고 있는 심각한 뾰루지의 진짜 원인일 수도 있지만 어쩌면 어느 날 「타임」지 표지에 무슨 트로피를 들고 등장할 수도 있습니다. 그때는 '예전에 알던 사람'이라고 말할 수 있겠지요. 물병자리 직원은 20세기 폭스 사에 영화 소재로 채택될 만한 멋진 아이디어를 제공할 수도 있습니다. 물병자리 직원은 회사의 기밀에 대해서는 완벽하게 신뢰할 수 있는 사람이며, 고객 응대를 가장 잘하는 직원이기도 합니다. 가장 냉담한 고객과도 친구가 될 수 있어서 다른 직원들이 왜 그 고객을 그렇게 어려워했는지 의아해질 것입니다. 물병자리에게 그 고객은 예의를 갖추고 질문을 몇 가지 해 보고 조금만 관찰을 해 보면 성격이 다 보이는 또다른 흥미로운 인간일 뿐입니다.

물병자리 직원이 당신에게 급여 인상을 요구할 가능성은 별로 없습니다. 그에게 돈은 여성과 함께 관심 목록의 맨 마지막에 있기 때문입니다. 하지만 자신의 가치가 어느 정도인지는 알 만한 사람이므로 계속 착취할 생각은 하지 않는 것이 좋습니다. 가끔 당신을 놀라게 할 수는 있지만 회사에서 스캔들을 일으키거나 사소한 가십 거리를 만들지는 않습니다. 물병자리 직원이 강렬한 야망으로 가득 차 있는 모습을 볼 수는 없겠지만, 물병자리는 열두 별자리 중에 가장 순수한 마음을 가지고 있는 별자리입니다. 물병자리 직원은 당신의 파트너라도 될 수 있을 정도로 많은 것을 알고 있더라도 절대로 당신으로부터 사업 아이템을 훔치지 않을 것이며, 당신 회사의 중요한 자산이 될 수도 있고 언젠가 전 세계적인 명성을 회사에 가져다 줄 수도 있는 사람입니다.

마침내 물병자리 직원이 결혼하기로 결심하면 당신은 훌륭한 비서를 하나 잃을지도 모릅니다.(물병자리 직원은 자기 아내가 일하는 것을 바라지 않습니다.) 하지만 당신도 그 불쌍한 비서의 뾰루지가 없어지기를 바라지요?

물고기자리

Pisces, the Fish

2월 20일부터 3월 20일까지

지배행성 - **해왕성**

순수하고 그늘 한 점 없는 이마
놀라움으로 가득한 꿈결 같은 눈을 가진 아이여!
시간이 덧없이 흐르고 너와 나
오랜 세월 떨어져 있어도
요정이야기라는 애정 어린 선물에
너는 틀림없이 사랑스러운 미소로 답하리.

물고기자리를 알아보는 방법

♓

잔치가 준비될 때까지 낮잠 잘 시간이 있네.
잔치가 끝나면 우리는 무도회에 갈 거야.
붉은 여왕, 하얀 여왕, 그리고 앨리스, 모두!

당밀과 잉크로 잔을 채워라.
마시기에 좋은 건 뭐든지 좋아.

당신이 은행 창구나 지점장 자리에 앉아 있는 물고기자리를 발견한다
면 희귀종을 찾은 셈입니다. 물고기자리 중에는 한곳에 오래 갇혀 있는
것을 견딜 수 있는 사람이 거의 없습니다. 그보다는 망자와의 영혼 교류
를 시도하는 모임이나 미술관, 수녀원, 수도원, 공연장, 나이트클럽 같
은 곳에서 물고기자리를 만날 확률이 훨씬 높습니다. 작가 연맹 회의에
가 보거나 연극 공연이 끝나고 무대 뒤에 가 보거나 요트 위에서 선탠
을 하면서 찾아보셔도 좋습니다.

이런 장소에서는 꽤나 많은 물고기자리를 만날 가능성이 높습니
다. 환경이 보다 창조적이고 예술적일수록, 한가롭고 심오할수록 물고
기자리를 더 많이 만나게 됩니다. 칵테일파티나 경축 행사 같은 곳에 그
물을 던지면 다채롭게 빛나는 물고기가 많이 걸려듭니다. 밝은 색상의

열대어 같은 물고기자리도 몇 명 만날 수 있고, 혹은 외국의 공주 같은 이국적인 물고기자리도 만날 수 있을 것입니다.

물고기자리는 세속적인 야망이 별로 없습니다. 대부분 서열이나 권력 또는 리더십 같은 것에 전혀 관심이 없고, 부에도 거의 매력을 느끼지 못합니다. 결혼을 하거나 유산을 상속받는 경우가 아니라면 막대한 부를 축적하는 물고기자리는 거의 없습니다. 그렇다고 해서 돈에 대해 반감이 있는 것은 아닙니다. 물고기자리는 아주 낡아서 못 쓰는 동전도 기꺼이 받을 것입니다. 물고기자리는 일반적인 사람들보다는 그 동전의 세속적 가치를 더 잘 알고 있습니다.

"나는 백만장자가 되고 싶지는 않아요. 다만 백만장자처럼 살고 싶어요."라는 말을 누가 했는지는 모르겠지만 물고기자리의 철학을 제대로 반영하고 있습니다. 해왕성이 다스리는 마음은 탐욕으로부터 자유롭습니다. 강렬함도 없고 미래에 대해서는 거의 무신경해 보이기까지 합니다. 직감적으로 과거를 이해하고 현재는 관대하게 포용합니다. 물고기자리에게나 또는 진짜 물고기에게나, 물살을 거슬러 올라가려고 애쓰는 것은 결코 쉬운 일이 아닙니다. 물살이 흘러가는 곳이 어디이든 간에, 그 흐름에 몸을 맡기는 것이 덜 수고로울 것입니다. 하지만 물살을 거슬러 헤엄치는 것은 물고기자리에게 주어진 도전이며, 그들이 진정한 평화와 행복을 찾을 수 있는 유일한 방법입니다. 물고기자리로 태어난 사람들은 살아가면서 쉬운 길을 택하는 것이 오히려 함정에 빠지는 꼴이 될 수 있습니다. 그 함정은 반짝거리는 미끼로 물고기자리를 유혹하지만, 인생을 낭비하게 만드는 위험한 갈고리를 숨기고 있답니다.

물고기자리의 매력적인 태도와 느긋한 착한 성품은 상당히 인상 깊습니다. 물고기자리는 자신만의 방식으로 꿈꾸고 느끼며 살아갈 수 있는 자유를 박탈하지만 않는다면, 대부분의 사회적 제약에 무관심합니다. 모욕이나 비난 그리고 타인의 분노에 찬 주장에 대해서는 더더욱 관심이 없습니다. 물고기자리에게 사회가 타락했고 정부가 분열되어 있고 환경오염 때문에 사람들이 다 죽을 것이고 세상에 종말이 다가오고 있다고 말해도, 이들은 하품을 하거나 묘한 미소를 짓거나 아니면 약간 애처롭다는 듯한 표정을 지을 것입니다. 물고기자리를 흥분시켜서 난폭하게 만들기는 어렵습니다. 물론 성질이 전혀 없다는 것은 아닙니다. 뒤늦게 발동이 걸리면 신랄하게 말하고 몹시 냉소적인 모습으로 돌변할 수 있습니다. 사납게 신경질적으로 분노를 표출하는 경우도 있지만, 전형적인 유형의 물고기자리라면 되도록 저항하지 않고 해왕성의 시원한 물로 그 분노를 계속 씻어 냅니다. 물고기자리가 화를 내게 만드는 것은 맑고 고요한 호수에 돌멩이를 던지는 것과 같습니다. 처음에는 표면에 잔물결이 좀 일겠지만 이내 잠잠해집니다.

물고기자리를 만나면 먼저 그들의 발을 살펴보세요. 남녀를 불문하고 발이 상당히 작고 앙증맞거나 아니면 반대로 아주 크고 넓적할 것입니다. 손도 역시 작고 연약하고 정교하게 생겼거나 또는 마치 갈고리처럼 큽니다. 피부는 아주 부드럽고 머리카락은 가늘며 곱슬머리가 많고 옅은 색을 띠고 있습니다.(머리카락이 흑갈색인 물고기자리도 상당수 있습니다.) 눈은 맑고 독특한 느낌을 주며 눈꺼풀이 무겁습니다. 모두 그런 것은 아니지만 물고기자리의 눈은 돌출되어 있는 경우가 많고 둥그스름하며 눈빛이 아주 강렬합니다. 어떤 물고기자리의 눈은 그냥 아름답다는 말 이외에는 설명할 길이 없을 때가 있습니다. 인상은 쾌활하고 감정이 풍부하며, 얼굴에 주름은 별로 없고 보조개가 있는 경우가 많습니다. 키가 큰 물고기자리는 드뭅니다. 물고기자리는 체형이 가끔은 약간 우스꽝스럽기도 하지만, 남다른 우아함이 그 우스꽝스러움을 가려 줍니다. 물고기자리는 걷는다기보다는 미끄러져 다니는 것처럼 보여서, 마치 헤엄을 쳐서 방을 가로질러 거리로 나가는 것처럼 보입니다. 가끔은 진짜로 헤엄을 치기도 합니다. 물은 어디에 있는 걸까요? 아마 근처에 있을 것입니다. 물고기자리는 늘 물에 끌린답니다.

물고기자리는 시원한 물도 좋아하고 따뜻한 차나 커피를 하루에 열 잔 넘게 마시기도 하며, 또한 탄산음료와 자극적인 음료를 좋아하기도 합니다. 전갈자리나 게자리와 마찬가지로 물고기자리도 술을 멀리하는 것이 현명합니다. 칵테일 몇 잔으로 끝낼 수 있는 물고기자리는 별로 없습니다. 상당수의 물고기자리가 알코올 문제를 겪고는 합니다. 술은 거짓된 안정감을 주면서 진정 효과를 내는데, 이것은 마치 위험한 자장가와 같습니다. 물론 식사에 곁들여서 술을 한 잔 마시는 정도로 모든 물고기자리가 알코올 중독자가 되는 것은 아니지만, 그 비율은 다른 별자리보다 훨씬 높습니다.

물고기자리는 장밋빛 색안경을 끼고 세상을 바라보고자 하는 욕망을 타고났습니다. 인간의 추악한 모습을 충분히 잘 알고는 있지만, 사랑스러운 행동만 하는 아름다운 사람들로만 가득 찬, 촉촉하고 우아한 자신만의 세상에서 사는 것을 더 좋아합니다. 물고기자리는 끔찍한 현실에 직면하게 되면 장밋빛 공상의 세계로 도망가고는 합니다. 삶이 물고기자리를 음울한 실패와 끔찍한 조건으로 가득한 썩은 물속으로 철퍼덕 내동댕이쳐 버리면, 그들은 다시 뛰어오르기보다는 자신의 희미한 초록빛 환상 속에 숨어서 실질적인 결정을 회피하는 상태에 머무르는 경우가 많습니다. 타인에게 거부당한 물고기자리도 또한 거짓 희망에 빠져서 실패라는 현실을 직시하지 못하는 경향이 있습니다. 하지만 굳은 마음으로 결단을 내리고 힘차게 매진하면 상상이 아니라 현실 속의 성공을 거둘 수도 있습니다.

모든 물고기자리가 이런 전형적인 해왕성의 덫에 빠지는 것은 아니지만, 대부분은 이 경고를 받아들일 필요가 있습니다. 물고기자리 작가들은 말로는 소재거리를 수집 중이라고 하면서 몇 년 동안 바에 느긋하게 앉아서 실제로는 연체 고지서만 모으고 있을 수도 있습니다. 또 후원자를 찾지 못하고 있는 물고기자리 화가는 밤낮으로 공원을 거닐며 명작에 넣을 배경을 구상 중이라고 중얼거리지만 정작 붓에는 먼지만 쌓여 가기도 합니다. 캔버스에 찬란한 그림을 그릴 수 있도록 그를 후원해 줄 천사는 어디에 있는 걸까요? 겨우 월세나 내고 근근이 생계를 이어 나가면서 혼자 사는 물고기자리 여인은 몇 시간이고 백일몽을 꾸면서 달콤했던 과거를 추억하고 희미한 미래를 기약하며 현재의 찬란한 햇빛을 낭비하고 있을 것입니다. 배우, 작곡가, 음악가에게도 모두 비슷한 스토리를 적용해 볼 수 있습니다.

물고기자리의 상징 기호는 서로 반대 방향을 향하고 있는 두 마리의 물고기입니다. 그 상징이 이중적인 욕망으로 고통 받는 물고기자리의 모습을 나타낸다는 얘기를 들으셨을지도 모르겠지만, 실제로는 그렇지 않습니다. 이중적인 욕망은 쌍둥이자리의 기질이지요. 서로 반대 방향을 향하는 두 마리 물고기는 물고기자리에게 주어진 선택을 상징합니다. 정상을 향해 헤엄치며 목표에 다가가거나 아니면 바닥을 향해 헤엄치면서 절대로 목표에는 도달하지 못하는 두 가지 경우를 의미합니다. 물고기자리는 자신이 어떤 식으로든 인류에 봉헌해야 하며 세속적 소유를 삼가야 한다는 점을 알아야 합니다. 물고기자리였던 아인슈타인은 흐름을 거슬러 상류로 헤엄쳐서 상대성이론이라는 완전히 새로운 세상을 만들어 냈습니다. 하류를 따라 헤엄치는 물고기들은 식당에서 설거지를 하거나 눈 치우는 일을 합니다. 항상 선택을 할 수 있습니다. 남다른 재능을 타고나지 않은 물고기자리는 없기 때문입니다. 하지만 좌우를 동시에 볼 수 있는 물고기는 가끔 정면을 못 볼 때가 있습니다. 물고기자리는 전문직에 헌신하여 고귀한 삶으로 칩거하거나 아니면 흥분을 주는 대상이나 인위적인 감정 상태 또는 잘못된 흥분 상태로 도피합니다.

물고기자리는 수줍음을 많이 타고 경쟁을 달가워하지 않지만, 해왕성의 강한 힘에 이끌려서 연극 무대에 올라 타고난 해석 능력으로 다양한 감정을 표현하곤 합니다. 그래서 타고난 소심함에도 불구하고 최고의 배우가 되기도 하지요. 하지만 피곤한 리허설과 수 년 동안 어쩔 수 없이 따라가야 하는 따분한 연습 과정을 견디기 위해서는 힘든 과정을 싫어하는 자신의 본성을 극복해야만 합니다. 가끔은 예민한 물고기자리의 영혼이 비평가의 날카로운 비판에 상처를 받아서 장래에 배리모어*나 베르나르** 같은 명배우가 될 수 있는 사람이 명성을 얻기 직전에 은퇴하기도 합니다. 물고기자리에게 대사를 외우는 일은 아무런 문제가 되지 않습니다. 물고기자리는 기억력이 아주 좋기로 유명합니다. 다만 달이나 수성이 충돌 각도를 맺고 있을 경우에는 자신의 전화번호조차 잊어버리기도 합니다.

항구의 뱃사람부터 소아과 병원의 간호사까지, 모든 물고기자리에게 삶 자체는 마치 거대한 무대와 같습니다. 물고기자리의 눈에 비치는

---

* 모리스 배리모어(Maurice Barrymore, 1849~1905) : 인도 출생의 영국인으로 영국과 미국에서 활약한 유명한 배우.
** 사라 베르나르(Sarah Bernhardt, 1844~1923) : 프랑스의 유명한 연극배우.

모든 장면들은 불명확하고 순간적입니다. 그렇기 때문에 폭풍이 몰아쳐도 대개 조용하게 평정심을 유지하며 상황을 받아들입니다. 하지만 갑작스럽게 의기소침해질 위험이 늘 있어서 독특한 꿈이나 이상한 악몽을 꾸곤 하는데, 종종 예지몽을 꾸기도 합니다. 물고기자리가 무슨 일이 일어날 것 같은 느낌을 받으면 대체로 그 일이 일어납니다. 물고기자리가 당신에게 비행기에 타지 말라고 하거나 차에서 내리라고 하면 그 말을 듣고 차라리 헤엄치거나 걸어갈 방법을 알아보는 것이 좋습니다.

천문해석학에서는 수많은 생을 경험하면서 지혜를 터득한 영혼을 '올드소울old soul'이라고 부릅니다. 물고기자리로 태어난 인간의 삶은 영혼이 선택할 수 있는 가장 어려운 의무를 수행하거나 또는 완전함에 도달하는 기회를 잡기 위한 삶이기 때문에, 물고기자리를 올드소울이라고 부를 때가 많습니다. 열두 별자리 중에서 양자리가 탄생을 의미한다면, 물고기자리는 죽음과 영원을 의미합니다. 물고기자리는 열두 번째 별자리로서 앞선 열한 개 별자리의 특성이 모두 섞여 있기 때문에 다룰 내용이 많습니다. 세부 사항을 집중해서 체계적으로 다루는 놀라운 능력과 부드러운 태도는 처녀자리의 경험을 내면에 담고 있다는 사실을 반영하고, 공정하고 무심한 듯한 판단력과 쾌락을 즐기는 마음은 바로 천칭자리의 기질입니다. 또한 게자리의 미친 듯한 유머 감각과 동정심 그리고 괴팍함이 있고, 가끔은 사수자리의 적나라한 솔직함과 관대함도 있지요. 또 사자자리의 즐거움을 추구하는 활달한 성격이 있으며, 염소자리처럼 주어진 의무에 헌신하기도 하고 유명 인사들을 부러워하기도 합니다. 토성의 우울한 면이 약간 있기도 하고, 게자리처럼 기분이 잘 변하기도 하며, 사자자리처럼 행복해하기도 합니다. 물고기자리는 물병자리 스타일로 사람들을 놀리거나 분석하는 것도 좋아합니다. 양자리다운 이상주의와 열정으로 들뜨기도 하지만, 화성의 추진력은 없습니다. 물고기자리는 쌍둥이자리처럼 여기저기 돌아다니고 말도 빠르게 하고 생각도 명석하게 할 수 있습니다. 또한 황소자리처럼 게으르고 평화로운 사람이 될 수도 있지요. 때로는 수성의 재치 있는 위트와 금성의 부드러운 우아함을 전갈자리의 신비한 통찰력으로 결합하기도 하지만, 전갈자리의 무자비함은 없습니다.

물의 별자리인 물고기자리는 공기 별자리처럼 논쟁을 좋아하는 성향과, 흙의 별자리처럼 자연을 사랑하는 마음과, 불의 별자리처럼 불타는 열망을 모두 가지고 있습니다. 하지만 유지하는 성질도, 활동하는 성질도 아닙니다. 물고기자리는 변화하는 성질입니다. 이런 면에서는 절대로 희석되지 않는답니다. 물고기자리에게만 있는 유일한 특성은 한 걸음 물러서서 어제와 오늘 그리고 내일을 하나로 볼 수 있는 이상한 능력입니다. 음악과 미술에 대한 사랑과 고도로 발달한 감각, 그리고 다재다능함은 다른 별자리들로부터 받은 것이지만 그들의 깊은 지혜와 연민은 물고기자리 고유의 것으로 인간의 모든 경험으로부터 얻은 지혜를 합쳐 놓은 기질입니다. 이제 이 모든 것을 이해하고 나면 당신의 물고기자리 친구가 어째서 가끔 종잡을 수 없는 행동을 하거나 완전히 미치광이처럼 구는지 이해할 수 있을 것입니다.

물고기자리는 자신이 영원히 살 수 있다고 생각하는 경향이 있고, 때로는 그것을 정말 믿는 사람처럼 행동하기도 합니다. 일반적으로 물고기자리는 자신을 잘 돌보지 않습니다. 그나마 남아 있는 에너지는 어려움에 처한 친척을 돕거나 친구의 어려움을 대신 짊어지는 일에 쓸 가능성이 높습니다. 감정적인 것이든 경제적인 것이든, 그 사람들의 문제는 팔팔하던 물고기자리의 건강을 심각하게 해칠 수 있습니다. 물고기자리는 자신의 에너지를 아껴서 쓰고 흥분제나 진정제 복용, 지나친 피로, 그리고 타인의 응급 상황을 피하도록 노력해야 합니다. 물고기자리는 유아기에 가장 몸이 약한 편이고 어린 시절에도 몸이 튼튼한 경우는 드뭅니다.(출생차트에 화성의 영향이 강한 사람은 예외입니다.) 물고기자리는 신진대사가 느리다고 여겨지며, 그 때문에 아침에 일어나도 여전히 졸리고 무기력한 기분이 들 때가 많습니다. 식습관이 좋지 않으면 간이나 장, 소화기관에 문제가 생길 수 있습니다. 손이나 발, 둔부 쪽에 사고를 입을 수 있고 독감에 걸리는 경우도 자주 있습니다. 폐도 튼튼한 편이 아니고, 발가락이나 발목이 약한 경우도 많습니다. 물고기자리는 평발이 많고 발등 뼈에 자주 이상이 생기거나 아니면 반대로 발이 아주 강하고 유연한 경우도 있지만 그 중간은 없습니다. 하지만 그들은 숨은 저항력이 있는데, 이 잠재력을 발견하고 활용하는 일이 해왕성의 숙제 중 하나입니다. 물고기자리는 말 그대로 스스로에게 최면을 걸어서 어떤 대상을 두려워하지 않게 하거나 또는 두려워하게 할 수 있는데, 고양이, 쥐, 높은 곳, 지하철, 엘리베이터 또는 사람까지 모든 것이 대상이 될 수 있습니다.

유머 감각은 물고기자리의 비밀 병기입니다. 물고기자리는 눈물을 감추기 위해 미소를 짓습니다. 또 풍자의 대가라서 이들이 무심코 던지는 재치 있는 말 때문에 당신은 주눅이 들 수도 있습니다. 물고기자리는 너무 빠르게 깜박거려서 눈이 따라가지 못하는 조명처럼 산발적으로, 당신을 신랄하게 관찰할 수도 있습니다. 물고기자리는 얼굴 표정 하나 바꾸지 않고 아주 훌륭한 농담을 만들어 냅니다. 슬랩스틱 코미디에서부터 불안정하고 예민한 농담까지 우아하게 넘나들지요. 대부분 따뜻하고 악의 없는 농담이지만 가끔 냉정하고 무자비하기도 합니다. 하지만 그런 농담은 항상 물고기자리가 자기를 숨기거나 또다른 감정으로 위장하는 용도라서 즉흥적인 경우는 거의 없습니다. 물고기자리는 웃음을 가면으로 사용하는데 그 위장이 아주 성공적인 편이랍니다.

물고기자리는 동정심이 많아서 아프거나 약한 사람들을 돕고자 하는 욕구가 상당히 큽니다. 처녀자리와 마찬가지로 아픈 사람들에 대한 연민이 있는데, 아무리 기이하고 사회적으로 거부당한 사람들이더라도 그들의 힘들고 외로운 상태, 실패와 불행에 대해 그 마음을 이해하려는 노력을 한다는 점에서 처녀자리와는 다릅니다. 물고기자리는 처녀자리가 보기에는 본인의 선택에 의해 약자가 되었으므로 도와줄 가치가 없다고 생각하는 사람들도 따뜻하게 위로해 줍니다. 당신이 액수와 상관없이 돈이 필요하거나 혹은 약간의 용기를 북돋워 줄 사람이 필요다면 물고기자리를 찾아가세요. 당신에게 쓸데없는 충고를 하지도 않고 잘난 척하지도 않을 것입니다. 물고기자리는 사람에 대해 도둑, 살인자, 중독자, 변태, 범죄자, 성자, 위선자 또는 사기꾼 등등 어떤 판단도 하지 않습니다. 탐욕, 욕망, 나태함 그리고 질투심은 모두 전형적인 물고기자리에게 어떠한 비판적 노여움도 불러일으키지 않습니다. 물고기자리는 모두를 이해하고도 남으며, 또 자신이 해 줄 수 있는 실질적인 도움을 충분히 주고 싶어 합니다. 모든 선과 악을 감지할 수 있을 뿐더러 각각의 위험도 또한 잘 알고 있습니다. 많은 물고기자리들이 이런 이유 때문에 성직자나 수도승이 되어 평생을 기도나 사색으로 보내기도 합니다.

누군가를 돕고자 하는 마음이 물고기자리의 첫 번째 본능입니다. 신경질적이고 퉁명스러운 물고기자리도 있지만 그런 모습은 단지 스스로를 보호하기 위해서 두른 아주 연약한 껍질일 뿐입니다. 물고기자리는 자신이 얼마나 상처받기 쉬운 존재인지 머지않아 스스로 깨닫게 됩니다. 세상은 아직 그들의 예민한 감각에 주파수를 맞추지 못하기 때문에 물고기자리는 놀림을 당하지 않기 위해서(혹은 마지막 한 푼마저 빼앗기지는 않기 위해서) 가끔 무관심한 척합니다. 물고기자리를 짓밟아 뭉개려는 사람들이 부담을 주어서 물고기들이 진정한 영혼을 숨기게 만듭니다. 해왕성의 깊은 물의 성질로 인해 물고기자리는 사람들의 모든 고통과 즐거움을 흡수해서 마치 자신의 고통과 즐거움인양 느끼기 때문에 많은 물고기자리가 슬픈 이야기를 듣는 것에 별로 관심 없는 척하는 것은 어찌 보면 당연한 일입니다. 예전에 거절당한 적이 있다면 다시 한번 시도해 보세요. 그러면 진짜 물고기자리의 모습이 드러날 것입니다.

탁월한 상상력과 뛰어난 유머 감각, 그리고 해왕성의 미적 감각 덕분에 물고기자리는 영원히 남을 만한 매우 섬세한 산문이나 시를 쓰기도 합니다. 사실 이 세상은 물고기자리의 예술적 노력과 다정한 연민 없이는 한 순간도 유지될 수 없을 것입니다. 지구가 자전을 멈출지도 모릅니다. 우리는 물고기자리가 자신의 개인적인 꿈은 접어 두고 친척이나 친구들의 인생을 밝게 빛내 주면서 인생을 보내거나, 혹은 최소한의 사생활도 포기하고 무대 위에서 대중들에게 눈물과 웃음을 선사하는 경우를 많이 보게 됩니다. 하지만 해왕성은 기만적인 행성으로 한 번에 두 가지 방향의 성질을 동시에 만들어 내는 능력이 있어서, 그 결과로 물고기자리가 자신의 진정한 감정을 숨기고 싶게 만드는 것이랍니다.

묘하게 반짝이는 그 물고기를 꼼짝 못하게 몰아세워 본 적이 있다면 물고기자리의 연기력을 분명하게 확인할 수 있습니다. 물고기자리는 직접적인 질문에 네, 아니오로 명확하게 답하는 것을 싫어합니다. 항상 '그럴지도 모른다'는 식으로 대답합니다. 방금 무슨 연극을 보았는지, 무슨 책을 읽었는지 같은 아주 단순한 질문에도 별다른 이유 없이 대답을 회피하는 듯한 태도를 보입니다. 물고기자리는 마치 스위치라도 달아 놓은 것처럼 갑자기 눈물을 흘릴 수도 있고, 갑자기 햇살처럼 환하게 웃을 수도 있습니다. 두 가지 모습은 모두 진짜가 아닙니다. 물고기자리에게 모든 것은 환상이며, 스스로도 실제와 환상의 차이를 구별하는 것을 어려워합니다. 물고기자리의 내면은 해왕성의 넓은 바다처럼 그 심중을 알 수 없습니다. 물고기자리의 이타적인 마음은 모든 살아 있는 생명체에 대한 지칠 줄 모르는 따뜻한 사랑으로 가득 차 있는데, 그런 마음이 자기연민이나 자기애로 변질되지 않는다면 진정한 성자의 모습을 보이기도 합니다. 전형적인 물고기자리에게는 모든 이웃 사람들의 근심거리를 다 들어 줄 만큼 마음이 넉넉하고 사람 좋은 아줌마의 모습도 있고, 매주 수백 명의 고민거리를 인내심 있게 들어 주는 바텐더의 모습도 있습니다.

드넓은 바다 속 고요한 물과 광활한 하늘에 떠 있는 총총한 별들의 무리, 물고기자리는 그 사이 어딘가에서 필요한 때에만 땅을 밟으면서 말로 표현하기에는 너무 깊은 진실을 이해한 채로 외롭게 살고 있습니다. 물고기자리와 친구나 연인이 되고 싶은 사람들은 그들의 이성과 감정을 이해하기 위해 상상력을 동원해야만 합니다. 다른 물의 별자리인 전갈자리와 게자리는 반은 물속에서 살고 반은 육지에서 사는 생명체로 표현되는데, 물고기자리만 공기 중에서 숨 쉴 수 없는 생명체로 표현됩니다. 물고기자리는 반드시 시원한 물속에서 지내면서 가끔 진흙 속에도 머무르는 식으로 항상 떠돌아다니며 살 수밖에 없습니다.

물고기자리를 상징하는 금속은 강철이나 수은 또는 금이나 납 같은 광물이 아니고 설명하기 힘든 인공적인 금속의 진동인데, 달리 말하자면 비현실적인 환상의 메아리 같은 것입니다. 물고기자리는 자신의 모습을 투명한 자수정과 에메랄드를 통해서 비추며, 수련과 연꽃으로 상징됩니다. 분홍색과 흰색을 띤 그 꽃은 연약하지만, 그 줄기와 잎은 강인하고 질겨서 뿌리째 뽑히지 않는 한 잘 꺾이지는 않습니다. 하류로 향하는 흐름을 따라 목적 없이 떠다니는 물고기자리든 물살을 거슬러 깨끗한 물을 찾아가는 물고기자리든 간에 그들을 따라다니며 이들의 기질을 이해하는 일은 쉽지 않습니다. 물고기자리는 자신이 생각하는 것보다 더 강인하며 자신이 인식하고 있는 것보다 더 현명하지만, 해왕성은 물고기자리가 스스로 발견할 때까지 그 비밀을 지키고 있습니다.

물고기자리로 알려진 유명인

게오르크 헨델Georg Händel

알베르트 아인슈타인Albert Einstein

엘리자베스 테일러Elizabeth Taylor

조지 워싱턴George Washington

테드 케네디Ted Kennedy

*미하일 고르바초프Mikhail Gorbachev

*스티브 잡스Steve Jobs

*박미선

*안철수

*김윤아

빅토르 위고Victor Hugo

엘리자베스 브라우닝Elizabeth Browning

오귀스트 르누아르Auguste Renoir

존 스타인벡John Steinbeck

프레데리크 쇼팽Fryderyk Chopin

*베르나르도 베르톨루치Bernardo Bertolucci

*조지 해리슨George Harrison

*박지성

*이적

*장기하

물고기자리 남성

𝓧

우리는 단지 잠들기 싫어 안달하는
나이 든 어린애에 지나지 않지.

셰익스피어는 황소자리였지만 물고기자리 남성과 관계를 맺게 될 사람
들을 위해서 이런 메시지를 남겼습니다.

사람이 하는 일에는 밀물과 썰물이 있다.
물이 가득할 때에는 행운이 이끄는 곳으로 순항하지만
그렇지 않을 때에는 그들의 삶을 싣고 가는 배가
얕은 바닥의 불행함에서 벗어나지 못한다.

당신이 물고기자리 남성의 호수로 막 뛰어들 참이라면 이 글귀를
작은 손거울에 적어서 당신이 화장을 고칠 때마다 볼 수 있도록 해 두
세요. 물고기자리 남성은 당신의 마음을 아프게 할 뿐만 아니라 당신의

미래까지도 좌지우지할 것입니다.

장밋빛으로 물든 마음을 좀 추스르고, 당신이 달빛 아래서 함께 헤엄치려고 하는 그 물고기자리 남성이 밀물이 들어오는 때를 정확하게 알고 있는지 확인하도록 하세요. 그가 밀물일 때 기회를 잡으면 여느 여성들처럼 당신에게도 행운이 함께할 것입니다. 명성과 부를 향해서 순항하는 것이죠. 하지만 어쩌면 당신의 물고기자리 남성은 자기 눈앞에서 빛나는 수많은 별들 때문에 그 조수를 보지 못하고 때를 놓칠지도 모릅니다. 그렇게 되면 물고기자리의 얕은 바다는 당신이 절대로 경험해 보지 못했을 우울한 불행을 가져다 줄 수도 있다는 점을 미리 경고하고 싶습니다.

물고기자리 남성은 당신이 원하는 모든 것이 될 수도 있고, 당신이 절대로 바라지 않는 모든 것이 될 수도 있습니다. 연애 관계에서 조수는 기회와 동일한 의미입니다. 확고한 결정과 단호한 행동을 필요로 하며, 성공을 저해하는 모든 낡고 눅눅한 꿈을 과감하게 버리는 능력이 필요합니다. 그런데 문제는, 발밑에 물이 차오르는데도 만조를 인식하지 못하는 물고기자리 남성도 가끔 있다는 점입니다.

물고기자리 남성은 약하지 않습니다. 다만 희미하게 반짝이는 별에 너무 오랫동안 마음을 두어서 성공이라는 밝은 햇살을 놓칠 뿐입니다. 모든 물고기자리가 조용한 몽상가는 아닙니다. 하지만 절대 다수가 그렇지요. 그래도 희망은 있습니다. 삶이 있는 한 항상 희망이 있는 법입니다. 비록 물고기자리의 멋진 상상력이 세상에 너무나도 필요하기는 하지만, 물고기자리도 언젠가는 자신의 빵을 사기 위해 일을 해야 하는 때가 옵니다. 그때가 되면 물고기자리 남성은 제대로 해냅니다. 똑똑한 머리와 해왕성의 직감을 결합하여 실용적인 목표를 향해 나아가는 동력으로 삼고 매진하여, 그 결과 명성과 인지도 그리고 부와 불멸의 존재감까지 누릴 수 있습니다. 이 모든 것은 아니더라도(매번 대박을 터뜨릴 수는 없죠.) 적어도 존경과 안락한 안정감은 얻을 수 있습니다. 당신이 함께 항해할 물고기자리도 이런 유형의 남성이기를 빌어 봅시다. 사실 어떤 별자리도 그런 조건 속에서라면 물고기자리의 잠재력을 막을 수 없습니다.

하지만 예를 들어 나이가 이십대 중반인데도 아직 자신의 연애 문제에 있어서 밀물과 썰물을 인식하지 못하고 있는 물고기자리 남성이라면 미래가 별로 희망적이지는 않습니다. 너무 이른 나이에 성급한 판단을 하는 것이 아니냐고요? 좋아요. 그럼 삼십대 중반이라고 칩시다. 하지만 당신이 도박을 하고 있는 것입니다. 미래가 희망적이지는 않다고 한 말은 당신의 미래를 두고 한 말입니다. 일상적인 가족 생활을 해야 하는 아내로서 말입니다. 물고기자리 남성의 미래는 그럭저럭 만족스러울 수 있습니다. 진부한 꿈을 포기하지 못하는 많은 물고기자리 남성도 성공을 위한 신선한 아이디어를 만들어 내고 상당히 만족스러운 삶을 삽니다. 그들에게 필요한 것은 거의 녹슬어 가고 있는 그 꿈밖에 없기 때문입니다. 여기에다가 와인 한 병과 맛있는 호밀 빵만 더하면 세상에 그보다 더 큰 행복은 없다고 생각합니다. 아차! 제가 한 가지 빠뜨렸다는 것을 눈치 채셨는지요? 빵 한 덩어리와 와인 그리고 바로 당신! 맞지요? 하지만 저는 당신을 일부러 빠뜨렸습니다. 공상을 좋아하고 예민하고 예술적인 물고기자리는 빵과 와인만 있으면 남부러울 것 없이 살수 있습니다. 하지만 그것만으로는 아내를 먹여 살릴 수 없고 즐거움을 누릴 수도 없고 열대어를 사기에도 벅찰 것입니다. 당신은 양말도 필요하고 화장품, 신발, 시금치, 우유, 전구, 그리고 월세도 필요합니다. 무슨 말인지 아시겠지요?

이런 유형의 물고기자리에게는 한 가지 방법밖에 없습니다. 당신이 부유한 상속녀가 되는 것입니다. 아니, 한 가지 방법이 더 있습니다. 당신이 두 가지 일을 하는 것이지요. 하나는 당신을 위한 일이고 다른 하나는 물고기자리 남성을 위한 일로서 두 가지를 모두 다 미친 듯이 해야 합니다.

자, 사랑을 나누는 시간에 당신이 불행할 거라는 얘기는 하지 않았죠? 물고기자리 남성이라면 절대로 로맨스가 부족하지는 않답니다. 로맨스와 함께 살고 있다고 해도 과언이 아니지요. 하지만 로맨스만으로 먹고 살 수는 없는 법입니다. 행성들은 그들의 지혜를 담아 비세속적이고 몽상을 좋아하는 물고기자리 남성이 보호받을 수 있도록 다양한 기회를 줌으로써 삶의 복잡한 면을 돌볼 수 있게 해 줍니다. 남성 후원자나 여성 후원자를 찾을 수 있다면(여성 후원자일 가능성이 더 높지만 양쪽 모두 가능합니다.) 물고기자리 남성은 위대한 화가, 작가, 작곡가, 연주자가 될 수 있으며 그게 아니라도 최소한 훌륭한 사람은 될 수 있습니다. 하지만 만약 물고기자리 남성이 당신과 즐거운 시간을 보내며 금붕어와 열대어를 기르면서 예술 하나를 위해서 태어난 자신의 존재를 잡동사니로 채우고 있다면 여성 후원자는 둘째 치고 남성 후원자라도 과연 찾을 수 있을까요?

그렇게는 안 된다는 점을 인정해야만 합니다. 지금 당장 그에게 작별을 고하는 것이 낫지요. 한동안 눈물도 날 것이고 깊은 상처도 남겠지만, 걸어다니는 몽상가와 결혼해서 집세를 독촉하는 집주인에게 상황이 곧 나아질 거라고 매달 미안한 소리를 하는 것보다는 나을 것입니다. 결코 쉽지 않은 일일 테니까요.

지금까지는 빵과 와인만 먹고 사는 물고기자리에 대해서 대담하게
얘기해 보았으니, 이제는 밀물 때 기회를 잡는 다른 유형의 물고기자리
에 대해 이야기해 볼 차례입니다. 이런 유형은 여성들에게 결혼상대로
아주 탐나는 인물입니다. 언제든지 아인슈타인이나 조지 워싱턴과 같은
인물이 될 기회가 있으니, 그렇게 된다면 정말 멋진 일이 되겠지요. 비
록 아인슈타인은 주말에도 자신의 방정식에 계속 몰두했고 조지 워싱
턴은 밤에도 집에서 일을 했지만 더 이상 무엇을 바라겠습니까? 완벽한
사람을 찾을 필요는 없습니다. 완벽한 실용주의자 염소자리도, 공격적
인 추진력이 있는 양자리도 모두 작은 결점들은 있습니다. 다시 말하자
면 물살을 거슬러 올라가는 물고기자리 남성은 부와 명성이라는 두 가
지 재능을 당신에게 바칠 기회가 많이 있다는 뜻입니다. 이 유형의 물고
기자리 남성은 다른 면에서도 훌륭한 면이 많이 있습니다.

　　물고기자리 남성은 편견이 없습니다. 누군가가 인디언의 모카신
을 신고 몇 마일이나 걷기 전에는 그 사람을 인디언이라고 단정하지 않
고, 누군가가 맨발로 걷겠다고 고집 부리기 전에는 그 사람을 나체주의
자라고 단정하지 않습니다. 어떤 상황에서도 상대를 이해하고 비판적인
판단을 하지 않습니다. 물고기자리는 냉정한 비난은 잘 하지 않고 대신
너그러운 인내를 많이 보여 줍니다. 심지어는 장모님도 이해하려고 노
력하는데, 그렇게 하는 남성들이 많지는 않지요. 물고기자리 남성은 아
주 보기 드문 동정심이 있습니다. 친구들은 그에게 어떤 말이라도 털어
놓을 수 있으며, 그가 놀라지 않을까 걱정하지 않습니다. 물고기자리에
게 충격을 주려면 초특급 사건이 있어야 하지요. 당신과 나 그리고 물
고기자리 남성, 이렇게 세 명이 한 방에 앉아 있는데 어떤 남자가 다가
와서 자기는 각각 다른 지방에 네 명의 첩을 두고 있어서 고민이 많다

고 고백했다고 해 봅시다. 당신은 아마도 그를 노려보면서 감옥에 가도 싸다고 생각할 것입니다. 저도 아마 그를 짐승이라고 부르며 경멸하겠지요. 하지만 물고기자리 남성은 이렇게 물을 것입니다. "어느 주에 있는데요? 그 네 명 중에 진실로 사랑하는 사람이 있나요?" 물고기자리는 호기심은 있지만 전혀 놀라지는 않습니다. 물고기자리 남성은 그 남성에게 타인의 이해가 많이 필요하고 또 좋은 변호사가 필요하다고 생각합니다.

물고기자리 남성이 어쩌다가 타인의 비밀을 한두 개쯤 누설할 수는 있지만 절대로 고의는 아닙니다. 물고기자리는 가끔 어떤 결과를 초래할지 미처 생각하지 못하고 말하는 경향이 있습니다. 자기보다 측은지심이 덜하고 냉정한 사람들에게는 자기의 말이 잘못 받아들여질 수 있다는 점을 잘 이해하지 못합니다.(예를 들어서 자기 누이나 당신의 엄마가 그 불쌍한 일부다처주의자의 입장을 쉽게 이해하지 못한다는 것을 미처 깨닫지 못합니다.) 하지만 비밀로 해 달라는 요청을 받으면 절대로 그 이야기를 발설하지 않기 때문에 어떤 은밀한 비밀이라도 안심할 수 있습니다.

수성에 충돌 각도가 있어서 말을 아주 빠르고 유창하게 쉬지 않고 하는 물고기자리도 가끔 있지만, 전형적인 물고기자리는 천천히 말하고 생각하며 친구나 친척, 이웃 들의 문제에 계속 연루되기 쉽더라도 자신의 문제에만 신경 쓰려고 합니다. 물고기자리는 남의 이야기를 너무나도 잘 들어 주기 때문에 사람들이 몰려들 수밖에 없습니다. 당신도 고장 난 드라이어나 아버지의 후두염 문제, 또는 마이너스 통장과 작은 사소한 걱정거리를 그에게 말하고 싶은 충동이 들겠지만 너무 서두르지는 마세요. 물고기자리 남편이나 남자친구에게는 더 이상의 시련이 필요 없답니다. 다른 사람들이 늘 많이 가져다주니까요. 당신과 함께 있을 때에는 위안이 필요합니다. 사람들이 일부러 물고기자리에게 부담을 주려는 것은 아닙니다. 사람들은 물고기자리의 천성이 너무나도 수용적이어서 그가 주변에서 일어나는 일의 파동을, 그것이 좋거나 나쁘거나 즐겁거나 무섭거나 어둡거나 밝거나 관계없이, 모두 흡수한다는 사실을 좀처럼 깨닫지 못합니다. 모든 것을 흡수하는 영혼의 스펀지 같은 그의 삶은 심령술사와 비슷하기도 합니다.(실제로 심령술 능력이 있는 사람들 중에는 물고기자리가 많습니다.) 물고기자리가 예민하다는 말은 그에게 동정을 얻으려는 사람들의 감정을 그가 아주 생생하게 느낄 수 있다는 의미입니다. 물고기자리는 그래서 자주 푹 쉬어 주어야 합니다. 해왕성의 영혼은 가끔 혼자 있으면서 신선한 바람이 그가 간접적으로 겪은 모든 문제들이 남긴 상처를 치료해 주어서 다시 차분하고 순수한 상태로 돌아갈 수 있도록 해야 합니다. 그러니 당신의 물고기자리 남성이 혼자 침묵하고 있다고 해서 너무 못마땅해하지 마세요. 물고기자리 남성에게는 그런 시간이 간절하게 필요하답니다. 혼자 있고 싶어 하거나 혼자 산책하고 싶어 할 때는 내버려 두세요. 그의 곁에 너무 붙어 있으려고 하면 물고기자리의 아름다운 사랑을 망칠 수 있습니다. 물고기자리에게는 여유 있게 숨 쉴 수 있는 공간이 필요합니다.

물고기자리는 예민하기 때문에 쉽게 상처받을 수 있다는 점을 기억하세요. 물고기자리의 수줍음은 자신의 한계(어떤 한계이든)에 대한 고통스러운 자각에서 기인하는 것으로, 그것을 아주 예민하게 느낍니다. 자신이 존경하는 사람이 자신의 장점을 높이 평가하고 있다는 사실을 알아야 합니다. 바로 당신이지요. 그러니 칭찬을 아끼지 마세요.

물고기자리 남성은 요가나 선 또는 오컬트 실험 같은 것을 시도해 볼 수도 있고 천문해석학이나 수를 이용한 점술, 심지어는 환생에도 관심이 있을 것입니다. 전갈자리처럼 물고기자리도 심오한 원리에 대한 이해력을 타고났으며, 이런 능력은 물고기자리가 감정을 차분하게 유지하고 생생하게 상상하는 데 원동력을 제공해 줍니다. 물고기자리 남성도 가끔은 화를 내겠지만, 폭력적이거나 오래 지속되지는 않습니다. 분노가 지나가고 나면 수면은 다시 고요해지고 삶은 예전처럼 평화로워집니다. 집 안에서 고함을 치는 물고기자리 남성도 있겠지만 악의는 없습니다. 물고기자리가 황소자리처럼 제대로 분노를 표출하는 것은 거의 불가능합니다. 당신이 얼마나 운이 좋은지 아시겠지요?

물고기자리 남성은, 비록 스스로를 이해하는 것은 어렵지만, 다른 사람들의 예민한 부분을 명확하게 볼 수 있는 능력이 있습니다. 그래서 물고기자리 남성을 속이기는 어렵습니다. 숨은 이면을 바로 간파해 내기 때문입니다. 하지만 그는 사람들이 치밀하게 캐물어도, 자신의 개인적인 일을 안전하게 감추려고 하는 별난 성격 덕분에, 마음만 먹으면 당신을 속일 수도 있습니다.

제가 아는 어떤 물고기자리 남성은 실제로 정부를 속이고 있는데, 그것이 아주 쉬운 일이었다고 합니다. 그 사람은 평생 동안 인구 조사를 피해 왔습니다. 국세청은 그 사람의 수입을, 멀리 사모아제도에 있는 원주민의 수입보다도 잘 몰랐다고 합니다. 작가이기 때문에 가능한 일이었습니다. 전화번호는 가명으로 등록했고, 사회보장보험이나 운전면허도 등록하지 않았다고 합니다. 상상의 독재자가 자신의 번호를 캐내어 모든 개인 비밀을 다 알아낼 것 같은 공포가 있었기 때문이라고 하네요.

당신의 물고기자리 남성은 이 정도는 아니겠지만 실제로 담배를 사러 갔다 와서는 당신에게 세탁소에 다녀왔다고 말할 때가 있을 것입니다. 왜일까요? 저는 정말 모르겠습니다. 본인도 모릅니다. 물고기자리가 (쌍둥이자리도 마찬가지로) 즐기는 귀여운 속임수 같은 것입니다. 그는 자신은 녹색 벨트를 매고 있는데 사람들이 그가 주황색 벨트를 하고 있다고 믿거나 아예 벨트를 하지 않고 있다고 믿는다면 어쨌든 안심합니다. 본인이 좋아한다면 그런 작은 비밀 정도는 지켜 주세요. 그걸 문제 삼을 필요는 없지요. 비록 그가 세탁소가 아니라 담배 가게에 가는 것을 두 눈으로 직접 보았다고 해도 바지가 세탁이 다 되었는지 물어보세요. 세탁소 주인이 다음 주 월요일이나 되어야 다 된다고 했다고 얘기한다면, 그 세탁소는 너무 꾸물거린다고 대꾸하고 넘어가세요. 물고기자리 남성은 자신의 생생한 상상력이 녹슬지 않고 계속 잘 돌아가도록 하기 위해 무해한 거짓말을 지어내어 훈련하는 것입니다. 이보다 더 나쁜 버릇이 생길 수도 있었으니 다행이라고 생각해야겠지요?

물고기자리 남성은 질투심을 심하게 드러내는 경우가 많지 않습니다. 있다고 하더라도 타고난 연기자이므로 (연습할 기회를 준다면) 질투하지 않을 척할 것입니다. 하지만 아무리 천성이 서정적이고 부드럽다고 해도 그도 남성이므로 당신이 자기에게 충실하기를 기대할 것입니다. 반면에 당신은 질투심을 잘 억제해야 합니다. 물고기자리 남성은 남녀를 불문하고 가까운 친구가 많고, 가끔은 엉뚱한 시간에도 그들에게 동정심을 베풀기 때문입니다. 물고기자리는 사교성을 타고났습니다. 자기도 어쩔 수가 없답니다. 그러니 당신이 만약 불같은 질투심이 있는 사람이라면 위험할지도 모릅니다. 양자리나 사자자리 여성이라면 다른 별자리 남성을 찾아보는 것이 좋습니다. 물고기자리 남성은 미인을 보면 감탄하면서 상대방의 아름다운 다리를 뚫어져라 쳐다보기도 합니다. 하지만 당신이 그런 그를 순수하게 바라본다면, 낭만적인 연인이자 무슨 이야기든 함께 나눌 수 있는 다정다감한 남편을 얻을 수도 있답니다.

남편이 외로움과 우울함에 휩싸여 있을 때에는 앞치마를 벗고 화사한 드레스 차림으로 남편과 함께 재미있는 쇼를 보러 가세요. 물고기자리는 다른 사람의 제안에 특히 약합니다. 물고기자리 남편이 올바른 경제 관념을 가지고 돈을 신중하게 쓰도록 만드는 데에는 적잖은 장애물이 있을 것입니다. 솔직히 말해서 물고기자리는 신용등급이 높은 경우가 별로 없습니다.(동쪽별자리가 염소자리이거나 황소자리, 물병자리, 게자리의 영향이 많은 경우라면 예외일 수 있습니다.) 언젠가는 그도 배우겠지만, 가능하면 당신마저 돈을 많이 써서 상황을 악화시키지는 않는 게 좋습니다. 낭비벽 있는 사람이 한 명만 있어도 가세가 기우는 것은 순식간이니까요. 물고기자리 남성에게는 좋은 본보기가 필요합니다. 이끌어 주는 사람이 있으면 물고기자리는 놀라울 정도로 잘 받아들입니다. 그 사람이 물고기자리와 가깝고 그가 존경하는 사람일 때 특히 그렇습니다. 물고기자리는 천성적으로 주변의 모든 진동을 아주 생생하게 수용하는데, 감정이 격렬할수록 그런 경향이 두드러집니다.

아이들은 물고기자리 아버지가 정말로 재미있는 사람이라고 생각할 것입니다. 물고기자리 아버지는 아이들을 데리고 배를 타거나 수영을 하거나 다이빙을 함께 할 가능성이 높습니다. 또한 구전동요 속에 나오는 캐릭터를 잘 연기하기 때문에, 아이들은 노래 속 캐릭터들이 살아서 움직인다고 생각할 것입니다. 그는 약간 독특한 철학을 가지고 좀 자극적인 노래를 아이들에게 불러 주기도 하고 요가 자세로 물구나무서기를 가르쳐 줄 수도 있습니다. 아이들은 물고기자리 아버지를 사랑할 것이며, 작은 새를 손 안에 잡고 있으면서도 새를 짓누르거나 놀라게 하지 않는 물고기자리 아버지의 특별한 능력 덕분에 균형 잡히고 조화로운 어른으로 커 갈 것입니다. 당신은 주로 매를 드는 쪽이고 물고기자리 아버지는 아이들의 고민을 들어 주는 쪽입니다. 당신이 아이들을 깨끗하고 청결하게 생활하도록 해 주면, 남편은 아이들의 머리가 활발히 움직이도록 해 줍니다. 이렇게 하면 환상의 짝꿍이 될 것입니다.

절대로 물고기자리 남성의 꿈을 짓밟지 마세요. 그는 그런 행동을 용서하지도 않을 것이며 잊지도 않을 것입니다. 그가 자신의 마차를 맬 수 있는 탄탄하고 밝은 별을 찾아서 꿈을 현실로 이루도록 도와주세요. 사랑에 있어서 물고기자리는 상대에게 감정적으로 의지하는데, 이 말은 물고기자리 남성이 당신의 무한한 신뢰를 필요로 한다는 뜻이며 또한 당신이 절대로 근거 없는 불평을 늘어놓아서는 안 된다는 뜻입니다. 물고기자리 남성의 열정적인 희망을 이해심 깊은 애정으로 가꾸어 주어야 하며 당신이 행복한 가정 생활이라는 기름진 토양을 제공해 줄 수 있어야 합니다. 잔소리와 비판으로 뿌리를 갉아먹지 않는다면 그의 다듬어지지 않은 소망은 언젠가 튼튼한 거목으로 성장하여 당신의 개인적인 꿈까지도 이루어 줄 것입니다. 물고기자리의 마음속에서는 영원히 소망이 샘솟습니다. 그것을 망가뜨리지 마세요. 그 소망을 정성스럽게 가꾸어 주면 언젠가 어마어마한 행운으로 돌아올 것입니다.

'물고기자리는 스스로 일을 망치는 별자리'라는 말 때문에 신경이 쓰이거나 걱정할 수도 있지만 그럴 필요는 없습니다. 모든 물고기자리 남성은 이런 경향이 약간씩은 있지만, 그가 혹시나 일을 망친다면 풀어 헤쳤던 짐을 다시 쌀 때처럼 다시 시작할 수 있도록 해 주세요. 당신이 매듭을 충분히 단단하게 묶어 준다면 그런 일이 자주 일어나지는 않을 것입니다. 물고기자리 남성에게 아침에는 꿈을 선사하고 점심에는 재치가 넘치는 농담을 건네고 저녁에는 쇼팽을 들려 주고 후식으로는 시를 들려 주세요. 그런 뒤에는 당신만의 시간을 가질 수 있습니다. 호수 속으로 뛰어들까 말까 망설이지 마세요. 그 물은 아주 깨끗하답니다.

물고기자리 여성

♓

"그럼 넌 뭐지? 뭔가 일을 꾸미고 있잖아!" 비둘기가 말했다.
"난, 난 작은 여자 애야." 앨리스는 미심쩍게 말했다.

그러자 마침내 앨리스는 화려한 꽃밭과 서늘한 분수가 있는
아름다운 정원으로 들어오게 되었다.

일렬로 서 주세요. 밀치지 마시고요. 모든 남성에게 물고기자리 여성이
돌아갈 수는 없지만, 그렇다고 해서 그렇게 함부로 행동하면 안 됩니다.
차례를 기다리고 행운을 빌어 보세요.

　　천문해석학이 아니더라도 물고기자리 여성의 매력은 이미 잘 알려
져 있습니다. 부정적인 의견도 있지만, 물고기자리 여성은 첫눈에 모든
남성들이 졸업 파티의 파트너로 선택하고 싶은 스타일입니다. 앙증맞은
토끼 머리띠라도 해 준다면 더 이상 바랄 게 없겠지요. 자유롭고 강한
현대적 여성들이 물고기자리 여성의 가치를 더 높여 놓았다는 점도 인
정해야 합니다. 알 듯 모를 듯 신비스러운 여성성을 탈피한 현대 여성들
에 비해서 얌전하고 아름답고 연약한 물고기자리 여성이 남성들에게 더
욱 호소력이 있기 때문입니다.

물고기자리 여성에게 프리미엄이 있다는 것은 전혀 놀랄 일이 아닙니다. 물고기자리 여성은 결혼을 했든 안 했든, 남자를 자기 그늘 속에 두려고 하는 경우가 거의 없습니다. 어떤 식으로든 남자를 점유하고자 하는 의도나 숨은 욕구가 없습니다. 상대 남자는 그녀를 위해 의자를 꺼내 주고 담배에 불을 붙여 주면서 자신이 멋진 사람이라고 마음껏 자랑할 수 있습니다. 물고기자리 여성의 바람은 남성이 자기를 보호하고 돌봐 주어야 한다는 것뿐입니다. 그의 넓은 어깨에 기대어 그가 얼마나 강인한 사람이고 자신이 그를 얼마나 필요로 하는지 눈을 동그랗게 뜨고 알려 주고 싶어 합니다. 빨간 망토 소녀를 기다리는 늑대를 상상해 보세요. 그녀를 보호해 줄 존재가 필요하지요. 물고기자리 여성은 완전히 중세 시대 스타일은 아니지만(그래도 상당히 많은 물고기자리 여성이 이런 분위기를 풍깁니다.) 남자의 모든 고민을 흔쾌히 들어 줄 것이고, 함께 어려운 시절을 겪고 나면 참된 가치를 알게 되는 사람들입니다.

물고기자리 여성은 남자친구, 애인, 남자 형제, 아버지를 포함한 모든 남성들이 한 손으로 세상과 싸워 물리칠 수 있는 사람이라고 생각하며, 이런 감동적인 믿음 때문에 남성들 스스로도 자신이 그렇게 할 수 있다고 믿게 됩니다. 물고기자리 여성이 왜 그렇게 인기가 있는지 아시겠지요? 그녀의 자랑스러운 남자에게 물고기자리 여성은 시끄러운 도로 소음과 주식 현황 모니터와는 거리가 먼 안락하고 고요한 안식처랍니다. 그녀의 물고기 연못에는 은은하고 부드러운 조명이 드리워져 있습니다. 물고기자리 여성은 현란한 주식 현황판의 작은 숫자들과 네온사인에 지친 남성의 눈을 편안하게 해 줍니다.

물고기자리 여성은 겨울에는 털이 많은 앙고라 벙어리장갑을 끼고 봄이 되면 귀여운 주름 치마를 입을 것입니다. 여름에는 비키니를 입은 모습을 볼 수도 있습니다. 가을에는 축구 경기장에서 당신 곁에 사랑스럽게 앉아서 시린 손을 당신의 주머니에 넣고는 몇 대 몇인지 물어볼 것입니다. 물고기자리 여성은 어느 계절에나 변함없이 여성스럽습니다. 적절할 표현일지는 모르겠으나 마치 꿀벌들이 꿀단지에 모여드는 것처럼 남성들은 물고기자리 여성에게 빠져듭니다.

남성들은 물고기자리 여성과 잠깐만 대화를 나누어도 곧 편안한 느낌을 받습니다. 남성들은 추운 겨울밤에 타닥거리며 타는 장작불 앞에 있는 느낌을 받거나, 아니면 훈훈한 봄날에 누구의 방해도 받지 않고 해먹에 누워 있는 기분이 듭니다. 물고기자리 여성은 남자가 직장에서 겪을 수 있는 어떤 문제나 우발적인 실수에 대해서도 비난하지 않겠다는 태도를 분명하게 취합니다. 그런 것들이 당신이 아니라 다른 누군가가 잘못해서 발생한 일이라고 생각합니다. 빨리 승진하라고 압박하지도 않습니다. 그녀는 남자의 페이스에 아주 만족스러워합니다.

결혼 후에는 그녀가 약간 눈치를 줄 수도 있습니다. 솔직히 말하자면 눈치를 좀 많이 줄 수도 있습니다. 당신이 그녀의 매력에 완전히 눈이 멀어 있었으니 그 정도는 감수해야지요. 아주 냉소적인 순간도 자주 있겠지만 흠이 없는 여성은 없지요. 그리고 물고기자리 여성은 당신과 다투는 시간보다는 다정한 시간이 훨씬 더 많을 것입니다. 물고기자리 여성이 성격이 고약해지려면 남편이 아주 잔인하거나 게으른 경우에만 가능한데, 그런 남편에게 빡빡하게 굴면 안 된다고 누가 주장할 수 있겠습니까? 저는 못 합니다. 저는 물고기자리 여성 편이니까요.

게다가 물고기자리 여성의 매력적인 여성스러움은 다른 모든 사소한 결점들을 덮어 주며 대부분의 전형적인 물고기자리 여성은 여리고 감미로우며 여성스럽습니다. 물고기가 양쪽 방향으로 헤엄칠 수 있는 것처럼 물고기자리 여성은 상충하는 상황에서 차분하게 잘 적응하기 때문에, 상대적으로 다른 여성들을 신경질적으로 보이게 합니다. 물론 차분하다가도 가끔씩 짜증 섞인 말을 뱉을 수는 있습니다. 드물게 어린 시절에 가혹한 대접을 받아서 마음고생을 하고 예민해진 물고기자리 여성은 삐딱한 태도를 보이며 자신의 상징인 두 마리의 물고기가 서로 떨어져 버리게 만듭니다. 매우 슬픈 일이지요. 이런 외롭고 우울한 물고기자리는 항상 화를 내고 늘 무언가를 회피하기 위해 물속으로 뛰어들면서 자신을 향한 끊임없는 사랑과 연민이 사실 자기에게 독이 되고 있다는 사실을 절대로 깨닫지 못합니다. 그리고 약물이나 술, 그릇된 환상으로 인해 진실을 보지 못하고 스스로를 파국으로 몰고 갑니다. 하지만 일반적인 물고기자리 여성은 두 마리의 물고기를 유연하면서도 단단하게 결합시켜 놓고 뒤로 살짝 움직이다가 또다시 앞으로 나아갑니다. 그래서 사람들은 물고기자리 여성이 어느 방향으로 가고 있는지 잘 모르는 경우가 많지요. 사람들은 물고기자리가 모든 강이 흘러 들어가는 깊고 신비한 바다와 같다고 합니다. 그 바다의 은밀한 비밀을 조금이라도 이해한다면 그녀를 당신의 사람으로 만들 가능성이 더 높아질 것입니다.

일단 물고기자리 여성은 예민합니다. 니키 힐튼*, 마이클 와일딩**,

---

* 콘래드 니키 힐튼 주니어(Conrad Nicky Hilton Jr., 1926~1969) : 미국 힐튼호텔 설립자인 콘래드 힐튼의 아들로 엘리자베스 테일러의 첫 번째 남편이다.
** 마이클 와일딩(Michael Wilding, 1912~1979) : 영국 출신의 미국 영화배우. 엘리자베스 테일러의 두 번째 남편이다.

에디 피셔*, 그리고 리처드 버튼**에게 물어보세요. 이 사람들은 모두 물고기자리 여성과 결혼했습니다. 실은 모두 동일한 여성과 결혼했지요. 바로 엘리자베스 테일러입니다. 이 물고기자리 여성은 예민할 뿐만 아니라 가끔 연습 삼아서 남성을 유혹할 때에는 현혹적이기도 했습니다.

자, 체크무늬 앞치마를 두르고 수줍은 듯 웃고 있는 헌신적인 아내, 가정주부 그리고 사랑스러운 어머니인 물고기자리 여성을 한 명 당신이 알고 있을지도 모릅니다. 당신은 그녀가 예민하지도 않고 현혹적이지도 않다고 생각하겠지요. 너무 직설적으로 말해서 미안하지만, 당신이 틀렸습니다. 당신이 알고 있는 그 여성은 다르다고 생각하겠지만 저도 그런 여성을 알고 있습니다. 그녀는 뉴욕에 살고 있고 이혼한 적이 있는 폴린이라는 여성입니다. 폴린은 체크무늬 앞치마를 걸치고 수줍은 미소를 띤 전형적인 물고기자리 여성의 모습을 하고 있습니다. 어떻게 그렇게 순박한 시골 아낙네가 예민하거나 혹은 현혹적일 수 있을까요? 제 얘기를 들어 보세요. 일단 그녀는 모든 사람들을 앞치마 폭에 감싸 안습니다. 그녀는 사랑스러운 아이를 잃은 상실감, 찢어지는 마음의 고통, 지루함, 비극, 공포, 가난 그리고 잠깐이었지만 갑자기 부자가 되었을 때의 혼란 등을 모두 견뎌 냈습니다. 어린 아들이 무릎을 다치거나 치아교정기를 할 때, 신발을 잃어버렸을 때에도 도와주었고, 남편이 일요일에 요리를 한다고 주방을 엉망으로 만들어 놓았을 때에도, 시댁 식구들이 총출동해서 동시에 여덟 개의 언어를 구사해야 했을 때도(유엔

---

* 에디 피셔(Eddie Fisher, 1928~2010): 미국의 가수이자 엔터테이너. 엘리자베스 테일러의 네 번째 남편이다.
** 리처드 버튼(Richard Burton, 1925~1984): 영국의 영화배우. 엘리자베스 테일러와의 두 번의 결혼으로 유명하다.

건물 앞에서나 볼 수 있는 광경이지요.) 모두 감당했습니다. 마치 권투선수 로키의 운명처럼 엉망진창인 인생을 묵묵히 감당해 왔습니다. 그런 그녀가 연약하고 예민하다고요? 아직까지도 그녀의 두 아들은 엄마가 매력적이고 여성스럽고 보호받아야 하는 깃털처럼 여린 사람이며 현관문 자물쇠가 도대체 어떻게 작동하는지도 모르는 사람이라고 생각하고 있습니다.

물고기자리 여성은 멍하고 꿈꾸는 듯한 표정을 짓고 있습니다. 경제에 대해서는 아무것도 모르지만 유명 디자이너가 코디를 해 준 것처럼 옷을 입고, 월세도 꼬박꼬박 내며, 손자들 한 무리에게 일곱 가지 코스 요리도 자주 해 주고, 명절이나 생일에는 근사한 선물도 보내 줍니다. 그것도 쥐꼬리만한 수입으로 말이죠. 또한 두 명의 며느리에게도, 도서관 사서들로 구성된 이상한 조합의 모임에도, 동네 슈퍼마켓에도, 과일가게 아저씨에게도, 다섯 마리도 넘는 길 잃은 고양이들과 아이들에게도, 정육점 주인, 신문 배달원, 그리고 못 믿겠지만 심지어 집주인에게도 열린 마음으로 따뜻한 애정을 줍니다. 싫어하는 사람이 한 명쯤은 있습니다. 남편과 결혼하기 전에 그녀가 딱지를 놓은 남자입니다. 그 남성은 실의에 빠져 해외 파병을 자원했지만 그녀는 그 남자의 이름조차 기억하지 못할 것입니다. 물고기자리 여성은 참으로 무정하지요. 예민하고 기만적입니다.(하지만 아직 이웃 사람들한테는 말하지 마세요.)

물고기자리 여성은 마치 3월의 바람처럼 기분이 오락가락하곤 합니다. 그녀는 아주 감상적이어서 마음에 상처라도 입으면 눈물바다를 만듭니다. 당신을 너무나도 원망스럽게 쳐다보는 바람에 당신은 마치 작은 토끼를 총으로 쏜 것 같은 기분이 들지도 모릅니다. 물고기자리 여성은 가끔 자신이 삶이라는 치열한 전쟁에는 무방비 상태이고 생존에 필요한 야망도 전혀 없다는 생각을 합니다. 그럴 때에는 심각한 우울증에 빠지기도 하죠. 그녀의 깊이 있고 신비한 지혜와 그녀가 따뜻한 우정으로 품어 주었던 모든 사람들에 대한 탁월한 이해심을 존경한다고 그녀에게 얘기해 주세요. 그것은 정말 맞는 말이랍니다. 물고기자리 여성이 배워야 할 가장 어려운 교훈은 스스로에 대한 의심과 소심함을 극복하는 것입니다. 그녀는 그러한 두려움이 깊어지면 사람들로부터 스스로를 차단해 버리고는 왜 자기는 외로울까 고민합니다. 자신이 남들을 너무 거칠게 대하거나 이용하는 것이 아닐까 걱정하는데, 문제는 아무도 그녀가 그런다고 생각하지 않는다는 것이죠.

물고기자리 여성은 가끔 재치 있는 농담이나 정교한 겉치장 또는 냉랭하고 독립적인 모습으로 자신의 수줍음과 상처받기 쉬운 마음을 가리려고 하는데, 그것은 자기에게 상처를 줄 수도 있는 거친 사람들로부터 자기의 부족한 자신감을 가리기 위한 방어기제일 뿐입니다. 제가 아는 한 물고기자리 여성은 자기 영혼의 진정한 모습을 사랑스러운 노래 가사로 쏟아내는데, 그 가사는 그녀만의 아주 여린 꿈으로 이루어진 비밀스러운 메시지로 가득 차 있습니다. 그녀가 작사를 하고 있지 않을 때에는 차갑고 무정한 커리어 우먼의 모습을 하고 있으며, 사람들이 자신을 그렇게 봐 주기를 원합니다. 하지만 이런 유형의 물고기자리 여성이라 하더라도 자신의 태양별자리를 누를 수는 없습니다. 아무리 독립적인 척해도 그녀는 남자가 그녀를 위해 택시를 대신 잡아 주도록 가만히 서서 기다립니다. 해왕성의 여성이라면 결코 하지 않는 일이 몇 가지 있는데, 사람들 앞에서 여성으로 행동하지 않는 것이 그 중에 하나입니다. 그녀의 내면의 두려움을 진정시켜 주는 많은 남성들을 속이고 "도대체 왜 남편이 필요하겠어요? 자기 인생을 망치기나 하는데."라는 말을 자주 하며 뒤로 한 발짝 물러납니다. 자고 먹고 숨쉬는 것만큼이나 남자와의 긴밀한 관계가 필요한 물고기자리 여성의 입에서 이런 말이 나온다고 생각해 보세요.

　물고기자리 여성은 아이들에게 전부를 줍니다. 물론 당신을 위해서 남겨 둔 가장 큰 부분은 제외하고요. 어쨌거나 그녀는 모든 아이들을 다 사랑하지만 더 못생기고 약하고 더 작고 혹은 더 아픈 자녀에게 마음을 조금 더 줄 것입니다. 엘리자베스 테일러 같은 물고기자리만이 사랑스러운 남자에게 퇴짜를 놓고는 놀란 눈을 한 작은 장애아동을 입양할 수 있을 것입니다.* 물고기자리 여성은 어린 소년의 수줍음과 사춘기 소녀의 성장통을 세상 그 누구보다도 잘 이해해 주는 훌륭한 사람입니다. 물고기자리 어머니는 아기의 머리맡에 앉아서 수많은 꿈을 들려줍니다. 그녀는 자기가 어린 시절에 누리지 못했던 모든 것을 자기 아이에게 해 주기 위해서 스스로를 온전히 희생합니다. 어쩌면 너무 오냐오냐 하는 스타일일 수도 있습니다. 그녀는 아이를 단호하게 가르치지 않는 것은 아이를 지독하게 무시하는 것만큼이나 나쁘다는 점을 인식할 필요가 있습니다. 예를 들어서 수영을 배우는 아이들을 엄격하게 지도하지 않는 것은 일종의 태만함이라고 할 수도 있지요. 만약 당신의 물고기자리 아내가 너무 관대하다면 잘 설명해 주세요. 그녀는 오해하지 않고 잘 이해할 것이며 실천하려고 노력할 것입니다. 사실 많은 물고기자리 어머니들이 규율과 이해심 사이에서 행복한 중간자 역할을 잘 해내면서 자녀들을 훌륭히 키우고 있답니다.

　물고기자리 여성은 기꺼이 당신이 밖에서 돈을 벌도록 할 것입니

---

* 엘리자베스 테일러는 리처드 버튼과의 결혼 생활 중 독일 여자 아이를 입양했다.

다. 본인은 약육강식의 경쟁 사회에 뛰어들고 싶어 하지 않습니다. 당신이 절실하게 도움을 필요로 하지 않는 한 말이지요. 전형적인 물고기자리 여성이라면 당신과 결혼하기 전에 큰 회사 같은 곳에서 충분히 겪었을 것입니다. 약간 사치스러운 경향이 있는 물고기자리 여성도 있습니다. 그런 경우에는 경제 관념을 조금 일깨워 주는 것이 좋습니다. 하지만 살림이 어려워져서 와인 취향을 낮추고 쿠폰 북을 열심히 살펴야 하는 상황이 된다면 곧 적응할 것입니다.

물고기자리 여성은 대양의 소리에 귀를 기울이고 바다는 그녀에게 여러 가지를 말해 줍니다. 복잡한 도시 한가운데에서도 여전히 어쩌면 그녀가 알고 싶어 하는 것 이상의 것을 속삭이는 해왕성의 파동을 듣습니다. 물고기자리 여성의 생일이나 기념일 또는 당신이 청혼했던 날 등을 절대로 잊지 마세요. 그녀도 잊지 않으니까요. 저는 어릴 적 학교에 같이 다녔던 물고기자리 친구를 항상 기억할 것입니다. 그 친구는 키가 작고 긴 검은색 머릿결을 가졌으며, 초록빛을 띤 갈색 눈동자에는 묘한 해왕성의 분위기가 감돌았습니다. 결혼을 여러 번 했고, 한 번은 어떤 유명한 미식축구 스타와 결혼했는데 그것은 전혀 예상하지 못했던 일이었죠. 그녀는 자기에게 왜 청혼을 했는지 남편에게 물어보았다고 합니다. 자기도 궁금했던 것이죠. "글쎄, 사실은 나도 그게 좀 웃긴데, 그날은 청혼할 마음이 전혀 없었거든. 우리는 어느 호수 근처의 공원에 있었어. 젊은 아가씨들이 수영을 하고 나서 젖은 머리가 헝클어진 채로 일광욕을 하느라 벤치 위에 누워 있었는데 다들 너무 더워 보이고 땀을 흘리고 있었어. 그때 당신은 그 나무 아래에 하얀 레이스 원피스를 입고 앉아 있었는데 너무 시원해 보이고 다른 사람하고는 전혀 달라 보였지. 나는 당신이 뭐랄까, 정말 여인처럼 보인다고 생각했어." 이것이 바로 물고기자리 여성의 신비한 매력입니다. 물고기자리 여성이 해왕성의 부름을 받아 수녀로 자신의 삶을 헌신하든 시끄러운 나이트클럽에서 관능적인 가수로 살아가든 간에 그녀는 '여인'인 것입니다. 완전한 여인입니다. 100퍼센트 보증합니다.

물고기자리 어린이

♓

아이들은 여전히 이야기를 기다리며
눈을 반짝이고 귀를 쫑긋 세우며
사랑스럽게 가까이 자리할지니.
이상한 나라에 머물면서 날이 지나도록 꿈을 꾸고
여름이 사그라질 때까지 꿈을 꾸네.

황금빛 속에 천천히….
강물을 따라 흘러가네.
인생이란, 한낱 꿈이 아니던가?

익히 알려져 있듯이 아기들은 대부분 배춧잎 아래에서 주워 옵니다. 어떤 아기는 황새 부리에 기저귀가 걸린 채로 배달되거나, 의사의 검은 진료 가방 속에 들어가 병원으로 배달되는 것으로 알고 있습니다. 하지만 당신의 물고기자리 아기는 그렇지 않습니다. 물고기자리 아기는 동화의 나라에서 달빛을 타고 내려왔습니다. 자세히 보면 꿈꾸는 듯한 아기의 눈 속에는 요정들의 모습과 소원을 비는 나무의 모습이 비치는 것을 볼 수 있고, 왼쪽 귀 옆에는 별들의 자국이 아직 남아 있는 것을 볼 수 있을 것입니다. 병원까지 배달될 때쯤에는 날개는 이미 사라졌겠지만 잘 보면 날개가 붙어 있던 자리에 아주 희미하게 흔적이 남아 있을 것입니다.

아기를 낳은 산모를 위한 축하 카드에, 여리고 투명하고 보조개가 있는 분홍빛 아기천사들이 축하 글귀 위에서 날아다니고 있는 그림을 본 적이 있을 것입니다. 그 그림을 그린 화가는 물고기자리 아기를 모델로 했을 것입니다. 당신은 그 그림을 보면서, 물고기자리 아기를 잘 이끌어 귀 옆에 있는 별들의 흔적을 없애면 아이의 삶을 당신이 원하는 대로 이끌 수 있을 것이라고 생각할지도 모릅니다. 그렇게 부드럽고 섬세한 진흙 덩어리 같은 물고기자리 아이니까 안 될 것도 없겠지요? 하지만 다시 한 번 생각해 보세요. 물고기자리 아기는 얼굴이 빨개져라 소리를 지르는 양자리 아기나, 원하는 게 많은 근엄한 사자자리 아기, 혹은 고집이 세고 완강한 황소자리 아기만큼이나 확실하게 자신의 방식을 고집할 것입니다. 유일한 차이점이라면 물고기자리 아이는 자신의 매력으로 당신을 꼼짝 못하게 만들고 살인미소로 자신이 원하는 것을 얻는다는 것입니다.

출생증명서의 잉크가 마르자마자 〈피터팬〉이나 〈이상한 나라의 앨리스〉를 제작하는 어린이 뮤지컬 팀에 지원서를 제출해 두세요. 피터팬과 앨리스 역할은 물고기자리 아이가 가장 좋아하는 역할로, 심지어 무대가 없어도 훌륭하게 연기할 수 있습니다. 그 아이는 아마 여든이 되어도 그런 연극에 출연하고 있을 것입니다. 물고기자리 아기의 부모들은 나이든 사람들이 늘 얘기하는 것처럼 "아이가 더 이상 나이가 들지 않으면 좋겠다."라는 소망을 갖기도 합니다. 세월은 물고기자리 아이에게는 별로 힘을 쓰지 못합니다. 물고기자리에게는 늘 어린아이 같이 꿈꾸는 듯한, 몽환적인 느낌이 늘 안개처럼 드리워져 있습니다. 그 안개는 아이를 늘 신비하고 비현실적인 세계에 빠져들게 할 것입니다.

아기가 자라서 여기저기 기어다니다가 어딘가에 숨을 정도가 되면, 그 특이한 아기는 환상의 세계 속에서 살고 싶어 하는 경향을 보일 것입니다. 물고기자리 아기는 일상 생활과는 거리가 아주 먼 놀이를 즐깁니다. 아기가 높은 의자에 앉아 있을 때 당신이 아기에게 밥을 먹이는 동안 왕비나 광대인 척하면 아이는 마치 천사처럼 음식을 먹을 것입니다. 전등갓을 머리에 쓰거나 오래된 반짝이는 목걸이를 걸치거나 가발 대신 막대걸레를 머리에 올리고 광대처럼 립스틱을 바른 다음 얼굴에 연지를 찍어 보세요. 나머지는 아이의 상상력이 채워 줄 것입니다. 아이가 조금 더 크면 당신이 빨래를 하는 동안 풍선을 몇 개 걸어 주고 음악을 틀어 놓고 헝겊으로 된 동물 인형 몇 개와 팝콘을 주고 서커스장에 와 있다고 이야기해 주면 아이는 행복하게 혼자 놀 것입니다.

아이가 학교에 갈 무렵이 되어 밤에 이상한 꿈들을 꾸기 시작하면 당신은 어느 봄날 아침, 아이의 신발 끈을 묶어 주다가 깜짝 놀랄 일도 생길 것입니다. "어젯밤에 제가 누구를 보았는지 아세요?" 아이는 자신감에 넘쳐 말할 것입니다. 당신은 아이에게 맞춰 주느라 생각하는 척하다가 아이의 녹색 스웨터가 어디로 갔는지 궁금해집니다. 아, 저기 있네요. 아이가 제일 친한 친구라고 정해 준 곰 인형이 입고 있습니다.

"누굴 보았는데?" 하고 물으면 아이는 대수롭지 않다는 듯이 "할머니요. 한참 동안 저랑 얘기하시다가 가야 한다면서 떠나셨어요. 엄마한테 제라늄 화분에 물 주는 거랑 삼촌한테 돈 보내는 거 잊지 말라고 전해 달라고 하셨어요."라고 말할 것입니다.

할머니는 아이가 태어나기도 전에 돌아가셨기 때문에 이런 상황은 아직 아침 식사도 하지 않은 당신을 약간 아찔하게 만들 수 있습니다. 하지만 그건 아침 식사 후에 아이가 학교에 가고 난 다음에 벌어질 소름 돋는 일과 비교하면 아무것도 아니지요. 우편 배달부가 5년째 아무 소식이 없던 삼촌에게서 온 편지를 주고 갔는데, 편지 내용이 새로운 사업을 시작하니 돈을 좀 빌려 달라는 거였습니다.

아무리 현명한 부모들도 물고기자리 아이에게 맞는 시간표를 짜는 일은 어려워합니다. 물고기자리 아이는 정해진 일과나 규칙적으로 해야 하는 일을 지독히도 싫어하기 때문에 아이는 그런 것들을 피하기 위해 풍부한 상상력을 동원하여 무슨 일이든 할 것입니다. 낮과 밤이 뒤바뀌어 낮에는 자고 밤에 깨어 있는 아기는 주로 물고기자리입니다. 자기가 배가 고플 때 먹고 피곤할 때 자고 무엇인가 자신의 상상력을 자극할 때 놉니다. 시간은 상관이 없지요. 다른 시간에 아기에게 밥을 먹이거나 재우거나 놀게 하는 일은 무척 힘들 것입니다. 아무리 스케줄에 맞추어 아이를 돌보려고 해도 아기가 배고픈 시간, 놀고 싶은 시간, 자고 싶은 시간이 그때그때 상당히 다릅니다. 아기에게 당신의 스케줄을 맞추는 편이 나을 것입니다. 아기는 자기 뜻대로 하려고 엄살을 부리거나 소리를 지르는 경우는 좀처럼 없지만 슬쩍 회피하는 듯한 묘한 기술을 써서 당신을 이기는 경우가 점점 늘어날 것이며, 당신은 혼란스러워하며 결국 항복하게 될 것입니다. 심지어 당신 스스로도 그런 완전한 자유를 점점 좋아하게 될지도 모릅니다. 아기에게 밥을 먹여야 하는 시간에 이웃집 아줌마와 커피를 마시며 수다를 떨어도 죄책감을 느낄 필요가 없고 꼭두새벽에 '공주와 개구리 왕자' 놀이를 하거나 어느 겨울날 흐리고 처지는 오후에 채소 수프와 핫초콜릿을 아기와 함께 먹는 것도 이상하게 재미있어질 것입니다. 심지어 당신의 물고기자리 아기는 저 멍청한 시계가 당신의 인생을 잔인하고 엄격하게 지배하도록 내버려 둘 필요가 전혀 없다는 점을 가르쳐 줄 것입니다. 시계는 그저 째깍거리는 고철 덩어리일 뿐이지요.

물고기자리 아이에게는 관심과 공감을 많이 표현해 주어야 합니다. 자신의 능력에 자신없어하기 때문에 항상 관심을 갖고 용기를 불어

넣어 주어야 합니다. 가능한 많이 북돋워 주세요. 아이는 또한 개인적인 시간도 필요로 합니다. 혼자서 수면 아래로 가라앉는 신비로운 시간을 가지도록 내버려 두세요. 아이의 마음은 수백 광년 떨어진 곳에 가 있기 때문에 당신은 따라갈 수 없습니다. 시간이 충분히 지나면 채소 수프와 핫초콜릿을 먹으러 다시 돌아올 것입니다. 그때에는 점심 식사와 저녁 식사 시간이 바뀔 것입니다. 아이가 화성에서 온 외계인과 우주선을 타고 왔다고 말하면 그 말을 믿어 주세요. 정말 그럴지도 모르니까요.

학교 선생님들이 물고기자리라는 이상한 모양의 말뚝을 정형화된 교육 시스템의 동그랗거나 네모난 구멍에 끼워 맞추려고 하면 혼란이 발생합니다. 물고기자리 아이는 동그란 구멍에도, 네모난 구멍에도 맞지 않을 수 있기 때문입니다. 아이의 독특한 학습 방법과 학교의 오래된 관습 사이에서 많은 갈등이 있을 것입니다. 물고기자리 아이는 자기 방식과 맞지 않는 규칙은 따르기를 거부합니다. 그렇다고 아이를 너무 나무라지는 마세요. 교육 제도가 물고기자리의 지혜를 따라가야 하는 부분도 많이 있답니다. 대부분의 물고기자리 아이는 예술적 재능이 있고 또한 음악과 춤을 좋아합니다. 전형적인 해왕성의 아이들은 아무리 뚱뚱해도 발은 날렵하답니다. 어린 소녀들은 발레리나가 되고 싶어 하는 경우도 많이 있습니다. 남자 아이들은 과학자, 대통령, 장군보다는 베토벤이나 미켈란젤로, 우주 비행사 또는 성 안토니우스 같은 영웅을 선택합니다. 물고기자리 아이는 모든 종류의 책을 좋아하며 국어를 가장 좋아할 것입니다. 물고기자리는 이야기꾼이거든요. 또 언어를 좋아해서 시에 끌릴 때가 많습니다. 처음에는 수학을 잘 이해하지 못하는 경향이 있는데, 나중에는 대수학과 기하학의 배경이 되는 이론까지 놀라울 정도로 정확하게 파악할 것입니다.

물고기자리 아이는 책임감이 부족해서 당신에게 실망감을 줄 수도 있습니다. 이 아이는 자신만의 고유한 규칙을 따릅니다. 부당한 대접을 받으면 예민해서 쉽게 상처를 받을 수 있습니다. 또한 자주 눈물을 흘리기도 합니다. 물고기자리 아이는 또래 아이들과 노는 것보다는 어른들과 함께 있는 것을 더 좋아하는 경향도 있습니다. 어린 나이에도 지혜가 많고 주변에서 일어나는 상황을 잘 이해하면서 동정하는 마음을 품는 경우가 많습니다. 해왕성의 아이는 거짓말을 한다는 비난을 받을 수도 있는데, 사실 아이의 입장에서는 거짓말이 아닙니다. 떳떳하지 못한 의도나 악의는 전혀 없거든요. 아이의 어린 마음은 아이에게 흥미롭고 아름다운 수천 가지 비밀을 속삭여 주는 상상의 바다 속에서 헤엄치고 있기 때문에 냉엄한 현실 세계에서 살 수 있도록 당신이 도와줄 수밖에 없습니다. 척박하고 메마른 물질주의 사회에서 아이의 사랑스러운 꿈이 생명력을 쉽게 잃는다는 사실은 몹시 가슴 아픈 일입니다. 아이는 당신의 깊은 동정심을 필요로 하는데, 그것이 충분하지 않을 경우에 우울하고 절망적인 침묵 속으로 빠지게 될 것입니다.

　　물고기자리 아이는 스스로도 전혀 설명할 수 없는 바다의 노래를 듣습니다. 냉엄하고 추악한 진실은 아이가 감내하기에는 너무 잔인하지요. 그래서 가끔은 그 진실을 해왕성의 낭만적인 색채로 보기 좋게 꾸미거나 따뜻하게 색칠합니다. 그런 행동을 두고 진실하지 않다고 표현하는 것은 너무 가혹합니다. 대신 아이가 구름과 달빛을 모아서 시나 희곡 또는 그림으로 엮어 낼 수 있도록 용기를 불어넣어 주세요. 얼마 가지 않아 아이는 잔인하고 이기적이며 탐욕적인 이 세상에 적응하는 방법을 배울 것입니다. 아이를 냉혹하게 밀어붙일 필요는 없답니다. 그 아이는 자신의 개성을 말살시키려고 하는 사회와 학교의 요구에 부합하는 방법을 배우는 것을 어려워할 것입니다. 하지만 한편으로 아이의 부모나 선생님들은 아이로부터 연민, 이해심, 아름다움, 관용 그리고 너그러움의 미덕을 배울 수 있습니다. 모든 것은 당신이 인생에서 무엇에 가장 큰 가치를 두느냐에 달려 있습니다.

언젠가는 물고기자리의 자유로운 가치관과 사회의 획일화된 가치관 중 하나가 이기겠지요. 저는 물고기자리 쪽에 걸겠습니다. 물론 그 아이가 이 세상에서 살아남기 위해서는 사람들이 만들어 놓은 혼란스러운 세상 이치에 적응해야 한다는 점을 다정하고 따뜻한 마음씨를 지닌 어린 물고기자리에게 가르쳐 주어야만 합니다. 하지만 엄격하고 부정적인 어른들이 아이를 너무 강하게 몰아세우면 아이는 거울의 다른 쪽 출구로 돌아오는 길을 잃어버릴 것입니다. 아이의 열쇠를 훔치지 마세요. 아이는 『이상한 나라의 앨리스』에 나오는 여왕과 기사의 진실한 지혜로 자신의 생기를 되찾기 위해 가끔은 다른 세상에 가 있을 필요가 있습니다. 그러면 아이는 전쟁, 굶주림, 질병, 위선적인 도덕이 만연한 이 배은망덕한 현실 세계에 더 잘 대처할 수 있습니다. 당신의 물고기자리 아이는 앞으로 닥쳐올 냉혹한 바람으로부터 자신을 보호해 줄 망토가 필요합니다. 당신이 직접 밝고 화사하고 튼튼한 실로 망토를 짜 주세요. 아이의 방식을 이해하려고 노력해 보세요. 아이를 부드럽고 현명하게 이끌어 주세요. 아이가 충분히 자라면 어느 날 갑자기 반짝이는 별을 따다가 당신에게 가져다 줄 것입니다. 당신은 그때가 되면 아이의 꿈을 비웃지 않은 당신의 선택을 뿌듯하게 생각할 것입니다. 지금이라도 당장 아이의 별을 걸어 둘 자리를 마련해 두는 것도 좋겠지요?

물고기자리 사장

♓

젊은이가 말했네.
"신부님은 늙으셨어요. 눈도 예전 같지 않으실 테고요.
그런데 아직까지 코끝에 뱀장어를 올려놓고도 균형을 잡으시다니
어떻게 그렇게 재주가 좋으세요?"

전형적인 물고기자리 사장에 대해서 회사에서 벌어지는 대화는 대개 이렇습니다.

"지난주에 회사에 채용되어서 새로 온 사장 이름이 뭐지?"

"어제 우리랑 같이 커피 한 잔 했던 사람 말이야?"

"아니. 오늘 아침에 그만둔 사람 말이야."

약간 과장하자면 일반적인 물고기자리가 사장 자리에 머무르는 평균 시간은 약 1주일 정도입니다. 물고기자리 사장은 극히 드문데, 우리는 여기서 그 극히 드문 경우에 대해서 알아보도록 하겠습니다. 대부분의 산업 분야에서 물고기자리 사장은 북극에서 비키니 수영복을 입은

사람만큼이나 희귀한 존재입니다. 물고기자리는 마치 혼자서 수영을 하는 것처럼 자유롭게 지내는 것을 좋아하기 때문에 작가, 세일즈맨, 화가, 배우, 음유시인 또는 풍운아들이 많습니다.

하지만 그들은 물고기자리의 능력이 없어서는 안 될 몇 가지 분야에서는 사장직을 맡기도 합니다. 물고기자리는 라디오 방송국이나 텔레비전 방송국, 광고, 홍보 등에서 탁월한 능력을 발휘하지요. 이런 분야의 회사에서 물고기자리 사장은 넘쳐나는 상상력의 샘에서 창의적인 아이디어를 꺼내어 이곳저곳 나누어 줄 것입니다. 물고기자리는 다른 별자리들이 하는 것처럼 평범하고 잔인하기까지 한 진실을 굳이 끄집어내야 할 이유를 느끼지 못합니다. 쌍둥이자리, 사수자리, 전갈자리와는 다르게 물고기자리는 사실을 사실대로 말하는 것을 좋아하지 않습니다. 물고기자리는 자신의 생각이 나중에는 가장 큰 효과를 얻을 것이라고 말하는 편입니다. 그들이 정직하지 않기 때문이 아닙니다. 사회가 냉엄하고 벌거벗은 진실을 별로 듣고 싶어 하지 않는다는 사실을 쓰라린 경험을 통해 배웠기 때문입니다. 게다가 물고기자리는 사람들의 영혼에는 더 엄숙한 옷을 입혀야 하고 건전한 사실에는 아름다움을 덧칠해야 한다고 생각합니다. 그러니 광고 업계에서 물고기자리 사장을 좋아할 수밖에 없죠.

물고기자리 사장은 연극과 영화판에서 최고의 감독이며 또한 프로듀서로서도 능력이 훌륭합니다. (회사에 좋은 관리자를 두고 있다면) 물고기자리 사장은 댄스 스튜디오도 마치 꿈처럼 환상적으로 운영할 수 있습니다. 수사팀이나 연구팀의 팀장이라면 신기한 초능력으로 미스터리를 꿰뚫어서 그 문제의 본질에 다가갈 수 있습니다. 많은 여행사들이 물고기자리를 사장으로 두고 있고, 그런 회사는 대체로 이윤을 많이 냅니다. 물고기자리는 또한 자선 단체의 대표직을 맡고 있는 경우도 종종 있습니다. 또한 오케스트라나 밴드도 잘 이끌 수 있으며 훌륭한 음악을 작곡하는 것뿐만 아니라 리허설도 원만하게 잘 진행되도록 합니다. 컨트리클럽이나 호텔의 관리자로서도 누구보다 탁월한 능력을 발휘합니다.(역시 마찬가지로 똑똑한 회계사가 있어야 가능합니다.) 진보적인 출판사나 잡지 또는 신문사도 유능하게, 심지어는 아주 탁월하게 운영할 수 있습니다. 물고기자리는 서비스 사업 쪽으로 진로를 정하는 경우도 많고 캠프나 교회, 예배당에서도 공적인 지위를 훌륭하게 소화해 낼 수 있습니다. 하지만 교사나 교수, 그리고 의대나 법대 등의 관리자 등을 제외하면 앞서 설명한 분야가 전부입니다. 물고기자리는 엄격한 의미에서는 사장 역할에는 어울리지 않게 태어난 사람들입니다.

물고기자리는 예민한 성품을 바탕으로 인류에 봉사하기 위해 태어난 사람들이지 힘을 축적하거나 거대한 제국을 건설하기 위해 태어난 사람들은 아닙니다. 유능한 증권 중개인이나 기민한 투자가가 될 수는 있지만, 증권 회사나 투자 회사의 대표를 맡을 확률은 거의 없습니다. 책임이 너무 많이 따르는 직업이기 때문이죠. 하지만 빠르고 영리한 머리와 가끔은 믿을 수 없을 정도로 사물을 잘 파악하는 능력 덕분에 물고기자리는 등락을 거듭하는 주식 시장에서 상당한 재미를 맛볼 수도 있습니다. 마치 그것을 일이라기보다는 무슨 게임처럼 생각하면서 말이지요.

물고기자리 사장 중에는 화가 나면 여자 아이처럼 토라지는 타입도 있습니다. 물고기자리는 언어에 재주가 있어서 퉁명스러울 때에는 사람들에게 상처를 줄 정도로 신랄한 말을 퍼붓기도 하지만, 공격적으로 사람들 위에 군림하려는 태도나 아주 비열하고 쩨쩨하게 구는 경우는 좀처럼 없습니다. 어떤 순간에는 아주 급진적인 아이디어로 당신을 놀라게 했다가도 곧 믿을 수 없이 돌변해서 체제 순응주의자처럼 보이기도 합니다. 하지만 곧 사장이 급진적인 자유주의자도 아니고 신중한 보수파도 아니라는 사실을 알아채게 될 것입니다. 때로는 그 양쪽 견해를 모두 취하면서 당신의 생각이 무엇인지 알아내려고 하기도 합니다. 다른 말로 하면 아주 교묘해질 수 있습니다. 당신의 생각과 대화가 흥미롭다고 생각되면 당신의 물고기자리 사장은 아주 집중해서 조용히 그리고 진지하게 당신의 이야기를 들을 것이며 심지어는 보다 편안한 분위기를 연출하기 위해 술도 한 잔 권할 것입니다. 만약 당신의 이야기가 지루하다고 생각되면 그의 마음은 방황하기 시작할 것입니다. 당신이 말하고 있는 동안 그는 얼굴에 조심스러운 미소를 띠면서 먼 곳에 있는 사람이나 장소에 대한 딴 생각을 할 것입니다. 모든 물고기자리는 탁월한 배우이기 때문에 당신은 사장이 얘기를 잘 듣고 있다고 생각하겠지만, 어느 정도 시간이 지나고 나면 그는 머릿속 방황이 지겨워지고 여전히 종알거리고 있는 당신의 말을 끊고 싶어질 것입니다. 그러면 이제 사장이 이야기를 시작하고 당신은 들어야 합니다. 가끔은 몇 시간이고 계속되기도 하지요.

물고기자리 사장은 여행을 많이 다녔을 것입니다. 혹시 그렇지 않다면 그 동안 여행을 다니지 않았던 것을 스스로 보상받기 위해서 여행을 떠날 것입니다. 사수자리나 쌍둥이자리 사장처럼 물고기자리 사장은 집무실 한쪽에 여행 가방을 늘 두고 있을 것입니다. 아직 그렇게 하고 있지 않다면 앞으로 그렇게 해야 합니다. 사장에게 제안해 보세요. 사장은 아마 아주 훌륭한 아이디어라고 생각할 것입니다. 게다가 여행 가방이 꾸려져 있고 떠날 준비가 되어 있다는 사실만으로도, 어느 눈 내리는 겨울날이나 흐리고 비 오는 날에 너무 지겨워서 사무실 창밖으로 뛰어내리고 싶은 순간에 묘한 안도감을 느낄 수 있습니다. 물고기자리 사장은 때로 우울한 기분이 들 때가 있는데 그 상태가 정말 심각해질 수도 있습니다. 그럴 때에는 가능하면 사장을 혼자 내버려 둔 채로 당신은 일을 하면서 쾌활한 멜로디를 흥얼거리고, 사장에게는 근사한 술 한 잔을 가져다주는 것을 잊지 마세요.

당신은 사장의 아내들(?)을 깍듯이 모셔야 합니다.(저도 모르게 복수형으로 말했군요. 쌍둥이자리, 사수자리 사장처럼 물고기자리 사장도 결혼을 여러 번 할 확률이 다른 별자리보다는 높습니다.) 사장의 아내는 아마도 친절하고 지각 있으며 실용적인 여성일 것입니다. 만약 그녀가 남편처럼 상상력이 풍부하고 독창적인 사람이라면, 두 사람은 함께 희미한 꿈과 환상의 바다에 빠질 확률이 높습니다.

물고기자리 사장은 창의적인 사고를 하는 직원을 다른 사람들보다 좀 더 편애하는 경향이 있습니다. 당신이 풍부한 상상력보다는 신중한 경향의 소유자라면 사장으로부터 샴페인 잔이나 다정한 미소를 그다지 많이 받지는 못하겠지만 그렇다고 해고되지는 않을 것입니다. 그 사장은 다른 직원들과 보내는 시간을 보다 더 즐기겠지만 여전히 당신을 필요로 합니다. 당신의 실용적인 접근과 조직적인 능력에 의지하고 있습니다. 물고기자리 사장의 총애를 받는 창의적인 직원도 회사가 비용 절감 정책을 펼칠 때에는 물고기자리 사장의 재기 넘치는 아이디어에 충격을 받을 수 있는데, 사장은 그 창의적인 직원들을 단칼에 해고하고 꾸준하고 믿을 만하며 좀 따분할 수도 있는 직원들을 회사에 남길 것입니다. 물고기자리는 이별을 슬퍼하지만 자신을 포함한 인간의 본성에 대해서는 아주 판단이 빠릅니다. 그는 비록 회사의 일과 창의적인 직원들의 발전적 업적을 즐기기는 하지만, 신중한 기획력과 회사의 합리적 원칙들의 지원을 받는다면 사장의 창의적인 작업이 보다 원활하게 운영될 수 있습니다. 그런 지원을 제공하는 사람이 누구인가는 별로 중요하지 않습니다. 물고기자리 사장은 신중함과 보수적 태도는 좀 부족하지만, 그래도 자신의 약점은 정확하게 인식하고 있습니다. 회사가 잘 될 때에는 대범하고 열정적인 몽상가들을 얼마든지 고용할 수 있지만, 회사의 이윤이 떨어질 때에는 꾸준하게 열심히 일하는 직원들의 도움 없이는 살아남을 수가 없지요. 상황이 나아져서 자신과 더 잘 맞는 비현실적 타입의 직원들을 고용할 만한 여건이 될 때까지는 대범하고 열정적인 꿈을 꾸는 부서의 일을 자신이 직접 담당할 것입니다. 물론 모든 규칙에는 예외가 있는 법이지만 당신의 물고기자리 사장에게 당신은 진지하면서도 동시에 파격적인 생각도 할 수 있는 직원이라는 점을 인식시켜 두는 것도 좋을 것입니다.

물고기자리 사장은 급여 인상을 원하는 직원들을 응대할 중간 관리자로 염소자리나 황소자리 직원을 이미 두고 있을 것입니다. 그는 자신이 직접 급여 인상 문제를 들어 주어서는 안 된다는 것 정도는 알고 있습니다. 물고기자리는 절실한 필요나 욕망을 가지고 있는 사람에게 거부 의사를 밝히는 것이 거의 불가능한 본성을 타고났습니다. 그러니 가능한 그럴 기회를 차단해야 한다는 것도 알고 있지요.

물고기자리 사장은 두 개의 다른 세상에 살고 있다는 점을 명심하세요. 성격이 나뉘어 있다는 것은 혼란스러운 인성을 만들어 낼 수도 있지만 또한 뛰어난 능력을 발휘할 수도 있음을 의미합니다. 그 사장의 생각은 물고기자리 아인슈타인처럼 추상적이고 심오할 수도 있는데, 아인슈타인의 "신은 주사위를 던지지 않는다."라는 말은 수학적 확률이라는 것이 꼭 신성불가침일 필요는 없다는 뜻입니다. 당신의 물고기자리 사장은 전통적인 사업 절차에 대해서 이와 같은 생각을 가지고 있고, 사장의 이야기가 아무리 처음에는 환상처럼 들리더라도 시간이 지나면 물고기자리 사장의 직감이 옳다는 것이 증명됩니다. 물고기자리 사장은 내적으로는 신비주의자이며 보이지 않는 초자연적인 대상을 은밀하게 믿지만, 그 믿음 자체에 대해서는 약간 부끄러워할 수도 있습니다. 그렇다고 해서 책상에 앉아 주술을 외우거나 명상 자세로 앉아 있거나 하지는 않습니다. 사람들이 자신에게 신통한 기운이 있다는 것을 알게 되면 웃음거리가 될까 봐 두렵기 때문입니다. 하지만 그가 강인한 현실주의자처럼 보이도록 아무리 열심히 노력해도 사람들은 어떤 식으로든 알아차리게 될 것입니다.

당신의 남자친구가 두 사람이 꿈꾸던 미래를 약혼반지와 함께 던져 버리고 도망가 버리는 바람에 크게 상심했던 때를 기억해 보세요. 물고기자리 사장이 우연히 당신을 저녁 식사에 초대해서 당신을 크게 칭찬해 주면서 슬픔에 빠진 당신의 기분을 바꾸어 주었고, 식사 후에는 서둘러 당신을 극장으로 데리고 갔지요. 연극이 끝난 후에 당신을 무대 뒤로 데리고 가서 주연 배우들을 소개해 주었고, 사람들에게 늦은 저녁을 대접했지요. 맛난 음식과 와인 그리고 흥미로운 대화로 사장은 당신의 머릿속에서 그 변덕쟁이 약혼자에 대한 생각을 모두 없애 주었습니다. 가끔은 일부러 당신에게 거칠게 대하곤 해서 그런 줄 몰랐지만, 몇 주가 지나고 난 뒤에 알고 봤더니 사장은 당신이 더 이상 그 문제로 고통 받지 않을 때까지 당신의 기분을 북돋워 주기 위한 작은 방법을 찾은 것뿐이었습니다. 당신은 그 파혼에 대해 회사에 있는 누구에게도 말한 적이 없었지요. 그런데 사장은 도대체 당신이 도움이 필요했던 것을 어떻게 알았을까요? 사장의 손금을 보고 그의 미래를 읽어 준 집시가 당신 얘기를 해 주었을지도 모릅니다. 그 집시는 그의 손바닥에 아주 희귀한 손금이 있다는 것을 바로 알아차렸을 것입니다. 그 손금은 사장이 연민으로 가득 찬 천재라고 말하고 있었습니다. 우리 주변에 그런 사람은 흔하지 않습니다. 그래서 당신의 사장이 드문 물고기자리라는 것입니다.

물고기자리 직원

♓

물고기자리 직원의 능력은 그가 어느 분야에 있느냐에 따라 달라질 수 있습니다. 직업이 자기와 맞지 않으면 불쌍한 부적응자가 될 수도 있어서 이리 저리 옮겨 다니다가 결국에는 자신의 꿈을 실현하기 위한 회사를 직접 차리는 것이 낫겠다는 결론을 내리게 됩니다.

물고기자리 직원은 다른 사람들과 함께 팀의 일원으로서 성공적으로 일하기 위해서는 예민한 감수성이 다치지 않을 만한 일을 해야만 합니다. 누구보다도 인간의 고뇌를 잘 이해하는 그의 능력을 활용할 수 있는 기회를 제공하거나 독창적인 상상력을 발전적인 도구로 사용할 수 있는 직책에 앉혀야 합니다. 이렇게 마음 깊이 자리 잡고 있는 해왕성의 욕구 중에 한 가지라도 충족되지 못하면 그는 기가 꺾이는 것은 물론이거니와 나태하고 무심한 직원이 되어 버릴 것입니다. 하지만 이런 욕구가 충족되면 물고기자리 직원은 회사의 보물 같은 존재가 되어서 자기 분야에서는 대체 불가능한 귀중한 인력이 될 것입니다. 물고기자리 직원이 기분 좋을 때에는 세부 사항에 엄청난 집중을 기울여서 당신을 놀라게 하기도 합니다. 이런 모습이 물고기자리의 두드러진 신비주의적 경향과는 완전히 불일치하는 것처럼 보이지만, 물고기자리 직원은 다른 모든 별자리 직원들을 능가하는 재능이 있습니다. 천문해석학에서 종종 말하는 것처럼 '열두 별자리의 쓰레기통'이 될 수도 있고 빛나는 영광으로 향하는 전환점이 될 수도 있습니다. 그 영광은 별에 의지해서 이룰 필요는 없습니다. 물고기자리 직원은 자신이 하고 있는 일에 만족한다면 바로 당신의 회사에서 그것을 조용하게 이룰 수도 있답니다.

물고기자리 직원이 있는 회사에서 가장 자주 들을 수 있는 말은 "도대체 이해가 안 돼. 도대체 그 친구는 뭘 하고 있는 거야?"라는 불평입니다. 다른 직원들은 절대로 알 수가 없습니다. 물고기자리는 남성이나 여성이나, 마음속의 의심이나 혼란 때문에 자신의 동기와 진짜 목표를 위장하도록 스스로를 강요합니다. 자신의 본성을 모두 드러내면 사람들이 깜짝 놀라거나 충격을 받을까 봐 알아서 감추는 것이지요. 가끔 있는, 수다스러운 물고기자리가 하는 모든 말은 위선적일 때가 많습니다. 일부 물고기자리가 하는 것처럼 밤을 새워 얘기한다고 해도 여전히 자신이 정말로 어떤 생각을 하는지는 드러내지 않습니다. 조용한 물고기자리도 가장 흥미로운 생각과 아이디어를 비밀에 부쳐 두기 때문에 우리를 좀 당황스럽게 할 수 있습니다. 꿈꾸는 물고기자리가 머릿속에서 도대체 무슨 생각을 하는지 당신은 영원히 모를 수도 있습니다.

물고기자리 직원은 자신의 일에 만족하면 놀라운 책임감을 발휘하며 일할 것입니다. 하지만 행복하지 않다면 그는 조용히 가라앉습니다.

육체만 그곳에 있을 뿐입니다. 결국에는 그의 육체도 사라지고 그 물고기자리 직원의 미소와 어질던 눈빛에 대한 기억만 남게 되겠지요. 이 다루기 힘든 물고기자리 직원을 평화롭게 해 주는 일은 쉽지 않습니다. 물이 썩기 시작하면 물고기자리 직원은 당신이 그의 연못물을 새로 갈아 주기도 전에 이미 다른 곳으로 헤엄쳐 가 버리기 때문에 당신은 허탈함을 맛볼 수도 있습니다. 물고기자리 직원이 자신이 진정으로 원하는 바를 좀 더 드러낸다면 해결책을 찾을 수도 있겠지만, 물고기자리는 장시간 솔직한 토론을 하면서 일을 바로잡기보다는 갑작스러운 변화를 택하는 경향이 있습니다.

물고기자리가 예술 분야에 많이 종사하고 있다는 사실은 의심의 여지가 없지만, 그 예술 분야는 당신이 추측하는 것보다 훨씬 광범위합니다. 물고기자리는 극장에서 조명을 다루거나 박물관에 그림을 매다는 일, 인형 옷에 레이스를 다는 일, 금관악기를 닦는 일, 또는 책 표지를 디자인하는 일도 모두 좋아합니다. 이들은 꼬마들에게 춤을 가르치거나, 파티를 준비하면서 풍선을 불거나, 꽃꽂이를 하거나, 포스터를 기획하거나, 글을 쓰거나, 색다른 머리 스타일을 시험하는 일로 몇 시간이고 행복하게 보낼 수 있습니다. 가끔 물고기자리가 수학, 기계, 또는 전산과 관련된 공학 쪽 업무에 종사하는 경우를 볼 수 있는데 그런 경우에도 물고기자리는 여전히 추상적인 관점에서 그 분야를 공략합니다.

물고기자리는 학생들 각자의 특성을 놀라운 통찰력으로 파악하고 자신이 가르치는 과목을 깊게 이해해서 훌륭한 선생님이 되기도 합니다. 또한 음식과 음료를 준비하고 유통하거나 또는 고급스러운 레스토랑에서 음식을 서빙하거나 레스토랑을 사교적으로 우아하게 잘 운영하는 능력도 있습니다.

만약 당신의 사업 분야가 의약품이나 병원, 또는 조제와 관련된 분야라면 물고기자리 직원은 아마도 당신의 오른팔일 것입니다. 물고기자리만큼 훌륭하게 병자들을 잘 돌보는 사람은 없을 것입니다. 의약품 쪽도 잘 맞는 분야입니다. 하지만 불행하게도 물고기자리는 자신의 감수성으로 인해 주변 환경에 너무 잘 빠져들기 때문에 정신적·감정적·신체적인 건강에 부정적 영향을 받을 수 있습니다. 만약 물고기자리가 순간적인 감정이입 본능을 잘 제어한다면 건강 분야에서도 빛나는 역할을 할 수 있습니다. 사회봉사와 관련된 일은 말할 것도 없고, 많은 물고기자리들이 불쌍한 사람들의 복지 증진과 관련된 분야에서 효율적으로 일하고 있는 모습을 볼 수 있을 것입니다.

　　물고기자리는 자신의 환경과 같은 색깔을 띠는 경향이 있습니다. 물고기자리 직원을 칙칙하고 좁고 가구도 거의 없는 사무실에 처박아 둔다면 그는 곧 그 사무실처럼 보이기 시작할 것입니다. 어느 날 들여다보면 그는 업무 환경에 완전히 동화되어 있을 것입니다. 대화는 칙칙하고 아이디어도 빈약하고 지루합니다. 이 무기력하고 지루하고 냉담하고 창백한 직원을 보면 당신이 고용했던 밝고 활발하고 참신한 상상력이 넘쳐나던, 다채로운 얘깃거리와 반짝이는 아이디어를 가지고 있던 화사한 색깔의 옷을 입고 있던 사람은 도대체 어디로 갔을까 궁금해질 것입니다. 하지만 걱정 마세요. 이런 식의 물고기자리의 변형은 다른 개인적인 문제들보다도 고치기 쉽습니다. 사무실에 화사한 색상의 커튼을 달아 주고 바닥에는 부드러운 옥색 카펫을 깔아 주고 책상 위에는 데이지꽃 한 다발을 꽃병에 담아 주세요. 부드럽고 나지막한 음악을 틀어놓고 한 시간 정도 그를 향해 미소를 지어 주세요. 몇 시간 지나고 나면 당신이 고용했던 그 물고기자리는 다시 본연의 색깔을 찾기 시작할 것입니다. 물고기자리의 성격은 설명하기 쉽지 않지만 제대로 된 미끼만 사용한다면 낚는 일은 정말 쉽습니다.

물고기자리 비서는 집에서는 꾸미지도 않고 대충 지낼지 모르지만 회사에는 아주 말쑥한 모습을 보일 것입니다. 자신만의 시간에는 몽상을 하겠지만 업무 시간에는 체계적으로 일하려고 노력합니다. 물론 예외가 있어서 마음이 엉뚱한 쪽으로 방황하기도 하지요. 제가 예전에 일하던 라디오 방송국에서 함께 일하던 물고기자리 여성이 있었는데 문서를 정말 특이하게 관리했습니다. 늘 그렇게 하지는 않았지요. 어쩌면 주말에 집필 중인 소설에 온통 마음이 가 있었기 때문이 아닐까 싶습니다. 어느 날 사장이 그녀에게 문서 보관 캐비닛 중에 'L'이라고 표시되어 있는 서랍은 무엇으로 가득 차 있기에 잘 닫히지도 않고 지나다닐 때마다 매번 부딪히게 만드냐고 물었지요. 그녀의 대답은 정말 의외의 것이었습니다. "그게 다 우편물 받은 거예요." 하지만 물고기자리만 탓할 수는 없습니다. 그 직원은 사실 동쪽별자리가 사수자리이고 달별자리는 물병자리였기 때문에 정리정돈을 잘 못하고 어수선했던 것입니다.

일반적인 물고기자리 여성은 좀 더 전통적인 스타일입니다. 친절하고 배려심이 많고 다른 직원들하고 아주 잘 어울릴 것입니다. 일종의 엄마 같은 역할을 합니다. 다른 직원들은 크건 작건 고민거리가 생기면 모두 그녀에게 가서 털어놓을 것입니다. 그녀는 아주 동정심이 많고 잘 들어 주는 타입이기 때문에 당신도 때로는 그녀의 어깨에 기대어 울게 될지도 모릅니다. 그녀는 재미 삼아 타로 카드를 읽어 주기도 하고(그녀는 실제로 타로를 진지하게 받아들입니다.) 당신의 마음을 아주 쉽게 읽어 낼 수도 있습니다. 그러니 그녀가 당신 책상 옆을 지나갈 때에는 당신 머릿속 생각을 조심하세요.

가끔 물고기자리 직원 중에는 약간 까다롭거나 비판적인 사람도 있지만, 주변 사람들을 정말로 힘들게 할 만큼 심각하게 불만을 늘어놓지는 않습니다. 이런 물고기자리가 안정감을 느끼기 위해서는 양자리나 사자자리만큼이나 많은 칭찬을 필요로 하는데, 그것도 진심에서 우러나온 칭찬이 아닌 경우에는 금방 눈치 챌 것입니다. 누군가가 물고기자리를 꾸짖고 나면 하루 이틀 동안 그 직원의 행방이 묘연할지도 모릅니다. 회사를 그만둔 것은 아닙니다. 아직은 아니죠. 그는 책상 위에 있는 발신용 우편함 뒤에 숨어서 말도 안 하고 움직이지도 않고 숨소리도 내지 않으면서 마치 보이지 않는 사람처럼 행동할 것입니다. 그는 상처받은 것입니다. 그 직원을 다시 밝게 만들려면 뭔가 아주 감동적인 일을 해야만 합니다. 물고기자리는 정말 예민하다는 말, 기억하시지요? 당신의 기분이 바뀌면 물고기자리 직원의 기분도 바뀝니다. 물고기자리는 상황이 힘들어지면 다른 사람들로부터 자신을 차단하는 경향이 있습니다. 물고기자리 직원은 밝은 햇살과 아름다운 장밋빛 감정을 추구합니다. 회색이나 검은색이 나타나면 도망쳐서 깊은 곳으로 잠수합니다. 무심한 말 한 마디가 물고기자리를 속으로 울게 만들 수 있습니다. 그가 비록 그것을 감추기 위해 겉으로는 농담을 할지라도 말이죠. 물고기자리는 늘 재치 있는 말재주와(비록 남들은 잘 눈치 채지 못하지만) 유머 감각을 가지고 있습니다.

　　물고기자리 직원에게 돈은 큰 의미가 없습니다. 물론 높은 급여와 보너스를 받고 싶어 하기는 하지만 회사의 상황이 안 좋을 때 일시적으로 급여가 삭감되어도 크게 신경 쓰지 않습니다.(부양가족이 많을 경우에는 좀 다를 수 있겠지요.) 실제로 많은 물고기자리는 사장이 직원대출에 대해 긍정적인 생각을 가지고 있다면 적당한 급여에 만족합니다. 물고기자리는 종종 급여일 당일이나 하루 전에 빈털터리 상태로 당신에게 와서 천진난만하게 웃으며 돈을 빌려 달라고 부탁할 수도 있습니다. 그리고 당신이 상기시켜 주지 않으면 돈을 갚는 것을 잊어버릴 수도 있습니다. 의도는 나쁘지 않지만 물고기자리 직원은 항상 뭔가를 더 필요로 합니다. 대개는 그 직원이 다른 사람에게 돈을 주었기 때문에 그럴 것입니다. 물이 체를 빠져나가는 것처럼 돈이 물고기자리를 그냥 거쳐 가는 것처럼 보입니다. 돈이 지나가는 통로 정도라고 볼 수 있겠죠. 당신에게 돈을 빌리고 바로 돌아서서, 수술이 필요한 아내를 둔 친구에게 줍니다. 당신이 빌려 준 돈을 갚는 일에는 소홀하지만 당신이 일시적으로 돈이 궁할 때에는 자기에게 남은 마지막 지폐라도 기꺼이 내어 줄 것이며 그 돈을 다시 돌려받는 일에 대해서는 예전에 당신에게 빌린 돈을 갚는 일에 대해서보다도 더 무심할 수 있습니다. 실제로 가끔은 누가 누구에게 얼마를 빚지고 있는지 헷갈려 하기도 합니다. 전형적인 물고기자리가 돈의 흐름을 보는 관점도 바로 그렇습니다. 좀 혼란스럽기는 하지만 물고기자리는 돈이 이곳저곳으로 뿌려지기 위해 만들어졌다고 생각합니다. 누군가 돈이 필요하면 그 사람에게 돈이 가야 합니다. 당신이 돈이 필요 없다면 그 돈은 당신을 그냥 지나가면 됩니다. 빵가루를 물 위에 뿌리는 것과 같은 것입니다. 이것은 물고기자리들에게는 놀라울 만큼 잘 적용되지만 이런 물고기자리의 철학은 다른 별자리 사람들에게는 당황스러울 수 있습니다.(물론 동쪽별자리가 처녀자리, 게자리 또는 염소자리이거나 달별자리가 물병자리나 황소자리라면 이런 재미가 반감될 것입니다.)

물고기자리 직원은 해고당하는 경우보다 스스로 퇴직하는 경우가 더 많습니다. 물고기자리는 인간의 본성을 매우 기민하게 알아차리기 때문에 해고 통보가 날아올 때까지 기다릴 수가 없습니다. 당신이 자신에게 불만이 있다는 것을 사전에 감지하고, 당신이 자신을 난처하게 만들기 전에 먼저 빠져나갑니다. 일하는 아내를 둔 유부남 물고기자리보다 미혼 물고기자리 남성들이 회사를 쉽게 그만두지 않는 편입니다. 사실 필요하다면 기꺼이 일을 하겠다고 했던 것이 유부남 물고기자리가 아내에게 느낀 가장 큰 매력이었는지도 모릅니다. 물론 사랑하는 마음도 똑같이 중요하지요. 물고기자리 여성은 자기의 진정한 경력이라고 여길 만한 예술적인 시도를 하지 않는 이상, 혐오스러운 경쟁으로부터 자신을 구해 줄 남성이 나타날 때까지 시간만 재고 있을지도 모릅니다.

　물고기자리 직원이 당신의 자리를 넘볼 위험은 거의 없습니다. 그 직원은 오히려 당신이 감당해야 하는 책임들을 보며 속으로 당신을 측은하게 생각하고 있을 것입니다. 무거운 짐을 지고 있는 당신을 위해서 물고기자리는 분위기를 바꾸려고 합니다. 물고기자리 직원이 얼마나 오랜 기간 동안 당신 회사의 분위기를 밝게 해 주는가는, 방황하는 그 직원의 마음에 회사가 얼마나 많은 다양한 변화를 제공했는가에 달려 있습니다. 달팽이가 그 직원을 지겹게 하거나 고래나 상어가 잡아먹을 것처럼 협박을 하면 물고기는 다른 곳으로 가 버립니다. 물고기자리 직원은 절대로 해초더미에 발이 걸리지 않을 것입니다.

당신은 끝없는 우주입니다

바빌론까지는 얼마나 멀어요?
60마일하고도 10마일 더 가야지.
촛불만 들고 갈 수 있을까요?
물론이지, 돌아올 수도 있는걸!
-마더구스 중에서

마더구스의 순백색 깃털을 흔들고 그 이상한 주파수에 채널을 맞추면, 지혜로운 마더구스가 비밀을 보여 줄지도 모릅니다. 언뜻 유치하게 들리는 마더구스의 자장가에는 숨은 보석 같은 지혜가 담겨 있을 것입니다.

바빌론이 얼마나 멀리 있냐고요? 칼레도니아의 샌들 신은 사람들의 시대나 보석을 걸치고 향수를 뿌린 이집트 파라오의 시대에서부터 우주 시대까지는, 혹은 사라진 아틀란티스 대륙 시대에서부터 제트 항공기 시대인 21세기까지는 어마어마한 시간의 흐름이 있다는 것을 알겠습니다. 하지만 실제로 그 시절이 얼마나 멀리 있는 걸까요? 어쩌면 한두 번 꿈을 꾸고 나면 닿을 수 있는 거리인지도 모릅니다.

과학 분야 중에서 유일하게 천문해석학만이 그 오랜 세월 동안 온전하게 이어져 오고 있습니다. 그 세월 동안 변치 않고 우리 곁에 남아 있다는 사실에 놀랄 필요는 없습니다. 천문해석학은 진실이고, 진실은 영원하니까요. 문명이 처음 생길 때부터 마치 모든 여성들과 남성들의 목소리가 메아리치듯이 오늘날 현대에도 똑같은 말이 반복되고 있지요. "금성이 당신의 지배행성인가요?", "저는 황소자리로 태어났어요.", "당신의 수성도 쌍둥이자리인가요?", "그 사람이 물병자리인 걸 모르시겠어요?"

천문해석학은 우리에게 행성 탐험이라는 흥미로운 미래를 마련해 주는 동시에 우리를 아련한 과거와 연결해 주는 황금 끈입니다. 과거에 황당한 미래 사회에 대한 글을 쓰거나 영화를 만들었던 사람들이 사실 몽상가가 아니었음이 증명되고 있습니다. 너무나도 환상적인 영화 〈벅 로저스〉*는 모든 분야의 과학보다 진보한 이야기를 다루었으며, 이 우주에는 우리가 상상하는 것보다 훨씬 많은 것이 존재한다는 사실을 일깨워 주었습니다. 만화책 주인공이었던 딕 트레이시가 사용했던 양방향 손목 무전기는 이제 더 이상 환상이 아니라 현실이 되었지요. 문 메이드**의 가장 강력한 무기는 레이저 광선이라는 기적과 맞아떨어지면서 납을 물처럼 흐르게 하고 인간이 알고 있는 어떤 단단한 물질도 뚫을 수 있게 되었습니다. 쥘 베른Jules Verne과 플래시 고든Flash Gordon은 상당히 매력적인 예언가로 평가받고 있습니다. 바다 속 심연과 그보다 훨씬 먼 지구 위 하늘에는 중요한 비밀이 숨어 있다는 사실도 이제는 과학으로 밝혀졌지요.

공상과학 작가나 만화가가 연구실에 있는 과학자보다 과거와 현재

---

* 벅 로저스(Buck Rogers): 1939년 미국에서 제작된 공상 과학 영화.
** 문 메이드(Moon Maid): 에드거 라이스 버로스의 판타지 소설 『The Moon Maid』의 주인공.

그리고 미래 사이의 실제적인 거리감에 대해 더 잘 알고 있는 걸까요? 아인슈타인 박사는 시간이 상대적이라는 사실을 알아냈습니다. 시인들도 항상 알고 있었고, 과거로부터 전해 내려오는 현자들도 알고 있었습니다. 그 메시지는 새로운 것이 아니었죠. 요즘처럼 천문해석학에 관심이 쏟아지기 훨씬 이전에도 플라톤, 톨레미, 히포크라테스, 그리고 콜럼버스는 천문해석학의 지혜를 존중했고 갈릴레오, 벤 프랭클린, 토머스 제퍼슨, 아이작 뉴턴, 그리고 카를 융 같은 사람들도 천문해석학을 가까이했습니다. 존 퀸시 애덤스 대통령도 그 중 한 명이며 위대한 천문학자 튀코 브라헤, 요하네스 케플러도 추가해야 합니다. RCA* 회사의 천재 연구원 존 넬슨, 그리고 퓰리처 수상에 빛나는 존 오닐 등도 있습니다. 이들 모두 고등교육을 받은 사람들이지요.

1953년 노스웨스턴 대학의 프랑크 브라운 주니어 교수는 굴을 가지고 실험을 하는 과정에서 정말 놀라운 사실을 발견했습니다. 지금까지 과학계에서는 굴이 껍데기를 열고 닫는 주기는 태어난 장소의 조수간만 주기를 따른다고 추정해 왔습니다. 하지만 브라운 박사가 롱아일랜드 해협에서 채집한 굴을 일리노이 주의 에반스턴에 있는 연구실 수조에 가져다 놓았을 때 이상한 일이 벌어졌습니다.

굴을 옮겨 놓은 곳은 항상 일정한 온도를 유지하고 늘 희미한 조명을 켜 둔 상태였습니다. 처음 2주 동안 그 옮겨진 굴은 1000마일 떨어져 있는 롱아일랜드 해협의 조수간만에 따라 껍데기를 열고 닫았습니다. 그러다 갑자기 껍데기를 굳게 닫고는 몇 시간 동안 그대로 있었

---

* RCA(Radio Corporation of America): 1932년 설립된 미국의 전자 기업으로 미국 내에 라디오와 텔레비전을 보급했다. 1986년 제너럴 일렉트릭(GE)에 인수되었다.

습니다. 굴이 향수병으로 인해 껍데기를 닫아 버렸다고 브라운 박사 연구팀이 결론 내리려고 할 즈음 이상한 일이 생겼습니다. 굴이 다시 껍데기를 연 것입니다. 롱아일랜드 해협 밀물 시간에서 정확하게 4시간 뒤인 에반스턴 밀물 시간에, 마치 해변에 있는 굴처럼 껍데기를 열었습니다. 새로운 주기가 시작되었습니다. 자신의 리듬을 새로운 지리적 위도와 경도에 맞췄습니다. 도대체 어떤 힘이 작용했을까요? 물론 달의 힘이죠. 브라운 박사는 굴의 에너지 주기가 밀물과 썰물을 통제하는 신비한 달의 신호에 의해서 움직인다고 결론 내릴 수밖에 없었습니다.

이와 마찬가지로 인간의 에너지와 정서적 주기도 여러 행성들로부터 오는 훨씬 더 복잡한 전자기 네트워크에 영향을 받습니다. 과학계에서는 달의 인력으로 인해 바다에서 조수간만의 차가 발생하는 것으로 인식하고 있습니다. 신체의 70퍼센트가 물로 구성되어 있는 인간이 그런 강력한 행성의 인력에 영향을 받지 않을 수 있을까요? 우주 비행사들이 행성에 다가갈 때 느끼는 엄청난 전자기력의 영향은 익히 알려진 사실입니다. 달의 인력은 여성들의 월경 주기나 출산에도 영향을 미친다고 알려져 있고, 정신병원 환자들이 달의 영향을 받는다는 의사와 간호사들의 반복되는 증언도 있습니다. 보름달이 뜨는 날에는 경찰도 힘들어한다는 얘기를 들어 보셨는지요? 농사력에 나오는 조언을 무시하고 지지대를 박거나 돼지를 잡거나 작물을 심는 농부가 있을까요? 달과 행성들의 움직임은 의회에서 논의하는 세금 문제만큼이나 중요한 문제입니다.

모든 행성 중에서도 달의 인력이 가장 두드러지고 극적인데, 그것은 달이 지구에서 가장 가깝기 때문입니다. 하지만 태양을 비롯해서 금성, 화성, 수성, 목성, 토성, 천왕성, 해왕성, 명왕성도 아주 멀리서 그 영향력을 분명히 행사하고 있습니다. 과학자들은 식물과 동물이 어떤 규칙적인 주기에 영향을 받는다는 사실을 인식하고 있는데, 그 주기는 바로 공기 중에 있는 자장이나 기압의 변동 그리고 중력과 같은 힘에 의해서 결정된다고 합니다. 지구에 영향을 미치는 이러한 힘은 별의 보이지 않는 파장이 날아오는 우주에서부터 비롯됩니다. 달의 변화, 감마선·우주선·엑스선 샤워, 배 모양 전자기 파장의 맥동, 그리고 외계로부터 오는 여타의 영향력들은 우리를 둘러싸고 있는 대기권을 지속적으로 뚫고 쏟아져 내리고 있습니다. 지구상에 있는 어떤 생명체나 광물도 그것을 피할 수 없으며 우리 인간도 마찬가지입니다.

예일대 의대 해부학 박사인 해럴드 버는 복잡한 자기장이 인간의 출생 시에 어떤 패턴을 형성하는 것뿐만 아니라 사는 동안 그 패턴을 통제한다고 언급했습니다. 버 박사는 또한 인간의 중추신경계는 전자기 에너지를 매우 잘 흡수하는, 자연계에서 가장 예민한 기관이라고 말했습니다.(인간은 굴보다 좀 더 멋있게 걷기는 하지만 굴과 똑같은 진동 소리를 듣는다는 말이지요.) 또한 우리 뇌 속에 있는 세포 10만 개는 전기가 흐를 수 있는 무수히 많은 회로를 형성하고 있습니다.

그러므로 우리 몸과 뇌 속에 있는 미네랄과 화학 물질 및 전기적인 세포는 태양의 흑점, 일식 그리고 행성의 움직임에서 발생하는 모든 영향에 반응합니다. 인간도 다른 모든 살아 있는 유기체와 마찬가지로 우주의 끊임없는 밀물과 썰물에 반응합니다. 하지만 인간은 고유의 자유의지가 있기 때문에 그런 외부의 영향력에 구속될 필요는 없습니다. 다시 말해서 우리의 정신은 이러한 행성들의 영향보다 더 우위에 있다는 뜻입니다. 그러나 불행하게도 우리 대부분은 자유의지(정신의 힘이지요.)

를 사용하지 못하고 있고, 우리의 운명을 미시건 호수나 옥수수자루만큼이나 제어하지 못하고 있습니다. 천문해석가의 목표는 사람들이 인생의 급류에 그냥 쓸려 다니지 않고 그 흐름에 맞서 싸우는 방법을 얻도록 도와주는 것입니다.

천문해석학은 과학인 동시에 예술입니다. 비록 많은 사람들이 그 기본적인 사실을 무시하고 싶어 하지만 결코 간과할 수 없습니다. 많은 천문해석가들은 사람들이 천문해석학과 관련한 직감만을 언급하는 것에 대해 분노하고 있습니다. 천문해석가들은 직감과의 연관성을 언급하는 말에 대해서 '천문해석학은 수학에 기초한 정확한 과학이다. 절대로 직감력과 동일선상에서 언급되어서는 안 된다.'라고 강력하게 주장합니다. 저는 그들의 의견도 진정성이 있다고 생각하지만, 왜 그 두 가지를 전혀 다른 것으로 구분해야 하는지 계속 의문이 듭니다. 오늘날에는 문외한들도 자신의 초능력을 알아보기 위해서 책이나 게임 또는 연구 실험을 시도하고 있습니다. 천문해석가라고 그러지 말아야 한다는 법은 없습니다. 육감을 가지고 있거나 개발하고 있는 소수의 사람들을 닭이 머리를 모래에 숨기듯 모른 척해야만 할까요?

천문해석학의 출생차트 계산이 수학적 데이터와 천문학적 사실에 근거한다는 점을 고려한다면 천문해석학은 정확한 과학입니다. 의학도 사실과 연구에 기초한 과학입니다. 그럼에도 불구하고 모든 훌륭한 의사들은 의학이 또한 예술이라는 점을 인정하고 있습니다. 의사들은 직감적 진단을 하는 동료들이 있다는 것을 인식하고 있습니다. 내과 의사들은 개인마다 정도의 차이는 있지만 의학적으로 입증 가능한 사실을 해석함에 있어서 그들에게 막대한 도움을 주는 예민하고 특별한 감각이 있다고 말할 것입니다. 의학적 이론을 종합하여 환자의 개인 이력과 관련된 실험 결과를 해석하는 것은 공식처럼 미리 결정되어 있지 않습니다. 의사의 직감적 통찰력이 없이는 불가능한 과정입니다. 그렇지 않다면 의학은 그냥 전산화하면 그만일 것입니다.

음악도 또한 엄격한 수학 법칙이라는 과학적 토대가 있는 분야로, 코드 진행에 대해 공부해 본 사람이라면 누구나 알고 있을 것입니다. 간주곡들은 논쟁의 여지 없이 수학적 비율에 의해 결정됩니다. 하지만 음악 역시 예술이지요. 누구나 〈월광〉이나 〈바르샤바 협주곡〉을 배울 수는 있지만 벤 클리번의 연주가 다른 사람들과 다른 것은 그 감각 또는 직감적 통찰력의 차이일 것입니다. 음표와 화음은 언제나 수학적으로 정확하게 똑같습니다. 하지만 그에 대한 해석이 다른 것이죠. 이것이 바로 과학이라는 단어의 정의와는 전혀 관계가 없는 명확한 현실입니다.

천문해석학을 남에게 가르칠 수 있을 정도로 아주 훌륭하게 공부하는 지적인 사람들도 있지만, 천문해석학이라는 과학을 예술의 경지로 끌어올릴 수 있는 감각적 해석이나 직감적 통찰력을 겸비하는 사람은 많지 않습니다. 물론 정확하고 도움이 될 만한 천문해석학 분석을 제공하기 위해 심령술사나 영매가 될 필요는 없지만, 천문해석가의 직감력은 분명히 출생차트를 종합하고 분석하는 데에 도움을 주는 자산이 됩니다. 물론 그런 직감력이 있는 천문해석가도 기본적으로 수학 계산에 능숙해야 하며 자신의 예술에 있어 과학적인 기본 사항을 엄격히 준수하는 태도가 있어야겠죠. 그런 천문해석가는 의식적인 능력과 무의식적인 능력을 잘 조합하여 사용하기 때문에, 당신은 유능하고 전문적인 천문해석가들을 두려워할 필요가 없습니다. 오히려 그런 사람을 만날 수 있다면 행운이지요. 어떤 분야에서든 예민한 통찰력을 보유한 사람은 드물답니다.

요즘에는 천문해석학의 인기가 높아지면서 갑자기 돌팔이 천문해석가들이 많이 나타났지만, 정말로 필요한 제대로 된 천문해석가와 스승은 많지 않습니다. 가까운 미래에는 천문해석가가 유수의 대학에서 '별의 과학'을 전공한 전문가로 인식될 날이 올 것입니다. 행성들이 인간의 행동에 미치는 영향에 대한 중요한 연구는, 옛날 유럽에서 그랬던 것처럼 주요 대학에서 교과목으로 가르치게 될 것입니다. 천문해석학을 가르치고 연구할 수 있는 능력이나 개인차트를 분석할 수 있는 능력이 출생차트에 나타나는 학생들만 받게 될 것이며 그 과정은 법대나 의대만큼이나 어려울 것입니다. 자기장, 기후 조건, 생물학, 화학, 지질학, 천문학, 수학, 사회학, 비교종교학, 철학, 심리학도 공부해야 하고 천문차트를 계산하는 방법과 해석하는 방법도 공부해야 하며 졸업생들은 천문해석가(D.A.S: Doctor of Astral Science)라는 자격을 부여받아야 간판을 걸 수 있을 것입니다.

현재의 연구 단계에서 초보자들이 천문해석학에 가장 안전하고 타당하게 접근할 수 있는 방법은 열두 개 태양별자리에 대해 완벽하게 공부하는 것이며, 이것은 마치 응급조치나 건강 상식을 공부해서 의학이론에 익숙해지는 것과 마찬가지입니다.

언젠가 인류는 천문해석학, 의학, 종교, 천체물리학, 정신과학이 모두 하나라는 사실을 발견할 것입니다. 그 모든 것이 합쳐져야 비로소 완벽한 전체를 이루게 됩니다. 그때까지 각 분야는 조금씩의 결함을 가지고 있을 것입니다.

천문해석학에는 서로의 의견이 충돌하는 혼란스러운 부분이 있습니다. 바로 환생에 대한 의견입니다. 오늘날에는 누구나 긍정적이든 부정적이든 윤회설에 대한 의견이 있을 것입니다. 물병자리 시대로 들어

가는 20세기에는 여기저기에서 점괘판이나 잔 딕슨*에 대한 이야기를 듣게 됩니다.

전문적인 천문해석가들은 윤회설 또는 카르마를 바탕에 깔고 해석하지 않으면 천문해석학은 불완전한 것이라고 믿고 있고, 저 또한 그렇습니다. 윤회설을 강하게 부인하는 사람들이, 특히 천문해석학이 상대적으로 낯선 서양에 많이 있습니다. 천문해석학을 활용하기 위해서 반드시 환생 이론을 받아들여야 하는 것은 아닙니다. 또한 전생 혼의 존재는, 아무리 논리적으로 설명하더라도 과학적으로 규명된 적이 한 번도 없습니다.(문서로 남긴 설득력 있는 정황 증거와 성경이 있기는 합니다.) 환생은 그 특성상 확실하게 손에 잡히는 증거를 영원히 확인할 수 없을지도 모릅니다. 고대인은 진화한 영혼이 끊임없이 다시 태어나는 환생 주기를 끝내려면 카르마의 진실을 추구하는 단계에 도달해야만 한다고 가르쳤습니다. 그러므로 환생을 믿는 것은, 우주에서 환생이 존재하고 있다는 것과 현생의 삶에서 그 카르마가 말하는 의무가 어떤 의미인지 찾을 수 있는 진화한 영혼에게는 선물이자 보상입니다. 그 깊은 신비가 증명되면 개개인이 스스로의 의지로 그것을 발견하기 위해 애쓸 필요가 없어지기 때문에, 영원히 증명되지 않고 각자 자신의 마음속에서 환생에 대한 답을 찾아야 하는지도 모릅니다. 하지만 스스로 찾기 위해서는, 다른 사람들이 무엇이 거짓이고 무엇이 참인지 발견해 놓은 지식을 배워야만 할 것입니다. 놀라운 예언가인 에드거 케이시에 대한 책이 호기심 많은 초심자들의 이해를 도울 만하고, 환생에 대해서는 훌륭한 책들이 많이 나와 있으니, 몇 권 골라서 본다면 여러분이 스스로 환생이 고려할

---

* 잔 딕슨(Jeanne Dixon, 1904~1997): 미국의 유명한 점성가이자 심령술사.

만한 가치가 있는 주제인지 아니면 단순한 사술인지 생각을 정리하는 데에 도움이 될 것입니다. 이것이 우리가 직접 찬반양론을 철저하게 조사하고 삶과 죽음에 대한 문제에 접근하는 유일한 방법일 것입니다.

현대에는 보이지 않는 영향력에 대한 관심이 새롭게 일어나고 있으며, 독심술에 대한 관심이 그 좋은 예라고 할 수 있습니다. 미국항공우주국에서는 지구와 우주 비행사 사이의 통신이 두절되는 상황에 대비하기 위해 막대한 자금을 투자하여 선별된 우주 비행사들을 대상으로 감각적 인식을 통해 메시지를 전달할 수 있는지 확인하는 초감각적 지각 실험을 진행하고 있습니다. 이런 연구 분야에서 러시아가 미국보다 훨씬 앞서 있는 것으로 전해지는데, 이것을 보면 독단적이고 물질주의적인 사고를 배제해야 하는 이유를 알 수 있습니다.

사람들 사이의 이런 보이지 않는 파장에 대한 성공적인 실험결과 덕분에 의사들도 관심을 가지게 되었습니다. 의학계는 암이나 패혈증, 인두염과 같은 질병이 정신적·감정적 긴장으로 유발된다는 사실을 오래 전부터 인정해 왔으며, 오늘날에는 환자의 성향이 암의 진전과 분명한 관계가 있다는 이론을 확립하고 있습니다. 최근 기사에서는 저명한 의사들이 정신과 의사들과의 협력을 통해 어떤 환자가 질병에 예민한지 사전에 확인해서 질병을 조기에 치료하거나 예방할 수 있도록 해야 한다는 주장이 나왔습니다. 하지만 천문해석학에서는 질병이 정신과 감정에 의해 발생하며 그러므로 정신과 감정을 통해 통제하거나 제거할 수 있다는 것을 오래 전부터 인지해 왔습니다. 또한 특정 행성의 영향을 받는 순간에 태어난 사람은 특정 질병이나 사고에 노출될 확률이 높거나 또는 반대로 면역성을 가지고 있다는 사실 또한 알고 있었습니다. 환자의 출생차트 상에 행성들의 위치와 각도를 보면 의학에서 찾는 지식을 잘 알 수 있답니다.

고고학과 인류학에서 발견한 내용에 의하면 고대 이집트에서는 천문해석가이자 의사인 사람들이 고도의 기술로 뇌수술을 했던 것으로 밝혀졌습니다. 오늘날에도 진보적인 의사들은 고대 그리스 의사들이 했던 방법을 따라 달이 이동하는 별자리를 남몰래 체크하기도 합니다. 고대 의사들은 히포크라테스 계율에 따라 '달별자리에 해당하는 신체 부위나 달이 90도 혹은 180도를 맺는 신체 부위에는 칼을 대지 않는다.'라는 내용을 실천했습니다. 의학적인 천문해석학과 그 가치에 대해서는 질병의 원인과 예방 차원에서 논의해야 할 부분이 많고 또한 워낙 방대한 주제이므로 별도의 책에서 다루어야 할 것입니다.

의학계뿐만 아니라 일부 여행사나 보험 회사, 항공사에서도 치명적인 항공기 충돌 사고가 탑승객과 승무원의 출생차트와 관계있는지 은밀하게 조사하고 있습니다. 우리는 고대의 지식으로부터 물질적 사고 방식으로 후퇴했다가 많은 시간이 흘러 다시 진실로 나아가고 있습니다. 세월이 흐르면서 행성들은 그 장엄하고 확고한 궤도를 변함없이 유지하고 있습니다. 고대 바빌론의 하늘과 베들레헴의 하늘에서 빛나던 별들은 지금도 엠파이어스테이트 빌딩 위에서 또는 동네 뒷산 하늘 위에서 여전히 빛나고 있습니다. 그 별들은 수학적으로 정확한 주기를 가지고 있고, 여전히 인간을 포함한 이 지구 위에 있는 모든 생명체에 영향을 미치고 있으며, 지구가 존재하는 동안에는 앞으로도 변함없이 그럴 것입니다.

천문해석학은 운명론이 아니라는 점을 항상 기억해 주시기 바랍니다. 별은 어떤 경향을 부여할 뿐 강요하지는 않습니다. 우리 대부분은 행성과 출생차트의 영향뿐만 아니라 주변 환경과 물려받은 유전적인 환경에도 맹목적으로 순종해야 하고 이러한 환경의 힘이 우리보다 더 강력하다고 생각하는 경향이 있습니다. 우리가 이런 모든 요소들에 대해 통찰력이 없기 때문에 저항도 하지 않는 것이죠. 그럴 때, 우리의 별자리는 마치 지문처럼 우리에게 맞아떨어집니다. 우리는 우리를 움직이는 그 힘을 경멸하든 무시하든 간에 인생이라는 체스 게임에서 말처럼 움직여집니다. 하지만 누구든 태어날 때의 환경상의 어려움은 극복할 수 있습니다. 우리의 의지력이나 정신력을 이용하여 누구든 자신의 기분을 조절하고 인성을 변화시키고 자신의 환경과 태도를 제어할 수 있습니다. 이렇게 할 수 있을 때 우리는 비로소 체스판의 말이 아니라 그 말을 움직이는 주체가 됩니다.

당신은 "나는 태어날 때부터 그런 힘이나 능력이 없어."라고 말하면서 별을 따르는 것을 주저하시는지요? 당신은 보이지도 들리지도 말하지도 못하는 자신을 극복하기 위해 심원한 내면의 의지력을 발휘했던 헬렌 켈러보다 더 많은 것을 가지고 태어났습니다. 헬렌 켈러는 자신의 출생차트 상의 어려운 요소들을 명예, 부, 존경 그리고 수많은 사람들에 대한 사랑으로 바꾸었으며, 그렇게 행성들의 영향력을 극복했습니다.

두려움 때문에 내일을 바라보지 못하시나요? 무지개에 닿기도 전에 우울함과 비관주의가 당신의 무지개를 회색빛으로 물들이나요? 미국 영화배우였던 퍼트리샤 닐은 우울함과 불안함을 강철 같은 정신력으로 탈바꿈시켰습니다. 그녀는 비극 앞에서도 미소를 보였고 그 미소는 치명적인 마비 증상까지도 날려 버릴 만큼 충분한 감정적인 에너지를 발산해서 의사들도 깜짝 놀라게 만들었지요.

신문 지상에서 떠들어 대는 것처럼 미국이 냉전 시대, 국민적 혹은 국제적 몰이해, 범죄율 증가, 불평등, 편견, 도덕적 해이, 윤리 상실, 그리고 어쩌면 핵폭발로 곧 사라질 위기에 처해 있다고 걱정하고 계시나요? 윈스턴 처칠도 개인적으로 그리고 국가적으로 패배에 직면한 적이 있었죠. 하지만 그는 눈을 반짝거리면서 강철 같은 의지를 품고 마음속으로 기도를 했습니다. 이 세 가지로 그는 한 사람의 용기가 수많은 사람들에게 맹목적인 낙관주의와 굳건한 힘을 일깨워 주는 기적을 일구어 냈습니다. 결과적으로 그런 파장은 공포를 녹여 버리고 세상에 영감을 주었으며 승리를 이끌어 냈습니다. 처칠은 자신과 자신의 국가가 체스판의 말이 되기를 거부하였던 것입니다.

그런 사람들은 특별한 경우라고 생각하시나요? 당신도 기적을 만들어 낼 수 있습니다. 누구나 할 수 있습니다. 당신에게도 강력한 행성들의 전자기력에 대한 면역력을 기를 수 있는 충분한 힘이 있습니다. 그럼에도 불구하고 너무 쉽게 포기해 버리고 당신의 잠재력을 깨닫지 못한다면 정말 안타까운 일이지요.

증오와 두려움을 정복하고 나면 우리의 의지는 자유로워지고 엄청난 힘을 발휘할 수 있게 됩니다. 이것이 바로 말 없는 별들에 담겨 있는 당신 출생의 메시지입니다. 그러니 귀를 기울여 보세요.

어떤 고대 전설에서는 힘과 주술적 비밀을 알고 싶어서 현명한 마술사를 찾아가는 남자의 이야기가 있습니다. 마술사는 그를 맑은 호숫가로 데리고 가서 무릎을 꿇게 했지요. 그러자 그 현명한 마술사는 사라져 버리고 혼자 남겨진 그 남자는 물 속에 비친 자기 모습을 보게 되었습니다.

"내가 하는 것을 그대도 할 수 있다.", "구하라, 그러면 얻을 것이다.", "두드려라, 그러면 열릴 것이다.", "진실을 추구하라, 진실이 너희를 자유롭게 하리라."

바빌론까지는 얼마나 멀어요?

60마일하고도 10마일 더 가야지.

촛불만 들고 갈 수 있을까요?

물론이지, 돌아올 수도 있는걸!

이것은 시일까요 아니면 수수께끼일까요? 이 우주 속에 있는 모든 것은 우주 법칙의 일부이며 천문해석학은 그 법칙의 기본입니다. 천문해석학에서 종교와 의학, 천문학이 생겨난 것이지 그 반대가 아닙니다.

고대 그리스의 도시였던 테베에는 열두 별자리가 조각되어 있는데 아주 오래된 것이라 정확한 기원은 알 수 없습니다. 아틀란티스일지도 모릅니다. 하지만 그 상징들을 어디서 가져왔고 누가 새겼든 간에 그 메시지는 영원합니다. '당신은 끝없는 우주입니다.' 그리고 아직까지 하나의 별밖에 보지 못했답니다.

당신의 별자리

2012년 5월 29일 초판 1쇄 ‖ 2021년 2월 19일 초판 6쇄

지은이 린다 굿맨 ‖ **옮긴이** 이순영
편집 이은파 ‖ **디자인** 오빛나, 강해령 ‖ **마케팅** 최은애
펴낸이 이순영 ‖ **펴낸곳** 북극곰 ‖ **출판등록** 2009년 6월 25일 (제300-2009-73호)
주소 서울시 마포구 독막로 320 B106호 북극곰 ‖ **전화** 02-359-5220 ‖ **팩스** 02-359-5221
이메일 bookgoodcome@gmail.com ‖ **홈페이지** www.bookgoodcome.com
ISBN 978-89-97728-00-8 03180 ‖ **값** 39,000원

Linda Goodman's Sun Signs
©1968 by Linda Goodman
Korean translation rights arranged with Taplinger Publishing Co., Inc.